Die Ausbildung im Sekretariat

Band 1:
Sekretariatskunde
Bürokommunikation
Chefassistenz

von

Waltraud Lassek

8., neu bearbeitete und erweiterte Auflage

1994

Verlag Dr. Max Gehlen · Bad Homburg vor der Höhe

Gehlenbuch 03911

. . . weil auf Papier aus 100 % chlorfrei gebleichtem Zellstoff gedruckt.

Abbildungen: ADAC, München; AGHZ, Stuttgart, S. 209; Amstrad, Weiterstadt, S. 130; Atlanta, Nettetal, S. 228, 252, 381; AVS Apparatevertrieb, Hamburg, S. 344; Canon, Neuss, S. 311, 367; Deutsche Bahn, Frankfurt, S. 169, 185, 186, 187, 188, 189, 190, 191, 192, 193, 194; Deutsche Telekom, Bonn, S. 276, 277, 290, 300, 301; Deutscher Instituts-Verlag, Köln; Deutsches Mikrofilminstitut, München, S. 241, S. 242; Edler & Krische, Hannover, S. 251; Globus-Kartendienst, Hamburg; Grundig, Fürth, S. 343; IBM, Stuttgart, S. 32, 33, 34, 39; imu-bildinfo, Essen; Louis Leitz, Stuttgart, S. 107, 218, 220, 221, 222; Lufthansa, Frankfurt, S. 173; Memoform, München; S. 92, 154, 158, 159, 253, 281, 357; Neuland, Eichenzell, S. 142, 143, 144, 145, 146, 379; Nixdorf, München, S. 383; Novo, Bonn, S. 253; Organisation Reiger-Boos, Frankfurt, S. 248, 249; Pitney Bowes, Heppenheim, S. 93; Presse- und Informationsamt der Bundesregierung, S. 174; Siemens, München, S. 307, 308; Stielow, Norderstedt, S. 89, 91; Time/system, Hamburg, S. 105, 106, 107; Toshiba Informationssysteme, Neuss, S. 34; Ultradex, Bad Säckingen, S. 108, 109, 110, 120, 129; Vogel Verlag, Würzburg, S. 314, 316, 317; voko Franz Vogt, Gießen, S. 376, 378; Zweckform, Holzkirchen, S. 157, 159, 285, 358.

Zeichnungen: Wolfgang Müller, Bad Homburg vor der Höhe

ISBN 3-441-**03911**-4

Herstellung: Buchdruckerei Dr. Alexander Krebs · Bad Homburg vor der Höhe

Zu diesem Buch

Grundlage ist

- die Verordnung über die Prüfung zum anerkannten Abschluß „Geprüfte Sekretärin/Geprüfter Sekretär" vom 17. Januar 1975 (BGBl. I S. 273, 699)
- die Empfehlung für die Durchführung von Fortbildungslehrgängen vom 18. September 1978 (Lernzielkatalog)
- der überarbeitete Lernzielkatalog des Deutschen Industrie- und Handelstages (DIHT) von 1990

Aufbau des Buches:

Die Einleitung „Inhalte der Büroarbeit" befaßt sich in konzentrierter Form mit der Gesamtthematik des Buches.

Es folgen neun Kapitel, die inhaltlich den neun Themenkreisen des überarbeiteten Lernzielkataloges entsprechen.

Themenkreise	
Lernzielkatalog	**Buch**
1 Fähigkeit, Grundlagen und Anwendungsmöglichkeiten von Text- und Datensystemen zu verstehen und zu erläutern	1 Text- und Datenverarbeitungssysteme
2 Fähigkeit, ein- und ausgehende Post zu bearbeiten	2 Postbearbeitung
3 Fähigkeit, Termine zu planen und zu überwachen	3 Terminplanung, Terminüberwachung
4 Fähigkeit, Besprechungen, Sitzungen und Tagungen vorzubereiten, zu betreuen und auszuwerten	4 Besprechungen, Sitzungen, Tagungen, Kongresse, Ausstellungen, Messen
5 Fähigkeit, Sekretariatsarbeiten vor, während und nach Dienstreisen selbständig zu erledigen	5 Dienst- und Geschäftsreisen
6 Fähigkeit, Schriftgut zu verwalten, Karteien/Dateien zu führen, Informationen zu speichern	6 Speichern von Informationen, Schriftgutverwaltung
7 Fähigkeit, rationell zu telefonieren, Nachrichtenmittel und Kommunikationsverfahren zweckmäßig einzusetzen	7 Nachrichtenmittel und Kommunikationsverfahren; Telekommunikationsdienste
8 Fähigkeit, Informationen zu erfassen, zu be- und verarbeiten	8 Erfassung, Bearbeitung, Verarbeitung von Informationen (Textverarbeitung)
9 Fähigkeit, Sekretariatsarbeiten durch zweckmäßige und funktionsgerechte Büroeinrichtungen, Büroorganisationsmittel und Büromaschinen zu rationalisieren	9 Arbeitsumwelt
	Anhang: Die Sekretariatshandbücherei

Jeder Themenkreis behandelt mehrere Lernziele.

Die „Überlegungshilfen“ sollen anregen, die Problematik der einzelnen Bereiche zu überdenken und sie im Gesamtzusammenhang des betrieblichen Geschehens zu sehen.

Die in dem Abschnitt „Zur Vertiefung“ gestellten Aufgaben sollen der Selbstkontrolle dienen, können aber auch die Grundlage für Prüfungsaufgaben bilden.

Im folgenden Text wird anstelle der Doppelbezeichnung Geprüfte Sekretärin/Geprüfter Sekretär die Bezeichnung in der weiblichen Form gewählt; der Beruf steht Männern wie Frauen offen. Mit der Bezeichnung „Chef“ ist selbstverständlich auch die weibliche Vorgesetzte gemeint.

Das Buch ist sowohl für das Selbststudium als auch für den Unterricht geeignet. Über den direkt angesprochenen Kreis der Sekretärinnen/Sekretäre hinaus ist es für alle gedacht, die unmittelbar mit der Büropraxis zu tun haben, z. B. für Bürokaufleute, Kaufmann/Kauffrau für Bürokommunikation, Assistenten/Assistentinnen und für alle Bürofachkräfte als Kompendium für viele Situationen des Büroalltags.

Waltraud Lassek

Vorwort zur 8., neu bearbeiteten und erweiterten Auflage

Folgende Faktoren machten eine Überarbeitung notwendig:

- Die Sekretariatsarbeit ist im Wandel begriffen. Das Anforderungsprofil an eine Sekretärin verlagert sich immer stärker in Richtung Assistenzleistung. In diesem Buch werden die künftigen Anforderungen vorgestellt. Eine neue Rechtsverordnung ist in Vorbereitung.
- Ab 1. Januar 1995 werden die Postunternehmen in Aktiengesellschaften umgewandelt. Das bedeutet, daß zu diesem Zeitpunkt eine Deutsche Post AG, eine Deutsche Telekom AG, eine Deutsche Postbank AG gebildet werden[1]. In diesem Buch werden die neuen Bezeichnungen verwendet.
- Die Deutsche Post AG hat ihre Betriebsstruktur modernisiert und gestrafft. Die Folgen sind geänderte Dienstleistungen im Briefdienst und im Frachtdienst. Neu eingeführt wurde der elektronische Briefservice ePOST.
- Die Digitalisierung der Kommunikationstechnik bringt Veränderungen in technischer und organisatorischer Sicht.

Diese Punkte wurden berücksichtigt. Für Anregungen und Verbesserungsvorschläge bin ich dankbar.

August 1994 *Waltraud Lassek*

[1] bis 31. Dezember 1994 Deutsche Bundespost Postdienst, Deutsche Bundespost Telekom, Deutsche Bundespost Postbank

Inhaltsverzeichnis

Inhalte der Büroarbeit

Das Fach **Sekretariatskunde** soll Sie zum selbständigen Arbeiten, d. h. Arbeiten ohne Einzelanweisung, sowie zum Reflektieren der eigenen Tätigkeit motivieren und Sie befähigen, sich durch Mitdenken zu einer Mitarbeiterin der Leitungsebene zu entwickeln, die bewußt Verantwortung tragen kann.

Um diesem anspruchsvollen Ziel gerecht zu werden, müssen wir nach den heutigen und künftigen Inhalten der Büroarbeit fragen und untersuchen, wie der Ort unserer Tätigkeit, also das Büro, heute aussieht und wie es sich verändern wird.

Der Sekretariatstätigkeit liegt ein Grundsockel von Aufgaben zugrunde:

- Dokumentenerstellung
- Dokumentenbearbeitung
- Dokumentenverwaltung
- Kommunikation
- Planung
- Bewirtung, Betreuung

Diese Aufgaben werden zur Zeit noch überwiegend von der **„klassischen Sekretärin"** und der **„Sekretärin mit dem Schwerpunkt Dokumentenerstellung"** – allerdings mit unterschiedlichen Arbeitszeitanteilen und Qualifikationsanforderungen – erledigt.

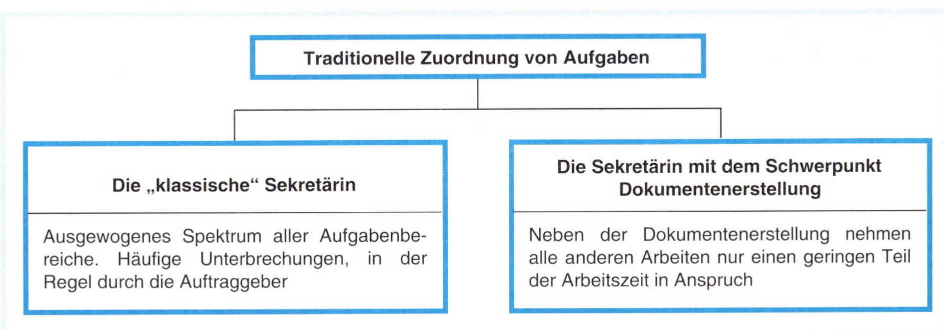

Seit dem Erscheinen der Verordnung über die Prüfung zum anerkannten Abschluß „Geprüfte Sekretärin/Geprüfter Sekretär" im Jahre 1975 haben sich eine Reihe von Entwicklungen vollzogen, die das Umfeld der Sekretärinnentätigkeit verändert haben. Dies zeigt sich u. a. in

- der Wandlung von innerbetrieblichen Strukturen
- den neuen Anforderungen, die an den Manager gestellt werden
- den daraus resultierenden neuen Führungsstilen der Unternehmer/Vorgesetzten
- der Qualität der Tätigkeit der Sekretärin (mit Sachbearbeitungsfunktion) als Folge des „Lean Managements" [1]

[1] Lean Production/Management = Organisationsform, die das gesamte Unternehmen und seine externen Partner informell und organisatorisch über alle Hierarchieebenen integriert.

- der Einführung von automatisierter Textverarbeitung, von PC und Bürokommunikationssystemen
- der wachsenden Leistungsfähigkeit der Techniken
- dem gestiegenen Arbeitsanfall
- den flexibleren Arbeitszeiten

Die Führungskräfte erwarten von ihrer „Wunschsekretärin" neben den selbstverständlichen fachlichen Qualifkationen wie z. B.
- kaufmännische Ausbildung
- gute Deutschkenntnisse
- Sicherheit in Rechtschreibung und Zeichensetzung
- sicherer Umgang mit dem PC
- Fremdsprachenkenntnisse
- Organisationstalent

eine **„mitdenkende Unterstützung".**

Unterstützende Aufgaben	Mitdenken
• Schreiben • Terminkoordination • Terminplanung und -überwachung • Bearbeiten des Posteingangs und Postausgangs • Telefonieren • Ablage • Sachbearbeitung	• auf Fehler und Unklarheiten hinweisen • selbständig und eigenverantwortlich arbeiten

Das Fraunhofer-Institut für Arbeitswirtschaft und Arbeitsorganisation hat soeben ein Forschungsprojekt mit dem Thema „Sekretariat der Zukunft"[1] abgeschlossen und darin aus moderner Sicht folgende Zuordnung von Aufgaben in den Sekretariaten entwickelt:

Sekretärin mit dem Schwerpunkt Sachbearbeitung	Office Managerin	Qualifizierte Assistentin
Sie ist zuständig für regelmäßig anfallende,sachbezogene Aufgaben, die nicht jeweils erneut ausgewiesen werden (z. B. Personal- und PR-Arbeit, Statistiken, Übersetzungen)	Sie bearbeitet einen Großteil ihrer Aufgaben ganzheitlich, selbständig und eigenverantwortlich. Aufgabenschwerpunkte: Kommunikation, Planen und Organisieren	Sie übernimmt Sachbearbeitungs-, Planungs- und Assistenzaufgaben; Chefentlastung durch Übernahme erkennbarer Arbeitsmodule, Erarbeiten von Problemlösungsvorschlägen oder die Vorbereitung von Reden. Hoher Eigenanteil an Eigenverantwortung und Selbständigkeit

Daß diese Aufgabenstellungen der Zukunft bereits heute Wirklichkeit sind, zeigen die Stellenangebote auf der Seite 9!

[1] Quelle: Hans-Jörg Bullinger/Barbara Klein: Sekretariat der Zukunft, FBO Fachverlag, 76530 Baden-Baden, 1994

Die EVP-Fraktion (Christliche Demokraten) des
EUROPÄISCHEN PARLAMENTS
sucht

Sekretär/-in

für ihr multinationales Sekretariat. Voraussetzung ist eine abgeschlossene Sekretariatsausbildung mit fundierten Kenntnissen in Maschinenschreiben und Textverarbeitung. Neben der Muttersprache Deutsch erwarten wir sehr gute Kenntnisse der französischen Sprache in Wort und Schrift sowie Grundkenntnisse in einer weiteren Sprache der Gemeinschaft. Fähigkeit zur Teamarbeit setzen wir voraus. Die Einstellung erfolgt als Bürosekretär/-in in der Besoldungsgruppe C 3 gemäß dem Statut für die „Bediensteten auf Zeit" der Europäischen Gemeinschaften.
Altersgrenze: 35 Jahre; Dienstort: Brüssel.

Bewerbungsformular bitte umgehend anfordern bei:

. . . Abteilung Personal
Fraktion der Europäischen Volkspartei
Europäisches Parlament
97 – 113, rue Belliard, B-1047 Brüssel

Bewerbungsfrist: **30. Oktober 19. .**
Alle Auskünfte erhalten Sie mit dem Bewerbungsformular.

Mittelständisches Unternehmen im nördlichen Münsterland sucht eine(n)

Sekretär(in) / Assistenten(in)

für den technischen Leiter

Ihre Aufgaben umfassen:
- sämtliche Sekretariatstätigkeiten
- Abwicklung mit Kunden und Lieferanten
- Vorbereitung von internen und externen Schulungen

Wir setzen voraus:
- Berufserfahrung in ähnlicher Position
- englische Sprachkenntnisse in Wort und Schrift
- selbständiges, sehr zuverlässiges Arbeiten

Wir bieten:
- eine verantwortungsvolle Aufgabe, deren Bedeutung und Umfang mit Ihren Leistungen wächst
- ein angemessenes Gehalt, das sich an Ihrem Erfolg orientiert
- ein ehrgeiziges, hervorragend harmonierendes Team

Bitte senden Sie Ihre vollständige Bewerbung mit Lichtbild und tabellarischem Lebenslauf an . . .

Für Vorabinformationen steht Ihnen Herr . . . bereits am Sonntag von 10.00 bis 12.00 Uhr unter Telefon . . . zur Verfügung. Er gewährleistet Vertraulichkeit und respektiert Sperrvermerke.

Voraussetzung für Ihre zukünftige projektorientierte Zusammenarbeit ist ständige Weiterbildung.

Einige Beispiele:

- Die zunehmende Internationalisierung des Wirtschaftsraumes fordert Fremdsprachenkenntnisse.
- Die Aktualisierung fachlicher Inhalte und Einarbeitung in neue Techniken ist notwendig.
- Die Weiterbildung muß sach- und fachspezifische Schwerpunkte anbieten können.
- „Manche halten das für Erfahrung, was sie 20 Jahre lang falsch gemacht haben" (George Bernard Shaw). Die sogenannte Erfahrung in Form von „Das haben wir ja schon immer so gemacht" ist eine Denk- und Innovationsbremse.

Die Weiterbildung sollte daher mit Lernformen arbeiten, die zu einem lebenslangen Lernen und zur Flexibilität befähigen.

Die Informationsflut steigt ständig, also wird auch die Anzahl der Beschäftigten im „Informationsmanagement" wachsen. Eine wichtige Erkenntnis ist, daß die Personalkosten in diesem Bereich steigen, während die Kosten für maschinelle Hilfsmittel sinken. Wesentlich ist also die Entwicklung von Methoden, die Arbeit so zu organisieren, daß die Arbeitszeit optimal genutzt wird.

Auf dem Sektor der industriellen Fertigung ist dieses Denken seit langem selbstverständlich, denn der Betrieb, der sich nicht an dieses Prinzip hält, ist nicht wettbewerbsfähig. Seit Anfang der 60er Jahre zeichnet sich durch den Einzug neuer Technologien, durch die Entwicklung von der Industrie- zur Informationsgesellschaft, auch ein Wandel des Büroarbeitsplatzes ab.

Einerseits muß der Mitarbeiter neben seiner fachlichen Qualifikation ein Bemühen zur Zusammenarbeit und Mitarbeit sowie die Bereitschaft zur Einarbeitung in neue Arbeitsmethoden mitbringen. Andererseits muß das Management sich klarmachen, daß die Mitarbeiter nicht Produktionsfaktoren im Sinne Taylors sind. Taylor entwickelte um 1900 die Arbeitsstudie als Methode, und zwar im wesentlichen unter dem Gesichtspunkt der Festsetzung eines Leistungslohns. Die bekannte Antwort Taylors an einen wißbegierigen Arbeiter „Sie sollen nicht denken, für's Denken werden andere Leute bezahlt", ist heute undenkbar und durch wirtschaftliche Erfahrungen längst überholt. Im Gegenteil: Wer keine positive Grundeinstellung zum Lernen hat, ist für qualifizierte Aufgaben ungeeignet.

Jahrzehntelang wurde der Mensch von der Maschine beherrscht, das Verhältnis sollte jedoch umgekehrt sein. Die modernen Bürogeräte erhalten durch die Verwendung der neuen Techniken bessere Eigenschaften. Sie werden leiser, kleiner, billiger, bedienungs- und wartungsfreundlicher und ergonomisch ständig verbessert.

Die Anpassung der Ablauforganisation an neue Technologien ist ein Prozeß, der sich über einen längeren Zeitraum erstrecken muß und nur durch die Beteiligung der Mitarbeiter gelingen kann.

Der Mitarbeiter kann nur dann in angemessener Zeit eine gute Leistung erbringen, wenn seine Arbeit **unterstützt** wird durch

- eine sinnvoll eingesetzte Bürotechnik
- Arbeitsabläufe, die der eingesetzten Technik angepaßt sind
- eine dem Menschen angepaßte Arbeitsumwelt („Humanisierung" des Arbeitsplatzes)

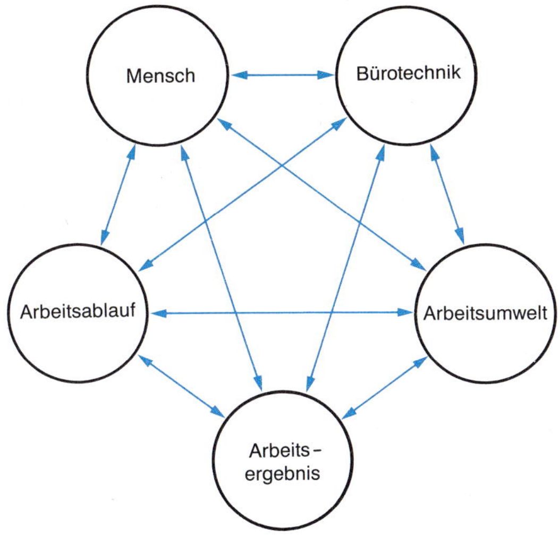

Erkenntnis: Durch Einsatz maschineller Hilfsmittel – z. B. Text- und Datenverarbeitungssysteme, Kopiergeräte, Postbearbeitungsmaschinen, Diktateinrichtungen, Mikrofilmanlagen, durch Anschluß an die Postdienste usw. – und durch bessere Arbeitsvorbereitung und Arbeitseinteilung wird die menschliche Arbeitsleistung ständig erhöht. Eine an den Menschen angepaßte Arbeitsumwelt entlastet ihn, gibt seiner Arbeit Sinn und Würde, setzt aber auch eine Bereitschaft zur Bejahung der Technik voraus.

Um Ihren vielfältigen Aufgaben in einer technisierten Umwelt gewachsen zu sein, aber auch um Befriedigung in Ihrer Arbeit zu finden, müssen Sie außer Ihrem Fachwissen Selbständigkeit mitbringen. Andererseits müssen Ihnen Befugnisse übertragen werden. Sie müssen in gewissen Bereichen ein Mitspracherecht bekommen, an bestimmten Besprechungen teilnehmen, ausreichend informiert werden. Bei der Erfüllung Ihrer Aufgaben sind im wesentlichen

- Wissen
- Können
- Erfahrung

ausschlaggebend. Der Mitarbeiter, der über derartige Qualifikationen verfügt, wird auch in der heutigen Zeit beweglich genug sein, seinen Beruf der Entwicklung anzupassen.

Studieren Sie das Stellenangebot auf der nächsten Seite, das sich an eine jüngere Sekretärin richtet.

In größeren Betrieben ist es zur Zeit noch üblich, durch Aufstellung eines betriebsindividuellen Karriereplans mit stufenweiser Erhöhung der Anforderungen eine Rangreihe der Sekretärinnen aufzustellen.

Beispiel:

Stufe 1 Anfangssekretärin	Stufe 4 Allround-Sekretärin
Stufe 2 Zweitsekretärin	Stufe 5 Fremdsprachen-Sekretärin
Stufe 3 Sekretärin	Stufe 6 Chefsekretärin/Assistentin

> ## . . . wenn Routine nicht Ihr „Geschäft“ ist
>
> . . . dann lesen Sie bitte weiter:
>
> Stabsabteilungen sind im allgemeinen jene Bereiche in einem Unternehmen, wo viele Entscheidungen vorbereitet, also „vorgedacht“ werden müssen. So auch bei uns.
>
> Wenn „Mitdenken“ Ihnen Freude macht und Sie als rechte Hand des Abteilungsdirektors an einer ebenso anspruchsvollen wie abwechslungsreichen Tätigkeit interessiert sind, dann eröffnet sich diese Chance in unserer Stabsabteilung Revision für eine
>
> ## jüngere Sekretärin
>
> Da Sie eine schnelle Auffassungsgabe haben, werden Sie nach angemessener Einarbeitungszeit schon bald selbständig nicht nur die tägliche Korrespondenz erledigen – daß Sie die Techniken beherrschen, ist selbstverständlich –, sondern auch dispositive Aufgaben wie Sitzungsvorbereitungen, die Planung von Tagungen und die Betreuung in- und ausländischer Gäste übernehmen. Organisationstalent und gute Sprachkenntnisse in Englisch und möglichst auch Französisch werden Ihnen die Bewältigung dieser Aufgaben leicht machen.
>
> Daß eine solche verantwortungsvolle Stellung ein hohes Maß an Vertrauenswürdigkeit, Loyalität und Engagement verlangt, ist selbstverständlich. Sie sollten daher gelegentlich auch über die normale Arbeitszeit hinaus einsatzbereit sein. Kein Job also, sondern eine fordernde Aufgabe.
>
> Wir erwarten viel von Ihnen, aber wir bieten auch viel: Eine angenehme Arbeitsatmosphäre, ein attraktives Gehalt und Sozialleistungen, die als beispielhaft gelten.
>
> Bitte richten Sie Ihre ausführliche Bewerbung mit neuerem Foto an . . .

Ein solcher Stufenplan enthält die für die Stelle wichtigen Kriterien sowie die Tätigkeiten und die dazu erforderlichen Fähigkeiten im Detail in Form einer Checkliste. Diese Checkliste ist nützlich als Grundlage zur Beurteilung einer Stelleninhaberin oder zur Erstellung einer Stellenbeschreibung, ist andererseits aber auch ein Wegweiser zur Karriereplanung für die Sekretärin.

Die Ausweitung der Weltmärkte, der EU-Binnenmarkt sowie die internationalen Verflechtungen bieten gut ausgebildeten Sekretärinnen, die in mehreren Sprachen korrespondieren, telefonieren und konferieren können, vielfältige Berufschancen. Europa-Sekretärinnen[1] finden ihr Betätigungsfeld in allen Firmen mit Auslandskontakten, z. B. in Unternehmen des Fremdenverkehrs, auf internationalen Messen und Ausstellungen, in Transportunternehmen und Firmen, die internationalen Verbänden oder Vereinigungen angehören, ferner im auswärtigen Dienst, in konsularischen und diplomatischen Dienststellen, in Auslandsemissionen, bei der NATO, der EU, dem Europarat, der OECD, ECE oder EURATOM.

Bei Antritt einer Stelle sollten Sie sich zunächst mit der Aufbauorganisation des Betriebes vertraut machen, um so besser werden Sie die Problematik der Zuständigkeiten erkennen.

[1] Informationen zur Ausbildung zur Europa-Sekretärin ESA: Europa-Sekretärinnen-Akademie ESA für Deutschland e. V., 68161 Mannheim, S 1, Telefon (0621) 153132.

Jeder Betrieb hat eine bestimmte Struktur (Aufbau). Daß dieser Aufbau so sinnvoll wie möglich ist, wird durch die **Aufbauorganisation** geregelt. Die Aufbauorganisation ist sozusagen das Fundament des Betriebes. Sie ist meistens festgelegt im Organisationsplan eines Unternehmens und wird auch **Organigramm** genannt. Der Sinn dieses Organisationsplanes ist es, den auf Dauer angelegten Aufbau eines Unternehmens sinnvoll zu regulieren.

Das Organigramm zeigt

- den hierarchischen Aufbau = Verteilung der Weisungsbefugnisse
- die Verteilung der Aufgaben auf die einzelnen Abteilungen

Ein Organigramm muß verdeutlichen, ob die Anordnungsbefugnisse richtig verteilt sind, ob alle Stellen sinnvoll erfaßt werden, ob die Zuständigkeiten gut gelöst sind, ob die Beziehungen der Abteilungen untereinander berücksichtigt worden sind. Fehler und Lücken werden schnell sichtbar.

Zurück zum Stellenangebot. Gesucht wird die Sekretärin eines Stabstelleninhabers.

Was versteht man unter einer „Stabstelle“?

Stäbe stehen den Führungskräften entlastend und beratend zur Seite, sie sollen Entscheidungen „vordenken“. Stabstelleninhaber sind qualifizierte, spezialisierte Mitarbeiter der Leitungsebene, die für die Führungskräfte Entscheidungshilfen vorbereiten, selbst jedoch keine Anweisungen an andere Abteilungen geben können. Sie können beauftragt werden, Entscheidungen weiterzuleiten und deren Durchführung zu beaufsichtigen.

Neben Stabstellen gibt es häufig Service-Abteilungen, die mehreren Abteilungen zur Verfügung stehen (Schreibdienst, Reprografie-Abteilung, EDV-Zentrale).

Auch die **Arbeitsabläufe** werden organisiert, und zwar unter zeitlichen und räumlichen Gesichtspunkten. Die bestehende Ordnung muß ständig daraufhin überprüft werden, ob sie noch den Ansprüchen genügt, sonst gerät sie in Gefahr, starr zu werden und zu veralten.

Die Amerikaner haben ein Fragebogenverfahren entwickelt, Arbeitsabläufe auf ihre Wirtschaftlichkeit hin zu überprüfen. Das Programm wird „work simplification“ genannt, zielt also auf eine **Arbeitsvereinfachung** hin.

Es enthält im wesentlichen sechs Leitfragen, die auf viele, auch persönliche Bereiche übertragbar sind.

Zusammengefaßt, stark vereinfacht, lauten die Fragen etwa so:

Was soll mit der betrachteten Arbeit erreicht werden?

Warum ist die Arbeit überhaupt notwendig? Ist sie ggf. ganz oder teilweise überflüssig? Kann sie günstiger kombiniert werden?

Wo wird die Arbeit ausgeführt? Gibt es einen günstigeren Arbeitsplatz?

Wann wird die Arbeit ausgeführt? Ist sie besser zu einem anderen Zeitpunkt auszuführen?

Wer führt die Arbeit aus? Wer könnte sie besser ausführen? (Qualifikation)

Wie wird die Arbeit ausgeführt? Ist die Methode zu verbessern?

Diese so selbstverständlich klingenden Fragen sollten Sie sich vor der Durchführung Ihrer Aufgaben stellen. Sie werden erstaunt sein, wie oft Sie Verbesserungsmöglichkeiten finden werden. „Überlegen macht überlegen!“

Überlegungshilfe

- Alles in der Wirtschaft ist in Fluß. Unser Jahrzehnt wird gekennzeichnet durch Neuformungen mit weltweiten Konsequenzen:
  - Internationalisierung der bisherigen Regionalmärkte
  - Öffnung neuer Märkte in Osteuropa
  - Anwendung völlig neuer Technologien
  - gesellschaftlicher Wertewandel
  - Auswirkungen neuer Technologien auf die Büroarbeit:
    - Veränderungen der Berufsstruktur
    - Veränderungen der sozialen Struktur
  - Folgerungen:
    - Der Mensch der heutigen Zeit muß lernen.
    - Der Mensch der heutigen Zeit muß die Bereitschaft zur Mobilität entwickeln.
  - Anforderungen an die Mitarbeiter im modernen Büro:
    - Wissen
    - Können
    - Erfahrung
  - Aufbauorganisation = statische Struktur eines Betriebes
  - Ablauforganisation = Regelung des zeitlichen Ablaufs und der räumlichen Standorte der Arbeitsvorgänge
  - Lean Management = Straffung der Führungsebenen, Verlagerung der Führungskompetenz nach unten (Kundennähe), Abbau der Hierarchien. Der Kunde ist König, d. h. das Angebot von Produkten und Dienstleistungen soll hinsichtlich Qualität, Vielfalt und Kosten dem Bedarf des Kunden entsprechen.

    Expertenmeinung: Lean Management (kommt aus Japan) ist die Voraussetzung für die zukünftige Wettbewerbsfähigkeit von Unternehmen.

1 Text- und Datenverarbeitungssysteme

Durch die breite Einführung der Mikroelektronik in die Arbeitswelt entstehen kaum **neue** Berufe, wohl aber werden die beruflichen Anforderungen der **bestehenden** Berufe **verändert.** Das bedeutet für die Mitarbeiter einerseits mehr Durchblick, mehr Eigeninitiative und auch mehr Verantwortung und erfordert andererseits, daß sie ihre Qualifikationen erweitern, vertiefen und auch Neues hinzulernen.

37 % der Erwerbstätigen in den alten Bundesländern haben an ihrem Arbeitsplatz mit Computern zu tun; 21 % arbeiten gelegentlich an Computern, für 16 % dagegen – jeden sechsten Erwerbstätigen – ist der Computer das wichtigste Arbeitsmittel. 1969 waren erst 0,4 % der Erwerbstätigen an sogenannten „elektronischen Datenverarbeitungsanlagen" tätig. Heute sind fast alle Bereiche der Wirtschaft von programmgesteuerten Arbeitsmitteln durchdrungen. Der Verbreitungsgrad der neuen Technologien weitet sich immer schneller aus. Während in den Jahren von 1979 bis 1985 der Einsatz von Computern nur langsam anstieg, hat sich die Zahl der Computerarbeitsplätze von 1985 bis 1992 mehr als verdoppelt.

Die veränderten Arbeitsinhalte werden zur Zeit noch überwiegend durch betriebsnahe oder arbeitsplatzgebundene Weiterbildungsmaßnahmen abgedeckt. Auch Volkshochschulen und andere Bildungseinrichtungen bieten Kurse zur Einarbeitung in Text- und Datenverarbeitungssysteme an. Unterläßlich ist eine positive Grundeinstellung zur Weiterbildung; wer diese nicht mitbringt, ist für qualifizierte Aufgaben nicht geeignet.

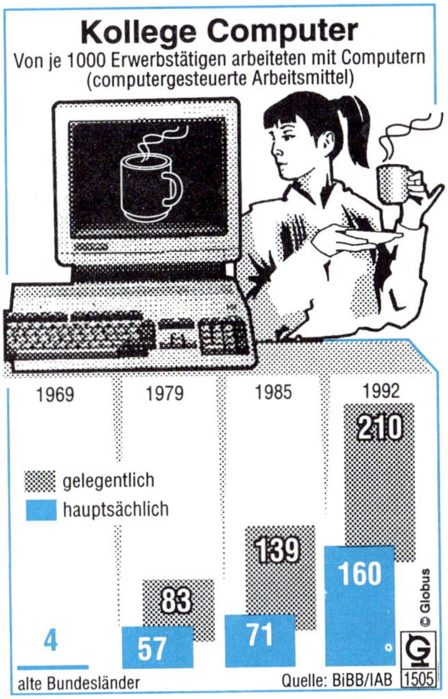

In Zukunft werden auch kleine und mittlere Unternehmen sämtliche Arbeitsabläufe mit Hilfe von Text- und Datenverarbeitungssystemen erledigen. Je nach Ausbildungsberuf und späterem Tätigkeitsfeld werden verschiedene Zusatzkenntnisse notwendig. Wer z. B. mit einem Datenverarbeitungssystem buchen soll, muß zuvor Sinn und Zweck der Buchung begriffen haben, wer Korrespondenz abwickeln will, muß mit den Regeln der Briefgestaltung vertraut sein. In den meisten Stellenangeboten für Sekretärinnen werden Kenntnisse in der Textverarbeitung und Interesse an weiterer Einarbeitung in PC-Programme vorausgesetzt.

Beispiel:

> Wir sind ein Hoch- und Tiefbauunternehmen (80 MA) mit angeschlossener Bau- und Planungsabteilung für den schlüsselfertigen Industriebau.
>
> Wir verfügen hier über Bauaufträge im gesamten Bundesgebiet, speziell für Planung und Bau von Kfz-Betrieben und Autohäusern.
>
> Wir suchen
>
> **Chefassistentin**
>
> mit einschlägiger Erfahrung in der Abwicklung moderner Bürokommunikation, insbesondere PC-Textverarbeitung.
>
> Sie sollten die Hektik eines Baubetriebes nicht scheuen, denn Organisation ist bei uns Improvisation mit System.
>
> Bei entsprechender Eigeninitiative und Durchsetzungskraft eröffnen wir Ihnen eine ausbau- und entwicklungsfähige Aufgabe bei attraktiver Dotierung.
>
> Ihre Bewerbung mit Lebenslauf, Lichtbild, Zeugniskopien usw. erbitten wir an: . . .

Jedes Unternehmen ist durch den Austausch von Informationen mit der Umwelt verbunden; die Information ist ein **Produktionsfaktor.** Im Sekretariat werden Informationen empfangen, verarbeitet, verknüpft, ausgewertet, ausgegeben, d. h. Texte aller Art werden be- und verarbeitet. Ein Großteil der Informationsbearbeitung ist Schreibarbeit. Sekretärinnen sind Vielschreiberinnen. Ihre Arbeit umfaßt u. a. das Schreiben von Korrespondenz, von Formularen und Tabellen, von fremdsprachlichen Texten, von z. T. inhaltlich schwierigen Schriftsätzen, Verträgen, Protokollen, Aufsätzen usw.

Der Bereich „Schreiben" ist der weitaus größte Kostenfaktor im Bürobereich. In vielen Sekretariaten stehen jedoch noch Schreibmaschinen, die nichts weiter können als schreiben. Unternehmensberater sind zu dem Ergebnis gekommen, daß erst 15 % der Büroarbeit mit Hilfe des Computers erledigt wird. Es ist nur vernünftig und wirtschaftlich, Textsysteme im Sekretariat einzusetzen. Vorteile: Das Geschriebene kann beliebig oft überarbeitet werden, Schreibfehler, falsche Zeichensetzung, vergessene Absätze sind kein Problem mehr, Textstellen können umgestellt oder gelöscht werden; erst der tadellos geschriebene Text wird zu Papier gebracht. Textverarbeitung kann mit Hilfe von elektronischen Schreibsystemen oder mit Hilfe von Microcomputern oder Großcomputeranlagen erfolgen (siehe Kapitel 8).

Eine gute Sekretärin muß heute über Grundkenntnisse der elektronischen Text- und Datenverarbeitung verfügen.

Das Angebot an elektronischen Textsystemen

▶ Einfache Speicherschreibmaschine

Eine-Zeile-Leuchtanzeige (Display); nur die in dieser Anzeige erscheinende Zeile kann korrigiert werden. Größere Textmengen müssen auf Diskette gespeichert werden; der Text wird Zeile für Zeile abgerufen und bearbeitet.

▶ Bildschirmunterstützte Schreibsysteme

- **Bildschirmschreibmaschine.** Kombination einer elektronisch gesteuerten Schreibmaschine, Zentraleinheit, Bildschirm, Diskettenstation.

  Vorteile:

  – Darstellung des späteren Druckbildes auf dem Bildschirm (wysiwyg = „what you see is what you get");

    Beispiele:

    – Die gewählte Schreibteilung wird am Bildschirm dargestellt, z. B. ist die Proportionalschrift tatsächlich als solche erkennbar.

    – Unterschiedliche Zeilenabstände werden als solche angezeigt.

  – Oft gebrauchte Texte, Formulierungen und Konstanten lassen sich in einem internen Speicher speichern und aus diesem bei Bedarf einfach abrufen; wird die Kapazität des internen Speichers überschritten, lassen sich Daten in unbegrenzter Menge auf Disketten speichern.

  – Besonders vorteilhafter Einsatz im Sekretariat. Nicht alle Informationen lassen sich mit einem Computer bearbeiten (Briefumschläge, Zettelnotizen, Karteikarten usw.). Die Texterfassung erfolgt am Bildschirm, der Ausdruck erfolgt über die Schreibmaschine mit ihrem guten Schriftbild.

- **Textsysteme.** Leistungsmerkmale wie PC; jedoch komfortablere Textverarbeitung. PC-Kommunikation möglich über kompatible Disketten oder über eine Datenleitung. Voraussetzung: Schnittstelle (V-24-Schnittstelle).

- **Terminal** (als eins von vielen), angeschlossen an einen zentralen Großrechner.

- **Personal Computer (PC) mit spezieller Textsoftware.** Ausdruck über einen separaten Drucker; Druckqualität unterschiedlich; Laserdrucker von hervorragender Qualität und sehr leise. Datenspeicherung über fest eingebaute Speicherplatte (Festplatte) und Diskette. Zum Teil teletexfähig (Nachrüstsatz), d. h. am Bildschirm geschriebene Texte können, ohne sie vorher auszudrucken, über den elektronischen Postweg an den Korrespondenzpartner geschickt werden.

- **Kombination PC-Textsystem und elektronisch gesteuerte Schreibmaschine.** Besonders vorteilhafter Einsatz im Sekretariat. Die Vorteile des PC verbinden sich mit denen der Bildschirmschreibmaschine.

Computer-Integration (Büro-Kommunikation). Der Trend geht in die Richtung von sogenannten **Warenwirtschaftssystemen,** mit denen vom Auftrag bis zur Rechnung alles über Computer abgewickelt wird. Alle Sachbearbeiter können durch Terminals oder Personal Computer auf **eine Datenbank** zurückgreifen. Das kann nur funktionieren, wenn die Daten in der Datenbank korrekt aktualisiert werden, denn jeder Mitarbeiter muß sich auf die Richtigkeit, die Pünktlichkeit und Vollständigkeit der Informationen auf dem Bildschirm verlassen können. Die Leistungsfähigkeit der Computer wird steigen. Die Mitarbeiter arbeiten mit sogenannten multifunktionalen Geräten, mit denen man gleichzeitig telefonieren, teletexen, schreiben, Daten und Bilder hin- und herschicken kann.

Überlegungshilfe

- Die Büroarbeit wird sich durch den technischen Fortschritt in den kommenden Jahrzehnten erheblich verändern.
- Nach Schätzungen von Fachleuten werden innerhalb der nächsten zehn Jahre etwa 50 Prozent aller Arbeitsplätze von der Mikroelektronik berührt werden; weit mehr als die Hälfte aller Beschäftigten muß also in Zukunft die **Grundlagen** der Datentechnik kennen.

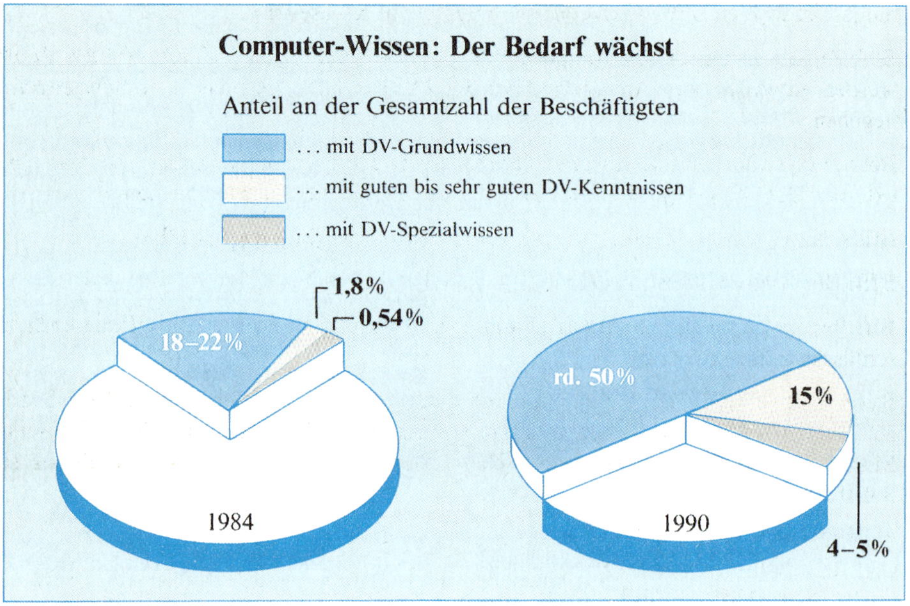

- Dem Büroangestellten erschließen sich neue Tätigkeitsfelder und größere Dispositionsspielräume.
- Dem Sachbearbeiter steht an einem „multifunktionalen" Arbeitsplatz die gesamte Computerleistung des Unternehmens zur Verfügung.
- Der qualifizierte Mitarbeiter verfügt über
  - fachübergreifende Qualifikationen, kooperative und kommunikative Fähigkeiten
  - grundlegende kaufmännische Fachkenntnisse
  - Grund- und Bedienungskenntnisse der Datenverarbeitung

1.1 Das technische System und seine Arbeitsweise

Eine Sekretärin sollte ein Text- und Datenverarbeitungssystem selbstverständlich **bedienen** können. Aber warum muß sie darüber hinaus über Kenntnisse eines Systemaufbaus verfügen oder sich über organisatorische Auswirkungen des Einsatzes von Computern informieren?

Die Sekretärin trifft sicher **keine Entscheidungen** bei der Systemauswahl. In ihrer Funktion als **Chefassistentin** sollte sie aber die Idiomatik der Datenverarbeitungsfachleute in ihren wichtigsten Formen verstehen (Idiom = [Standes]sprache). Sonst kann sie ein Gerät, an dem sie arbeiten soll, in seinen Möglichkeiten möglicherweise gar nicht beurteilen.

Begriffserklärung[1]

- **ADV:** siehe EDV.
- **Anwendersoftware:** Programme, die für die Lösung bestimmter betrieblicher Aufgaben eingesetzt werden (z. B. Textverarbeitung, Rechnungswesen u. a.).
- **Befehl:** Anweisung an den Computer, um eine bestimmte Aufgabe durchzuführen. Befehle werden entweder vom Anwender über die Tastatur oder über das Anwenderprogramm gegeben.
- **Betriebssystem:** Maschinensprachlich formulierte Programmiersysteme, die von einem externen Datenträger (z. B. Diskette) in den Arbeitsspeicher geladen werden.
- **Bildschirm:** Macht die im Computer gespeicherten Informationen sichtbar.
- **BIS:** Büro-Informations-System.
- **Bit:** (binary digit = Binärzeichen); kleinste Informationseinheit zur Darstellung binär verschlüsselter Daten: 0 und 1.
- **Byte:** Einheit von 8 Bits, die zusammen einen Buchstaben, eine Zahl oder ein Sonderzeichen darstellen; kleinste adressierbare Speicherstelle. Ein Byte (oder ein Vielfaches) ist Maßstab für die **Kapazität** eines Speichers. Als Maßvorsätze bei größeren Einheiten sind üblich:
  - Kilobyte (KB) = 2^{10} Bytes
    = 1024 Bytes
  - Megabyte (MB) = 2^{10} KB
    = rund 1 000 KB (1 Million Bytes)
  - Gigabyte (GB) = 2^{10} MB
    = rund 1 000 MB (1 Milliarde Bytes)

  Diese Werte sind wichtig zur Beurteilung der Speicherkapazität von Text- oder Datenverarbeitungssystemen. Wenn z. B. eine Bildschirmschreibmaschine über einen internen Speicher mit einer Kapazität von 10 KB verfügt, entspricht das einer Speichermöglichkeit von etwa 10 240 Zeichen. Ein Standardbrief umfaßt etwa 1 400 Zeichen, also kann die Maschine intern etwa 8 Standardbriefe speichern. Bei einem Personal Computer bedeutet eine Plattenkapazität von 20 MB, daß 20 Millionen Zeichen gespeichert werden können. Eine Umrechnung in A4-Seiten bringt wenig, da die Software entsprechende Speicherkapazität belegt.
- **Bus:** Leitungsverbindungen zwischen peripheren Geräten und Zentraleinheit; technische Alternative: serielle oder parallele Schnittstellen (engl. Interface).
- **CAD:** Computer Aided Design.

[1] Unter Beschränkung auf die Begriffe aus der Datenverarbeitungs-Terminologie, die zum Verständnis der folgenden Ausführungen unumgänglich notwendig sind.

- **Chip:** Überbegriff für alle elektronischen Bauelemente der Mikroelektronik.
- **CIM:** Computer Integrated Manufacturing.
- **Computer:** (siehe Hardware, Software): Elektronische Rechenanlage zur Verarbeitung von Daten. Ein digitaler (digital = ziffernmäßig) Computer arbeitet auf der Grundlage des sogenannten Binärsystems, ein System, das mit nur 2 Elementen in der Zahlendarstellung auskommt. Elektronische Schalter setzen elektrische Impulse in den jeweiligen Schaltzustand um; **nicht geschaltet** wird durch die Ziffer „0", **geschaltet** durch die Ziffer „1" gekennzeichnet. Die Umwandlung (Codierung = Verschlüsselung) der eingegebenen Daten ermöglicht die Verarbeitung von Wörtern, Sätzen, Texten usw. Die meisten Computer bestehen aus der Tastatur, dem „Rechner" und einem Bildschirm.
- **CPU:** engl. Abkürzung für Central Processing Unit, vgl. Zentraleinheit.
- **Cursor:** Anzeige für die aktuelle Arbeitsposition auf dem Bildschirm.
- **Datei:** Bezeichnung für Informationen, die unter einem bestimmen Namen gespeichert sind, unter dem der Computer sie wieder auffinden kann. Aufbau: Datensätze, Datenfeld, Zeichen. Eine Datei ist also eine sachbezogene Zusammenfassung von Datensätzen; ein Datensatz besteht aus Datenfeldern, ein Datenfeld aus Zeichen.
- **Datenbank:** Speicherung großer Datenbestände aus unterschiedlichen Quellen und Sachbezügen; Verbindung mehrerer Dateien, die nach verschiedenen Begriffen geordnet sind.
- **Datenschutz:** Seit 1977 gesetzlich geregelt (Bundesdatenschutzgesetz – BDSG); Maßnahmen zum Schutz vor dem Mißbrauch von Daten bei der Datenverarbeitung.
- **Datex:** Data Exchange. Es handelt sich um ein spezielles Leitungsnetz, über das preisgünstig Daten aus Computern abgerufen und übertragen werden können.
- **Datex-J:** Es handelt sich um ein reines Computernetz, über das jedermann mit Firmen oder auch Privatpersonen zum Telefontarif kommunizieren kann. Banküberweisungen sind z. B. ebenso möglich wie Hotelbuchungen oder Versandhausbestellungen.
- **Datex-L:** Leitungsvermittelter digitaler Datenübertragungsdienst der Deutschen Telekom AG.
- **Datex-P:** Paketvermittelter digitaler Datenübertragungsdienst der Deutschen Telekom AG.
- **Diskette:** „Floppy Disk": weit verbreiteter Datenspeicher in Form einer Kunststoffscheibe mit magnetisierbarer Oberflächenbeschichtung; verschiedene Größen und Kapazitäten:
  - Minidiskette: Größe 5,25 Zoll, Volumen: 360 KB/1,2 MB
  - Mikrodiskette: Größe 3,5 Zoll, Volumen: 720 KB/1,4 MB
- **Display:** Ausgabegerät für die vorübergehende Anzeige von Computerdaten.
- **Dokument:** Textverarbeitung: **abgespeicherter Text.**
- **DOS:** Disk Operating System, als MS-DOS (Microsoft DOS) das Standardbetriebssystem für PC.
- **Drucker:** Geräte zur Ausgabe von Daten und Texten auf Papier (Hard Copy).
- **EDV:** Elektronische Datenverarbeitung (auch ADV = automatisierte Datenverarbeitung); Arbeitsvorgänge und Informationen werden soweit vereinfacht, daß sie von Datenverarbeitungsanlagen bzw. Computern erfaßt, gespeichert, verändert, übertragen und bearbeitet werden können.

- **FAX:** Faksimile/Fernkopieren.
- **Festplatte:** Eine fest im Computer eingebaute Platte zur Speicherung von Arbeitsdaten und des Betriebssystems.
- **Festspeicher:** ROM (Read Only Memory) wird nur einmal mit Informationen gefüllt; längerfristige Aufnahme immer wieder benötigter Programme.
- **Formularmaske:** Auf dem Bildschirm definierte Eingabefelder (z. B. für Briefvordrucke, Formulare).
- **Hardware:** Gesamtheit der apparativen und physikalischen Teile einer DV-Anlage.
- **Host:** ADV-Anlage in einem Verbundsystem.
- **Interface:** Schnittstelle zwischen CPU und Peripherie.
- **ISDN:** Integrated Services Digital Network (dienste-integrierendes Fernmeldenetz). Sein Zweck ist die bessere Nutzung von Fernmeldeleistungen. Mit ISDN benötigt man nur noch einen einzigen Anschluß für Telefon, Telex oder Btx. Außerdem kann man dank ISDN zwei Dienste gleichzeitig nutzen, also beispielsweise telefonieren und gleichzeitig auf derselben Leitung ein Telefax empfangen.
- **Kompatibilität:** Vereinbarkeit, „Zusammenpassen" von Systemelementen; Voraussetzung Standardisierung und Normierung.
- **Konfiguration:** Bestandteile einer DV- oder Textverarbeitungsanlage.
- **laden:** Übertragung von Daten und Programmen von einem externen Massenspeicher in den Hauptspeicher des Computers.
- **LAN:** **L**ocal **A**rea **N**etwork = Lokalbereichsnetz; Verbindung voneinander entfernt stehender informationsverarbeitender Anlagen innerhalb eines Betriebes.
- **Maus:** Freibewegliches Gerät mit Funktionstasten; ermöglicht eine Cursorsteuerung und Befehlseingabe.
- **Mehrplatzsystem:** (engl. multi-user system) Mehrere Bildschirme bzw. Terminals werden durch **eine** Zentraleinheit gesteuert. Es gibt verschiedene Varianten.
- **Off-Line:** unabhängig, getrennt; Geräte, die nicht unter Steuerung der Zentraleinheit arbeiten.
- **On-Line:** Peripheriegerät, das mit dem Computer verbunden ist, also unter Steuerung durch die Zentraleinheit arbeitet (auch: Dialogverarbeitung).
- **Passwort:** Schlüsselwort; Schutz von Informationen vor unbefugtem Zugriff.
- **Peripheriegeräte:** Bestandteile eines Computersystems mit Ausnahme der Zentraleinheit.
- **Pflichtenheft:** detaillierte Beschreibung von Aufgaben und Maßnahmen; Grundlage für Auswahl von Maschinen.
- **Programmierte Textverarbeitung (PTV):** Arbeiten mit vorformulierten und gespeicherten Texten und Briefen.

- **RAM** = **R**andom **A**ccess **M**emory: „flüchtiger“ Schreib-Lesespeicher; bei Abschalten des Stroms geht der Inhalt verloren.

- **ROM** = **R**ead **O**nly **M**emory: „nichtflüchtiger“, nicht veränderbarer Festspeicher; enthält Teile des Betriebssystems.

- **Software:** (Aus dem Englischen stammende) Bezeichnung für alle immateriellen (nichttechnischen) **Programm**bestandteile einer DV-Anlage. Unterschieden wird die

  - „System-Software“ (Grundlagenprogramme, Betriebssystem). Das Betriebssystem ist entscheidend für die Steuerung, das Handling, die Programmierbarkeit und den Aufbau eines Systems. Bei **Text**systemen ist das Betriebssystem fester Bestandteil der Anlage;

  - Anwender-Software; sie dient zur Lösung spezieller Benutzerprobleme, ist also verantwortlich für die anwendungsspezifische Lösung eines Ablaufes (z. B. Erstellung eines Angebotes). Es gibt Software, die fest im Computer eingebaut ist, und Software, die z. B. über Disketten eingegeben werden kann.

Das EVA-Prinzip

Grundlage jeder Datenverarbeitung – gleichgültig ob sie durch den Menschen oder durch eine Maschine erfolgt – ist die

- **E**ingabe
- **V**erarbeitung
- **A**usgabe

von Daten, kurz EVA-Prinzip genannt. Um diesen Vorgang verständlicher zu machen, folgt ein Vergleich zwischen einem datenverarbeitenden Menschen und einer datenverarbeitenden Maschine, der natürlich mit gebotener Vorsicht zu bewerten ist.

Datenverarbeitung durch einen Menschen

Situationsbeispiel:

Fall: Frau Kluge, Sekretärin des Geschäftsführers einer Versicherungsgesellschaft, soll für diesen und andere Vorstandsmitglieder Reisekostenabrechnungen erstellen.

Arbeitsablauf: Frau Kluge sortiert die Belege, klärt telefonisch Unstimmigkeiten, stellt in der Reisekostentabelle die Reisekostensätze fest, errechnet die Gesamtsumme, schreibt schließlich die Abrechnungen.

Datenbedarf:

- Reisetag, Reisebeginn, Reiseende, Abwesenheit in Stunden, gefahrene Kilometer, Verpflegung, Übernachtung, Nebenkosten usw.
- Personaldaten (z. B. Gehaltsklasse)
- Reisekostensätze

Datenherkunft:

- Belege (Fahrkarten, Hotelrechnungen, Parkscheine usw.)
- Personalkartei
- Reisekostentabelle

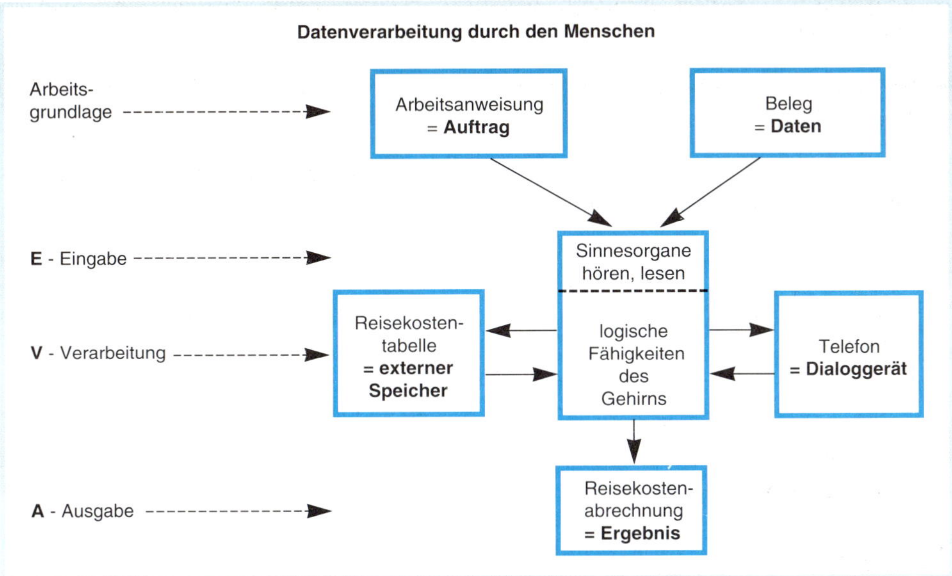

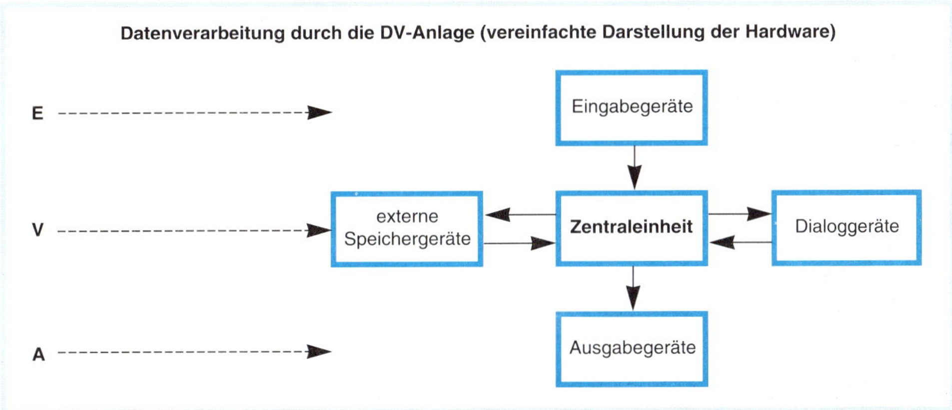

Mittelpunkt ist die **Zentraleinheit;** die mit ihr verbundenen Geräte bezeichnet man als **On-line-Geräte** (On-line Peripherie).

Kernwissen

- Grundlage jeder Datenverarbeitung ist das EVA-Prinzip.
- Beurteilungskriterien einer DV-Anlage sind die Speicherkapazität und die Verarbeitungsgeschwindigkeit. Die **Speicherkapazität** wird in Bytes ausgedrückt:
  - 1 Kilobyte (KB oder K) = 2^{10} Bytes = 1 024 Bytes
  - 1 Megabyte (MB oder M) = 1 Million Bytes
  - 1 Gigabyte (GB oder G) = 1 Milliarde Bytes.

  Die **Verarbeitungsgeschwindigkeit** wird häufig in MIPS (Millions Instructions per Second) angegeben, Verarbeitungsgeschwindigkeiten, die außerhalb unserer Vorstellungskraft liegen.

Überlegungshilfe

- ❑ Büroarbeit ist **Informationsverarbeitung.**
- ❑ Die Informationsverarbeitung wird in Zukunft durch die **Neuen Techniken** bestimmt; Grund- und Bedienungskenntnisse der Datenverarbeitung sind ein **Muß** für qualifizierte Mitarbeiter. Hierzu gehören auch Kenntnisse, **wie** das verfügbare Gerät bei der Bearbeitung der Geschäftsvorfälle einzusetzen ist. Heute kauft man nicht mehr Computer, sondern Problemlösungen.

Zur Vertiefung

1 Kennzeichnen Sie das EVA-Prinzip an folgenden Begriffen mit E/V/A

a) Lesen von Aufträgen
b) Erstellen einer Umsatzliste
c) Errechnen des Wertes eines Auftrages
d) Sortieren der Aufträge nach dem Datum.

1.1.1 Die Elemente der Hardware, Leistungsmerkmale der Software

Mikrocomputer-Konfiguration

▶ Möglichkeiten der Eingabe durch

- **Tastatur** (durch Spezialtasten für Sonderfunktionen erweiterte Schreibmaschinentastatur)
- **„Maussteuerung";** (wird über die sogenannte serielle Schnittstelle an den Computer angeschlossen); eine ergonomisch gestaltete (an die Handinnenfläche angepaßte) Bedienungshilfe. Durch Drucktasten an der Maus werden Steuerimpulse über ein Verbindungskabel an die Zentraleinheit übertragen. Die Software gestattet dem Benutzer, die Geschwindigkeit, mit der der Mauszeiger auf dem Bildschirm bewegt wird, selbst zu bestimmen (z. B. Text markieren, löschen usw.)
- **Lichtgriffel;** Punkte auf dem Bildschirm werden markiert und dann vom Computer erfaßt.

  Vorteil:

  Wesentlich schnellere Kommandoeingabe als über die Tastatur.
- **Touch screen;** Berührungsfelder auf dem Bildschirm.
- **Digitalisiertablett** (elektronisches Zeichenbrett), Einsatz: Konstruktionsaufgaben, computerunterstütztes Zeichnen (CAD-Anwendungen; engl. **c**omputer **a**ided **d**esign).
- **Scanner;** ein Gerät zum Erfassen von Dokumenten, die am PC weiterverarbeitet werden können.

  Einsatzbeispiel: Ergänzung von Texten durch Grafik oder Bilder. Man fährt mit dem Scanner **langsam** über das Dokument, das dann auf dem Bildschirm dargestellt wird und anschließend weiter bearbeitet werden kann.

▶ Verarbeitung

Zentraleinheit = CPU (engl. **c**entral **p**rocessing **u**nit), bestehend aus:

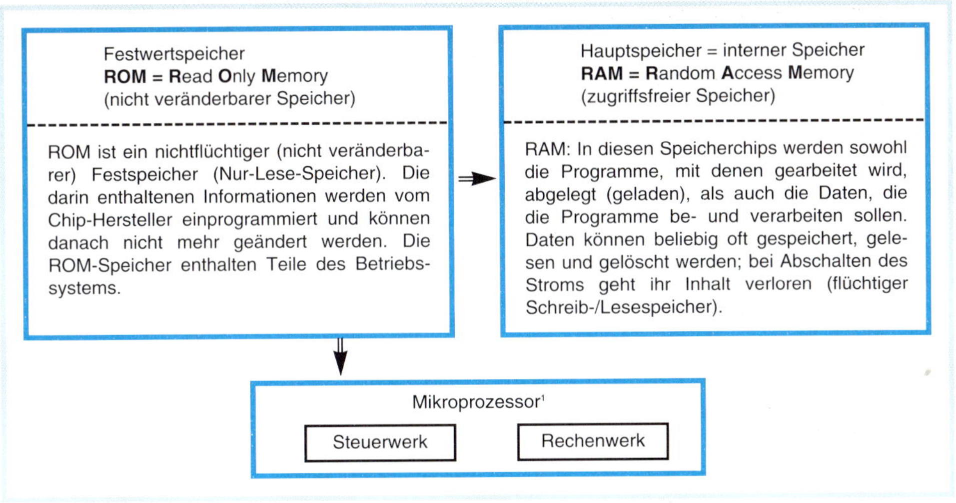

▶ Möglichkeiten der Ausgabe durch

- **Bildschirm;** Kriterien: Darstellungsart, Grafikkarte, Bildschirmgröße;
  - **Darstellungsart: Monochrome** (einfarbige) Bildschirme stellen auf schwarzem oder weißem Hintergrund die Buchstaben und Zahlen in grüner, gelber oder wie auch immer gearteten Farbe dar. Auf einfarbigen Bildschirmen können auch die meisten Geschäftsgrafiken (z. B. Umsatzentwicklung, Lagerbestand) dargestellt werden. Voraussetzung: entsprechende Grafikkarte im PC. **Multichrome** (vielfarbige) Bildschirme werden für spezielle Softwareprogramme (z. B. Textverarbeitung, Konstruktionssoftware für Ingenieure, umfangreiche Statistikprogramme) benötigt, deren Ausdruck farbig erfolgt.
  - **Grafikkarte:** Die Bilddarstellung erfolgt durch das Zusammenwirken von Software, der Grafikkarte und dem Bildschirm. Die Grafikkarte ist ein Bestandteil der Hardware und befindet sich in einem Steckplatz des Computers. Ein „Treiber" (besonderes Programm der Software) unterstützt die Grafikkarte. Hochauflösende und/oder Farbbildschirme werden mit einer speziellen Steckkarte betrieben. „Multiscan-Monitore" (Mehrfach-Synchronisations-Monitore) werden wahlweise von unterschiedlichen Karten unterstützt und sind daher zukunftssicherer als Bildschirme, die nur auf eine Grafikkarte ausgerichtet sind.
  - **Bildschirmgröße:** Die Bildschirmgröße wird in Zoll gemessen (Diagonale eines Bildschirms). Gebräuchlich sind 12-, 14- und 18-Zoll-Bildschirme. Ganzseitenbildschirme und Doppelseitenbildschirme stehen für bestimmte Aufgaben zur Verfügung (Textverarbeitung, technisches Zeichnen mit dem PC).

[1] Über Verbindungsleitungen zwischen den Bauelementen werden die Datenbits transportiert (Datenbus). Je nach Breite des Datenbusses werden Mikroprozessoren eingeteilt in: 8-, 16-, 32-Bit-Prozessoren.

- **Drucker:** Die unterschiedlichsten Anforderungen sollen erfüllt werden.

Beispiele:
- **Sekretariat:** schön geschriebene Korrespondenz mit und ohne Durchschlag, Dokumentenechtheit;
- **Buchhaltung und Rechnungswesen:** Durchschläge, Dokumentenechtheit;
- **Vertriebs- und Marketingabteilungen:** Broschüren, Berichte;
- **Technischer Bereich:** Produktangebote, Zeichnungen, Handbücher;
- **Betriebswirte:** Präsentationsgrafik;
- **Techniker:** technische Zeichnungen usw.

Druck-Techniken – Vor- und Nachteile

Kriterien	Typenrad	Nadeldrucker	Laserdrucker	Tintenstrahl	Thermodrucker
Schriftbild	schön	gut, viele Nadeln	Fotosatzqualität	gute Qualität	schön
Grafik	nicht möglich	ja	hochauflösend	ja	hohe Qualität
Farbe	nicht möglich	ja	noch nicht	gut	hohe Qualität
Geschwindigkeit	langsam	schnell	sehr schnell	sehr schnell	schnell
Lärm	laut	laut	sehr leise	leise	sehr leise
Dokumentenecht	ja	ja	nur in Einzelfällen	nein	nur in Einzelfällen nicht möglich
Durchschläge	ja, gut	ja	nicht möglich	nicht möglich	
Hauptkosten[1] **Verbrauch**	Typenräder Farbbänder	Farbbänder	Toner Wartungskosten	Tinte	Karbonbänder, in den meisten Fällen Spezialpapier

- **Plotter:** Dieses auch XY-Schreiber genannte Gerät bewegt den Schreibstift über zwei Achsen, so daß auch enge Kurven und Biegungen auf einem A4-Blatt sauber dargestellt werden können. Mehrfarbige Darstellungen sind möglich. Der Einsatz eines Plotters geht über den Rahmen der normalen betrieblichen Nutzung hinaus; er wird dann eingesetzt, wenn die Qualität einer durch den Drucker erstellten Grafik nicht ausreicht.

▶ Externe Speicher

Diskettenlaufwerk (Massenspeicher): Die meisten Personalcomputer sind mit zwei Diskettenlaufwerken ausgestattet (Laufwerk A:, Laufwerk B:). Das Laufwerk A: nimmt die Systemdiskette auf (sogen. aktuelles Laufwerk).

▶ Datenträger

- Die **Diskette** („Floppy disk“ = flexible Platte) ist eine Kunststoffplatte mit einer magnetisierbaren Oberfläche.

[1] Die Kosten sind abhängig vom Verbrauchsmaterial, vom Wechsel des Verbrauchsmaterials und von der Lebensdauer des Druckers.

Es gibt Mini- und Makrodisketten. Wenn der PC entsprechende Laufwerke hat, können beide eingesetzt werden. Der Marktanteil der Mikrodiskette ist steigend. Durch den besseren Schutz (Plastikumhüllung) ist sie weniger empfindlich gegen Beschädigungen als die Minidiskette; ihre Handhabung ist einfacher.

– Minidiskette: Größe: 5,25 Zoll Volumen: 360 KByte/1,2 MByte
– Mikrodiskette: Größe: 3,5 Zoll Volumen: 720 KByte/1,4 MByte

Der Weiterentwicklung der Personalcomputer – „AT"-Klasse (engl. Advanced Technology = fortgeschrittene Technologie) – haben sich auch die Disketten mit einer erhöhten Speicherkapazität angepaßt.

- **Magnetplatte:** Die **Festplatte** oder **Harddisk** ist meistens nicht austauschbar und nimmt das Betriebssystem und Arbeitsdaten auf. Vorteile im Vergleich zur Diskette: erheblich kürzere Zugriffszeiten, hohe Speicherkapazität (20 bis über 150 MByte). Statt mit zwei Diskettenlaufwerken kann der PC auch mit einem Diskettenlaufwerk und einer Festplatte ausgestattet sein. In diesem Falle erhält das Diskettenlaufwerk die Kennung A: und die Festplatte die Kennung C:.
- **CD-Disk:** optische Platte. Die Daten werden im Laserverfahren abgelesen. Zur Zeit können nur einmal Daten aufgespielt werden, die aber jederzeit abrufbar sind. Die Dichte der Platten ist aber weitaus größer als bei den magnetischen Platten (Einsatz: Dokumentenverwaltung, Software-Speicher).

▶ Konfiguration eines Mikrocomputers

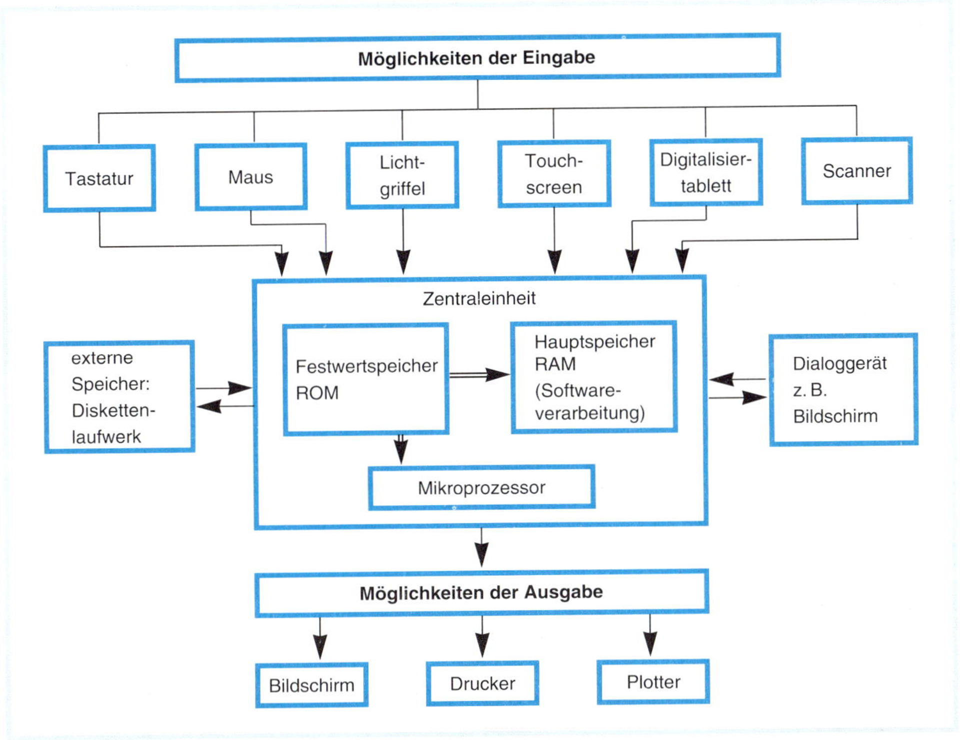

- **On-line-Peripheriegeräte** sind unmittelbar durch Schnittstellen mit der Zentraleinheit verbunden;
- **Off-line-Peripheriegeräte** sind Geräte ohne direkte Verbindung (Datenerfassungsgeräte);
- **Dialoggeräte,** z. B. Bildschirm (sowohl Ausgabe- als auch Dialoggerät).

Zusammenfassung

▶ Hardware – Software

Hardware ist die Gesamtheit der apparativen und physikalischen Teile einer DV-Anlage. Die Hardware des Computers besteht aus verschiedenen Peripheriegeräten.

Software ist die Bezeichnung für die Programme, die die Anlage zu einer bestimmten Leistung befähigen:

Die **Systemsoftware = Betriebssystem** (operating system) ist eine Programmsammlung und besteht aus Steuerprogrammen und Arbeitsprogrammen. Ohne Betriebssytem ist der Computer tote Elektronik. Diese muß zunächst einmal erfahren, was sie tun soll, wenn Daten eingegeben werden oder Programme ablaufen sollen.

Verbreitete Systemsoftware-Programme: MS-DOS, OS/2, UNIX, XENIX, Novell, WINDOWS NT u. a.

Personal Computer arbeiten zur Zeit am häufigsten mit **MS-DOS** (auch PC-DOS) in verschiedenen Versionen. (DOS = **D**isk **O**perating **S**ystem, also Disketten-Operations-System). Im MS-DOS-System sind die einzelnen Programme auf Disketten gespeichert. Diese müssen in den Arbeitsspeicher RAM eingelesen werden. Bei Geräten mit Festplatten geschieht das Einlesen des Betriebssytems automatisch mit dem Einschalten der Zentraleinheit. Der **Kern** des Betriebssystems sorgt dafür, daß verschiedene Teile der Hardware angesprochen werden können und koordiniert die Aufgaben von Diskettenlaufwerk, Magnetplatte, Bildschirm und dergleichen. Der **Kern** besteht aus den Programmen

- IO.SYS (= Input-Output-System, also Abläufe der Ein- und Ausgabe)
- MS-DOS.SYS (Maschinenprogramme für Dateiverwaltung und interne Befehle)
- COMMAND.COM verbindet Hardware, Betriebssystem und Anwender.

Die meisten DOS-Befehle werden über Befehlswörter ausgeführt; das Betätigen der Returntaste löst den Befehl aus.

Das MS-DOS-System wurde 1983 von IBM in Zusammenarbeit mit dem Softwarehaus Microsoft (MS) als Weltstandard eingeführt. Die Einigung auf einen Standard hat für die Anwender große Vorteile: langfristige und anhaltende Aktualität wegen der weltweiten Verbreitung; Austauschbarkeit der Programme; **sehr** großes Software-Angebot.

Mit **Windows** NT steht dem Anwender ein modernes und benutzerfreundliches Betriebssystem für den PC mit 386er-Prozessor oder höher zur Verfügung. Mehrere Anwendungen können quasi parallel abgearbeitet werden, ohne an die Einschränkungen von DOS gebunden zu sein.

Die **Anwendersoftware** umfaßt Programme mit Lösungen für bestimmte Aufgaben. Bezugsquellen: Computer-Hersteller, Software-Entwickler.

Beispiele für Standardprogramme:

Einzellösungen	Multiplan (Tabellen, Kalkulation) dBase IV (Datenbank) MS-Word (Textverarbeitung) WinWord TEX-ASS (Textverarbeitung) usw.
universelle Software-Pakete	OPEN ACCESS II (Auswertung von Zahlen, Erstellen von dreidimensionalen Grafiken, Schreiben von Berichten, Verwalten von Terminen.)
integrierte Software-Pakete	z. B. FRAMEWORK (Frames sind in sich geschlossene, wechselseitig miteinander verknüpfte Bildschirmdarstellungselemente, die verschachtelt, vergrößert, verkleinert und an beliebiger Stelle auf dem Bildschirm plaziert werden können.)
Branchensoftware	z. B. für Banken, Versicherungen, Industrie, Handel, Handwerk;
Utilities (Hilfsprogramme)	z. B. **PC-TOOLS;** diese gehören mittlerweile fast genauso zum PC wie das Betriebssystem. Wer einmal Daten versehentlich gelöscht hat oder eine Formulierung rückgängig machen will, weiß diese Helfer aus ärgsten Nöten zu schätzen. Das Utility **Sidekick plus** z. B. ist sicher hilfreich für die Sekretariatsarbeit. Es übernimmt u. a. folgende Funktionen: Notizblock, Telefonregister, Datenbank (z. B. Anschriften von Autovermietern, Hoteladressen), Erstellung von Gliederungen für Vorträge u. a.

Es ist nicht die Aufgabe dieser Ausführungen, eine Einweisung in die **Anwendersoftware** zu geben; eine gründliche betriebliche oder schulische Einweisung ist unumgänglich. Im Sekretariat steht die **Textverarbeitung** im Mittelpunkt der Arbeit. Diese sollte durch die Sekretärin so komfortabel wie möglich erledigt werden können. Bei der Auswahl von Anwendersoftware sollten wichtige Funktionen in bezug auf die Schwierigkeiten der Handhabung und auf den entstehenden Arbeitsaufwand kritisch verglichen werden.

Beispiele:

- **Druckmodifikation:** unterstreichen, doppelt unterstreichen, durchstreichen, Fettdruck, Hoch- und Tiefstellung, Kapitälchen, kursiv.
- **Absatzformatierung:** linke und rechte Randmarkierung, Absatzabstand vergrößern, Blocksatz, feste Silbentrennung, Silbentrennungsvorschlag, zentrieren.
- **Cursormarkierungen:** Absatz: nächster und vorhergehender; Satz: nächster und vorhergehender; Rechnen im Text; Textbaustein aufrufen; Linien zeichnen; alphabetisch/numerisch sortieren u. a.
- **Grafikeinbindung**

Kernwissen

- Grundlage einer ökonomisch funktionierenden Datenverarbeitung ist eine perfekt aufeinander abgestimmte **Hard-** und **Software.**
- Mittelpunkt einer DV-Anlage ist die **Zentraleinheit.** Zum Bau der Zentraleinheit werden integrierte Schaltkreise, sogen. Chips verwendet, die unterschiedliche Funktionen haben. Man unterscheidet
  - **RAM** (**R**andom **A**ccess **M**emory) = Direkt-Zugriffsspeicher; Schreib-Lesespeicher;
  - **ROM** (**R**ead **O**nly **M**emory) = Nur-Lese-Speicher

Überlegungshilfe

- Ohne **Systemsoftware** (Betriebssystem) ist der Computer tote Elektronik. Die verbreitetste Systemsoftware für Personal Computer ist MS-DOS (PC-DOS) in verschiedenen Versionen. Die Entwicklung von DOS:

1981	Version	PS-DOS 1.0	(für einseitige Diskette) nur für IBM;
1982	Version	1.1	
	und	1.25	(doppelseitige Disketten) mehrere Hersteller;
1983	Version	2.0	(Festplatte); Version 2.01 (japan. Schriftzeichen);
1984	Version	3.0	für PC-AT mit Disketten bis 1,2 MByte;
1985	Version	3.1	ermöglicht Arbeit mit mehreren über ein Netzwerk verbundenen PCs;
1986	Version	3.2	für 3,5-Zoll-Disketten-Laufwerke,
1987	Version	3.3	für Computerserie PS/2; ermöglicht Aufteilung der Festplatte mit über 32 MByte;
1988	Version	4.0	Erleichterung der Datenverwaltung durch bildschirmunterstützte Schnittstelle; Verwaltung von Festplatten bis 2 GByte;
1990	Version	5.0	
1992	Version	6.0	
1993	Version	6.2	

- Diese rasante Entwicklung macht nachdenklich. Der PC ist in der Lage, bei geeigneter Ausstattung in verschiedenen Teilbereichen die Leistung der Groß-EDV zu übertreffen.
- Die **Anwendersoftware** bietet Lösungen für bestimmte Aufgaben. Bekannte Standardprogramme für die Textverarbeitung sind u. a. MS-Word, TEX-ASS, WINWORD.
  Word für Windows (WinWord) ist ein multifunktionales Textverarbeitungsprogramm. Es arbeitet unter der grafischen Benutzeroberfläche Windows, d. h. die Benutzerfreundlichkeit steht im Vordergrund. Die meisten Funktionen können direkt mit der Maus angesteuert, aber auch mit Tastenkombinationen, sogenannten Short-Cuts aufgerufen werden.
- **Utilities** sind unentbehrliche Hilfsprogramme.

Zur Vertiefung

1 Kennzeichnen Sie an folgenden Begriffen die **Hardware** mit **H**, die **Software** mit **S**!

a) Tastatur
b) Touch-screen
c) PC-Tools
d) Plotter
e) Grafikkarte
f) Laserdrucker
g) Diskettenlaufwerk
h) Betriebssystem

2 Einige dieser Begriffe gehören zu dem Bereich der On-line-Peripheriegeräte. Welche?

1.1.2 Einsatzbeispiele von Text- und Datenverarbeitungssystemen

Das Angebot an Computern ist fast nicht mehr zu überblicken. Hinsichtlich ihrer Leistungsfähigkeit und Verarbeitungsgeschwindigkeit unterscheidet man folgende Geräte:

- PC (Personal Computer)
- PC-XT (XT = extended technology) – PC mit Erweiterungseinheit –
- PC-AT (AT = advanced technology) – fortgeschrittene Technologie
- Portable PC („Laptop") – tragbarer PC – Notebook
- Handheld-Computer (Organizer für Terminplanung und Spezialprogramme)

Vor der Anschaffung eines Systems muß geklärt werden (Pflichtenheft):

1. **Was** wird von der Maschine erwartet; **welche Aufgaben** soll sie übernehmen?

   Beispiele: Textverarbeitung, Gestaltung von Werbedruckvorlagen, Grafik (Säulengrafik, Tortengrafik, dreidimensionale Balkendiagramme) usw. Genügt ggf. ein bildschirmunterstütztes Schreibsystem?

2. **Welche Programme** benötigt der Rechner? (Software-Planung)
3. Aus der Software-Auswahl ergibt sich die Hardware-Planung. Sie sollte „maßgeschneidert" sein (teuer!); steht wenig Einarbeitungszeit zur Verfügung keine sogenannten „Paketlösungen" oder Versandhausangebote wählen; Computer mit Festplatte bevorzugen.
4. **Ergonomische, d. h. benutzergerechte Gestaltung der Hardware und Software** (1992 wurden die nationalen Regelungen und Normen durch europäische abgelöst):

   Hardware-Ergonomie: Gestaltung der Systemkomponenten wie z. B. Bildschirm, Tastatur, Drucker, Stuhl, Tisch usw., deren Anordnung und Aufstellung, sowie Gestaltung der Beleuchtung und der Umgebung;

   Software-Ergonomie: Anpassung der Computerprogramme an die Fähigkeiten des Benutzers, Informationen aufzunehmen und zu verarbeiten;

5. **Sicherheitsanforderungen:** Das Bildschirmsystem sollte das GS-Zeichen („Geprüfte Sicherheit") tragen. Das bedeutet, Bildschirm, Tastatur und Systemeinheit entsprechen den elektrischen und mechanischen Sicherheitsanforderungen und erfüllen die ergonomischen Anforderungen gemäß der Berufsgenossenschaftlichen Sicherheitsrichtlinie ZH1/618 und den DIN-Normen.

   Der TÜV Rheinland hat 1990 das Ergonomie-Zeichen „ERGONOMIE GEPRÜFT" für „strahlungsarme" Bildschirmgeräte mit guter Bildschirmqualität eingeführt. (Maßstab ist Schweden mit besonders strengen Grenzwerten.)

6. **Kaufen** oder **Leasen**? Bei Kauf ggf. öffentliche Fördermittel beantragen; Miete oder Leasing hat den Vorzug der flexibleren Anpassung.
7. Der Kunde erwartet für sein Problem die optimale Lösung und die Garantie dafür, daß die heute getätigten Investitionen in Rechner und Programme nicht morgen durch Neuentwicklungen überholt sind. Neue Produkte müssen also immer auf vorhandenen aufbauen und dürfen nicht herstellerabhängig sein. Die Fachwelt umschreibt das mit dem **„Trend zu offenen Systemen".** Computer sind inzwischen ganz normale Produkte geworden.

Einsatzbeispiel 1: **Einplatz-System** – Stand-alone-System – (Insellösung)

Merkmal:	Es besteht keine Verbindung zu anderen Arbeitsplätzen
Systeme:	Mikrocomputer für Datenverarbeitung Bildschirmschreibmaschine für Textverarbeitung
Fall:	Textverarbeitung im Sekretariat (z. B. im Büro des Freiberuflers, Anwaltskanzlei, Praxis)
Aufgabe:	Es müssen häufig Texte bearbeitetet und umgestaltet werden. Die Arbeit soll schnell erledigt werden.
Lösung:	Die Bildschirmschreibmaschine mit ihrer integrierten Textsoftware ist sofort einsatzbereit. Wahlweises Schreiben auf der Schreibmaschine oder nur im Bildschirm; Zeichendarstellung auf dem Bildschirm entspricht dem späteren Ausdruck: schwarz auf weiß, mit allen Hervorhebungen wie Fettdruck und Unterstreichen, in der gewählten Schreibteilung und dem vorgesehenen Zeilenabstand. („What you see is what you get"). Integrierte Diskettenlaufwerke ermöglichen das unbegrenzte Abspeichern von Texten und Adressen. Ein elektronischer Prozessor führt den Schreibenden per „Menü" durch das Textprogramm. So kann man im nachhinein ganze Textpassagen verschieben, untereinander austauschen, einfügen oder aus verschiedenen abgespeicherten „Textbausteinen" individuelle Schriftstücke erstellen.

Einsatzbeispiel 2: **Nischenprodukt**

Schreibmaschinen-PC der AT-Klasse (für Arbeitsplätze in mittelständischen Unternehmen, in Sekretariaten, im Rechnungswesen, in der Personalabteilung, im Verkauf, in der Werbung, im Kundendienst, im Lager, in der Außenorganisation).

Merkmale: maßgeschneiderte Lösung in der technologisch unabgegrenzten Lücke zwischen Schreibmaschine und PC-System der AT-Klasse:

- Vereinigung von Schreiben
- Text- und Datenverarbeitung in **einem** System

Um die Leistungsmerkmale zu verdeutlichen, wird ein auf dem Markt befindliches System herausgegriffen.

Moderne elektronische Typenrad-Schreibmaschine; 12-Zoll-Bildschirm, grafikfähig; Zentraleinheit: 16 Bit-Mikroprozessor, RAM höchstens 640 KB, Betriebssystem MS-DOS; Externspeicher: Diskettenlaufwerk(e)/Plattenlaufwerk: MS-DOS-Anwendersoftware; Textprogramme: z. B. Open/Access II/Word; Datenverarbeitungsprogramme: z. B. Open Access II oder Microsoft sowie kommerzielle Standardprogramme.

Anschlußmöglichkeiten an lokale Netzwerke und öffentliche Kommunikationsdienste.

Beispiel: Über Teletex/Datex-L lassen sich Nachrichten von der Schreibmaschine in Deutschland unmittelbar an einen Personal Computer in den USA vermitteln; dabei muß nicht einmal jeder Partner über gleiche Geräte verfügen.

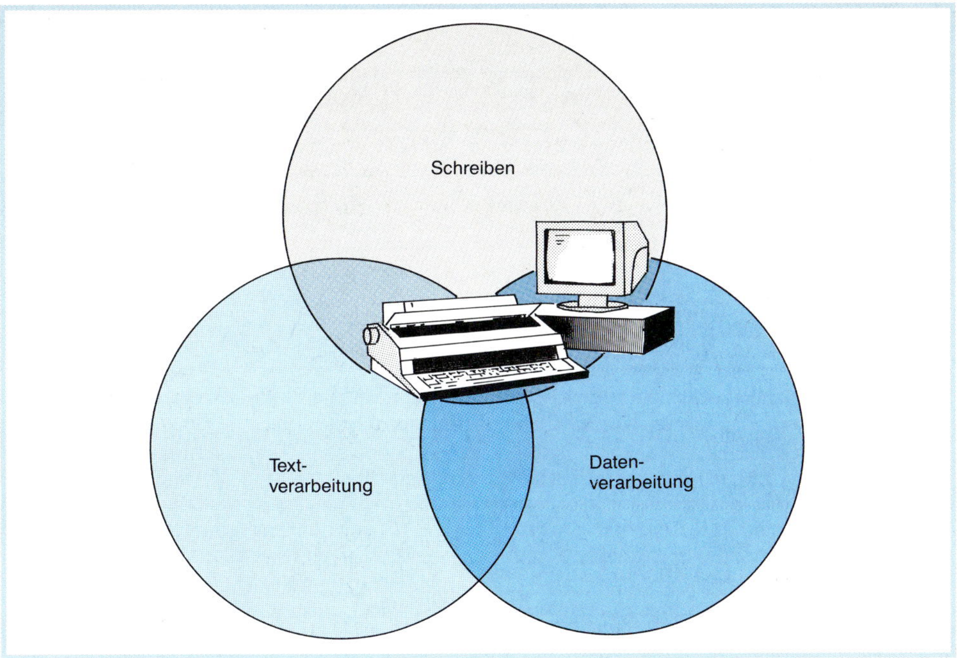

Fall: Der Anwender muß häufig professionelle Schreibmaschinenarbeit erledigen, zusätzlich – auch im Wechsel – mehr oder weniger häufig Texte be- und verarbeiten. Weitere gelegentliche Aufgaben: Termine planen, kalkulieren, fakturieren, Dateien verwalten.

Einsatzbeispiel 3: **Mehrplatzsysteme**

Spezialisierte Arbeitsplatzcomputer rationalisieren zwar den einzelnen Arbeitsablauf, sind aber immer „Insellösungen“ und können zur Informationsisolation führen.

Die Frage nach der Mehrplatzfähigkeit stellt sich schon mit der Anschaffung eines zweiten Computers. Vorausgehen sollte immer eine Analyse, was mit dem Computer gemacht werden soll und wie die Zusammenarbeit aussehen soll. Sollen gemeinsam Vorgänge bearbeitet, auf zentrale Datenbestände zurückgegriffen oder Peripheriegeräte (z. B. Drucker, Scanner) gemeinsam benutzt werden? Man unterscheidet Mehrplatzsysteme mit

- sogenannten „unintelligenten“ Terminals, d. h. diese verfügen über keine eigene Speicherkapazität, sondern benötigen für alle Operationen die Unterstützung des Zentralsystems
- sogenannten „intelligenten“ Terminals, die wesentlich weniger auf das Zentralsystem zurückgreifen müssen
- vollausgerüsteten Systemen, die über einen zentralen Speicher zusammengeschlossen werden

Einsatzbeispiel 4: **Mobilität der Büroarbeit**

Die Phase mobiler Datenendgeräte und Kommunikationsmittel hat begonnen. Laptops, Portables, Drucker, Telefax-Geräte, Autotelefone, Euro-Signal gehören bereits zum Arbeitsalltag. Ein **Laptop** läßt sich mit einem Modem (elektronisches Übertragungsteil) oder über Akustikkoppler an das Telefonnetz anschließen und dadurch mit Zentralrechnern verbinden. Transportable Geräte verfügen bereits über integrierte Datenspeicher (Festplatten) mit Megabytekapazität. Der Münchener Hardware-Spezialist Harald B. Karcher sieht für die Zukunft den Laptop (mit Solarbetrieb und integriertem Funktelefon) als Zentrum des „multifunktionalen Mobilbüros“ und u. a. als Bestandteil der Autoausstattung. Zur Zeit sind die Hauptanwender von Laptops und anderen mobilen Geräten Außendienst-Mitarbeiter, Kunden, Subunternehmer.

Vorteile: Die Geräte sind klein und leicht, bieten aber eine hohe Prozessorleistung, sind netzunabhängig (1,5 bis 2 Stunden), besitzen z.T. eingebaute Drucker und Datex-J-Anschlüsse. Schlechte Erfahrungen, wie der totale Absturz gespeicherter Daten, schlecht lesbare Leuchtkristall-Bildschirme, Miniatur-Tasten) werden wohl bald der Vergangenheit angehören. Risiken liegen nach wie vor beim Datenschutz und bei der Datensicherheit.

Computer-Integration

Fall: Die Firma RAND OHG wickelt in ihrem Unternehmen vom Auftrag bis zur Rechnung alles über Computer ab, der dadurch eine Schlüsselrolle für die Arbeitsabläufe und Organisation innehat. Alle Sachbearbeiter können auf **eine** Datenbank zurückgreifen, in der alle Artikel mit Preisen gespeichert sind, ferner die Bestände, alle Aufträge und der jeweilige Bearbeitungsstand. Natürlich liefert die Datenbank auch noch viele andere Informationen.

Vorteile:

- dem Kunden können jederzeit genaue Auskünfte erteilt werden
- die gewünschten Liefertermine werden eingehalten
- der Service ist besonders schnell
- die Geschäftsleitung kannn sich jederzeit über den Auftragsstand informieren oder feststellen, welche Artikel „Ladenhüter“ oder „Renner“ sind usw.

Beispiel:

1. Der Kunde A. bestellt telefonisch 100 Kaffeeautomaten.
2. Der Sachbearbeiter im Verkauf gibt den Auftrag in den Computer ein und
3. fragt per Computer bei der Datenbank an, ob geliefert werden kann.
4. Der Datenbank-Computer meldet, daß die Lieferung möglich ist, obgleich die Automaten nicht auf Lager sind.
5. Der Sachbearbeiter im Verkauf gibt dem am Telefon wartenden Kunden die Lieferzusage und
6. gibt den Auftrag an den Einkauf weiter, der die Automaten beim Hersteller bestellt.
7. Die Automaten werden geliefert, wovon der Warenausgang per Computer informiert worden ist.
8. Auf dem Buchhaltungscomputer wird der Fall registriert und Lieferschein und Rechnung ausgedruckt.
9. Die Lieferung erfolgt fristgerecht.
10. Die Firmenleitung und natürlich auch jeder Sachbearbeiter können sich jederzeit einschalten und den Arbeitsablauf verfolgen.

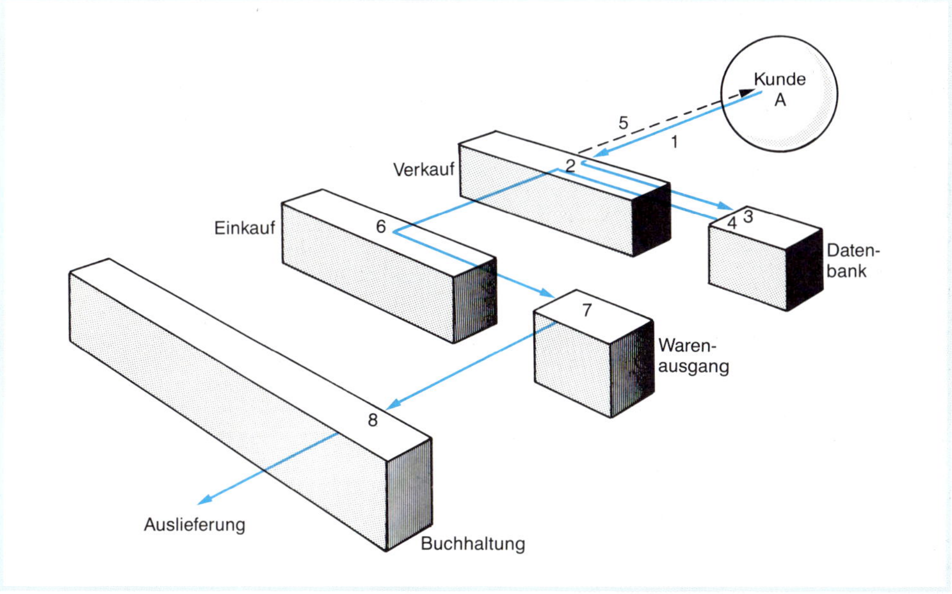

Perspektiven: Auf dem 2. Internationalen PC-Kongreß in Berlin (1990) deutete sich folgende Entwicklung im PC-Bereich an:

- Entwicklung des PC zum Endbenutzergerät im Bürobereich
- Entwicklung zur zentralen Benutzerschnittstelle durch die Kopplung mit lokalen Netzwerken, Telefon, Fax-Modem usw.
- Verbesserungen durch Einsatz der CD-Platte als optisches Speichermedium mit dem Vorteil, daß umfangreichere Programme, die derzeit auf acht bis zehn Disketten Platz finden, auf einer einzigen CD-Rom untergebracht werden können
- ab 1995 nur Auslieferung von PC mit komfortabler grafischer Benutzerschnittstelle
- Erzeugung bewegter Video-Bilder durch den Computer
- Anweisungen an den Computer durch die menschliche Stimme
- Einlesen von Handschriften über spezielle Scanner
- Forcierung der Heimarbeit durch die Integration mit dem Fernsehen

Der Geschäftsführer des IDC Deutschlands sieht es so: „Der Desktop-PC des Jahres 2000 wird folgende Leistungseckdaten erreichen oder sogar noch übertreffen: 64-bit-Prozessor(en), über 50 MByte Hauptspeicher, über 1 GByte Massenspeicher, hochauflösende Farb-Flachbildschirme, Sprachein-/-ausgabe, ikonenorientierte Betriebsumgebung einschließlich Datenbanksystem, Netzwerksoftware, grafische Oberfläche." Für den Laptop-PC werden ähnliche Leistungssteigerungen erwartet.

Kernwissen

- ❑ Das Angebot an Computern ist nicht mehr übersehbar.
- ❑ Um so wichtiger ist es, **vor** einem Kauf eine Detailanalyse der Anforderungen zu erstellen (sogen. Pflichtenheft).

Überlegungshilfe

- ❑ Beschaffung eines Text-/Datenverarbeitungssystems (Entscheidungshilfe)

Problemdefinition Bedarfsprüfung (Pflichtenheft) → **Software-Planung** → **Hardware-Planung** → **Kauf oder Leasing?**

Zur Vertiefung

1 Frau Kluge, Sekretärin des Geschäftsführers einer Versicherungsgesellschaft, hat folgende Aufgaben zu erledigen: Schreibaufgaben für den Vorstand, Erstellung des Geschäftsberichtes und des Haushaltsplanes, Erledigung des täglich anfallenden Schriftverkehrs mit vielen sich wiederholenden Standardformulierungen, das Schreiben von Notizen, Anweisungen, Richtlinien, Einladungen, Berichten, Aktennotizen, Protokollen, Briefumschlägen in unterschiedlichen Formaten. Zu ihrer Entlastung soll ein PC angeschafft werden, bei dessen Auswahl Frau Kluge beteiligt werden soll.

a) Welche Überlegungen sollte Frau Kluge anstellen?

b) Erstellen Sie eine Checkliste, die Sie, wären Sie in einer ähnlichen Situation, zugrunde legen würden!

1.2 Netzwerke: Personalcomputer und lokale Netzwerke (LAN); Datenfernverarbeitung

Personalcomputer und lokale Netzwerke (LAN)

Der PC entwickelt sich immer mehr zu einem Standard-Arbeitsgerät und verdrängt die Terminals ohne eigene Verarbeitungskapazität der Mehrplatzsysteme. Bei geeigneter Ausstattung vermag der PC sogar, in verschiedenen Bereichen (Bürotechnologie, Software) die Leistung der Groß-EDV zu übertreffen; außerdem arbeitet der PC einfacher und ist billiger.

Lokale Netzwerke (LAN), die bislang nur im Bereich der mittleren Datentechnik eine Rolle spielten, gewinnen zusehends an Bedeutung für den PC-Bereich. Lokale Netze (LAN = **L**ocal **A**rea **N**etwork) ermöglichen mittels eines Hochleistungskommunikationsmediums den angeschlossenen Teilnehmern auf **räumlich begrenztem** Gebiet einen Nachrichtenaustausch. Räumlich begrenzt bedeutet, daß die Vernetzung z. B. im Bereich eines Büro- oder Fabrikgeländes erfolgt. Alle angeschlossenen Arbeitsplätze können auf die Festplatte und die gemeinsame Peripherie eines der Rechner zugreifen; die eigenen Systeme bleiben weiterhin nutzbar. Der PC hat sich damit vom Terminal zur **Workstation** entwickelt! Der Benutzer betrachtet den PC als reines Arbeitsmittel, das Schreibmaschine, Tischrechner, Zettelkasten ersetzt und ihm die gesamte Leistung des Rechners zur Verfügung stellt. Die Bedienung muß daher möglichst einfach und benutzerfreundlich gestaltet sein.

Beispiel: 50 PC sind via LAN verbunden. **Ein** Telefaxgerät steht zur Verfügung; **alle** PC-Benutzer können **direkt** von ihrem PC aus das Telefaxgerät nutzen.

Es gibt verschiedene Übertragungstechniken für lokale Netze, auf die in diesem Rahmen nicht eingegangen werden kann. Personen, die in ihrem Unternehmen für den sinnvollen Einsatz und die Planung solcher Systeme verantwortlich sind, müssen sich einen Einblick in die wesentlichen Grundzüge des Networkings verschaffen (Literatur, Fachhandel).

Tendenzen:

- Bei etwa zehn Arbeitsplätzen ist das PC-Netzwerk die flexibelste Lösung; der Ausbau kann langsam weiter erfolgen.
- Bei größeren Systemen sind die Kombinationen von MDT (mittlerer Datentechnik) und LAN-Systemen eine gute Lösung. Der Anwender kann in diesem Fall über seinen PC durch LAN auf das MDT-System zugreifen.

Vielfältige und gleichzeitige Kommunikation wird durch das Zusammenspiel der Hard- und Software für Systemverbindungen erreicht. Die Verbindungen untereinander (LAN – Local Area Network) kann ebenso unterstützt werden wie die Anbindung an das Öffentliche Netz der Deutschen Telekom.

Beispiele für interne Unternehmenskommunikation:

Einsatzbereiche: Wirtschaft, Wissenschaft, Industrie und Technik.
Komplexe Aufgaben sollen gelöst werden; es wird Wert auf eine hohe Verarbeitungsgeschwindigkeit gelegt; das System soll für CAD-Arbeiten (**C**omputer **A**ided **D**esign) und Desktop Publishing eingesetzt werden können.

Groupware (Gruppenarbeit)

Ein neues Schlagwort! Was steckt dahinter?

Der bedeutendste Faktor in einem Unternehmen ist die Information. Voraussetzung: Die richtigen Leute können zur richtigen Zeit vom Wissenspool profitieren.

Häufig wird jedoch die innerbetriebliche Kommunikation durch falsch eingesetzte Technik blockiert. Produkte unterschiedlicher Hersteller mit verschiedenen Standards, unterschiedliche Betriebs- und Datenübertragungssysteme führen zu betriebsinternen Mißständen.

„Groupware" heißt nichts anderes, als daß mehrere Sachbearbeiter an einem Vorgang arbeiten, der möglicherweise auf verschiedene elektronisch gespeicherte Dokumente zurückgreift. Die Gruppenarbeit wird durch Computernetzwerke, Hardware und Softwarewerkzeuge unterstützt, die speziell für den Einsatz in Arbeitsgruppen geschaffen wurden."[1] Die entscheidende Eigenschaft jeder Groupware-Anwendung ist die Kommunikationsfähigkeit, d. h. die Ausstattung mit Übergängen zu anderen Kommunikationsdiensten (Telefax, Telefon, Telex, E-Mail-Systemen u. a.)

Vorteile:

- Steigerung der Wettbewerbsfähigkeit
- Zentrum der Gruppenarbeit ist der Computer
- Automatisierung von sich wiederholenden Arbeitsabläufen
- Verbesserte Kommunikation innerhalb von Gruppen und Abteilungen
- Softwarelösungen auch für die Teamarbeit in kleinen Gruppen

Einsatz von Groupware:

- Vor der Entscheidung für ein Groupware-Paket die Investitionskosten prüfen
- Offenes, modulares Büroinformationssystem wählen, das sich problemlos erweitern läßt und sich in eine vorhandene DV-Umgebung integriert
- Zeit- und kostenaufwendige Schulungen berücksichtigen
- Die Leistungsmerkmale von Groupware-Programmen (z. B. Windows für Workgroups, Lotus Notes) prüfen:
  - **Electronic-Mail-Funktionen** ermöglichen z. B. das einfache Versenden von Dateien und die Weiterleitung von Nachrichten eines Absenders an viele Empfänger.
  - **Daten- und Dokumentenmanagement:** Mit einer Suchfunktion ist ein rascher Zugriff auf Dokumente möglich, die in einer Zentralablage gespeichert sind.
  - Der **Gruppen-Terminplaner** koordiniert Termine, organisiert die Nutzung von Arbeitsmitteln und Räumen im Team.
  - Gruppendialoge lassen sich über zeitliche und räumliche Entfernungen hinweg steuern und unterstützen **Konferenzen.**

[1] Quelle: Prof. H.-J. Bullinger: Infodoc 6/92

Datenfernverarbeitung

Klassen von Rechnernetzen:

- GAN (**G**lobal **A**rea **N**etwork) verbindet Rechner auf verschiedenen Kontinenten untereinander – via Satellit.
- WAN (**W**ide **A**rea **N**etwork) verbindet Rechner in einzelnen Ländern;
  Beispiel: **DATEX-Netz** der Deutschen Telekom.
- MAN (**M**etropolitan **A**rea **N**etwork) soll ein Stadtgebiet abdecken; MAN ist noch in der Entwicklung.
- LAN (**L**ocal **A**rea **N**etwork) übernimmt den Nachrichtenaustausch auf räumlich begrenztem Gebiet (z. B. Firmenareal).

Datenfernverarbeitung

Datenerstellung durch den Anwender	+	Datenübermittlungsdienst durch die Deutsche Telekom (DATEL-Dienst)

Für die Datenfernübertragung (DFÜ) stellt die Deutsche Telekom verschiedene Leitungen zur Verfügung, die **DATEL-Dienste** (siehe auch Abschnitt 7.1.4 Telekommunikation). DATEL ist ein Kunstwort und bezeichnet generell die Verwendung des **öffentlichen Telekommunikationsnetzes.**

Data **Tel**ecommunication
Data **Tel**ephone } = DATEL
Data **Tel**egraph

LAN dagegen ist ein **benutzereigenes** Netzwerk, das nur auf eigenem Grundstück genutzt werden darf. Wird dieses verlassen, muß auf die klassischen Datellösungen zurückgegriffen werden.

DATELleitungen

- öffentliches Telefonnetz: Wählleitungen zum Computer
- öffentliches Telefonnetz: Standleitungen zum Computer
- öffentliches Telefonnetz: Akustikkoppler für Mikrocomputer
- Fernschreibnetz: Wählleitungen zum Computer
- Fernschreibnetz: Standleitungen zum Computer
- DATEX-Netz: dient **nur** der Datenübertragung; hohe Übertragungsgeschwindigkeit

Wählleitungen müssen angewählt werden, können also auch besetzt sein; Standleitungen stehen ständig zur Verfügung.

Anwendungsbereiche: Reisebüro (Platzbuchungssystem), zentrale Lagerverwaltung, Datenaustausch eines Geldinstitutes mit seinen Filialen usw.

Die genannten Übertragungsleitungen ermöglichen einen schnellen Datenfluß zwischen Terminal und Datenverarbeitungsanlage. Es wird unterschieden zwischen

- On-line-(direkte) Datenfernverarbeitung
- Off-line-(indirekte) Datenfernverarbeitung

On-line-Verarbeitung (Echtzeitverarbeitung): Vom Terminal zum Rechner besteht eine **direkte** Verbindung. Die Daten, die örtlich voneinander entfernt entstehen können, werden im Augenblick des Entstehens aufgenommen und sofort verarbeitet.

Beispiel: Verkehrsregelung über ein EDV-System.

Off-line-Verarbeitung (Stapelverarbeitung): Die Daten werden am Ort ihres Entstehens auf Datenträgern festgehalten, gesammelt und dann insgesamt zur Datenverarbeitungsanlage (Rechenzentrum) übertragen und nach einem festgelegten Zeitplan verarbeitet. Zwischen dem Entstehen, dem Eintreffen im Rechenzentrum und der Verarbeitung der Daten können also größere Zeitunterschiede auftreten.

Beispiel: terminbezogene Abrechungsarbeiten.

Videotext, Telex, Teletex, Telefax, Datex-J und andere Dienste öffentlicher und privater Anbieter sind das Informationsangebot der Zukunft (siehe Abschnitt 7.2). Fernmelde- und Computertechnik wachsen zusammen zur Telematik (aus **Tele**kommunikation und Infor**matik**). Aus dieser Verbindung dürfte in naher Zukunft das sogenannte **offene multifunktionale Büroarbeitsplatzgerät** entstehen.

Entwicklung von Rechnernetzen

▶ Heutiger Stand

- Die „Zentraleinheiten“ von Großcomputern werden durch LAN's entlastet.
- Zunehmende Ausstattung der Arbeitsplätze mit Bildschirmgeräten.
- Digitale Nebenstellenanlagen ermöglichen Datenübertragung, digitale Sprachübertragung.
- Textbearbeitung per Computer an jedem Arbeitsplatz möglich; Speicher-zu-Speicher-Übertragung per Teletex, Fernkopieren per Telefax.
- Anbindung der Haushalte an Computernetze per Datex-J möglich.
- Integration von Nachrichtentechnik (Telekommunikationsnetze) und Informatik (In-House-Netze) wird eingeleitet.

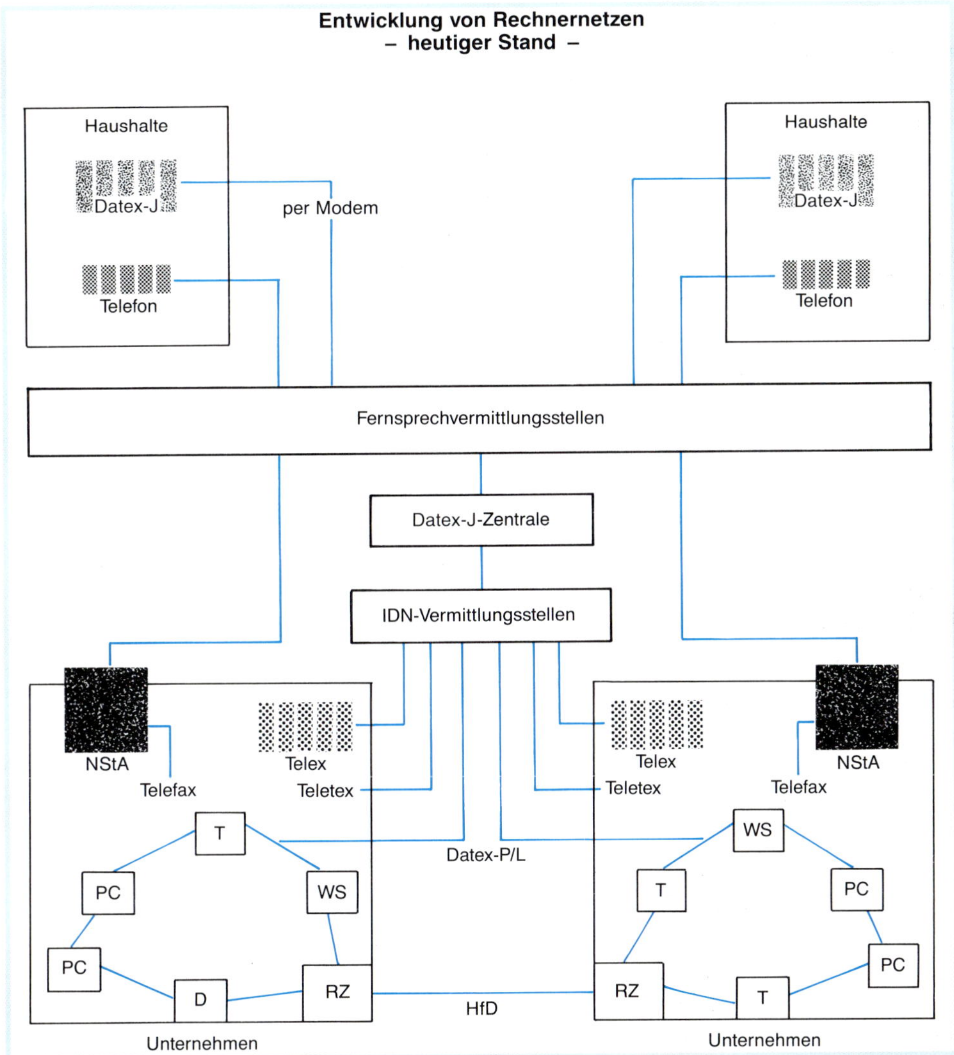

▶ Mitte der 90er Jahre

- integrierte innerbetriebliche Netze ermöglichen verstärkte Einbindung von Telekommunikationsdiensten
- Multifunktionalterminals an jedem Arbeitsplatz
- Reduzierung der Telekommunikationsnetze auf **ein** Netz: ISDN
- Zunahme der elektronischen Post (E-Mail)
- flächendeckende Einbindung privater Haushalte in Computernetze
- digitale Sprachübertragung, Bildschirmtelefon in Ansätzen

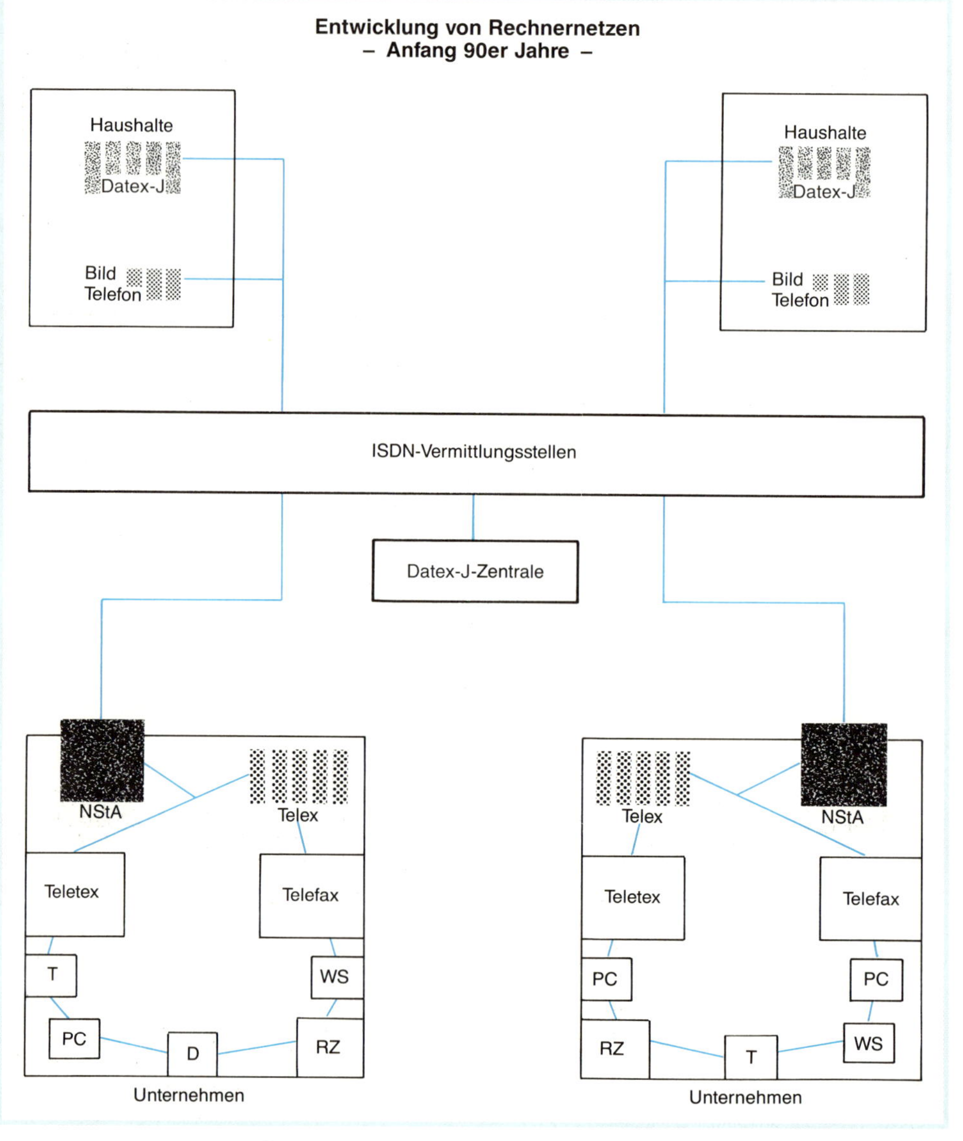

▶ Ende der 90er Jahre

- Universalnetz BIGFON/BIGFERN auf Breitband-Glasfaserbasis ermöglicht jede denkbare Nachrichtenübertragung (Videokonferenz, Fernarbeit, Pay-TV usw.).
- Entstehung neuer Arbeits- und Waren- bzw. Dienstleistungsmärkte.
- Hochgeschwindigkeitsnetze im Inhouse-Bereich.

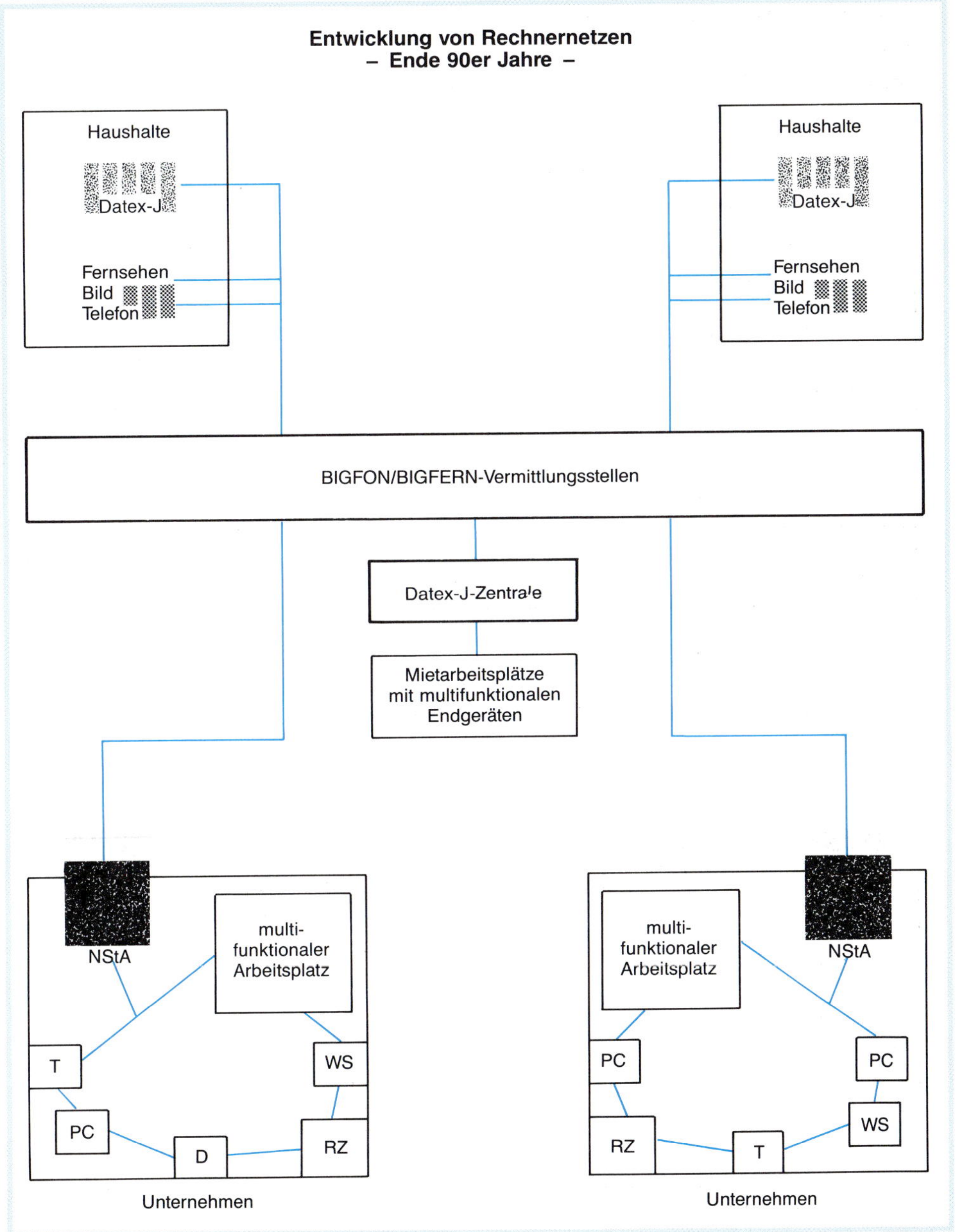

Kernwissen

- Warum entwickelt sich eine **neue** Informations- und Kommunikationstechnik?
  - **Bisher** verlief die Entwicklung von Informationstechnik und Kommunikationstechnik getrennt.
  - **Jetzt** schafft die Digitalisierung der Nachrichtentechnik eine gemeinsame technologische Basis.
- Zwei neue Begriffe entstehen:
  - **Telematik** = **Tele**kommunikation + Infor**matik**
  - **Compunication** = **Comp**uter Science + Comm**unication** Science

Überlegungshilfe

- Der technologische Evolutionsprozeß ist keineswegs am Ende und birgt eine Menge Probleme in sich.
- Nach Aussagen von Experten ist eine Computergeneration alle drei Jahre überholt.
- Es gibt Experten, die befürchten, daß Systeme eingeführt werden, die viel zu weit vernetzt sind und daß – statt der vermeintlichen Flexibilität – in Zukunft eher starre Systeme entstehen.
- Universell einsetzbare Technik macht das Kommunikationsverhalten zwar transparent; andererseits ist eine anonyme Überwachung nicht auszuschließen.
- Fragen zur betrieblichen Regelung:
  - Verfügt jeder Mitarbeiter über einen individuellen Arbeitsspeicher?
  - Entscheidet der Mitarbeiter, wann er Informationen „abschickt“, wann Dokumente freigegeben werden sollen?
  - „Eine Maschine kann die Arbeit von 50 gewöhnlichen Mitarbeitern leisten, aber sie kann nicht einen einzigen außergewöhnlichen ersetzen.“ (Oscar Wilde)

Zur Vertiefung

1 Verfolgen Sie die technologische Entwicklung (Presse, Fernsehen, Fachbücher, Messebesuche), denn Ihr Beruf wird sich dieser Entwicklung anpassen!

2 Postbearbeitung

Im Mittelpunkt der täglichen kaufmännischen Tätigkeit steht die Informationsverarbeitung. Die einzelnen Informationen müssen auf ihre Wichtigkeit hin geprüft, bewertet und schnell an die richtige Stelle weitergeleitet werden. Dazu gehören Sicherheit, Erfahrung und Kompetenz.

Ihr Aufgaben- und Verantwortungsbereich bei der Postbearbeitung kann je nach Betrieb und Position Ihres Chefs ganz unterschiedlich sein. In großen Betrieben gibt es häufig eine zentrale Postbearbeitungsstelle, in der die ein- und ausgehende Post bearbeitet wird. Die Post wird hier vorsortiert und den Abteilungssekretariaten übergeben, die dann für die weitere Bearbeitung und schnelle Weitergabe an den Chef oder jeweilige Sachbearbeiter sorgen.

Elektronische Übermittlung von Postein- und ausgängen. Alles, was den Empfänger schnell und schriftlich erreichen soll, wird heute elektronisch übermittelt. Die Möglichkeiten des elektronischen Schriftverkehrs werden in den Abschnitten 2.1.2 und 7.2 ausführlich behandelt.

In kleineren Betrieben ist es üblich, daß sich der Chef die gesamte Post vorlegen läßt und dann entscheidet, wer die Weiterbearbeitung übernehmen soll. Die Grobsortierung wird in diesem Falle meistens von der Sekretärin übernommen.

Die **Auslieferung per Post** ist an bestimmte Voraussetzungen gebunden:

Sendungen mit einer Wertangabe über 1 000 DM werden nur an den Empfänger selbst, seinen Ehepartner oder einen vom Empfänger bestimmten **Postbevollmächtigten** abgegeben.

Der Empfänger ermächtigt dazu eine oder mehrere Personen auf einem amtlichen Formblatt, die für ihn bestimmten Sendungen in Empfang zu nehmen. Die Unterschrift muß beglaubigt werden.

„Gewöhnliche" Briefsendungen und Einschreiben werden jedoch, wenn der Empfänger, sein Ehegatte oder sein Bevollmächtigter nicht erreichbar ist, auch an sogenannte **Ersatzempfänger** ausgeliefert. Als Ersatzempfänger kommen z. B. in Frage:

Sendungsart	Ersatzempfänger
Wertsendung bis 1 000 DM	Eltern und Kinder des Empfängers
Einschreiben	Angehörige eines Empfängers, seines Ehepartners oder des Postbevollmächtigten, Angestellte des Empfängers, Inhaber oder Vermieter der Wohnung oder des Geschäftsraums des Empfängers
gewöhnliche Briefsendung	wie bei Einschreiben, ferner Hausbewohner oder Hausnachbarn

Die **Zustellung der Post** ist möglich

- durch den Postboten
- postlagernd
- durch Miete eines abschließbaren Postfaches

Postbote

Gewöhnliche Briefe, Postkarten, Infopost usw. wirft er in den Briefkasten. Einschreiben und Sendungen mit dem Vermerk „Wertangabe“ oder „Eigenhändig“ darf er nur direkt dem Empfänger oder den Empfangsberechtigten aushändigen.

Postfachmiete

Das Postfach ist auch außerhalb der Schalterstunden zugänglich; die Post kann also mehrmals am Tage abgeholt werden. Der Begriff **Postfach** und die **Postfachnummer** müssen anstelle von Straße und Hausnummer in der Anschrift angegeben sein. Müssen für Sendungen Empfangsbescheinigungen abgegeben oder Geldbeträge entrichtet werden, wird dem Abholer eine Information in das Postfach gelegt. Das gleiche gilt für Sendungen, die wegen ihrer Größe nicht in das Postfach gelegt werden können. Der Abholer kann die Sendungen am Postschalter in Empfang nehmen.

Postlagernd

Diese Sendungen werden am Ausgabeschalter des Zustellpostamtes für den Empfänger bereitgehalten, und zwar

- Sendungen mit Nachnahme sieben Werktage
- Sendungen aus dem Ausland einen Monat
- sonstige Sendungen sieben Werktage

Gewöhnliche Briefsendungen werden demjenigen ausgehändigt, der sich zur Abholung meldet.

Postvollmachten

Die Erteilung einer Postvollmacht an einen oder mehrere Mitarbeiter erleichtert in gewissen Fällen die Postbearbeitung. Wird mehreren Personen eine Postvollmacht erteilt, so ist jeder Bevollmächtigte allein empfangsberechtigt. In größeren Betrieben ist eine solche Regelung vorteilhaft, damit die Post – ungehindert durch Ferien, Krankheit oder Abwesenheit eines Mitarbeiters – in Empfang genommen und bearbeitet werden kann. Die Unterschrift muß beglaubigt werden (Postamt, Polizei, Notar, Gemeinde usw.). Die Postvollmacht gilt bis zum Widerruf.

Es wird unterschieden zwischen der **Postvollmacht** und der **Besonderen Postvollmacht.** Für beide Fälle wird dasselbe Formblatt verwendet.

Die **Postvollmacht** berechtigt zum Empfang aller Sendungen mit Ausnahme der eigenhändig auszuhändigenden und postlagernden nachzuweisenden Sendungen.

Diese Postvollmacht kann erweitert werden durch die Berechtigung

- zum Empfang von Sendungen, die dem Empfänger eigenhändig zuzustellen sind
- zum Empfang postlagernder nachzuweisender Briefsendungen, Paketsendungen und Postanweisungen
- zur Erteilung einer Unter-Postvollmacht

Der Vollmachtgeber entscheidet über die Vergabe der einzelnen Berechtigungen.

Dienstvorgesetzte dürfen Briefe, die an ihre Mitarbeiter gerichtet sind, öffnen, wenn aus der Briefhülle hervorgeht, daß es sich um eine dienstliche Angelegenheit handelt.

Postvollmacht

Zutreffendes bitte ankreuzen ☒ oder ausfüllen

Name und Vorname oder Firma, Straße und Hausnummer, Postfach, Postleitzahl, Ort, Zustellpostamt | Telefon

Vom Empfänger (Vollmachtgeber) auszufüllen

bevollmächtigt gemäß Abschnitt 6.1.2 AGB Briefdienst (Inland) und unter Beachtung der umseitig aufgeführten "Bedingungen für die Erteilung einer Postvollmacht" folgende Personen zum Empfang der für ihn/sie bestimmten Sendungen (außer den eigenhändig auszuhändigenden und postlagernden nachzuweisenden Sendungen):

—	Vorname, Zuname (Bitte in Druck- oder Maschinenschrift)	—	Vorname, Zuname (Bitte in Druck- oder Maschinenschrift)
1		5	
2		6	
3		7	
4		8	

Besonderes (s. Nr. 8 der "Bedingungen für die Erteilung einer Postvollmacht" auf der Rückseite)

Die nachstehend aufgeführten Personen werden besonders bevollmächtigt gemäß Abschnitt 6.1.2 AGB Briefdienst (Inland)

☐ 1. für den Empfang von Sendungen, die dem Empfänger eigenhändig zuzustellen sind,

☐ 2. für den Empfang postlagernder nachzuweisender Briefsendungen, Paketsendungen und Postanweisungen,

☐ 3. für die Erteilung einer Unter-Postvollmacht:

—	Vorname, Zuname (Bitte in Druck- oder Maschinenschrift)	—	Vorname, Zuname (Bitte in Druck- oder Maschinenschrift)
1		5	
2		6	
3		7	
4		8	

Die bisher gültige Postvollmacht wird hiermit widerrufen (s. Nr. 9 der "Bedingungen für die Erteilung einer Postvollmacht" auf der Rückseite).
Ort, Datum

(Unterschrift des Vollmachtgebers)
(Bei Behörden und Dienststellen auch Dienststempelabdruck [s. Nr. 7 der "Bedingungen für die Erteilung einer Postvollmacht" auf der Rückseite])

Weitere Unterschriften (s. Nr. 8 der "Bedingungen für die Erteilung einer Postvollmacht" auf der Rückseite)

Beglaubigung der Unterschrift des Vollmachtgebers (durch Polizei, Notar, Gemeinde usw. bzw. Bestätigung durch die Post)

Die vorstehende Unterschrift ist von (Vorname, Familienname, ggf. Geburtsname)

wohnhaft in (Straße und Hausnummer oder Postfach, Postleitzahl, Ort, Zustellpostamt)

☐ persönlich bekannt

ausgewiesen durch

vor mir vollzogen worden. Dies wird hiermit amtlich beglaubigt/bestätigt.
Ort, Datum

(Dienststempel/Tagesstempel)

(Unterschrift)

Postvermerk

Der Vollmachtgeber hat seine Vertretungsberechtigung nachgewiesen durch

☐ Handelsregisterauszug
☐ Teil A ☐ Teil B Nr.
☐ Teil A ☐ Teil B Nr.

☐ Genossenschaftsregisterauszug Nr.

☐ Vereinsregisterauszug des Amtsgerichts Nr.

Sonstiges

(Unterschrift)

Ich übernehme die Gewähr für die Personengleichheit.

(Unterschrift)

x3.91/8 7 6 5 4 3 2 1 AGB BfD Inl 911 017 000-1

Briefgeheimnis, Postgeheimnis

Briefsendungen unterliegen sowohl dem Briefgeheimnis als auch dem Postgeheimnis (Artikel 10 des Grundgesetzes).

Das Briefgeheimnis schützt die Unverletzlichkeit verschlossener Nachrichten und Urkunden außerhalb der Post.

Das Postgeheimnis schützt alle Sendungen, solange sie bei der Post sind. Alle bei der Post Beschäftigten werden auf das Postgeheimnis ausdrücklich hingewiesen und förmlich verpflichtet.

Dienstvorgesetzte dürfen Briefe, die an ihre Mitarbeiter gerichtet sind, öffnen, wenn aus der Anschrift hervorgeht, daß es sich um eine dienstliche Angelegenheit handelt.

Regeln

Wird **zuerst** die Firmenbezeichnung genannt, dann der Personenname, **darf** der Brief **geöffnet** werden.

Wird **zuerst** der Personenname, dann die Firmenbezeichnung genannt, darf der Brief **nicht** geöffnet werden.

Schmuckwarengroßhandlung
Argent und Söhne
z. H. Frau Marion Dor
Brüsseler Straße 8

50674 Köln

Frau Marion Dor
Schmuckwarengroßhandlung
Argent und Söhne
Brüsseler Straße 8

50674 Köln

Zusätze, wie „z. H. = zu Händen, i. H. = im Hause, i. Fa. = in Firma oder c/o = care of (bei)", sind im Grunde überflüssig und können entfallen. Die Bezeichnung „i. Fa." ist nur dann gebräuchlich, wenn es sich bei dem Empfänger um den Firmeninhaber, Mitinhaber oder Teilhaber handelt.

Überlegungshilfe

- Die Mitarbeiter der Poststelle und der Abteilungssekretariate müssen mit dem organisatorischen Aufbau des Betriebes vertraut sein (Ablauforganisation, Organigramm).
- Die Mitarbeiter der Poststelle und der Sekretariate müssen darüber informiert sein, wer im Besitz einer Postvollmacht oder einer „Besonderen Postvollmacht" ist.
- Damit die Post schnell und von der richtigen Person bearbeitet wird, muß geklärt werden,
  - wo die Kompetenzen der Mitarbeiter bei der Anwesenheit und bei der Abwesenheit des/der Chefs liegen
  - wer bei Abwesenheit des/der Chefs für diesen Aufgaben- und Verantwortungsbereich zuständig ist
- Alle Mitarbeiter müssen die Bedeutung des Brief- und Postgeheimnisses kennen. Wird versehentlich ein Privatbrief geöffnet, muß dieser sofort wieder verschlossen, mit dem Vermerk „Irrtümlich geöffnet" versehen und dem Empfänger möglichst persönlich übergeben werden.

2.1 Dienstleistungsbereiche der Deutschen Post AG

Die Dienstleistungen sind in den Allgemeinen Geschäftsbedingungen (AGB) definiert. Diese können bei den Kundenberatern der Deutschen Post AG eingesehen oder am Schalter erworben werden.

Für das Sekretariat sind folgende Dienstleistungen von besonderem Interesse:

- Briefdienst Inland
- Briefdienst Ausland
- ePOST
- Frachtdienst Inland
- Frachtdienst Ausland

Unter dem Begriff **Briefdienst** werden verschiedene Sendungsarten, Postaufträge und zusätzliche Leistungen angeboten.

ePOST ist ein elektronischer Briefservice, der seit 1. Februar 1994 eingeführt worden ist.

Im Dienstleistungsbereich **Frachtdienst Inland** bietet der Postdienst die Beförderung und Auslieferung von Paketsendungen (Pakete und Postgüter) sowie Briefsendungen (Päckchen, Infopost-Schwer und Blindensendungen-Schwer) an.

Der **Frachtdienst Ausland** ist zuständig für den Paket- und Päckchenversand mit den ausländischen Postverwaltungen.

2.1.1 Briefdienst Inland und Ausland

Das Konzept „Brief 2000" hat den Briefdienst übersichtlicher gemacht und das Preissystem vereinfacht. 90 % (geplant sind 95 %) aller Sendungen werden nach der Formel „E+1" versandt = Einlieferung + 1 Tag. In 83 Briefzentralen werden die Sendungen automatisiert bearbeitet. Auch die internationale Briefbeförderung wurde durch das Briefkonzept grundlegend geändert und verbessert.

Im **Inland** gibt es vier **Basisprodukte,** im **internationalen** Verkehr gibt es drei Varianten. Diese Basisprodukte werden bestimmt durch Format, Dicke und Gewicht (s. Tabellen S. 50, 53).

Basisprodukte

Brief 2000 Inland	Brief 2000 International
• Standard-Sendung • Kompakt-Sendung • Groß-Sendung • Maxi-Sendung	• Standard International • Kompakt International • Maxi International

Besondere **Versendungsformen** und **Zusatzleistungen** bewirken, daß die Sendung sicherer oder schneller befördert oder auf besondere Weise ausgeliefert wird.

Brief 2000 Inland (seit 1. April 1993)

Die vier Basisprodukte gelten für die Sendungsarten

- Brief
- Warensendung
- Büchersendung
- Infopost

Die Begriffe „Standard“, „Kompakt“, „Groß“, „Maxi“ werden beim Produktnamen „Brief“ vorangestellt, bei den übrigen Sendungsarten nachgestellt (z. B. „Kompaktbrief“, aber „Infopost-Kompakt“). Postkarte und Blindensendung werden beibehalten. Drucksache und Briefdrucksache entfallen. Die bisherige Massendrucksache wurde in „Infopost“ umbenannt.

Brief 2000 Inland – Die wichtigsten Produktmerkmale seit 1. April 1993 (auf die Angabe der Entgelte wurde verzichtet, da diese Änderungen unterworfen sind)

	Basisprodukte und Sendungen	Höchstformat Länge	Höchstformat Breite	Höchstdicke (Höhe)	Höchstgewicht
Standard	Standardbrief Infopost-Standard Büchersendung-Standard Warensendung-Standard	235 mm umfaßt B6/DL	125 mm	5 mm	20 g
	Postkarte	162 mm = C6	114 mm		
Kompakt	Kompaktbrief Infopost-Kompakt Büchersendung-Kompakt Warensendung-Kompakt	235 mm umfaßt B6/DL	125 mm	10 mm	50 g
Groß	Großbrief Infopost-Groß Büchersendung-Groß Warensendung-Groß[1]	353 mm = B4	250 mm	20 mm	500 g 1000 g 500 g 500 g
Maxi	Maxibrief Infopost-Maxi Büchersendung-Maxi Warensendung-Maxi	353 mm = B4	250 mm	50 mm	1000 g 1000 g 1000 g 500 g
	Blindensendung	353 mm = B4	250 mm	50 mm	1000 g
	Postwurfsendung an • Haushalte mit Tagespost • alle Haushalte • alle Briefabholer	324 mm = C4	229 mm	50 mm	100 g 100 g 1000 g

[1] Die Warensendung-Groß (Höchstmaß B 4, H 20 mm, Gewicht bis 500 g) wird erst nach Wegfall der Übergangsregelungen für rechteckige Nichtstandardwarensendungen eingeführt.

Infopost Inland (früher „Massendrucksache“)

Voraussetzungen	Freimachung	Mindestmengen/Tarife
• festgelegte Mindestmengen • gleiche Formate und Gewichte • Sendungen mit einem Einzelgewicht bis 100 g müssen zusätzlich gewichtsgleich sein	• mit Postwertzeichen und Freistempelung nur bei Infopost-Standard möglich, übrige Sendungen wegen der grammgenauen Abrechnung nur mit Bar-Freimachung und DV-Freistempelung	• siehe Übersichten des Postdienstes

Besondere Versendungsformen	Höchstgewicht Infopost	Mindestmengen bei gleichzeitiger Einlieferung
nicht zulässig	Standard 20 g Kompakt 50 g Groß 1000 g Maxi 1000 g	s. Merkblatt über Infopost (Postamt). Wird die Mindestmenge nicht erreicht, ist eine „Ausgleichszahlung“ möglich und oft kostensparend.

Geplante Änderung ab 1. April 1995: Einführung des **Infobriefes** als Ersatz für die frühere Drucksache. Voraussetzung sind mindestens 50 inhaltsgleiche Sendungen, die je nach Gewicht und Format in die Kategorien Standard, Kompakt, Groß und Maxi eingeordnet werden. Die Gebühren orientieren sich am früheren Verhältnis von Drucksachen zu Briefsendungen.

Brief 2000 International (seit 1. April 1993)

▶ Neuregelungen

- Einführung von Basisprodukten bei Briefen
- Wegfall der Luftpostzuschläge
- Reduzierung der Ländergruppen
- Einführung der Beförderungsleistungen „Luftpost – Par avion – Prioritaire“ und „Land-Economique“
- Kilotarife für Briefe, Infopost und Sendungen zu ermäßigtem Entgelt (einschl. Zeitungen)
- Wegfall der Sendungsarten „Drucksache“ und „Massendrucksache“
- Einführung der „Infopost“
- Neuregelung der Versandbedingungen für Päckchen

▶ Sendungsarten

- Brief
- Infopost
- Sendungen zu ermäßigtem Entgelt
- Sendungen zu ermäßigtem Entgelt in besonderem Beutel
- Blindensendung
- Telebrief

Die Sendungsart **Brief** umfaßt im internationalen Dienst die Basisprodukte Aerogramm, Postkarte, Standard-, Kompakt- und Maxibrief international (vgl. S. 53).

Die Einteilung in Basisprodukte entfällt bei den Sendungsarten Infopost sowie Sendungen zu ermäßigtem Entgelt.

Die Höchstmaße und Höchstgewichte der Sendungsarten entsprechen den Vorgaben des Weltpostvertrages; sie weichen von den Höchstmaßen des Inlandsdienstes ab.

Zusatzleistungen wie Eilzustellung, Einschreiben, Eigenhändig, Rückschein, Nachnahme, Wertsendung und Werbeantwort bleiben bestehen.

Ländergruppe EUROPA	Ländergruppe WELT
• Nord-, Ost-, Süd- und Westeuropa (einschließlich der baltischen Republiken Estland, Lettland, Litauen sowie der Länder Armenien, Aserbaidschan, Belarus, Georgien, Kasachstan, Moldau, Russische Föderation, Ukraine • asiatische Gebietsteile der Russischen Föderation • Türkei • Färöer • Kanarische Inseln • Azoren • Grönland • Madeira • französische Übersee-Departements Guadeloupe, Guayana, Martinique, Réunion und • Gebietskörperschaften St. Pierre und Miquelon	• alle außereuropäischen Länder und Gebiete, sofern sie nicht der Ländergruppe EUROPA zugeordnet sind.

▶ Beförderung

Es gibt bei jeder Sendungsart zwei Möglichkeiten:

- **Luft:** Vorrangbeförderung „Luftpost-Par avion“ oder „Luftpost-Par avion-Prioritaire“ auf dem schnellsten Beförderungsweg
- **Land:** Landbeförderung „Land-Economique“ auf dem nächstschnellsten Beförderungsweg

Beförderung mit Vorrang	Beförderung auf dem nächstschnellsten Beförderungsweg
• Europabriefe • Weltbriefe Luft • Infopost Europa Luft • Infopost Welt Luft • Sendungen zu ermäßigtem Entgelt (Luft)	• Weltbriefe • Infopost Land • Sendungen zu ermäßigtem Entgelt (Land)

Mit Ausnahme der Europabriefe sind sämtliche Sendungen mit der gewünschten Sendungsart zu kennzeichnen.

▶ Musteraufkleber für Beförderungsleistungen

1. Vorrangbeförderung auf dem schnellsten Beförderungsweg:
2. Landbeförderung auf dem nächstschnellsten Beförderungsweg:

Brief 2000 International – Die wichtigsten Produktmerkmale seit 1. April 1993 (auf die Angabe der Entgelte wurde verzichtet, da diese Änderungen unterworfen sind)

Produkt	Höchstmaße	Gewicht	Europa		Welt	
	mm	bis g	Luft	Land	Luft	Land
Brief						
Postkarte	148 x 105	500 g/m²				
Aerogramm	220 x 110	5				
Standardbrief	235 x 125 x 5	20				
Kompaktbrief	235 x 125 x 10	50				
Maxibrief		50				
international	Länge +	100				
	Breite +	250				
	Höhe =	500				
	900 mm	750				
	Maximale	1 000				
	Länge =	1 500				
	600 mm	2 000				
Brief zum Kilotarif						
Standard/Kompakt	s. o.	50				
● Stückentgelt						
● Entgelt je kg						
Maxi international	s. o.	2 000				
● Stückentgelt						
● Entgelt je kg						
Infopost	wie Maxibrief international	2 000/5 000[1]				
● Stückentgelt						
● Entgelt je kg						
Sendung zu ermäßigtem Entgelt Kilotarif[2]	wie Maxibrief international	2 000/5 000[1]				
● Stückentgelt						
● Entgelt je kg						
Sendung zu ermäßigtem Entgelt	wie Maxibrief international					
		50				
		100				
		250				
		500				
		750				
		1 000				
		1 500				
		2 000				
		3000*				
		4 000*				
		5 000*				

* nur Bücher und Broschüren
[1] 5000 g nur bei Büchern und Broschüren
[2] Mindestumsatz = 75,00 DM je Einlieferung, nur bei Vorrangbeförderung zugelassen
(grau) = markierte Felder bedeuten, daß die Dienstleistung nicht angeboten wird
(weiß) = Entgelte beim Postamt erfragen

Infopost International (früher „Massendrucksache“)

Voraussetzungen	Freimachung	Mindestmengen/Tarife
• festgelegte Mindestmengen • gleiche Formate und Gewichte • Sendungen mit einem Einzelgewicht bis 100 g müssen zusätzlich inhaltsgleich sein	• mit Postwertzeichen und Freistempelung nur bei Infopost-Standard möglich, übrige Sendungen wegen der grammgenauen Abrechnung nur mit Bar-Freimachung und DV-Freistempelung	• siehe Übersichten des Postdienstes • Stückentgelt/Kiloentgelt • siehe Übersichten

Versandarten	Bezeichnung
• Europa Land • Europa Luft • Welt Land • Welt Luft	• Vermerk oder Aufkleber je nach gewünschter Beförderungsleistung

Sendungen nach dem Ausland

Auf der Aufschriftseite sollte stets die Bezeichnung der Sendungsart und des gewünschten Sonderdienstes zweisprachig in deutscher und französischer oder einer anderen im Bestimmungsland bekannten Sprache angegeben werden (Französisch ist die internationale Postsprache).

Auswahl der üblichen Begriffe

Deutsch	Französisch
Bitte nachsenden	Faire suivre
Blindensendung	Cécogramme
Brief	Lettre
Eigenhändig	A remettre en main propre[1]
Eilzustellung	Exprès
Einschreiben	Recommandé
Frei von Entgelt und Abgaben	Franc de taxes et de droits
Luftpostleichtbrief	Aérogramme
Luftpost	Par avion/Prioritaire
Nachnahme	Remboursement
Päckchen	Petit paquet
Postfach	Boîte postale
Postkarte	Carte postale
Postlagernd	Poste restante
Rückschein	Avis de réception
Sendung zu ermäßigtem Entgelt	Envoi á taxe réduite

Zusätzliche Leistungen im Briefdienst

Gegen zusätzliche Gebühr kann durch besondere Versendungsformen wie

- Wertsendung
- Einschreiben
- Eigenhändig
- Rückschein
- Nachnahme
- Werbeantwort

[1] Bei bestimmten Ländern gibt es Abweichungen; beim Postamt erfragen.

mehr **Sicherheit** und durch die Versendungsform

- Eilzustellung

eine größere **Schnelligkeit** bei der Beförderung erreicht werden.

▶ Wertsendung

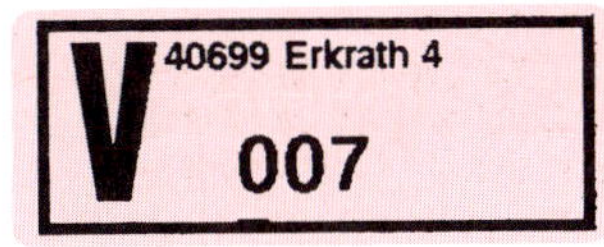

Vorzugsweise für wertvolle Inhalte.
Höchstbetrag der Wertangabe 100 000,00 DM,
bei Luftpostbeförderung 10 000,00 DM.

Ausland: unterschiedliche Regelungen (beim Postamt erfragen).

Die Sendungen sind sicher zu verpacken und mit Siegeln zu verschließen, so daß dem Inhalt ohne sichtbare Beschädigung der Umhüllung oder der Siegel nicht beizukommen ist. Alle Siegel müssen das gleiche eigentümliche Gepräge aufweisen (z.B. Anfangsbuchstaben des Namens, ein Wappen usw.).

Sendungen ohne Siegel:
Briefe mit einer Wertangabe bis zu 500,00 DM, Pakete bis zu 3 000,00 DM.

Bei Wertangaben bis 500,00 DM keine, über 500,00 DM mindestens zwei Siegelabdrucke und Briefhülle aus einem Stück erforderlich. Mehrere Briefmarken einzeln mit Abstand aufkleben. Oberhalb der Aufschrift ist der Vermerk „Wert … DM“ anzugeben, und zwar in arabischen Ziffern in einer Form, die nachträglich nicht verändert werden kann, z. B. „Wert --- 1000,00 DM“.

Haftung bei Verlust des Briefes oder Beschädigung des Inhalts bis zur Höhe der Wertangabe (Einlieferungsbescheinigung). Wertangabe bei Postkarten nicht möglich.

Beispiele für Wertbriefverschlüsse:

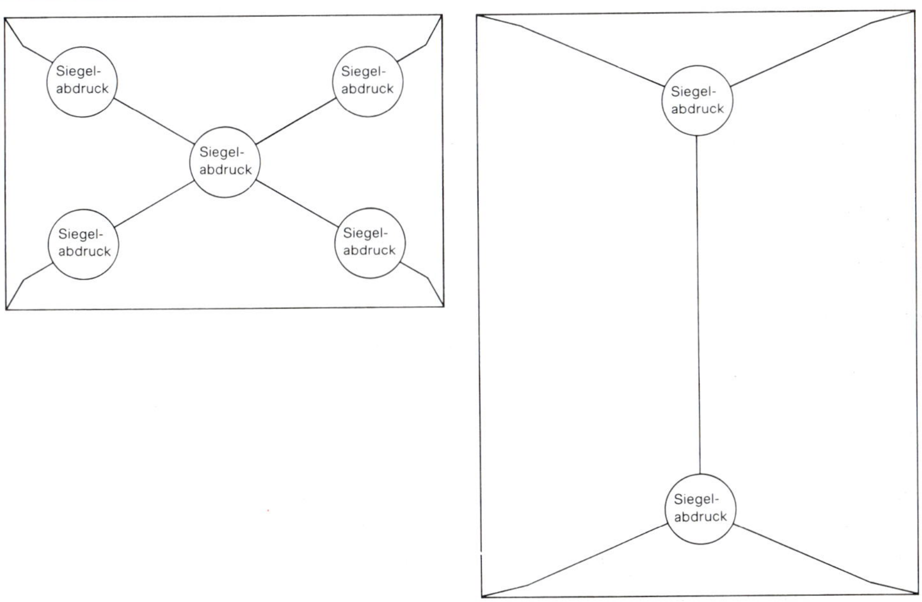

▶ Einschreiben

Deutsche Bundespost	Ausland
Briefe, Postkarten, Blindensendungen, Päckchen	in alle Länder Briefe, Postkarten, Blindensendungen, Päckchen

Die Post bescheinigt die Einlieferung der Sendungen und läßt sich bestätigen, daß der Empfänger sie erhalten hat. Bei Verlust einer Sendung werden 50 DM erstattet.

▶ Eigenhändig

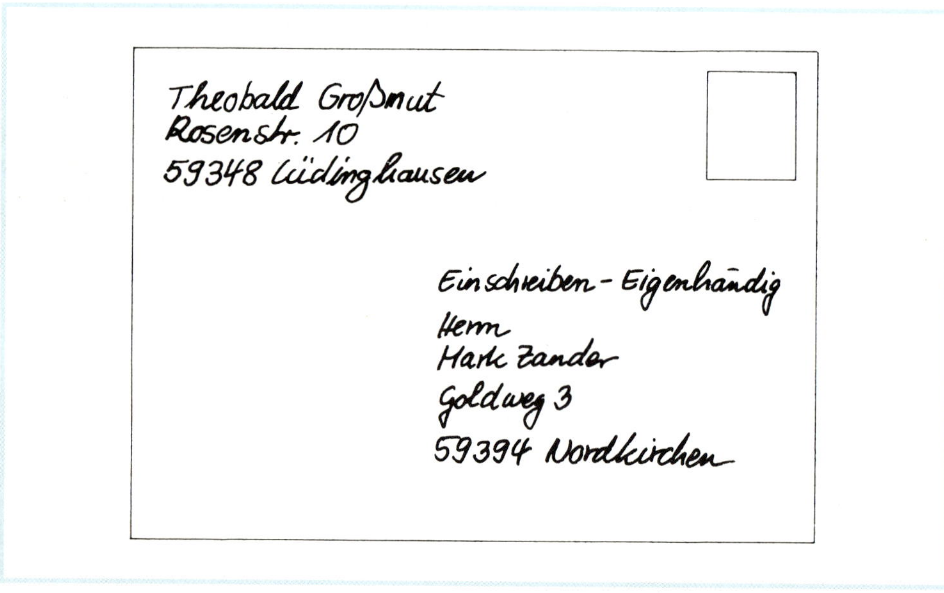

Für Einschreiben, Sendungen mit Wertangabe, Postanweisungen, Zahlungsanweisungen (Bundesgebiet).

Die Sendung wird nur dem Empfänger persönlich oder einer besonders bevollmächtigten Person ausgehändigt.

Oberhalb der Anschrift ist der Vermerk „Eigenhändig" anzubringen; im Auslandsverkehr „A remettre en main propre" oder der dem Land entsprechende Vermerk.

Andere Vermerke, wie „Persönlich" oder „Persönlich zustellen", bewirken nicht die eigenhändige Zustellung.

▶ Rückschein

Deutsche Bundespost POSTDIENST

Rückschein

Sendungsart und besondere Versendungsformen	Einlieferungs-Nr.	Postleitzahl (Einlieferungsamt)	Einlieferungsdatum
Einschreiben		48653	18.08.19..

Nachnahme DM / Pf	Empfänger der Sendung: Firma Flachs & Söhne, Abt. III a
Wert DM	Straße und Hausnummer oder Postfach: Martin-Luther-Straße 7
	Postleitzahl, Bestimmungsort: 70372 Stuttgart

Sendung erhalten

(Unterschrift)

Tagesstempel

Auslieferungsvermerk

☐ Empfänger ☐ Ehegatte ☐ Postbevollmächtigter ☐ Postempfangsbeauftragter

☐ Angestellter | Familienangehöriger | sonstiger Empfangsberechtigter

Nz, Tag, Monat

Der Einlieferer erhält von der Post die Originalempfangsbestätigung des Empfängers für die Sendung. Aus dieser ist zu ersehen, wann und an wen die Sendung ausgeliefert wurde. Die Zustellung mit Rückschein ist bei eingeschriebenen Sendungen, Briefen und Paketen mit Wertangabe möglich. Die Sendungen müssen den Vermerk „Rückschein" tragen oder mit einem bei der Post erhältlichen Klebezettel versehen sein.

▶ Nachnahme

Versandhaus „Exquisit"
Postfach 11 03 45
48703 Stadtlohn

Nr.
REMBOURSEMENT
Nachnahme

Nachnahme— 79— DM 80 Pf

Postbankkonto 11 83 31-305
Postbank Hannover

Frau
Erika Sommer
Stettiner Straße 14

32427 Minden

Inland: Vermerk des einzuziehenden Betrags, z. B. „Nachnahme 79,80 DM". Höchstbetrag 3 000,00 DM. Amtliches Nachnahmezeichen aufkleben oder aufdrucken. Vorbereiteten Zahlschein der Sendung beifügen. Auftraggeber erhält den um das Zahlscheinentgelt gekürzten Nachnahmebetrag nach Einzug durch die Post auf sein Postgirokonto überwiesen.

Ausland: unterschiedlich

Hinweis: Sie erhalten Nachnahmesendungen. Lassen Sie sich eine Quittung geben. Immer wieder schicken Firmen Mahnungen und Rechnungen, weil der Bote vergessen (?) hat, den Nachnahmebetrag zu kassieren.

▶ Werbeantwort

Zusatzleistungen für Standard-, Kompakt-, Groß- und Maxibriefe. Maschinell lesbare Anschrift ist Bedingung. Besonders geeignet für Anfragen und Bestellungen. Der vorbereitete Antwortbrief wird dem Schreiben an den Briefpartner beigefügt. Dieser kann die Antwort unfrei absenden; der Empfänger zahlt einen ermäßigten Zuschlag (nur im Bereich der Deutschen Post AG).

Start des Betriebsversuchs „internationale Werbeantwort" am 1. Oktober 1990. Folgende Länder sind beteiligt: Belgien, Dänemark, Finnland, Frankreich, Großbritannien, Irland, Luxemburg, Monaco, Niederlande, Norwegen, Portugal, Schweden, Schweiz, Spanien, USA.

Versender aus dem Bereich der Deutschen Post AG können damit erstmals ihren Werbesendungen an Kunden im Ausland Werbeantworten beifügen. Sie sind zugelassen für Standardbriefe unter Umschlag sowie in Kartenform. Der Kunde im Ausland kann die Antworten einwerfen, ohne sie freizumachen. Die Gebühr zahlt der Empfänger. Die Aufschrift der Sendungen muß gedruckt sein. Oberhalb der Anschrift muß der Aufdruck „RÉPONSE PAYÉE/WERBEANTWORT" sowie der Aufdruck „RÉP. FÉD. D'ALLEMAGNE" innerhalb von zwei waagerechten Balken hervorgehoben sein. Zudem sind die Vermerke „NE PAS AFFRANCHIR/NICHT FREIMACHEN", alternativ in der jeweiligen Landessprache, sowie im außereuropäischen Verkehr der Zusatz „Par avion/Luftpost" erforderlich. Alle Vermerke werden in blauer Farbe gehalten.

Weitere Informationen geben die Beratungsdienste der Postämter.

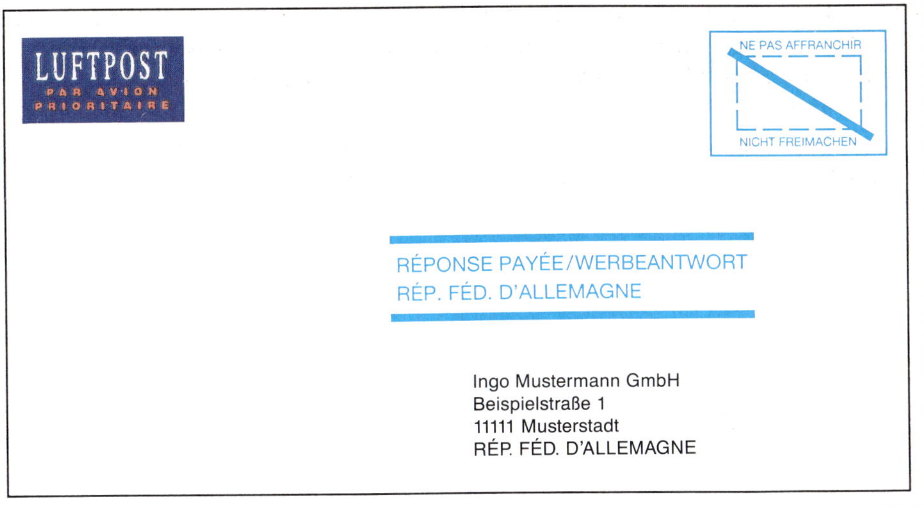

▶ Eilzustellung

Deutsche Post AG	Ausland
Briefe, Postkarten, Blindensendungen	alle Briefsendungen im Rahmen der vom jeweiligen Bestimmungsland aufgestellten Bedingungen (Auskunft: Postämter)

Die Anschrift muß den Vermerk „Eilzustellung" tragen. Wird Nachtzustellung gewünscht, ist der Vermerk „– auch nachts –" hinzuzufügen.

Trägt die Aufschrift eine Postfachangabe, gilt das Einlegen der Sendung in das Postfach als Eilzustellung.

Zustellung: 6 Uhr bis 22 Uhr (Ausnahme: Nachtzustellung in vom Postamt festgelegten Orten).

Die Sendung muß auf der Aufschriftseite in der linken oberen Ecke (ggf. unterhalb der Absenderangabe) entweder mit einem hellroten gedruckten Zettel oder mit einem Stempelabdruck in roter Farbe versehen sein, der den Vermerk „Eilzustellung/Exprès" trägt. Der Vermerk kann auch in Großbuchstaben und in sehr auffälliger Schrift in roter Farbe angebracht werden.

Anschriftenprüfung

Die Deutsche Post AG kann auf Antrag die Richtigkeit von Anschriften prüfen und dem Antragsteller gegen Entgelt die zutreffende Anschrift mitteilen. Der Antrag ist an das Postamt am Bestimmungsort mit einer freigemachten Postkarte zu richten.

Vorausverfügungen

Durch einen Vermerk oberhalb der Anschrift kann der Absender vorausverfügen, daß

- die Sendung nicht nachgesandt werden soll („Nicht nachsenden“ oder „Wenn Empfänger verzogen, nicht nachsenden“),
- eine Sendung nicht nachgesandt, sondern mit Angabe der neuen Anschrift zurückgesandt werden soll („Nicht nachsenden, bitte mit neuer Anschrift zurück“ oder „Wenn Empfänger verzogen, bitte mit neuer Anschrift zurück“),
- ein Brief mit Wertangabe nachgesandt werden soll („Nachsenden“).

Neue Postleitzahlen (seit 1. Juli 1993)

Durch die Wiedervereinigung Deutschlands wurde ein neues Postleitzahlen-System notwendig.

Von den insgesamt 26 400 neuen Postleitzahlen entfallen 8 200 auf die Zustellung, 16 500 auf Kunden mit Postfächern und rund 1 700 auf Großkunden, die durchschnittlich mehr als 2 000 Sendungen täglich bekommen.

Die Postleitzahl besteht aus fünf Ziffern und ermöglicht eine direkte Zuordnung über die Städte und Gemeinden hinaus bis zur Zustellung, zum Postfachschrank oder einem Großkunden.

Beispiel:

1. – 2. Stelle	**3. – 5. Stelle**
Region	Städte/Gemeinden und dort • Postfachschränke • Großkunden • Zustellung

3 9 0 8 2

Durch die einfache Logik des neuen Systems und damit der Anschriften ergeben sich Vorteile bei der maschinellen Bearbeitung. Das gilt sowohl für die Post als auch für die Sendungsvorbereitung durch den Kunden.

Exemplarischer Aufbau des PLZ-Systems:

3 9	Region
3 9 0	Musterhausen
3 9 0 0 1	Postfachschränke
0 5 8	
0 6 0	Großkunden
0 7 8	
0 8 0	Zustellung
0 9 7	
3 9 1	Bischofsstadt

Die neue Postleitzahl ist für Maschinen leichter und präziser zu entschlüsseln. Daher wird seitens der Bundespost erwartet, daß künftig 80 % der Arbeit den Automaten überlassen werden kann.

Für den Kunden wird die Umstellung nicht so einfach sein. Folgende Fehlerquellen sollten vermieden werden:

- Die Postleitzahlen beziehen sich auf Zustellbezirke. In größeren Städten ziehen sich lange Straßen meist durch mehrere Bezirke, so daß es zu verschiedenen Postleitzahlen kommen kann.

  Beispiel:
  München
  Dachauer Straße 145 PLZ 80335
  Dachauer Straße 146 PLZ 80637
  Dachauer Straße 148 PLZ 80992
  Dachauer Straße 149 PLZ 80636

- Unternehmen oder Privatpersonen mit Postfach haben zwei oder auch drei verschiedene Postleitzahlen, die sich bis auf die beiden Anfangsziffern unterscheiden können. Hier gibt es Verwechslungsgefahren.

  Beispiel:
  SPIEGEL-Verlag Hamburg
  Hausadresse: PLZ 20457
  Postfachadresse: PLZ 20404
  Großkunde: PLZ 20454

Die neuen Briefregionen seit 1. Juli 1993:

01 Dresden
02 Oberlausitz
03 Niederlausitz
04 Leipzig
06 Sachsen-Anhalt Süd
07 Ostthüringen
08 Vogtland
09 Erzgebirge
10 Berlin-Zentrum
12/15 Berlin-Südost
13/16 Berlin-Nord
14 Berlin-Südwest, Potsdam
17 Vorpommern
18 Mecklenburger Bucht
19 Mecklenburg, Seenplatte, Schwerin
20/22 Hamburg-Nord
21 Hamburg-Süd
23 Lübecker Bucht
24 Schleswig-Holstein, Nordost, Kiel
25 Schleswig-Holstein West
26 Friesland
27/28 Bremen
29 Lüneburger Heide
30/31 Hannover
32/33 Ostwestfalen
34 Eder-Habichtswald
35 Lahn
36 Rhön
37 Südliches Leinetal
38 Harz
39 Sachsen-Anhalt Nord, Magdeburg
40 Düsseldorf
41 Schwalm-Nette
42 Bergisches Land Nord
44 Dortmund
45 Nördliches Ruhrgebiet
46/47 Niederrhein
48 Münsterland
49 Emsland
50 Köln-West
51 Köln-Ost
52 Rurtal
53 Bonn
54 Eifel
55 Rhein-Nahe, Mainz
56 Westerwald
57 Siegerland
58 Sauerland

59 Lippetal
60/61 Frankfurt am Main
63 Main-Spessart
64 Odenwald
65 Rheingau, Wiesbaden
66 Saarland, Saarbrücken
67 Pfalz
68/69 Rhein-Neckar
70/71 Stuttgart
72 Oberer Neckar
73 Schwäbische Alb Nord
74 Nordwürttemberg
75 Nordschwarzwald
76 Karlsruhe
77 Ortenau
78 Obere Donau
79 Breisgau
80/81 München-Stadt
82 München-Süd
83 Oberbayern
84 Niederbayern
85 München-Nord
86 Donau-Lech
87 Allgäu
88 Bodensee
89 Schwäbische Alb Ost
90/91 Nürnberg
92 Oberpfalz
93 Bayerischer Wald West
94 Bayerischer Wald Ost
95 Fichtelgebirge
96 Nordfranken
97 Mainfranken
98 Thüringer Wald
99 Nordthüringen, Erfurt

(Quelle: Der Spiegel)

Automatische Briefverteilanlagen

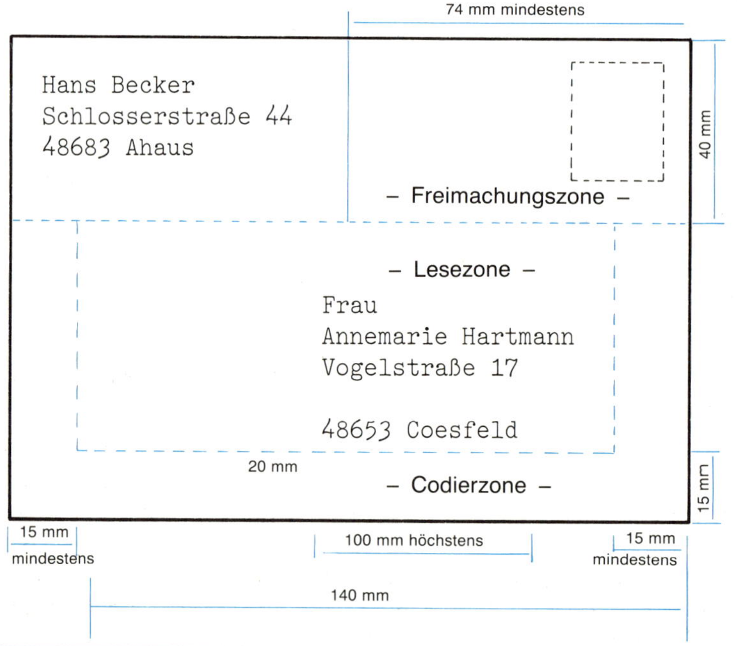

Die Deutsche Post AG muß täglich etwa 52 Millionen Briefsendungen bearbeiten. Das geschieht weitgehend mit automatischen Briefverteilanlagen. Um diese Arbeit kostengünstig erledigen zu können, muß die Aufschrift aller Briefsendungen bestimmten Anforderungen entsprechen. Die Aufschrift wird dabei in verschiedene Zonen eingeteilt, die beachtet werden sollten.

Wenn die Sendungen nicht den Vorschriften entsprechen, kann es zu einem Stillstand der Hochleistungstechnik kommen und teure Handverteilung verursachen.

Kernwissen

- Jedes Unternehmen muß die Dienste der Deutschen Post AG in Anspruch nehmen. Voraussetzung für einen wirtschaftlichen und reibungslosen Arbeitsablauf ist die Kenntnis der wichtigsten Arten der Briefsendungen und der besonderen Versendungsformen/zusätzlichen Leistungen.
- Durch Beachtung der **zusätzlichen Leistungen** kann mehr **Sicherheit** und größere **Schnelligkeit** bei der Übermittlung erreicht werden.
  - **Sicherheit**
    - Wertangabe
    - Einschreiben
    - Eigenhändig
    - Rückschein
    - Nachnahme
  - **Schnelligkeit**
    - Eilzustellung
    - Luftpost
    - Schnellsendung
    - telefonische Benachrichtigung eines Telebriefempfängers

Überlegungshilfe

- Informationsmaterial:
  - Service-Informationen der Deutschen Post AG:
    Wie groß? Wie schwer? Wie teuer?
  - Informationen für Geschäftskunden (kostenlos): POST PLUS
    Bestellanschrift: Postamt 1 POST PLUS-Versandstelle
    Postfach 10 00 01, 93041 Regensburg
  - Allgemeine Geschäftsbedingungen der Deutschen Post AG
    POSTDIENST/FRACHTDIENST
  - Kundenberatung der Deutschen Post AG
  - Informationen zur Auslandspost: kostenlose Auskunft über ZAK, Zentrale Auskunftsstelle für Auslandspost, Frankfurt am Main, Telefon (01 30) 80 41 41.

Zur Vertiefung

1 Kann ein Postbevollmächtigter eine Unter-Postvollmacht ausstellen?

2 Für die Aufschrift eines Briefes gibt es bestimmte Regeln zum Inhalt und zur Anordnung. Nennen Sie diese!

3 Welche Sendungen werden unter dem Begriff „Briefsendung“ zusammengefaßt?

4 Die Versendungsform „Einschreiben“ signalisiert, daß es sich um eine wichtige oder eilig zu behandelnde Sendung handelt. Wird die Sendung wirklich bevorzugt behandelt? Nehmen Sie kritisch Stellung!

5 Wichtige Erklärungen (z. B. Kündigungen, Rücktritte von Verträgen, Anmeldung von Ansprüchen, Nennung von Fristen usw.) werden in der Regel erst wirksam, wenn sie eingegangen sind. Welche Versendungsform wählen Sie für solche Schriftstücke?

6 Sie erhalten den Auftrag, zwei nachfolgend näher beschriebene Sendungen per Post **möglichst rasch** und sicher den Kunden zustellen zu lassen. Welche „Kombination“ der Versandarten, die die Abbildung veranschaulicht, werden Sie wählen?

Sendung A:
Modeschmuck; Wert 40,00 DM; Gewicht der Sendung: 1 200 Gramm; von Bremen nach München

a) ② + ④ + ⑥ b) ① + ④ + ⑤ c) ① + ③ + ⑥

Sendung B:
Silberne Tafelbestecke gegen Rechnung (30 Tage Ziel); Wert 600,00 DM; Gewicht der Sendung: 14 kg;

d) ② + ③ + ⑤ e) ① + ⑥ f) ④ + ③

7 Zum Auslandspostverkehr treten vermehrt Fragen auf.

a) Ihnen sind nicht alle Zollformalitäten bekannt.

b) Sie haben Fragen zu Rechnungen oder Zahlungen ins Ausland.

c) Ihnen sind die unterschiedlichen Versandmöglichkeiten in die GUS-Staaten unklar.

Wie lösen Sie Ihre Probleme?

2.1.2 ePOST

Der seit dem 1. Februar 1994 neu eingerichtete Briefservice der Deutschen Post AG bietet den Benutzern die Möglichkeit, ihre Einrichtungen zur Informations- und Textverarbeitung weitergehend zu nutzen.

Das Prinzip: Briefsendungen sollen so lange wie möglich elektronisch bearbeitet, transportiert und so nahe wie möglich beim Empfänger in einer ePOST-Station ausgedruckt werden.

Beispiel:

1. Die Firma COMPUTEACH COESFELD will einem größeren Kundenkreis regelmäßig über ePOST ihre Serviceleistungen vorstellen.
2. COMPUTEACH schließt mit der Deutschen Post AG einen Vertrag, in dem die Menge der Nachrichten und der Zeitpunkt ihrer Übermittlung festgelegt werden.
3. COMPUTEACH erfaßt die Informationen auf einem eigenen Computer, schickt diesen Text on-line (Telefon/Modem, ISDN, DATEX-P) oder off-line (Diskette/Magnetband) an eine ePOST-Station des Postdienstes.
4. Diese (noch codierten) Informationen werden über Fernmeldeleitungen an die **empfänger**nahen ePOST-Stationen weitervermittelt und dort erst ausgedruckt. Die Informationen können auf beliebigen Formblättern des Kunden, die vorher einmalig elektronisch gespeichert worden sind, mit Firmenlogo oder Unterschriftsfaksimile versehen wiedergegeben werden.
5. Anschließend werden die Sendungen auf kürzestem Weg als Briefe oder als Infopost weiterbefördert und per Briefdienst an die Empfänger ausgeliefert.

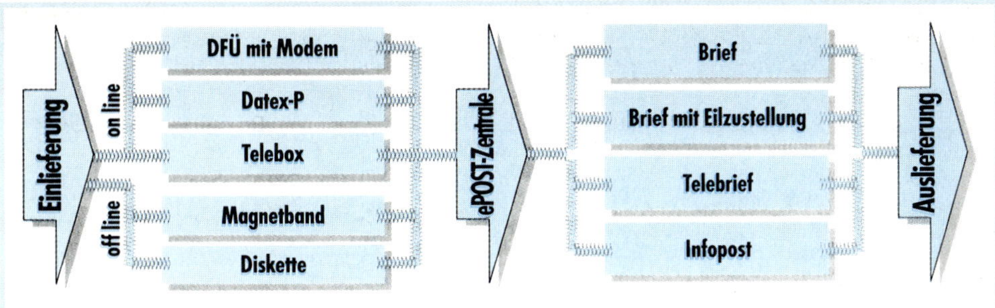

Das Ablaufschema der ePOST: Nach Einlieferung der Daten können die Sendungen in vier verschiedenen Formen ausgedruckt und ausgeliefert werden

Der ePOST-Kunde verringert die Personalkosten im eigenen Unternehmen und kann sich überwiegend auf das Kerngeschäft konzentrieren, denn er hat folgende Vorteile:

- Fast die gesamte Geschäftskorrespondenz – Druck, Kuvertierung, Freimachung, Transport und Zustellung – kann ausgelagert werden.
- Wegfall von Investitionskosten für eigene Druck- und Kuvertierungstechnik.
- Durch die elektronische Speicherung der unternehmensüblichen Formblätter kann die Lagerhaltung drastisch reduziert werden.
- Optimierte Nutzung der Informationsverarbeitung und Telekommunikation. Dadurch Zeitersparnis, weil ePOST die Vorbereitungsarbeiten für den Postversand erspart. Der Weg zum Postamt entfällt.

Sendungsarten

Die Sendungen werden in neutralen Fensterbriefhüllen (234 x 114 mm) kuvertiert. Die Briefhüllen tragen unterschiedliche Freimachungsvermerke.

▶ Briefdienst Inland und Ausland

- Brief
  - Standardbrief (1 – 3 Blatt)
  - Kompaktbrief (4 – 6 Blatt)

▶ Infopost (nur Inland)

– Infopost-Standard (1 – 3 Blatt)

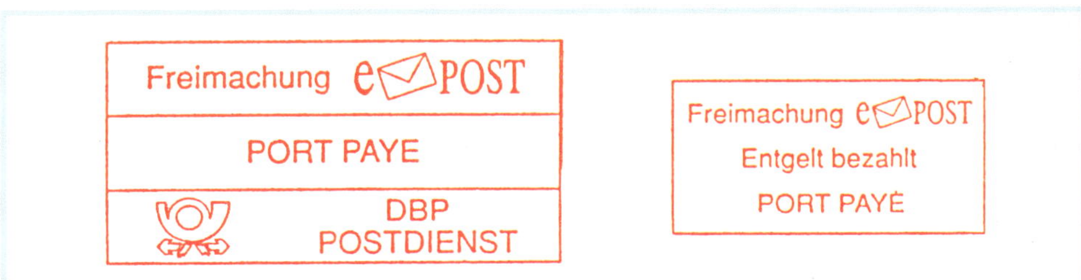

Anschrift und Absenderangabe

Nachrichten sind im ePOST-Format einzuliefern. An der linken Seite jedes Blattes ist für den Aufdruck von Steuerzeichen und Servicedaten ein 7 mm breiter Randstreifen freizuhalten.

Jeder Kunde erhält eine Identifikationsnummer, die neben dem Druckdatum im Anschriftenfeld der Sendung aufgedruckt wird. Dadurch wird die Zuordnung der Sendung zum Kunden sowie eine Laufzeitkontrolle ermöglicht.

Nachricht und Nachrichteninhalt

Es können schriftliche Nachrichten aller Art übermittelt werden. Diese können aus folgenden Bausteinen zusammengestellt werden:

- Absenderangabe
- Anschrift
- Text, Daten
- Overlay (elektronisches Formular)
- Grafiksegmente (z. B. Logo, Unterschriftsfaksimile)

Einlieferung, Produktion

elektronische Einlieferung (on-line)	montags bis einschließlich sonntags von 0.00 bis 24.00 Uhr Ausnahme: samstags von 8 bis 16.00 Uhr
DV-Datenträger (off-line)	Entgegennahme während der Öffnungszeiten der für die ePOST-Station bezeichneten Dienststelle oder Zusendung an die zuständige ePOST-Station
Produktionstage	Montag bis Freitag (ausgenommen bundeseinheitliche Wochenfeiertage) Die Produktion erfolgt im allgemeinen am Einlieferungstag.

Sendungen in das Ausland

Sie werden auf dem schnellsten Beförderungsweg, im allgemeinen mit Luftpost, über den Briefdienst weitergeleitet.

Tarife und Entgelte

▶ Tarife

Economy	mehr als 500 Sendungen/Produktionstag an mindestens 15 Produktionstagen/Monat; Einlieferung bis 8.00 Uhr
Standard	Einlieferungen, die nicht unter die Definition Economy fallen, nicht an Spitzentagen produziert werden und bis 8.00 Uhr vorliegen
Special	Einlieferungen, die • nicht unter die Definition Economy fallen • an Spitzentagen produziert werden (Spitzentage: die jeweils zwei ersten und letzten Produktionstage eines jeden Monats sowie alle Produktionstage vom 2. bis 9. Januar) Späteinlieferungen, die an Produktionstagen • von 8.00 bis 18.00 Uhr eingeliefert und • vereinbarungsgemäß noch am selben Tag produziert werden

▶ Entgelte

Es gibt ein Verzeichnis der Entgelte. Die Einstufung richtet sich nach der Gesamtmenge der im Rechnungsmonat eingelieferten Standardbriefe, Kompaktbriefe und Standardinfopostsendungen.

Ausschnitt

Tarif / Menge pro Monat	Special (DM)	Standard (DM)	Economy (DM)	Druck einer zusätzl. Seite (DM)
1–10 000	1,25	1,20	1,19	0,06
> 10 000–100 000	1,14	1,10	1,09	0,05
> 100 000–1 Mio.	1,08	1,05	1,04	0,05
> 1 Mio.	1,05	1,03	1,02	0,04

Kernwissen

- Unter „Post“ versteht man im allgemeinen schriftliche Nachrichten, die auf dem herkömmlichen Wege übermittelt werden, die sogenannte „Gelbe Post“. Immer häufiger wird jedoch der Begriff „Elektronische Post“ verwendet. Damit ist die Übertragungsart für Nachrichten gemeint, die ihren Empfänger schnell und **schriftlich** auf elektronischem Wege erreichen.

  Der ePOST-Service unterstützt dieses Prinzip. Die Nachricht wird so lange wie möglich elektronisch bearbeitet und transportiert und so empfängernah wie möglich gedruckt, um sie dann der bestehenden Zustellorganisation zuzuführen.

Überlegungshilfe

Übertragung einer Nachricht über das Medium Papier	Übertragung des Inhalts einer Nachricht
Briefdienst	**Technische Dienste** (Auswahl) (sogen. „Elektronische Post“)
• Briefpost • Infopost	• ePOST • Telex • Telefax • Datex-J • Datex-L • Datex-P • Mailbox u. a.

- Wichtig ist die Entscheidung, wann und für welchen Zweck der eine oder andere Übermittlungsweg gewählt wird.

Zur Vertiefung

1. Was ist die Voraussetzung zur Nutzung des ePOST-Dienstes?
2. In welcher Form erreichen ePOST-Sendungen ihren Empfänger?
3. Welche Besonderheiten muß der Absender bei der Anschrift und Absenderangabe beachten?
4. Werden ePOST-Sendungen auch ins Ausland weitergeleitet?

2.1.3 Frachtdienst Inland und Ausland

Im nationalen und internationalen Waren- und Güteraustausch sind **Schnelligkeit** und **Zuverlässigkeit** gefordert. „Just-in-time" lautet das Schlagwort. Es gibt die Frachtdienste der Deutschen Post AG, der Deutschen Bahn AG und der privaten Anbieter.

Frachtdienst der Deutschen Post AG

Das Konzept FRACHTPOST, dessen Realisierung 1995 abgeschlossen sein wird, sieht folgenden Ablauf vor:

33 Frachtpostzentren	Sie sind die zentralen Logistik-Knotenpunkte für mehr als 400 Zustellbasen.
↓	
Zielfrachtpostzentren	Die Pakete werden in nur **einem** Arbeitsgang verteilt und in Großcontainern per Lkw oder Bahn zu den Zielfrachtpostzentren transportiert.
↓	
Zustellbezirke	Dort werden die Pakete vollautomatisch auf Zustellbezirke verteilt …
↓	
Empfänger	… und dann beim Empfänger zugestellt.

Sendungsarten

Paketsendungen (gewöhnliche Sendung)	**Briefsendungen (gewöhnliche Sendung)**
• Pakete • Postgüter	• Päckchen • Infopost-Schwer • Blindensendung-Schwer

▶ Paketsendungen

Höchstgewicht	20 kg je Sendung Der Preis für ein Paket wird entfernungsunabhängig ausschließlich nach Gewicht berechnet.
Entgelt bei Einlieferung	bewirkt die Beförderung der Sendung zum Bestimmungsort.
Zustellentgelt	zu entrichten für ein zuzustellendes Paket, zahlbar durch Absender oder Empfänger. Lehnt der Empfänger die Zahlung ab, gilt das als Verweigerung der Entgegennahme der Sendung. Das Paket wird an den Absender zurückgesandt.
Bereithaltungsentgelt	zu entrichten für ein postlagerndes Paket, zahlbar durch Absender oder Empfänger. Lehnt der Empfänger die Zahlung ab, gilt das als Verweigerung der Entgegennahme der Sendung. Das Paket wird an den Absender zurückgesandt.
nicht freigemachtes Paket	Der Absender muß auf der Sendung den Vermerk „Unfrei" anbringen. Lehnt der Empfänger die Zahlung der Entgelte ab, gilt das als Verweigerung der Entgegennahme der Sendung. Der Absender ist zur Zahlung verpflichtet, auch wenn er die zurückgesandte Sendung nicht zurücknimmt. Besondere Versendungsformen sind nicht möglich.
Einlieferung	wird bestätigt.
Auslieferung	erfolgt gegen Empfangsbestätigung.
Haftung	durch die Deutsche Post AG, und zwar für Schäden (Verlust oder Beschädigung) bis zum Höchstbetrag von 1000 DM je Sendung.

Postgut (für Selbstbucher von Paketsendungen)

Selbstbucher	Versender, die jeweils mindestens 500 gewöhnliche Paketsendungen oder Pakete mit Wertangabe im Jahr einliefern.
Vorarbeiten	u. a. Ermitteln des Gewichts, Berechnen des Entgelts, Bekleben der Sendungen mit den erforderlichen postdienstlichen Zetteln, Buchen der Sendungen.
Entgelte	ermäßigt.
Höchstgewicht	31,5 kg je Sendung.
Einlieferung	wird **nicht** bestätigt.
Auslieferung	erfolgt gegen Empfangsbestätigung.
Haftung	Die Deutsche Post AG haftet nicht für Schäden, die durch eine nicht ordnungsgemäße Behandlung von Postgütern entstehen.

▶ Briefsendungen

Päckchen

Höchstgewicht	2 kg je Sendung
Entgelt	beinhaltet Beförderung und Auslieferung an den Empfänger.
Haftung	Die Deutsche Post AG haftet grundsätzlich nicht für Schäden, die durch eine nicht ordnungsgemäße Behandlung von Postgütern entstehen. Haftung bei eingeschriebenen Päckchen 50 DM je Sendung.

Infopost-Schwer

Höchstgewicht	4 000 g je Sendung bei gleichzeitiger Einlieferung bestimmter Mindestmengen
Inhalt	Schriftliche Mitteilungen oder Unterlagen desselben Absenders; auch Bücher, Broschüren, Zeitungen, Zeitschriften.
Voraussetzungen	Die Sendungen müssen ● mit einer Umhüllung versehen sein ● format- und gewichtsgleich ● bund- und palettierfähig sowie ● zu lohnenden Bunden und Flachpaletten-Gebinden zusammengefaßt sein. (Bei DVmäßig erstellter Einlieferungsliste sind Ausnahmen möglich). Je Einlieferungsort und -tag müssen mindestens ● 10 Infopost-Schwer für jeden Leitbereich, in dem ausgeliefert werden soll, und ● ein lohnendes Flachpaletten-Gebinde mit zu Bunden zusammengefaßten Infopost-Schwer eingeliefert werden.
Entgelt	umfaßt die Beförderung und die Auslieferung an den Empfänger.
Einlieferung	wird nicht bescheinigt.
Auslieferung	erfolgt ohne Empfangsbestätigung.
Haftung	Die Deutsche Post AG haftet nicht für Schäden, die durch eine nicht ordnungsgemäße Behandlung von Infopost-Schwer entstehen.
Anschriftenträger-Verfahren	Liefert ein Absender im Falle bundesweiter Streuung etwa 200 000 inhaltsgleiche Infopost-Schwer ein, kann mit der Deutschen Post AG die getrennte Einlieferung von Anschriftenträgern sowie unbeschrifteten und ggf. nicht mit einer Umhüllung versehenen Infopost-Schwer vereinbart werden.

Blindensendung-Schwer

Höchstgewicht	7 000 g je Sendung
Entgelt	entgeltfreie Beförderung und Auslieferung.
Inhalt	• Schriftstücke in Blindenschrift, • für Blinde bestimmte Tonaufzeichnungen oder sonstige Magnetdatenträger, deren Absender oder Empfänger eine amtlich anerkannte Blindenanstalt ist, • Papiere für die Aufnahme von Blindenschrift, wenn sie von einer amtlich anerkannten Blindenanstalt an Blinde versandt werden.
Haftung	Die Deutsche Post AG haftet nicht für Schäden, die durch eine nicht ordnungsgemäße Behandlung von gewöhnlichen Blindensendungen entstehen (Haftung bei Einschreibsendungen: 50 DM je Sendung).
Umhüllung	Damit der Inhalt leicht geprüft werden kann, offene Umhüllung. Die Sendungen dürfen verschlossen eingeliefert werden, wenn der Absender mit einer Öffnung zur Inhaltsprüfung einverstanden ist und gleichzeitig mindestens 100 Blindensendungen-Schwer eingeliefert werden.
Vermerke in der Aufschrift	Gewöhnliche Blindensendung: „Blindensendung" Verschlossene Blindensendung: „Blindensendung/Gepr. beim Einlieferungspostamt" In der rechten oberen Ecke: „Nicht stempeln", falls keine zusätzlichen Leistungen in Anspruch genommen werden (z. B. Wertangabe).

Zusätzliche Leistungen und Sonderregelungen im Frachtdienst

▶ Besondere Versendungsformen

Gegen Zahlung eines zusätzlichen Entgelts kann der Absender unter bestimmten Voraussetzungen folgende besondere Versendungsformen beantragen:

- Wertsendung
- Eigenhändig
- Nachnahme
- Luftpost
- Einschreiben
- Rückschein
- Schnellsendung
- Eilzustellung

Wertsendung

Sendungsart	Pakete
Wertangabe	Sie ist auf 100 000 DM, bei Paketen mit Luftpost auf 10 000 DM beschränkt; sie muß mindestens dem Wert des Inhalts entsprechen.
Aufschrift	Sie muß den Vermerk „Wert" und die Angabe des Wertbetrags tragen. Der Wertbetrag muß in arabischen Ziffern so angegeben sein, daß er nachträglich nicht geändert werden kann.
Verpackung	Die Verpackung muß so sicher und mit Siegelabdrucken verschlossen sein, daß dem Inhalt ohne sichtbare Beschädigung der Umhüllung oder der Siegel nicht beizukommen ist. Der Siegelabdruck muß ein eigentümliches Gepräge tragen. Die Außenseite des Pakets darf nicht mit Zetteln beklebt oder mit sonstigen Angaben versehen sein (ausgenommen Anschriftzettel und postdienliche Klebezettel, vgl. dazu auch Abb. auf S. 55). Pakete mit einer Wertangabe bis 3 000 DM brauchen keinen Siegelabdruck zu tragen.

Einschreiben

Sendungsart	Päckchen, Blindensendungen
Aufschrift	Sie muß den Vermerk „Einschreiben“ tragen,vgl. dazu auch Abb. S. 56.
Einlieferung	Sie wird bescheinigt.
Auslieferung	Sie erfolgt gegen Empfangsbestätigung.
Haftung	50,00 DM je Sendung

Eigenhändig

Sendungsart	Pakete mit Wertangabe, eingeschriebene Briefsendungen. Die Sendungen werden dem Empfänger eigenhändig ausgeliefert.
Aufschrift	Sie muß den Vermerk „Eigenhändig“ tragen, vgl. dazu auch Abb. S. 56.
Haftung	bei Sendungen mit Wertangabe bis zur Höhe des unmittelbaren Schadens. Die Obergrenze ist der Betrag der Wertangabe. Haftung bei eingeschriebenen Briefsendungen bis 50,00 DM.

Rückschein

Sendungsart	Pakete mit Wertangabe, eingeschriebene Briefsendungen. Jeder Sendung muß ein ausgefüllter Rückschein beigegeben sein, vgl. dazu auch Abb. auf S. 57.
Aufschrift	Sie muß den Vermerk „Rückschein“ tragen.
Empfangsbestätigung	Der vom Empfangsberechtigten vollzogene Rückschein wird dem Absender wie eine gewöhnliche Postkarte ausgeliefert.

Nachnahme

Sendungsart	Paketsendungen, Päckchen Die Sendungen werden erst nach Einziehung eines Nachnahmebetrages bis zu 3 000 DM ausgeliefert.
Aufschrift	Sie muß folgende Vermerke tragen: ● „Nachnahme“ ● die Angabe des Nachnahmebetrages in arabischen Ziffern; darunter das Postbankkonto bzw. Bankkonto mit BLZ, auf das der Betrag zu überweisen ist ● oberhalb des Nachnahmebetrages das postdienstliche Nachnahmezeichen (aufgeklebt oder aufgedruckt), vgl. dazu Abb. auf S. 57.
Paket	Jedem Paket muß eine ausgefüllte Nachnahmepaketkarte mit anhängendem Zahlungsverkehrsvordruck beigegeben sein.
Postgut/Päckchen	Jeder Sendung muß ein den Bedingungen der Deutschen Postbank AG entsprechender Zahlungsverkehrsvordruck beigefügt sein. Er ist vom Absender auszufüllen.

Nachnahmebetrag	Der eingezogene Nachnahmebetrag wird um das Übermittllungsentgelt gekürzt und auf das vom Absender angegebene Konto überwiesen. Beim Ausfüllen des Zahlungsverkehrsvordrucks ist demnach der Betrag einzusetzen, der sich aus dem vom Empfänger einzuziehenden Nachnahmebetrag abzüglich des Übermitttlungsentgelts ergibt.
Einlieferung	Die Einlieferung von Postgütern und gewöhnlichen Päckchen mit Nachnahme wird auf Antrag des Absenders gegen Zahlung eines besonderen Entgelts bescheinigt.
Einlösung der Nachnahme	Dem Empfänger wird auf dessen Antrag eine Frist von sieben Werktagen nach dem Eingang der Sendung beim Zustellpostamt gewährt. Hat der Absender die Vorausverfügung „Keine Lagerfrist“ getroffen, so wird die Sendung nur einen Werktag nach Eingang zur Einlösung der Nachnahme bereitgehalten.

Schnellsendung

Sendungsart	Paketsendungen, Päckchen, Blindensendungen-Schwer, Paketsendungen und Päckchen mit leicht verderblichem Inhalt..
Verbindung	Schnellste Verbindung auf Schiene und Straße.
Aufschrift	Die Sendung muß den Vermerk „Schnellsendung“ tragen. 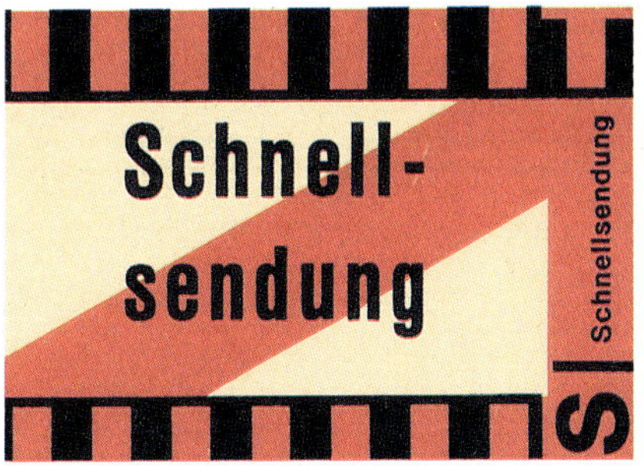
Zustellung	Erreichen Schnellsendungen am Eingangstag nicht die Paketzustellung, so werden sie an Werktagen bis 21 Uhr, an Sonn- und Feiertagen bis 12 Uhr gesondert zugestellt.

Luftpost

Sendungsart	Pakete, Päckchen
Aufschrift	Sie muß den Vermerk „Mit Luftpost“ tragen,vgl. dazu Abb. auf S. 52.
Höchstmaße für Pakete	Länge (höchstens 1,50 m) und größter, nicht in der Längsrichtung gemessener Umfang zusammen 3 m.
Zustellung	Mit Luftpost beförderte Pakete und Päckchen werden wie Schnellsendungen zugestellt.

Eilzustellung

Sendungsart	Schnellsendungen, Pakete und Päckchen mit Luftpost.
Aufschrift	Die Sendung muß den Vermerk „Eilzustellung“ tragen,vgl. dazu auch Abb. auf S. 59. Wird Nachtzustellung beantragt, so ist zusätzlich der Vermerk „– auch nachts –“ anzubringen.
Zustellung	Durch Eilboten in der Zeit von 6 bis 22 Uhr. Gegen Zahlung eines erhöhten Entgelts kann der Absender beantragen, daß die Sendung in von der Deutschen Post AG festgelegten Orten auch nachts zwischen 22 und 6 Uhr zugestellt wird.

Vorausverfügungen des Absenders. Der Absender kann durch einen entsprechenden Vermerk, der oberhalb der Anschrift anzubringen ist, Vorausverfügungen veranlassen. Diese Vorausverfügungen – (z. B. „Die Sendung soll nicht nachgesandt werden“, „Eine unzustellbare Infopost-Schwer soll zurückgesandt werden“) – sind genau festgelegt und beim Postdienst zu erfragen.

▶ Leistungen der Deutschen Post AG im Frachtdienst – Ausland –

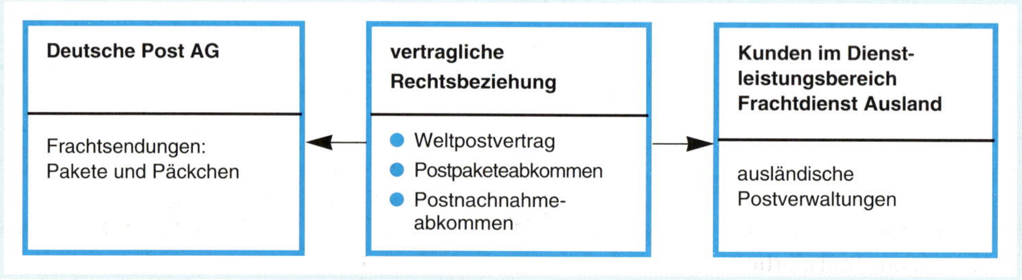

Der Versand von Paketen und Päckchen in das Ausland unterliegt den Ausfuhr- bzw. Einfuhrbestimmungen und Zollvorschriften sowie den gesetzlichen und betrieblichen Regelungen der beteiligten Länder.

Sendungsarten

Paketsendungen

- PREMIUM-Pakete
- ECONOMY-PLUS-Pakete
- ECONOMY-Pakete
- PREMIUM-Päckchen
- ECONOMY-Päckchen

	Transport im Einlieferungs- und Bestimmungsland	Beförderung in das Bestimmungsland	Laufzeiten
PREMIUM-Pakete	mit den jeweils schnellsten Beförderungsmitteln (Luft- oder Landweg)	i.d.R. auf dem Luftweg	Europa: i. d. R. bis zu 3 Tagen n.d. Einlieferung; übrige Länder: bis zu 5 Tagen
ECONOMY-PLUS-Pakete	Landweg	Luftweg	i. d. R. bis zu 11 Tagen n.d. Einlieferung
ECONOMY-Pakete	Land- und/oder Seeweg	Land- und/oder Seeweg	Europa: i. d. R. bis zu 4 Tagen n.d. Einlieferung; übrige Länder: kann über 30 Tage betragen
PREMIUM-Päckchen	mit den jeweils schnellsten Beförderungsmitteln (Luft- oder Landweg)	Luftweg	
ECONOMY-Päckchen	Land- und/oder Seeweg	Land- und/oder Seeweg	

▶ Frachtdienst der Deutschen Bahn AG

Der Frachtdienst wird über Frachtzentren abgewickelt, zwischen denen die Güter mit Eisenbahnwaggons transportiert werden.

Abholung, Zustellung	Die Sendungen werden auf Wunsch vom Absender abgeholt und an eine genannte Anschrift zugestellt (Lkw). Auch Einlieferung und Abholung durch den Kunden ist möglich.
Versand	„frei“ (bahnlagernd), „frei Haus“, „unfrei“, Nachnahme
Transportbehälter	werden gegen Entgelt zur Verfügung gestellt.
Versandpapiere	Frachtbrief bzw. IC-Kuriergutkarte.
Entgelt	richten sich nach Sendungsart, Gewicht, Volumen, Entfernung.
Haftung	höchstens 100 DM/Kilogramm

Die wichtigsten Sendungsarten

Sendungsart	Gewicht	Maße	Beförderungsmittel	Beförderungszeit
• Stückgut	von 1 kg bis zu Sendungen, die weniger Platz als 1 Waggon benötigen	höchstens Waggongröße	Lkw Stückgutwagen von Güterzügen	24 bis 48 Stunden
• Expreßgut	bis 100 kg/Stück	bis 3 m Länge oder 4 m Umfang	Lkw, Expreßgutwagen von Expreßgutzügen	24 Stunden

Sendungsart	Gewicht	Maße	Beförderungs-mittel	Beförderungs-zeit
● Wagenladungen	bis zur Tragfähigkeit eines Waggons (beliebige Anzahl von Waggons möglich)	etwa Waggongröße	Waggons von Güterzügen	24 bis 72 Stunden
● IC-Kurierdienst	bis 20 kg	höchstens 1 m lang bzw. Länge und Umfang höchstens 2 m	IC-Zug	mindestens Fahrtzeit des IC-Zuges + 45 Min. (30 Min. vorher, 15 Min. nachher)

▶ Private Frachtdienste (Auswahl)

Der **DPD (Deutscher Paketdienst)** hat eine Anzahl von Depots (Paketein- und auslieferungsstellen) eingerichtet. Hier werden die Sendungen gesammelt, durch Lkw weitertransportiert und ausgeliefert. Für die Sendungen werden spezielle DV-lesbare Aufkleber der DP verwendet.

Gewicht der Pakete	bis zu 31,5 kg/Stück
Zustellung Inland	innerhalb von 24 Stunden
Entgelte	richten sich nach Gewicht und Entfernung
Haftung	bis zu 1 000 DM/Paket für Schäden und Verlust

Der **UPS (United Parcel Service)** ist ein Kurierdienst. Dokumente oder Pakete werden vom Absender abgeholt. Es ist ein Frachtbrief beizulegen.

Gewicht der Pakete	bis zu 31,5 kg/Stück
Zustellung Inland	Bodenservice: innerhalb von einem bis höchstens zwei Tagen oder Expreßservice: ein Arbeitstag
Entgelte	richten sich nach Gewicht, Entfernung und Sendungsart
Haftung	bis zu 1 000 DM/Paket für Schäden und Verlust

▶ Weitere Expreß-Spezialisten (Auswahl)

- Arbeitsgemeinschaft Deutscher Kurierdienste GmbH & Co. KG, Hamburg
- c+d Luftfracht-System GmbH, Frankfurt am Main
- DHL Worldwide Expreß, Frankfurt am Main
- NET Nachtexpreß Termindienst GmbH, Mannheim
- TNT Express Worldwide GmbH, Troisdorf

Hinweise zur Auswahl des Kurierdienstes:

- bei kleinen Anbietern Referenznachweis fordern
- Telefonauskunft über Preise
- Door-to-Door-Transport
- Mengenrabatte
- Haftung bei Nichteinhalten der garantierten Lieferzeit
- Haftung bei Verlust

Diese Fragestellungen/Punkte sollten vor der Auftragserteilung an einen Kurierdienst geklärt sein.

Kernwissen

- Es gibt den Frachtdienst
  - der Deutschen Post AG
  - der Deutschen Bahn AG
  - der Privatanbieter
- **Frachtdienst der Deutschen Post AG**

  Sendungsarten im Frachtdienst

Inland	Ausland
Paketsendungen – Pakete – Postgüter	**Paketsendungen** – PPREMIUM-Pakete – ECONOMY-PLUS-Pakete – ECONOMY-Pakete
Briefsendungen – Päckchen – Infopost-Schwer – Blindensendung-Schwer	**Briefsendungen** – PREMIUM-Päckchen – ECONOMY-Päckchen

- **Frachtdienst der Deutschen Bahn AG**
  - Es gibt verschiedene Sendungsarten. Die wichtigsten sind
    – Stückgut – Wagenladungen
    – Expreßgut – IC-Kurierdienst
- **Frachtdienst der privaten Anbieter (Auswahl)**
  - DPD – Deutscher Paketdienst
  - UPS – United Parcel Service

Überlegungshilfe

- Besonderheiten im Frachtdienst der Deutschen Post AG:
  - Die Tarifierung für den nationalen Paketversand ist entfernungsunabhängig.
  - Gewerbliche Versender: Vorleistungen werden honoriert!
    - Vorsortieren von Paketen in zielreine Container oder Rollbehälter. Rabatt auf jedes Paket von 11 bis 15 %.
    - Neue computerlesbare Etiketten verwenden (liefert die Post).
    - Firmen können als gewerblicher Kooperationspartner Codes (Ident- und Leitcode) auf jedes Paket aufbringen (Minimal-PC-Konfiguration erforderlich).
  - Großversender können mit günstigen Kilo-Tarifen sparen.
  - Mit „Consignment“ können große Mengen Pakete preiswert in sieben europäische Nachbarländer transportiert werden (Auskunft: Kundenberater).

Zur Vertiefung

1 Was versteht man unter **Postgut**?

2 Sie haben einem Geschäftsfreund ein Päckchen geschickt. Inhalt: 8 Disketten. Auf dem Päckchen haben Sie den Hinweis gegeben: Vorsicht: Datenträger! Das Päckchen geht verloren. Wie hoch ist die Entschädigung?

3 An Ihren Kunden B. in New York soll auf dem schnellsten Wege ein Paket geschickt werden. Welche Sendungsart wählen Sie?

4 An Ihren Kunden C. in Paris soll ein Paket auf dem preisgünstigsten Wege geschickt werden. Welche Sendungsart wählen Sie?

5 Die Firma COMPUTEACH, 48653 Coesfeld, Bahnhofstraße 33, schickt an den Verlag Gehlen, Daimlerstraße 12, 61352 Bad Homburg, eine Frankiermaschine. Die Maschine ist in einer Kiste mit der Nummer 114/1 verpackt und wird als Expreßgut „unfrei" verschickt. Das Gewicht beträgt 55,5 kg. Füllen Sie einen Frachtbrief aus!

2.2 Die Behandlung der eingehenden Post

Die tägliche Eingangspost liefert wichtige aktuelle Arbeitsgrundlagen und muß daher zügig und mit Sachkenntnis bearbeitet werden.

Arbeiten des Posteingangs	Hilfsmittel	Beachten!
Grobsortierung		
Öffnen der Post	• Brieföffner • Brieföffnungsmaschinen	• Welche Post darf geöffnet werden, welche nicht?
Entnahme des Inhalts		• Kontrolle der Anlagen, des Absenders • ggf. Umschlag anheften (Einschreiben, Eilsendungen, Kündigungen, Rechtsangelegenheiten)
Leerkontrolle	Leuchtplatten	
Eingangsstempel	• Handstempel • elektrisch betriebene Eingangsstempel • Organisationsstempel	• Urkunden, Verträge u. ä. Dokumente **nicht** stempeln • Stempel nur auf Begleitbrief • Zeitungen, Zeitschriften **nicht** stempeln • Eingangsstempel auf Hüllen aller nicht zu öffnenden Sendungen
Postverteilung	• Sortiergestelle • Verteilmappen • Schriftguttransportanlagen	
Feinarbeit des Sortierens in den Abteilungssekretariaten	• Postmappen nach Prioritäten anlegen, z. B. – Wichtig – Sehr eilig – Hat Zeit	• Den Eingangsschreiben entsprechende Vorgänge beifügen • Terminhinweiszettel an Briefe heften • ggf. Termine in Kalender mit Bleistift vermerken und „Notiert-Zeichen" anbringen. • Je nach Kompetenz: Verteilervorschläge anheften. • Mit Markierungsstift wesentliche Aussagen hervorheben.

Grobsortierung

Die ungeöffnete Post wird kontrolliert auf

- Sendungen ohne Wert (z. B. unwichtige Reklamesendungen)
- Irrläufer
- Privatbriefe
- Briefe mit dem Vermerk „Persönlich“, „Vertraulich“, „Eigenhändig“.

Die Irrläufer gehen zurück in die Ausgangspost, die Privatbriefe werden den Adressaten übergeben. Dürfen Sendungen mit dem Vermerk „Eigenhändig“ entgegengenommen werden (Besondere Postvollmacht), müssen diese ebenfalls ungeöffnet dem Adressaten übergeben werden.

Öffnen der Post

Das Öffnen der Post geschieht mit Hilfe eines Brieföffners. In Firmen, die häufig Schriftstücke mit Anlagen erhalten, ist es üblich, die Briefumschläge rundherum zu öffnen, um sicherzugehen, daß keine Anlagen übersehen werden (z. B. bei Banken).

Das Öffnen der Eingangspost sollte möglichst zügig ablaufen. Leider wird der Arbeitsablauf häufig unterbrochen durch großformatige, verschweißte, pappverstärkte Briefsendungen. Es ist ein Brieföffner entwickelt worden, der sich für alle Sendungen bis zu 35 cm Breite eignet; die Briefhüllen werden mittels einer rotierenden Messerwalze mit einer geringen Schnittbreite geöffnet. Es ist auch möglich, die Briefhüllen an zwei oder drei Seiten zu öffnen (Leerkontrolle). Leistung: 20 bis 30 Briefe/Minute.

Bei umfangreichem Posteingang ist der Einsatz von elektrischen Brieföffnungsmaschinen sinnvoll. Diese schneiden von der Briefhülle einen schmalen Streifen ab. Der Zeitgewinn beträgt etwa 95 %.

Entnahme des Inhalts – Leerkontrolle

Der Inhalt der Briefsendung muß auf seine Vollständigkeit kontrolliert werden. Anlagevermerke und tatsächlich mitgeschickte Anlagen sind genau zu vergleichen. Fehlen Anlagen, ist das auf dem Schriftstück zu vermerken.

Bei großem Posteingang ist der Einsatz einer Leuchtplatte oder Durchleuchtungsmaschine angebracht.

Eingangs-(Verteiler-)stempel

Der Eingangsstempel wird bei Geschäftsbriefen in das freie Feld neben die Anschrift gedruckt.

Er ist wichtig:

- zum Vergleich des Eingangs- und Ausgangsdatums des Schriftstücks
- zum Vergleich des Eingangs-, Ausgangs- und Poststempeldatums bei Terminsachen
- zur Kontrolle des Bearbeitungsablaufs, z. B. wenn Schriftstücke von mehreren Mitarbeitern bearbeitet werden.

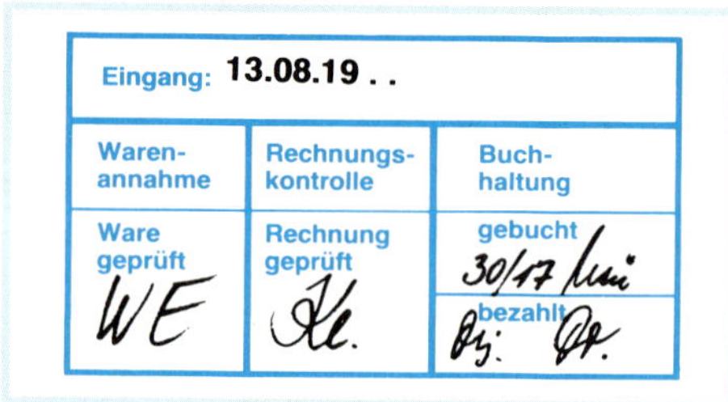

Ein sinnvoll aufgebauter Eingangsstempel kann die Zusammenarbeit von Chef und Mitarbeitern rationalisieren. Für häufig vorkommende Bearbeitungsvermerke werden Abkürzungen verwendet, die bei Bedarf eingekreist werden. Termine können in der entsprechenden Spalte gleich fixiert werden, Namenslisten bei Umläufen beigefügt werden.

Verwendete Abkürzungen: RS = Rücksprache, UM = Umlauf, WV = Wiedervorlage, Termin, RG = Rückgabe.

Beispiele:

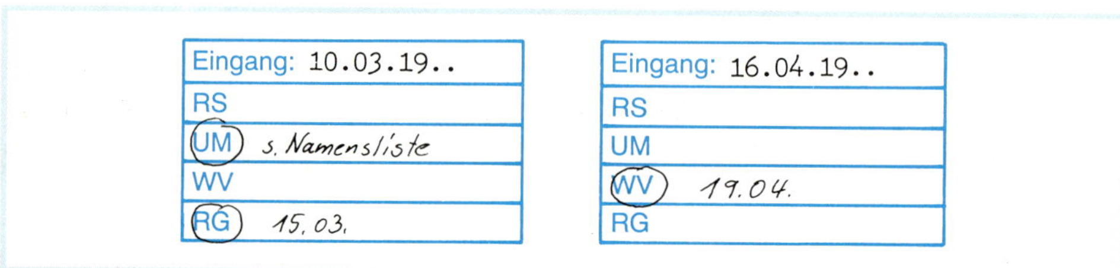

Bei Schriftstücken von großer Bedeutung ist die Briefhülle an den Brief zu heften, denn sie allein hat dokumentarischen Wert (z. B. Umschläge mit gerichtlichen Zustellvermerken).

Organisationsstempel (Verteilerstempel) erleichtern das Bearbeiten der Post. Ein solcher Stempel ist mit Weiterleitungs- und Bearbeitungsfeldern versehen.

Das **Verteilen** der Post kann nur von einer erfahrenen Kraft vorgenommen werden, die mit dem organisatorischen Aufbau des Unternehmens (Organigramm) und den Zuständigkeiten der Abteilungen und Personen vertraut ist. Irrtümer in der Postverteilung können zu folgenschweren Verzögerungen, u. U. auch zu Fehlenstcheidungen führen.

Beispiel (Briefausschnitt):

Postanschrift des Absenders

Maschinenfabrik
Münstermann
Waldstraße 26

48249 Dülmen

Ihre Zeichen, Ihre Nachricht vom	Unsere Zeichen, unsere Nachricht vom	☎	Datum
st-a/PA			10.10.19..

Personalbogen

...

Die Postverteilung wird erleichtert durch

- das Diktatzeichen
- den Betreff
- die Anrede

Die Fachkraft in der Postverteilung erkennt an dem Diktatzeichen, daß der Brief für die Sachbearbeiterin st (= Frau Stolz) in der Personalabteilung bestimmt ist. Der Betreff weist zusätzlich darauf hin, daß das Schreiben von der Personalabteilung bearbeitet wird.

Erleichtert wird die Postverteilung durch

- Einrichtung eines Botendienstes (in größeren Betrieben).

  Vorteil:
  Der Sachbearbeiter bleibt an seinem Arbeitsplatz. Der Bote nimmt die Ausgangspost mit und verteilt auch hausinterne Mitteilungen.

  Nachteil:
  starrer Zustellrhythmus.
- Einsatz von Schriftguttransportanlagen (in großen Betrieben, z. B. Rohrpostanlagen).
- Innerbetriebliche Postfachanlage. Die Mitarbeiter entnehmen die Eingangspost ihren „Fächern“ und legen in ein bestimmtes Fach die Ausgangspost.
  Empfehlenswert in Großraumbüros; Plazierung an zentraler Stelle.

- In Sekretariaten müssen genaue Arbeitsanweisungen bestehen, die folgende Fragen klären:
  - Soll dem Chef die **gesamte** Eingangspost vorgelegt werden?
  - Soll dem Chef nur die **wichtige** Post vorgelegt werden?
  - Sollen mit dem Chef nur wichtige Angelegenheiten besprochen werden, die Post von den Mitarbeitern jedoch selbständig bearbeitet werden?

▶ Soll dem Chef die gesamte Eingangspost vorgelegt werden?

Der Chef bekommt die gesamte Post, auch Zeitungen. Unwichtige Werbesendungen können vorher aussortiert werden; jedoch auch dazu gehört Erfahrung, denn Werbesendungen der Konkurrenz könnten von Interesse sein, und Werbesendungen enthalten oft Anregungen für Neuanschaffungen.

Daß der Chef die gesamte Post als erster liest, ist in Kleinbetrieben durchaus üblich und angebracht, denn er ist dadurch über alle Eingänge informiert. In einigen Betrieben ist es üblich, täglich zu einer festgesetzten Zeit eine Postbesprechung durchzuführen, in der die Mitarbeiter Anweisungen über die Bearbeitung der Eingänge erhalten. Bearbeiten mehrere Mitarbeiter ein Schriftstück, können bei dieser Gelegenheit alle gleichzeitig informiert werden. Die Fragen können sofort geklärt werden. Nachteilig ist, daß die tägliche Anwesenheit des Chefs erforderlich ist.

In mittleren und größeren Betrieben ist diese Form der Postbearbeitung nicht empfehlenswert, da die Bearbeitung und Verteilung erheblich verzögert werden kann.

▶ Soll dem Chef nur die wichtige Post vorgelegt werden?

Routinepost wird aussortiert, nur wichtige Eingänge werden dem Chef zugestellt.

Vorteil:

Die Posteingänge können schneller bearbeitet werden.

Nachteil:

Die Unternehmensleitung wird über Routinepost nicht unterrichtet.

▶ Sollen mit dem Chef nur wichtige Angelegenheiten besprochen werden, die Post von den Mitarbeitern jedoch selbständig bearbeitet werden?

Die Unternehmensleitung bevorzugt den kooperativen Führungsstil, d. h. die Eigeninitiative und Verantwortungsbereitschaft der Mitarbeiter werden gesteigert. Das Problem liegt darin, daß die Mitarbeiter wichtige von unwichtigen Angelegenheiten unterscheiden müssen; Fehlentscheidungen sind also nicht auszuschließen. Die Unternehmensleitung wird u. U. zu spät informiert.

Als Mitarbeiterinnen der Leitungsebene sollten Sekretärinnen selbständig arbeiten und mitdenken. Das gilt in besonderem Maße für die inhaltliche Vorbereitung der Eingangspost.

Sie müssen unterscheiden können, zu welchen Eingängen Vorgänge beigefügt oder weitere Informationen von Sachbearbeitern gebraucht werden. Rückfragen erübrigen sich, wertvolle Arbeitszeit wird gespart.

Alle Termine sollten mehrmals hervorgehoben werden, auf mögliche Terminüberschneidungen sollten Sie hinweisen.

Handschriftliche Anweisungen in Form von Abkürzungen erleichtern die Bearbeitung der Post, z. B.

- R = Rücksprache
- T = Termin
- WV = Wiedervorlage
- UM = Umlauf
- RG = Rückgabe

Die Eingangspost sollte nach Dringlichkeit geordnet und z. B. in verschiedenfarbige Mappen gelegt werden.

- rote Mappe: wichtig, eilig
- blaue Mappe: beantworten
- gelbe Mappe: zur Information

Zeitungen, Fachzeitschriften

Textstellen, die für den Chef von Interesse sind, können durch Unterstreichen oder Leuchtstift hervorgehoben werden.

Falls Zeitungen/Zeitschriften nicht gesammelt und nicht anderen Mitarbeitern zugänglich gemacht werden, können Artikel ausgeschnitten und aufgeklebt werden (Datum, Titel der Zeitschrift angeben).

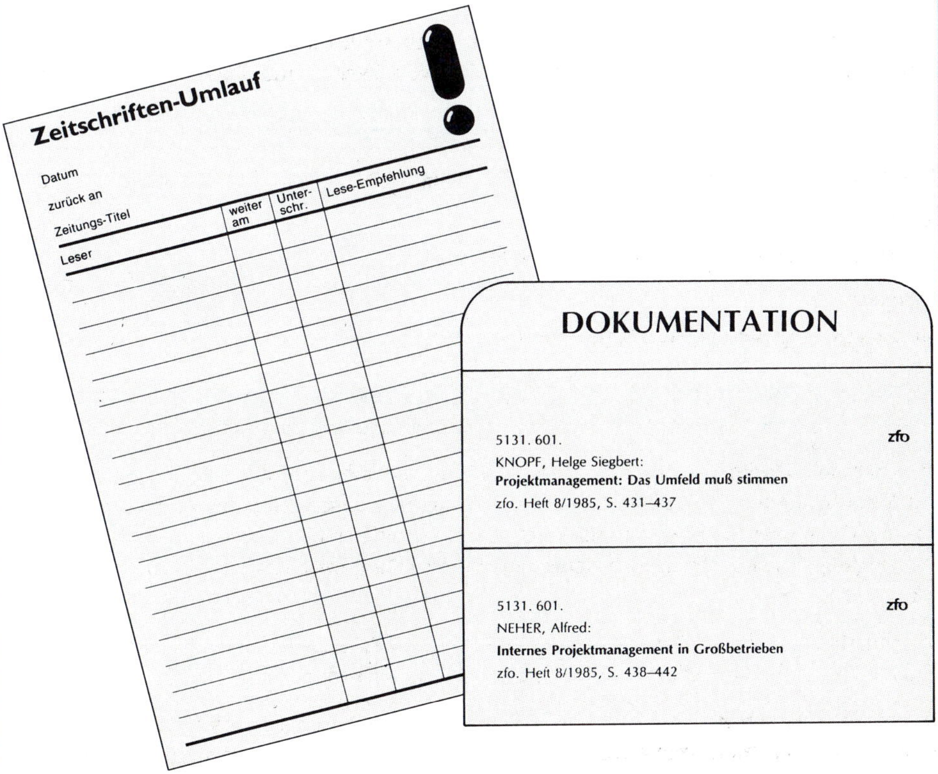

Sollen die Zeitschriften aufbewahrt, aber auch anderen Mitarbeitern zugänglich gemacht werden, kann eine Kopie des Artikels angefertigt werden.

Einige Verlage erleichtern die Dokumentation der in ihren Fachzeitschriften erscheinenden Beiträge dadurch, daß diese am Schluß des Heftes im Format A7 aufgelistet werden. Die wichtigsten Hinweise brauchen nur ausgeschnitten, ggf. aufgeklebt und in einer Kartei entsprechend eingeordnet zu werden (s. S. 83).

Kernwissen

- Wegen der Fülle der täglich eingehenden Informationen müssen allgemeine Bearbeitungsregeln und rationelle Bearbeitungsverfahren beachtet werden.
- Die Eingangspost muß
  - kontrolliert
  - sortiert
  - verteilt

  werden. Voraussetzung für den reibungslosen Ablauf dieser Arbeitsgänge ist das Vertrautsein mit dem organisatorischen Aufbau des Betriebes.
- Bei der Kontrolle der Eingangspost müssen rechtliche Auswirkungen berücksichtigt werden. U. U. ist das Aufbewahren von Briefumschlägen wichtig.
- Es muß bekannt sein, in welcher Weise auf elektronischem Wege eingehende Post registriert, kontrolliert und dokumentiert werden soll. Die Zugriffsbeschränkungen und Zugriffsberechtigungen müssen deutlich geregelt sein.
- Die Chefarbeit kann durch sinnvolles Ordnen und Ergänzen der Eingangspost erleichtert werden (Sekretariat).

Überlegungshilfe

- Die Arbeitszeit des Chefs ist teuer. Daher sollte der Chefpost besondere Aufmerksamkeit geschenkt werden.

Zur Vertiefung

1 Was versteht man unter dem Begriff „Grobsortierung der Eingangspost“?

2 Welche Sendungen sollten stets vorrangig behandelt werden?

3 Welche Sendungen dürfen nur mit einer „Besonderen Postvollmacht“ entgegengenommen werden?

4 In der Firma Münstermann umfaßt der tägliche Posteingang etwa 180 Briefe. Manuell 100 Briefe zu öffnen, dauert 10 Minuten (250 Arbeitstage). Kosten der Fachkraft 0,50 DM/Minute. DM 2250/Jahr

Es wird erwogen, einen automatischen Brieföffner anzuschaffen. Preis 2 070,00 DM oder eine monatliche Miete von 66,00 DM (3-Jahres-Vertrag). 66 x 12 = 792 DM/Jahr

Lohnt sich die Anschaffung? Begründen Sie Ihre Meinung!

5 Die Sekretärin soll die Posteingänge aufbereiten. Zu welchen Posteingängen werden Vorgänge oder weitere Informationen gebraucht?

6 Nennen Sie zwei Beispiele für solche Vorgänge, und geben Sie zu jedem Beispiel an, welche Vorgänge oder weitere Informationen gebraucht werden!

7 Warum müssen die Brief-, Poststempel- und Eingangsdaten verglichen werden?

a) Frau Ganella, Sekretärin in der Firma Domino & Faro, bekommt die für ihren Chef und dessen Bereich bestimmte Post verschlossen auf ihren Schreibtisch. Welche Kontrollen hat sie beim Öffnen der Post durchzuführen?

b) Die für den Chef bestimmte Post ist geöffnet und gestempelt. Sie besteht aus Briefen, Rechnungen, innerbetrieblichen Mitteilungen, Statistiken und Fachliteratur. Was kann Frau Ganella zur Entlastung des Chefs tun, bevor sie ihm die Post vorlegt?

8 Frau Schön ist Sekretärin des Gesellschafters Dr. Belcanto in der Firma Kopf & Schnabel OHG. Zwischen Frau Schön und Herrn Dr. Belcanto besteht ein langjähriges und gutes Vertrauensverhältnis. Sämtliche Posteingänge laufen über Frau Schöns Schreibtisch. Nennen Sie sechs Beispiele für Posteingänge, die Frau Schön in der Regel ungeöffnet weiterleiten soll!

2.3 Die Behandlung der ausgehenden Post

Arbeiten des Postausgangs in den Abteilungen/Sekretariaten	Hilfsmittel	Zu beachten!
Unterschriftsvorbereitung	• Unterschriftsmappen	• Kontrolle aller Briefe auf Rechtschreibung, Zeichensetzung, Form • Vergleich von Namen, Anschrift, entsprechender Anrede • Wahl des richtigen Briefbogens • Kontrolle, ob Sachbearbeiter unterschrieben oder abgezeichnet hat • Kontrolle der Anlagen
Verteilen der Durchschriften	• Mappen • Regale	
Notieren der Termine	• Terminkalender/ Terminkartei	
Verschließen und ggf. Frankieren der Sendung	• Briefwaage	• Aufpassen: Neue Maße beachten!
Abheften der Durchschriften	• Registratursysteme	

Soll ein Schreiben Rechtswirkung auslösen, ist zu beachten, daß der Absender beweispflichtig ist. Wenn allerdings im Abstand von jeweils einigen Wochen vier Briefe abgesandt werden, die angeblich nicht angekommen sein sollen, so gilt der Zugang mindestens eines

Schreibens als erwiesen (Urteil des AG Grevenbroich vom 16. Oktober 1989 II C 198/89). Das Gericht begründete: Eine andere Betrachtensweise sei lebensfremd, da die Verlustrate bei der Deutschen Post AG unter einem Promille liege.

Da es des öfteren vorkommt, daß Sekretariatspost nicht von der zentralen Postabfertigung bearbeitet wird, sollte sich im Sekretariat stets ein Vorrat an Briefmarken befinden.

Ferner ist es selbstverständlich, daß die Mitarbeiter des Sekretariats im wesentlichen mit den Sendungsarten und besonderen Versendungsformen der Post vertraut sind.

Auch Besonderheiten für Sendungen **ins Ausland** oder **aus dem Ausland** in die Bundesrepublik Deutschland sollten bekannt sein.

Auslandsanschriften müssen in lateinischer Schrift und in arabischen Ziffern gefaßt sein; Bestimmungsort und -land sind in Großbuchstaben zu schreiben. Der Bestimmungsort ist nach Möglichkeit in der Sprache des Bestimmungslandes anzugeben. Die Angabe des Bestimmungslandes steht regelmäßig in der letzten Zeile der Anschrift.

Übersicht der Länder, mit denen die Verwendung des Unterscheidungskennzeichens für den grenzüberschreitenden Kraftfahrzeugverkehr vereinbart ist

Land	Kfz-Kennzeichen	Beispiel
Belgien	B	B-5000 NAMUR
Dänemark	DK	DK-6700 ESBJERG
Färöer	FR	FR-100 TORSHAVN
Finnland	FIN	FIN-20100 TURKU 10
Frankreich	F	F-54300 LUNÉVILLE
Griechenland	GR	GR-20100 KORINTHOS
Island	IS	IS-233 HAFNIR
Italien mit		I-72100 BRINDISI
San Marino und	I	I-47031 SAN MARINO
Vatikanstadt		I-00120 CITTÀ DEL VATICANO
Jugoslavien (Serbien und Montenegro)	YU	YU-11001 BEOGRAD
Liechtenstein	FL	FL-9490 VADUZ
Luxemburg	L	L-4750 PETANGE
Monaco	MC	MC-98000 MONACO
Norwegen	N	N-8500 NARVIK
Österreich	A	A-5640 BAD GASTEIN
Portugal	P	P-4600 AMARANTE
Rumänien	RO	RO-3581 CHISTAG, BIHOR
Schweden	S	S-60220 NORRKÖPING
Schweiz	CH	CH-8050 ZÜRICH
Slowakei	SK	SK-85105 BRATISLAVA 5
Slowenien	SI	SI-61000 LJUBLJANA
Spanien mit Kanarischen Inseln	E	E-28009 MADRID
Tschechische Republik	CZ	CZ-22000 PRAHA 1
Türkei	TR	TR-06101 ANKARA
Ungarn	H	H-3347 BALATON

Wenn die Postleitzahl mit vorangestelltem Unterscheidungskennzeichen nach obigen Beispielen angegeben wird, ist bei Sendungen an Empfänger in den genannten Ländern der Name des Bestimmungslandes entbehrlich. Bei Sendungen nach Frankreich und Italien braucht darüber hinaus das Departement oder die Provinz nicht angegeben zu werden.

Bei Sendungen nach den übrigen Ländern ist das Bestimmungsland unter den Bestimmungsort zu setzen.

1	1
2	2
3 Monsieur P. Dubois	3 Mevrouw J. de Vries
4 Expert en assurances	4 Poste restante A. Cuypstraat
5 Escalier 3, bâtiment C	5 Postbus 99730
6 4, rue Jean Jaurès	6 1000 NA AMSTERDAM
7 F-58500 CLAMECY	7 NIEDERLANDE
8	8
9	9

Die Mitarbeiter der Sekretariate müssen selbstverständlich in der Lage sein, mit Hilfe der Postgebührenordnung die Postgebühren zu bestimmen (Briefwaage). Darüber hinaus sollten sie aber auch Anregungen zum Einsparen von Postgebühren geben können.

Kernwissen

- Wesentliche Arbeitsgänge und Kenntnisse zur rationellen Erledigung der ausgehenden Sekretariatspost:
  - Kontrolle
  - Terminkalender
  - sinnvolle Ablage
  - Kenntnis der wichtigsten Postvorschriften und der Gebührenordnung

Überlegungshilfe

- Sekretariatspost und allgemeine Post müssen voneinander unterschieden werden.
  Die allgemeine Routinepost wird von einer zentralen Postabfertigung bearbeitet, die Sekretariatspost, die häufig vertraulichen Charakter hat, wird von der Sekretärin absendefertig gemacht.
- Die anfallenden Nebenarbeiten spielen eine große Rolle. Nebenarbeiten sind:
  - Kontrolle und Verteilen von Informationen
  - Notieren und Kontrollieren von Terminen
  - Speichern von Informationen

  Die Mitarbeiter des Sekretariats müssen gewissenhaft, zuverlässig und vertrauenswürdig sein.
- Die Kenntnis der Postvorschriften und Gebührenordnung ist unerläßlich. Die Regeln der postordnungsmäßigen Aufschriften müssen beherrscht werden.
- Im Sekretariat muß bekannt sein, in welcher Weise auf elektronischem Wege ausgehende Post registriert, kontrolliert und dokumentiert werden soll. Die Zugriffsbeschränkungen und Zugriffsberechtigungen müssen deutlich geregelt sein.

Zur Vertiefung

1 Lisa Tüchtig hat folgende Sendungen postfertig zu machen. Wie lauten die korrekt geschriebenen Anschriften?

a) Frau Richter ist Sachbearbeiterin in der Firma Lehmann & Krause KG, Brüsseler Str. 3, 50674 Köln. Der Brief an sie soll per Einschreiben mit Rückschein geschickt werden.
b) Frau Petra Kunde wohnt im Kettenhofweg 1, 60325 Frankfurt. Sie erhält ein Päckchen.
c) An Herrn Ferdinand Becker, geb. am 12.05.34, wird postlagernd eine Sendung im Werte von 2 000 DM geschickt. Der Bestimmungsort ist 70372 Stuttgart.
d) Frau Dr. Eva Vogel ist Studienrätin. Sie bekommt eine Sendung per Eilzustellung. In einem Hochhaus in der Goethestraße 10, in 64285 Darmstadt, bewohnt sie die Wohnung 26.

2 Ein ausgehendes Schriftstück enthält einen wichtigen Termin, den Sie in Ihrem Terminkalender festhalten müssen. Welche weiteren Folgearbeiten entstehen Ihnen durch diese Terminsache?

3 Wie behandeln Sie die Durchschriften der ausgehenden Post?

2.4 Organisationshilfsmittel und Postbearbeitungsmaschinen

Arbeitsgänge	Hilfsmittel/Verfahren/Maschinen
Adressieren	Fensterbriefhüllen Adressiermaschinen ● im Umdruckverfahren ● im Schablonendruckverfahren ● im Hochdruckverfahren EDV-Anlage
Zusammentragen	Zusammentragmaschine
Falzen	Falzmaschinen[1]
Kuvertieren	Kuvertiermaschinen[1]
Verschließen	Briefschließmaschinen[1]
Wiegen	Briefwaage
Frankieren	Freistempelung ● durch die Post ● durch den Absender mit Hilfe von Freistempelmaschinen ● mit EDV-Anlagen

Informationsquelle: **Normen[2] der Postbearbeitungsmaschinen;** Begriffe und Einteilung:

- DIN 9776 Brieffalzmaschinen
- DIN 9777 Brieföffnungsmaschinen
- DIN 9778 Adressiermaschinen
- DIN 9779 Frankiermaschinen/Freistempelmaschinen
- DIN 32 759 Postbearbeitungsmaschinen; Kuvertiermaschinen

[1] meistens Bestandteile einer Poststraße

[2] Bezug der Normen und Normungsliteratur, Beuth Verlag GmbH, Burggrafenstraße 16, Berlin; Telefon (0 30) 26 01 - 2 60

Poststraße

Sendungen, die keinen vertraulichen Charakter haben, sollten in einer zentralen Poststelle bearbeitet werden. An Hand der Anzahl der Postausgänge ist zu prüfen, ob die eine oder andere der obengenannten Maschinen den Arbeitsablauf erleichtern oder verbilligen. Faßt man mehrere dieser Maschinen zu einem Fließband zusammen, so spricht man von einer Poststraße.

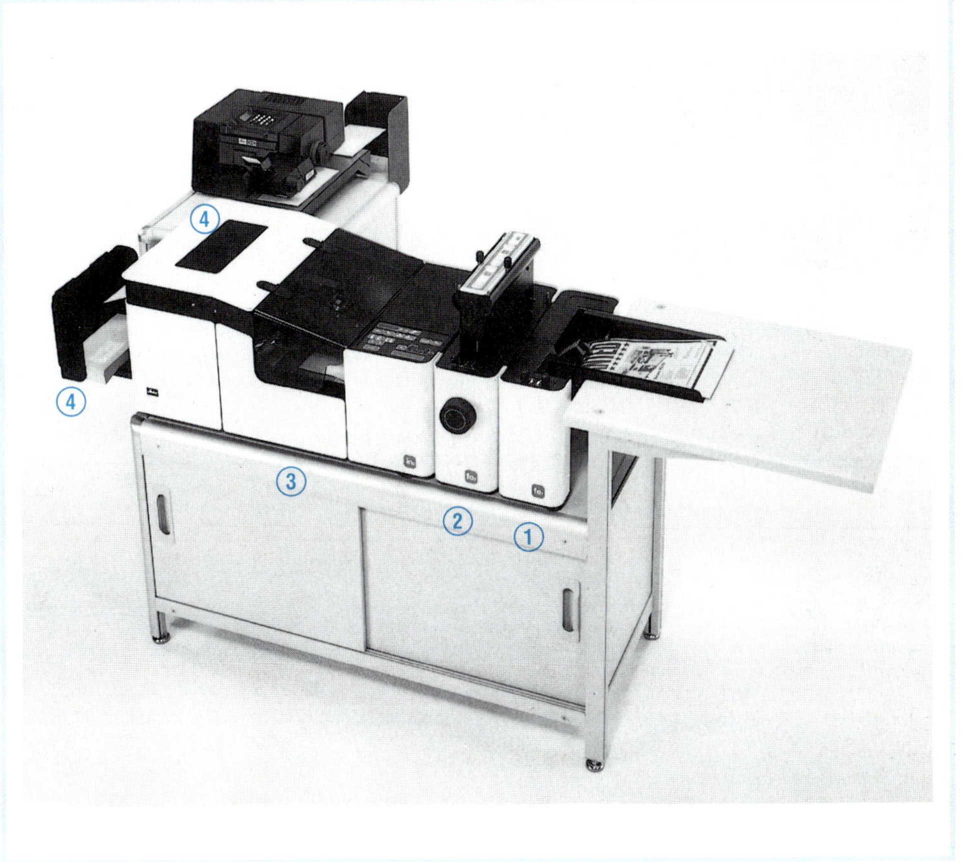

① **Zuführstation** für zu falzendes oder nicht zu falzendes Material.

② **Falzstation** für Falzarten wie Einfach-, Wickel-, Zickzack- oder Doppelparallel-Falz. Die Schnellumstellung ist denkbar einfach.

③ **Kuvertierstation** mit Schließeinrichtung. Verarbeitet Umschläge von DIN C6 bis DIN C5. Mikroprozessoren steuern und kontrollieren das gesamte System.

④ **Zwei Umschlagsausgänge – drei Vorteile:**

1. Bei Mischpost sorgen sie für Portoklassentrennung in **bis** und **über** 20 g.

2. Bei gleichgewichtiger Infopost bilden sich im Wechsel von Ausgang zu Ausgang abgezählte Stapel je 50er oder 100er-Pack.
3. Sendungen mit fehlerhaftem Inhalt können auf Wunsch automatisch ausgesteuert werden, ohne den Ablauf zu unterbrechen.

Beide Ausgänge sind vorbereitet für Frankiermaschinen-Anschluß.

Adressiermaschinen

Zweckmäßig für	• vervielfältigte Schriftstücke • ständig wiederkehrende Adressen
Kriterien	• Haltbarkeit und Druckqualität des Adressenträgers • Schwierigkeitsgrad der Beschriftung • Kostenaufwand bei Anschriftenänderung • Zugriffszeit
Verfahren	• Umdruckverfahren: bis zu je 250 Abdruckzahlen • Schablonendruckverfahren: bis zu je 10 000 Abdruckzahlen • Hochdruckverfahren: Abdruckzahl unbegrenzt • EDV-Anlagen/Textsysteme: Sind diese Maschinen bereits vorhanden, empfiehlt es sich, sie auch zum Adressieren einzusetzen.
Vorteile	• keine Anschaffungskosten • schnelle Zugriffszeit • Originalbeschriftung • hohe Druckgeschwindigkeit

Zusammentragmaschinen

Zweckmäßig für	Routinepost, Zusammenstellen von Katalogen, Werbeschriften, Preislisten u. ä.
Leistung	Je nach Art der Maschine bis zu 54 000 Blatt/Stunde.

Falzmaschinen

Zweckmäßig für	Routinepost. Da bei der Portoberechnung auch die Größe der Sendungen eine Rolle spielt, sollte man die Maße der Standardsendungen einhalten.
Leistung	Bis zu 14 000 Blatt A4/Stunde.

Durch die neuen Gewichts- und Größenklassifizierungen der Briefpost sind die Portokosten erhöht worden. Für viele Firmen ist das Portosparen zum „Muß“ geworden. Seit kurzem ist eine vollautomatische Postbearbeitungsmaschine auf dem Markt, die das zu versendende Schriftstück zu einem Umschlag falzt. Der bislang notwendige Umschlag fällt weg, da das Dokument auf einem Papier gedruckt wird, das mit einem altersbeständigen Selbstklebestreifen beschichtet ist. Als Vorbild für dieses System diente der Luftpostleichtbrief, bei dem der Absender die Innenseite des Umschlags für seine Mitteilung benutzt.

Die Anlage kann sowohl „off-line“ als auch „on-line“ mit einem unmittelbar vorgeschalteten Laserprinter oder einer Formularbearbeitungsmaschine betrieben werden. Sie besteht aus einem Falzwerk, in dem die Dokumente zu dem gewünschten Format gefalzt werden, einem Transportband und einer Preßstation, in der der postversandfertige Brief entsteht. Die anschließende Transporteinrichtung übergibt das Dokument an eine Auslage oder direkt an die Frankiermaschine.

Vorteile:

- Reduzierung der Portokosten
- die Kuvertierungsmaschine entfällt
- Verringerung des Materialverbrauchs
- Verringerung von Abfall

Kuvertier- und Schließmaschinen

Zweckmäßig für	Routinepost

Wiegen

Voraussetzung ist eine gute Briefwaage, Sparmöglichkeiten beachten:

- Standardmaße einhalten
- kleinere Umschläge verwenden, da diese weniger wiegen
- Sammeln von Sendungen für denselben Empfänger
- falls das Standardgewicht noch nicht erreicht ist, Werbematerial beifügen

Mit **automatischen Wiegesystemen** ist die Bearbeitung der täglichen Briefpost sehr einfach. Auf einer Display-Anzeige wird deutlich lesbar die Versandart angezeigt, der Brief wird auf die Waage gelegt, pfennig- und grammgenau wird das richtige Porto angezeigt und auf die Frankiermaschine übertragen. Sämtliche Sortierarbeiten entfallen. Der Zeitgewinn beträgt bis zu 60 %.

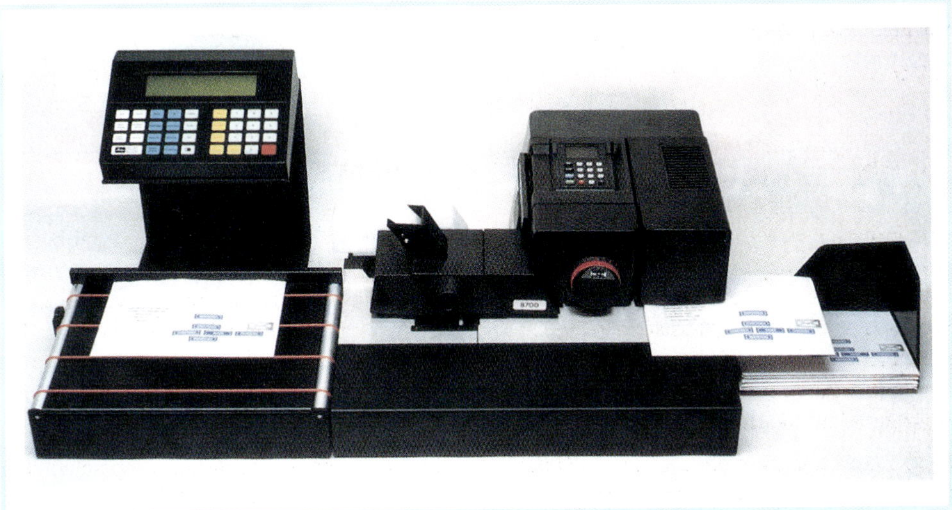

Frankiermaschinen

Frankiermaschinen sind zweckmäßig in jedem Betrieb.

▶ Freistempelung durch die Post

Voraussetzungen:

- gewöhnliche Standardbriefsendungen
- mindestens 100 Sendungen, die derselben Gebühr unterliegen und in Größe, Form und Stärke übereinstimmen
- Einlieferungen mit einem Anmeldeschein (siehe Muster S. 95)

▶ Freistempelung durch den Absender mit Freistempelmaschinen

Voraussetzung ist die Genehmigung der Bundespost (siehe Muster S. 96 ff.). Zulässig für alle Sendungen, die mit Postwertzeichen freigemacht werden dürfen. (Unzulässig bei Postwurfsendungen: Besonderheiten bei Infopost.)

Zugelassen sind Freistempelmaschinen der Firmen:
FRAMA GmbH, 65830 Kriftel,
Francotyp GmbH, 13409 Berlin,
Ascom Hasler GmbH, 82140 Olching,
Pitney Bowes Deutschland GmbH, 64646 Heppenheim,
Stielow GmbH & Co. KG, 22850 Norderstedt.

Moderne Freistempelmaschinen werden durch Mikroprozessoren gesteuert, die alle Funktionen überprüfen und die Bedienung unterstützen. Zur Standardausstattung gehören im allgemeinen:

- vierstellige Portowerte
- Wahldruckeinrichtung für das gleichzeitige Mitdrucken der Sendungsart
- Tages-, Kostenstellenzähler
- Datumeinstellung
- Frühwarnung bei niedrigerem Portovorrat
- elektronische Rückfrage beim Frankieren mit hohen Werten
- Werbeklischee
- Briefschließeinrichtung

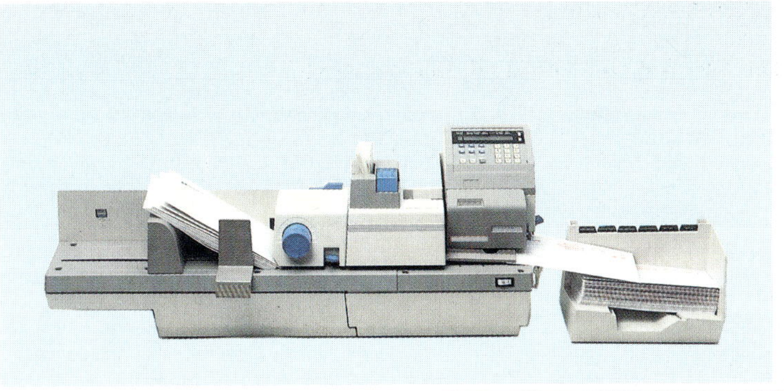

Nahezu die Hälfte aller Sendungen im Bereich der Deutschen Post AG wird freigestempelt. Anreiz: Zusätzlich zu den praktischen Vorteilen gewährt die Deutsche Post AG eine Entgeltermäßigung in Höhe von einem Prozent, wenn der Gesamtwert der Wertkarten bzw. die Wertvorgabe pro Geschäftsvorfall und Maschine mindestens 500 DM beträgt.

Fernwertvorgabeverfahren (FWV). Die Freistempelmaschine kann mittels Telefon „nachgeladen" werden. Dadurch wird Freistempeln fast so einfach wie Telefonieren. Das System funktioniert je nach Hersteller der Freistempelmaschine unterschiedlich. In den meisten Fällen wird das Datenzentrum der Herstellerfirma angerufen. Der Kunde gibt fernmündlich seinen Wertvorgabewunsch an, bekommt dann einen mehrstelligen Einstellcode mitgeteilt, den er in die Tastatur der Freistempelmaschine eingibt. Daraufhin kann er sich selbst die Wertvorgabe einstellen.

Vorteile:

- Der Kunde muß zum Einstellen der Wertvorgabe nicht mehr zum Postamt gehen.
- Die „elektronische Portokasse" ist stets nur soweit gefüllt, wie es erforderlich ist. Für Unternehmen mit großen Postabgängen ergeben sich so Zinsvorteile.

Die zu zahlenden Entgeltbeträge für die einzustellenden Wertvorgaben müssen auch bei diesem Verfahren – wie allgemein bei der Freistempelung – im voraus entrichtet werden. Das Datenzentrum stellt sicher, daß ein Freigabecode nur erteilt wird, wenn eine ausreichende Vorauszahlung geleistet wurde oder die Voraussetzung für die Abbuchung des Betrages vom Postbank Girokonto des Kunden gegeben ist. Die „Zentralstelle für Fernwertvorgabe" beim Postamt 1 in Frankfurt am Main überwacht den Zahlungseingang.

Durch ein ausgeklügeltes Codiersystem ist sichergestellt, daß ein Mißbrauch des Systems durch Dritte unmöglich ist.

Neueste Entwicklung: Modem-Modelle machen das umständliche Wählen und Verbinden des Telefons mit dem Dataphone der Freistempelmaschine überflüssig. Geht der gespeicherte Entgeltvorrat zur Neige, aktiviert der Kunde (Maschinenbenutzer) die gewünschte Wertvorgabe über ein integriertes Bedienermenue. Alle weiteren Abläufe – Verbindungsaufbau, Identifizierung, Austausch der Zählerstände, Auffüllen der „Entgeltkasse" – werden automatisch gesteuert und erledigt.

Nähere Informationen gibt es unter anderem bei den Herstellern solcher Geräte; das sind die Firmen Pitney Bowes, Francotyp-Postalia, Ascom Hasler, Frama, Stielow oder beim Kundenberater der Deutschen Post AG.

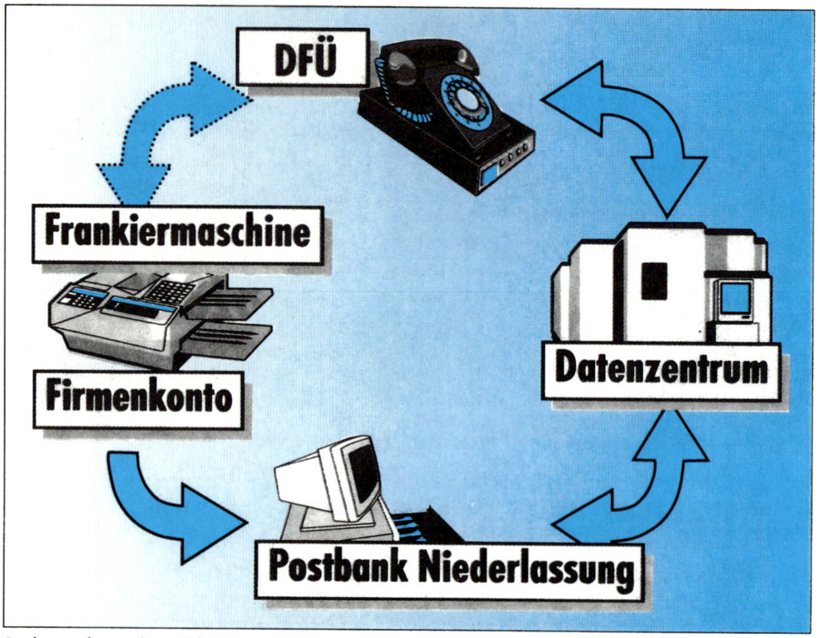

Frankiermaschine wird per Telefon mit Entgelt „nachgeladen"

▶ Freimachen mit EDV-Anlagen

Voraussetzung ist die widerrufliche Genehmigung durch das Posttechnische Zentralamt, 64295 Darmstadt (Beratung). Das Freimachen mit EDV-Anlagen ist zweckmäßig

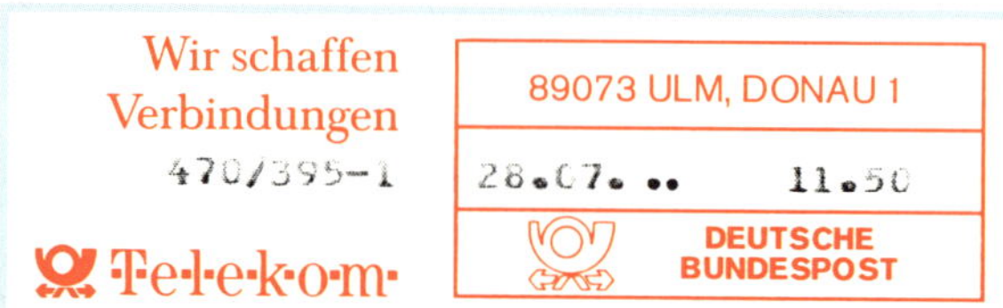

- bei Vorhandensein von EDV-Anlagen
- wenn regelmäßig große Mengen Post freizumachen sind (ausgenommen Infopost mit Freimachungsvermerk und Wurfsendungen)

Vorteile:

- keine Anschaffung von Sondermaschinen
- weitere Auslastung der EDV-Anlage

Als Verfahren für die DV-Freistempelung können von der Post genehmigt werden:

- DV-Freimachungs- und DV-Gebührenabrechnungsverfahren mit DV-Anlagen.
- Freimachungs- und Gebührenabrechnungsverfahren mit zugelassenen besonderen Postgebührenermittlungsanlagen. Zugelassen sind Postgebührenermittlungsanlagen der Firma Bizerba, Wilhelm Kraut KG, 72336 Balingen; Toledo-Werk GmbH, Hebbelstraße 14, 50968 Köln.

Der stark umrandete Teil ist vom Postkunden auszufüllen!

Anmeldeschein
zur Postfreistempelung

Zutreffendes bitte ankreuzen ☒ oder ausfüllen

Name und Vorname oder Firma, Postfach oder Straße und Hausnummer, Postleitzahl, Ort, Zustellpostamt

Fernsprecher

liefert nachstehend aufgeführte gewöhnliche Briefsendungen mit der Absenderangabe

gem. § 8 Abs. 2 der Postordnung zur Postfreistempelung ein:

Lfd. Nr.	Sendungsart	Gewicht einer Sendung g	Gebühr für eine Sendung Pf	Zahl der Sendungen St.	Gesamtgebühr DM	Pf
1	2	3	4	5	6	

Der **Gesamtbetrag** von DM

☐ wird bar bezahlt. ☐ wird durch Scheck (Postüberweisung) bezahlt.*)

☐ soll abgebucht werden vom Postscheckkonto*) Konto Nr. beim Postscheckamt

Bezeichnung des Kontos

Etwa nachzuerhebende oder zu erstattende Gebühren sollen
☐ bar entrichtet oder zurückgezahlt werden. ☐ über das oben bezeichnete Postscheckkonto ausgeglichen werden.*)

Beleg-Nr.

Postvermerk

a) des Annahmebeamten (§ 57 Abs. 1 DA P I)
Postordnungsmäßigkeit der Sendungen, Eignung zur Freistempelung und Richtigkeit der Gebührensätze, der Gesamtgebühren und des Gesamtbetrags geprüft.

Gesamtbetrag von

_______ DM _____ Pf

im Abrechnungsbuch mit der Hauptkasse verrechnet.

(Unterschrift)

b) des Prüfbeamten (§ 58 Abs. 2 DA P I)
1. Richtigkeit der Gebührensätze nachgeprüft.
2. Berechnung und Verrechnung des Gesamtbetrags geprüft.

(Namenszeichen, Tag)

*) Nur unter bestimmten Vorraussetzungen möglich, über die Ihr Postamt Auskunft gibt.

Datum

(Unterschrift)

Postvermerk

a) der Freistempelstelle (§ 64 Abs. 1 und 4 DA P I)

Lfd. Nr.	Zahl der Sendungen lt. Anm.-Schein St.	Zahl der Sendungen lt. Zählerstand St.	mithin gegenüber Anmeldeschein mehr St.	mithin gegenüber Anmeldeschein weniger St.	Gebühr für eine Sendung Pf	nachzuerheben DM	nachzuerheben Pf	zu erstatten DM	zu erstatten Pf
1	2	3	4	5	6	7		8	
					zusammen				
					dagegen				
					mithin				

Die Angaben entsprechen der Übersicht über freigestempelte Briefsendungen.

Stempelbeamter

(Unterschrift)

Angaben geprüft:
Prüfbeamter

(Namenszeichen, Tag)

(Bei Erstattung über das Postscheckkonto: Bescheinigung nach § 37 ADA VIII, 2)

– Wenn Gebühren nachzuerheben oder zu erstatten sind –

b) der Hauptkasse

Betrag von

_______ DM _____ Pf

durch Kasse

_______ bar nacherhoben

☐ durch Einziehungsauftrag nacherhoben

und für Monat

_______ vereinnahmt.

durch Kasse

_______ bar erstattet

durch

_______ unbar erstattet

und für Monat

_______ verausgabt.

Hauptkassenführer oder Buchhalter

(Unterschrift)

Gebührenausgleich geprüft:
Prüfbeamter

(Namenszeichen, Tag)

Gebührenbescheinigung

_______ DM _____ Pf Gebühren für freizustempelnde gewöhnliche Briefsendungen

sind
☐ bar ☐ durch Scheck (Postüberweisung) bezahlt worden.

☐ werden vom Postscheckkonto abgebucht.

Endgültige Gebührenabrechnung vorbehalten!

J.C.C. Bruns A4, Kl. 36 °2. 80 / 6 5 4 3 2 1

911 004 000
PostO Anl.8

Zutreffendes bitte ankreuzen ☒ oder ausfüllen

Kunden-Nr.

Vereinbarung über die Freistempelung von Sendungen

Die Deutsche Bundespost POSTDIENST (DBP POSTDIENST), vertreten durch das Postamt,
dieses vertreten durch

____

vereinbart mit (Name, Vorname oder Firma, Straße, Hausnummer, Postfach, Postleitzahl, Ort)

____

______________________________ Telefon: __________

die Freistempelung von Sendungen mit der Freistempelmaschine

Hersteller: __________ Modell: __________ Fabrik-Nr./Kennung: __________

und mit Stempeln nach beiliegendem Stempelbildentwurf. Das Entgelt ist im voraus zu entrichten
beim Postamt

____

im Wertkartenverfahren zu

☐ 100 DM ☐ 500 DM
☐ 2000 DM ☐ 5000 DM

im Wertvorgabeverfahren mit Wertvorgaben in

☐ 100-DM-Beträgen
☐ 1000-DM-Beträgen
☐ 10 000-DM-Beträgen.

Die Freistempelmaschine darf erst benutzt werden, wenn das Postamt das postdienstliche Sicherheitsblättchen angebracht hat.

Die freigestempelten Sendungen sind bei folgendem Postamt bis spätestens __________ Uhr (Einlieferungsschlußzeit)

einzuliefern: ______________________________

Bei einem Umsatz von mindestens 500 DM je Wertkartenbezug oder Wertvorgabeneinstellung wird eine Entgeltermäßigung gewährt.

Besonderes s. Nr. 3.3, 3.8, 4.2, 4.5, 6.2 der "Bedingungen zur Benutzung von Freistempelmaschinen für die Freimachung von Sendungen"

Es gelten die AGB Briefdienst (Inland) und (Ausland), die AGB Frachtdienst (Inland) und (Ausland) sowie die "Bedingungen zur Benutzung von Freistempelmaschinen für die Freimachung von Sendungen" in der jeweils gültigen Fassung. Die z. Z. gültigen "Bedingungen zur Benutzung von Freistempelmaschinen für die Freimachung von Sendungen" sind nachfolgend abgedruckt. Diese Vereinbarung kann jederzeit fristlos von den Vertragspartnern schriftlich gekündigt werden.

Ort, Datum ______________________________

Kunde

____
(Unterschrift)

Ort, Datum ______________________________

DBP POSTDIENST
Postamt

____
(Unterschrift)

x1.93/8 7 6 5 4 3 2 1

911 059 000-0
AGB BfD Inl

Bedingungen zur Benutzung von Freistempelmaschinen für die Freimachung von Sendungen

Sehr geehrte Kundin, sehr geehrter Kunde,
Ihr Antrag kann nur angenommen und bearbeitet werden, wenn Sie auf der Vorderseite die erbetenen Angaben machen. Rechtsgrundlage ist § 3 der POSTDIENST-Datenschutzverordnung. Die Angabe der Telefonnummer ist freiwillig.

1 Freistempelung

1.1 Die vorbereitete Vereinbarung zur Benutzung von Freistempelmaschinen ist über den Hersteller bei dem Postamt einzureichen, in dessen Bereich die Maschine aufgestellt werden soll. Das gilt auch für Vereinbarungen über die Verwendung von Stempein bei Erneuerung des gesamten Stempels oder einzelner Stempelteile (Entgeltstempel, Tagesstempel, Einsatzstück, Druckleisten).

1.2 Die Freistempelmaschine kann erst benutzt werden, wenn die schriftliche Vereinbarung abgeschlossen und das postdienstliche Sicherheitsblättchen vom Postamt angebracht ist.

1.3 Die Freistempelmaschine ist während der allgemeinen Geschäftszeit zur unvermuteten Prüfung durch Beauftragte des Postamts bereitzuhalten.

1.4 Die verplombten, geschlossenen oder sonst gesicherten Teile der Freistempelmaschine dürfen vom Kunden nicht geöffnet werden.

1.5 Störungen beim Betrieb der Freistempelmaschine sind unverzüglich dem Postamt zu melden.

1.6 Will der Kunde die Freistempelmaschine nicht mehr verwenden oder an einem anderen Ort einsetzen, so muß er dies dem Postamt anzeigen.

1.7 Die Freistempelmaschine darf anderen Personen nicht zur Benutzung überlassen werden.

1.8 Der Stempelabdruck muß dem Muster der DBP POSTDIENST entsprechen, die benutzte rote Stempelfarbe von der DBP POSTDIENST zugelassen sein.

1.9 Tagesstempel, die nicht mehr verwendet werden, sind an das Postamt zurückzugeben.

2 Entrichtung des Entgelts/Entgeltermäßigung

2.1 Das Entgelt ist je nach dem Fabrikat der Freistempelmaschine im Wertkartenverfahren oder im Wertvorgabeverfahren im voraus zu entrichten.

2.2 Beim Wertkartenverfahren hat der Kunde bei dem in der Vereinbarung genannten Postamt Wertkarten zu beziehen. Es können mehrere Wertkarten auf Vorrat bezogen werden. Die Karten sind nach der Nummernfolge zu verbrauchen. Verbrauchte Karten sind an das Postamt zurückzugeben. Wertkarten sind nicht übertragbar. Beim Bezug der Wertkarten und bei der Rückgabe der verbrauchten Wertkarten ist der Nachweis der Wertkarten vorzulegen.

2.3 Beim Wertvorgabeverfahren hat der Kunde die Freistempelmaschine bei dem in der Vereinbarung genannten Postamt einstellen zu lassen und den dem Vordruck gemäß ausgefüllten Nachweis der Wertvorgaben vorzulegen.

2.4 Freigestempeltes Entgelt wird auf Antrag erstattet, wenn der Kunde nachweist, daß die Belege mit den Freistempelabdrucken nicht bereits als Postsendungen eingeliefert waren. Die Belege sind in ein Formblatt "Antrag auf Erstattung freigestempelter Beträge" vordruckgemäß einzutragen und dem in der Vereinbarung genannten Postamt spätestens am vierten Werktag nach dem im Tagesstempelabdruck angegebenen Tag zum Anerkenntnis der Erstattungsfähigkeit vorzulegen. Die Belege sind als ungültig zu kennzeichnen.

2.5 Der Antrag auf Erstattung und Überweisung der anerkannten Beträge kann frühestens einen Monat nach dem Tag des ersten Anerkenntnisses bei dem in der Vereinbarung genannten Postamt eingereicht werden. Einem Wunsch auf vorzeitige Erstattung kann in begründeten Ausnahmefällen auf besonderen schriftlichen Antrag entsprochen werden. Nach Ablauf von einem Jahr, gerechnet vom Tag des letzten Anerkenntnisses, verjährt der Anspruch auf Erstattung der Beträge.

2.6 Für die Freistempelung durch den Absender wird eine Entgeltermäßigung gewährt. Die Entgeltermäßigung wird beim Wertkartenbezug bzw. bei der Einstellung der Wertvorgabe verrechnet. Sie wird nur gewährt, wenn der Gesamtwert der Wertkarten bzw. die Wertvorgabe pro Geschäftsvorfall und Maschine mindestens 500 DM beträgt.
Die Entgeltermäßigung beträgt 1% der Wertvorgabe bzw. des Wertkartenbetrags.

3 Freistempelung der Sendungen

3.1 Mit der Freistempelmaschine können nur Sendungen des Kunden und seiner Unternehmen (Dienststellen) freigestempelt werden.

3.2 Inhaber von Hotels, Pensionen, Gasthöfen und Gaststätten können Sendungen ihrer Gäste freistempeln.

3.3 Unternehmen, die gewerblich Postsendungen für andere einliefern, können diese Sendungen aufgrund besonderer Vereinbarung mit ihrer Maschine freistempeln.

3.4 Durch Freistempelung können alle Briefsendungen – ausgenommen hüllenlose Infopostsendungen. Infopost-Kompakt, -Groß und -Maxi (ab 1. 9. 93), Postwurfsendungen und Telebriefe – Päckchen und Postgüter freigemacht werden. Bei der Freistempelung von Infopost ist die Druckleiste mit dem Vermerk "Entgelt bezahlt" links neben dem Entgeltstempel anzubringen. Darauf kann verzichtet werden, wenn die Sendungsart in der Aufschrift bezeichnet ist.

3.5 Es ist zulässig, das Entgelt für Einlieferungsbescheinigungen auf dem Einlieferungsschein oder im Einlieferungsbuch und das Spätentgelt für Sendungen, die außerhalb der Annahmezeiten eingeliefert werden, auf besonderem Blatt zu verrechnen.

3.6 Freistempelabdrucke in Nullstellung dürfen auf Sendungen nicht angebracht werden. Nicht mit der DBP POSTDIENST versandte Gegenstände dürfen nicht mit Freistempelabdrucken versehen werden.

3.7 Umhüllungen, Karten und Aufschriftzettel können für die Rücksendung innerhalb des Bereichs der DBP POSTDIENST freigestempelt werden, sofern folgende Bedingungen erfüllt sind:

3.7.1 Auf den Gegenständen muß die Anschrift des Kunden oder einer seiner Zweigstellen durch Druck (auch Stempelabdruck), Anschriftenplatte, Vervielfältigung oder mit Schreibmaschine angebracht sein.

3.7.2 Die Gegenstände müssen oberhalb der Anschrift den hervortretenden Vermerk "Antwort" tragen. Antwortsendungen ohne diesen Vermerk werden als nicht freigemacht angesehen.

3.7.3 Fensterbriefhüllen, mehrfach verwendbare Umhüllungen sowie durchsichtige Umhüllungen, bei denen der Stempelabdruck unter der Umhüllung angebracht ist, dürfen für Antwortsendungen nicht verwendet werden.

3.7.4 Klebestreifen mit Freistempelabdruck (5.3) dürfen auf Antwortsendungen nicht angebracht sein. Antwortsendungen, die diesen Bedingungen nicht entsprechen, werden als nicht freigemacht angesehen.

3.8 Der Tagesstempel muß den Namen des Postamts, bei dem das Entgelt entrichtet wird, in der postamtlichen Schreibweise enthalten. Die Angabe des Namens eines anderen Postamts im Einlieferungsort (u. U. auch benachbarter Ort) im Tagesstempel bedarf einer besonderen Vereinbarung.

3.9 Die Tagesangabe im Tagesstempel muß mit dem Tag der Einlieferung übereinstimmen. Als Einlieferungstag gilt der Zeitpunkt bis zu den vom Postamt festgesetzten Einlieferungsschlußzeiten (6.1). Sendungen, die danach eingeliefert werden, müssen die Tagesangabe des folgenden Tages tragen. Gewöhnliche Briefsendungen mit unzutreffender Tagesangabe können zurückgegeben werden. Der Einlieferungstag von Antwortsendungen (3.7) braucht mit der Angabe im Tagesstempel nicht übereinzustimmen. Bei Infopost kann auf die Tagesangabe verzichtet werden.

4 Einsatzstück

4.1 In dem Einsatzstück ist der Name oder die Firma des Kunden anzugeben. Abholer von Briefsendungen können die Abholangabe an die Stelle des Namens oder der Firma des Kunden setzen.

4.2 Anstelle des Namens oder der Firma des Kunden im Einsatzstück kann aufgrund einer besonderen Vereinbarung ein Firmen- oder Warenzeichen oder ein Kennwort genehmigt werden. Der Kunde darf diesen Stempelabdruck nur auf Sendungen anbringen, die seine vollständige Absenderangabe tragen.

4.3 Wird eine Maschine von mehreren Firmen des Kunden zum Freistempeln benutzt, so muß das Einsatzstück die Bezeichnungen oder Firmenzeichen dieser Firmen, ein gemeinsames Firmenzeichen o. ä. enthalten.

4.4 In dem Einsatzstück kann der Kunde durch Inschriften oder bildliche Darstellungen nur für sein Unternehmen werben. Angaben und Abbildungen, die den Ausschluß von der Postbeförderung herbeiführen, dürfen in dem Einsatzstück nicht enthalten sein.

4.5 Unternehmen, die gewerblich Postsendungen für andere einliefern, können aufgrund besonderer Vereinbarungen Einsatzstücke mit deren Bezeichnung, auch mit Werbung für diese, verwenden.

4.6 Die Bezeichnungen der Sendungsart, die Vermerke der zusätzlichen Leistungen (ausgenommen Wertangabe und Nachnahme), der Vermerk "Antwort" und die Vorausverfügung, z. B. "Wenn unzustellbar, zurück", dürfen in der unteren Hälfte des Einsatzstückes angegeben sein; sie sollen – von den Kundenangaben deutlich (z. B. durch einen Trennstrich) abgesetzt – möglichst am unteren Rand des Einsatzstückes erscheinen und müssen den Langseiten der freigestempelten Sendungen gleichgerichtet abgedruckt werden.

Für das Abdrucken der Angaben im Einsatzstück kann auch mehr als nur die untere Hälfte des Einsatzstückes genutzt werden, wenn z. B. Sendungsart und Vorausverfügung gleichzeitig angegeben werden. Wird die Vorausverfügung im Einsatzstück zusammen mit der Bezeichnung der Sendungsart abgedruckt, so ist zwischen den Kundenangaben (z. B. Trennstrich) und der Oberkante der Bezeichnung der Sendungsart ein Zwischenraum von mindestens 0,5 cm freizuhalten.

4.6.1 Die Angaben sind deutlich lesbar – möglichst in Groß- und Kleinbuchstaben – (Höhe der Großbuchstaben mindestens 3 mm) und halbfett anzubringen.

4.6.2 Die Vorausverfügung, z. B. "Wenn unzustellbar, zurück", ist möglichst einzeilig anzuordnen.

4.6.3 Auf einer besonderen Druckleiste links vom Einsatzstück sind die Angaben nur in Schrägstellung (von links unten nach rechts oben) zugelassen.

4.6.4 Die Angaben können auch mittels einer zusätzlichen Druckleiste in einem Abstand von mindestens 1 cm unterhalb des Einsatzstückes einzeilig abgedruckt werden.

Anlage 11 S. 4 **AGB BfD Inl**
(Abschnitt 5.2)

5 Stempelabdruck

5.1 Der Stempelabdruck ist in der oberen rechten Ecke der Aufschriftseite den Langseiten der Sendung gleichgerichtet anzubringen. Er kann auch unter einer durchsichtigen Fläche angebracht werden. Der Stempelabdruck soll bei Standardbriefsendungen nicht weiter als 4 cm vom oberen Rand entfernt enden. Auf jeder Sendung soll nur ein Stempelabdruck angebracht werden. Umhüllungen, Karten oder Aufschriftzettel, auf denen der Stempelabdruck nicht deutlich hervortritt, dürfen nicht verwendet werden.

5.2 Bei Sendungen mit Aufschriftzettel kann der Stempelabdruck auf dem Aufschriftzettel oder der Umhüllung angebracht werden.

5.3 Klebestreifen mit Freistempelabdruck können nur verwendet werden, wenn der Freistempelabdruck nicht unmittelbar auf der Umhüllung anzubringen ist. Die Klebestreifen müssen aus weißem Papier hergestellt und vom Hersteller der Freistempelmaschine für die Abgabe durch Streifengeber bestimmt sein. Die Klebestreifen dürfen eine schwarze Umrahmung haben.

6 Einlieferung der Sendungen

6.1 Die freigestempelten Sendungen sind zu den vom Einlieferungspostamt festgesetzten Zeiten bei der in der Vereinbarung genannten Stelle einzuliefern, Postgüter bei der im Vertrag über das Selbstbuchen von Paketsendungen vereinbarten Annahmestelle. Wertbriefe und Einschreibsendungen sind bei den besonderen Annahmestellen für nachzuweisende Sendungen einzuliefern.

Die Sendungen sind so zu ordnen, daß die Aufschriften gleich liegen. Ferner sind sie zu trennen nach

- Standardsendungen,
- Kompaktsendungen,
- Großsendungen sowie
- Maxisendungen.

Sendungen mit Eilzustellung und Antwortsendungen sind je für sich besonders zu übergeben.

6.2 Aufgrund besonderer Vereinbarungen können gewöhnliche Briefsendungen (ausgenommen solche mit Eilzustellung und Antwortsendungen) bis zur letzten angezeigten Tagesleerung durch einen in der Vereinbarung bestimmten Briefkasten eingeliefert werden, wenn die durchschnittliche Tagesmenge nicht mehr als 30 Sendungen beträgt. Danach müssen dort eingelieferte Briefsendungen die Tagesangabe des nächsten Leerungstages tragen.

6.3 Durch Briefkasten einzuliefernde Sendungen (6.2) sind jeweils in einen zu verschließenden roten Sammelumschlag mit Sichtlöchern zu legen, der den deutlich hervortretenden Vermerk "Freigestempelte Sendungen – Sofort öffnen!" trägt. Die Sendungen können auch zu einem festen Bund zusammengefaßt werden, das durch einen roten Vorbindezettel mit dem gleichen Vermerk zu kennzeichnen ist. Täglich dürfen nicht mehr als ein Sammelumschlag bzw. ein entsprechendes Bund durch Briefkasten eingeliefert werden.

(Quelle: Allgemeine Geschäftsbedingungen der Deutschen Bundespost POSTDIENST für den Briefdienst Inland, Anlage 11, Abschnitt 5.2, S. 1 – 4.)

▶ Andere Formen der Freimachung

- **Antwortsendungen.** Umhüllungen (ohne Fensterbriefumschläge), Karten, Aufschriftzettel und Paketkarten dürfen innerhalb des Bereichs der Deutschen Post AG freigestempelt werden. Die Anschrift des Absenders muß durch Druck, Anschriftenplatten, Vervielfältigungen oder Schreibmaschine angebracht sein. Oberhalb der Anschrift muß der Vermerk „Antwort“, bei Paketkarten der Vermerk „Rücksendung“ angebracht werden.
- **Aufdrucken von Postwertzeichen.** Die Deutsche Post AG druckt auf Antrag Postwertzeichen auf die Firmenbriefumschläge oder Karten (Auskunft: Versandstelle für Postwertzeichen, 10623 Berlin).
- **Gebührenzettel.** Sie sind nur im Auslandsverkehr zugelassen. Der Absender kann im Verkehr mit verschiedenen Ländern auch solche Gebühren und Angaben übernehmen, die

sonst bei der Auslieferung der Sendung vom Empfänger eingezogen werden (Postgebühren, z. B. Gestellungsgebühr, Zustellgebühr; Eingangsabgaben, z. B. Zollbeträge, Einfuhrumsatzsteuer). Zweck: Die Sendungen werden dem Empfänger gebühren- und abgabenfrei ausgeliefert. Vorteilhaft für Geschenksendungen und Kundenwerbung (Warenmuster). Anzubringender Vermerk auf der Aufschriftseite und ggf. auf der Paketkarte: „Franc de taxes et de droites – Frei von Gebühren und Abgaben“.

- **Internationaler Antwortschein.** Zweck: Der Absender eines Briefes ins Ausland will die Gebühr für die Antwortsendung im voraus entrichten. Er fügt seinem Schreiben internationale Antwortscheine bei, die bei den Postanstalten im Ausland gegen Postwertzeichen im Wert der Mindestgebühr für einen gewöhnlichen auf dem Land- und Seeweg beförderten Auslandsbrief umgetauscht werden.

Kernwissen

- Eine Pitney-Bowes Umfrage belegt: Manuelles Falzen und Kuvertieren von Briefen zählt mit etwa 47 % zu den zeitintensivsten Tätigkeiten der Poststelle.
- 22 % beträgt der Tätigkeitsaufwand für das Tätigkeitsfeld Frankieren mit Vorsortieren, Wiegen, korrekter Portoermittlung und Frankieren.
- Maßgeschneiderte Lösungen gibt es für jedes Unternehmen. Die Lösung besteht häufig aus leistungsfähigen „Poststraßen“, in denen gefalzt, kuvertiert, gewogen, das richtige Porto ermittelt und frankiert wird. Dabei werden auch die Kosten nach individuellen Verteilern abgerechnet.
- Auch für den Paketversand mit seiner vorwiegend manuellen Handhabung stehen effiziente computergesteuerte Systeme zur Verfügung, die automatisch den günstigsten Frachtführer ermitteln und für ein fehlerfreies Ausfüllen der Frachtpapiere sorgen.

Überlegungshilfe

- Sie werden mit der praktischen Arbeit in der zentralen Poststelle kaum zu tun haben. Dennoch ist die Kenntnis der wichtigsten Postbearbeitungsmaschinen und -verfahren wichtig.
- Sie können bei der Einrichtung einer zentralen Poststelle beratend mitwirken. Jeder Organisationsmaßnahme sollte eine Ist-Aufnahme der derzeitigen Arbeitsverfahren vorausgehen. Nur wenn Sie die wichtigsten maschinellen Hilfsmittel kennen, können Sie Ihrem Chef bei solchen Maßnahmen beratend zur Seite stehen.
- Informationen erhalten Sie durch Messebesuche, Prospektmaterial, Beratung eines führenden Büromaschinenhändlers, Fachliteratur.
- Jede Rationalisierungsmaßnahme muß gründlich überlegt werden. Eine Ansammlung von Maschinen bedeutet durchaus keine Arbeitsvereinfachung, sondern kann häufig das Gegenteil bewirken.
- In Zukunft werden sicher weitere Bereiche der heute noch konventionell betriebenen Nachrichtenübermittlung (sogenannte „Gelbe Post“) durch elektronische Systeme (Telekommunikation) abgelöst (siehe auch Kapitel 7).

  Bei der Anschaffung von Postbearbeitungsmaschinen sollte dieser Aspekt bedacht werden.

Zur Vertiefung

1 Welche Sendungen eignen sich zur Maschinenstempelung durch die Deutsche Post AG?

2 Was geschieht, wenn bei der Maschinenstempelung eine vom Anmeldeschein abweichende Sendungszahl festgestellt wird?

3 Wer beantragt die Genehmigung zur Benutzung einer Freistempelungsmaschine, und wo wird diese Genehmigung beantragt?

4 Welche Arten der Gebühreneinrichtung für Freistempelungsmaschinen gibt es?

5 Bisher hat Frau Ganella, die Sekretärin des Firmeninhabers, die Postabfertigung für den gesamten Betrieb erledigt. Im letzten Jahr hat diese Arbeit einen solchen Umfang angenommen, daß die übrige Sekretariatsarbeit dadurch beeinträchtigt wird.

a) Nennen Sie drei Argumente, mit denen Frau Ganella ihren Chef überzeugen kann, daß die Einrichtung einer zentralen Poststelle sinnvoll und notwendig ist!
b) Machen Sie einen Vorschlag, wie das Problem gelöst werden kann!

6 Bei der Posteingangs- und Postausgangsbearbeitung werden verschiedene Maschinen und Hilfsmittel eingesetzt. Ordnen Sie den Tätigkeiten die Maschinen oder Hilfsmittel zu, indem Sie die Ziffer vor dem zutreffenden Gerät in das Kästchen bei der entsprechenden Tätigkeit eingetragen.

Maschinen/Hilfsmittel		Tätigkeiten
1. Durchleuchtungsgerät	5. Kuvertiermaschine	a) Datieren des Posteingangsdatums [?]
2. Brieföffner	6. Eingangsstempel	b) Beisortieren von Prospekten [?]
3. Falzmaschine	7. Postwaage	c) Leerkontrolle der Briefumschläge [?]
4. Frankierautomat	8. Zusammentraggerät	d) Ermitteln der Postgebühren [?]

7 a) Berechnen Sie den Gesamtportoaufwand für das Freimachen von 110 Standardbriefen mit einem Einzelgewicht von 18 g und 70 Briefen mit einem Einzelgewicht von 25 g. Bevor Sie diese 180 Briefe frankieren, zeigt der Portozähler Ihrer Frankiermaschine den Stand 58 188,60 DM. Das Vorgabe-Zählwerk steht auf 58 500,00 DM.

b) Wie viele Briefe mit einem Einzelgewicht von 45 g können Sie nach Freimachung der 180 Briefe mit dem Portorest noch frankieren?
c) Zum maschinellen Beschriften von 850 Werbebriefen mittels Adressiermaschine braucht man 40 Minuten. Wieviel Minuten werden unter gleichen Bedingungen für 2 500 Werbebriefe benötigt?

1. $\frac{40}{2\,500 \cdot 850}$ 3. $\frac{850 \cdot 40}{2\,500}$ 5. $\frac{850}{40 \cdot 2\,500}$

2. $\frac{350 \cdot 2\,500}{40}$ 4. $\frac{40 \cdot 2\,500}{40}$ 6. $\frac{2\,500}{850 \cdot 40}$

8 Machen Sie Vorschläge, wie Sie Portokosten senken können.

9 Werden Sie zu Rationalisierungsmaßnahmen hinzugezogen, prüfen Sie folgende Fragen:

a) Wie hoch sind die Personal- und Materialkosten der derzeitigen Verfahren? Wie groß ist der Arbeitsanfall? (Ist-Aufnahme)
b) Wo liegen die Schwachstellen der derzeitigen Verfahren? (Ist-Kritik)
c) Verbesserungsmöglichkeiten suchen. Welche Lösung ist sowohl aus organisatorischer als auch finanzieller Sicht die beste? (Soll-Vorschlag)
d) Einen Plan zur Verwirklichung des Soll-Vorschlags entwickeln!

3 Terminplanung, Terminüberwachung

Sie haben eine wichtige Aufgabe als Mittlerin zwischen dem Management, den Mitarbeitern, Geschäftspartnern und Außenstehenden zu erfüllen. Voraussetzung für einen reibungslosen Arbeitsablauf ist die perfekte Terminplanung.

Die Zeit des Chefs und seiner Gesprächspartner ist teuer und knapp. Sie müssen daher lernen, Wichtiges von Unwichtigem, dringende Aufgaben von Routineaufgaben zu unterscheiden und diese zeitlich richtig zu verteilen.

Schematisch dargestellt sieht das so aus:

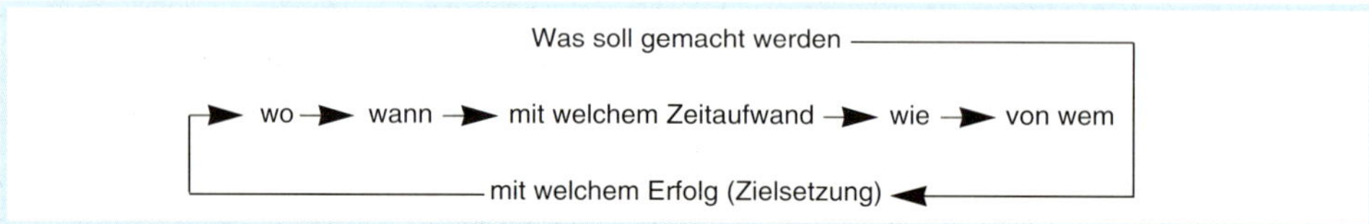

Sie brauchen Geschicklichkeit, Taktgefühl und Durchsetzungsvermögen: Geschicklichkeit im Umgang mit Daten und Hilfsmitteln, Taktgefühl im Umgang mit Geschäftspartnern, Durchsetzungsvermögen, um die geplanten Maßnahmen einzuhalten.

Erleichternd ist es, wenn Ihr Chef es einrichten kann, zu einem festgesetzten Zeitpunkt Mitarbeiterbesprechungen oder Terminbesprechungen abzuhalten. Die meisten Fragen können geklärt werden, der Tagesablauf Ihres Chefs wird nicht unerwartet gestört.

Im Wirtschaftsleben bedeutet Zeit Geld. Sie müssen also mit der Zeit so wirtschaftlich wie möglich umgehen. Wenn geklärt ist, an welchen Terminaufgaben Sie mitwirken, Sie also gewisse Zielvorstellungen haben, entwickeln Sie lang-, mittel- und kurzfristige Zeitpläne, deren Durchführung kontrolliert werden muß. Es kann sein, daß sich als Folge von erledigten Terminen wieder neue Termine ergeben. Dieser Kreislauf läßt sich wie folgt darstellen:

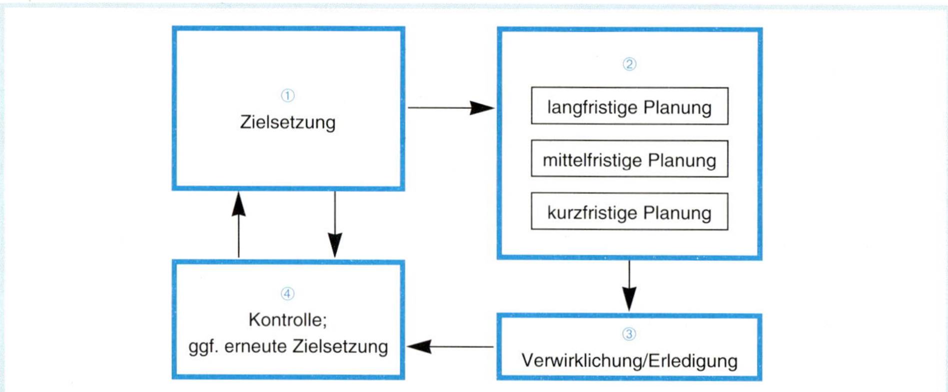

Ein Termin ist nicht ein isolierter Zeitpunkt, zu dem eine bestimmte Arbeit zu erledigen ist, sondern er steht meistens im Zusammenhang mit einer Folge von Arbeiten. Vor Erledigung eines Termins müssen sorgfältig alle ggf. entstehenden Nebenarbeiten durchdacht und geplant werden, nach der Erledigung muß kontrolliert werden, welche Nachbearbeitungsarbeiten entstehen werden. Diese Vor- und Nacharbeiten sind bei der Fixierung eines Termins auch zeitlich zu berücksichtigen.

Beispiel: Ihr Chef hat einem Geschäftsfreund eine Besprechung von 45 Minuten Dauer zugesagt. Vorher muß er Akten, die für dieses Gespräch von Bedeutung sind, lesen, nachher möchte er das Ergebnis der Besprechung diktieren. Dauer des Aktenstudiums etwa 20 Minuten, Dauer des Diktates etwa 15 Minuten. Diese Arbeiten müssen in Ihrer Terminplanung mitberücksichtigt werden.

Bei wichtigen Terminarbeiten ist die Einplanung von Reservezeiten oft unerläßlich. Diese Reservezeiten werden auch Pufferzeiten genannt.

Überlegungshilfe

- Voraussetzung eines reibungslosen Arbeitsablaufes ist die Terminplanung. Die Zeit ist ein Organisationsfaktor. Das bedeutet, daß lang-, mittel- und kurzfristige Zeitpläne aufgestellt werden müssen, die auch Reservezeiten (Pufferzeiten) berücksichtigen. Eine Kontrolle ist unerläßlich.
- Die Sekretärin koordiniert die Terminplanung und -überwachung.

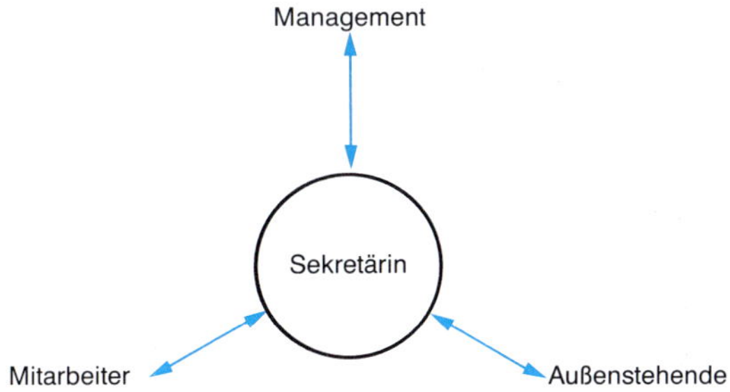

3.1 Organisationsmittel und Methoden der Terminplanung und Terminüberwachung

Von Anfang an müssen Sie klären, welchen Aufgaben-, Verantwortungs- und Zuständigkeitsbereich Sie in der Terminplanung und -überwachung haben und welche Personen außer Ihnen in diesem Bereich arbeiten.

Terminplanungsaufgaben sind von unterschiedlicher Art, Bedeutung und Schwierigkeit.

Termine können z. B. entstehen:

- beim Postein- und -ausgang
- bei Besprechungen
- auf Reisen

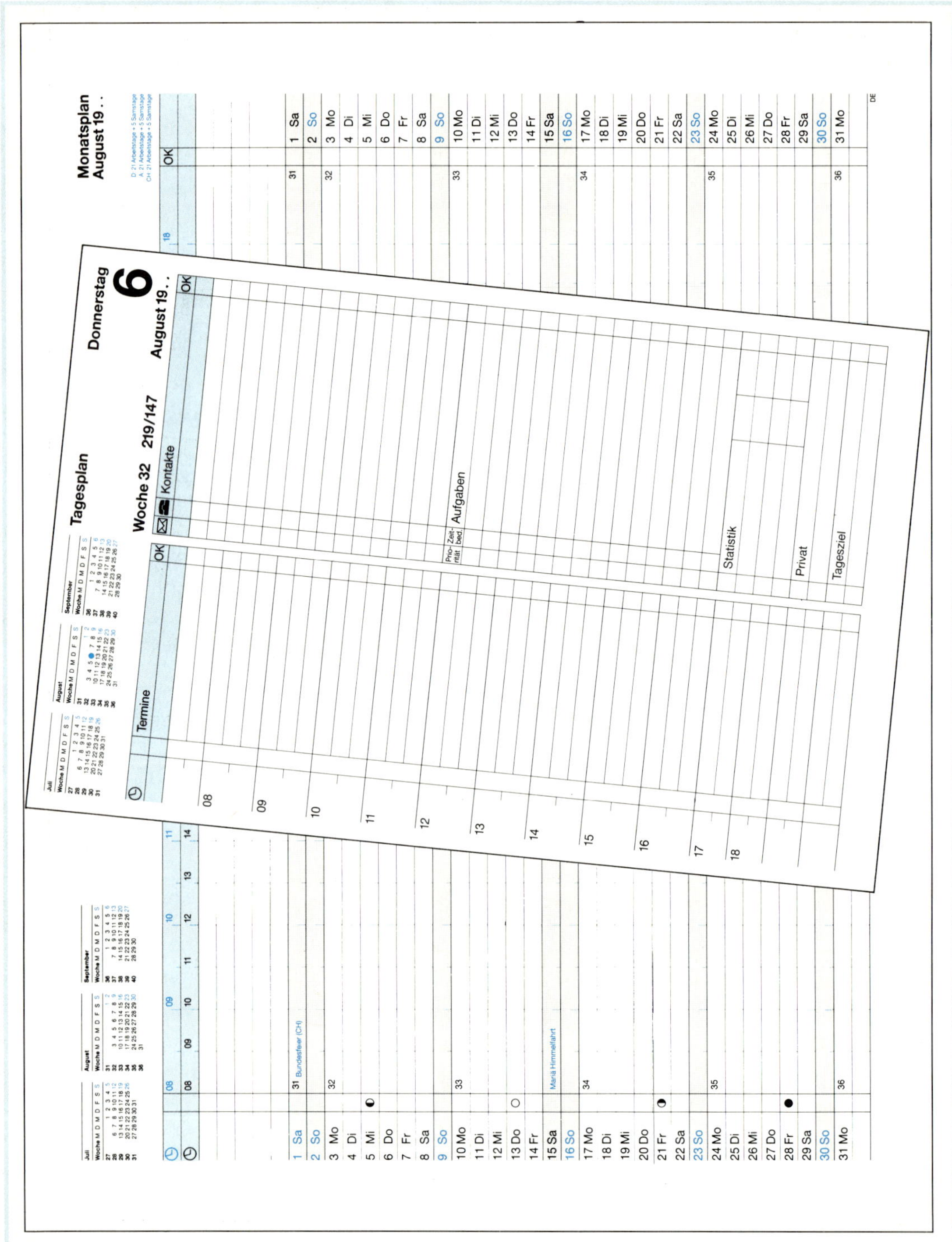
Monatsplan
August 19 . .
OK
Tagesplan
Donnerstag
6
August 19 . .
Woche 32 219/147
Termine
OK
Kontakte
Aufgaben
Statistik
Privat
Tagesziel
Bundesfeier (CH)
Mariä Himmelfahrt

Jahres-Projektplaner - Woche
1992

	Januar					Februar				März				April		
M		6	13	20	27	3	10	17	24	2	9	16	23	30	6	13
D		7	14	21	28	4	11	18	25	3	10	17	24	31	7	14
M	1	8	15	22	29	5	12	19	26	4	11	18	25	1	8	15
D	2	9	16	23	30	6	13	20	27	5	12	19	26	2	9	16
F	3	10	17	24	31	7	14	21	28	6	13	20	27	3	10	17
S	4	11	18	25	1	8	15	22	29	7	14	21	28	4	11	18
S	5	12	19	26	2	9	16	23	1	8	15	22	29	5	12	19
Aktivität/Thema Woche	1	2	3	4	5	6	7	8	9	10	11	12	13	14	15	16

	September			Oktober				November				Dezember				
M	7	14	21	28	5	12	19	26	2	9	16	23	30	7	14	21	28
D	8	15	22	29	6	13	20	27	3	10	17	24	1	8	15	22	29
M	9	16	23	30	7	14	21	28	4	11	18	25	2	9	16	23	30
D	10	17	24	1	8	15	22	29	5	12	19	26	3	10	17	24	31
F	11	18	25	2	9	16	23	30	6	13	20	27	4	11	18	25	
S	12	19	26	3	10	17	24	31	7	14	21	28	5	12	19	26	
S	13	20	27	4	11	18	25	1	8	15	22	29	6	13	20	27	
Woche	37	38	39	40	41	42	43	44	45	46	47	48	49	50	51	52	53

☐ =
☐ =
☐ =
☐ =

DE

- durch Aufgabenpläne
- durch festgesetzte bzw. stets wiederkehrende Daten (Steuertermine; Geburtstage)
- durch Verabredungen privater und geschäftlicher Art
- durch beabsichtigte Kündigungen
- durch Material- und Buchentleihe

usw.

Zur Überprüfung und Überwachung von Terminen gibt es verschiedene Hilfsmittel:

- Formblätter (Jahresplaner, Monats-, Wochen-, Tagespläne)
- Terminkalender
- Terminmappen
- Terminkarteien, s. auch S. 107
- Planungstafeln
- Papersticks

Formblätter

Sie sind ein gutes Hilfsmittel; (siehe Muster Abbildungen S. 104 bis 105). Sie können natürlich auch selbst entworfen und gestaltet werden.

Für langfristige Termine legen Sie einen Terminrahmen in Form eines **Jahresplanes** an. Sie tragen alle festen, nicht veränderlichen Termine ein (Schulferien, Feiertage, Messen, Ausstellungen, Versammlungen, Steuertermine usw.)

Den Jahresplan untergliedern Sie in mittelfristige Pläne (Monatspläne) und kurzfristige Pläne (Wochen- und Tagespläne). Während der Jahresplan eine grobe Strukturierung darstellt, müssen die kurzfristigen Pläne präzise Angaben enthalten, wie, in welcher Reihenfolge, mit welchem Zeitaufwand, von wem die Aufgaben erledigt werden müssen.

Die einzelnen Termine müssen auf ihre Bedeutung und Dringlichkeit geprüft, geordnet und eingetragen werden. Um ggf. notwendig werdende Terminverschiebungen zu ermöglichen, kennzeichnet man die Termine durch Symbole und Farben (z. B. wichtige, nicht verschiebbare Termine werden in Rot eingetragen). Diese Kennzeichnungen müssen von allen anderen Mitarbeitern und auch vom Chef beachtet und angewandt werden.

Ergeben sich Terminverschiebungen, müssen alle beteiligten Personen sofort schriftlich, telefonisch oder mündlich informiert werden.

Terminkalender

In der Regel werden zwei Terminkalender geführt:

- der Chefkalender
- der Sekretariatskalender

Beide Kalender müssen hinsichtlich der Cheftermine übereinstimmen. Der Sekretariatskalender wird darüber hinaus noch andere Termine aufnehmen. Wichtig: Der Chef muß sein Sekretariat sofort über von ihm getätigte Terminabsprachen informieren.

Der Chefkalender sollte eine Jahresübersicht enthalten. Er nimmt alle festen (fixen) Termine auf: Besprechungstermine, Sitzungen, Tagungen, Kongresse, Messebesuche, Reisen, private und geschäftliche Verabredungen, Urlaub. Auch die geplante Dauer der einzelnen Veranstaltungen ist zu vermerken.

Es sind Systeme auf dem Markt, die sich durch gut durchdachte Formblätter zu idealen Zeit- und Planungsbüchern zusammenstellen lassen. Durch die Kombination von Wochen-, Monats- und Jahresplänen, Checklisten, Planungshilfen, Ideenkartei, Notizbuch, Adressen- und Telefonregister u. a. läßt sich jedes Zeitplanungsbuch individuell gestalten. Das Planungsbuch enthält nur die wirklich benötigten Informationen. Vorgänge, die erledigt sind oder erst zu einem späteren Zeitpunkt benötigt werden, können in einer Archivkassette oder Box abgelegt werden.

Terminmappen, Terminkarteien

Die Terminsteuerung und -überwachung wird erleichtert durch Einzelmappen, geordnet nach Tages-, Monats- und Sonderterminen und mit unbegrenzter Aufnahmekapazität, die am praktischsten in einem Schreibtisch-Hängeauszug untergebracht werden. In die entsprechenden Tages- oder Monatsmappen werden ausgefüllte Terminzettel oder Terminkopien gesteckt, die beim morgendlichen Leeren der aktuellen Tagesmappe sofort bearbeitet werden.

Aufgabenplaner mit schuppenförmig angeordneten Fächern nehmen nach Prioritäten geordnete Planungskarten auf und informieren darüber, was wann und in welcher Reihenfolge zu erledigen ist.

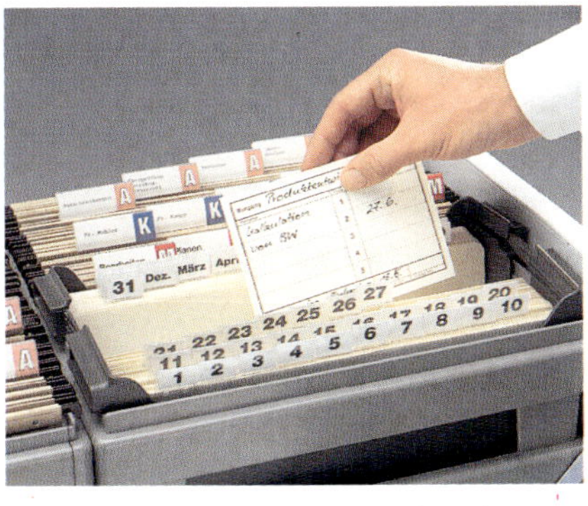

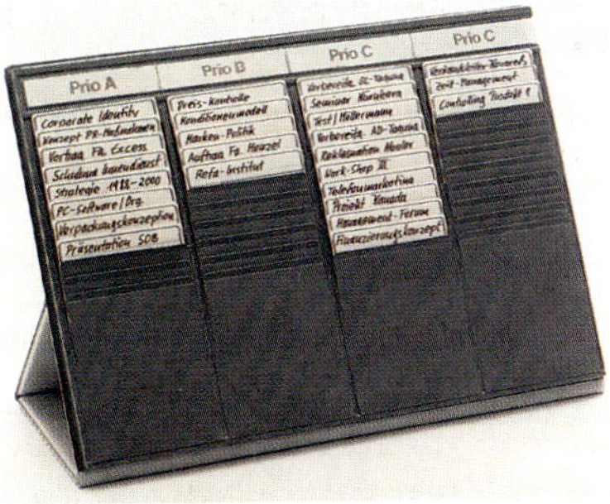

Planungstafeln

Die Tafeln sind mit einer dem Planungszweck entsprechenden Grundflächeneinteilung versehen. Die Planungsaussage erreicht man mit Einsteckstreifen, T-Karten, Haftmagneten oder jederzeit wieder löschbaren Beschriftungen.

Planungstafeln bieten für die verschiedensten betrieblichen Aufgaben klare und aussagefähige Übersichten. Besonders vorteilhaft sind Anbausysteme, die sowohl horizontal als auch vertikal zu erweitern sind. Sie bestehen aus Tafeln, die zu jeder benötigten Planungsfläche zusammenzustellen sind. Magnetsignale kennzeichnen die Arbeitsgänge oder Daten. Die Teilfelder sind untereinander austauschbar und herausnehmbar, um sie am Schreibtisch bearbeiten zu können. Ist ein Planungszeitraum abgearbeitet und das Teilfeld abgeräumt, wird es hinten wieder angereiht, so daß eine endlose Tafel entsteht. Es gibt Planungstafeln, die so dünn und flach sind, daß sie fotokopiert werden können.

Anwendungsbeispiele:

Stellenbesetzungsplan: Welcher Mitarbeiter ist wo tätig?
Dieser Plan zeigt verschiedene Bereiche mit den dazugehörigen Mitarbeitern. Die Namen werden auf Einsteckkarten geschrieben, in magnetische Schienen eingeschoben und auf der Tafeloberfläche aufgesetzt.

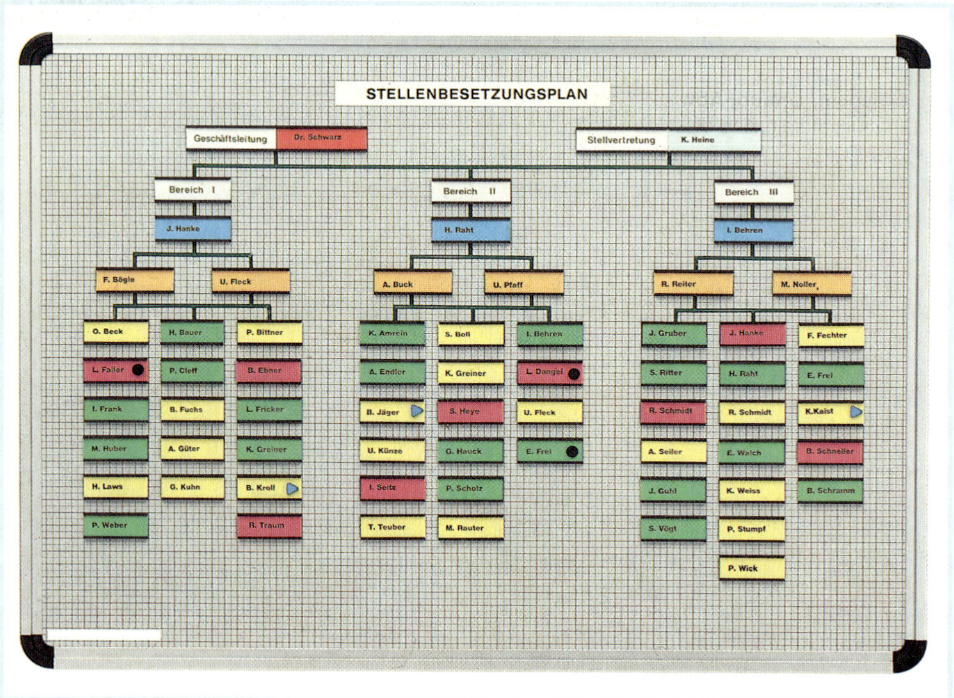

Mitarbeiter-Einsatz: Wer ist wann und wo tätig?

Die abgebildete Stecktafel ist für zehn Einsatzgebiete ausgelegt. Die Farben der Einsteckkarten zeigen die Qualifikation der Mitarbeiter. Ein vorgestecktes Signal bestimmt den Arbeitseinsatz bei Früh-, Mittags- oder Spätschicht. Planungszeitraum = eine Woche.

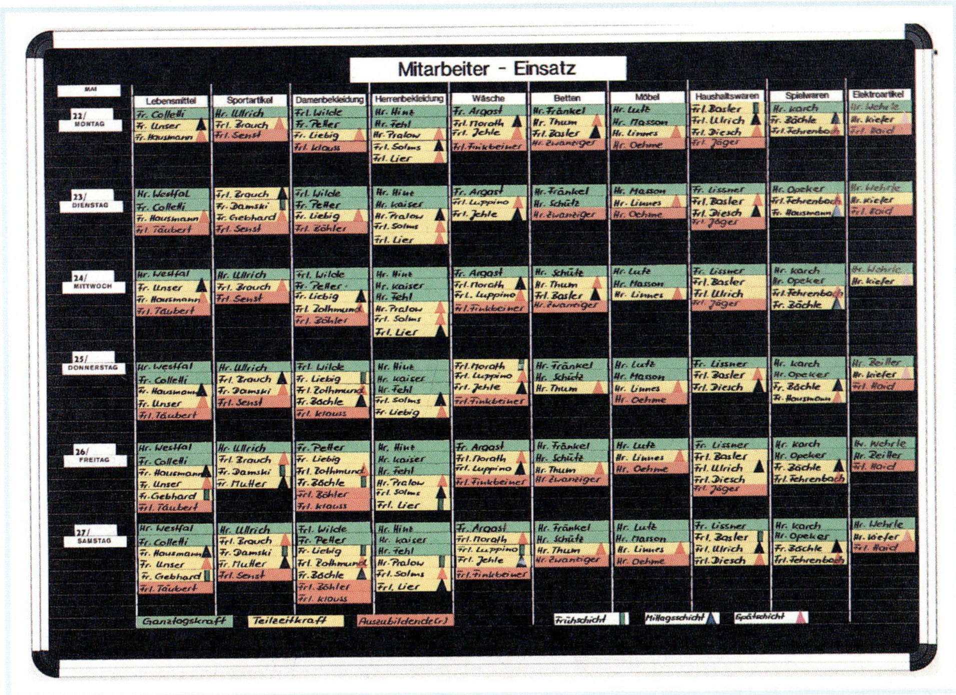

Urlaubsplan: Urlaub, Abwesenheit, Fehlzeiten

Mit Planungstafeln sind diese betrieblichen Notwendigkeiten in Einklang zu bringen und übersichtlich darzustellen.

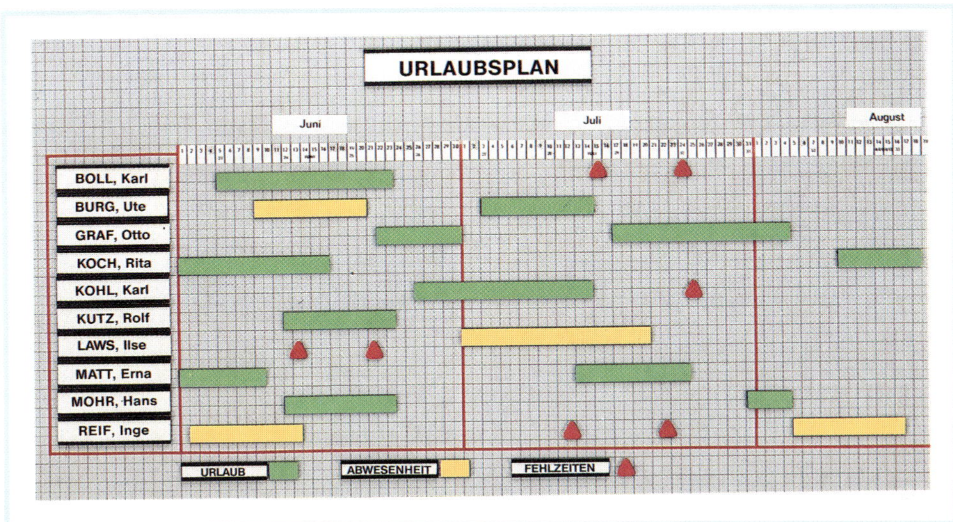

Nachwuchsausbildung: Wer wird wo und in welcher Zeit ausgebildet?
Unterschiedliche Farben der Markierungsstreifen zeigen den Einsatz in verschiedenen Abteilungen. Eine Planung in zwei Jahreshälften untereinander ist möglich.

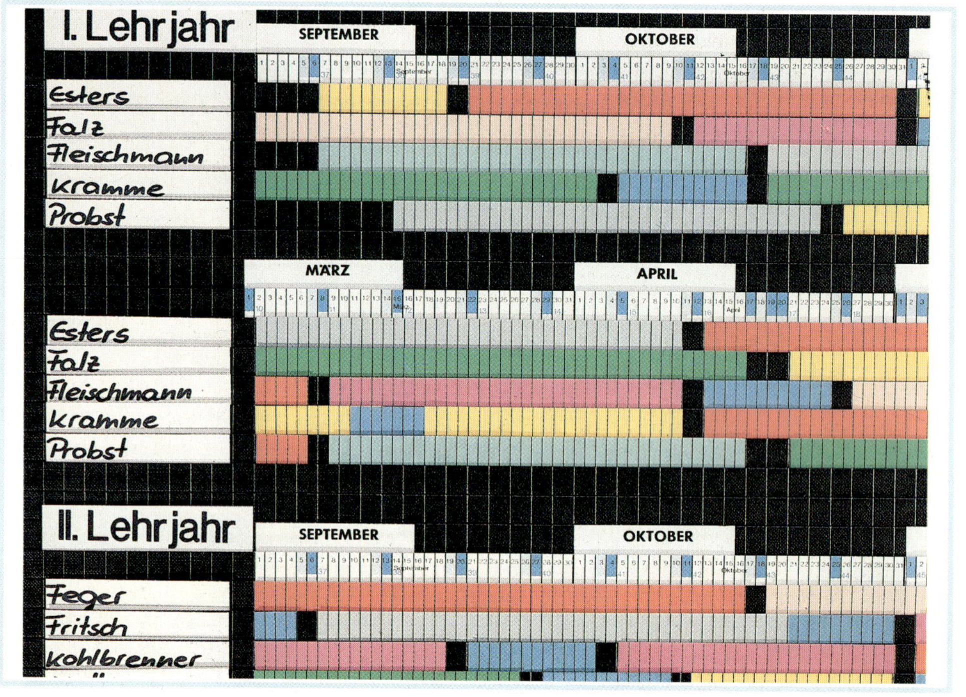

Die Sekretärin muß stets umfassend informiert sein und darf keinen Termin übersehen. Auf gemeinsame Gespräche und Abstimmungen kann bei wichtigen Aufgaben in Firmen und Abteilungen nicht verzichtet werden. Es gibt unzählige Hilfsmittel.

Es gibt Vorgänge, für deren Erledigung ein gewisser Spielraum benötigt wird. Man nennt sie „Vormerkungen“; sie dienen gewissermaßen als Erinnerungsstütze.

Beispiel: Für eine demnächst stattfindende Etatbesprechung werden Vorschläge gesammelt, deren Durchführung noch unbestimmt ist. Es kann sein, daß ein solcher Vorschlag in der Zwischenzeit überholt ist und damit verworfen wird, andererseits kann auch eine Terminsache und damit eine Aufgabe entstehen, z. B. ein Angebot einholen. Diese Vormerkungen sind zu kontrollieren, aber auch deutlich von festen Terminen abzugrenzen (z. B. T = Termin, V = Vormerkung).

Kernwissen

- Terminplanungsaufgaben haben einen unterschiedlichen Schwierigkeits- und Bedeutungsgrad und müssen dementsprechend behandelt werden.
- Organisationshilfsmittel müssen geschickt und diszipliniert eingesetzt werden. Hilfsmittel sind:
  - Formblätter
  - Kalender
  - Karteien
  - Plantafeln
  - Mappen

  Vormerkungen müssen wie Termine behandelt werden.

Überlegungshilfe

- Für einen reibungslosen Arbeitsablauf ist die Abgrenzung Ihres Aufgaben-, Verantwortungs- und Entscheidungsbereiches Voraussetzung.
- Zum planvollen und ökonomischen Organisieren der Zeit ist Disziplin erforderlich.
  Beispiel: Eine Kartei, die nicht ständig auf dem neuesten Stand ist, ist nutzlos.
- Sie erkennen Terminzusammenhänge und wissen, für welche Termine Sie Vor- und Nachbereitungszeiten einplanen müssen. Wegen unvorherzusehender Dinge ist der Terminkalender des Chefs stets mit Vorbehalt zu führen.

Zur Vertiefung

1 Welche Schwierigkeiten können bei der Planung von Terminen entstehen?

2 Welche Bedeutung haben regelmäßige Mitarbeiterbesprechungen?

3 Warum ist es im Zusammenhang mit Terminaufgaben wichtig, daß Sie Ihren Aufgaben-, Verantwortungs- und Entscheidungsbereich genau kennen?

4 Was bedeutet es, „Terminzusammenhänge" erkennen zu können?

5 Welche Vorteile bietet der Einsatz von Plantafeln?

6 Was sind „Vormerkungen"?

3.2 Methoden der rationellen Zeit- und Arbeitsplanung

Immer mehr Menschen klagen über Zeitmangel. Untersuchungen haben ergeben, daß Arbeit unter Zeitdruck zu organischen Schäden führen kann. Um so wichtiger ist es für den Menschen, die Techniken der Zeiteinteilung zu lernen. Seit Jahren gibt es eine Fülle von „Zeitspar"-Literatur und „Zeitspar"-Seminaren für Führungskräfte.

„Die Annahme, jemand leiste um so mehr, je länger er arbeite, ist ein sehr weit verbreitetes Mißverständnis. Der Mythos von den überlasteten Führungskräften ist ein Irrtum. Diese Leute sind meist überlastet, weil sie es sein wollen. Ein guter Manager kann die Arbeit effizient organisieren, vor allem seine eigene. Kann er das nicht, ist er als Führungskraft ungeeignet." [1]

Mackenzie, amerikanischer Managementberater und -trainer am Institute for Leadership in den USA, stellt in diesem Buch eine Liste von über hundert Zeitverschwendungsfaktoren zusammen, von denen vor allem folgende für die Zeitknappheit der Führungskräfte verantwortlich sind:

① Unterbrechung durch Telefonanrufe

② unangemeldete Besucher

③ vorgeplante und spontan anberaumte Besprechungen, Konferenzen und Teamtreffen

④ fehlende Zielsetzungen, Prioritäten und Schlußtermine

[1] Mackenzie, R. Alec: Die Zeitfalle – sinnvolle Zeiteinteilung und Zeitnutzung. Sauer-Verlag Heidelberg 1974.

⑤ überhäufter Schreibtisch und fehlende persönliche Arbeitsorganisation
⑥ Verstrickung in Routine- und Detailarbeiten, die delegiert werden sollten
⑦ Verlockung, zuviel auf einmal anzufangen, und Unterschätzung der dafür erforderlichen Zeit
⑧ Versagen beim Aufstellen klarer Verantwortungs- und Kompetenzstrukturen
⑨ Unentschlossenheit und Neigung zum Aufschub
⑩ fehlende oder unklare Anweisungen und Absprachen
⑪ Unfähigkeit, „nein“ zu sagen
⑫ fehlende Meßgrößen, die klare Aussagen über Arbeitsfortschritte liefern
⑬ Ermüdung, Unlust

Wie kann der Manager gegen die „Überlastung“ ankämpfen?
Wie kann die Sekretärin ihn unterstützen?

① **Unterbrechung durch Telefonanrufe und**

② **Unterbrechung durch unangemeldete Besucher**

Die **„ruhige“** Stunde sollte sich der Chef täglich vor Arbeitsbeginn reservieren, um den Tagesablauf vorzubereiten und zu planen. Damit eine Gelegenheit zur ununterbrochenen Konzentration besteht, müssen Störungen in dieser Stunde ausgeschlossen sein.

Entlastung durch die Sekretärin:
Sie schirmt in dieser Zeit den Chef ab.

Beispiel: Einführung telefon- und besucherfreier Zeiten.

- Bis 10 Uhr morgens und ab 16 Uhr nur wichtige, also wirklich unumgängliche Telefonate und Besucher.
- Sammelerledigung der anstehenden Rückrufe und sonstigen Telefonate oder Gespräche mit Mitarbeitern und anderer Termine zwischen 10 und 16 Uhr.
- Die Sekretärin kann häufig die meisten Anliegen von Anrufern, Mitarbeitern und Besuchern erledigen, weiterleiten und so vorbereiten, daß nur noch eine Entscheidung getroffen werden muß.

③ **Vorgeplante und spontan anberaumte Besprechungen, Konferenzen und Teamtreffen**

Konferenzzeitpläne. Die Konferenzdauer sollte auf die Tagesordnungspunkte nach Möglichkeit fest verteilt werden. **Anfang** und **Ende** der Konferenz sollten feststehen. Der Konferenzleiter sollte darauf achten, daß schnell zum Thema gekommen wird. **Stehkonvente kosten weniger Zeit.**

Entlastung durch die Sekretärin:

Situationsbeispiel:

Bitte nicht stören Konferenz

Ihr Chef möchte auf keinen Fall gestört werden, und genau in einem solchen Moment kommt ein dringender Anruf. Was tun? In einigen Sekretariaten wird mit Hinweiszetteln gearbeitet, die man dem Betreffenden unauffällig vorlegt.

Auf diesen Zetteln steht in knappen Stichworten:

Name des Anrufers: ____________________

Grund des Anrufs: ____________________

Soll eine Verbindung hergestellt werden: Ja / Nein

Wenn ja: in __________ Minuten

Wenn nein: Rückruf erfolgt um __________ Uhr

Soll ein Zwischenbescheid gegeben werden: Ja / Nein

Wenn ja: (Kurzinformation)

____

____

____

Soll sich ein Mitarbeiter um die Angelegenheit kümmern? Ja / Nein

Wenn ja: (Name) ____________________

④ Fehlende Zielsetzungen, Prioritäten und Schlußtermine

Prioritäten, d. h. kurz-, mittel- und langfristige Ziele, müssen gesetzt und mit den Mitarbeitern besprochen werden. Nicht zweit- oder drittrangige Dinge dauernd an die erste Stelle setzen. **Das Interessanteste ist durchaus nicht immer das Wichtigste!**

Wichtig: sich jeweils nur auf eine Aufgabe konzentrieren und diese abschließen!

Zeitwertgefühl. Die Manager müssen sich klarmachen, wie teuer eine Stunde ihrer eigenen Arbeit für die Firma ist. Erkenntnis: Die Arbeiten in möglichst kurzer Zeit erledigen; niemals hochbezahlte Mitarbeiter warten lassen.

Entlastung durch die Sekretärin:

Erstellen Sie jeden Tag eine Aufgabenliste mit Prioritäten:

- Aufgaben zusammenstellen
- Länge der Tätigkeiten schätzen
- Pufferzeiten für Unvorhergesehenes reservieren
- Entscheidungen über Prioritäten treffen
- Notizen in Kalender übertragen

Am Abend die Vorschläge für die am darauffolgenden Tag zu erledigenden Dinge dem Chef auf den Arbeitsplatz legen.

Nicht nur das gute Planen ist wichtig, sondern auch die Kontrolle z. B. durch folgende Fragen:

- Was wurde heute von den geplanten Aktivitäten erledigt, was nicht?
- Warum wurde das Ziel nicht erreicht?
- Was waren die größten Zeitfresser und Störfaktoren?
- Welche Gegenmaßnahmen wurden ergriffen?
- Welche Konsequenzen sind daraus für künftige Pläne zu ziehen?

⑤ Überhäufter Schreibtisch und fehlende persönliche Arbeitsorganisation

Die Schreibtischordnung muß einen raschen direkten Zugriff gewährleisten. 95 % aller Manager (und auch Sekretärinnen) haben einen überfüllten Schreibtisch. Hilfsmittel benutzen!

Entlastung durch die Sekretärin:
Ein Arbeitsmappensystem schafft Ordnung für die Post, die nicht sofort bearbeitet wird.

Beispiel:

„Dringend“

„Diktieren“

„Zu erledigen“

„Zu überprüfen“

„Ablage“

⑥ Verstrickung in Routine- und Detailarbeiten, die delegiert werden sollten

Delegation setzt Vertrauen gegenüber den Fähigkeiten und Leistungen der Mitarbeiter voraus. Viele Manager aber sind mißtrauisch und glauben nur an ihre eigene Leistungskraft.

Delegation bedeutet nicht, alle Fäden aus der Hand zu geben. Selbstverständlich muß derjenige, der die Verantwortung trägt, über die Resultate informiert werden. Der Chef sollte sich jederzeit schnell über bestehende Projekte, Arbeitsabläufe und Terminarbeiten informieren können und wissen, wer mit welcher Aufgabe betraut ist.

Grafische Darstellungen sind ein Hilfsmittel, um Arbeitsabläufe übersichtlich festzuhalten. Sie erleichtern den Überblick, decken Schwachstellen auf und dienen dem Entwurf von Verbesserungsvorschlägen (Balkendiagramm, Netzplantechnik) – s. S. 119 ff. –

Entlastung durch die Sekretärin:
So koordinieren Sie Termine: Sie verwenden eine Planungstafel – S. 109, lassen diese in Türnähe anbringen und bitten betroffene Mitarbeiter, ihre Termineintragungen selbst vorzunehmen.

Die Vorteile dieses Verfahrens, dessen Einführung selbstverständlich auf jeden Fall mit dem Chef und mit den betroffenen Mitarbeitern besprochen werden muß:

- Die Verantwortung für Termine liegt bei jedem Mitarbeiter.
- Eine Koordination ist ohne Absprache möglich.
- Das Sekretariat ist entlastet und bleibt trotzdem Zentrum der Terminplanung.
- Der Chef kann sich schnell informieren.

⑦ Verlockung, zuviel auf einmal anzufangen und Unterschätzung der dafür erforderlichen Zeit

Die Aussagen zu den Punkten ④ und ⑥ treffen auch hier zu.

Weitere Hilfestellung durch die Sekretärin:

Wenn Sie einen neuen Termin für den Chef ansetzen, führen Sie Datum und Uhrzeit des Termins am Ende der Notiz an. Schreiben Sie dazu **Ja / Nein** sowie **ob** und **welche** anderen Termine es gibt.

Beispiel:

Neuer Termin:	Montag, 23.04. ..., 10.00 Uhr Herr Müller, Firma XY, will Erweiterungsmöglichkeiten im DV-Bereich vorstellen.
Bestehende Termine:	10.00 Uhr Brainstorming 11.30 Uhr Empfang der japanischen Delegation
Neuer Termin:	Ja / Nein?
Neuer Termin:	Dienstag, 24.04. ..., 15.00 Uhr Herr Meier spricht über Optimierungspläne des betriebseigenen Telekommunikationssystems.
Bestehende Termine:	bisher keine
Neuer Termin:	Ja / Nein?

⑧ **Versagen beim Aufstellen klarer Verantwortungs- und Kompetenzstrukturen**

⑩ **Fehlende oder unklare Anweisungen und Absprachen**

Hinweis für die Sekretärin:

Bestehen Sie darauf, daß für die Arbeiten im Sekretariat klare **Arbeitsanweisungen** erstellt und schriftlich niedergelegt werden. (Wichtig auch für die Einarbeitung von Vertretungskräften).

⑨ **Unentschlossenheit und Neigung zum Aufschub**

⑬ **Ermüdung, Unlust**

Viele Menschen reagieren bei unangenehmen Arbeiten mit Fluchtstrategien:

- Sie fangen damit an, ihren Schreibtisch aufzuräumen.
- Sie arbeiten andere Arbeitsrückstände auf.
- Sie erledigen Routinearbeiten.
- Sie erledigen private Dinge.
- Sie führen Telefongespräche.
- Sie verschieben die Sache (Ausrede: Sie brauchen zu der Arbeit Ruhe und Zeit, und die haben sie im Moment nicht).
- Um die Sache vom Tisch zu haben, fordern sie weitere Informationen an.
- Sie versuchen, die unangenehme Arbeit zu delegieren.

Fazit: Bewußt anfangen, die auf einen selbst zutreffenden Fluchtstrategien zu erkennen und zu meiden.

Um Arbeitsabläufe effizienter gestalten zu können, empfehlen sich besonders **Arbeitsstudien** (Tätigkeits- und Zeitanalysen).

Der Verband für Arbeitsstudien REFA (früher Reichsausschuß für Arbeitszeitermittlung) hat Richtlinien erlassen, die sich auf

- die Arbeitsgestaltung
- die Organisation des Arbeitsablaufs
- die optimale Arbeitszeit-, Arbeitsplatz- und Arbeitsraumgestaltung

in der **Fertigung** beziehen. Diese Richtlinien lassen sich auf die **Büroarbeit** übertragen. Analytische Arbeitsbewertung ist im Büro genau so möglich und wichtig wie in der Fertigung.

Arbeitsablaufstudien vollziehen sich im allgemeinen in vier Stufen:

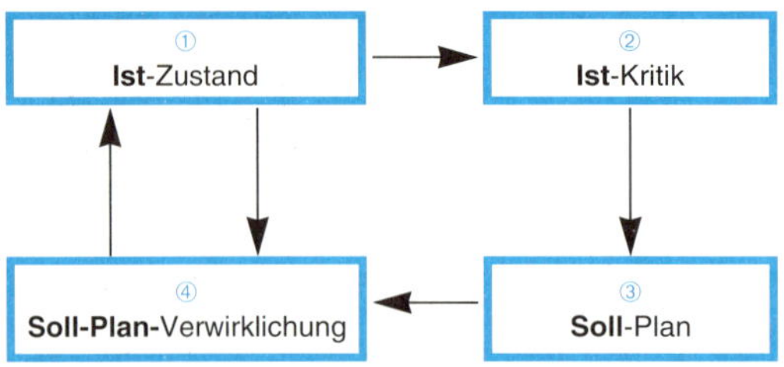

① **Feststellen** des bestehenden Zustandes (Aufgabe, Methode, Menge, Mittel, Material, Mensch, Zeit, Ort).

② **Untersuchen** des bestehenden Zustandes (Analyse, Kritik).

③ **Festlegen** eines neuen verbesserten Soll-Zustandes (Erarbeiten des idealen Soll-Zustandes).

④ **Durchführen** des Soll-Planes und Fortsetzen dieses realen Zustandes.

Wichtig bei solchen Untersuchungen sind die Objektivität beim Feststellen des Ist-Zustandes, eine gerechte Kritik, ein Erarbeiten des realisierbaren Ideal-Zustandes und eine ständige Kontrolle.

Hilfsmittel beim Feststellen des Ist-Zustandes sind meistens Formblätter. Die ausgefüllten Formulare ergeben ein deutliches Bild:

was in einer Abteilung geschieht,

welchen Ablauf die Tätigkeit nimmt,

wie die Arbeit ausgeführt wird.

Wenn man sich klarmacht, daß zur Zeit ein Sachbearbeiter den Betrieb je Minute etwa 0,60 DM und mehr kostet und eine Schreibkraft etwa 0,40 bis 0,50 DM und mehr kostet (das sind Kosten, die für den Arbeitsplatz entstehen einschließlich Gehalt), so wird jedem einleuchten, daß die Zeit ein Organisationsfaktor ist.

Sachliche und personelle Faktoren bestimmen den Zeitaufwand und damit die Wirtschaftlichkeit der Verrichtung von Büroarbeiten. Sachliche Faktoren sind arbeitstechnischer und arbeitsorganisatorischer Art (z. B. Arbeitsplatzausstattung, Hilfsmittelausrüstung, Umweltgestaltung; Gliederung des Arbeitsablaufes, Arbeitsverteilung, Zeitverteilung usw.). Personelle Faktoren sind individueller und kollektiver Art (z. B. Wissen, Können, Leistungsbereitschaft; Verhältnis zu Mitarbeitern und Vorgesetzten, Gemeinschaftseinrichtungen).

Um den Kostenaufwand für eine Arbeit zu verringern, muß der Zeitaufwand verringert werden, denn Zeitaufwand x Personalkosten = Kostenaufwand.

Man muß die Zeiten, die die einzelnen Arbeiten erfordern, möglichst genau kennen, um z. B. eine regelmäßige gerechte Verteilung der Arbeit zu sichern (Beispiel: Schreibzentrale).

Folgende Zeiten werden (nach Refa) unterschieden:

- Grundzeit = reine Arbeitszeit
- Verteilzeit = begründete oder unbegründete Untätigkeiten

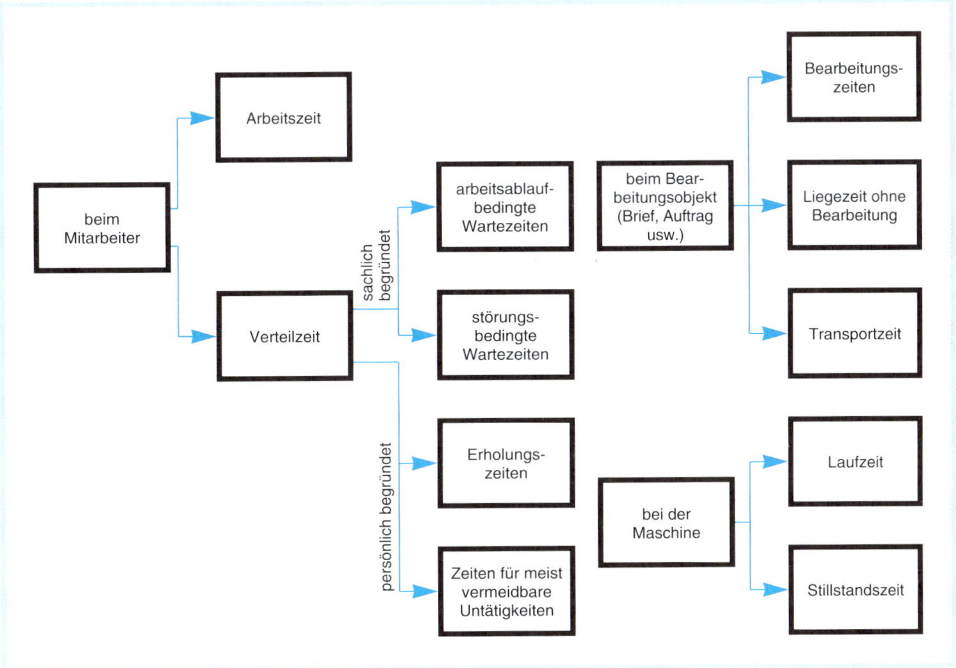

Die wesentlichen Ziele der Arbeitsstudie sind es, die Verteilzeiten, Liege- und Transportzeiten, Stillstandszeiten zu vermindern.

Je nach Art und Dauer der zu untersuchenden Arbeiten bedient man sich der verschiedensten Methoden, die im wesentlichen auf Beobachtung, Fragebogenaktionen, Interviews, Zeitaufnahmen mit Stoppuhren und arbeitsbegleitenden Formularen beruhen.

Kernwissen

- Der knappe Faktor Zeit muß ökonomisch genutzt werden. Die Arbeitsphasen müssen intensiv genutzt werden durch Zeitplanung und Aufgabenpräzisierung. Arbeitsstudien sind die Voraussetzung zu effizienten Arbeitsabläufen.
- Sie haben das Ziel, Verteilzeiten, Liege- und Transportzeiten, Stillstandszeiten zu vermindern oder zu verhindern.

Überlegungshilfe

- Laut Mintzberg[1] haben Manager einen der kommunikationsintensivsten Büroarbeitsplätze. Die Arbeit verteilt sich quantitativ zu etwa
  - 59 % auf geplante Besprechungen und Konferenzen
  - 10 % auf Ad-hoc-Besprechungen (*ad hoc lat.* = eigens zu diesem, für diesen Zweck)
  - 6 % auf Telefonieren
  - 3 % auf Reisen und
  - 22 % auf Schreibtischarbeit[2]
- Diese Arbeiten kann das Sekretariat erleichtern und unterstützen durch
  - Informationsbearbeitung
  - Terminorganisation
  - Abschirmung
- Um zeitökonomisch und kostensparend arbeiten zu können, muß man die Ursachen der „Überlastung“ durchschauen und diese abstellen.
- Die REFA-Methode ist ein bekanntes Verfahren, den Zeitaufwand von Arbeitsabläufen festzustellen. Aufgrund der gesammelten Daten läßt sich eine Verbesserung der Arbeitsabläufe leichter planen.
- Motivieren Sie sich selbst! Arbeitsorganisation mindert den Termindruck. Prüfen Sie, ob Sie sich die Fragen der „work-simplification-Methode“ gestellt haben (S. 13).

Zur Vertiefung

1 Um Zeit zu sparen, sollte man Prioritäten setzen. Was bedeutet das?

2 Mit welchen Bereichen befassen sich im wesentlichen Arbeitsstudien (Tätigkeits- und Zeitanalysen)?

3 Was versteht man in diesem Zusammenhang unter der Vier-Stufen-Methode?

4 Welche zwei Zeitbegriffe werden grundsätzlich nach REFA unterschieden? Welche Zeiten sollen vermindert werden?

3.3 Plantechniken für umfangreiche Vorhaben

Der größte Teil der Büroarbeiten ist organisierbar und rationalisierbar. Die Maßnahmen zur Rationalisierung sind auch dann vertretbar, wenn sie zu einer besseren und schnelleren Arbeitsabwicklung führen, aber nicht unmittelbar eine Kostensenkung veranlassen.

Arbeitsabläufe bestehen aus einer Aufeinanderfolge von Tätigkeiten. Die Rationalisierung der Büroarbeit beginnt damit, daß zunächst der Arbeitsablauf festgestellt und schriftlich festgehalten wird. Dann wird der wirtschaftlichste Weg der Ausführung entworfen. Es wird festgelegt, „was“ „wie“ gemacht werden soll, d. h. die verzweigten, oft ineinandergreifenden Arbeitsabläufe werden in einzelne Arbeitsgänge und Arbeitsstufen (Arbeitsgriffe) zerlegt, ferner die Bearbeitungs- und Durchlaufzeiten ermittelt und festgelegt, um dabei vor allem Warte- und Verlustzeiten zu vermeiden oder zu vermindern.

[1] Mintzberg, H.: The Nature of Managerial Work, New York 1973.
[2] Karcher, H.: Kommunikationsstrukturen an Büroarbeitsplätzen und Einsatzchancen für Bürokommunikationssysteme. Verlagsunion Zeitschriftenvertrieb. zfo Heft 7/1982. Wiesbaden.

Grafische Darstellungen sind ein Hilfsmittel, um Arbeitsabläufe übersichtlich festzuhalten. Sie erleichtern den Überblick über den funktionellen Arbeitsablauf, decken Schwachstellen im Ablauf auf und dienen dem Entwurf von Verbesserungsvorschlägen. Je nach Art und Zweck der Aufgaben gibt es unterschiedliche Methoden zur grafischen Darstellung von Arbeitsabläufen. Besonders bekannt sind:

- das Balkendiagramm (Gantt-Diagramm)
- die Netzplantechnik

Beide Techniken ermöglichen eine übersichtliche und sichere Planung und Steuerung von Projekten.

„Projekt" ist der allgemeine Begriff für ein Vorhaben, das einen definierten, deutlich erkennbaren Anfang und ein in gleicher Weise gekennzeichnetes Ende haben muß.

Balkendiagramm (Gantt-Diagramm)

Die Bestandteile sind:

- eine Vorgangsliste
- eine waagerechte Zeitachse
- für jeden Vorgang ein Balken. Die Länge des Balkens gibt die Dauer des Vorgangs an; die Lage zur Zeitachse gibt die Lage des Vorgangs im Gesamtablauf an.

Beispiel: Folgende Urlaubswünsche sollen als Balkendiagramm dargestellt werden. Anschließend soll geprüft werden, ob die Wünsche realisierbar sind und wie groß die gesamte Urlaubsdauer ist.

A wünscht seinen Urlaub in der 28. bis 29. Woche: 2 Wochen
B wünscht seinen Urlaub in der 30. bis 33. Woche: 4 Wochen
C wünscht seinen Urlaub in der 30. Woche: 1 Woche
D wünscht seinen Urlaub in der 34. bis 35. Woche: 2 Wochen
E wünscht seinen Urlaub in der 30. bis 32. Woche: 3 Wochen

Vorgangsliste: Projekt Urlaubsplanung

Nr.	Vorgangsbezeichnung	Dauer in Wochen	Unmittelbarer Vorgänger
1	Angestellter A	2	–
2	Angestellter B	4	1
3	Angestellter C	1	1
4	Angestellter D	2	2
5	Angestellter E	3	1

Vorg. Nr.	28.	29.	30.	31.	32.	33.	34.	35.	36.
	Woche								
1									
2									
3									
4									
5									

Das Balkendiagramm liefert folgende Informationen:

- die Gesamtdauer des Projekts: 8 Wochen
- die Anfangs- und Endtermine: 28./35. Woche
- die Balken zeigen, daß in der 30. Woche von fünf Mitarbeitern nur zwei im Büro sind

In der betrieblichen Praxis werden häufig Planungstafeln verwendet (siehe Abbildungen).

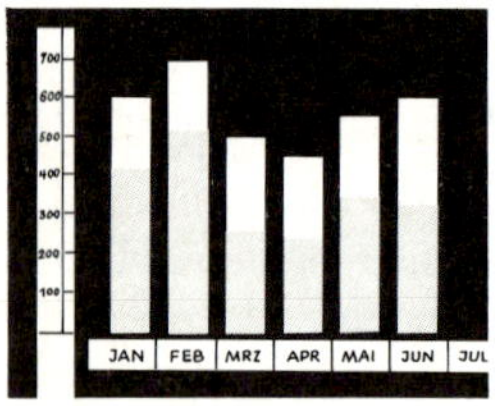

Säulenstatistik

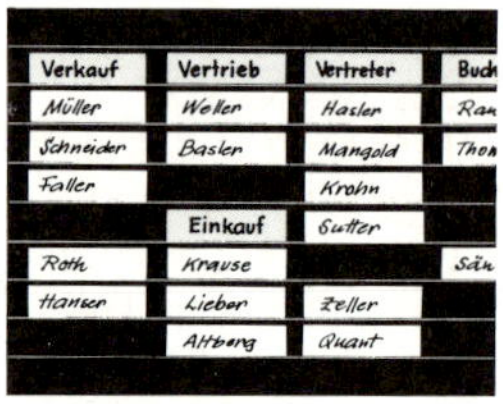

Stellenbesetzung

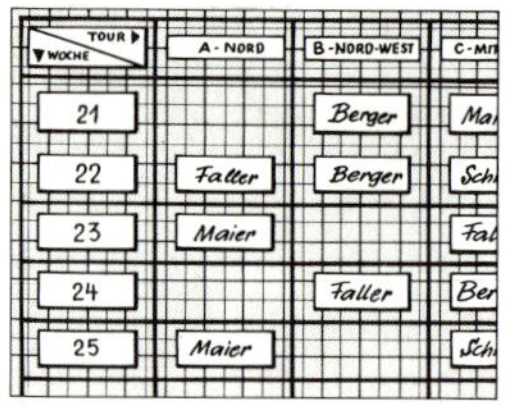

Außendienst-Einsatz

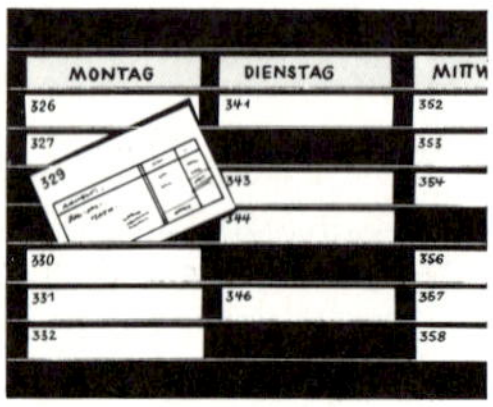

Planung mit Arbeitsbelegen

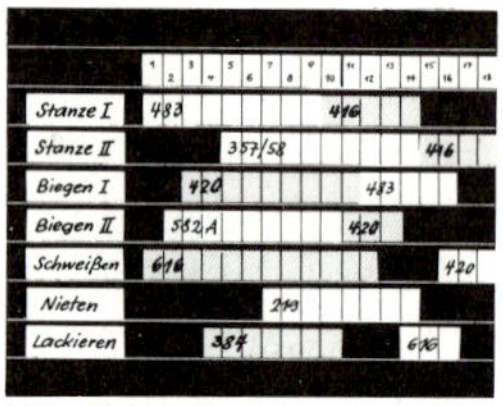

Zeitplanung

Nachteil:

Die Beziehungen der einzelnen Vorgänge zueinander können nicht dargestellt werden.

Einsatzmöglichkeiten:

- Fertigungspläne
- Maschinenbelegungen
- Einsatz von Mitarbeitern, Materialien und Geräten
- Terminübersichten
- Personal- und Auftragsplanungen
- Urlaubsplanung u.ä.

Die Netzplantechnik

Definition nach DIN 69900: Die Netzplantechnik umfaßt Verfahren zur Projektplanung und -steuerung. Der Netzplan ist die grafische Darstellung von Ablaufstrukturen, die die logische und zeitliche Aufeinanderfolge von Vorgängen veranschaulichen.

Man unterscheidet im wesentlichen drei Netzplan-Typen, die in den Jahren 1956/58 in den USA und Frankreich für große und kostspielige Projekte aus Forschung, Wissenschaft und Technik entwickelt wurden:

- Critical Path Method (CPM) Vorgangspfeilmethode
- Program Evaluation and Review Technique (PERT) Ereignisknotenmethode
- Metra-Potential-Methode (MPM) Vorgangsknotenmethode

Zur Vorgangsknotenmethode gibt es verschiedene Varianten. Der wesentliche Unterschied liegt in der Art der zeichnerischen Darstellung.

Auch für weniger umfangreiche Vorhaben eignet sich die Netzplantechnik, z. B. für:

- die Durchführung von Bauvorhaben
- die Einsatzvorbereitung von EDV-Anlagen
- Reparaturarbeiten, Wartungsdienste
- die Tagungs- und Kongreßdurchführung
- Werbekampagnen
- Forschungs- und Entwicklungsarbeiten

Wichtig ist, daß es sich bei den Vorhaben um echte Projekte handelt mit klar erkennbarem Anfang und Ende. (Die Leitung eines Unternehmens ist z. B. kein Projekt.)

Die Erstellung eines Netzplanes vollzieht sich in zwei Phasen:

- Ablaufplanung (Strukturanalyse)
- Zeitplanung

▶ Ablaufplanung (Strukturanalyse)

Vorbereitungsarbeiten	Definition des Projektziels, Festlegung der planenden Personen, der Methode, Datensammlung;
Projektstrukturplan	Gliederung des Projektes in Teilprojekte, Projektstufen, Vorgänge;
Vorgangsliste	Sammeln und Ordnen der Vorgänge. Für jeden Vorgang benötigt man folgende Angaben: Vorgangs-Nummer, Vorgangs-Bezeichnung, Vorgangs-Dauer; Festlegung der Vorgänger jedes Vorganges, d. h. es muß feststehen, welche Vorgänge unmittelbar vorher beendet sein müssen; Festlegung der parallel laufenden Vorgänge;
Netzplan zeichnen	• großräumig zeichnen • bei der Verknüpfung des Netzwerkes am besten mit dem letzten Vorgang beginnen, also vom Ende bis zum Start zeichnen, weil man auf diese Weise am schnellsten logische Fehler entdeckt • Numerierung der Knoten (Ordnungsmerkmal); die Numerierung in Zehnersprüngen ermöglicht es, bei Änderungen zusätzliche Vorgänge mit neuen Nummern einzufügen

▶ Zeitplanung

Ermittlung der Vorgangsdauer	ggf. vorhandene Daten verwenden, schätzen, vergleichen, Liege-, Lager- und Transportzeiten berücksichtigen, die Dauer in die Vorgangsliste eintragen;
Zeitpunkte, Pufferzeiten und den kritischen Weg ermitteln	• Zeitpunkte **Vorwärtsrechnung:** die frühestmöglichen Zeitpunkte ermitteln **Rückwärtsrechnung:** die spätestmöglichen Zeitpunkte ermitteln • Pufferzeiten Vorgänge mit Reservezeiten ermitteln • kritischer Weg Vorgänge ohne Reservezeiten ermitteln
Vorgangstermine und Projekttermin ermitteln	genaue Kalenderdaten bzw. Uhrzeiten ermitteln.

Alle Netzplan-Verfahren sind leicht erlernbar. Nachfolgend wird eine Einführung in das Verfahren der **Vorgangsknotenmethode** gegeben[1].

Grafische Darstellung

Jeder Vorgang (Vorgang = Teilarbeit, bestimmter Ablauf) wird durch ein Rechteck = Vorgangsknoten dargestellt. Die gegenseitige Abhängigkeit der Vorgänge wird durch eine Pfeillinie ausgedrückt.

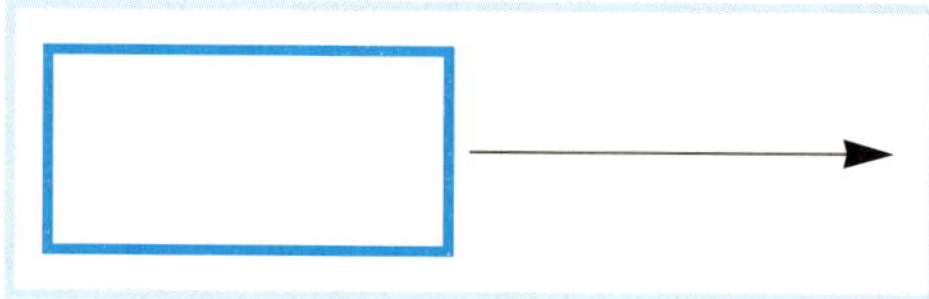

Im fertigen Netzplan nimmt der Vorgangsknoten folgende Angaben auf, die wir bei den folgenden Übungen jedoch noch nicht benötigen.

Vorgangs-Nr.	Vorgangsbezeichnung	
Vorgang Dauer	Gesamtpuffer	freier Puffer

Voraussetzung für einen Netzplan ist die Vorgangsliste, die folgende Angaben enthält

Vorgangs-Nr.	Bezeichnung	Vorgänger	Nachfolger	Dauer

Da es sich bei den folgenden Übungen um rein zeichnerische Darstellungen handelt, kann auf die Bezeichnung und Angabe der Dauer zunächst noch verzichtet werden.

Übung 1

Problem: Vorgangskette

Vorgangs-Nr.	Vorgänger	Nachfolger
10	–	20
20	10	30
30	20	–

Darstellung:

Regel:

> Muß ein Vorgang beendet sein, bevor der nächste beginnt, wird er mit dem Nachfoger durch einen Pfeil verbunden.

[1] ORGA-Handbuch. Deutscher Sparkassen- und Giroverband e.V. Ablaufanalyse und -gestaltung, Netzplantechnik. Bokranz 1974.

Übung 2

Problem: Mehrere Vorgänger und ein Nachfolger

Vorgangs-Nr.	Vorgänger	Nachfolger
10	–	40
20	–	40
30	–	40
40	10, 20, 30	–

Darstellung:

Es handelt sich um einen Netzplanausschnitt, denn jeder Netzplan muß mit **einem** Vorgang beginnen.

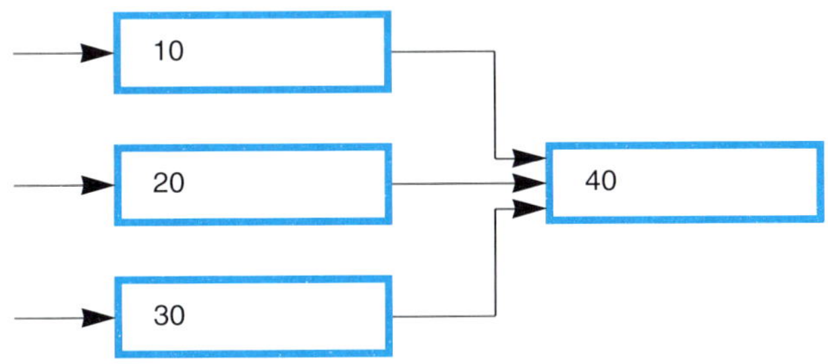

Regel:

> Müssen mehrere Vorgänge beendet sein, bevor ein neuer Vorgang beginnt, so wird jeder von ihnen mit dem Nachfolger durch einen Pfeil verbunden.

Übung 3

Problem: Ein Vorgänger und mehrere Nachfolger

Vorgangs-Nr.	Vorgänger	Nachfolger
10	–	20, 30, 40
20	10	–
30	10	–
40	10	–

Darstellung:

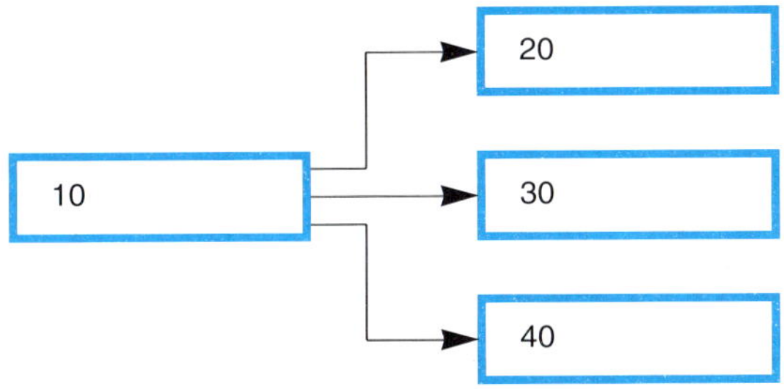

Regel:

Können mehrere Vorgänge erst dann beginnen, wenn der gemeinsame Vorgänger abgeschlossen ist, werden sie mit diesem durch Pfeile verbunden.

Übung 4

Problem: parallel laufende Vorgänge

Vorgangs-Nr.	Vorgänger	Nachfolger
10	–	20, 30
20	10	40
30	10	40
40	20, 30	–

Darstellung:

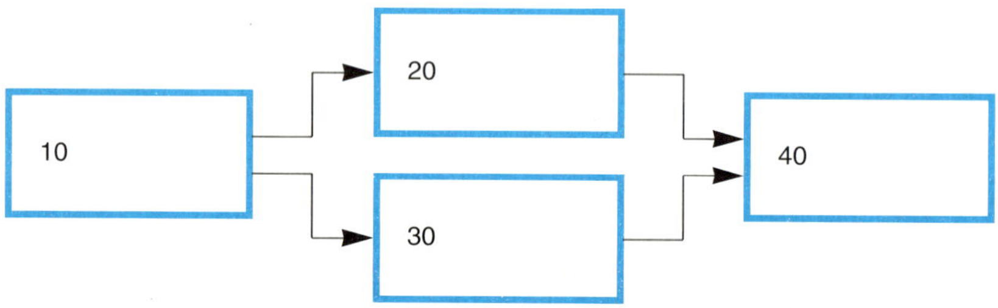

▶ Zeitplanung

Die Vorgangsdauern müssen bestimmt und in den Netzplan eingetragen werden.

Wir unterscheiden die Vorwärts- und die Rückwärtsrechnung. Bei der **Vorwärtsrechnung** werden die frühestmöglichen Zeitpunkte ermittelt. Die Vorwärtsrechnung vom Anfangsknoten bis zum Endknoten wird durchgeführt, um die Mindestprojektdauer und das Ausgangsdatum für die Rückwärtsrechnung zu ermitteln.

Der frühestmögliche Anfangs- (FA) und der frühestmögliche Endzeitpunkt (FE) eines jeden Vorgangs werden durch einfache Addition der Vorgangsdauer ermittelt und oberhalb des Vorgangsknotens eingetragen, wobei der Ausgangsknoten den frühestmöglichen Anfangszeitpunkt FA = 0 erhält. Der früheste Zeitpunkt eines Ereignisses ist gleichzeitig auch der späteste Zeitpunkt des Vorgängers.

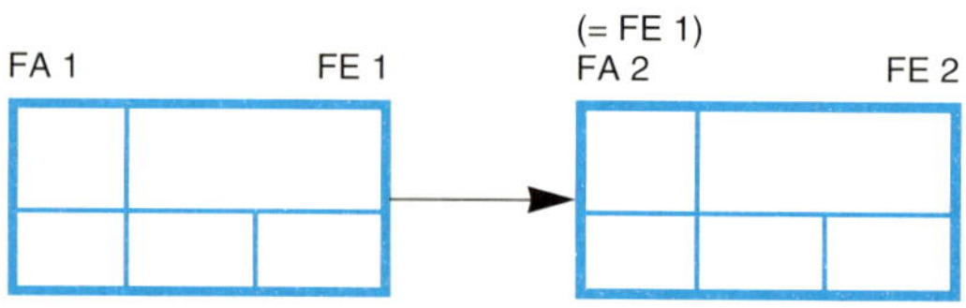

Übung 1

Vorgangs-Nr.	Vorgänger	Nachfolger	Dauer
10	–	20	3
20	10	30	5
30	20	–	2

Darstellung:

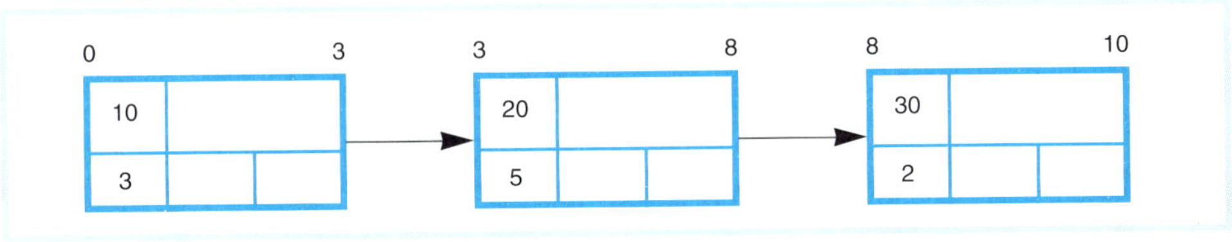

Übung 2

Vorgangs-Nr.	Vorgänger	Nachfolger	Dauer
10	–	40	3
20	–	40	5
30	–	40	2
40	10, 20, 30	–	6

Darstellung:

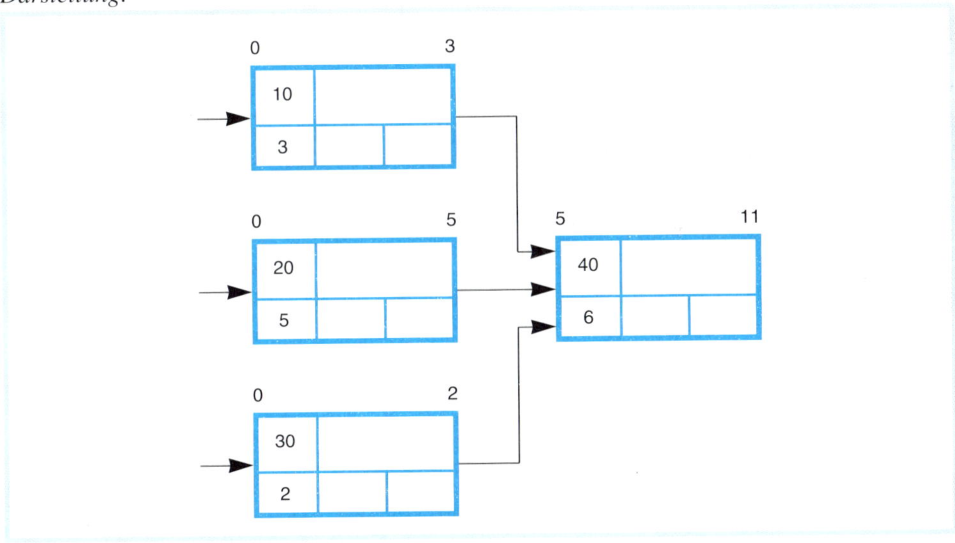

Übung 3

Vorgangs-Nr.	Vorgänger	Nachfolger	Dauer
10	–	20, 30, 40	3
20	10	–	5
30	10	–	2
40	10	–	6

Darstellung:

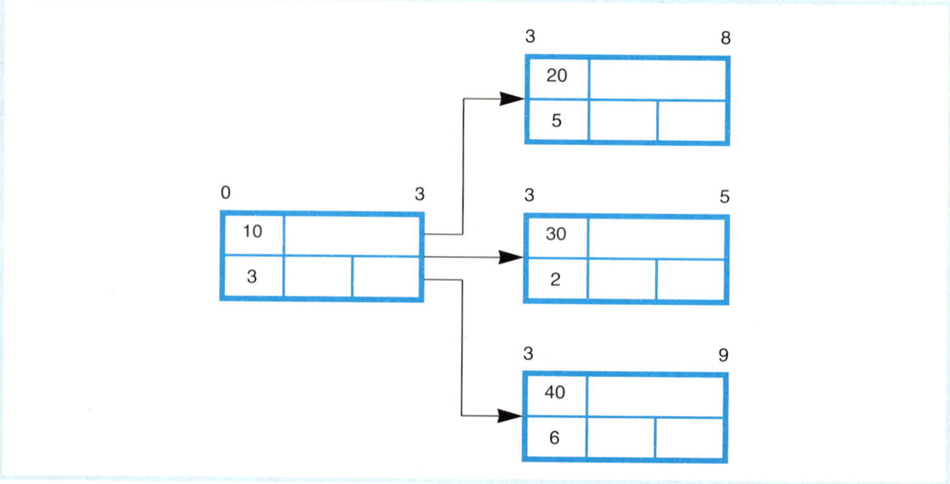

Übung 4

Vorgangs-Nr.	Vorgänger	Nachfolger	Dauer
10	–	20, 30	3
20	10	40	5
30	10	40	2
40	20, 30	–	6

Darstellung:

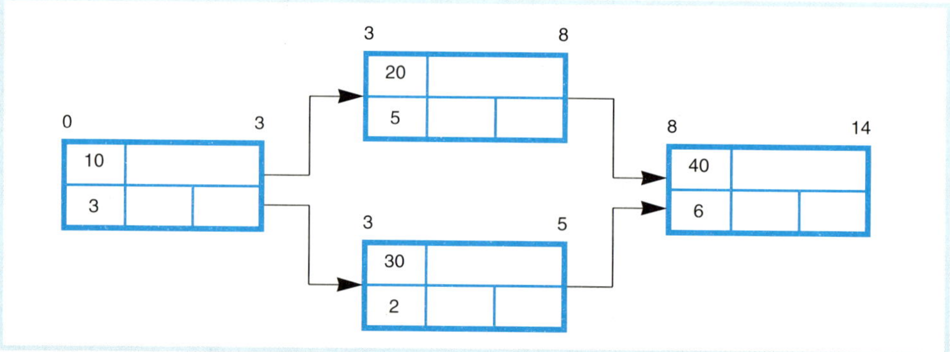

Bei der **Rückwärtsrechnung** werden die spätest erlaubten Zeitpunkte ermittelt. Die Rückwärtsrechnung vom Endknoten bis zum Anfangsknoten wird durchgeführt, um den kritischen Weg und die Pufferzeiten zu ermitteln.

Man beginnt mit dem letzten Vorgang. SA und SE eines jeden Vorgangs werden durch Subtraktion der jeweiligen Vorgangsdauer ermittelt und unterhalb des Vorgangsknotens eingetragen. Bei dem letzten Vorgang stimmt FE mit SE überein.

Bei Vorgängen, die mehrere parallel verlaufende Nachfolger haben, werden, ausgehend von allen Nachfolgern, alle möglichen SE errechnet und das Minimum der so errechneten Zeitpunkte verwendet (siehe in der Übung 5 Vorgang 400).

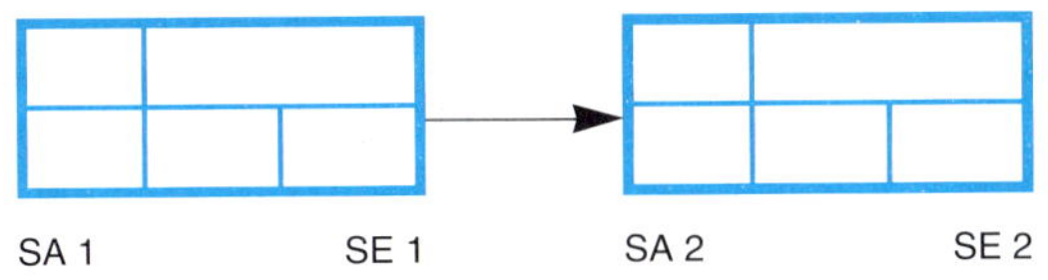

Übung 5

Vorgangs-Nr.	Bezeichnung	Vorgänger	Nachfolger	Dauer
100	–	–	200, 300, 400	8
200	–	100	500	6
300	–	100	500	3
400	–	100	500	7
500	–	200, 300, 400	–	9

Darstellung:

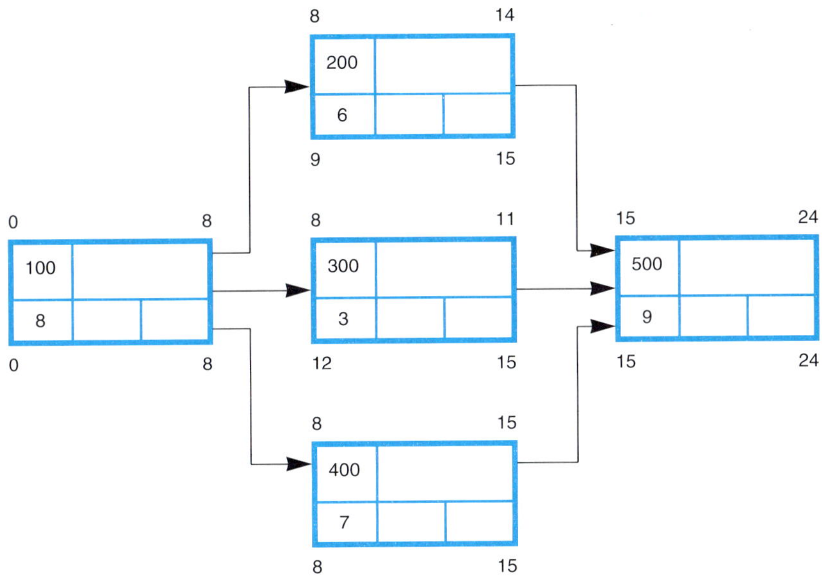

Ermittlung der Pufferzeiten und des kritischen Weges

Pufferzeit: – Definition nach DIN 69900 –:

> Pufferzeit ist die Zeitspanne, um die die Länge eines Vorgangs verändert werden kann, ohne daß sich dies auf die Projektdauer auswirkt.

Pufferzeiten sind also Zeitreserven, Dispositionsspielräume. Ermittlung: Stimmen bei Vorgängen die frühesten Anfangszeiten mit den spätesten Anfangszeiten **nicht** überein, bedeutet das, daß diese Vorgänge Zeitreserven haben, ihre Ausführung sich also bis zum spätesten Anfangs- bzw. Endtermin verzögern darf.

Man unterscheidet

- gesamte Pufferzeit
- freie Pufferzeit

▶ Gesamte Pufferzeit

Zeitspanne zwischen frühester und spätester Lage eines Vorgangs.
(SA – FA)

▶ Freie Pufferzeit

Zeitspanne, um die ein Vorgang verschoben werden kann, ohne die Lage anderer Vorgänge zu beeinflussen.
(FA_2 – FE_1)

Kritischer Weg – Definition nach DIN 69900 –:

> Der kritische Weg ist ein Weg mit ausschließlich solchen Vorgängen, deren gesamte Pufferzeit ein Minimum ist.

Stimmen bei Vorgängen die frühesten Anfangszeiten mit den spätesten Anfangszeitpunkten überein, bedeutet das, daß diese Vorgänge **keine** Zeitreserven haben, ihre Pufferzeit Null ist.

Verbindet man die kritischen Vorgänge miteinander, so erhält man den kritischen Weg. Er bestimmt die Gesamtdauer des Projekts. Der Organisator oder Projektleiter sollte ihm die größte Aufmerksamkeit schenken. Nur wenn es gelingt, einen kritischen Vorgang zu beschleunigen, kann die Gesamtdauer eines Projektes verkürzt werden.

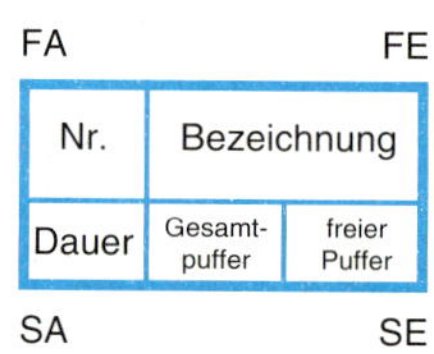

Beispiel (um Pufferzeiten und kritischen Weg vervollständigt):

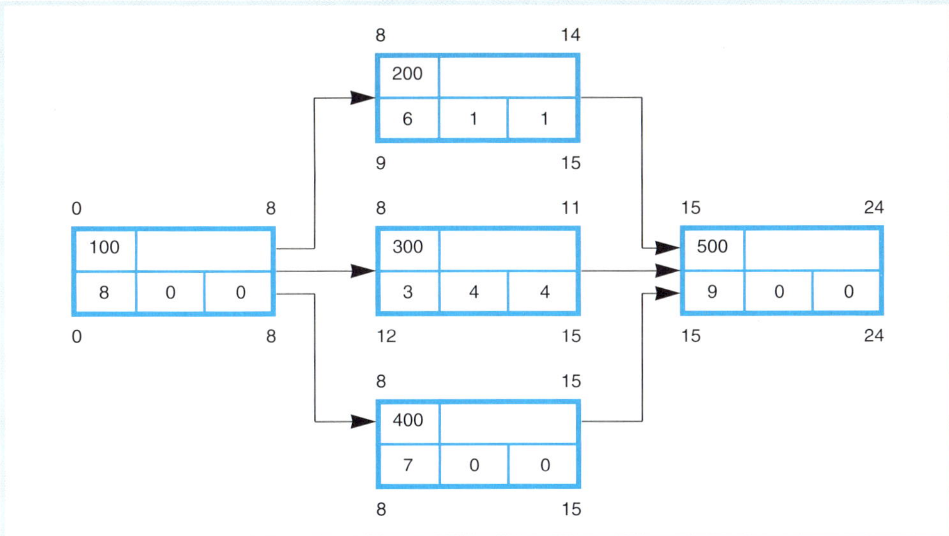

Abschließend müßte eine genaue Terminierung (der Netzplantechniker spricht von Kalendrierung) vorgenommen werden, die im vorliegenden Beispiel wie folgt aussieht:

Projektbeginn: 08.03.19..		**frühester**		**spätester**		**Pufferzeit**
Vorgangs-Nr.	**Vorgangs-Dauer in Wochen**	**Anfangs-termin**	**End-termin**	**Anfangs-termin**	**End-termin**	**Gesamt-puffer in Wochen**
100	8	08.03.	02.05.	08.03.	02.05.	0
200	6	02.05.	13.06.	09.03.	20.06.	1
300	3	02.05.	23.05.	30.05.	20.06.	4
400	7	02.05.	20.06.	02.05.	20.06.	0
500	9	20.06.	22.08.	20.06.	22.08.	0

Netzpläne lassen sich auch mit Hilfe von Plantafeln und Magnetelementen übersichtlich gestalten.

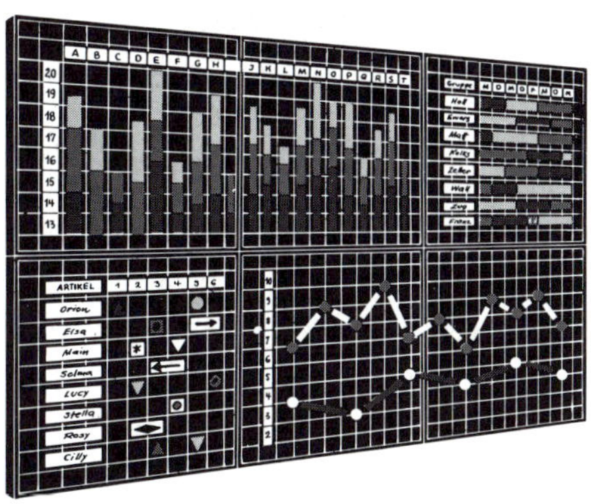

Computergestützte Terminüberwachung und elektronischer Terminkalender

Für umfangreiche termingebundene Planungs- und Überwachungsaufgaben bietet sich der Einsatz von EDV-Anlagen an. Mit der entsprechenden Anwendungssoftware ist es möglich, Vorgangslisten, Terminlisten, Kostenberichte auszugeben, Projektdaten zu speichern, diese auf dem neuesten Stand verfügbar zu halten und alle Rechenvorgänge schnell und fehlerfrei zu erledigen. Durch Eingabe der einzelnen Vorgänge ist es möglich, Netzpläne in sehr kurzer Zeit zu erstellen. Auswirkungen von Störungen lassen sich ebenfalls in kurzer Zeit errechnen.

Der Einsatz des elektronischen Terminkalenders gewährleistet eine funktionierende Terminplanung, die gewährleistet, daß z. B. Liefer- und Zahlungstermine eingehalten und Terminüberschreitungen möglichst vermieden werden.

Kernwissen

- Zur grafischen Darstellung von Arbeitsabläufen benutzt man häufig das Balkendiagramm und die Netzplantechnik. Mit Hilfe eines Balkendiagramms lassen sich vor allem einfache Planaufgaben leicht und übersichtlich erstellen.
- Mit Hilfe der Netzplantechnik lassen sich größere Projekte planen und steuern. Ein Netzplan gibt folgende Informationen:
  - Überblick über das Gesamtprojekt
  - Darstellung des geplanten Ablaufs
  - Darstellung der Abhängigkeiten
  - detaillierte Zeitschätzung und Terminplanung
  - Angabe der kritischen Vorgänge
  - Störfaktoren werden rechtzeitig deutlich gemacht.
- Die Erstellung eines Netzplanes erfolgt in zwei Phasen:
  - Strukturanalyse
  - Terminplanung

Überlegungshilfe

- Mit Hilfe von Balkendiagrammen lassen sich viele Aufgaben schnell und übersichtlich darstellen und kontrollieren. Da diese Planungstechnik einfach zu handhaben ist, sollten Sie mit ihr vertraut sein.
- Als Sekretärin brauchen Sie in der Regel keine Netzpläne selbständig zu erstellen. Sie müssen jedoch mit der Terminologie vertraut sein, einen Netzplan lesen und bei der Terminierung (Kalendierung) helfen können.
- Arbeitet Ihr Chef an einem größeren Projekt, das durch einen Netzplan gesteuert und kontrolliert wird, müssen Sie die Termine, die Dispositionsspielräume (Pufferzeiten) und die kritischen Vorgänge überwachen.
- Werden in Ihrem Arbeitsbereich die besprochenen Planungstechniken häufig angewandt, sollten Sie sich mit den organisatorischen Hilfsmitteln (Plantafeln, EDV-Einsatz) und mit der Fachliteratur vertraut machen.

Zur Vertiefung

1 Was ist ein Projekt?

2 Welche Angaben muß eine Vorgangsliste, die für ein Balkendiagramm als Grundlage dient, enthalten?

3 Nennen Sie Einsatzmöglichkeiten für ein Balkendiagramm!

4 Wodurch unterscheidet sich die Netzplantechnik von einem Balkendiagramm?

5 Aus welchen Arbeitsschritten setzt sich die Erstellung eines Netzplanes zusammen?

6 Welchen Sinn hat die Vorwärtsrechnung?

7 Welchen Sinn hat die Rückwärtsrechnung?

8 Definieren Sie den Begriff „Pufferzeiten"!

9 Warum ist es wichtig, die kritischen Vorgänge besonders gründlich zu kontrollieren?

10 Stellen Sie nach folgenden Vorgangslisten
a) je ein Balkendiagramm, b) je einen Netzplan auf.

11 Zum Netzplan: Berechnen Sie ferner die frühesten Anfangs- und Endzeitpunkte, die Gesamtdauer des Projektes, ermitteln Sie die Pufferzeiten, und kennzeichnen Sie den kritischen Weg.

Projekt: Aufstellung eines Testsystems im Sekretariat.

Vorgangsliste

Vorgangs-Nr.	Bezeichnung	Dauer/Tage	Vorgänger	Nachfolger
10	Genehmigung einholen	2	–	20
20	Angebote einholen	10	10	30
30	Gerät beschaffen	1	20	50
40	Mitarbeiter informieren	2	20	50
50	Mitarbeiter ausbilden	2	30, 40	60
60	Arbeitsaufnahme	1	50	–

Erweitertes Projekt: Aufstellung eines Textsystems im Sekretariat.

Vorgangsliste

Vorgangs-Nr.	Bezeichnung	Dauer/Tage	Vorgänger	Nachfolger
10	Genehmigung einholen	2	–	20
20	Angebote einholen	10	10	30, 40, 50
30	gleichzeitiges Testen der Maschine 1	1	20	60
40	der Maschine 2	2	20	60
50	der Maschine 3	1	20	60
60	Entscheidung treffen	1	30, 40, 50	70
70	betroffene Mitarbeiter informieren	2	60	80, 90
80	Raumfragen lösen	2	70	100
90	Elektroinstallation	1	70	100
100	Maschine aufstellen	1	80, 90	110
110	Mitarbeiter schulen	3	100	120
120	Arbeitsaufnahme	1	110	–

12 Man legt Ihnen am Ende der 7. Woche des Jahres das untenstehende Blockdiagramm vor. Die dick eingezeichneten unteren Balken stellen die Soll-Zeit für die Erledigung der Aufträge dar; die über dem Grundbalken eingezeichneten Balken zeigen den Stand der Erledigung. Entscheiden Sie, welcher Auftrag erst zu 60 % durchgeführt ist, obgleich er bereits beendet sein sollte!

13 Welcher Auftrag müßte am Ende der 7. Woche erst zu 62,5 % erfüllt sein und ist es schon zu 87,5 %?

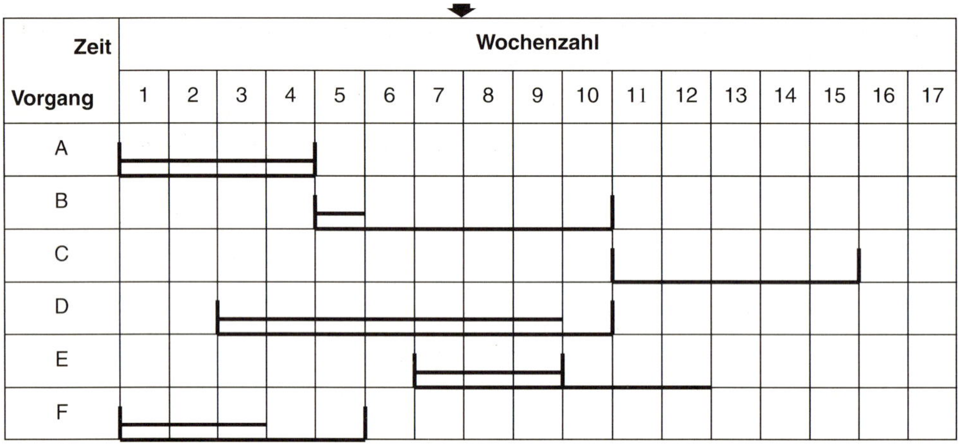

4 Besprechungen, Sitzungen, Tagungen, Konferenzen, Kongresse, Ausstellungen, Messen

Optimale Informationsverarbeitung setzt einen optimalen Informationsaustausch voraus. Dieser findet in jedem Unternehmen statt durch:

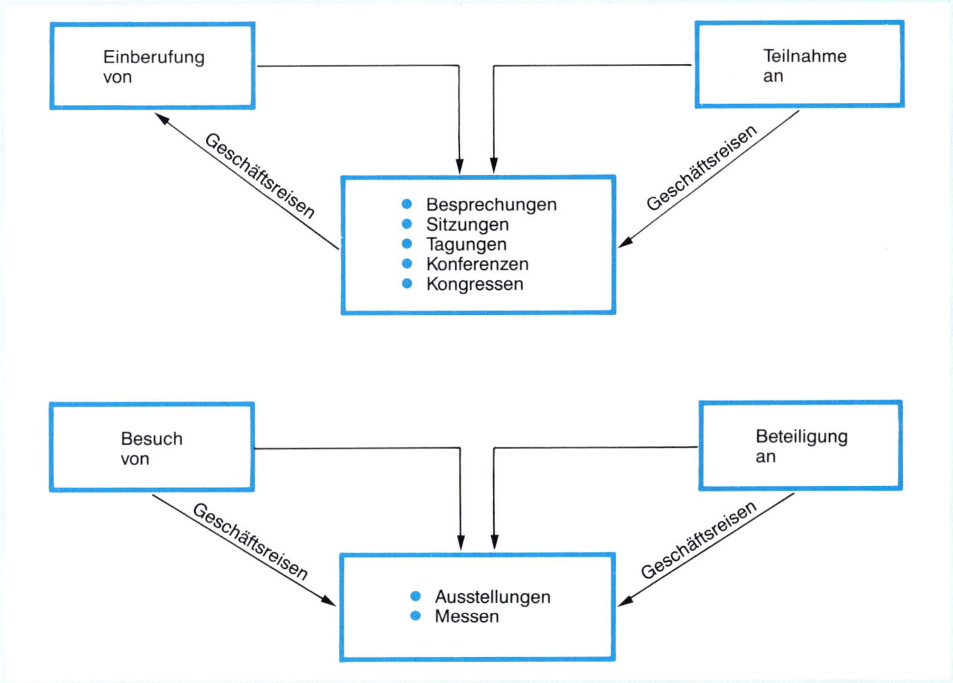

Die Teilnahme an extern stattfindenden Zusammenkünften und Veranstaltungen ist mit Reisen und deren Vor- und Nachbereitung verbunden.

Ihr Chef wird oft an Besprechungen, Sitzungen und Tagungen teilnehmen, die er entweder selbst einberuft oder zu denen er geladen wird. Sie können ihm seine Arbeit, sich auf den sachlichen Zweck dieser Zusammenkünfte vorzubereiten, erleichtern, indem Sie einen Teil der organisatorischen Arbeit übernehmen. Der Umfang der Vorbereitungsarbeit richtet sich nach dem Anlaß der Zusammenkunft.

Besprechungen und Sitzungen können kurzfristig erforderlich werden. Die Vorbereitungsarbeit ist dann eher dispositiver Art. Um sicherzustellen, daß Sie bei der Planung nichts vergessen haben, empfiehlt es sich, Prüflisten (Checklisten) anzulegen, die Sie im Laufe der Zeit aufgrund der gewonnenen Erfahrungen verbessern und auf die Sie immer wieder zurückgreifen können. Es empfiehlt sich, die Qualität auswärtiger Tagungsstätten zu vermerken; auch Erkenntnisse, die zukünftigen Veranstaltungen zugute kommen können, sollte man festhalten. Im Laufe der Zeit werden Sie auf diese Weise über unentbehrliches Planungsmaterial verfügen.

Die Planung einer größeren Tagung oder gar eines Kongresses wird nicht Ihre Aufgabe sein. In größeren Betrieben gibt es Organisations-Abteilungen, die die Vorbereitungsarbeit übernehmen, oder man beauftragt professionelle Tagungsplaner, die sich auf diese Arbeit spezialisiert haben. Falls Sie zu einer solchen Tagung Ihren Chef begleiten, sollten Sie die Planung und Durchführung aufmerksam beobachten; Sie können von den professionellen Planern viel lernen und diese Erfahrungen in Ihre Arbeit einfließen lassen. Die Planungsarbeit für firmeninterne Zusammenkünfte und Tagungen in kleinerem Umfange müssen Sie allerdings ganz oder teilweise übernehmen.

Sind Sie in einem größeren Produktionsunternehmen tätig, kann die Teilnahme und Mitarbeit bei Ausstellungen und Messen zu Ihren Aufgaben gehören. Es wird Beratung und Hilfestellung bei Problemen der Interessenten von Ihnen erwartet. Über einige Grundkenntnisse zum deutschen Messewesen sollten Sie daher verfügen.

Ergebnis einer Umfrage der IHK Münster unter 700 Ausrichtern und Besuchern von Tagungen oder Kongressen über die Bedeutung von Standort- und Umfeldfaktoren (in Prozent)

Tagungsstätten: Verkehrsanbindung entscheidend			
Kriterien	**sehr wichtig**	**wichtig**	**weniger wichtig**
Verkehrsanbindung	69	26	5
ruhige, erholsame Lage	23	46	31
zentrale Lage/Stadtmitte	23	29	48
gutes Freizeitangebot	9	26	65
kulturelles Angebot	6	33	61
Einkaufsmöglichkeiten	2	12	86

(Quelle: Deutscher Instituts-Verlag, Köln)

Merkmale der Zusammenkünfte und Veranstaltungen

▶ Die Besprechung im Hause

Teilnehmerzahl	kleine Gruppen; oft nur zwei Personen
Dauer	höchstens zwei bis drei Stunden
Anlaß/Zielsetzung	Informationsaustausch (z. B. Mitarbeiterbesprechungen)
Umfang der organisatorischen Vorarbeiten	gering
Form der Einladung	mündlich, telefonisch, schriftlich

▶ Die Konferenz im Hause

Teilnehmerzahl	kleine und größere Gruppen
Dauer	ideal: zwei bis drei Stunden; meistens länger
Anlaß/Zielsetzung	Diskussionen betriebsinterner Fragen (z. B. Personalrat)
Umfang der organisatorischen Vorarbeiten	je nach Anzahl der Beteiligten gering bis umfangreich
Form der Einladung	schriftlich mit Tagesordnung und Angabe der geplanten Dauer

In jedem Betrieb sollte es ein oder mehrere Besprechungszimmer geben, die sowohl Kleingruppengespräche als auch Konferenzen größeren Umfangs ermöglichen. Die Räume sollten so ausgestattet sein, daß sich das Mobiliar gut der jeweiligen Größe der Gruppe anpassen läßt. Die Räume sollten leicht erreichbar, frei von Sekundärstörungen (z. B. Telefon, Ablenkung durch nicht an der Zusammenkunft Beteiligte) und mit den notwendigen Hilfsmitteln ausgestattet sein.

Die Besprechung im Haus hat den Vorteil, daß die Beteiligten in der Regel leicht erreichbar sind, die Mitarbeiter nur so lange teilzunehmen brauchen, wie ihr Beitrag gebraucht wird, die notwendigen Unterlagen schnell beschafft werden können, die Kosten gering sind.

▶ Die Telefonkonferenz

Drei bis fünfzehn Telefonanschlüsse können miteinander verbunden werden. Die Konferenzgespräche lassen sich nicht nur in Deutschland, sondern auch in mehr als 200 Länder schalten.

Ablauf:

1. **Anmeldung** (zum Nulltarif) bei der Fernvermittlung der Deutschen Telekom AG spätestens eine halbe Stunde vor Beginn der Telefonkonferenz:

   Telefon: 01 30 01 61

   Telefax: 01 30 01 62

   Teilnehmer im ISDN können ohne Anmeldung drei Teilnehmer von ihrem Anschluß aus selbst zu einer Telefonkonferenz schalten.

2. Die Fernvermittlung der Deutschen Telekom AG
   - überprüft, ob der geplante Termin frei ist
   - reserviert die gewünschte Gesprächsdauer

▶ Die Videokonferenz

Die Videokonferenz verbindet Sie mit Gesprächspartnern in Deutschland und im Ausland durch Bild und Ton. Über Kamera und Bildschirm werden die Konferenzteilnehmer für alle jederzeit sicht- und hörbar zusammengeschaltet. Dokumente, Pläne, Grafiken, dreidimensionale Objekte oder auch Foto- und Filmmaterial können direkt in die Diskussion einbezogen, erläutert und gemeinsam beurteilt werden.

Telekom bietet eine Auswahl verschiedener Systeme und Formen an. Durch einen PC-Aufrüstsatz (z. B. Telekom/Intel) läßt sich das Chef-Büro ohne großen Aufwand in eine Multimedia-Zentrale umrüsten.

PC-Aufrüstsatz
Einsatz-Voraussetzungen

- ISDN-Euro-Anschluß
- PC (mindestens 33-MHz Intel 486 CPU)
- DOS 3.3, Windows 3.1 (oder größer)
- VGA-Grafikkarte (256 Farben oder mehr)
- 7 MB Speicherplatz auf Festplatte, 8 MB RAM

Vorteile von Videokonferenzen:

- Einfacher und schneller audiovisueller Informationsaustausch: Sie können den/die Konferenzteilnehmer hören und auf dem Bildschirm sehen
- Möglichkeiten zum sofortigen Austausch von Dokumenten und Unterlagen für die gemeinschaftliche Bearbeitung (Joint Editing)
- Möglichkeiten der bildbegleiteten Information durch Telefax, Festbilder und Videoaufnahmen
- Weltweite Kommunikation über ISDN-Leitung

Eine vom Bundesforschungsminister geförderte Untersuchung des Max-Planck-Instituts für Gesellschaftsforschung (Köln) hat jedoch ergeben, daß allenfalls jede zehnte bis fünfte Reise dadurch fortfallen kann. Ersetzt werden der Studie zufolge vor allem Reisen, die der Abstimmung von einfachen Entwicklungs- und Fertigungsprogrammen zwischen Betrieben und Verwaltungen dienen. Wo aber eine „Konferenzatmosphäre", „vertrauliche Gespräche" und „persönliche Kontakte" mit zur Zielsetzung gehören, sind die neuen technischen Kommunikationsformen nicht geeignet.

▶ Die auswärtige Arbeitstagung

Teilnehmer	Mitarbeiter
Dauer	mehrere Tage
Zielsetzung	Information, Schulung, Fortbildung der Mitarbeiter (z. B. Vertreterschulung)
Veranstalter	Unternehmen
Finanzierung	durch den Veranstalter
Umfang der organisatorischen Vorarbeiten	hängt ab von der Wahl der Tagungsstätte
Tagungsstätte	Die Mitarbeiter sollen sich wohlfühlen, andererseits aber auch nicht abgelenkt werden. Die ideale Tagungsstätte sollte sich in einer landschaftlich schönen, aber verkehrsgünstigen Lage befinden, in einer Abgeschiedenheit, die Klausur ermöglicht. Die Tagungsteilnehmer sollten über Einzelzimmer verfügen. Die Schulungsräume sollten technisch gut ausgestattet sein.
Einladungen	schriftlich; Antwortkarte beifügen.

Tagungen/Kongresse[1]

▶ Nationaler Kongreß/Tagung

Teilnehmerzahl	mehr als 50 Personen aus mehr als drei Bundesländern
Dauer	mindestens zwei Tage
Anlaß/Zielsetzung	Meinungs- und Erfahrungsaustausch auf wissenschaftlichem, wirtschaftlichem und/oder kulturellem Gebiet
Veranstalter	Fachverbände

[1] Fallstudien der AMK (Ausstellungs-Messe-Kongreß). Berlin.

Turnus	ein bis zwei Jahre
Finanzierung	Teilnehmergebühren, Finanzmittel aus privater und öffentlicher Hand
Umfang der organisatorischen Vorarbeiten	umfangreich; Einsatz von professionellen Tagungsplanern
Form der Einladung	immer schriftlich; Antwortkarte beifügen

▶ Internationaler Kongreß

Teilnehmerzahl	mehr als 50 Personen aus mehr als drei Ländern
Dauer	mindestens zwei Tage
Zielsetzung	Meinungs- und Erfahrungsaustausch aktueller technischer und gesellschaftlicher Fragen des Fachgebietes; internationaler Vergleich
Veranstalter	deutsche und internationale Verbände des betreffenden Fachgebietes
Turnus	zwei bis drei Jahre
Finanzierung	Teilnehmergebühren, Finanzmittel aus privater und öffentlicher Hand
Umfang der organisatorischen Vorarbeiten	umfangreich; Einsatz von professionellen Tagungsplanern
Form der Einladung	Informationsprospekt, Pressemitteilungen

▶ Internationales Symposium

Das Symposium ist eine Tagungsform, auf der in zwanglosen Vorträgen und Diskussionen die Ansichten über wirtschaftliche, wissenschaftliche, politische und/oder kulturelle Fragen festgestellt werden.

Teilnehmerzahl	bis zu 1000 Personen
Dauer	zwei bis drei Tage
Zielsetzung	Pflege und Entwicklung internationaler Beziehungen; Informations- und Meinungsaustausch; Versuch, Langzeitperspektiven für die unternehmerische Tätigkeit zu finden
Veranstalter	Trägerorganisation der Wirtschaft
Turnus	jährlich
Finanzierung	Teilnehmergebühren, Finanzmittel aus privater und öffentlicher Hand
Umfang der organisatorischen Vorarbeiten	umfangreich; Zusammenarbeit des Trägerverbandes mit professionellen Tagungsplanern
Einladungen	Fachpresse

▶ Produktpräsentation

Teilnehmerzahl	bis zu 2000 Personen einschließlich Begleitpersonal (Mitarbeiter, Groß- und Außenhändler unter Ausschluß der Öffentlichkeit)
Dauer	mindestens ein Tag
Zielsetzung	Information über neue Produkte, direkte Demonstration an den Produkten, Informations- und Erfahrungsaustausch zwischen den Teilnehmern
Veranstalter	Unternehmen
Turnus	in unregelmäßigen Abständen
Finanzierung	durch den Veranstalter
Umfang der organisatorischen Vorarbeiten	umfangreich; Zusammenarbeit des Unternehmens mit professionellen Tagungsplanern
Einladungen	immer schriftlich; Antwortkarte beifügen. Die Einladungen werden durch den Veranstalter verschickt.

▶ Hauptversammlung – gesetzlich vorgeschrieben –

Teilnehmer	Aktionäre
Dauer	ein Tag
Zielsetzung	nach vorgegebener Tagungsordnung: ● Erörterung und Beschlußfassung über Vorschläge des Vorstandes und Aufsichtsrates ● Präsentation der Unternehmensleistungen
Veranstalter	Konzern
Turnus	jährlich
Finanzierung	durch den Veranstalter
Umfang der organisatorischen Vorarbeiten	umfangreich; Regelung durch einzelne Bereiche des Konzerns
Einladungen	schriftlich; Antwortkarte beifügen.

Öffentlichkeitsarbeit

▶ Pressekonferenzen, Presseberichte

Teilnehmer	Pressevertreter
Dauer	ein bis zwei Stunden
Zielsetzung	bestimmte Inhalte einer Veranstaltung oder eines Forschungsergebnisses sollen der Öffentlichkeit bekanntgegeben werden
Finanzierung	durch den Veranstalter
Vorarbeiten	Erstellen von Presseberichten
Einladungen	telefonisch, schriftlich

Messen, Ausstellungen

Eine Messe bietet die umfassende Übersicht über die zum Verkauf stehende Produktion eines oder mehrerer Wirtschaftszweige. Sie ist an ihren Veranstaltungsort gebunden und findet immer zu dem gleichen Termin statt. Eine Ausstellung dagegen ist in ihrer Zielsetzung oder in ihrem Thema einmalig und kann bei gleichbleibendem Thema den Ausstellungsort ständig wechseln.

Die Bundesrepublik Deutschland ist der größte Messeplatz der Welt. Für zahlreiche Branchen haben die deutschen Messen den Charakter von Weltmessen erhalten. Es gibt in der Bundesrepublik jährlich etwa 100 wichtige Messen mit über 86 000 Ausstellern; etwa 40 % der ausstellenden Firmen kommen aus dem Ausland. Mehr als 41 Länder sind ständig auf deutschen Messen vertreten, etwa ein Fünftel dieser Aussteller kommt aus dem außereuropäischen Ausland. Von den rund sieben Millionen Besuchern deutscher Messen kommen fast 1,5 Millionen aus dem Ausland.

Die fünf größten Messeplätze sind Düsseldorf, Frankfurt, Hannover, Köln, München. Auf diese Städte entfallen mehr als 80 % der internationalen Veranstaltungen. Die Entwicklung in den neuen Bundesländern bleibt noch abzuwarten.

Die Messegesellschaften der Städte Berlin, Dortmund und Essen, Friedrichshafen, Hamburg, Karlsruhe, Nürnberg, Pirmasens, Saarbrücken und Stuttgart haben sich in der Interessengemeinschaft deutscher Fachmessen- und Ausstellungsstädte (IDFA) zusammengeschlossen.

Kommunale Hallengesellschaften wie auch private Gesellschaften haben sich im Fachverband Messen und Ausstellungen (FAMA) organisiert, die ohne öffentliche Beteiligung regionale und überregionale Veranstaltungen an verschiedenen Messeplätzen durchführen.

Vorzüge der deutschen Messen:

- übersichtliche Branchengliederung
- gute Infrastruktur, alle deutschen Messestädte sind durch ihre Verkehrsverbindungen – Straßen, Eisenbahn, Flughäfen – an die internationalen Verkehrswege angeschlossen und untereinander verbunden
- gute Gaststätten- und Hotelinfrastruktur
- hohes Niveau der technischen Organisation und Abwicklung
- umfangreiche Erfahrung der deutschen Messegesellschaften
- gute Kontakte der Messegesellschaften zu Behörden, Verbänden und Medien

Eine Messebeteiligung bringt andererseits erhebliche Kosten mit sich (Standplatzmieten, Standbau, Transport- und Versicherungskosten, Personalaufwendungen und Standbetriebskosten, Werbe- und Prospektmaterial).

Je größer ein Unternehmen ist, desto häufiger stellt es auf Messen aus, auch wenn ein Messeerfolg oder Messenutzen nicht kurzfristig abzuschätzen ist. Eine Messebeteiligung ist im allgemeinen ein mittelfristig wirkendes Marketing- und Exportförderungsinstrument. Zu berücksichtigen ist, daß die neuen Informations- und Kommunikationstechniken dazu beitragen, daß sich die Funktionsschwerpunkte der Messen ändern. Sie tendieren von der reinen Ordermesse hin zu mehr Kommunikations- und Informationsfunktionen. Messen werden von vielen Besuchern als erste Informationsquelle oder zur Kontaktanbahnung genutzt; Kaufentscheidungen können durchaus zu einem späteren Zeitpunkt getroffen werden.

Überlegungshilfe

- Man unterscheidet zwischen betriebsinternen und betriebsexternen Zusammenkünften.
- Betriebsinterne Zusammenkünfte (z. B. Besprechungen, Konferenzen) werden im allgemeinen vom Sekretariat vorbereitet, durchgeführt und nachbereitet.
- Externe Zusammenkünfte (z. B. Sitzungen, Hauptversammlungen, Vorstands- und Aufsichtsratssitzung) erfordern meistens eine umfangreiche Vorarbeit, durch die das Sekretariat überfordert wird.

  Die Sekretärin wirkt in diesen Fällen beratend und unterstützend bei den Vorarbeiten und deren Durchführung mit.
- Zwischen Messen und der regionalen Wirtschaft bestehen Wechselwirkungen, die sich auf die einzelnen Betriebe bedeutsam auswirken können.

  Die in der Wirtschaft und Industrie tätige Sekretärin muß über Grundkenntnisse im Messewesen verfügen.

4.1 Vorbereitung, Durchführung, Nachbereitung von Zusammenkünften

Checkliste[1]
Vorbereitung von Besprechungen/Sitzungen/Tagungen

- Zweck der Tagung, Zielsetzung
- Aufgabenverteilung, Zuständigkeiten
- Teilnehmerkreis
- Zeitplan
- Tagungsort, Tagungsraum
- Referenten
- Tagesordnung
- Einladungen
- Protokollführung
- Bewirtung
- Namensschilder/Tischkarten
- Informationsmappe
- Rahmenprogramm
- Pressemitteilungen, Presseempfang

Zweck der Tagung; Zielsetzung

Mackenzie[2] hat bei einer Managerbefragung festgestellt, daß 75 % der Befragten darüber klagten, die Hälfte ihrer in Sitzungen verbrachten Zeit verschwendet zu haben; das Problem liege darin zu entscheiden, welche Hälfte.

[1] Der Begriff Checkliste wurde aus dem Englischen übernommen und bedeutet Prüfliste, Kontrolliste. Die in diesem Buch entwickelten Checklisten erheben keinen Anspruch auf Vollständigkeit; sie müssen je nach Anlaß und Zielsetzung erweitert oder eingeschränkt werden.

[2] Amerikanischer Unternehmer und Managementberater.

Vor Einberufung einer Sitzung muß gefragt werden:

- Ist diese Sitzung überhaupt notwendig?
- Kann sie durch eine Telefonkonferenz/Videokonferenz ersetzt werden?
- Können die Themen der Tagesordnung mit einer später stattfindenden Sitzung kombiniert werden?

Aufgabenverteilung; Zuständigkeiten

Ist die Sitzung/Tagung tatsächlich notwendig, muß sie gut vorbereitet werden. Handelt es sich um eine Zusammenkunft größeren Umfangs, können diese Arbeiten nicht allein vom Sekretariat erledigt werden. Sie müssen aufgeteilt werden. Eine übersichtliche Darstellung der Arbeiten, z. B. in Form eines Balkendiagramms, kann die Aufgabenteilung und Kontrolle erleichtern.

Beispiel:

Produktpräsentation am 10. März 19..
Vorbesprechung: 5. Februar 19..
Zwischenbesprechung: 28. Februar 19..
Schlußbesprechung: 7. März 19..

Aufgabe	Zuständig	Abschluß der Vorbereitung bis
① Teilnehmerkreis bestimmen	Chef/Sekretariat	8. Februar 19..
② Tagungsort, Tagungsraum	Organisationsabteilung	20. Februar 19..
③ Referenten einladen	Verkauf	20. Februar 19..
④ Rahmenprogramm	Organisationsabteilung	25. Februar 19..
⑤ Einladungen	Sekretariat	27. Februar 19..
⑥ Öffentlichkeitsarbeit (Presse, Rundfunk, Fernsehen)	Werbeabteilung	28. Februar 19..
⑦ Informationsmappen	Werbeabteilung	5. März 19..
⑧ Herrichten des Tagungsraumes	Organisationsabteilung/ Professioneller Tagungsplaner	9. März 19..
⑨ Bewirtung	Personalabteilung/ professioneller Tagungsplaner	10. März 19..

Zu jedem Zeitpunkt zwischen dem 5. Februar 19.. und 10. März 19.. kann so der jeweilige Stand der Vorbereitungsarbeiten festgestellt und kontrolliert werden; es ist deutlich zu erkennen, wer mit wem zusammenarbeitet.

Teilnehmerkreis

Ein Informationsaustausch ist nur dann sinnvoll, wenn die Zielsetzung der Zusammenkunft erreicht werden kann. Daher muß rechtzeitig geklärt werden,

- wer teilnehmen muß (ggf. müssen Beschlußfassungen möglich sein)
- wer teilnehmen sollte (z. B. Mitarbeiter, die sich einarbeiten oder informieren sollen)
- wer teilnehmen kann (Gäste)

Sollen z. B. Probleme gelöst werden, ist es zweckmäßig, die Teilnehmerzahl so gering wie möglich zu halten. Je größer die Gruppe, desto geringer ist ihre Kommunikationsfähigkeit.

Werden häufig Besprechungen und Konferenzen abgehalten, ist es sinnvoll, einen Besprechungs- und Konferenzplan zu führen. Dieser Plan hängt so aus, daß alle Beteiligten ihn sofort einsehen können. Kopien gehen an die Telefonzentrale und an die Teilnehmer. Eine Kopie bleibt im Sekretariat.

Der Plan wird jeweils für eine Woche erstellt und enthält neben den Wochentagen folgende Spalten: Konferenz, Uhrzeit, Leitung, Teilnehmer, Besondere Informationen.

Vorteile:

- die Mitarbeiter können ihre Arbeitszeit besser planen
- die Mitarbeiter wissen, wann Kollegen nicht erreichbar sind
- der Konferenzleiter kann die Anwesenheit feststellen
- Kunden wird überflüssiges Warten erspart

Zeitplan

Bei der Terminfestsetzung wird der einladende Chef im allgemeinen von seinem Terminkalender ausgehen und je nach Bedeutung der Sitzung mehrere Termine anbieten. Sie müssen kontrollieren, ob diese Termine nicht in die Freizeit, auf Feiertage oder andere wichtige Veranstaltungstermine fallen, die die Teilnahme von Mitarbeitern oder unentbehrlichen Referenten verhindern könnten.

Tagungsort, Tagungsraum

Betriebsinterne Zusammenkünfte werden im allgemeinen im Unternehmen stattfinden. Die Besprechungsräume sollten so ausgestattet sein, daß sich das Mobiliar leicht der jeweiligen Situation und Größe der Gruppe anpassen läßt. Bei der Sitzordnung ist zu beachten, ob die Teilnehmer aktiv mitarbeiten (Brainstorming[1]) oder ob sie passive Zuhörer sind. Bewährt hat sich u. a. die trapezförmige Tischform, mit der man Besprechungstische für die verschiedensten Anlässe zusammenstellen kann.

Tische	Leichte, stapelbare, stabile Systemtische ermöglichen unterschiedliche Konferenzsituationen.
Sitzmöbel	Falls aus organisatorischen Gründen **nicht** Stapelstühle erforderlich sind, sollten leichte, bequeme, freischwingende Sessel oder Drehstühle mit Armlehnen bevorzugt werden. Je weniger der Teilnehmer den Stuhl spürt, desto besser ist die Ergonomie des Stuhles.
Aktionszone	Hier sind die Medien angeordnet. Hat der Raum stets die gleiche Funktion, kann eine Medien-Funktionswand fest installiert werden. Wird der Raum vielfältig genutzt, müssen die Medien mobil sein, d. h. freistehende Pinnwände, fahrbare Video-Medienwagen usw. müssen vorhanden sein. Voraussetzung für einen reibungslosen und raschen Anschluß der stromabhängigen Medien sind Unterflur-Elektranten in ausreichender Zahl.

Beispiel:

Trapeztische

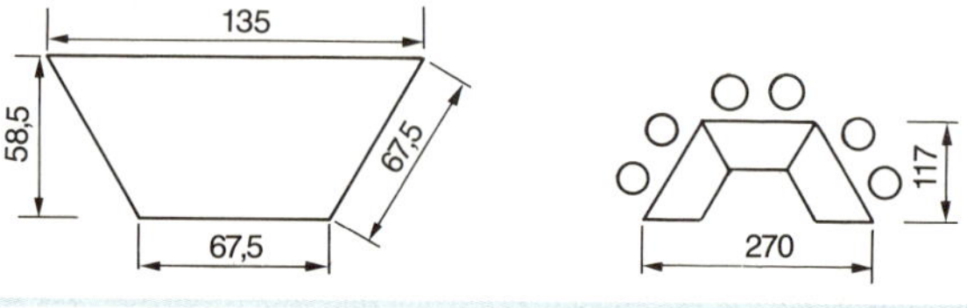

[1] Brainstorming = Ideenkonferenz

Stellbeispiele:

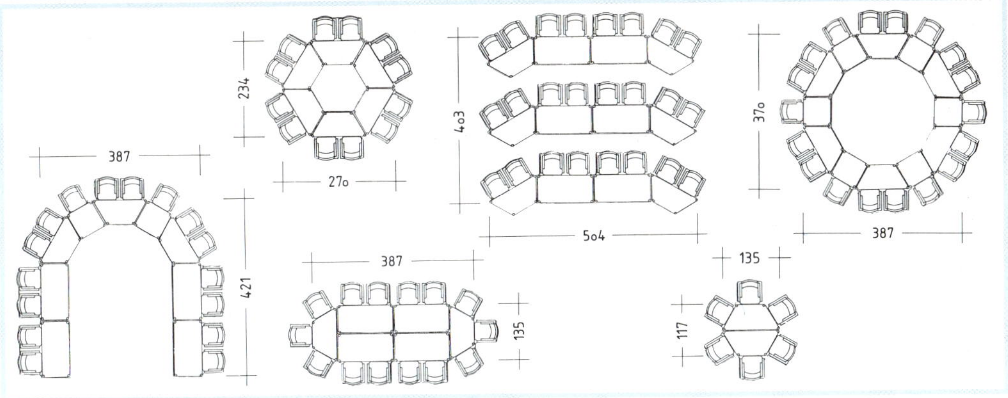

Für eine Fülle kommunikativer Versammlungsformen gibt es eine oft unklare Terminologie: Seminare, Symposien, Konferenzen, Schulungen, Workshops, Trainings, Rollenspiele usw. Auf diese Ereignisse spezialisierte Tagungsmanager müssen mit den Möblierungsvarianten vertraut sein.

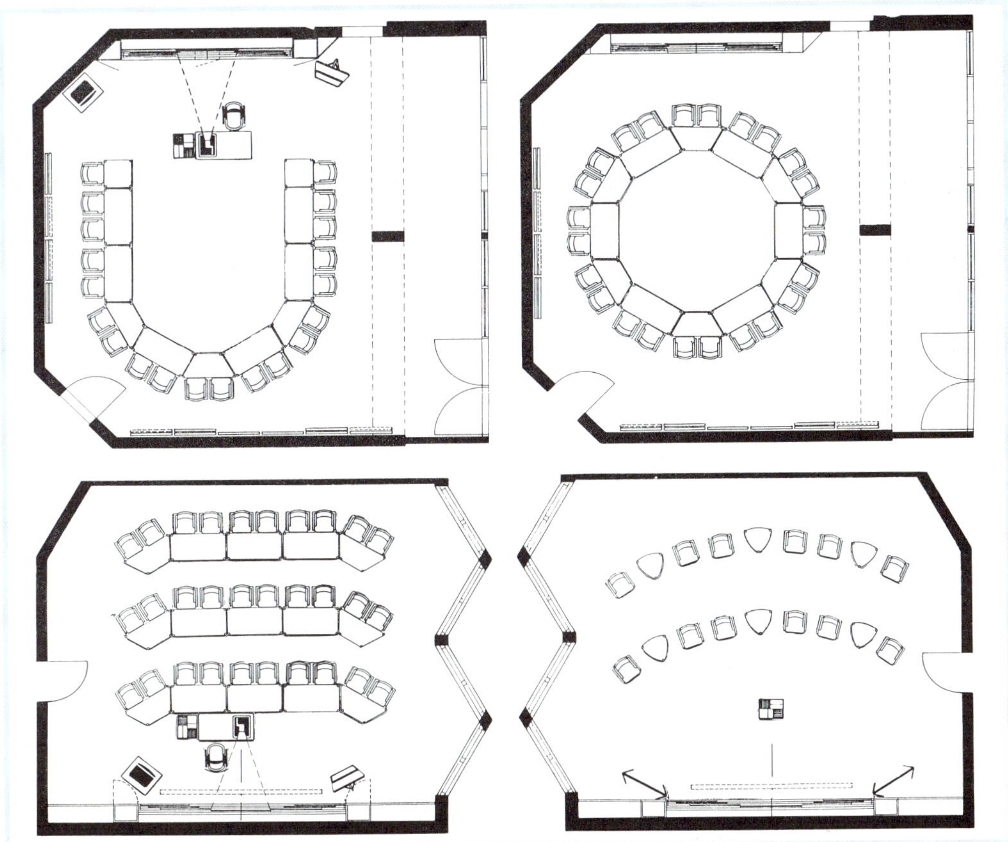

Je nach Umfang und Anspruch der Zusammenkunft sollte der Besprechungsraum technisch einwandfrei ausgestattet sein.

Checkliste
Technische Ausstattung

- **Sitzungsraum**
  - Wandtafel, Magnettafel
  - Flipchart, Copy-Board
  - Stell- und Tafelwände
  - Diaprojektor
  - Overheadprojektor, Visualizer
  - Filmprojektor
  - Tonbandgeräte, mindestens zwei für pausenlose Aufnahme
  - Rednerpult mit Mikrofon
  - Diskussionsmikrofone
  - Simultanübersetzungsanlage
  - Arbeitsplatzbeleuchtung
- **Raum für Mitarbeiterstab**
  - Kopiergerät
  - Lautsprecher
  - Telefone
  - Telexgerät
  - Telekopiergerät
  - Schreibmaschinen, PC
  - Diktiergeräte
  - Farbmonitore

Ein **Flipchart** sieht aus wie ein vergrößerter Notizblock. Es besteht aus einem Flipchart-Ständer, der den Papierblock trägt. Das Papier kann entweder blattweise abgerissen oder nach hinten übergeschlagen werden. Beachtenswert: Nichts kann gelöscht werden, Korrekturen bleiben sichtbar. Der Flipchart ist besonders geeignet für das Brainstorming, die Ideensuche.

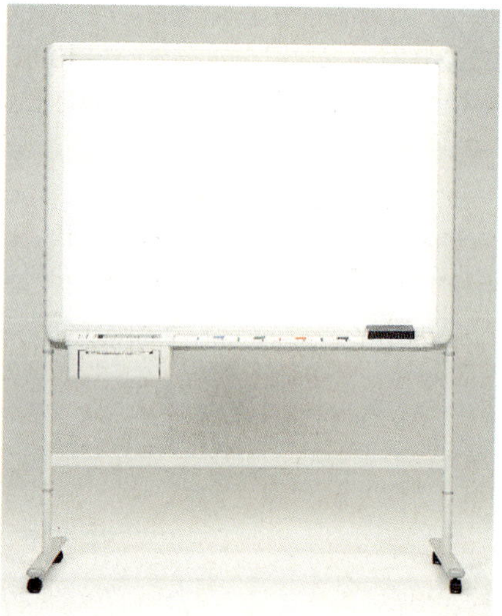

Ein **Copyboard** ist die Kombination einer Tafel und eines Kopiergerätes. Es kann wie eine Tafel beschrieben werden; Geschriebenes kann wieder gelöscht werden. Das Copyboard kann am „laufenden Band" beschriftet werden. Dazu stehen fünf Folienabschnitte zur Verfügung; jeder Folienabschnitt ist größer als A0. Wenn der erste Abschnitt beschriftet ist, steht auf Knopfdruck der zweite Abschnitt zur Verfügung. Während dieser beschriftet wird, kann der erste Abschnitt bereits im A4-Format kopiert werden.

Vorteile:

- Der Vortragende verdeutlicht seinen Vortrag auf dem Copyboard durch Skizzen, Anmerkungen, Diagramme, Konstruktionsideen usw. Durch Knopfdruck kann „vorwärts-" oder „rückwärtsgeblättert" werden; die Informationen bleiben auf Wunsch griffbereit.
- Das Mitschreiben der Zuhörer entfällt, jeder kann sich voll und ganz auf den Vortrag konzentrieren, weil er Kopien (schwarz auf weiß) erhält.

Der **Pinnwand-Protokoll-Kopierer** arbeitet mit Lasertechnik und wird während oder kurz nach dem Seminar einfach vor die Pinnwand gestellt. Ein Knopfdruck genügt, und sofort liegen die auf der Pinnwand festgehaltenen Arbeitsergebnisse als Kopie vor. Das Fotoprotokoll zeigt Arbeitsabläufe und -ergebnisse von der ersten bis zur letzten Sequenz. Das Gerät arbeitet mit Papierrollen, wie sie beim Telefax üblich sind.

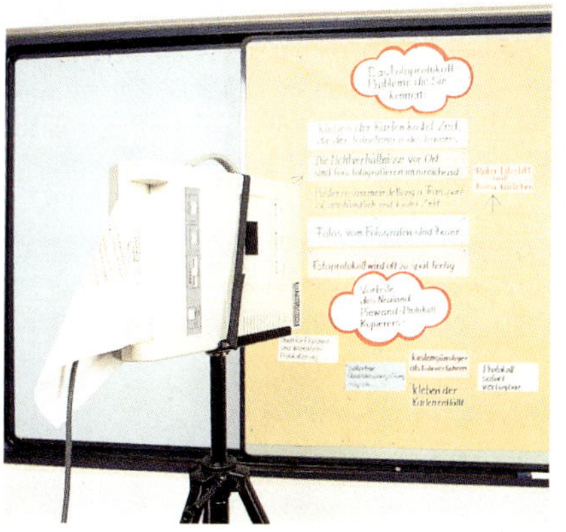

Der **Visualizer** vereint fünf Geräte in einem:

- Overhead-Projektor mit elektronischer Übertragung und Ausschnittvergrößerungsmöglichkeiten
- Episkop
- Tele-Zoom-Fernsehkamera, die Dreidimensionales sowohl auf der Arbeitsplatte des Gerätes als auch im Raum erfassen kann (z. B. Flipchart/Rollenspiel)
- elektronischer Diaprojektor; Hineinzeichnen ist möglich
- Vergrößerungsgerät; das Gerät erfaßt kleinste Ausschnitte und projiziert diese auf Monitor- oder Leinwandgröße

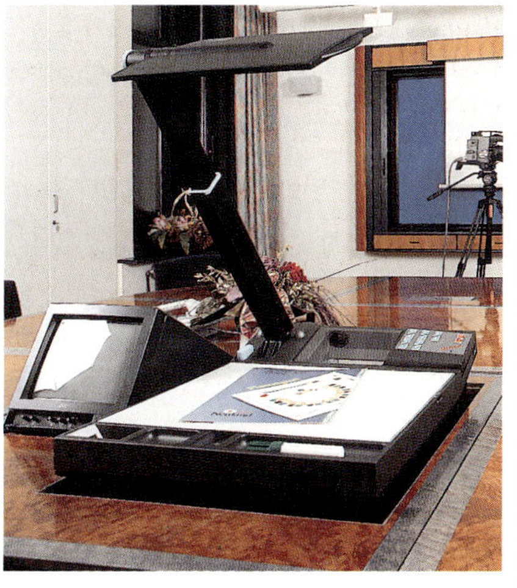

Bei großen repräsentativen Veranstaltungen ist der professionelle Tagungsplaner für die perfekte Ausstattung – maßgeschneidert auf den Zweck der Zusammenkunft – verantwortlich.

Firmeninterne Besprechungsräume sollten grundsätzlich so ausgestattet sein, daß sie den üblichen Anforderungen entsprechen. Wählt man für eine Veranstaltung ein Hotel, sollte man darauf achten, daß dessen Einrichtung auf Tagungen abgestellt, das Personal entsprechend geschult ist.

Folgende Checklisten enthalten die wesentlichen Kriterien, um festzustellen, ob und in welchem Maße ein Hotel überhaupt für Seminare und Tagungen gerüstet ist.

Checklisten zur Beurteilung von Tagungshotels

Kapazitäten des Tagungs-Hotels
Zur Selbstbeurteilung*)

■ **Zimmer-Kapazität**
- Einzelzimmer ___Zimmer
- Doppelzimmer ___Zimmer
- Appartements/Suiten ___Zimmer

Zimmer-Zahl (gesamt) ☐☐☐

■ **Restaurant-Kapazität**
- Hauptrestaurant ___Plätze
- 2. Restaur./Nebenzimmer ___Plätze

- Restaurantplätze (gesamt) ☐☐☐
- Nachtbar/Bierstube ___Plätze ☐
- Weinstube ___Plätze ☐
- Coffee-Shop ___Plätze ☐

■ **Gemeinschafts-Räume**
- Hotelhalle ☐
- Lesezimmer ☐
- Fernsehzimmer ☐
- Kaminzimmer ☐

■ **Fitness- und Sporträume**
- Sauna ☐
- Solarium ☐
- Schwimmbad/Whirlpool ☐
- Kraftraum ☐
- Tischtennisraum ☐
- Tennishalle ☐
- Spielzimmer ☐
- Kegelbahn/-stube ☐

■ **Sportangebot außer Haus**
- Tennis ☐
- Golf ☐
- Reiten ☐
- Skipisten/-loipen ☐

■ **Tagungsräume** (Anzahl)
- Plenarsaal (über 300 m^2) ☐☐
- Tagungssäle (120 – 300 m^2) ☐☐
- Seminarräume (40 – 120 m^2) ☐☐
- Gruppenarbeitsräume (15 – 40 m^2) ☐☐

■ **Nebenräume**
- Trainer-Zimmer ☐
- Veranstalter-Büro ☐
- Pausenzone (mindestens 100 m^2) ☐
- Stauräume ☐
- Technik-Räume ☐

■ **Summe** ☐☐☐

*) Die Anzahl der Gastzimmer, Restaurant-Plätze und Tagungsräume in mehrstellige Kästchen eintragen. Für *jedes weitere* Merkmal kann sich der Hotelier einen Punkt in einem einstelligen Kästchen geben. Trifft das Merkmal nicht zu, bleibt das Kästchen leer. Zum Schluß alle Beträge aus ein- und dreispaltigen Kästchen addieren.

Tagungs-Qualität eines Hotels
Zur Selbstbeurteilung*)

■ **Lage des Hauses**
- verkehrsgünstig ☐
- ruhig ☐
- städtebaulich und landschaftlich schön ☐

■ **Baulicher und dekorativer Zustand**
- innen erstklassig ☐
- außen erstklassig ☐

■ **Bewirtungs-Räume**
- genügend groß ☐
- funktionsfähig ☐

■ **Gemeinschaftsräume**
- genügend groß ☐
- einladend möbliert ☐

■ **Freizeit-Angebot**
- im Haus, reichlich ☐
- außer Haus, nahe ☐

■ **Gästezimmer**
- heller Arbeitsplatz ☐
- sehr gepflegt ☐

■ **Badezimmer**
- mit WC/Bad/Dusche ☐
- Zusatz-Komfort ☐

■ **Frühstück**
- reichliches Büfett ☐
- mit Zusatz-Service ☐

■ **Service-Umfang**
- rund um die Uhr ☐
- stets präsent ☐

■ **Personal-Niveau**
- Zahl ausreichend ☐
- für Tagungen geschult ☐

■ **Tagungsräume**
- separat und ruhig ☐
- funktioneller Zuschnitt ☐
- ergonomisch möbliert ☐
- hauseigene Medien ☐
- Tageslicht ☐

■ **Summe** ☐☐

*) Für jedes Merkmal, das auf das Hotel zutrifft, kann sich der Hotelier im rechten Kästchen *einen* Punkt geben. Trifft das Merkmal nicht zu, muß er das Kästchen leer lassen. Am Schluß addiert er die Punkte:
25 Punkte = gut
22 Punkte = ausreichend
20 Punkte = nicht mehr ausreichend und ergänzungsbedürftig

Referenten

Referenten müssen frühzeitig eingeladen werden (mindestens zwei Monate vor Tagungsbeginn; prominente Referenten noch frühzeitiger). Die Referenten sollten zur Einhaltung der Redezeit aufgefordert werden; Uhren oder Lichtsignale, die am Rednerpult angebracht werden, können zur Einhaltung der Redezeit beitragen.

Tagesordnung

Eine wesentliche Voraussetzung für den zügigen Ablauf einer Sitzung ist die Tagesordnung, die allen Teilnehmern vor Beginn bekannt sein muß. Es sollten nur so viele Punkte auf der Tagesordnung erscheinen, wie auch voraussichtlich behandelt werden können. Die geplante Dauer der Veranstaltung sollte bekannt sein.

Einladungen

Besprechungen, die kurzfristig einberufen werden, bedürfen keiner schriftlichen Einladung. Je nach Größe des Teilnehmerkreises genügt die mündliche oder telefonische Einladung. Eine Langzeitterminierung ist erforderlich für Konferenzen, Arbeitstagungen, repräsentative Veranstaltungen.

Die Einladung, gleichgültig ob sie schriftlich, telefonisch oder mündlich ausgesprochen wird, muß alle wichtigen Informationen enthalten, also:

- den Tagungsort
- den Beginn und die voraussichtliche Dauer
- das Tagungsthema, die Tagesordnung

Die Form der Einladung ist nicht vorgeschrieben. Empfehlenswert ist die Anlehnung an DIN 5008 (siehe Muster, S. 148).

Erfolgt die Einladung schriftlich, kann sie erweitert werden durch Angaben über:

- den Teilnehmerkreis
- die erforderliche Garderobe
- die Unterkunft (Hotelprospekt)
- Antwortkarte beifügen

Empfehlenswert ist es, auf der Antwortkarte einen Raum für Bearbeitungsvermerke vorzusehen.

Beispiel für eine Antwortkarte:

Hauptversammlung am ______________________ in ______________

Ich/Wir nehmen mit ________ Personen an der Veranstaltung teil. Bitte reservieren Sie ein Einzel-/Doppelzimmer: ja nein (Zutreffendes unterstreichen)

____

Name, Position, Anschrift

____

tätig bei, Telefon

Raum für Bearbeitungsvermerke (z. B. Hotelunterkunft)

Der Raum für Bearbeitungsvermerke erleichtert bei Eintreffen der Teilnehmer die organisatorischen Vorarbeiten, z. B. Zimmerzuweisung.

Die Form der Einladung ist nicht vorgeschrieben. Empfehlenswert ist die Anlehnung an DIN 5008.

Postanschrift des Absenders

Frau
Ulrike Schön
Waldstraße 33

30163 Hannover

Ihre Zeichen, Ihre Nachricht vom	Unsere Zeichen, unsere Nachricht vom	☎ Durchwahl	Datum
	be-me		20.02.19..

Einladung zur Hauptversammlung

Sehr geehrte Frau Schön!

Hiermit laden wir Sie zu unserer diesjährigen Hauptversammlung am

10. April d. J.

nach Hannover ein. Tagungsort ist das Hotel "Deutscher Hof", Stadionallee 21.

Die Hauptversammlung beginnt um 15.00 Uhr. Es ist folgende Tagesordnung vorgesehen:

1. Referat über die Probleme der Sekretariatsarbeit
2. Tätigkeitsbericht des Vorstandes
3. Kassenbericht und Bericht des Kassenprüfers
4. Entlastung des Vorstandes
5. Neuwahl des Vorstandes
6. Beschlußfassung über Anträge
7. Verschiedenes

Nach den Satzungen unseres Verbandes müssen Anträge spätestens 14 Tage vor der Hauptversammlung beim Vorstand vorliegen.

Es ist uns gelungen, Frau Prof. Dr. Scherz als Rednerin zu gewinnen. Sie gehört der Arbeitsgruppe Arbeitsplatzanalyse an, die sich auch mit Fragen aus dem Alltag des Sekretariats beschäftigt.

Damit wir die Hauptversammlung gut vorbereiten können, bitten wir Sie, die beiliegende Teilnahmekarte auszufüllen und an uns zurückzusenden.

Mit freundlichen Grüßen

1 Anlage

Drahtwort | Fernsprecher | Geschäftszeit | Bankkonto | Postgirokonto

Protokollführung

Das Protokoll sollte so bald wie möglich geschrieben werden. Am besten ist es, wenn die Teilnehmer das Protokoll noch vor Abschluß der Tagung erhalten können. Bei größeren Veranstaltungen sollten mehrere Protokollführer zur Verfügung stehen. Diese müssen rechtzeitig mit den notwendigen Unterlagen (Teilnehmerliste, Tagesordnung) versehen werden.

Bewirtung

Findet die Tagung in einem Hotel statt, müssen sowohl die Tagungsteilnehmer als auch der Hotelier genau über die vorgesehenen Leistungen informiert werden. Hilfsmittel: Aushändigung von Gutscheinen an die Teilnehmer. Wird die Tagung kurzfristig abgesagt, müssen die mit dem Hotelier vereinbarten Leistungen (Bewirtungsvertrag) – abzüglich ersparter Kosten – dennoch bezahlt werden.

Namensschilder/Tischkarten

Namensschilder, Tischkarten erleichtern es den Teilnehmern, ungezwungen Bekanntschaft miteinander zu schließen.

Informationsmappe

Inhalt der Informationsmappe:

- Programm mit Angabe der Referenten
- Rahmenprogramm
- Teilnehmerliste
- Hotelprospekt
- Stadtplan
- wichtige Telefonnummern (Arzt, Krankenhaus)

Rahmenprogramm

Bei mehrtägigen Veranstaltungen ist es üblich, ein Rahmenprogramm anzubieten: Abendveranstaltung, Programm für Begleitpersonen, Besichtigungsfahrten usw.

Pressemitteilung, Presseempfang

Gespräche mit der Presse sollten möglichst im Anschluß an die Tagung geführt werden. Sie sollten Unterlagen für die Presse bereithalten, da auf diese Weise der Pressebericht am ehesten der Vorstellung des Veranstalters entsprechen wird.

Checkliste
Durchführung

- Gästeempfang
- Teilnehmerliste aufstellen
- Informationsmappe verteilen
- Gästebetreuung
- Protokollführung
- ggf. Protokollverteilung vor Ende der Tagung

Der Tagungsraum ist sorgfältig vorbereitet worden. Verlängerungskabel, Reservebirnen für Projektoren, zwei Tonbandgeräte (für unterbrechungsfreie Aufnahme) sind vorhanden. Hinweisschilder für Toiletten, Sanitärräume, Notausgänge erleichtern es auch ausländischen Teilnehmern, sich zurechtzufinden.

Die Tagungsteilnehmer sind informiert worden, an wen sie sich im Falle eines erwarteten Telefonanrufs wenden können. Durch einen vorbereiteten Hinweiszettel kann der Teilnehmer von dem Anruf verständigt werden; unangenehme Störungen der Sitzung werden dadurch verhindert.

Beispiel für einen Hinweiszettel:

Herrn/Frau ____________________

Anruf für Sie aus ____________________

von ____________________

Bitte entgegennehmen in Zelle ____________________

Raum ____________________

Rückruf erbeten: Tel.-Nr. ____________________

Raum für Notizen:

Die Hinweiszettel sollten im A6-Format und gelocht sein. Falls die Information wichtig ist, kann der Betreffende sie in seinen Unterlagen mühelos abheften.

Werden in den Pausen Erfrischungen gereicht, sollten Sie den Ablauf überwachen, ggf. auch dafür sorgen, daß sich Gesprächsgruppen bilden, die für Ihr Unternehmen von Interesse sind.

Sie sollten dem Protokollführer so bald wie möglich die genaue Anwesenheitsliste übergeben und sich um die Protokollherstellung (Schreibdienst) kümmern.

Checkliste
Nachbereitung

- Protokollversand an die Teilnehmer
- Festlegen von Terminen für ggf. zu ergreifende Maßnahmen
- Erfahrungsaustausch mit den beteiligten Mitarbeitern
- Kostenzusammenstellung

Wenn die Sitzung gut vorbereitet und durchgeführt wurde, sind die Nachbereitungsarbeiten reine Routineaufgaben.

Bevor das Protokoll ausgehändigt wird, muß es vom Sitzungsführer und Protokollführer unterschrieben werden. Die Sekretärin muß ein Exemplar des Protokolls abheften. Sinnvoll ist es, von allen durchgeführten Sitzungen und Tagungen ein Exemplar chronologisch zu sammeln und zu numerieren.

Vor der Gesamtkostenzusammenstellung muß geprüft werden, wer zu Dienstleistungen herangezogen wurde (Hotel, Lieferanten, Referenten, Bedienungspersonal, Putzpersonal usw.)

Sind während der Zusammenkunft Beschlüsse gefaßt worden, muß deren Durchführung kontrolliert werden.

Es ist empfehlenswert, eine Kontaktkartei zu führen, in der die Erfahrungen mit Hotels, professionellen Tagungsplanern, Referenten, Lieferanten usw. festgehalten werden. Diese Informationen können für die Planung zukünftiger Veranstaltungen von großem Wert sein.

Kernwissen

- Man unterscheidet
  - Besprechungen/Konferenzen
  - Sitzungen/Tagungen
  - Kongresse
- Damit diese Zusammenkünfte reibungslos und erfolgreich ablaufen können, gliedert man die damit verbundene Arbeit in drei Abschnitte:
  - in die Vorbereitungsphase
  - in die Durchführungsphase
  - in die Nachbearbeitungsphase
- Jeder Teilzeitbereich muß sorgfältig organisiert werden.

Überlegungshilfe

- Etwa 69 % der Arbeitszeit eines Managers werden von geplanten Besprechungen, Konferenzen und ad-hoc-Besprechungen belegt. Dieser Zeitaufwand muß ökonomisch gerechtfertigt sein. Voraussetzung ist die wirtschaftliche Planung und Durchführung solcher Zusammenkünfte.
- Ein modernes Unternehmen hat folgende Hinweise eingeführt. **Vor** dem Besprechungsraum hängt ein Schild: „Sind Sie vorbereitet?", **im** Besprechungsraum ist zu lesen: „Ich sage Euch aber, daß die Menschen müssen Rechenschaft geben am Jüngsten Gericht von einem jeglichen unnützen Wort, das sie geredet haben. (Matthäus 12, 36)"
- Die Zuständigkeiten müssen für die Art und den Umfang des Informationsaustausches festgesetzt werden:
  - Wer organisiert die Besprechung im Hause?
  - Wer organisiert die Konferenz im Hause?
  - Wer ist zuständig für die Planung einer auswärtigen Tagung?
  - Mit welchem professionellen Tagungsplaner wird für die Organisation von Kongressen, Hauptversammlungen, der Präsentation von Produkten zusammengearbeitet?
  - Wird die Öffentlichkeitsarbeit gepflegt?
- Checklisten und eine Kontaktkartei erleichtern der Sekretärin die Planungs-, Durchführungs-, Nachbearbeitungs- und Beratungsarbeit.
- Durch Konferenzen entstehen oft hohe Reisekosten, vor allem, wenn sich z. B. Geschäftsleute aus verschiedenen Städten oder Ländern Europas treffen wollen. Vor der Planung eines Treffens sollte geprüft werden, ob eine Telefon- oder Videokonferenz den gleichen Zweck erfüllt.

  Der Termin einer solchen Konferenz sollte vorher mit den beteiligten Personen vereinbart werden.

  Bei internationalen Konferenzen sollten die Zeitzonen beachtet werden.

  Die geplante Konferenz ist rechtzeitig bei der Fernvermittlung der Deutschen Telekom AG anzumelden.

Zur Vertiefung

1 In Ihrem Hause werden häufig Konferenzen abgehalten. Mitarbeiter, die teilnehmen sollen, müssen erst gesucht werden. Ihr Chef bittet Sie, einen Konferenzplan zu erstellen. Entwerfen Sie einen Vordruck nach den Angaben auf S. 141 (Teilnehmer)!

2 Ihr Chef wird zu einem offiziellen Empfang eines wichtigen Geschäftsfreundes am 28. Mai 19.. eingeladen. Sie sollen zusagen. Welche weiteren Arbeiten entstehen für Sie?

3 Im kleinen Kreis soll in Ihrem Haus das Thema „Wie läßt sich das Betriebsklima in unserem Hause verbessern?" diskutiert werden (Brainstorming). Sorgen Sie für eine angemessene Sitzordnung (12 Teilnehmer). Verwenden Sie Trapeztische!

4 Im Rahmen eines Betriebsfestes sollen die Jubilare (25- und 40jähriges Dienstjubiläum) geehrt werden. Erstellen Sie speziell für diesen Programmpunkt eine Checkliste, die mindestens zehn wichtige Punkte enthalten soll.

5 Sie sind in der Firma Domino & Faro als Sekretärin beschäftigt. Die Firma hat sich entschieden, einen neuen Artikel in das Produktions- und Verkaufsprogramm aufzunehmen. Ihr Chef trägt Ihnen auf, für Mitte März eine Sitzung mit allen 18 Gebietsvertretern und allen Abteilungsleitern der Firma im „Großen Sitzungssaal" vorzubereiten.
Erstellen Sie eine Liste, in der Sie stichpunktartig alle notwendigen Vorbereitungen und Aufgaben aufführen, die Sie bis zum Beginn der Sitzung durchzuführen haben. Alle Punkte sollen ungefähr in der Reihenfolge aufgeführt werden, in der die Arbeiten durchzuführen sind.

6 Die Sitzung Mitte März war sehr erfolgreich, nicht zuletzt wegen der guten Vorbereitung. Jetzt erfolgt hierfür die Abrechnung. Nennen Sie drei Punkte, worauf Sie bei der Abrechnung achten müssen.

7 Was müssen Sie vor einer Pressekonferenz klären? (Zeitpunkt, Raum, Imbiß sind schon festgelegt.)

8 Entwerfen Sie einen Beispieltext für die Anmeldung einer Telefonkonferenz am 10. März 19.., 10 Uhr. Ihre Firmennummer: Coesfeld (0 25 41) 30 00. Die Anschlüsse Ihrer Gesprächspartner:

1. Bad Homburg	(0 61 72) 18 04 - 1 31
2. Münster	(02 51) 7 07 - 2 78
3. Münster	(02 51) 3 90 - 71 10
4. Bad Godesberg	(01 18) 1 82 - 11 12
5. Bergen (NDL)	00 31 - 22 08 - 1 80 55

9 In Ihrem Unternehmen – 150 Mitarbeiter – findet alljährlich eine Weihnachtsfeier statt. Es ist Ihre Aufgabe, diese zu organisieren. Wie sieht Ihre Planung aus?

5 Geschäfts- und Dienstreisen

Bei Antritt einer Stelle sollten Sie so rasch wie möglich Ihren Aufgaben- und Verantwortungsbereich in bezug auf „Dienstreisen" festlegen lassen. Wie intensiv Sie sich in diesen Bereich einarbeiten müssen, hängt natürlich von der Funktion und Position Ihres Chefs ab. Verreist er selten, können Sie den Ablauf einer Reise mit Hilfe eines Reisebüros planen. Größere Unternehmen verfügen oft über ein internes Reisebüro oder arbeiten zumindest ständig mit einem bestimmten großen Reisebüro zusammen.

Firmen, die Vielreisende beschäftigen, handeln häufig mit bestimmten Hotels Firmenpreise, sogenannte Corporate Rates, aus. Internationale Hotelketten bieten Dauergästen Sonderpreise und zusätzliche Serviceleistungen, z. B. bevorzugte Abfertigung bei Ankunft und Abfahrt, Bereitstellung eines besonders guten Zimmers ohne Preisaufschlag (Upgrading), Vermittlung von Schreibkräften, Dolmetschern u. ä. Sie müssen sich mit den Praktiken Ihres Betriebes vertraut machen, ggf. auch Anregungen zur Kostensenkung machen können. Buchungen und Reservierungen lassen sich wirtschaftlich und schnell über lizenzierte Fachreisebüros abwickeln, denen ein elektronisches Reservierungssystem zur Verfügung steht. Das Reisebüro kann Ihnen jedoch nur die Wahl der geeigneten Beförderungsmittel erleichtern und die Hotelreservierungen und Kartenvorbestellungen für bestimmte Veranstaltungen abnehmen. Für den zeitlich perfekt geregelten Ablaufplan, der die beruflichen und privaten Wünsche des Reisenden koordiniert, sind Sie zuständig.

Hotelzimmer

Ein Hotelzimmer muß frühzeitig bestellt werden. Größere Reisebüros geben Einsicht in Hotelverzeichnisse, die objektiv die Qualität der einzelnen Häuser beschreiben. Verreist Ihr Chef häufig, lohnt sich die Anschaffung eines Hotelführers (z. B. Varta), der jährlich neu erscheint. Die Wahl des Hotelzimmers richtet sich nach dem Zweck der Übernachtung:

- Flugplatz- oder Bahnhofsnähe
- Nähe zu einem Messe- oder Ausstellungsort
- Hotelkategorie
- Citylage
- Hotelservice

▶ Ausstattung

Die amerikanische Fachzeitschrift „Hotel & Motel Management" befragte 1990 vielreisende Geschäftsleute nach ihren Kriterien bei der Auswahl eines Hotels. Das Ergebnis:

- Sauberkeit (92,7 %)
- bequeme Matratzen und Kissen (90,8 %)
- gute Qualität von Handtüchern und Waschlappen (87,3 %)
- günstige Lage zum Ort der geschäftlichen Tätigkeit (85,3 %)
- hoteleigene Parkmöglichkeiten (84,9 %)
- gutes Renommee des Hotels (81,7 %)
- freundlicher Service (81,6 %)

- gut erhaltenes Mobiliar (80,6 %)
- kostenlose Ortsgespräche (78,9 %)
- Sicherheit (77,8 %)
- Weckruf (72,8 %)
- vorbereitetes Check-in (61,7 %)
- Amenities (Annehmlichkeiten) im Badezimmer (59,4 %)
- Nichtraucherzimmer (58,9 %)
- kostenlose Zeitungen (58,8 %)
- Familienrestaurant (47,8 %)
- Check-out-Möglichkeiten im Zimmer (47 %)
- kostenloses Kontinentalfrühstück (46,7 %)

▶ Zimmerreservierung

Die Zimmerbestellung kann schriftlich, telefonisch, per Fernschreiben, Datex-L, Datex-J und telegrafisch erfolgen. Die Bahn AG bietet die Möglichkeit, gleich beim Fahrkartenkauf ein Hotelzimmer in einem InterCityHotel zu buchen.

Wichtig: Die Reservierungsbestätigung sollte die Sekretärin zu den Reiseakten nehmen.

Absender/Sender:

☐ Reservation Res. Request ☐ Streichung Cancel Notice ☐ Änderung Res. Change

An/To:

Für/For:

☐ Nächte/Nights

Ankunft Arrival Datum: Date: Zeit Time

Abreise Departure Datum: Date: Zeit Time

☐ Einzel/Single ☐ Bad, WC/Bath
☐ Doppel/Grand Lit ☐ Dusche, WC/Shower
☐ Twin ☐ fl. w. Wasser Running Water
☐ Dreibett/Triple
☐ Suite
☐ MIN ☐ MED ☐ MAX

Sonderwünsche/Special Requests:

☐ H. Pens. ☐ F. Board ☐ Room Breakf.

Bestätigung bitte per/Please confirm by:

☐ Post/Mail ☐ Telefon ☐ Telex ☐ Cable

Datum Date Unterschrift Signature

Hotelreservierungen über Datex-J/Btx. Das erste über die europäischen Grenzen hinaus operierende Hotelreservierungssystem HRS (Hotel Reservation Service) hat in dem System „Sesamtel“ weltweit über 4000 Hotels (überwiegend Häuser der Mittelklasse) gespeichert, die direkt über Datex-J kostenlos gebucht werden können.

Hotelstandards zur Aufnahme in das HRS-System:

- Anzahl der Zimmer: wenigstens 30
- Ausstattung: Dusche/Bad/WC, Telexanschluß im Hotel

Angaben auf dem Bildschirm: Zimmerpreis (grundsätzlich Minimumrate), Zahlung im Hotel, Buchungsnummer, Hotel-Telefonnummer.

Die gebuchten Zimmer werden grundsätzlich bis 18 Uhr von dem Hotel gehalten. Ergibt sich eine Verschiebung der Anreise, kann der Reisende diese über Btx oder telefonisch (siehe Hotel-Telefonnummer) durchgeben.

▶ Stornierung von Hotelzimmern

Reservierte Hotelzimmer müssen – bei kurzfristiger Abbestellung („Stornierung") – bezahlt werden. Der Hotelier muß sich allerdings die Ersparnisse durch das Nichterscheinen des Gastes anrechnen lassen (z. B. ersparte Strom- und Wasserkosten, die ersparten Kosten für die Reinigung der Bettwäsche, ggf. die Materialkosten des Frühstücks). Das Oberlandesgericht in Frankfurt hat vor diesem Hintergrund eine Aufwendungsersparnis von zehn Prozent als angemessen und ausreichend angesehen (OLG Frankfurt, 17 U 77/83). Sicher werden Hoteliers Stammkunden gegenüber in gewissen Fällen Kulanz walten lassen. Wichtig ist es aber zu wissen, daß ein Besteller nicht einfach „sicherheitshalber" ohne Rücksicht auf die Interessen des Hotels Zimmer buchen kann. Es ist ratsam, bei jeder Hotelzimmerbuchung gleich nach dem Last-Minute-Storno zu fragen.

Die Anwendung des Internationalen Hotelschlüssels, der alle wichtigen Angaben in Kurzform wiedergibt, spart Zeit und Geld und vermindert Rückfragen und Irrtümer. (Besonders praktisch in Ländern, deren Sprache vom Besteller nicht beherrscht wird.)

Der Internationale Hotelschlüssel

▶ Bettenzahl und Dauer der Übernachtung

Alba	1 Zimmer mit Bett
arab	1 Zimmer mit 2 Betten
belab	2 Zimmer mit je 1 Bett
birac	2 Zimmer mit 2 und 1 Bett = 3 Betten
bonad	2 Zimmer mit je 2 Betten
ciroc	3 Zimmer mit je 1 Bett
carid	3 Zimmer mit 2 und 1 und 1 Bett = 4 Betten
calde	3 Zimmer mit 2 und 2 und 1 Bett = 5 Betten
caduff	3 Zimmer mit je 2 Betten
pass	für 1 Nacht
stop	für mehrere Nächte

▶ Art der Zimmer

- best sehr gut
- bon gut
- plain einfach
- sal Wohnraum
- bat Privatbad
- belvu Zimmer mit guter Aussicht
- tranq Zimmer sehr ruhig gelegen
- train Abholung vom Bahnhof
- aero Abholung vom Flughafen
- quai Abholung vom Hafen

Ankunfts zeit	heute	Sonntag	Montag	Dienstag	Mittwoch	Donnerstag	Freitag	Samstag
morgens	powys	pobab	pocun	podyl	pogok	pohix	pojaw	poku
nachmittags	pozum	polyp	pomel	ponow	popuf	porik	posev	povah
abends	ramyk	rabal	racex	radok	rafyg	ragub	rahiv	rajod
nachts	razem	ranuv	rapin	raqaf	ratyz	ravup	rawow	raxab

▶ Abbestellung von Zimmern

anul und Datum der Bestellung

Beispiel: Ihr Chef fliegt am 10. November 19.. nach Hongkong und möchte im Hotel Royal Garden ein sehr gutes Einzelzimmer mit Bad für drei Nächte, ruhige Lage, Ankunft Freitag abend.
Codierung: hotel royal garden, hongkong, alba best bat stop tranq rahiv.

Die Reiseakte, Reisekartei/-datei

Zur problemlosen Abwicklung von Reisevorbereitungen empfiehlt es sich, eine systematisch geordnete Sammlung von Informationsmaterial anzulegen, die stets auf dem neuesten Stand gehalten wird. Nach Abschluß von Geschäftsreisen sollten mit dem Reisenden die Vor- und

Nachteile eines gewählten Beförderungsmittels, eines Hotels oder Restaurants besprochen und in dieser Sammlung festgehalten werden. Diese Sammlung kann als Akte, Kartei und/oder Datei geführt werden.

Besonders nützlich sind Checklisten, da sie übersichtlich gegliedert und mit wenig Aufwand auf dem aktuellen Stand gehalten werden können. Ist eine Geschäftsreise vorzubereiten, brauchen nur die von Fall zu Fall wichtigen Informationen der ständigen Reisemappe des Reisenden beigefügt zu werden.

Die Schwerpunkte und die Gliederung einer Informationssammlung hängen natürlich von den Bedürfnissen der Arbeitspraxis ab.

Die ständige Reisemappe eines Vielreisenden sollte enthalten:

- private Unterlagen (Ausweis, Reisepaß, Führerschein, Impfbescheinigung usw.)
- Reiseunterlagen (Fahr-, Flug-, Platzkarten, Autopapiere, Hotelbestätigungen, Versicherungsunterlagen)
- geschäftliche Unterlagen (Firmenbögen, Umschläge, Prospekte, Besuchskarten, Werbegeschenke, Einladungen, Anschriftenverzeichnis; Notizblock, Schreibgeräte, Sichthüllen, Heftklammern, Locher, Tesafilm u. ä.)
- Reiseplan

Wichtig: Rechtzeitig überprüfen, ob der Reisepaß oder der Personalausweis noch gültig ist.

Gültigkeitsdauer von Reisepässen/Personalausweisen:

- 10 Jahre für Personen ab 26 Jahre
- 5 Jahre für Personen unter 26 Jahre
- eine Verlängerung ist nicht möglich

Es genügt nicht, wenn der Paß nur noch bis einen Tag nach der geplanten Reise gültig ist. Er sollte mindestens noch drei Monate gültig sein, für Reisen in osteuropäische Staaten sogar sechs Monate. Fotokopien aller Ausweispapiere sowie der Fahr- oder Flugkarten mitnehmen und getrennt aufbewahren; zwei Paßbilder mitnehmen (werden für die Ausstellung von Ersatzpapieren benötigt).

Vertretungsregelung

Durch die Abwesenheit des Chefs ergeben sich Probleme, die **vor** Antritt der Reise geklärt werden müssen:

- Wer vertritt den Chef?
- Wie weit gehen die Vollmachten des Sekretariats?
- Welche Informationen (Briefe, Telefongespräche, Besucherinformationen usw.) können bis zur Rückkehr des Chefs liegenbleiben (häufig abhängig von der Dauer der Reise)?
- Bis zu welcher Dringlichkeitsstufe können/sollen Zwischenbescheide gegeben werden?
- Will der Chef auch während der Reise informiert werden? (Telefonzeiten vereinbaren).

Bestimmt der Chef für die Dauer der Abwesenheit einen Stellvertreter, ist die Arbeit für Sie verhältnismäßig einfach. Sie arbeiten so gewissenhaft wie immer und beraten den Stellvertreter nach bestem Vermögen.

Häufig müssen Sie jedoch einen Teil der eingehenden Informationen bearbeiten. Diese Arbeit können Sie sich durch Formulare erleichtern.

Sie können diese Formulare nach Dringlichkeit oder Inhalt ordnen. Nach der Rückkehr des Chefs geben Sie einen mündlichen Bericht und besprechen die einzelnen Informationen mit Ihrem Chef.

Beispiel: Vordrucke, die zur Vertretungsregelung eingesetzt werden können:

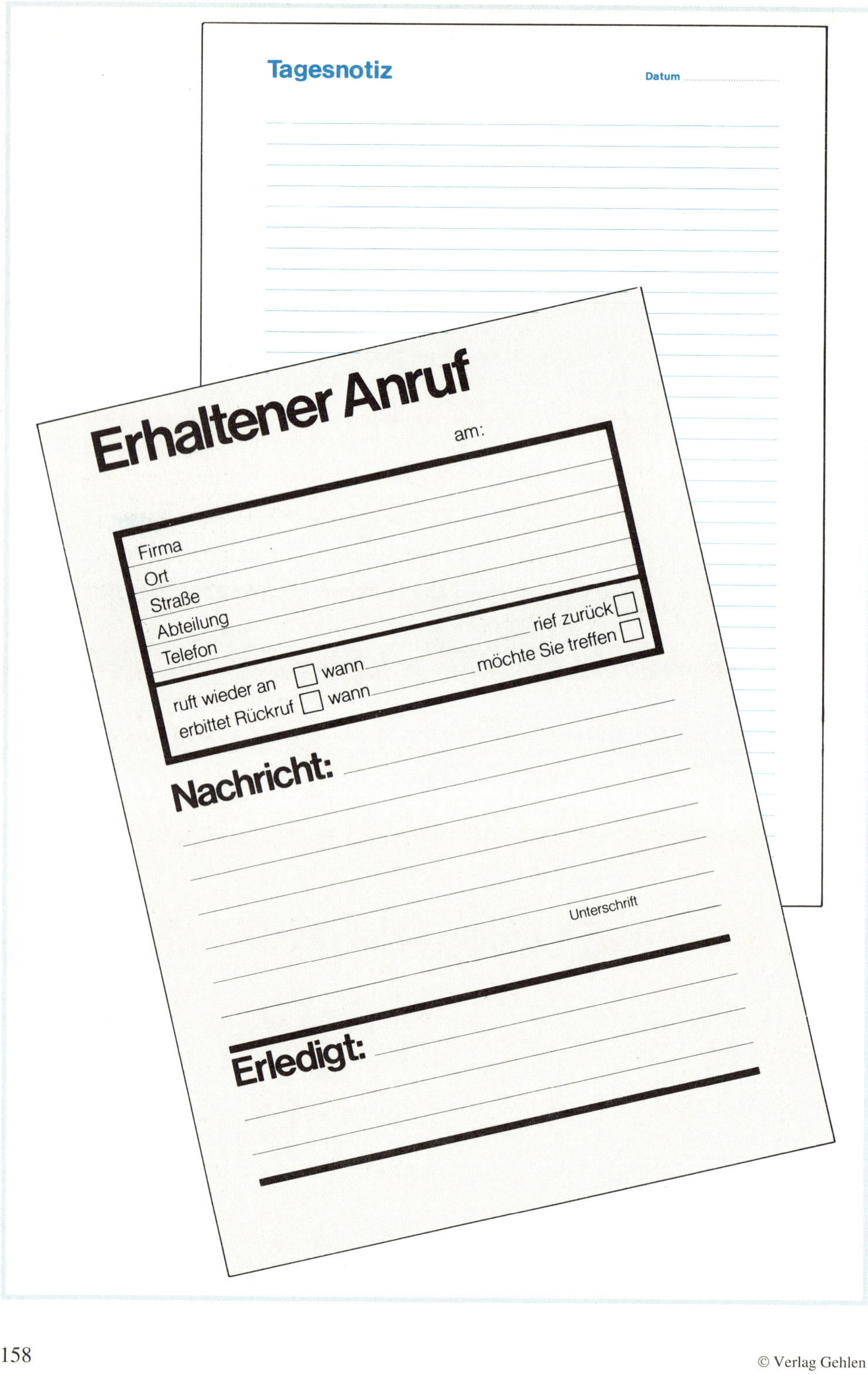

Tagesnotiz

Datum

Erhaltener Anruf

am:

Firma

Ort

Straße

Abteilung

Telefon

rief zurück

möchte Sie treffen

ruft wieder an wann

erbittet Rückruf wann

Nachricht:

Unterschrift

Erledigt:

Erledigungs-meldung

11 12 1 10 2 9 3 8 4 7 6 5

Datum

von

an

Ihr am | erteilter Auftrag

wurde am

erledigt von

Bemerkungen

Ihr Auftrag ko

Gesprächs-notiz

11 12 1 10 2 9 Uhr 3 8 4 7 6 5

Datum

Betrifft

☐ Besuch ☐ Anruf von/bei

Herrn/Frau/Frl.

Firma

Straße/Ort

☎/FS

Anlagen:

Erledigt durch

☐ Anruf

☐ FS

☐ Brief

☐ Besuch

☐ Ablage unter

Aufgenommen:

Datum

Zchn.

Gesprächs-notiz

Die durch Geschäfts- und Dienstreisen entstehenden Arbeiten lassen sich in zwei Phasen gliedern:

- Vorbereitung/Planung einer Reise
- Auswertung einer Reise

Fragen, die **vor** einer Reise zu klären sind:

Wohin	Ziel der Reise
Warum	Grund der Reise
Wie lange	Dauer der Reise
Wer	Person(en)
Wie	Beförderungsmittel; bei Bahn- und Flugreisen klären, welche Preisklasse gewählt wwerden soll.

Überlegungshilfe

- ❑ Eine gute Reiseplanung hängt von der rechtzeitigen Klärung folgender Fragen ab:
  - Welchen Aufgaben- und Verantwortungsbereich hat das Sekretariat?
  - Wird die Planung durch eine interne Serviceabteilung oder durch ein externes Reisebüro unterstützt?
  - Welche Kriterien haben bei der Reiseplanung Priorität?
    – Wirtschaftlichkeit – Sicherheit – Zeitaufwand?
  - Ist die Frage der Vertretung des Chefs während seiner Abwesenheit geklärt?
- ❑ Über Hotelreservierungsunternehmen können kostenfrei Hotelbuchungen vorgenommen werden.
  Beispiel: Das Hotelreservierungsunternehmen „Avantel“, Aachen, hat Zugriff auf das Angebot von über 8000 deutschen und europäischen Hotels. Das Unternehmen hat eine Abteilung Tagungen, Messen, Kongresse. (Avantel-)Hotelrabatte über Fax/Abruftaste (02 41) 90 26 19. Weitere Informationen über (02 41) 94 66 20.
- ❑ Ist die Hotelreservierung bestätigt worden? Heute sind Flugverspätungen an der Tagesordnung. Eine „garantierte Reservierung“ ist daher sinnvoll. Die Hotels verpflichten sich mit dieser Garantie, das gebuchte Zimmer die ganze Nacht freizuhalten. Die erste Nacht muß im voraus oder per Kreditkarte bezahlt werden.
- ❑ Einige Hotelketten (vor allem in USA) geben 40 bis 60 % Rabatt, wenn die Bezahlung 21 Tage im voraus erfolgt. Nützlich ist eine solche Ratenstruktur vor allem für Geschäftsreisende, die hinsichtlich der zeitlichen Planung ihrer Reise nicht zu befürchten brauchen, daß „etwas dazwischenkommt“.
- ❑ Grundlage für eine problemlose Vorbereitung von Reisen ist eine Reiseakte, die von der Sekretärin ständig aktualisiert wird (Ringbuch mit Klarsichthüllen verwenden!).
- ❑ Hauptbestandteil dieser Reiseakte sind Checklisten, deren Art sich nach den Reiseverpflichtungen Ihres Chefs richtet.

5.1 Verkehrsmittel

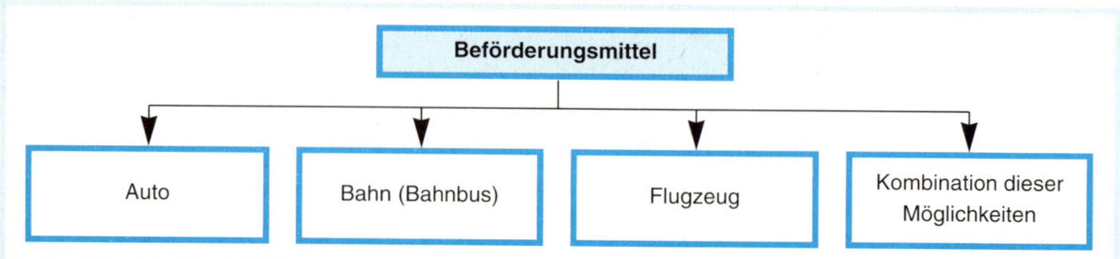

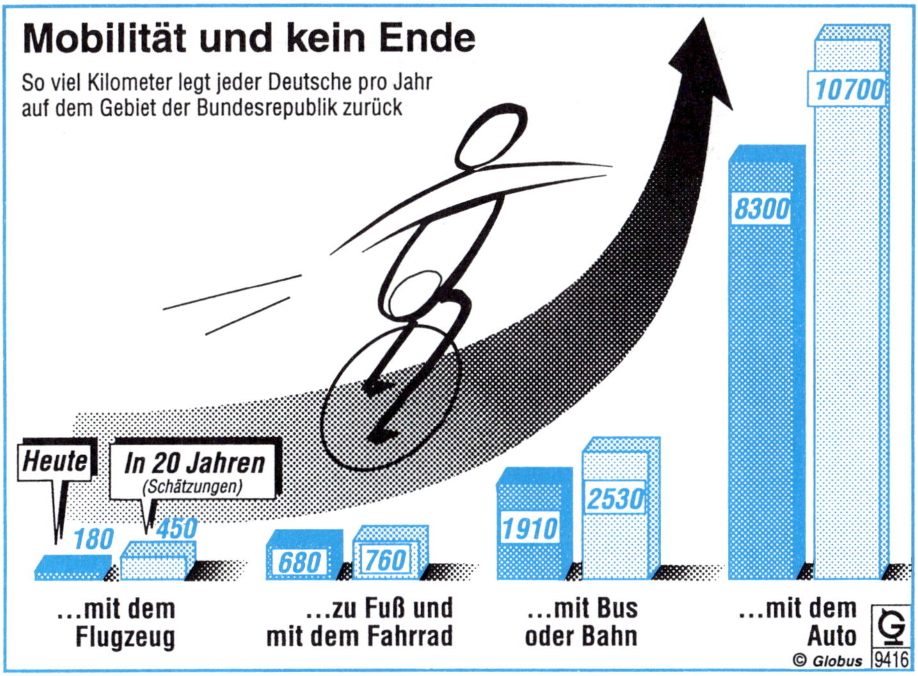

Kriterien für die Auswahl

- **Wirtschaftlichkeit** (Reisekosten)
- **Sicherheit** (möglichst sichere Verkehrsmittel benutzen)
- **Zeitaufwand** (die Arbeitszeit leitender Mitarbeiter ist sehr teuer)

Vor- und Nachteile der Verkehrsmittel auf den ersten Blick

Verkehrsmittel	Vorteile	Nachteile
Auto	große Mobilität, vor allem am Zielort (wichtig z. B. bei Vertreterreisen); umfangreiche Gepäckmitnahme möglich; individuelle Zeitplanung	Unfallgefahr, hohe Benzinkosten; häufig Parkprobleme; hohe nervliche Beanspruchung des Fahrers

Verkehrsmittel	Vorteile	Nachteile
Bahn (Bahnbus)	gut ausgebautes Streckennetz; auch kleine Orte leicht erreichbar; Preisvergünstigungen möglich, besondere Konditionen für Dienstreisen; Reise mit Hilfe von Kursbüchern genau zu planen; Serviceleistungen: Speisewagen, Schlaf- und Liegewagen, Gepäckbeförderung, Schreibabteile, Konferenzabteil; Münzfernsprecher; Autobeförderung	ggf. Umsteigen erforderlich; keine individuelle Zeitplanung möglich, da an Abfahrtszeiten gebunden
Flugzeug	empfehlenswert für Auslandsreisen, besonders für weite Verbindungen; Bordservice, Bordverpflegung	großer Zeitverlust durch Anfahrten zu und Abfahrten von den Flugplätzen; lange Eincheckzeiten, Gepäckbegrenzung

5.1.1 Autoreisen

Informationsmaterial: Autoreisebuch, Straßenkarten, Stadtpläne.

Automobilklubs mit 24-Stunden-Service	
ACE	(07 11) 53 44 44
ADAC (Pannenhilfe) zum Ortstarif	(0 18 02) 22 22 22
ADAC (Notruf vom Ausland)	(0 89) 22 22 22
AvD (Notruf)	(06 11) 6 66 16 66
DTC	(0 89) 8 11 12 12
KS	(0 89) 53 08 55
KVDB	(0 98 41) 20 84

Pannenhilfe ist auch **ohne** Bargeld möglich, wenn ein Schutzbrief einer Versicherung vorgelegt wird. Der Pannenhilfsdienst („Verband der Bergungs- und Abschleppunternehmen") rechnet unmittelbar mit dem Versicherer ab.

Zu einer Planung gehört die Fähigkeit, den Kartenmaßstab richtig lesen zu können. Bei einem Kartenmaßstab 1:100 entspricht ein Kartenzentimeter einem Meter in der Natur. Die letzten zwei Nullen des Maßstabnenners müssen weggestrichen werden. Somit ist ein Zentimeter der Karte bei Karten des Maßstabes

- 1: 25 000 = 250 m in der Natur
- 1:100 000 = 1000 m in der Natur

Umgekehrt sind 1000 Meter in der Natur bei Karten des Maßstabs

- 1: 25 000 = 4 cm in der Karte
- 1:100 000 = 1 cm in der Karte

Gliedert man Landkarten aus touristischer Sicht nach Maßstäben, ergeben sich sieben Gruppen:

- Stadtpläne je 1: 5 000 bis 1: 20 000
- Wanderkarten je 1: 25 000 bis 1: 100 000
- Tourenkarten je 1: 150 000 bis 1: 400 000
- Länderkarten je 1: 500 000 bis 1: 2 000 000

- Übersichtskarten je 1:2 500 000 und kleiner
- Spezialkarten für themenbezogene Interessen; der Maßstab ist sekundär. Grundlagen sind oft herkömmliche Wander- und Straßenkarten.
- Panoramakarten (Vogelschaukarten): Darstellung meist gebirgiger Landschaften aus der Vogelperspektive, oft fälschlicherweise als Reliefkarten bezeichnet.

▶ Autobahn-Numerierung

Das richtungweisende System! 81

Autobahn-Numerierung für Ihre Orientierung

Unsere Fernstraßen sind systematisch durchnumeriert. Die Bundesstraßen mit dem gelben System, die Bundesautobahnen mit dem blauen System. Das hilft Ihnen bei der Orientierung.
Es gibt drei Gruppen von Autobahnnummern:

1 bis 9 sind Nummern internationaler Strecken und des Fernverkehrs. Ihr Verlauf deckt sich häufig mit dem der Europastraßen. In diesem Grundnetz verlaufen die Autobahnen mit geraden Nummern vorwiegend in West-Ost-, die mit ungeraden Nummern in Nord-Süd-Richtung.

10 bis 99 sind Nummern der Autobahnen für den Durchgangs- und Verbindungsverkehr von überregionaler Bedeutung, z. B. die A 44 Dortmund – Kassel.

100 bis 999 sind Autobahnnummern, die regionale Verbindungsstrecken kennzeichnen, z. B. die A 555 Köln – Bonn.

▶ Fernziele – Nahziele

Fernziele oben – Nahziele unten

Auf den Wegweisern an Bundesstraßen und Autobahnen werden Fern- und Nahziele genannt. Oben steht immer das weiter entferntere Ziel, das nähere Ziel unten.

Checkliste Autoreisen

- Führerschein (falls erforderlich, internationaler Führerschein)
- Kfz-Schein, grüne Versicherungskarte
- Reparaturwerkstättenverzeichnis
- Auslandsschutzbrief
- Benzingutscheine
- Auto inspiziert (Öl, Batterie, Zündkerzen, Keilriemen, Reifen), Warndreieck
- Verbandskasten
- Abschleppseil, Werkzeug
- Ersatzteile mitnehmen (Keilriemen, Birne)
- Taschenlampe, D-Schild
- Reservekanister nachfüllen
- Ersatzreifen, Luftdruck kontrollieren
- Übersichtskarte, Autokarte
- Stadtpläne, Hotelführer

Spezielle Hinweise für Autofahrer:

- Das Fahrzeug nur auf bewachten Parkplätzen abstellen.
- Wertgegenstände im Kofferraum einschließen.
- Kraftfahrzeug-Papiere immer mit sich führen.
- Fotoapparat und Kreide mitführen; seit 1. Januar 1983 ist die Mindestschadenhöhe bei Unfällen für die polizeiliche Unfallerfassung auf 3 000,00 DM angehoben worden. Der Autofahrer muß selbst für Beweise sorgen, die den Unfallhergang rekonstruieren lassen.
- Wer mit einem Firmenauto oder dem Wagen eines Verwandten oder Freundes im Ausland fahren will, sollte beim Grenzübertritt eine entsprechende Vollmacht des Eigentümers mit sich führen. In den meisten europäischen Ländern genügt eine einfache, handschriftliche Erklärung; zur Einreise nach Jugoslawien, Spanien, in die Türkei und in alle osteuropäischen Staaten sollte die Erklärung vom ADAC beglaubigt sein.

Verhalten bei Unfällen im Ausland

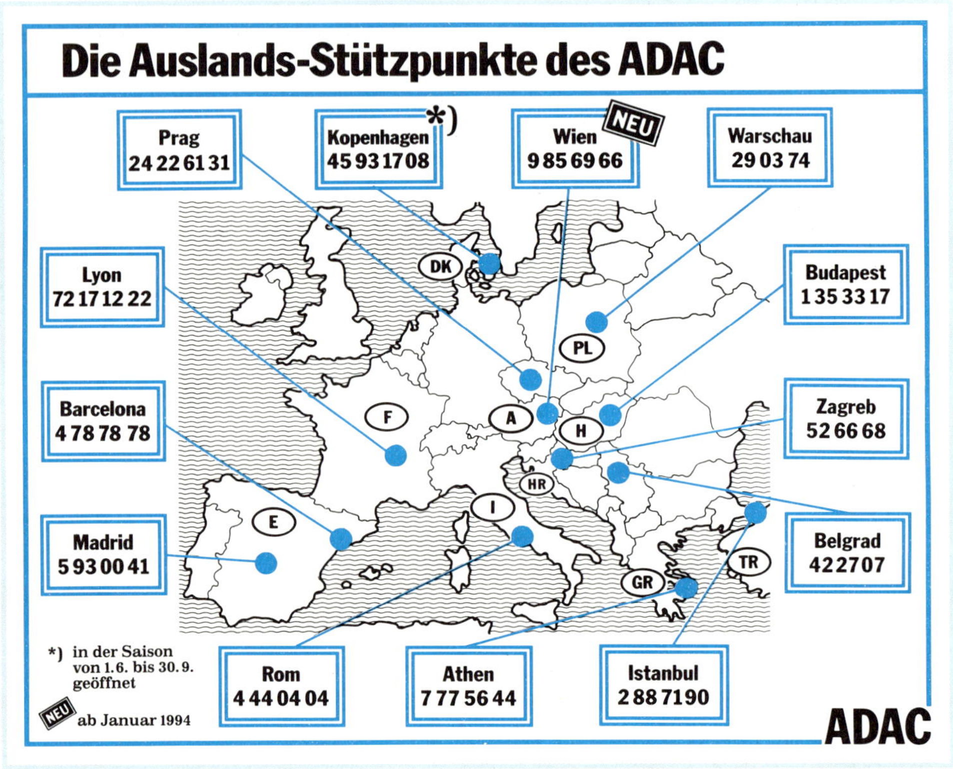

Gerät ein bundesdeutscher Reisender in Spanien, Frankreich, Italien, Jugoslawien, Griechenland, in der Türkei oder in Dänemark in eine Notsituation, so kann er den ADAC in 19 dortigen Notrufstationen anrufen. Über 80 Mitarbeiter des Automobil-Clubs sind dort auf Probleme eingestellt: Sie sprechen deutsch und die jeweilige Landessprache, halten Kontakt zu Behörden, Polizei, Krankenhäusern und Rettungsorganisationen im Lande. Sechs Stationen (Athen, Avignon, Barcelona, Belgrad, Rom und Paris) sind das ganze Jahr über besetzt, zwischen Mai und September kann man sie werktags von 9 bis 17 Uhr sowie an Sonn- und Feiertagen von 9 bis 13 Uhr telefonisch erreichen. Die übrigen Stationen sind bis Ende September an Werktagen zwischen 9 und 17 Uhr einsatzbereit.

- **Unfallstrecke sichern:**
  - Warnblinker einschalten
  - Warndreieck/Blinklampe in ausreichendem Abstand aufstellen
  - Warndreieck/Blinklampe für Gegenverkehr

- **Bei Verletzten Hilfe leisten:**
  - Krankenwagen und Polizei rufen oder von Helfern rufen lassen
  - Unfallort, Straße, Kilometerstein oder ähnliches angeben
  - Zahl der Verletzten angeben

- **Polizei rufen:**
  - Grundsätzlich in folgenden Ländern: Belgien, Bulgarien, Dänemark, Jugoslawien, Polen, Portugal, Rumänien, Spanien, Tschechoslowakei
  - Zeugen ermitteln, unparteiische Augenzeugen
  - Name und Anschriften der Zeugen notieren (am besten von einem Ausweis abschreiben)
  - die Zeugen bitten, am Unfallort zu bleiben
  - Spuren sichern (Kreide in Handschuhfach)
  - Lage von Personen und Fahrzeugen auf der Fahrbahn markieren
  - wenn möglich, fotografieren

- **Unfallskizze, Unfallprotokoll anfertigen:**
  - Unfallort
  - Straße
  - Tag
  - Uhrzeit
  - Name und Anschrift des Fahrers
  - amtliches Kennzeichen des Fahrzeuges
  - Art und Fabrikat des Fahrzeuges
  - Name und Anschrift des Fahrzeughalters
  - wenn möglich, grüne Versicherungskarte geben lassen, sonst Name und Ort der Versicherungsgesellschaft, Versicherungsnummer aufschreiben
  - Unfallschilderung mit kleiner Skizze
  - beschädigte Stellen der Fahrzeuge festhalten
  - wenn möglich, fotografieren

- **Um Rechtshilfe ersuchen:**
  - unbedingt Anwalt einschalten in Ostblockländern, Griechenland, Spanien, Jugoslawien, Slowenien, Türkei
  - bei Verhör auf Dolmetscher bestehen.

5.1.2 Bahnreisen

Im allgemeinen ist es empfehlenswert, für eine Inlandreise die Bahn zu benutzen. Bahnreisen sind wirtschaftlich, sicher und zeitsparend.

Informationsmaterial: Kursbuch, Sonderbroschüren der DB, Datex-J, Kundenberater der DB-Generalvertretung, Deutsches Reisebüro (DER).

Informationssysteme der Elektronischen Bahn-Auskunft

- **Datex-J/Btx.** EVA, die „**E**lektronische **V**erkehrs-**A**uskunft" eröffnet den Zugriff auf das „Elektronische Reise Centrum" und ermöglicht damit den Zugriff auf alle Zugverbindungen, Zeiten und Serviceleistungen der Deutschen Bahnen (Zusatzprogramme: „Messe- und Kongreß-Termine in Europa", „Essen und Übernachtungen in Deutschland").
- **Bahnauskunft auf PC.** Drei Disketten „Elektronische Städteverbindungen Deutschland" verknüpfen rund 10000 Bahnhöfe und etwa 24000 Züge einschließlich Zuggattung, Zugnummer, Umsteigezeiten und wichtiger Auslandsverbindungen.

  Auf CD-ROM kann im PC das „Elektronische Kursbuch" abgerufen werden mit den Verbindungen von rund 10000 Bahnhöfen, 48000 Zügen und umfangreichen Kursbuchdaten.

Intern benutzen die Generalvertretungen Personenverkehr der Deutschen Bahn AG sowie viele Reisebüros und größere Reisestellen ohne eigenes START-Terminal[1] Datex-J (Btx), um z.B. Fahrplan, Fahrpreis- und Entfernungsangaben innerhalb von Sekunden abzufragen.

Als gute Sekretärin müssen Sie mit der Handhabung eines Kursbuches vertraut sein. Eine Einführung gibt Ihnen der Abschnitt 5.2 Kleines Kursbuchpraktikum.

Angebote, die für Oftfahrer/Geschäftsreisende von Interesse sind

Bevorzugte Zugarten: EuroCity, InterCity, InterRegio, ICE

Besondere Bahndienste

Autoreisezug	Die Fahrpläne der Autoreisezüge mit Angabe der Zugbildung sind im Kursbuch Teil B angegeben. Platzbestellung ist erforderlich. Beförderungspreise sind in dem Prospekt „Autoreisezüge" angegeben.
Schlaf- und Liegewagen	Schlaf- und Liegewagen-Fahrplan; entsprechende Kennzeichnung im allgemeinen Kursbuch; Bettplatzzuschlag; Rauchverbot. 1. Klasse: D/Double: Zweibettklasse (großes Zweibettabteil) Sp/Special: Spezialklasse (kleines Einbettabteil) S/Single: Einbettklasse (großes Einbettabteil) 2. Klasse: T 2/Touristenklasse: kleines Zweibettabteil T 3/Touristenklasse: Dreibettabteil T 4/Touristenklasse: Vierbettabteil Liegewagen: 6 Plätze/Abteil 4 Plätze/Abteil Anspruch auf einen reservierten Bett- und Liegeplatz bis 15 Min. nach Abfahrt des Zuges ab Reservierungsbahnhof; Oftfahrer, die innerhalb von 12 Monaten neun Schlafwagenreisen zum Normaltarif ausgeführt haben, erhalten einen Schlafwagenplatz zusätzlich.

[1] START = Reisebüro-Datenverarbeitungssystem

Konferenzabteil	In **InterCityExpress (ICE)** kann ein Konferenzraum, in **EuroCity** und **InterCity** ein Konferenzabteil gemietet und reserviert werden.
Zugtelefon	Alle InterCityExpress und fast alle EuroCity, InterCity und InterRegio haben ein Zugtelefon. Selbstwahl jeden Teilnehmers im In- und Ausland; in allen ICE-Zügen Empfang von Anrufen möglich. Telefonieren ist nur auf Strecken der Deutschen Bahn AG sowie im Großraum Berlin möglich.
Zugrestaurant-/ Bistro-/Café-Wagen	Im Fernverkehr führen nahezu alle EC-, IC- und IR-Züge einen Restaurant-Bistro-/Café-Wagen. Die Deutsche Service-Gesellschaft der Bahn (DSG) vermittelt über ihren „Clubservice" eine Fülle von Serviceleistungen: Reservierung von Tischen im Zugrestaurant, Vorauswahl von Menüs, Bestellung von Frühstück und kalten Platten; die zentrale Verkaufsstelle der DSG ist montags bis freitags von 8 bis 18 Uhr zum Ortstarif unter der Telefonnummer (01 30) 21 30 zu erreichen.
Park & Rail	Parkplatz-Service der DB bei vielen EC/ICE/IC-Bahnhöfen sowie einigen IR-Bahnhöfen: Für Park & Rail-Kunden werden meist reservierbare Parkplätze zu ermäßigten Gebühren angeboten.
Rail & Road	Mietwagen-Service der DB bei vielen wichtigen EC/ICE/IC/IR-Bahnhöfen. Reservierungen über die DB und die DER-Reisebüros.
Rail & Fly	Mit dem Rail & Fly-Ticket kommt man preiswert von jedem Bahnhof zu den großen Verkehrsflughäfen und wieder zurück. Beim Kauf des Tickets Vorlage des Flugscheins notwendig.
IC-Hotels	Komfortable Hotels in Bahnhofsnähe; Hotels verfügen über Räume für Tagungen und Konferenzen; Buchung z. T. beim Kauf der Fahrkarte möglich.
Taxi- und Gepäckträger-Service	Bestellungen bei Fahrkartenausgaben, EC/IC-Teams und Gepäckabfertigungen durch Anruf oder spezielle Bestellpostkarten, Datex-J.
Netz-, Monats- und Wochenkarten	Für Reisende, die regelmäßig im gleichen Gebiet oder auf der gleichen Strecke unterwegs sind, gibt es Gesamtnetz-, Teilnetz-, Anschlußnetz-, Wochen- und Monatskarten.
Übertragbare Jahresnetzkarten	Geeignet für Firmen, Behörden, Verbände; Geltungsdauer ein Jahr für beliebig häufige Fahrten in Nahverkehrszügen an allen Tagen zwischen zwei Orten. Sämtliche Zuschläge sind im Preis enthalten; 1. und 2. Klasse, übertragbar auf andere Firmenangehörige.
Persönliche Jahresnetzkarten	Merkmale wie oben; ist jedoch auf den Namen **einer** Person ausgestellt und mit einem Lichtbild versehen, also nicht übertragbar.
Großkunden-Abonnement („Großeinkauf")	Wertkontingent: 2 500 DM 10 000 DM 25 000 DM. Ersparnis bis zu 20 % gegenüber dem normalen Fahrpreis. Fahrausweis stellt der Käufer selbst aus.

Zugarten	
Züge des Nahverkehrs	geeignet für Nahverkehr; zwei Klassen
E **Eilzüge**	halten nur an Eilzugstationen; zwei Klassen
D **Schnellzüge**	halten nur an D-Zug-Stationen; zwei Klassen; z. T. Ablösung durch InterRegios
IR **InterRegio-Züge**	überregionale Züge mit gehobenem Komfort
IC **InterCity-Züge**	nationale Qualitätszüge; Ein-Stunden-Takt
EC **EuroCity-Züge**	europäische Qualitätszüge
EN **EuroNight-Züge**	Qualitätszüge im europäischen Nachtreiseverkehr (Metropolen)
ICE **InterCityExpress-Züge**	zwei Klassen, ausgewählte Verbindungen
ICE-Sprinter	zwei Klassen, ausgewählte Verbindungen

Die drei Systeme – ICE, IC und IR – bilden ein engmaschiges Netz; das wirkt sich besonders vorteilhaft auf die Anschlußzeiten aus.

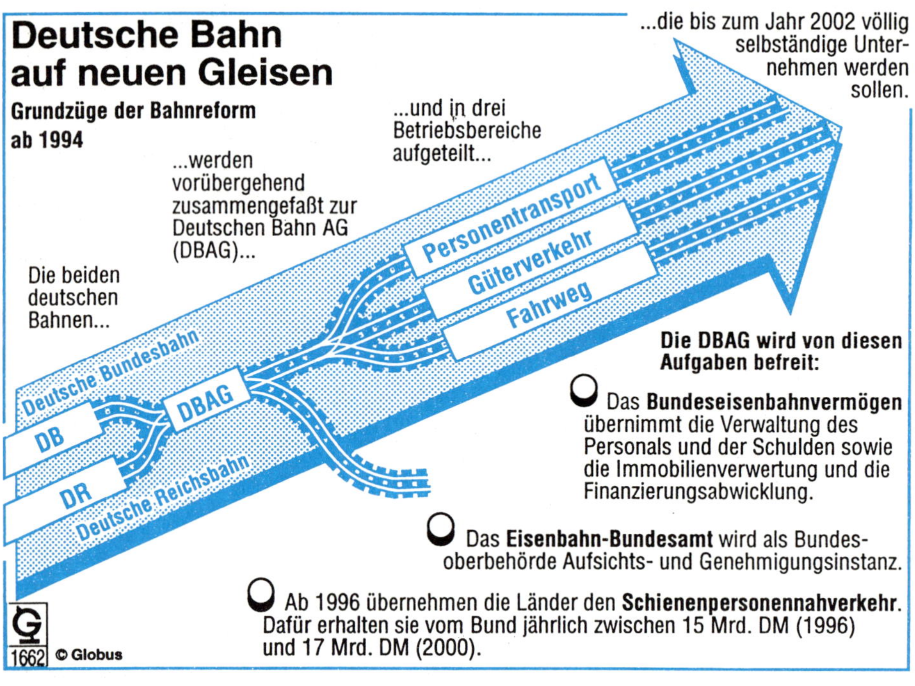

Für Ihre Zugverbindungen, die Sie in Fahrplantabellen und Hinweisen auf Bahnhöfen finden, gibt es bestimmte Abkürzungen und Zeichen.

Zeichenerklärung

⁞ links neben den Fahrplanzeiten = *ICE* mit besonderem Fahrpreis sowie **zuschlagpflichtige *EC, IC, EN, IR* und *D***

ICE ***InterCityExpress***
(Besonderer Fahrpreis. Entgelt für Platzreservierung im Fahrpreis für Einzelreisende enthalten. Der Übergang aus anderen Zügen – außer ICE – ist nur gegen Zahlung des Preisunterschiedes möglich. Für Reisegruppen Platzreservierung erforderlich.)

EC ***EuroCity,***
IC ***InterCity***
(EC/IC-Zuschlag grundsätzlich erforderlich. Ausnahmen nur, wenn die Kennzeichnung der Zuschlagpflicht links neben den Fahrplanzeiten nicht angegeben ist. Entgelt für Platzreservierung im EC/IC-Einzelzuschlag enthalten. Für Reisegruppen Platzreservierung erforderlich).

EN ***EuroNight***
(Besonderer Zuschlag für Bett- und Liegeplätze)

IR ***InterRegio***
D ***Schnellzug***
} Zu Fahrscheinen bis 50 km (bei der DB Zonen 1–16; bei der DR Zonen 1 bis 7) sowie zu persönlichen Streckenzeitkarten ist Schnellzugzuschlag erforderlich, wenn der Zug links neben den Fahrplanzeiten als zuschlagpflichtig gekennzeichnet ist.

RSB ***RegionalSchnellBahn***
E ***Eilzug***

CB ***CityBahn***
RB ***RegionalBahn***
Ⓢ ***S-Bahn***
} Fahrplanzeiten sind in magerer Schrift gedruckt

ohne Buchstaben: **Zug des Nahverkehrs**

Die Zuggattungsbezeichnungen der anderen europäischen Eisenbahnen weichen z T von den in Deutschland üblichen ab. Sie werden auf der Fahrplanseite erklärt, auf der sie vorkommen.

Verkehrstage

{ links neben den Fahrplanzeiten: verkehrt nicht täglich oder nur während eines bestimmten Zeitabschnittes

† an Sonntagen und **allgemeinen** Feiertagen
Als **allgemeine Feiertage** im Bundesgebiet gelten: **Neujahr, Karfreitag, Ostermontag, 1. Mai, Christi Himmelfahrt, Pfingstmontag, 3. Oktober, Bußtag, 1. und 2. Weihnachtstag.**

⚒ an Werktagen;
Regelung an Landesfeiertagen, die nicht „allgemeine Feiertage" sind, siehe Fahrplantabellen.

Ⓐ an Werktagen außer Samstag
Ⓑ täglich außer Samstag
Ⓒ an Samstagen, Sonn- und Feiertagen

① Montag 1)
② Dienstag 1)
③ Mittwoch 1)
④ Donnerstag 1)
⑤ Freitag 1)
⑥ Samstag (Sonnabend) 1)
⑦ Sonntag 1)

1) Züge mit dieser Angabe der Wochentage verkehren auch, wenn der betreffende Tag auf einen Feiertag fällt.
Abweichende Regelungen sind in den Fahrplantabellen angegeben.

Zeitangaben

Die Ankunft- und Abfahrtzeiten sind in der jeweiligen Landeszeit angegeben, das sind:

MEZ	**Mitteleuropäische Zeit**	z. B. 12.00
WEZ	**Westeuropäische Zeit** (1 Stunde **nach** gegenüber MEZ)	11.00
OEZ	**Osteuropäische Zeit** (1 Stunde **vor** gegenüber MEZ)	13.00
MZ	**Moskauer Zeit** (2 Stunden **vor** gegenüber MEZ)	14.00

In Deutschland gilt die MEZ,
vom 28. März bis 25. September 1993 und
vom 27. März bis 24. September 1994 die **mitteleuropäische Sommerzeit (1 Stunde vor** gegenüber MEZ = OEZ).
Die Abfahrtzeit um Mitternacht ist 0.00, die Ankunftzeit um Mitternacht ist 24.00.
Dieselbe Ankunft- und Abfahrtzeit (z B an 12.45, ab 12.45) bedeutet einen Aufenthalt von weniger als 1 Minute.

Angaben zu den Zügen und Bahnhöfen

◊ bei Anschlußangaben: ***ICE*** (***InterCityExpress***; besonderer Fahrpreis)
⧫ bei Anschlußangaben: ***EC/IC*** (***EuroCity/InterCity;*** Zuschlag grundsätzlich erforderlich)
🅁 Platzkarten erforderlich
◆ Platzreservierung für Einzelreisende besonders empfohlen; für Reisegruppen Angebotseinschränkungen.
Zug mit Gepäckabteil
Zug führt Fahrradabteil (acht Stellplätze); Reservierung erforderlich
Zug führt durchlaufende Wagen (Kurswagen) 2)

Schlafwagen 2)
S Einbettklasse (großes Einbettabteil), 1. Klasse
Sp Spezialklasse (kleines Einbettabteil), 1. Klasse
D Zweibettklasse (großes Zweibettabteil), 1. Klasse
T 2 Touristenklasse (kleines Zweibettabteil), 2. Klasse
T 3 Touristenklasse (Dreibettabteil), 2. Klasse

Liegewagen 2. Klasse (Liegewagen 1. oder 1.2. Klasse sind besonders gekennzeichnet) 2)

✕ ***Bord Restaurant,*** Zugrestaurant
Bistro Café, Zugrestaurant; Getränke und kleines Speisenangebot
🍸 Imbiß und Getränke im Zug erhältlich
} Service 2)

2) Einzelangaben siehe Zugverzeichnis unter der Zug-Nr. der Deutschen Bahnen, die in den Fahrplantabellen angegeben ist.

Zug führt Autotransportwagen (Verkehrstage und Relationen siehe bes. Übersicht)

6, 7 ... Übergangszeiten von 6, 7 ... Minuten (siehe „Kurze Hinweise für unsere Fahrgäste")

◗ Halt nur zum Zusteigen
◖ Halt nur zum Aussteigen
x vor dem Namen des Bahnhofs oder der Haltestelle: alle Züge und Busfahrten halten nur nach Bedarf,
vor der Zeitangabe: hält nur nach Bedarf
Reisende, die aussteigen wollen, werden gebeten, dies dem Schaffner, dem Zugführer oder dem Triebfahrzeugführer spätestens auf dem letzten Haltebahnhof oder auf der letzten Haltestelle mitzuteilen. Reisende, die einsteigen wollen, machen sich dem Aufsichtsbeamten oder, wo dieser fehlt, dem herannahenden Zug oder Bus rechtzeitig bemerkbar.
| in der Mitte der Fahrzeitspalte: fährt auf dem betreffenden Bahnhof (Haltestelle) durch bzw fährt über eine andere Strecke
o in der Bahnhofs- oder Fahrzeitspalte: Ankunft
→↓ in der Überschrift: Fahrplantabelle der anderen Richtung weiter rechts bzw. unterhalb eingeordnet
← in der Überschrift: Fahrplantabelle der anderen Richtung geht voraus
→ in der Fahrzeitspalte: weiter siehe rechts
⟵ in der Fahrzeitspalte: Hinweis auf einen links stehenden Anschlußzug
▶.◀ Hinweis auf die Anschlußleiste einer vorangehenden oder nachfolgenden Strecke
Buslinie
* Schienenfahrscheine gelten in den Bussen gemäß den Tarifbestimmungen der DB und den Linienbestimmungen der Busgesellschaften
▲ Bus hält nicht am Bahnhof
Schiffahrtslinie
✈ Flughafen bzw. ***S-Bahn*** zum Flughafen
⊞ Grenzbahnhof oder Grenzübergangsstelle mit Paß- und Zollabfertigung
Paß- und Zollabfertigung im fahrenden Zug
🅿 Bahnhof mit DB-eigenem Parkplatz

Abkürzungen

BF	Bahnhof	Gst	Geschäftsstelle (Bus)
Bst	Betriebsstelle (Bus)	ZOB	Zentralbusbahnhof
Hbf	Hauptbahnhof		

Weitere Zeichen oder Buchstaben als Hinweise auf Anmerkungen sind auf der Seite erklärt, auf der sie vorkommen.

5.1.3 Flugreisen

Informationsmaterial: Flugpläne, Weltluftkursbuch, ABC-World Airways Guide.

Flugpläne (z. B. der Lufthansa) enthalten wichtige Hinweise auf Beförderungsklassen, Spartarife und Beförderungsbedingungen.

Das Weltluftkursbuch ist nur für die Stadtbüros der Fluggesellschaften und für die IATA-Agenturen[1] bestimmt. Inhalt: alle Flugpläne, alle Flughäfen der Welt, alle internationalen Reisebestimmungen

Flughäfen in Deutschland

1993 wurden auf den 16 deutschen Flughäfen insgesamt 94 Millionen Fluggäste abgefertigt. Frankfurt ist mit Abstand die bedeutendste Drehscheibe im deutschen Luftverkehr (32 Millionen Fluggäste). Aber auch in Düsseldorf und in München werden jährlich mehr als 12 Millionen Reisende gezählt. Manche Flughäfen gelangen bei diesen Passagierzahlen an die Grenzen ihrer Kapazität.

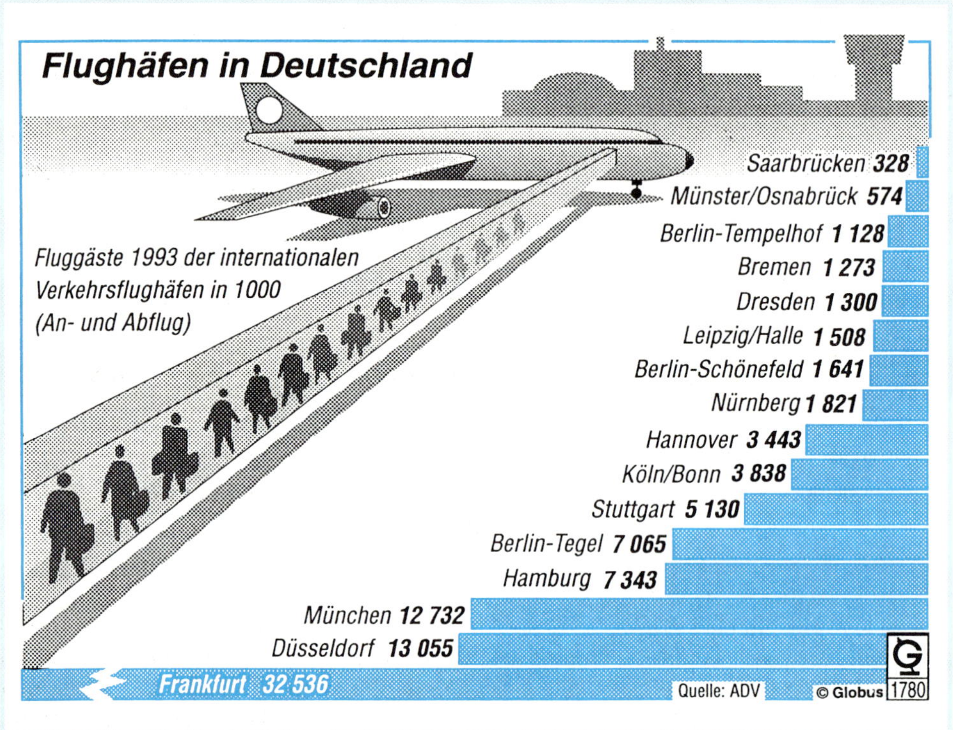

▶ Beförderung zum Flughafen

- Nutzung von Verkehrsmitteln vom Hauptbahnhof zum Flughafen mit dem Rail & Fly-Ticket ohne zusätzliche Kosten
- Transfer-Möglichkeiten
- Zeitdauer Zug – Flughafen

Es gelten die Tarif- und Beförderungsbedingungen der jeweiligen Verkehrsunternehmen.

[1] IATA = International Air Transport Association (Internationaler Luftverkehrsverband). Die IATA ist eine Vereinigung der Luftverkehrsgesellschaften.

▶ Verkehrssprache

Im internationalen Luftverkehr ist Englisch neben der Sprache der Luftfahrt betreibenden Länder die Verkehrssprache Nummer 2. Internationale Flughäfen geben Hinweise daher auch in englischer Sprache.

Die wichtigsten Begriffe im Luftverkehr			
Airport	Flughafen	**Domestic flight**	Inlandflug
Arrival	Ankunft	**Duty free**	Zollfrei
Baggage	Gepäck	**Embarkation**	Einsteigen ins Flugzeug
Baggage-claim	Gepäckausgabe	**Fare**	Tarif, Preis
Baggage-tag	Gepäckanhänger	**Flight-number**	Flugnummer
Boarding card	Einsteigkarte	**Gate**	Warteraum, Abrufraum
Check-in	Passagierabfertigung	**Local time**	Ortszeit
Check-in-time	Uhrzeit für die Meldung zur Abfertigung	**Message**	Nachricht
		Passenger	Passagier
Connection-flight	Anschlußflug	**Schedule**	Flugplan
Counter	Schalter	**Seat-belt**	Anschnallgurt
Crew only	Nur für Besatzung	**Stand-by**	Warteliste
Customs	Zoll	**Take-off**	Start
Delay	Verspätung	**Terminal**	Abfertigungsgebäude
Departure	Abflug	**Ticket**	Flugschein
Destination	Zielflughafen	**Time of departure**	Abflugzeit
Disembarkation	Aussteigen der Passagiere	**Transfer**	Umsteigen

▶ Pünktlich zum Flughafen

Die auf großen Tafeln und per Lautsprecher angekündigten Verspätungen verleiten viele Fluggäste, entsprechend später zum Abfertigungsschalter zu gehen, um einzuchecken. Ein verhängnisvoller Fehler, denn unabhängig davon, ob das Flugzeug pünktlich oder mit dreistündiger Verzögerung startet, eingecheckt wird immer zur selben Zeit: bei Charterflügen also anderthalb bis zwei Stunden und bei Linienflügen eine halbe Stunde vor dem geplanten Abflug. Wer erheblich später am Schalter erscheint, kommt in der Regel nicht mehr mit, auch wenn das Flugzeug erst in zwei Stunden abhebt. Bei Charterflügen ist der Abfertigungsschalter dann längst geschlossen und bei Linienflügen der Platz oft an einen Fluggast auf der Warteliste vergeben.

▶ Schadenersatz

Flugreisende, die aufgrund einer Überbuchung einen späteren Flug nehmen müssen, haben nach einer jetzt in Kraft getretenen EG-Verordnung Anspruch auf Entschädigung durch die Fluggesellschaften. Die Höhe des Schadenersatzes richtet sich dabei nach der Dauer der Verspätung und der Entfernung des Fluges.

Reisestrecken	Wartezeit	Entschädigung
unter 3 500 km	unter 2 Std. über 2 Std.	75 Ecu (etwa150 DM) 150 Ecu
über 3 500 km	unter 4 Std.	150 Ecu

Außerdem hat der Reisende Anspruch auf entstehende Telefon-, Bewirtungs- oder Übernachtungskosten.

▶ Reisegepäck (Freigepäck)

International (außer USA/Kanada)	**nach/von den USA/Kanada** nach Mexico/Karibik über San Juan/Antigua/Miami
Economy-Klasse: 20 kg Business-Klasse: 30 kg Erste Klasse: 40 kg	Je nach Ausgangs- oder Bestimmungsort der beschriebene Gewichtstarif oder eine Stückzahl wie folgt:
Zusätzliches Handgepäck 1 Gepäckstück, Höchstmaße: 55 cm x 40 cm x 20 cm	2 Gepäckstücke und 1 Stück Handgepäck (Abmessungen wie bei **International**)

Seit März 1982 gilt auf den europäischen Flughäfen die Regelung, daß jedes aufgegebene Gepäckstück mit dem Namensschild des Reisenden versehen sein muß. Die Fluggesellschaften liefern Gepäckstückaufkleber zusammen mit dem Ticket. Koffer ohne Kennzeichnung werden beim Einchecken zurückgewiesen. Der ADAC hat ein Namensschild herausgebracht, das die Daten des Reisenden in codierter Form enthält; bei Bedarf können die Daten von befugten Stellen schnell decodiert werden. Grund: Erhöhung der Sicherheit; nicht jeder braucht zu wissen, wer der Reisende ist; Datenschutz.

Bei Verlust von Koffern sollte man am Zielflughafen gleich die Fluggesellschaft informieren und eine Schadensmeldung abgeben. Das gilt nicht nur für fehlende, sondern auch für beschädigte Gepäckstücke, rät die Arbeitsgemeinschaft der Verbraucherverbände (AgV). Die Fluggesellschaften halten in solchen Fällen Beutel mit Toilettenartikeln bereit. Darüber hinaus ist auch eine Ersatzbeschaffung von Kleidung „in angemessenem Rahmen" und unter bestimmten Bedingungen möglich.

▶ Zeitzonen

Bei Langzeitflügen (z. B. von Europa nach Asien oder in die USA und umgekehrt) wird durch die Differenz zwischen europäischer und asiatischer bzw. nordamerikanischer Ortszeit die „innere Zeituhr" des Menschen aus dem Takt gebracht. Diese Störung – als „jet lag" bekannt – kann dadurch behoben werden, daß der Reisende für je zwei Stunden Zeitverschiebung einen Tag für die körperliche Umstellung einplant.

Je 15 Längengrade nach Westen müssen wir die Uhr eine Stunde zurückstellen, je 15 Längengrade ostwärts eine Stunde vorstellen (Zeitzone). Darüber ergibt sich – ohne Berücksichtgung einer möglichen Sommerzeit – für 12 Uhr mittags bei uns in:

Ägypten	13.00	**Island**	11.00	**Polen**	12.00
Argentinien	08.00	**Israel**	13.00	**Portugal**	12.00
Australien	19–21.00	**Italien**	12.00	**Rumänien**	13.00
Azoren	10.00	**Jamaica**	06.00	**Schweden**	12.00
Bahamas	06.00	**Japan**	20.00	**Schweiz**	12.00
Barbados	07.00	**Jugoslawien**	12.00	**Seychellen**	15.00
Belgien	12.00	**Kanada-Ost**	07.30	**Singapur**	18.30
Bermuda	07.00	**Kanada-West**	02.00	**Spanien**	12.00
Bolivien	07.00	**Kenia**	14.00	**Sri Lanka**	16.30
Brasilien	08.00	**Kolumbien**	06.00	**Südafrika**	13.00
Bulgarien	13.00	**Luxemburg**	12.00	**Tansania**	14.00
Chile	08.00	**Malta**	12.00	**Thailand**	18.00
Dänemark	12.00	**Marokko**	11.00	**Tschechoslowakei**	12.00
Finnland	12.00	**Mexiko**	05.00	**Türkei**	13.00
Frankreich	12.00	**Nepal**	16.40	**Tunesien**	12.00
Griechenland	13.00	**Neuseeland**	24.00	**UdSSR**	14.00
Großbritannien	11.00	**Niederlande**	12.00	**Ungarn**	12.00
Haiti	06.00	**Norwegen**	12.00	**Venezuela**	07.00
Hongkong	19.00	**Österreich**	12.00	**Vereinigte Staaten (Ost)**	06.00
Indien	16.30	**Peru**	06.00	**Vereinigte Staaten (West)**	03.00
Irland	11.00	**Philippinen**	19.00	**Zypern**	13.00

(Quelle: Geo Center, Stuttgart)

▶ Sitzplan

Boeing 747 E

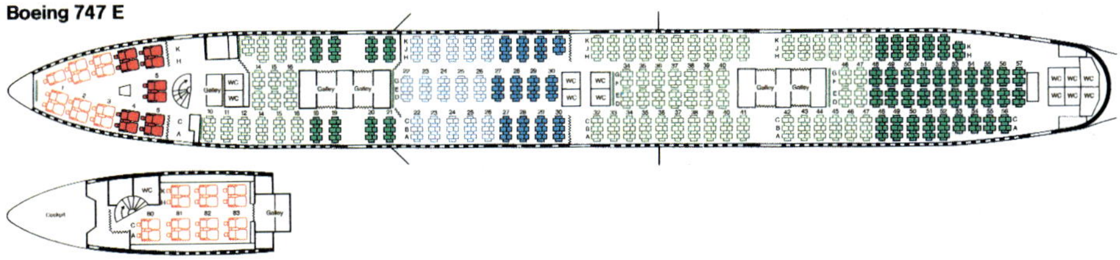

First Class

Raucher / Smoker / Fumadores / Fumeurs

Nichtraucher / Nonsmoker / No fumadores / Non fumeurs

Tourist Class

Raucher / Smoker / Fumadores / Fumeurs

Nichtraucher / Nonsmoker / No fumadores / Non fumeurs

Business Class

Raucher / Smoker / Fumadores / Fumeurs

Nichtraucher / Nonsmoker / No fumadores / Non fumeurs

Filmleinwand / Movie Screen / Pantalla cinematográfica / Ecran de cinéma

Die Boing 747 E (Lufthansa) wird auf Interkontinentalflügen eingesetzt. Bei der Buchung einer Flugreise kann man sich im Reisebüro über den eingesetzten Flugzeugtyp und das Sitzplatzangebot informieren.

▶ ATB-Ticket

Die 170 in der International Air Transport Association (IATA) zusammengeschlossenen Fluggesellschaften haben sich geeinigt, das bisherige System von Flugschein und gesonderter Einsteigekarte aufzugeben. Es werden neue Tickets, ATB (Automated Ticket and Boarding Pass) genannt, eingeführt. Zwei wichtige neue Besonderheiten:

- Das ATB-Ticket kombiniert den Flugschein und die Bordkarte in einer einzigen, vom Computer ausgedruckten Form. Dadurch wird den Fluggesellschaften ein schneller und vereinfachter Service ermöglicht.
- Auf einem auf der Rückseite des Tickets angebrachten Magnetstreifen können reisebezogene Daten (z. B. das Reiseziel, die Fluglinie, Klasse, Sitzplatz sowie der benutzte Tarif) gespeichert werden, was dem Kundendienst zugute kommen soll; auch kriminelle Manipulationen am Ticket sollen erschwert werden.

▶ „Fly and Meet"

Der Flughafen ist für viele Unternehmen ein zweckmäßiger Konferenzort. Die 12 internationalen Verkehrsflughäfen Berlin, Bremen, Düsseldorf, Frankfurt, Hamburg, Hannover, Köln/Bonn, München, Münster-Osnabrück, Nürnberg, Saarbrücken, Stuttgart sowie die Regionalflughäfen Augsburg, Dortmund, Egelsbach, Essen/Mühlheim, Mönchengladbach, Paderborn/Lippstadt und Siegerland stellen geeignete Tagungsräume zur Verfügung. Frankfurt hat mit einem Airport Conference Center (ACC) neue multifunktionelle Anlagen geschaffen, vor allem auch für die Medien Rundfunk und Fernsehen. Die ACC Videokonferenzräume erlauben zudem Besprechungen mit Partnern ins Ausland. Auskunft: ADV-Geschäftsführung, 70629 Stuttgart Flughafen.

5.1.4 Auslandsreisen allgemein

Botschaften

In Notlagen, „die auf andere Weise nicht behoben werden können", können Reisende bei Botschaften und Konsulaten Hilfe finden. Die Bundesrepublik Deutschland hat rund 200 Auslandsvertretungen in aller Welt. Die Vertretungen sind zu erkennen an dem schwarz-goldenen Wappenschild mit dem Bundesadler und der Aufschrift „Botschaft", „Generalkonsulat" oder „Konsulat".

In Hauptreiseländern sind Konsularbeamte auch außerhalb der Dienstzeiten erreichbar. Der Konsularbeamte leistet „Hilfe zur Selbsthilfe", ist jedoch nicht in der Lage, z. B. unbezahlte Hotelrechnungen oder Rettungsflüge zu finanzieren.

Wozu sie allerdings verpflichtet sind, etwa im Falle von Geld- und Scheckverlust:

- Bevorschussung von Telefon- und Telegrammkosten
- Überbrückungsgeld für die Lebenshaltung, bis das aus Deutschland angeforderte Geld eintrifft (Hotelrechnungen, sonstige Schulden, Verlängerung des Urlaubs und Weiterreise im Ausland werden nicht kreditiert)
- Fahrtkosten für die preisgünstigste Heimreise und ein Zehrgeld
- Arzt-, Medikamenten- und Krankenhauskosten nach Unfällen und akuten Erkrankungen, sofern kein Abkommen in dem jeweiligen Reiseland mit deutschen Versicherungen besteht.

Nützlich ist der Besitz von Schutzbriefen einiger Automobilclubs und Versicherungen.

Außer den genannten Auslandsvertretungen gibt es weltweit in rund 260 Städten Honorargeneralkonsuln oder Honorarkonsuln. Sie üben ihr Amt meistens neben ihrem Hauptberuf aus, arbeiten ohne Bezahlung, also ehrenhalber, „honoris causa". Sie haben eingeschränkte konsularische Rechte und nur begrenzte Hilfsmöglichkeiten. Ihre Hilfe kann jedoch sehr nützlich sein, weil sie die örtlichen Verhältnisse am besten kennen.

Die Botschaften, Generalkonsulate, Konsulate, Außenstellen, Honorargeneralkonsuln und Honorarkonsuln der Bundesrepublik Deutschland finden Sie in den örtlichen Telefonbüchern unter folgenden Bezeichnung:

Englisch:
Embassy of the Federal Republic of Germany
Consulate General …
Consulate …
Honorary Consul General …
Honorary Consul …

Französisch:
Ambassade de la République fédérale d'Allemagne
Consulat Général …
Consulat …
Consul Honoraire …

Spanisch:
Embajada de la República Federal de Alemania
Consulado General …
Cónsul Honorario …
Dependencia de la Sección Consular de la Embajada …
Dependencia del Consulado General …

Portugiesisch:
Embaixada da República Federal da Alemanha
Consulado General …
Cónsul Honórario …

Italienisch:
Ambasciata della Republica Federale di Germania
Consolato Generale …
Consolato …
Console Onorario …

(Quelle: Presse- und Informationsamt der Bundesregierung, Bonn)

Es ist empfehlenswert, die Anschrift der deutschen Vertretung des entsprechenden Reiselandes schon vor Beginn der Reise in der **Reiseakte** festzuhalten (Auskunft: ADAC, Reisebüro).

Zahlungsmittel: Wo tauscht man am günstigsten sein Geld?

Seitdem die Wechselkurse der meisten europäischen Währungen zur Deutschen Mark in einem festen Verhältnis stehen, ist es belanglos, ob die Devisen bei der Hausbank oder unterwegs besorgt werden. Wer zuviel Devisen eingetauscht hat, muß beim Rücktausch einen Kursverlust hinnehmen.

Hinweise:

- Einen bestimmten (nicht zu hohen) Betrag bei der Hausbank für die Ankunft eintauschen (Taxi, Trinkgelder, erste Mahlzeit usw.).
- Reiseschecks: 100prozentig gegen Verlust versichert (1 % Gebühr); Auszahlung in DM oder verschiedenen Landeswährungen.
- eurocheques: Werden in Europa fast überall akzeptiert; mit der ec-Karte kann man in 13 Ländern an 20 000 „Euro-Automaten“ Geld ziehen. (Höchster täglicher Betrag umgerechnet etwa 400 DM, einheitliche Gebühr 5 DM).
- Postsparbuch: Höchstbetrag pro Monat und Sparbuch 3 000 DM; in 18 Ländern gebührenfrei und zu günstigem Kurs.
- US-Dollarschecks: Außerhalb Europas problemlos einzulösen.
- Kreditkarte: Bietet weltweite Unabhängigkeit. Rechnungen werden daheim zu einem günstigen Kurs abgerechnet. Bezahlt man damit Dienstleistungen (Flug, Mietwagen usw.) sind meist Versicherungen eingeschlossen.

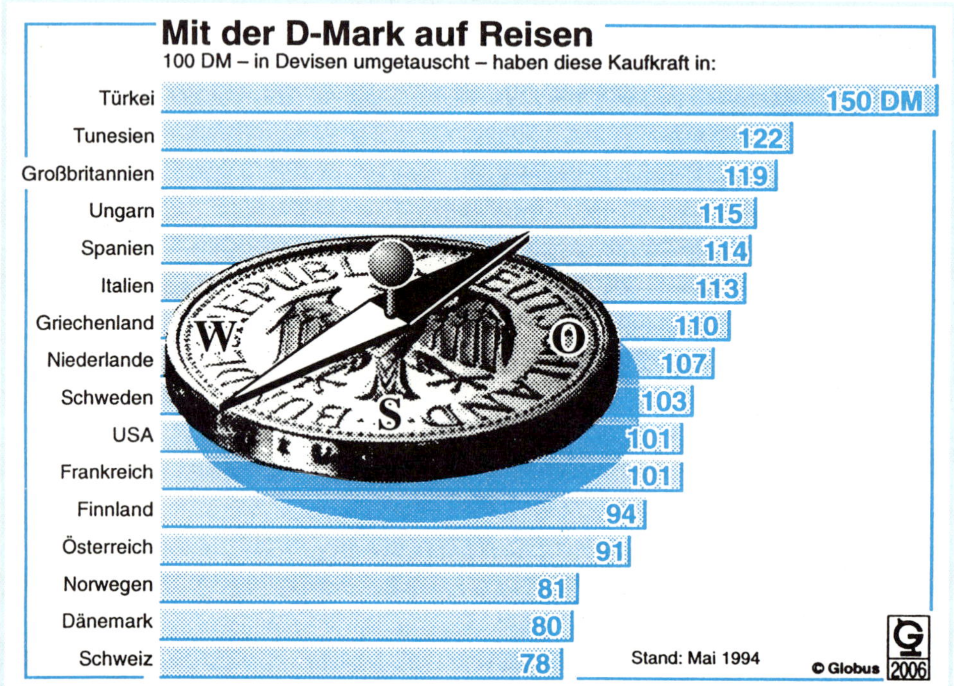

Telefonieren

Vorwahlen für Deutschland aus	Vorwahlnummern
Belgien	00 + 49-
Dänemark	0 09 49-
Frankreich	19 + 49-
Griechenland	00 49-

Vorwahlen für Deutschland aus	Vorwahlnummern
Großbritannien	0 10 49-*
Italien	00 49-
Jugoslawien	99 49-
Kroatien	99 49-
Luxemburg	00 49-
Niederlande	09 + 49-
Norwegen	0 95 49-
Österreich	00 49-
Polen	0 + 0 49-
Portugal	00 49-
Schweden	0 09 49 + -
Schweiz	00 49-
Slowakische Republik	00 49-
Slowenien	99 49-
Spanien	07 + 49-
Tschechische Republik	00 49-
Türkei	00 49-
Ungarn	00 + 49-

\+ = Wählton abwarten * = Münzen erst eindrücken, wenn der Teilnehmer sich meldet

Sprachen

Länder	Landessprache	Verstandene Sprachen
Ägypten	Arabisch	Englisch
Argentinien	Spanisch	Deutsch
Australien	Englisch	
Bahamas	Englisch	
Brasilien	Portugiesisch	Spanisch
Chile	Spanisch	Deutsch
Haiti	Französisch	Englisch
Hongkong	Englisch	
Indien	Hindi	Englisch
Indonesien	Bahasa	Englisch
Isreal (Eilat)	Hebräisch	Englisch, Deutsch
Jamaica	Englisch	
Japan	Japanisch	Englisch
Kanada	Englisch	Französisch
Kenia	Suaheli	Englisch
Kolumbien	Spanisch	
Madeira	Portugiesisch	
Marokko	Arabisch	Englisch, Französisch
Mexiko	Spanisch	
Neuseeland	Englisch	
Peru	Spanisch	
Philippinen	Tagalog	Englisch, Spanisch
Seychellen	Englisch	
Singapur	Malaiisch	Englisch
Sri Lanka (Ceylon)	Singalesisch	Englisch
Südafrika	Afrikaans	Englisch

Länder	Landessprache	Verstandene Sprachen
Thailand	Thai	Englisch
Uruguay	Spanisch	Englisch, Deutsch
USA	Englisch	
Venezuela	Spanisch	Englisch, Deutsch

(Quelle: Geo Center, Stuttgart)

Kleider und Schuhgrößen im Ausland

Damen-Konfektionsgrößen

BRD Niederlande Skandinavien	England	Italien	Spanien Frankreich	USA
36	10 (30)	40	38	10
38	12 (32)	42	40	12
40	14 (34)	44	42	14
42	16 (36)	46	44	16
44	18 (38)	48	46	18
46	20 (40)	50	48	38
48	22 (42)	52	50	40
50	24 (44)	54	52	42

Herren-Konfektionsgrößen

BRD	England USA	sonstiges Europa
46	36	46
48	38	48
50	40	50
52	42	52
54	44	54
56	46	56

Internationale Schuhgrößen

BRD England	Italien Spanien	Frankreich USA
3 – 3½ (36)	36	5 – 5½
4 – 4½ (37)	37	6 – 6½
5 – 5½ (38)	38	7 – 7½
5½ – 6 (39)	39	7½ – 8
6½ – 7 (40)	40	8½ – 9
7 – 7½ (41)	41	9 – 9½
7½ – 8 (42)	42	9½ – 10
8½ – 9 (43)	43	10½ – 11
9½ (44)	44	11½

Fernreisen: Das sollten Sie wissen

Reiseland/ Beste Reisezeit	Sprach- verständigung	Verhalten gegenüber Fremden	Verkehr	Gesundheit, Vorsorge	Sicherheit	Verhaltens- regeln
Ägypten Oktober bis März	Arabisch. Englisch, Französisch.	Höflich, gastfreundlich, geschäftstüchtig, aufdringlich.	Autoverkehr chaotisch, selber fahren abzuraten, Taxis billig, gute Bahn-, Schiffs- und Flugverbindungen (vorausbuchen).	In Assuan deutsches Krankenhaus, in Kairo passable Ärzte-Versorgung; Vorsicht vor Frischprodukten; Hygiene nur in großen Hotels; Hepatitis, Typhus, Durchfall.	Außer Taschendiebstahl relativ sicher, wenn man seinen Wohlstand nicht vorführt; betrügerischer Antiquitätenverkauf; Knaben-Prostitution, Tourist Police spricht oft keine Fremdsprache.	Diskreter Alkoholkonsum möglich; zurückhaltend fotografieren, Körperkontakte nur unter Männern üblich; Geduld Bettlern und Schleppern gegenüber ; Feilschen obligatorisch.
Brasilien Mai bis Oktober	Portugiesisch, etwas Englisch.	Gastfreundlich, Deutsche beliebt.	Sehr gutes Flug- und Busnetz; Straßen relativ gut; selber fahren problemlos.	Gute ärztliche Versorgung in den Städten, im Amazonasgebiet Malaria, Gelbfieber, Typhus, Magen-, Darm- und Kreislaufmittel mitnehmen.	Raubüberfälle in Rio; Trickdiebstahl, keine Uhren, Schmuck und Kameras tragen; Geld gut verstecken.	Besser nicht in die „Favellas“ gehen, in Touristenläden feilschen.
China Frühjahr/Herbst	Chinesisch, wenig Englisch.	Sehr freundlich und höflich.	Gute Zugverbindungen; Inlandflüge und Busse gut, aber überlastet; Taxis können nicht auf der Straße angehalten werden und sind schwer zu bekommen; Tarife staatlich festgelegt.	Sehr gute ärztliche Versorgung, in einigen Regionen Malaria	Sicheres Reisen.	Handeln und Trinkgelder unüblich; Pünktlichkeit wichtig; nicht „Rotchina“ sagen, sondern Volksrepublik; äußerste Höflichkeit und Anspruchslosigkeit sind anzuraten; förmliche Bekleidung.
Indien Oktober bis März	Hindi und zahllose Landessprachen, Englisch Verkehrssprache.	Distanziert freundlich.	Flug- und Eisenbahnnetz gut, aber ausgebucht und unpünktlich; Busse überfüllt; Autoverkehr chaotisch; Mietwagen unbekannt; Taxis billig.	Hoher medizinischer Standard, aber Hygiene mangelhaft; Vorsorge für nahezu alles: Malaria, Cholera, Polio, Tetanus, Hepatitis, Typhus, Durchfall.	Außer Diebstahldelikten keine Gewalttätigkeiten gegen Fremde; zur Zeit im Norden politisch unruhig; aufgeblähte Bürokratie; kleine Geschenke wirken Wunder.	Viele Tabus; Tempel; heilige Kühe; linke Hand unrein; Frauen nicht die Hand schütteln; keine Shorts; Fotografieren von Personen nur mit deren Zustimmung.
Indonesien ganzjährig	Indonesisch, etwas Englisch und Holländisch.	Freundlich distanziert.	Gute Flugverbindungen, vor allem in Java; Busse voll, aber billig; ausgedehntes Eisenbahnnetz; Mietwagen mit Fahrer möglich; Linksverkehr.	Nur in Java und Bali passable ärztliche Versorgung; Malaria, Cholera, Typhus.	Ziemlich sicheres Reisen.	Religiöse, islamische Tabus; ziemlich prüde.
Karibik Oktober bis April	Patois oder Kreolisch; Englisch: Barbados, Jamaika, Bahamas, Britische Antillen; Französisch: Französische Antillen, Haiti; Spanisch: Kuba, Puerto Rico.	Reserviert bis unfreundlich Weißen gegenüber, manchmal aggressiv.	Zwischen den Inseln gute Flug-, aber kaum Schiffsverbindungen, auf den meisten Inseln gute Busverbindungen; oft Linksverkehr; Auto mieten nützlich.	Gute ärztliche Versorgung; keine Impfung oder Vorsorge nötig.	Die politisch-sozialen Unruhen und Unabhängigkeitsbestrebungen richten sich (noch) nicht gegen Touristen.	Fast überall ausgesprochen kamerafeindlich; Feilschen nicht üblich.

Reiseland/ Beste Reisezeit	Sprachverständigung	Verhalten gegenüber Fremden	Verkehr	Gesundheit, Vorsorge	Sicherheit	Verhaltensregeln
Kenia November bis März	Suaheli, Englisch.	Feundlich, offen, geschäftstüchtig.	Busse überfüllt, aber billig; organisierte Überlandfahrten ratsam; Flugverbindungen im Charterdienst; Linksverkehr.	In den Städten gute ärztliche Versorgung; Malaria, Typhus, Choleravorsorge fürs Landesinnere.	Nairobi nicht ungefährlich; zunehmende Straßenkriminalität; Geld schwarz tauschen wird streng bestraft.	Nacktbaden streng verboten; fotografieren nur mit Einverständnis.
Malaysia ganzjährig	Malayisch, Englisch verbreitet.	Höflich, freundlich, zurückhaltend, tolerant.	Gutes Flug-, Eisenbahn- und Busnetz; Straßen gut; selber fahren möglich, aber nur für Nervenstarke; Sammeltaxis; Linksverkehr.	Gute Krankenversorgung; Malaria in ländlichen Gegenden.	Sicheres Reisen.	Wie in allen asiatischen Ländern korrekt bekleidet sein und Körperkontakte meiden; gemäßigter Islam.
Marokko Frühjahr/Herbst	Marokkanisch/ Arabisch, Französisch	An Fremden nur als Einnahmequelle interessiert; aufdringlich, Kinder als Schlepper.	Gutes Straßennetz, selber fahren möglich mit guten Nerven und Reparaturkenntnissen; sehr gutes Busnetz, aber unpünktlich; Flüge und Eisenbahn zwischen den großen Städten.	In großen Städten passable ärztliche Versorgung; Krankenhäuser für Europäer nicht empfehlenswert; Malaria, Polio, Tetanus, Durchfall.	Im Süden wegen kriegerischer Auseinandersetzungen unsicher; gestohlen wird alles, was greifbar ist, Auto und Inhalt bewachen; Polizei straff organisiert, auch Touristen gegenüber streng, aber bestechlich.	Bekleidet baden; Frauen züchtig; Fotografieren oft nur mit Zustimmung und gegen Bakschisch; Feilschen ist Pflicht, bis zur Hälfte hinunter möglich.
Mexiko Oktober bis März	Spanisch, Englisch nur in Touristenorten.	Höflich, freundlich.	Gutes Straßennetz; selber fahren möglich, aber defensiv; Mexiko-City chaotischer Verkehr; dichtes billiges Busnetz; gutes Flugnetz, aber nicht zuverlässig; Taxis preiswert.	Passable Ärzte in den Städten; „Turista“ (Durchfall, Magenschmerzen) heißt die häufigste Erkrankung; Malaria, Hepatitis, Typhus.	Wertsachen am Körper verstauen; Überfälle häufig; Polizei unterbezahlt, also bestechlich, „Regelung auf mexikanisch“.	Spanischer Ehrenkodex, bekleidet baden.
Nepal Frühjahr bis Herbst	Nepali, zahllose Dialekte, Englisch nur an Hauptrouten.	Fotofreundlich.	Inlandflugnetz; Busverkehr; in Kathmandu keine öffentlichen Verkehrsmittel; Fahrrad leihen; Linksverkehr.	Schlechte medizinische Versorgung; Vorsorge wie für Indien, dazu Höhenkrankheit; Toiletten unbekannt.	Diebstahl selten.	Beim Einkaufen feilschen; Tauschgeschäfte beliebt.
Peru Dezember bis April	Indiosprache Quechua, Spanisch.	Freundlich distanziert.	Chaotischer Straßenverkehr; öffentliches Verkehrsnetz ausgebaut, aber unzuverlässig; Taxis billig, Preis aushandeln. Eisenbahn reizvoll.	Nur in Lima medizinische Versorgung; Gelbfieber, Malaria, Polio Hepatitis, Typhus, Medikamente gegen Höhenkrankheit.	Trickdiebstahl, wenig Gewalttätgikeit; politisch unruhig.	Handeln; mit Geld läßt sich überhaupt vieles regeln.

Reiseland/ Beste Reisezeit	Sprach- verständigung	Verhalten gegen- über Fremden	Verkehr	Gesundheit, Vorsorge	Sicherheit	Verhaltens- regeln
Philippinen Oktober bis Mai	Tagalog, Dialekte, Englisch verbreitet, etwas Spanisch.	Gastfreundlich, sehr höflich, oft neugierig bis aufdringlich.	Gute Flug- und Busverbindungen; preiswert und pünktlich; Auto mieten nicht ratsam.	In Manila gute Krankenversorgung, auf dem Lande weniger; Malaria, Gelbfieber.	In Manila Großstadtkriminalität, Prostitution, Schlepper; terroristische Aktivitäten in Nordluzon und Mindanao, ansonsten sicheres Reisen; empfindliche Ordnungsmacht.	Nicht so prüde wie sonst in Asien, trotzdem bekleidet baden; Mischung aus spanischem und asiatischem Ehrenkodex.
Senegal Dezember bis Mai	Wolof, Französisch, Arabisch.	Freundlich bis aufdringlich.	Mäßiges Flug- und Bahnnetz; schlechte Straßen, überfüllte Busse, Sammeltaxis, Mietwagen möglich, aber strapaziös.	In Dakar internationale Klinik; Gelbfieber, Malaria; Medikamente mitnehmen.	Gelegentlich Diebstahl.	Vom Islam geprägte Moralbegriffe; angemessene Kleidung.
Sri Lanka ganzjährig	Singhalesisch, Tamil, Englisch weit verbreitet.	Freundlich, neugierig bis aufdringlich.	Bus und Eisenbahn gut; Auto mit Fahrer mieten ist preiswert und am bequemsten.	In Colombo gute ärztliche Versorgung; Malaria, Gelbfieber, Typhus.	Sicheres Reisen, zur Zeit jedoch bürgerkriegsähnliche Unruhen.	Keine Körperkontakte üblich; prüde; bekleidet baden; nur an Hotelständen oben ohne möglich.
Thailand November bis März	Thai, Englisch.	Höflich, freundlich, reserviert.	Gut ausgebautes Verkehrsnetz; Linksverkehr; selber fahren nicht ratsam.	Gute medizinische Versorgung; Malaria.	Nur in Bangkog unsicher; Prostitutions-Kriminalität.	Viele Tabus: korrekte Kleidung in Tempeln; Ausfuhrverbot von Buddha-Statuen; nicht mit dem Finger auf etwas zeigen; Körperkontakte meiden; keine Gefühle zeigen; Königshaus kein Thema.
Türkei April bis Oktober	Türkisch, oft etwas Deutsch.	Sehr fremden- und gastfreundlich, hilfsbereit.	Gutes, preiswertes Busnetz, selber fahren risikoreich: Verkehrsregeln werden nicht beachtet, absolutes Alkoholverbot.	Krankenversorgung unzulänglich und teuer, Tetanus, Durchfall.	Vorsicht vor (Taschen-)-Diebstahl in den großen Städten.	Höflich und zurückhaltend sein, vor allem Frauen gegenüber, züchtig bekleidet.
Tunesien Frühjahr/Herbst	Arabisch/Französisch.	Freundlich, zurückhaltend, in Touristengebieten aufdringlich, auf dem Land gastfreundlich, deutschfreundlich (Rommel ist großer Held).	Busse und Taxis Hauptverkehrsmittel (billig), bescheidenes Flug- und Eisenbahnnetz, Verkehr in den Städten chaotisch.	In großen Orten ärztliche Versorgung passabel; Hepatitis, Polio, Tetanus, Typhus, Durchfall.	Diebstahl nur in den Städten, auf dem Land sicheres Reisen; Polizei korrekt und hilfsbereit, bei Verkehrsvergehen unnachgiebig.	Nur bekleidet baden; Männer nicht in Shorts auftreten; ausgeprägtes Ehrgefühl und Höflichkeit; in den Souks feilschen, sonst weniger.

(Quelle: Capital-Reisen)

Kernwissen

- Die Wirtschaftlichkeit einer Reise hängt auch von der Wahl des richtigen Verkehrsmittels ab.
- Vor allem Auslandsreisen bedürfen einer gründlichen Planung. Führt eine Geschäftsreise in einen fremden Kulturkreis, ist es wichtig, sich mit dessen Besonderheiten vertraut zu machen. Unter Umständen werden durch unwissentlich falsches Benehmen Geschäftsfreunde verärgert oder brüskiert.

Überlegungshilfe

- Zeit ist Geld! Ist eine Geschäftsreise durch eine Telefon- oder Videokonferenz zu ersetzen? – s. S. 135 –
- Auch der Flughafen kann unter Umständen ein zweckmäßiger Konferenzort sein.
- Flugreisen nicht blind buchen; Preisnachlässe der verschiedenen Fluggesellschaften vergleichen! Auch durch Sparscheck-Aktionen und Jahres-Abonnements sind für Oftflieger große Einsparungen möglich.

Zur Vertiefung

1 Ihr Chef beauftragt Sie, eine „ständige Reisemappe" für Dienstreisen zu führen.
a) Erläutern Sie Sinn und Zweck einer solchen „ständigen Reisemappe"!
b) Wie kann eine solche „ständige Reisemappe" aufgebaut sein (Ordnung innerhalb der Mappe)?
c) Welchen Inhalt hat sie?

2 Welche zusätzlichen Informationsquellen sind neben der „ständigen Reisemappe" für die Reisevorbereitung nützlich?

3 Ihr Chef fliegt für mehrere Tage nach London. Reservieren Sie im Hotel Astor für mehrere Tage ein sehr gutes Einzelzimmer mit Bad. Ankunftszeit: Montag morgen, 20. Februar 19.. (internationalen Hotelschlüssel verwenden).

4 Welche Informationen fügen Sie seiner ständigen Reisemappe bei, die speziell für diese Reise sinnvoll sind?

5 Welche Empfehlung geben Sie ihm zum Umtausch seines Geldes?

6 Während seines London-Aufenthalts möchte Ihr Chef ein Auto mieten, um Geschäftsfreunde in Windsor und Ascot zu besuchen. Welche Informationen geben Sie ihm?

7 Ihr Chef fährt für drei Wochen ins außereuropäische Ausland. Was haben Sie für die Zeit seiner **Abwesenheit** zu klären, zu besprechen, zu bedenken, damit die Arbeit in Ihrem Sekretariat möglichst reibungslos weitergeht?

5.2 Kleines Kursbuch-Praktikum, Reiseplan

Grundlage Ihrer Arbeit: Kursbuch der Deutschen Bahnen – Gesamtausgabe – (Jahresausgabe 1993/94)

Das Kursbuch besteht aus sechs Teilen:

Teil A: Allgemeines
Bahnhofs- und Ortsverzeichnis

Teil B: Fernverbindungen
- EC-EuroCity
- EN-EuroNight
- Autoreisezüge

Fernverbindungen mit dem Ausland
Fernverbindungen in Deutschland
- ICE-Verkehr
- IC-Verkehr

Fernbuslinien, Schiffahrtslinien, Bergbahnen, Museumsbahnen

Teil C:
Teil D:
Teil E:
Teil F:
} Streckenfahrpläne der Deutschen Bahnen

Der **Teil A** enthält viele nützliche Informationen für:

- **Bahnreisen in Deutschland,** z. B.:
  - Abfahrts- und Ankunftspläne
  - Zuganschlüsse
  - Lösen von Fahrscheinen
  - Vorbestellen von Sitzplätzen, Platzkarten, Konferenzabteilen
  - Schlafwagen, Liegewagen
  - Autoreisezüge
  - Park & Rail, Rail & Road
  - Reiseversicherungen
  - Fahrpreisberechnung, Reisewege
  - ICE mit besonderem Fahrpreis
  - Zuschläge für EC-, IC-, IR- und D-Züge
  - Fahrpreisermäßigungen (Großkundenabonnements für Firmen, Behörden und Verbände)
  - Reisegepäck
  - IC-Kurierdienst
  - DB-Lufthansa-Airport-Service
- **Eisenbahnverkehr mit dem Ausland,** z. B.:
  - Fahrscheine, Fahrpreise
  - Vorbestellungen von Plätzen
  - Schlafwagen, Liegewagen
  - Gepäck
  - Autoreisezüge
  - Paßbestimmungen
  - Devisenbestimmungen
  - Zollvorschriften; Ein- und Ausfuhrbestimmungen
  - Zollbehandlung von Hand- und Reisegepäck
  - Reiseversicherung
- **Busverkehr**
- **EUROPABUS-Verkehr**
- **Nordseeinsel-Verkehr**

- **Ostseefähren nach Skandinavien:** Für Reisen nach Skandinavien führt die kürzeste, schnellste und bequemste Verbindung über die Ostsee über die „Vogelfluglinie“. In Puttgarden fährt der Zug vom Bahnhof auf das Fährschiff; auch mit dem Auto kann man direkt auf das Fährschiff fahren. Die Überfahrt dauert 55 Minuten. An Bord des Schiffes sind Restaurants und „duty-free“-Selbstbedienungsläden.
- **Ostseebäderverkehr**
- **Bodenseeverkehr**
- **Museumsbahnen**
- **Service am Bahnhof**
  - Park & Rail, Rail & Road
  - Gepäckträger-Service, Taxi-Service, Fahrrad am Bahnhof
  - Wagenskizzen
  - Fernsprechansagedienste
  - Devisenübersicht
  - Bildsymbole (Pictogramme)
- **Zugverbindungen:** Die Zugverbindungen sind in Fahrplantabellen verzeichnet, die mit Streckennummern gekennzeichnet und numerisch geordnet sind. Das **Bahnhofs- und Ortsverzeichnis** sowie die **Übersichtskarten** geben die Nummern der Fahrpläne an.

Der **Teil B** enthält:

- **Fernverkehr mit dem Ausland** (Tabellen A 1 bis H 5)
- Autoreisezüge
- **Fernverkehr in Deutschland** (Tabellen 1 bis 90)
- **EUROPABUS-Linien, Fernbuslinien** (vierstellige Tabellennummern)
- **Schiffahrtslinien, Bergbahnen, Museumsbahnen, Historische Eisenbahnen** (fünfstellige Tabellennummern)

Die **Teile C bis F** enthalten:

- **Nahverkehr:** Eisenbahnstrecken in Deutschland mit allen dort verkehrenden Zügen des Personenverkehrs (dreistellige Streckennummern)

Fallstudie: Aufstellung eines Reiseplanes

Fall: Ihr Chef, Dr. A., bittet Sie, für sich und einen leitenden Mitarbeiter, Herrn B., einen Reiseplan aufzustellen. Dr. A. will mit Herrn B. von **Darmstadt** (Sitz des Unternehmens) nach **Frankfurt am Main** fahren. Beide Herren müssen am 5. Mai 19.. um 10 Uhr an einer wichtigen Besprechung teilnehmen, die etwa eine Stunde dauern wird.

Beide Herren müssen noch am **selben** Tag ein Gespräch mit einem wichtigen Kunden in **Hamburg** führen. Dieses Gespräch kann abends stattfinden.

Als Ergebnis dieser Besprechung kann es möglich sein, daß Herr B. am 6. Mai nach **Kopenhagen** reisen muß. Wenn möglich, soll er am Abend des **selben Tages** wieder in **Hamburg** eintreffen, um Herrn Dr. A. Bericht zu erstatten. Dr. A. will den Tag in Hamburg sowohl für geschäftliche als auch für private Zwecke nutzen. Der Reiseplan für Herrn B. ist besonders gründlich vorzubereiten.

Am 7. Mai will Dr. A. morgens nach **Müllheim (Baden)** zu einem Privatbesuch fahren. Er wird in Müllheim von seiner Frau erwartet. Beide werden die Rückreise mit dem Auto antreten.

Herr B. reist am 7. Mai im Laufe des Vormittags zurück nach **Darmstadt.**

Lösung der Aufgabe

Für Ihre Arbeit benötigen Sie

- die dem Kursbuch beigefügten Übersichtskarten
- das Bahnhofs- und Ortsverzeichnis (Teil A des Kursbesuches)
- Fernverbindungen mit dem Ausland, Fernverbindungen in Deutschland, Schiffahrtslinien (Teil B des Kursbuches)
- Streckenfahrpläne für den Zugverkehr (Teile E und F des Kursbuches)

Ihre Arbeit umfaßt folgende Kursbuchbereiche:

- die Nahverbindungen Darmstadt – Frankfurt (Main) und Freiburg – Müllheim (Baden),
- die Fernverbindungen in Deutschland Frankfurt (Main) – Hamburg und Hamburg – Freiburg,
- die Fernverbindungen mit dem Ausland Hamburg – Kopenhagen

▶ Die Nahverbindung Darmstadt – Frankfurt (Main)

Im Bahnhofs- und Ortsverzeichnis finden Sie Darmstadt Hbf., darunter die Nummern der Fahrplantabellen. Die Nummern A 1 bis H 5 sowie 1 bis 90 bedeuten die Fernverbindungen, die Nummern 100 bis 999 bedeuten die Streckenfahrpläne für den Zugverkehr.

Bahnhofs- und Ortsverzeichnis

Darmstadt	
-Hbf P	**F5 F7 17 60 61 70 90 641 650 651 652** 5501 5502 5503 5504 5505 5506 5507 5508 5552
-Bf Wixhausen	**650**
-Arheilgen P	**650** 5508
-Bessunger-Forsthaus	5501 5503
-Eberstadt P	**650** 5504
-Kranichstein	**652** 5507
-Nord P	**641 652** 5507 5508
-Ost	**641** 5501 5502 5503
-Süd	**650**
-Wixhausen	5508
Darscheid	4393 6034 6058
Darsikow	**184**
Darstein	6842
Dasburg	4391
Dasing	**983** 9150
-Laimering	9150
-Hilwartshausen	5203
Dassendorf	1810 1817 1819
Dassow (Prign)	**204.11**
Daßwang	8705
Datenhörn	1557
Datteln	3220
Dattenberg	6107 6108
-Wellen	6108
Dattenfeld (Sieg) P	**460** 4957
Datzeroth	6101

Dauvelshausen	4396
Davensberg P	**411** 2980 2982
Davos	**E1 E5 E6**
Dax	**F5**
Daxenberg	9500 9505
Daxweiler	6473
-Stromberger Neuhütte	6473
-Tiefenbach	6456
Děčin hl.n. (Tetschen)	**C11** 10400
Děčin (Bodenbach)	**C4 C5 C7 240**
Deckbergen	2507
Dedeleben	**319**
Dedelow	**291**
Dedelstorf	1980
-Repke	1980
-Weddersehl	1970
Dedendorf	2112
Dedenhausen P	**300**
Dedensen P	**370 371 380** 2003
Dedinghausen P	**430**
Deesen	6117 6120
Deetz (Kr Zerbst)	**258**
Deezbüll	**136** 1503
Degelsdorf	8575 8576
Degernbach (b Bogen)	8748
Degernbach (b Pfarrk)	9446 9463 9468
Degerndorf	9590
Deggenau	8653 8654 8756
Deggendorf	8630 8653 8654 8655 8656 8693

Übersichtskarte

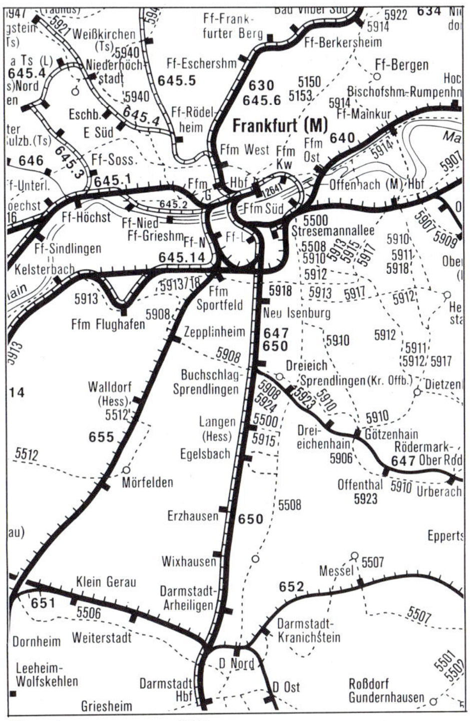

Streckennummer 650

Fahrplantabelle 650

650 Mannheim / Heidelberg → Darmstadt – Frankfurt (M) *Main-Neckar-Bahn* ← 650

Mannheim/Heidelberg Hbf – Zwingenberg (Bergstr) Verbundtarif (VRN) und Darmstadt Hbf – Frankfurt (M) Hbf Verbundtarif (FVV)
🚌 Weinheim – Darmstadt 5504

Zug		IR 2310	D 2804	6210	IC 653	7524	E 3512	7964	6212	E 3514	IR 2672	7526	3514	6214
		🚲 ◆ 🍴 92	🛏 🍸 50	2. 9	◆ ✕ 90	🚲		🚲	2.	Ⓒ = 🚲	🚲 🍴 91 92	🚲	Ⓒ = 🚲	9 🚲
von		Stuttgart	(Roma/ Ventimiglia)		Saarbrücken			Dieburg			Konstanz/ Karlsruhe		Mannheim	
Heidelberg Hbf	4	7 58◖	8 04	Ⓐ 8 15					8 57		9 16			
HD-Wieblingen	665			8 19					9 00					
Mannheim Hbf	4				8 13		8 17			9 06				⚒ 9 33
MA Rangierbahnhof	665													9 37
MA-Seckenheim	665													9 40
MA-Friedrichsfeld	3 ○			Ⓐ 8 25			8 26		9 09	9 13				9 44
MA-Friedrichsfeld							8 31			9 14				9 45
Ladenburg							8 34			9 17				9 48
Großsachsen-Heddesheim														9 52
Lützelsachsen														9 55
Weinheim (Bergstr)	3 ○	8 10					8 41			9 25	9 29			⚒ 9 58
Weinheim (Bergstr)	654, 669	8 11					8 42			9 40 →	9 30		9 40	
Hemsbach							8 46						9 44	
Laudenbach (Bergstr)							8 49						9 47	
Heppenheim (Bergstr)							8 53						9 51	
Bensheim	○	8 19					8 57				9 37		9 55	
Bensheim	653	8 20					8 58				9 38		9 56	
Bensheim-Auerbach							9 01						9 59	
Zwingenberg (Bergstr)							9 05						10 02	
Hähnlein-Alsbach							9 07						10 05	
Bickenbach (Bergstr)							9 11						10 08	
Darmstadt-Eberstadt							9 15						10 13	
Darmstadt Süd													10 17	
Darmstadt Hbf	4 ○	8 31	8 35		8 44		9 21				9 49		10 21	
Darmstadt Hbf	641, 651, 652		◖ 8 37		8 46	9 04	9 32				9 51	10 04		
Darmstadt-Arheilgen						9 08						10 08		
Wixhausen						9 11						10 11		
Erzhausen						9 14						10 14		
Egelsbach						9 17						10 17		
Langen (Hessen)						9 21	9 42					10 21		
Buchschlag-Sprendlingen	647					9 24		Ⓐ 9 29				10 24		
Neu Isenburg						9 28		9 33				10 28		
F-Louisa						9 32						10 32		
Frankfurt (M) Hbf ✈	7 ○		8 59		9 06	9 38	9 56	Ⓐ 9 47			10 09	10 38		
nach		Emden			Dresden					Darmstadt	Kassel			

In Zug 2804: ITALIA-EXPRESS. In Zug 653: GEORG PHILIPP TELEMANN.

Ⓑ = täglich außer ⑥
9 = nicht 1. XI. u. 6. I.
50 = Schlaf- und Liegewagenzug mit Sitzwagen 2. Klasse
90 = Verbundfahrausweise gelten nicht
91 = Verbundfahrausweise des FVV gelten nicht
92 = Verbundfahrausweise des VRN gelten in Verbindung mit einem Fernverkehrsaufpreis

Fernverbindungen (20–90) in Deutschland

Nr	Strecke
20	**Hamburg–Schwerin–Rostock** und **Hamburg–Lübeck–Rostock–Stralsund–Saßnitz**
21	**Kiel–Lübeck–Schwerin/Büchen–Berlin**
22	**Hamburg–Schwerin** und **Rostock–Schwerin–Magdeburg–Halle–Leipzig**
23	**Hamburg–Harz–Nordhausen**
24	**Hamburg–Hannover–Eichenberg–Bebra–Erfurt** und **Eichenberg–Eichsfeld–Erfurt**
25	**Flensburg–Hamburg–Hannover** und **Bremen–Hannover** und **Braunschweig–Göttingen–Kassel–Fulda–Würzburg** und **Frankfurt (M)**
26	**Kiel–Hamburg–Köln**
27	**Wilhelmshaven–Oldenburg** und **Norddeich–Oldenburg–Bremen** und **Cuxhaven–Bremen–Hannover–Bad Harzburg**
28	**Norddeich–Münster–Oberhausen–Köln**
30	**Rostock–Berlin–Cottbus–Görlitz**
31	**Berlin–Pasewalk/Neubrandenburg–Stralsund–Saßnitz**
32	**Berlin–Dresden**
33	**Berlin–Chemnitz**
35	**Berlin–Halle/Leipzig–Erfurt**
37	**Hannover–Braunschweig–Magdeburg** und **Halberstadt–Magdeburg–Berlin**
38	**Bentheim–Osnabrück–Hannover–Stendal–Berlin**
39	**Bad Bentheim–Osnabrück–Braunschweig**
40	**Köln–Essen/Wuppertal–Hamm–Hannover–Wolfsburg/Braunschweig–Magdeburg–Leipzig–Dresden**
41	**Köln** und **Aachen–Essen/Wuppertal–Hamm–Kassel–Bebra–Erfurt–Dresden** und **Erfurt–Gera–Chemnitz**
42	**Altenbeken–Northeim** und **Göttingen–Northeim–Südharz–Halle–Dresden**
43	**Aachen–Köln–Essen/Wuppertal–Dortmund–Münster (Gesamtverkehr)**
47	**Münster–Dortmund/Hamm–Hagen–Werdohl–Siegen–Frankfurt (M)**
49	**Bremen–Münster–Köln–Koblenz/Gerolstein–Trier–Saarbrücken** und **Luxemburg**
50	**Frankfurt (M)–Erfurt–Leipzig–Cottbus–Frankfurt (O)** und **Leipzig–Dresden**
51	**Halle–Nordhausen–Kassel–Gießen–Frankfurt (M)**
56	**Erfurt–Fulda/Suhl–Würzburg–Nürnberg** und **Erfurt–Saalfeld–Bamberg–Nürnberg–München**
57	**Erfurt–Grimmenthal–Würzburg**
60	**Frankfurt (M)–Köln** und **Mannheim–Köln–Wuppertal/Essen–Dortmund** und **Münster**
61	**Frankfurt (M)–Mannheim–Saarbrücken**
62	**Frankfurt (M)–Mainz–Bad Kreuznach–Pirmasens** und **Bad Kreuznach–Saarbrücken**
70	**Kassel–Frankfurt (M)–Karlsruhe–Offenburg–Konstanz** und **Offenburg–Basel**
71	**Saarbrücken–Mannheim–Lindau** und **Mannheim–München**
74	**Stuttgart–Singen–Schaffhausen**
78	**Basel–Radolfzell–Friedrichshafen–Lindau**
80	**Frankfurt (M)–Nürnberg–Passau** und **Nürnberg–München**
81	**Würzburg–Bamberg–Hof**
82	**Halle–Saalfeld** und **Leipzig–Saalfeld–Lichtenfels–Bamberg–Nürnberg–München**
83	**Karlsruhe–Stuttgart–Nürnberg–Hof–Leipzig** und **Hof–Dresden–Görlitz**
85	**Dresden–Plauen** und **Leipzig–Plauen–Hof–Regensburg–München–Oberstdorf**
89	**Aschaffenburg–Lauda–Ulm**
90	**Frankfurt (M)–Mannheim–Stuttgart** und **Straßburg–Karlsruhe–Stuttgart–München–Salzburg**

Auf der Übersichtskarte finden Sie an der Strecke Darmstadt – Frankfurt (Main) die Nummer 650. Sie deckt sich damit mit den entsprechenden Nummern im Bahnhofs- und Ortsverzeichnis. Sie schlagen den Fahrplan Nr. 650 auf und blättern so lange weiter bis die Richtung stimmt: Heidelberg – Frankfurt (M). Sie finden mehrere passende Ankunftszeiten für Frankfurt (M) Hbf. Um Ihrem Chef genügend Zeit zu lassen, wählen Sie den IC 653. Dieser Zug verläßt Darmstadt Hbf. um 8.46 Uhr und erreicht Frankfurt (M) Hbf. um 9.06 Uhr. Es bleibt genügend Zeit, den 10-Uhr-Termin wahrzunehmen. Die Besprechung ist um 11.00 Uhr beendet.

Fernverbindungen (20-90) **in Deutschland** nordöstlicher Teil

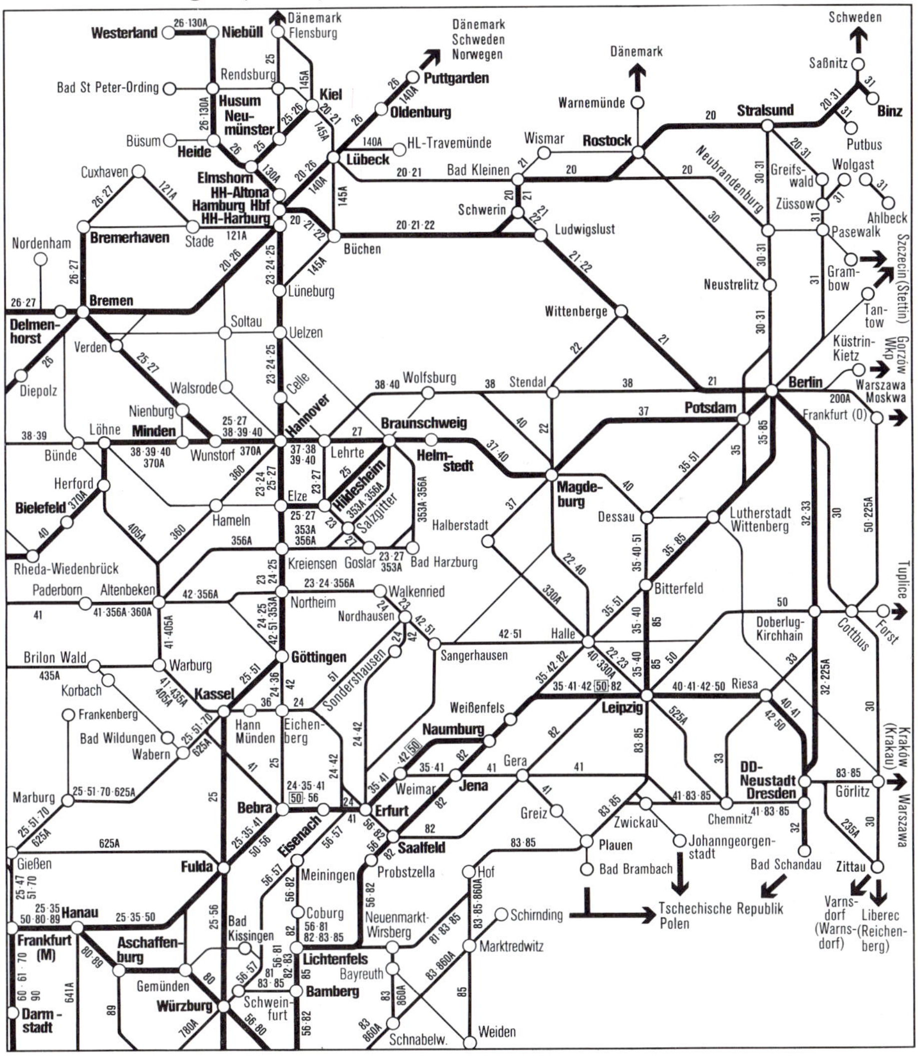

▶ Die Fernverbindung in Deutschland Frankfurt – Hamburg

Im Verzeichnis Teil B (blauer Druck) finden Sie die Fernverbindungen in Deutschland. Hamburg – Frankfurt (M) hat die Streckennummer 25. Sie schlagen die Fahrplantabelle 25 auf (solange bis die Richtung stimmt – in welche Richtung geblättert werden muß, erkennt man an den Pfeilen rechts im Tabellenkopf – Gegenrichtung) und sehen nach, wann es die günstigste Verbindung gibt. Sie finden in der Fahrplantabelle den ICE 772 „Franz Kruckenberg", Abfahrtszeit: 11.51 Uhr; für diesen Superzug ist ein besonderer Fahrpreis erforderlich. Die Herren erreichen Hamburg Hbf. um 15.21 Uhr.

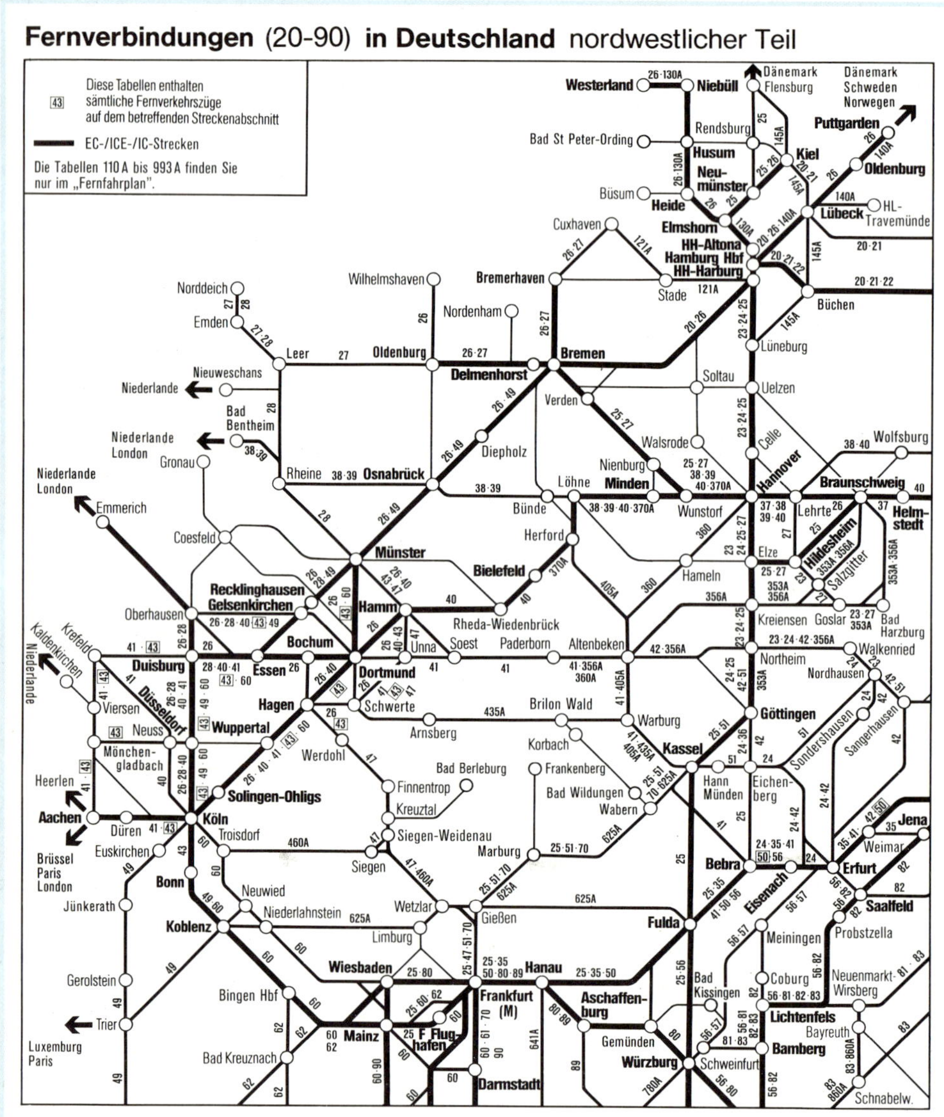

25 Frankfurt / Würzburg – Fulda – Kassel – Göttingen – Braunschweig / Hannover – Bremen / Hamburg – Flensburg ← 25

Zug	ICE 598 ◆✕	8916	E 3812	ICE 772 ◆ [40]	IR 2074 ◆ Ⓨ 🚲	E 5643 🚲	E 3140 🚲	IC 526 ◆✕	ICE 786 ◆✕	E 3774	ICE 898 ◆✕	E 3564	IR 2074 ◆ Ⓨ 🚲	E 3226	8918	E 3814 ✕ = 🚲
Wiesbaden Hbf 645.1	✕ *10 36* [5]										◊ *11 39*					*11 07*
Frankfurt (M) Hbf O	✕ *11 07* [5]										◊ *12 07*					*11 49*
Mainz Hbf 645.14	◊ *10 38*		Ⓡ *10 26*	Ⓢ *10 54*							◊ *11 38*				*11 23*	
Frankfurt (M) Flughafen	◊ *10 56*	*10 53*	Ⓡ *11 03*	*11 23*	*11 33*						◊ *11 56*					Ⓡ *12 03*
Frankfurt (M) Hbf O	◊ *11 08*	*11 04*	Ⓡ *11 14*	*11 34*	*11 44*						◊ *12 08*				*11 55*	Ⓡ *12 14*
von	München-Stuttgart			Basel			Braunschweig	Nürnberg/Köln	München		München–Stuttgart		Göttingen			
Zugname	LEO VON KLENZE			FRANZ KRUCKENBERG				GORCH FOCK	RIEMENSCHNEIDER		DIAMANT					
Frankfurt (M) Hbf 615 [7]	11 18		11 26	11 51							12 18					12 26
Offenbach (M) Hbf [3]			11 38													12 38
Hanau Hbf [4]			11 48													12 48
Wächtersbach [3]			12 10													13 10
Würzburg Hbf 800									12 34							
Fulda O	12 13		12 56						13 05		13 13					13 56
Fulda 610	12 14								13 06		13 14	13 20				
Bad Hersfeld [4]												13 47				
Bebra O												13 55				
Bebra 613										13 00		13 57				
Eschwege West										13 23						
Bad Sooden-Allendorf										13 31						
Kassel-Wilhelmshöhe 610 O	12 42			13 11					13 35		13 42					
Kassel-Wilhelmshöhe ◀	12 44			13 13					13 37		13 44					
Kassel Hbf ◀ 600		12 28													13 28	
Hann Münden		12 50													13 50	
Eichenberg [3]		13 10								13 43					14 10	
Göttingen O	13 02	13 24		13 31					13 55	13 58	14 02				14 24	
Göttingen 350	13 04			13 33	13 41				13 57		14 04			14 11		
Northeim (Han) [4]					13 52									14 25		
Kreiensen					14 05									14 41		
Alfeld (Leine)					14 17									14 56		
Elze (Han) [4] O					14 26									15 07		
Elze (Han) 372					14 27	14 33							14 27	15 09 →		
Hildesheim Hbf [4]	13 32				→	O 14 52										
Braunschweig Hbf O	13 59															
Hannover Hbf 350 O				14 06					14 31		14 38		14 46			
Hannover Hbf 110, 380				14 08			14 17		14 43 ←		14 43		14 49			
Nienburg (Weser) [4]							14 51									
Verden (Aller) [3]							15 12									
Bremen Hbf O							15 37				15 43					
Celle 110 [4]													15 09			
Uelzen [4]													15 30			
Lüneburg													15 46			
Hamburg-Harburg													16 03			
Hamburg Hbf O				15 21					15 56				16 16			
Hamburg Hbf [90]				15 24					15 59				16 19			
Hamburg Dammtor [90] O				15 26					16 02				16 22			
Hamburg-Altona ▶ O				15 34					16 10				16 29			
Hamburg-Altona 131								15 39					16 39			
Neumünster O								16 20					17 22			
Neumünster													17 24			
Rendsburg [3]													17 51			
Schleswig													18 09			
Flensburg O													18 34			
nach	Berlin						Norddeich Mole					KS (Wilh. an 14 36)		Hamburg		
Frankfurt (M) Hbf 630									*11 22*						*11 13*	
Gießen 620		✕ *10 13* [5]							*12 08*						*11 42*	
Marburg (L)		✕ *10 42*							*12 25*						*13 12*	
◀ Kassel-Wilhelmshöhe O		✕ *12 12*							*13 30*						*13 18*	
◀ Kassel Hbf O		✕ *12 18* [5]														
▶ Hamburg-Altona 131								15 39	*16 19*				16 39			
Kiel Hbf O								16 48	*17 35*				[1] Ⓐ *17 56* / *18 15*			

Weitere Züge zwischen Frankfurt und Bebra siehe Tabelle 50, zwischen Fulda und Kassel siehe 41, zwischen Göttingen und Kreiensen siehe 353 A, zwischen Hannover und Bremen siehe 27 und zwischen Hamburg und Kiel siehe 26

Ⓐ = ✕ außer ⑥
Ⓡ = ✕, nicht 10.VI.
Ⓢ = †, auch 10.VI.

[1] = nicht 24., 31.XII.
[5] = nicht 10.VI.
[6] = auch 10.VI.

[40] = 1. Kl: Service und Verpflegung am Platz auf Vorbestellung
2. Kl: Ⓨ und 🍷

[90] = alle in Hamburg-Altona endenden Reisezüge halten in Hamburg Hbf und Hamburg Dammtor nur zum Aussteigen

Beachten Sie die in der Spalte der Zugstrecke angegebenen Zeichen und Buchstaben, die teils auf der Seite A3 des Kursbuches, teils auf der jeweiligen Fahrplanseite erklärt werden.

▶ Die Fernverbindung mit dem Ausland Hamburg – Kopenhagen (København)

Planung der Kurzreise des Herrn B. nach Kopenhagen. Sie schlagen die rotumrandeten Seiten „Fernverbindungen mit dem Ausland" auf. Auf der Übersichtskarte suchen Sie die Strecke Hamburg – København und finden die Streckennummer A2. Die Fahrplantabelle A2 zeigt Ihnen den kürzesten Weg nach København: „Vogelfluglinie" Hamburg – Puttgarden – Dänemark – Norwegen/Schweden/Finnland. Sie finden dort den EC 180 „Christian Morgenstern", der den Hamburger Hauptbahnhof um 7.19 Uhr verläßt.

In Puttgarden geht es auf die Fähre. Herr B. braucht den Zug nicht zu verlassen; ab 9.05 Uhr auf See, an Rødby 10.00 Uhr, an København H. 12.20 Uhr.

A2 Hamburg–Puttgarden–Dänemark –< Norwegen / Schweden–Finnland *Vogelfluglinie* → A2

km	km	Station		A	B	C	D	E	F	G	H	I	J	K	L	M	N
		München Hbf	3		◊ 17 54					19 33							
		Hamburg Hbf	○		◊ 23 58					3 54							
		Basel SBB	2		◊ 17 17				♦ 18 17	17 49				20 24			
		Frankfurt (Main) Hbf			◊ 20 18				22 16	|				0 15			
		Hamburg Hbf	○		0 26				3 54	3 54				6 51			
		Hannover Hbf	110	◊ 22 43	22 49					2 22				■5 5 21			6 08
		Hamburg Hbf	○	◊ 23 58	0 26					3 54				■5 6 56			7 51
		Bonn Hbf	1		♦ 19 45												
		Köln Hbf			♦ 20 10			22 16				Ⓣ 0 37					
		Hamburg Hbf	○		♦ 0 11			2 55				Ⓣ 4 43					
km	km		Zug		D 1198	D 1237 ■23		D 233 ■21		D 482 2. ■25		D 1233 ■24 2.		EC 180			D 1196
0	0	**Hamburg-Altona**	140		Ⓜ 0 02												
5	5	Hamburg Dammtor			0 10												
7	7	Hamburg Hbf			0 34	Ⓡ 2 03		3 05		4 04		Ⓣ 4 53		7 19			Ⓖ 7 59
69	69	Lübeck Hbf			1 20	2 46		3 44		4 45		|		7 58			8 40
120	120	Oldenburg (Holst)			|	|		|		|		|		8 30			|
158	158	Puttgarden	○		2 40	3 47		4 43		5 45		6 41		8 55			9 45
		Puttgarden ⊞	⛴ 10100		3 05	4 05		5 05		6 05		7 05		9 05			10 05
177	177	Rødby F ⊞	○		4 00	5 00		6 00		7 00		8 00		10 00			11 00
			Zug														
		Rødby F	20000		4 35	5 26		6 26		7 26		8 26		10 15			11 20
214	214	Nykøbing F	○		4 59	5 49		◐6 49		7 49		8 49		10 49			11 43
276	276	Naestved	○		5 40	6 26		◐7 26		8 26		9 26		11 25			12 25
347	347	Høje Taastrup	○		6 27	7 09		◐8 09		9 09		10 09		12 05			13 05
367	367	København H	○		Ⓜ 6 44	Ⓡ 7 25		8 25		9 25		Ⓣ 10 25		12 20			Ⓖ 13 20
		København Havnegade ⊞ ⛴															
		Malmö Skeppsbron ⊞	○														
			Zug			ICE 386 ✕Ⓡ	666 2. ■5			IN 384 ✕Ⓡ		IC 608 ✕Ⓡ		IN 380 ✕Ⓡ	IN 380 ✕Ⓡ	IC 92 Ⓡ ■4	IC 612 Ⓡ
		København H	20001			Ⓤ *7 55*	Ⓗ *7 55*			9 45		Ⓤ *11 25*		Ⓟ 12 35	Ⓢ 12 35		Ⓧ *13 55*
	411	Helsingør	○			*8 50*	*8 50*			10 22		*12 20*		13 10	13 10		*14 50*
		Helsingør ⊞ ⛴				*9 10*	*9 10*			10 50		*12 30*		13 10	13 10		*15 10*
	421	Helsingborg F ⊞	○			*9 30*	*9 30*			11 10		*12 50*		13 50	13 50		*15 30*
		Helsingborg F	20130			9 55	9 55			11 37		13 10		14 30	14 30		15 45
	459	Ängelholm	○			10 12	10 10			11 52		13 25		14 45	14 45		16 01
	525	Halmstad C	○			11 04	11 04			12 45		14 15		15 32	15 32	ab	16 52
	676	Göteborg C	○			12 48	Ⓗ 12 48			14 35		Ⓤ 16 00		17 15	Ⓢ 17 15	Ⓢ 17 32	Ⓧ 18 45
	1033	**Oslo** S	20200 ○			Ⓤ 17 23				19 42				Ⓟ 22 10		Ⓢ 21 40	
			Zug		34 ✕Ⓡ			38 ✕Ⓡ					IN 286 ✕Ⓡ	46 ✕Ⓡ			
		København H	20001		*6 55*			*8 55*					11 22	12 55			
411		Helsingør	○		*7 50*			*9 50*					11 55	13 50			
		Helsingør ⊞ ⛴			*8 10*			*10 10*					12 10	14 10			
421		Helsingborg F ⊞	○		*8 30*			*10 30*					12 30	14 30			
		Helsingborg F	20100		*8 58*			*10 48*					13 00	14 50			
498		Hässleholm	○		■12 10 02			■12 12 02					13 53	15 50			
596		Alvesta	○		11 00			13 00					15 00	17 00			
683		Nässjö	○		11 58			13 58					15 53	17 58			
772		Mjölby	○		12 57			14 57					16 50	18 57			
804		Linköping C	○		13 19			15 19					17 12	19 19			
851		Norrköping C	○		13 52			15 52					17 44	19 52			
911		Nyköping C	○		14 34			16 34					|	20 34			
980		Södertälje S	○		15 23			17 23					19 03	21 23			
1015		**Stockholm** C	○		15 53			17 53					19 35	21 53			
		Stockholm ⊞ ⛴							■15 *20 00*				■16 *21 15*				
		Turku sat/Åbo hamn ⊞	○						*8 00*				*8 10*				
		Turku sat/Åbo hamn	*20330*						*8 35*				*8 35*				
		Helsinki/Helsingfors	○						*11 02*				*11 02*				

Ⓖ = täglich vom 25. VI. bis 15. VIII.
Ⓗ = ① bis ⑥ ab 15. VIII.
Ⓜ = täglich vom 24. V. bis 26. IX.
Ⓟ = täglich vom 23. V. bis 25. IX.
Ⓢ = täglich ab 26. IX.
Ⓣ = täglich bis 25. IX. 93, auch 29. V. 94
Ⓤ = täglich vom 13. VI. bis 14. VIII.
Ⓧ = täglich vom 13. VI. bis 14. VIII., ⑤ und ⑦ ab 15. VIII.

■4 = nicht 24., 31. XII.
■5 = nicht 25. XII. u 1. I.
■12 = Abfahrtzeit
■15 = Silja-Line, Abfahrt von Stockholm Västan
■16 = Viking-Line, Abfahrt von Stockholm Stadsgården

■21 = von Aachen
■23 = von Amsterdam
■24 = von Paris
■25 = ⑥ vom 19. VI. bis 14. VIII. sowie 8. I. bis 26. III. von Innsbruck, sonst von München

IN = Qualitätszug der skandinavischen Eisenbahnen

EC 180 **CHRISTIAN MORGENSTERN**
D 233 **NORD-EXPRESS**
D 1233 **VIKING-EXPRESS**
D 1237 **NORD-WEST-EXPRESS**

Teil B – Die Fahrpläne des Schiffverkehrs zeigen Ihnen, welches Schiff Sie wohin bringt.

10100 ⛴ Puttgarden – Rødby *Vogelfluglinie* → 10100

Reedereien: Bundesbahndirektion Hamburg und DSB, København; Buchungsstellen siehe „Kurze Hinweise für unsere Fahrgäste“
FS „Deutschland“, „Karl Carstens“, „Danmark“, „Dronning Margrethe II“, „Prins Henrik“ für Reisende und Kraftfahrzeuge

Hamburg Hbf 140							■20 0 34			■21 2 03		3 05		4 04		■22 4 53		
Lübeck Hbf							1 20			2 46		3 44		4 45		|		
Puttgarden ○							■20 2 40			■21 3 47		4 43		5 45		■22 6 41		
Fahrt	■1 6000	■7 6003	■2 6010	■5 6013	■3 6020	■4 6023	■1 6030	■7 6033		■2 6040	■5 6043	■3 6050	■4 6053	■1 6060	■7 6063	■2 6070	■5 6073	
Puttgarden ⊞ ⛴	0 05	Ⓝ 0 35	1 05	Ⓗ 1 35	2 05	2 35	3 05	Ⓝ 3 35		4 05	Ⓨ 4 35	5 05	5 35	6 05	Ⓝ 6 35	7 05	Ⓙ 7 35	
Rødby F ⊞ ○	1 00	Ⓝ 1 30	2 00	Ⓗ 2 30	3 00	3 30	4 00	Ⓝ 4 30		5 00	Ⓨ 5 30	6 00	6 30	7 00	Ⓝ 7 30	8 00	Ⓙ 8 30	
Rødby F 20000							■20 4 35			■21 5 26		6 26		7 26		■22 8 26		
København H ○							■20 6 47			■21 7 25		8 25		9 25		■22 10 25		
Hamburg Hbf 140			♦ 7 19		■23 7 59		♦ 9 19					■24 11 19				♦ 13 19		
Lübeck Hbf			♦ 7 58		8 40		♦ 9 58					11 58				♦ 13 58		
Puttgarden ○			♦ 8 55		■23 9 45		♦ 10 55					■24 12 55				♦ 14 55		
Fahrt	■3 6080	■4 6083	■1 6090	■7 6093	■2 6100	■5 6103	■3 6110	■4 6113		■1 6120	■7 6123	■2 6130	■5 6133	■3 6140	■4 6143	■1 6150		■7 6153
Puttgarden ⊞ ⛴	8 05	Ⓖ 8 35	9 05	Ⓟ 9 35	10 05	Ⓙ 10 35	11 05	Ⓖ 11 35		12 05	Ⓩ 12 35	13 05	Ⓙ 13 35	14 05	Ⓖ 14 35	15 05		Ⓚ 15 35
Rødby F ⊞ ○	9 00	Ⓖ 9 30	10 00	Ⓟ 10 30	11 00	Ⓙ 11 30	12 00	Ⓖ 12 30		13 00	Ⓩ 13 30	14 00	Ⓙ 14 30	15 00	Ⓖ 15 30	16 00		Ⓚ 16 30
Rødby F 20000			♦ 10 15		■23 11 24		♦ 12 15					■24 14 15				♦ 16 15		
København H ○			♦ 12 20		■23 13 25		♦ 14 20					■24 16 20				♦ 18 20		
Hamburg Hbf 140			♦ 15 19					♦ 17 19										
Lübeck Hbf			♦ 15 58					♦ 17 58										
Puttgarden ○			♦ 16 55					♦ 18 55										
Fahrt	■2 6160	■5 6163	■3 6170		■4 6173	■1 6180	■7 6183	■2 6190		■5 6193	■3 6200	■4 6203	■1 6210	■7 6213	■2 6220	■5 6223	■3 6230	■4 6233
Puttgarden ⊞ ⛴	Ⓖ 16 05	Ⓡ 16 35	17 05		Ⓖ 17 35	18 05	Ⓜ 18 35	19 05		Ⓛ 19 35	20 05	Ⓖ 20 35	21 05	Ⓦ 21 35	22 05	Ⓧ 22 35	23 05	Ⓣ 23 35
Rødby F ⊞ ○	Ⓖ 17 00	Ⓡ 17 30	18 00		Ⓖ 18 30	19 00	Ⓜ 19 30	20 00		Ⓛ 20 30	21 00	Ⓖ 21 30	22 00	Ⓦ 22 30	23 00	Ⓧ 23 30	24 00	Ⓣ 0 30
Rødby F 20000			♦ 18 15					♦ 20 15										
København H ○			♦ 20 20					♦ 22 20										

Herr B. benötigt für die Erledigung seiner Aufgabe etwa drei Stunden. Die Rückfahrt planen Sie wie folgt:

Fahrplantabelle A2 (Gegenrichtung København H. ab 17.20 Uhr mit dem EC 181; Rødby an 19.15 Uhr, von 19.30 Uhr bis 20.35 Uhr wieder auf See. Abendessen an Bord, Einkaufsmöglichkeiten im duty-free-shop. Ankunft Hamburg Hbf. 22.29 Uhr.

A2 Finnland–Schweden Norwegen ≻ Dänemark–Puttgarden–Hamburg *Vogelfluglinie* ← **A2**

Helsinki/Helsingfors	*20330*	*17 06*	*18 38*	*18 00*													
Turku sat/Åbo hamn ○		*19 32*	*20 59*														
Turku sat/Åbo hamn ⊞ ⛴		*20 00*	*21 30*														
Stockholm ⊞ ○		[15] *7 00*	[16] *7 00*	[15] *8 30*													
Zug			25 R	*IN* 287 R	*IN* 29 R				33 R	369			37 R	371		*D* 291 [33] ♀ [10]	
Stockholm C	20100		**8 12**	Ⓡ **10 12**	Ⓥ **10 30**				**12 12**				**14 30**			**18 05**	
Södertälje S			**8 39**	**10 39**	**10 57**				**12 39**				**14 57**			◗**18 32**	
Nyköping C				**11 26**					**13 25**								
Norrköping C			**10 08**	**12 08**	**12 18**				**14 08**				**16 18**			◗**20 05**	
Linköping C			**10 40**	**12 40**	**12 50**				**14 40**				**16 40**			◗**20 40**	
Mjölby			**11 02**	**13 02**	**13 12**				**15 02**				**17 12**			◗**21 03**	
Nässjö			**11 56**	**14 00**	**14 08**				**16 00**				**18 06**			◗**22 10**	
Alvesta			**12 55**	**14 55**	**15 00**				**16 58**	ab			**19 00**	ab		◗**23 00**	
Hässleholm			*14 05*	**16 08**	**16 02**				**17 55**	**18 00**			**19 57**	**20 09**		◗**23 56**	
Helsingborg F ○			*15 00*	**17 08**	**17 08**				○	**18 55**			○	**21 05**			
Helsingborg F ⊞	⛴ 20001		*15 30*	**17 08**	**17 08**					*19 10*				*21 30*			
Helsingør ⊞ ○			*15 50*	**17 50**	**17 50**					*19 30*				*21 50*			
Helsingør			*16 14*	**18 10**	*18 10*					*19 44*				*22 44*			
København H ○			*17 09*	Ⓡ **18 50**	Ⓥ *18 50*					*20 39*				*23 39*			
Zug			*IN* 381 ✕ R	*IC* 93 ✕ R [5]	*IC* 609 R	*IC* 609 R				*IN* 385 ✕ R		*ICE* 387 ✕ R	675	*IC* 619 ✕ R	*IN* 391 [33] R [10]		
Oslo S	20200		Ⓕ **7 30**	Ⓖ **8 00**						**10 30**		Ⓜ **12 35**			[9] **17 00**		
Göteborg C	20130		**12 25**	Ⓖ **11 59**	Ⓙ **13 30**	Ⓚ **13 55**				**15 25**		**17 10**	Ⓟ **17 10**	**19 05**	[9] **22 05**		
Halmstad C			**14 05**	○	**15 24**	**15 36**				**17 14**		**18 42**	**18 53**	**20 46**	**23 55**		
Ängelholm			**14 50**		**16 14**	**16 28**				**18 00**			**19 44**	**21 36**			
Helsingborg F ○			**15 08**		Ⓙ **16 38**	Ⓚ **16 44**				**18 20**		Ⓜ **19 42**	Ⓟ **20 00**	**21 52**			
Helsingborg F ⊞	⛴ 20001		**15 08**		*17 10*	*17 10*				**18 20**		*20 10*	*20 30*	*22 10*			
Helsingør ⊞ ○			**15 50**		*17 30*	*17 30*				**19 10**		*20 30*	*20 50*	*22 30*			
Helsingør			**16 10**		*17 44*	*17 44*				**19 40**		*20 44*	*21 14*	*22 44*			
København H ○			**16 51**		*18 39*	*18 39*				**20 15**		*21 39*	*22 09*	*23 39*			
Malmö Skeppsbron ⊞ ⛴																	
København Havnegade ⊞ ○																	
Zug				*EC* 181 ♀		*D* 483 [40] 2.		*D* 1232 [41] 2.		*D* 232 [42]		*D* 1236 [43]		*D* 1199			
København H	20000			**17 20**		**19 05**		Ⓣ **20 05**		**21 05**		Ⓛ **22 05**		Ⓢ **23 45**			
Høje Taastrup				**17 34**		**19 22**		**20 22**		**21 22**		**22 22**		**0 00**			
Naestved				**18 15**		**20 10**		**21 05**		**22 05**		**23 05**		**0 49**			
Nykøbing F				**18 51**		**20 49**		**21 45**		**22 45**		**23 45**		**1 36**			
Rødby F ○				**19 15**		**21 12**		**22 08**		**23 08**		**0 08**		**2 00**			
Rødby F ⊞	⛴ 10100			**19 30**		**21 30**		**22 30**		**23 30**		**0 30**		**2 30**			
Puttgarden ⊞ ○				**20 35**		**22 35**		**23 35**		**0 35**		**1 35**		**3 35**	**6 35**	**6 35**	
Zug																	
Puttgarden	140			**20 50**		**23 00**		**0 05**		**1 05**		**2 00**		**4 05**			
Oldenburg (Holst) ○				**21 14**													
Lübeck Hbf ○				**21 48**		**23 58**				**2 01**		**3 16**		**5 22**	◖**8 16**	◖**8 16**	
Hamburg Hbf ○				**22 29**		**0 40**		**1 35**		**2 40**		Ⓛ **4 10**		Ⓢ **6 10**	**9 04**	**9 04**	
Hamburg Dammtor ○																	
Hamburg-Altona ○																	
Hamburg Hbf	*1*							**1 45**		**2 50**				♦ *6 47*		♦ *9 47*	
Köln Hbf ○								Ⓣ **5 42**		**7 20**				♦ *10 50*		♦ *13 50*	
Bonn Hbf ○														♦ *11 12*		♦ *14 12*	
Hamburg Hbf	*110*					**1 00**						◊ *5 00*		◊ *6 37*		Ⓗ *9 37*	◊ *10 02*
Hannover Hbf ○						**2 31**						◊ *6 21*		◊ *7 49*		Ⓗ *10 49*	◊ *11 15*
Hamburg Hbf	*2*			*23 02*		*1 00*								◊ *6 00*			
Frankfurt (Main) Hbf ○				*5 14*		*6 20*								◊ *9 39*			
Basel SBB ○				*9 39*		*10 23*								♦ *12 43*			
Hamburg Hbf	*3*					*1 00*						◊ *5 00*		◊ *7 05*		◊ *10 02*	
München Hbf ○						*9 19*						◊ *11 05*		♦ *12 49*		◊ *16 05*	

Ⓕ = täglich vom 23. V. bis 25. IX.
Ⓖ = täglich ab 26. IX.
Ⓗ = *ICE*, ① bis ⑥, nicht 31. V., 25. XII. 93 bis 2. I., 2. bis 4. IV., 23. V. 94
Ⓙ = ① bis ⑤ bis 12. VI., nicht 31. V. 93
Ⓚ = täglich vom 13. VI. bis 25. IX., ① bis ⑥ ab 26. IX.
Ⓛ = vom 24./25. VI. bis 28./29. VIII. 93
Ⓜ = täglich vom 13. VI. bis 14. VIII.
Ⓟ = täglich ab 15. VIII.
Ⓡ = täglich bis 12. VI.
Ⓢ = täglich bis 24./25. IX.
Ⓣ = täglich vom 23./24. V. bis 25./26. IX.
Ⓥ = täglich ab 13. VI.

[5] = nicht 25. XII. und 1. I.
[9] = Zug 391 verkehrt täglich vom 26. IX. 93 bis 27. V. 94 erst ab Göteborg; Anschlußzug *ICE* 91 Oslo ab 17 33, Göteborg an 21 42
[10] = nicht 24./25., 31. XII./1. I.
[15] = Silja-Line, an Stockholm Värtan
[16] = Viking-Line, an Stockholm Stadsgården
[33] = Schlaf- und Liegewagenzug mit 2. Kl Sitzwagen

[40] = an ⑥ vom 19. VI. bis 14. VIII., und 8. I. bis 26. III. nach Innsbruck, sonst nach München
[41] = nach Paris
[42] = nach Aachen
[43] = nach Amsterdam

IN = Qualitätszug der skandinavischen Eisenbahnen

EC 181 **CHRISTIAN MORGENSTERN**
D 232 **NORD-EXPRESS**
D 291/391 **ALFRED NOBEL**
D 1232 **VIKING-EXPRESS**
D 1236 **NORD-WEST-EXPRESS**

▶ Die Fernverbindung in Deutschland (ICE/IC-Verkehr) Hamburg – Freiburg (Breisgau), die Nahverbindung Freiburg (Breisgau) – Müllheim (Baden)

Sie suchen auf den blaugedruckten Seiten im Verzeichnis oder auf der Karte der Fernverbindungen (1 bis 17) in Deutschland – ICE/IC-Verkehr – die Fernverbindung Hamburg – Basel und finden die Strecke Nr. 2.

Fernverbindungen (1–17) in Deutschland – ICE/IC-Verkehr –

Nr	Strecke
1	**Westerland–Hamburg** und **Kiel–Hamburg–Dortmund–Essen/Wuppertal–Köln–Mainz**
2	**Hamburg–Frankfurt (M)–Mannheim–Stuttgart–München** und **Mannheim–Karlsruhe–Basel**
3	**Hamburg–Würzburg** und **Bremen–Würzburg–Passau** und **Würzburg–München**
4	**Hamburg–Berlin–Dresden**
5	**Koblenz–Köln–Essen/Wuppertal–Hannover–Berlin**
6	**Berlin–Braunschweig–Hannover/Hildesheim–Göttingen–Mannheim–Ulm** und **Mannheim–Basel**
7	**Berlin–Hannover/Hildesheim–Göttingen–Würzburg–Nürnberg–München**
8	**Berlin–Halle/Leipzig–Saalfeld–Nürnberg–München**
10	**Osnabrück** und **Bielefeld–Essen/Wuppertal–Köln–Mannheim–Offenburg–Basel**
11	**Osnabrück–Essen/Wuppertal–Köln–Mannheim–Stuttgart–München**
12	**Osnabrück–Essen/Wuppertal–Köln–Frankfurt–Würzburg–Passau**
13	**Duisburg–Dortmund–Hamm–Soest–Kassel–Würzburg–Passau** und **Würzburg–München**
17	**Saarbrücken–Frankfurt (M)–Erfurt–Leipzig–Dresden**

Fernverbindungen (1-17) in Deutschland – ICE/IC-Verkehr –

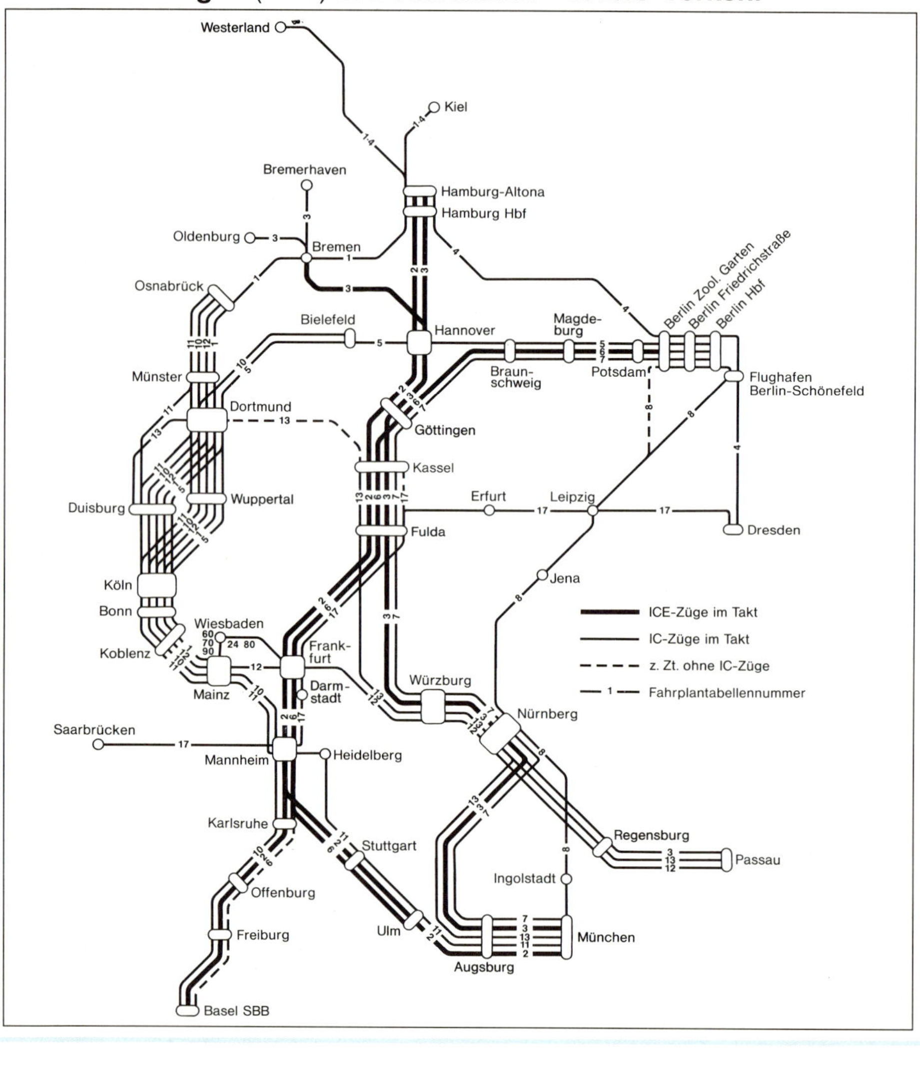

Sie schlagen die Fahrplantabelle Nr. 2 auf und finden hier

- bis Mannheim den ICE 793 „Hohenstaufen“ (in Mannheim muß Dr. A. umsteigen)
- von Mannheim nach Freiburg den EC 9 „Tiziano“

Abfahrt Hamburg Hbf.: 8.02 Uhr, Ankunft in Freiburg (Breisgau): 13.59 Uhr.

Der im Bahnhofs- und Ortsverzeichnis für Müllheim (Baden) angegebene Streckenfahrplan 702 zeigt Ihnen den Anschluß nach Müllheim:

Abfahrt Freiburg (Breisgau) Hbf.: 14.24 Uhr, Ankunft in Müllheim (Baden): 14.45 Uhr

2 Hamburg – Frankfurt – Mannheim –< Stuttgart – München / Karlsruhe – Basel →2

km	Zug	ICE 271	ICE 999	D 483	ICE 993	ICE 995	IC 601	D 350	ICE 997
		[40]	✕	2. 🛏 ▭ 🍷	[41] ✕ Ⓡ	✕	✕	▭ 🍷	◆ ✕
	von			København			Wiesbaden	Dresden	
0	**Hamburg-Altona**								
5	Hamburg Dammtor [91]								
7	Hamburg Hbf [91]			1 00					
19	Hamburg-Harburg			|					
185	Hannover Hbf ◄			2 34					Ⓕ 5 20
284	Göttingen			3 33					5 53
329	Kassel-Wilhelmshöhe			|					6 15
419	Fulda			5 00				5 16	6 45
522	Frankfurt (M) Hbf ✈ [7] ○			○				6 20	7 39
	Frankfurt (M) Hbf	5 42			Ⓓ 6 32	6 42		6 28	7 43
601	Mannheim Hbf ► [4] ○	6 23			7 08	7 24		|	8 24
	Mannheim Hbf	6 31	Ⓕ 6 27		7 10	7 27	Ⓕ 7 31		8 27
708	Stuttgart Hbf [7] ○		7 08			8 08			9 08
802	Ulm Hbf ○		8 05			9 05			10 05
888	Augsburg Hbf ○		8 45			9 45			10 45
942	München-Pasing ✈ [4] ○		|			|			|
950	**München** Hbf ✈ [90] [7] ○		Ⓕ 9 17		Ⓓ 9 42	10 17			Ⓕ 11 17
662	Karlsruhe Hbf ○	6 54					7 54	7 59	
694	Baden-Baden [4] ○	|					|	8 19	
735	Offenburg ○	7 28					8 28	8 42	
797	Freiburg (Breisgau) Hbf ○	7 59					8 59	9 17	
859	Basel Bad Bf ○	8 34					9 36	10 08	
864	**Basel** SBB ○	8 41					Ⓕ 9 43	10 23	
	nach	Zürich		München/ Innsbruck					
	Bremen Hbf								
	◄ Hannover Hbf ○								
	► Mannheim Hbf	Ⓖ *6 46*				◊ *8 22*			*8 48*
	Saarbrücken Hbf ○	Ⓖ *8 13*				◊ *9 44*			*10 08*

km	Zug	EC 101	ICE 893	EC 107	ICE 791	EC 5	ICE 571	ICE 771	IC 119
		✕	✕	✕	◆ ✕	✕	[41] ✕ Ⓡ	[40] ◆	◆ ✕
	von	Wiesbaden	Braunschweig	Dortmund		Dortmund			Münster (W)
0	**Hamburg-Altona**				5 46		Ⓓ 6 13	6 23	
5	Hamburg Dammtor [91]				5 53		6 21	6 30	
7	Hamburg Hbf [91]				6 00		6 27	6 37	
19	Hamburg-Harburg				6 12		6 38	|	
185	Hannover Hbf ◄				7 20		7 41	7 51	
284	Göttingen		Ⓕ 6 53		7 53		|	8 25	
329	Kassel-Wilhelmshöhe		7 15		8 15		|	8 46	
419	Fulda		7 45		8 45		|	|	
522	Frankfurt (M) Hbf ✈ [7] ○		8 39		9 39		9 46	10 06	
	Frankfurt (M) Hbf		8 43		9 44		9 52	10 10	
601	Mannheim Hbf ► [4] ○		9 24		10 24		10 32	10 50	
	Mannheim Hbf	8 31	9 27	9 31	10 27	10 31	10 36	10 58	10 55
708	Stuttgart Hbf [7] ○		10 08		11 08				11 51
802	Ulm Hbf ○		11 05		12 05				12 54
888	Augsburg Hbf ○		11 45		12 45				13 36
942	München-Pasing ✈ [4] ○		|		|				14 00
950	**München** Hbf ✈ [90] [7] ○		Ⓕ 12 17		13 17				14 11
662	Karlsruhe Hbf ○	8 54		9 54		10 54	Ⓓ 10 59	11 21	
694	Baden-Baden [4] ○	9 10		|		11 10		|	
735	Offenburg ○	|		10 28		|		11 56	
797	Freiburg (Breisgau) Hbf ○	9 59		10 59		11 59		12 27	
859	Basel Bad Bf ○	10 36		11 35		12 35		13 04	
864	**Basel** SBB ○	10 43		11 43		12 43		13 11	
	nach	Brig		Genève		Milano			Innsbruck
	Bremen Hbf				◊ *6 17*			*6 21*	
	◄ Hannover Hbf ○				Ⓕ *7 15*			*7 41*	
	► Mannheim Hbf		◊ *9 46*				*10 48*		
	Saarbrücken Hbf ○		Ⓕ *11 07*				*12 08*		

Zug	ICE 591	EC 103	ICE 573	EC 115	ICE 793	EC 9	ICE 575	IC 715
	◆ ✕	✕	[40] ◆	◆ ✕	◆ ✕	◆ ✕	[40] ◆	◆ ✕
von	Berlin Zool G	Dortmund		Dortmund		Br'schwg/ Hannover		Münster (W)
Hamburg-Altona			Ⓕ 7 23		7 48		8 23	
Hamburg Dammtor [91]			7 30		7 55		8 30	
Hamburg Hbf [91]			7 37		8 02		8 37	
Hamburg-Harburg			|		|		|	
Hannover Hbf ◄			8 51		9 20		9 51	
Göttingen	8 53		9 25		9 53		10 25	
Kassel-Wilhelmshöhe	9 15		9 46		10 15		10 46	
Fulda	9 45		|		10 45		|	
Frankfurt (M) Hbf ✈ [7] ○	10 39		11 06		11 39		12 06	
Frankfurt (M) Hbf	10 43		11 10		11 43		12 10	
Mannheim Hbf ► [4] ○	11 24		11 50		12 24		12 50	
Mannheim Hbf	11 27	11 31	11 58	11 55	12 27	12 31	12 58	12 55
Stuttgart Hbf [7] ○	12 08			12 51	13 08			13 51
Ulm Hbf ○	13 05			13 54	14 05			14 59
Augsburg Hbf ○	13 45			14 36	14 45			
München-Pasing ✈ [4] ○	|			15 00	|			
München Hbf ✈ [90] [7] ○	14 17			15 11	15 17			
Karlsruhe Hbf ○		11 54	Ⓕ 12 21			12 54	13 21	
Baden-Baden [4] ○		|				13 10		
Offenburg ○		12 28				|		
Freiburg (Breisgau) Hbf ○		12 59				13 59		
Basel Bad Bf ○		13 36				14 35		
Basel SBB ○		13 43				14 43		
nach		Chur		Klagenfurt		Milano		Oberstdorf
Bremen Hbf			*7 21*		◊ *8 17*		*8 21*	
◄ Hannover Hbf ○			*8 41*		◊ *9 15*		*9 41*	
► Mannheim Hbf	◊ *11 46*				*12 48*			
Saarbrücken Hbf ○	◊ *13 08*				*14 08*			

Zug	EC 65	ICE 593	EC 105	ICE 577	IC 513	ICE 895	EC 3
	✕	◆ ✕	◆ ✕	[40] ◆	◆ ✕	◆ ✕	◆ ✕
von	Paris	Berlin Zool G	Schiphol		Dortmund	Bremen	Schiphol
Hamburg-Altona				Ⓕ 9 23			
Hamburg Dammtor [91]				9 30			
Hamburg Hbf [91]				9 37			
Hamburg-Harburg				|			
Hannover Hbf ◄				10 51		11 20	
Göttingen		10 53		11 25		11 53	
Kassel-Wilhelmshöhe		11 15		11 46		12 15	
Fulda		11 45		|		12 45	
Frankfurt (M) Hbf ✈ [7] ○		12 39		13 06		13 39	
Frankfurt (M) Hbf		12 43		13 10		13 43	
Mannheim Hbf ► [4] ○		13 24		13 50		14 24	
Mannheim Hbf	ab	13 27	13 31	13 58	Ⓕ 13 55	14 27	14 31
Stuttgart Hbf [7] ○	13 59	14 08			14 51	15 08	
Ulm Hbf ○	14 54	15 05			15 54	16 05	
Augsburg Hbf ○	15 36	15 45			16 36	16 45	
München-Pasing ✈ [4] ○	16 00	|			17 00	|	
München Hbf ✈ [90] [7] ○	16 11	16 17			Ⓕ 17 11	17 17	
Karlsruhe Hbf ○			13 54	Ⓕ 14 21			14 54
Baden-Baden [4] ○			|				15 10
Offenburg ○			14 28				|
Freiburg (Breisgau) Hbf ○			14 59				15 59
Basel Bad Bf ○			15 36				16 35
Basel SBB ○			15 43				16 43
nach	Wien		Interlaken				Chur
Bremen Hbf				*9 21*		10 17	
◄ Hannover Hbf ○				*10 41*		11 16	
► Mannheim Hbf		◊ *13 46*				*14 48*	
Saarbrücken Hbf ○		◊ *15 07*				*16 08*	

Günstigere Verbindungen zwischen Hamburg und München siehe Tabelle 3

Weitere Züge zwischen Hamburg und Göttingen siehe Tabelle 25
und zwischen Mannheim und München siehe Tabelle 90

Ⓓ = ① bis ⑤, nicht 31. V., 24. XII. 93 bis 2. I., 1. bis 4. IV., 23. V. 94
Ⓕ = ① bis ⑥, nicht 31. V., 25. XII. 93 bis 2. I., 2. bis 4. IV., 23. V. 94
Ⓖ = ✕ außer ⑥, nicht 10. VI., 1. XI., 24. u 31. XII.

[40] = 1. Kl: Service und Verpflegung am Platz, auf Vorbestellung 2. Kl: Bistro und Minibar
[41] = ***Sprinterpreis.*** Zug mit verkürzter Fahrzeit; besonderer Service und Verpflegung am Platz im Fahrpreis enthalten. Reservierung erforderlich; für Reisegruppen (2. Klasse) zugelassen.
[90] = Übergangszeit zwischen der Haupthalle und den Gleisen 5 – 10 bzw 27 – 36 10 Minuten, zwischen den Gleisen 5 – 10 bzw 27 – 36 15 Minuten
[91] = alle in Hamburg-Altona beginnenden Reisezüge halten in HH Dammtor und Hamburg Hbf nur zum Zusteigen

EC	3	**REMBRANDT**
EC	5	**VERDI**
EC	9	**TIZIANO**
EC	65	**MOZART**
EC	101	**MATTERHORN**
EC	103	**RÄTIA**
EC	105	**BERNER OBERLAND**
EC	107	**MONT-BLANC**
EC	115	**BLAUER ENZIAN**
IC	119	**KARWENDEL**
ICE	271	**JOHANNA SPYRI**
IC	513	**ANNETTE KOLB**
ICE	571	**MAIN-SPRINTER**
ICE	573	**HANNAH ARENDT**
ICE	575	**LESSING**
ICE	577	**GÖTTINGER SIEBEN**
ICE	591	**ANDREAS SCHLÜTER**
ICE	593	**WALTER GROPIUS**
IC	601	**BADENIA**
IC	715	**DIPLOMAT**
ICE	771	**BREISGAU**
ICE	791	**HERKULES**
ICE	793	**HOHENSTAUFEN**
ICE	893	**KOMMODORE**
ICE	895	**HERRENHAUSEN**
ICE	993	**ISAR-SPRINTER**
ICE	995	**HÖLDERLIN**
ICE	997	**FRIEDRICH LIST**
ICE	999	**HERMES**

Weiterführende Strecke = Tabellennummer 702

702 Karlsruhe – Offenburg – Freiburg – Basel → 702

🚌 Karlsruhe – Rastatt 7050, 7051 · Baden-Baden – Offenburg 7135 · Rastatt – Baden-Baden 7105 · Offenburg – Lahr (Schw) 7141 · Lahr (Schw) – Freiburg 7200 · Freiburg – Müllheim (Baden) 7240

Zug		7483 🚲 2. ■1	5935 2. ■3	EC 9 ◆ ✕ TIZIANO	E 3479 🚲	4515 🚲 2. ■1	IR 2055 ◆ 🍴 🚲	5749 ■1	E 3563 🚲=Ⓑ	5937	7485 ⑥=🚲 ⑥=2.	EC 105 ◆ ✕ BERNER OBERLAND	5749 ■1	4733 2.	E 3413	7487 🚲=⑥ ⑥=2.
Mannheim Hbf	700			12 31					◊ 12 58		12 40	13 31			12 59	
Karlsruhe Hbf	○			12 54					◊ 13 21		13 36	13 54			14 06	
Heidelberg Hbf	701			12 11			12 42								13 15	
Karlsruhe Hbf	○			12 48			13 10								14 06	
	von			Braunschweig	Offenburg	Elzach	Dessau					Amsterdam	Offenburg	Bad Griesbach	Neustadt (W)	
Karlsruhe Hbf		✕ 12 29	Ⓐ 12 57	12 56			13 12		13 29	13 30	13 39	13 56			14 08	14 20
Ettlingen West			13 02							13 35						
Bruchhausen bei Ettlingen			13 06							13 39						
Malsch			13 11							13 44						
Muggensturm			13 15							13 48						
Forchheim bei Karlsruhe		12 34									13 44					14 25
Durmersheim		12 39									13 49					14 30
Bietigheim (Baden)		12 42									13 52					14 33
Ötigheim		12 46									13 56					14 36
Rastatt	716 ④ ○	12 50	Ⓐ 13 19				13 23		13 42	13 52	14 01				14 20	14 40
Rastatt		12 54					13 24		13 43		14 02				14 21	14 41
Baden-Baden	④ ○	✕ 13 00		13 10			13 29		13 48		14 07				14 26	14 47
Baden-Baden				13 11			13 30		13 49						14 27	
Bühl (Baden)									13 57						14 35	
Achern	717 ④								14 04						14 42	
Renchen									14 09							
Appenweier	718, 719 ③								14 15					14 49	14 53	
Offenburg	718, 719, 720 ○						13 51		14 23			14 28		14 56	15 01	
Offenburg								✕ 14 00				14 30				
Friesenheim (Baden)																
Lahr (Schwarzwald)					13 42			14 12								
Orschweier					13 47			14 18								
Ringsheim					13 50											
Herbolzheim (Breisgau)					13 53			14 22								
Kenzingen					13 56			14 26								
Riegel	723, 724				14 00			14 29								
Köndringen					14 03			14 32								
Teningen-Mundingen								14 34								
Emmendingen					14 07			14 38								
Kollmarsreute					14 11			14 41								
Denzlingen	726				14 15	✕ 14 24		14 45								
Gundelfingen						14 28		14 48								
Freiburg-Zähringen						14 31										
Freiburg-Herdern						14 35		14 53								
Freiburg (Brsg) Hbf	727, 729 ○			13 59	14 22	✕ 14 37		14 55				14 59				
Freiburg (Brsg) Hbf				14 01	14 24			✕ 15 06 →				15 01	✕ 15 06			
Freiburg-St Georgen																
Ebringen													15 12			
Schallstadt					14 30								15 14			
Norsingen													15 17			
Bad Krozingen	725 ③				14 35								15 21			
Heitersheim					14 39								15 26			
Buggingen													15 28			
Müllheim (Baden)					14 45								15 34			
Auggen													15 37			
Schliengen													15 40			
Bad Bellingen					14 51								15 44			
Rheinweiler													15 47			
Kleinkems													15 50			
Istein													15 54			
Efringen-Kirchen					15 00								15 57			
Eimeldingen													16 00			
Haltingen	12733				15 05								16 03			
Weil (Rhein)	734				15 08								16 06			
Basel Bad Bf ⊞	730, 735 ○			14 35	15 12							15 36	✕ 16 10			
Basel Bad Bf				14 38								15 38				
Basel SBB	○			14 43								15 43				
	nach		Schönmünzach	Mailand			Konstanz		Konstanz	Freudenstadt		Interlaken				

Ⓐ = ✕ außer ⑥
Ⓑ = täglich außer ⑥
Ⓒ = ⑥ und †

■1 = nicht 10. VI., 1. XI., 6. I.
■3 = nicht 10. VI., 1. XI., 24., 31. XII., 6. I.

Jetzt können Sie für Dr. A. und Herrn B. die Reisepläne erstellen.

Reiseplan für Herrn Dr. A., Abteilung Geschäftsführung
vom 5. Mai 19.. bis 7. Mai 19..
aufgestellt von Frau X
Kopien an: Herrn B., Frau A., Frau X.

Datum	Uhrzeit	Ablauf	Besuchsgrund	Bemerkungen
5. Mai 19..	8.46 9.06	ab Darmstadt Hbf. mit IC 653 an Frankfurt Hbf.		Fahrkarten für die gesamte Reise geordnet in Mappe (1. Klasse); Platzkarten
	10.00 bis 11.00	Besprechung mit Dr. L. Maschinenwerke Xy, Offenbacher Str., Tel.-Nr. …	Vertragsvorbereitung	Entwürfe in Reisemappe
	11.15	Fahrt mit Taxi zum Hbf.		

Datum	Uhrzeit	Ablauf	Besuchs-grund	Bemerkungen
	11.51 15.21	ab Frankfurt Hbf. mit ICE 772 „Franz Kruckenberg" an Hamburg		Verpflegung am Platz vorbestellen Unterlagen für die Besprechung mit Herrn C., Hamburg, in Reisemappe
		Fahrt mit Taxi zum Hotel „...hof" ...straße, Tel. ...		Einzelzimmer mit Dusche reserviert; Bestätigung in Reisemappe
	19.00	Arbeitsessen mit Dr. C. im Hotel-Restaurant		
6. Mai 19..	9.30	Besprechung mit Dr. C. und leitenden Mitarbeitern im Hause der Maschinenwerke Xy, ...straße		
	15.30	Privat: Teilnahme an einer Buchauktion des Antiquariats Dörling, Neuer Wall 40–42		Katalog im Aktenkoffer
	22.45	Kurzbesprechung mit Herrn B., der aus Kopenhagen zurück sein muß (Ankunft des Zuges. 22.29)		
7. Mai 19..	7.30 8.02 12.24 13.59 14.24 14.45	Fahrt mit Taxi zum Hbf. ab Hamburg Hbf. mit ICE 793 „Hohenstaufen" Mannheim umsteigen an Freiburg (Brsg.) Hbf. ab Freiburg an Müllheim (Baden)		

Reiseplan für Herrn B., Abteilung Geschäftsführung
vom 5. Mai 19.. bis 7. Mai 19..
aufgestellt von Frau X
Kopien an: Herrn Dr. A., Frau B., Frau X.

Datum	Uhrzeit	Ablauf	Besuchs-grund	Bemerkungen
5. Mai 19..	8.46 9.06	ab Darmstadt Hbf. mit IC 653 an Frankfurt Hbf.		Fahrkarten für die gesamte Reise geordnet in Mappe (1. Klasse); Platzkarten
	10.00 bis 11.00	Besprechung mit Dr. L. Maschinenwerke x/y, Offenbacher Str., Tel.-Nr. ...	Vertrags-vorbereitung	Entwürfe in Reisemappe
	11.15	Fahrt mit Taxi zum Hbf.		

Datum	Uhrzeit	Ablauf	Besuchs-grund	Bemerkungen
	11.51 15.21	ab Frankfurt Hbf. mit ICE 772 „Franz Kruckenberg" an Hamburg		Verpflegung am Platz vorbestellen
		Fahrt mit Taxi zum Hotel „...hof" ...straße, Tel. ...		Einzelzimmer mit Dusche reserviert; Bestätigung in Reisemappe
	19.00	Arbeitsessen mit Dr. C. im Hotel-Restaurant		
6. Mai 19..	6.50 7.19 8.55 9.06 10.00 12.20	mit Taxi zum Hbf. ab Hamburg mit EC 180 „Christian Morgenstern" an Puttgarden, Wechsel auf Fähre (Aussteigen nicht nötig) auf See an Rødby an Kopenhagen		Mittagessen in Kopenhagen
	13.30	mit Taxi zur Firma ZB, Anschrift: Tel.-Nr., Dauer der Besprechung etwa 3 Std.		Unterlagen in Reisemappe
	17.20 19.15 19.30 bis 20.35	ab Kopenhagen mit EC 181 „Christian Morgenstern" an Rødby auf See		Abendessen an Bord
	22.29 22.45	an Hamburg Hbf. Dr. A. anrufen, Zimmer Nr. ...		

Kernwissen

- Grundlage bei der Planung von Bahnfahrten ist das Kursbuch der Deutschen Bahnen Gesamtausgabe.
  Mit dem Kursbuch lassen sich
  - Nahverbindungen
  - Fernverbindungen im Bundesgebiet
  - Fernverbindungen mit dem Ausland

  genau planen.
- Ein Reiseplan muß folgende Daten enthalten:
  - Datum
  - Uhrzeit
  - Ablauf der Reise
  - Besuchsgrund
  - Hinweise auf Unterkunft, Unterlagen usw.

Überlegungshilfe

- Beachten Sie, daß Kopien von Reiseplänen an die Stellvertreter des Reisenden, seine Ehefrau/Ehemann und an das Sekretariat gegeben werden müssen.

  Falls Sie noch keine Erfahrung haben sollten, planen Sie Fahrten, deren Richtigkeit Sie anschließend mit den von einem Reisebüro oder der DB ausgearbeiteten Plänen vergleichen.
- Reisende können auch die Elektronische Verkehrsauskunft (EVA) in Anspruch nehmen. EVA mit der Software „Ariadne“ bedient die Kundschaft in Sekundenschnelle: Innerhalb von höchstens sechs Sekunden stellt der Computer die gewünschte Fahrplanverbindung nach mehreren vom Kunden gewünschten Kriterien her, z. B. umsteigefreie Verbindungen, schnellste Verbindungen, zuschlagfreie Verbindungen. Alle 36 Millionen mögliche Zugverbindungen, die das heutige Kursbuch enthält, sind in EVA gespeichert. Dennoch wird EVA nie ein vollwertiger Ersatz für das herkömmliche Kursbuch werden, da immer nur ein Ausschnitt geboten werden kann.
- Die Systematik des Kursbuches ermöglicht es dem Kundigen, mit einem Blick parallele und alternative Verbindungen zu erfassen und gegeneinander abzuwägen.

Zur Vertiefung

1 Sie möchten sich über Fahrpreisermäßigungen für Firmen – z. B. Großkundenabonnements – erkundigen. In welchem Teil des Kursbuches finden Sie diese Informationen?

2 Planen Sie mit Hilfe des Kursbuches die Rückreise von Herrn B. am 7. Mai 19.. von Hamburg nach Darmstadt im Laufe des Vormittags. Suchen Sie mehrere Verbindungen heraus!

5.3 Auswertung der Reise

Die **Auswertung** einer Reise umfaßt zwei Bereiche:

- Reiseergebnisse,
- Reisekosten, Reisespesen.

5.3.1 Reiseergebnisse

Das **Ergebnis** einer Reise sind Informationen: Bestellungen, Vertragsentwürfe, Verträge, Reklamationen, Aktennotizen, Protokolle u. ä.

Aufgaben der **Auswertung:** Unterlagen auf Terminvereinbarungen prüfen, Anweisungen weitergeben, die Durchführung der Anweisungen terminieren und kontrollieren, Unterlagen abheften und registrieren u. ä.

5.3.2 Reisekostenabrechnung

Reisekosten sind Aufwendungen, die durch eine Geschäftsreise/Dienstreise oder einen Geschäftsgang/Dienstgang für eine vorübergehende Tätigkeit (bis zu drei Monaten) unmittelbar verursacht werden.

Mit Wirkung vom 1. Januar 1990 ist die steuerliche Behandlung von Geschäfts-/Dienstreisen und Geschäfts-/Dienstgängen wesentlich verändert worden. Die in den Abschnitten 37/40 der Lohnsteuer-Richtlinien 1990 angegebenen Reisekostenregelungen gelten für Arbeitnehmer **und** Selbständige.

Geschäftsreisen/**Geschäfts**gänge werden von einem **selbständig Tätigen** unternommen (Angehöriger eines freien Berufes, Gewerbetreibender, Land- und/oder Forstwirt) und sind steuerlich als **Betriebsausgaben** zu behandeln.

Dienstreisen/**Dienst**gänge werden von einem **nicht selbständigen Arbeitnehmer** unternommen und sind steuerlich als **Werbungskosten** in der persönlichen Einkommensteuererklärung bzw. beim Lohnsteuerjahresausgleich geltend zu machen, sofern sie nicht vom Arbeitgeber steuerfrei ersetzt wurden (§ 3 Nr. 13, Nr. 16 EStG).

- Geschäftsreise/Dienstreise: Mindestentfernung 20 km
- Geschäftsgang/Dienstgang: weniger als 20 km

▶ Zu beachten bei Betriebsausgaben!

Vorsteuerabzug: Steuerpflichtigen, die nach dem Umsatzsteuergesetz zum Vorsteuerabzug berechtigt sind, erstattet das Finanzamt bei **Inlandreisen** die in den Reisekosten enthaltene Umsatzsteuer (§ 15 UStG), so daß nur die **Netto**kosten geltend zu machen sind. Der Vorsteuerabzug bewirkt, daß die Umsatzsteuer im Unternehmensbereich kostenneutral bleibt.

Die abzugsfähigen **Vorsteuern** können ermittelt werden durch:

- Einzelbelegnachweis
- aufgeschlüsselte Einzelpauschalierung
- Gesamtpauschalierung aller Vorsteuern

Einzelbelegnachweis: Entsprechend § 34 UStDV kann bei Rechnungen über Kleinbeträge bis zu 200 DM auf den gesonderten Ausweis der Vorsteuer verzichtet werden; der abzugsfähige Vorsteuerbetrag muß in diesem Fall aus dem Gesamtbetrag herausgerechnet werden.

Formel:	Regelsteuersatz	15 % = Gesamtpreis x 13,04 : 100
	Ermäßigter Steuersatz	7 % = Gesamtpreis x 6,54 : 100

Tip: Bei Taxirechnungen ist darauf zu achten, daß der Umsatzsteuerprozentsatz angegeben ist:

- bei Fahrten bis zu 50 km = 7 % Umsatzsteuer
- bei Fahrten über 50 km = 15 % Umsatzsteuer

Bahnfahrtbelege enthalten nur die Tarifentfernung, so daß im Fahrpreis bis 50 km 7 % und über 50 km 15 % enthalten sind.

Einzelpauschalierung: Werden zur Abgeltung des Verpflegungsmehraufwandes die gewährten Verpflegungs-Pauschbeträge geltend gemacht, können 12,3 % dieser Beträge als Vorsteuer abgezogen werden.

Gesamtpauschalierung: (einfachste Möglichkeit!) In diesem Fall wird der Vorsteuerabzug pauschal mit 9,8 % für alle Aufwendungen (Fahrtkosten, Übernachtungskosten, Verpflegungsmehraufwendungen, Reisenebenkosten) der in einem **Kalenderjahr** durchgeführten Geschäftsreisen und -gänge ermittelt. Es ist nicht erforderlich, daß die Umsatzsteuer in den

Belegen gesondert ausgewiesen ist. Erstattet der Arbeitgeber seinen Arbeitnehmern für Inlandsreisen die Pauschbeträge für Übernachtung, Verpflegungsmehraufwendungen und die Fahrtaufwendungen mit Kilometersätzen, so kann er 9,8 % Vorsteuer abziehen.

Aufwendungen bei Inlandreisen

- Fahrtkosten
- Übernachtungskosten
- Verpflegungsmehraufwendungen
- Reisenebenkosten

▶ Fahrtkosten

Fahrtkosten sind die tatsächlichen Aufwendungen, die durch die persönliche Benutzung eines Beförderungsmittels entstanden sind und **nachgewiesen** werden. Bei Benutzung öffentlicher Verkehrsmittel (Flugzeug, Bahn, Omnibus, Straßenbahn, Taxi) ist der entrichtete Fahrpreis anzusetzen. Belege: Fahrkarte, Flugzeugticket, Taxibeleg, Quittungen des Reisebüros usw.

Bei Benutzung eines **eigenen** Fahrzeuges können die Fahrtkosten wahlweise durch **Einzelnachweis** oder ohne Einzelnachweis durch **Pauschale** geltend gemacht werden.

Einzelnachweis bedeutet, daß die Gesamtfahrleistung im Jahr sowie die tatsächlichen Jahres-Gesamtkosten für die Haltung und Nutzung des Fahrzeugs durch Belege nachgewiesen und der auf die Reisekosten entfallende Anteil an den Jahres-Gesamtkosten ermittelt werden müssen.

Beispiel:

Jahresgesamtkosten	10 725,00 DM:	Jahresfahrleistung:	16 500 km
		Privatfahrten:	9 500 km
		Geschäfts-/Dienstfahrten:	7 000 km
		Fahrkosten pro Kilometer:	
		10 725 DM : 16 500 km = 0,65 DM	
		7 000 km x 0,65 DM	
Reisekostenanteil	**4 550,00 DM**		

Zu den Jahres-Gesamtkosten gehören Treibstoff und Ölverbrauchskosten, Wartungs- und Reparaturkosten, Inspektionskosten, Kosten der Garage am Wohnort, Fahrzeugsteuer, Fahrzeugversicherungsbeiträge (Kfz-Haftpflicht, Teilkasko- und Vollkaskoversicherung), Zinsen für Anschaffungsdarlehen und für Fahrzeugeigentümer die Absetzungen für Abnutzung (AfA).

Wichtig: Ein ordnungsgemäß geführtes **Fahrtenbuch** stellt einen belegmäßigen Nachweis der geschäftlich bzw. dienstlich veranlaßten Fahrtkosten dar.

Anforderungen an ein ordnungsgemäß geführtes Fahrtenbuch:

- Datum
- Reiseziel und Zweck der Reise
- Kilometerstand am Beginn und Ende der Reise
- Anzahl der gefahrenen Kilometer je Geschäfts-/Dienstfahrt
- Tacho-Kilometerstände am Jahresanfang und am Jahresende

Pauschalabrechnung bedeutet Abrechnung nach Kilometersätzen. Seit 1. Oktober 1991 können je gefahrener Kilometer angesetzt werden:

• Kraftwagen (Pkw)	0,52 DM
• Motorrad/Motorroller	0,23 DM
• Moped/Mofa (Hubraum bis 50 ccm)	0,14 DM
• Fahrrad	0,07 DM

Nehmen an einer Geschäfts-/Dienstreise weitere Personen teil, die in dem betreffenden Fahrzeug mitgenommen werden, so erhöhen sich die genannten Pauschbeträge für jede mitgenommene Person:

- Pkw 0,03 DM je Fahr-km
- Motorrad/Motorroller 0,02 DM je Fahr-km

Mit den genannten Pauschalen sind sämtliche mit dem Betrieb des Fahrzeuges verbundenen Aufwendungen (Benzin, Öl, Abschreibungen usw.) abgegolten, mit Ausnahme der bei einer Geschäfts-/Dienstreise anfallenden Parkgebühren (Reisenebenkosten) und außergewöhnlichen Kosten der Kfz-Benutzung (z. B. Kosten eines Autounfalls).

▶ Verpflegungsmehraufwendungen bei Inlandreisen

Wahlmöglichkeit für jede Reise zwischen

- Einzelnachweis der Verpflegungsaufwendungen in tatsächlicher Höhe oder mit
- Pauschbeträgen

Einzelnachweis: Durch die geschäftlich bzw. beruflich veranlaßte Reise entstehen zu Hause keine Verpflegungsaufwendungen. Diese sogenannte **Haushaltsersparnis** beträgt stets $1/5$ der tatsächlichen Aufwendungen für Verpflegung je Reisetag, so daß steuerlich nur die **Verpflegungsmehraufwendungen** von $4/5$ der Gesamtaufwendung begrenzt bis zu folgenden Höchstbeträgen geltend gemacht werden können.

Höchstbeträge/Tag für Verpflegungsmehraufwand bei Inlandreisen

Abwesenheitsdauer	Geschäftsgang/Dienstgang, Fahrtätigkeit, Einsatzwechseltätigkeit	Geschäftsreise/Dienstreise
mehr als 6 bis 8 Stunden	19,00 DM	19,00 DM
mehr als 8 bis 10 Stunden	19,00 DM	32,00 DM
mehr als 10 bis 12 Stunden	19,00 DM	51,00 DM
mehr als 12 Stunden	19,00 DM	64,00 DM

Dauert eine Geschäfts-/Dienstreise nicht länger als sechs Stunden, werden Verpflegungsmehraufwendungen nur durch Einzelnachweis bis zum Höchstbetrag von 19,00 DM anerkannt.

Pauschalabrechnung: Sie bezieht sich in ihrer Höhe jeweils auf **einen** Reisetag. Es muß **keine** Hauhaltsersparnis abgezogen werden.

Pauschbeträge/Tag für Verpflegungsmehraufwand bei Inlandreisen

Abwesenheitsdauer	Geschäftsgang/Dienstgang		Geschäftsreise/Dienstreise	
	eintägig	mehrtägig	eintägig	mehrtägig
bis 6 Stunden	0 DM	0 DM	0 DM	0 DM
mehr als 6 bis 8 Stunden	8 DM	8 DM	10 DM	13 DM
mehr als 8 bis 10 Stunden	8 DM	8 DM	17 DM	23 DM
mehr als 10 bis 12 Stunden	8 DM	8 DM	28 DM	36 DM
mehr als 12 Stunden	8 DM	8 DM	35 DM	46 DM

- Pauschbeträge bei Fahrtätigkeit
- Abwesenheitsdauer
  – mehr als 6 Stunden = 8 DM
  – mehr als 12 Stunden = 16 DM

Bei **mehreren** Geschäfts-/Dienstreisen an **einem** Kalendertag ist jede Reise für sich zu beurteilen; es darf jedoch nicht mehr als der volle Pauschbetrag bzw. bei Einzelabrechnung nicht mehr als der volle Höchstbetrag angesetzt werden.

Die für Pauschbeträge maßgebliche Zeitdauer wird bei Reisen, die sich auf mehrere Kalendertage erstrecken, wie folgt berechnet:

- Reiseantrittstag: Zeitpunkt des Reiseantritts bis 24.00 Uhr
- Reiserückkehrtag: Von 00.00 Uhr bis zum Zeitpunkt der Rückkehr

Beispiele zur Verdeutlichung:

- Chef A = Arbeitnehmer
- Chef S = Selbständiger

Fall 1: Chef A unternimmt vormittags eine Dienstreise (07.00 bis 13.30 Uhr) und kehrt dann in sein Büro zurück. Am gleichen Tag tritt er um 14.30 Uhr eine weitere Dienstreise an, die erst am nächsten Tag um 16.30 Uhr beendet ist.

Berechnung:

1. Tag: 1. Reise (07.00 – 13.30 Uhr) = 6,5 Stunden = Pauschale 10 DM (eintägig)
1. Tag: 2. Reise (14.30 – 24.00 Uhr) = 9,5 Stunden = Pauschale 23 DM (mehrtägig)
2. Tag: 2. Reise (00.00 – 16.30 Uhr) = 16,5 Stunden = Pauschale 46 DM (mehrtägig)

Fall 2: Chef A unternimmt eine eintägige Inlands-Dienstreise über 12 Stunden.

Nachgewiesene Verpflegungsaufwendungen	
+ 15 % Umsatzsteuer	= 35,00 DM
Abzug Haushaltsersparnis 1/5 (20 %)	= 7,00 DM
Verpflegungsmehraufwendungen	= 28,00 DM
Pauschbetrag über 12 Stunden Abwesenheit:	= 35,00 DM

In diesem Fall entscheidet sich Chef A für den Pauschbetrag, da dieser gegenüber dem Einzelnachweis vorteilhafter ist.

Fall 3: Chef S unternimmt eine eintägige Inlands-Geschäftsreise über 12 Stunden.

Nachgewiesene Verpflegungsaufwendungen	
+ 15 % Umsatzsteuer	= 100,00 DM
Abzug Haushaltsersparnis 1/5 (20 %)	= 20,00 DM
Verpflegungsmehraufwendungen	= 80,00 DM
Abzug darin enthaltener Vorsteuer (13,04 %)	= 10,43 DM
Verpflegungsmehraufwendungen ohne Vorsteuer	= 69,57 DM
Steuerlich können nur 64,00 DM geltend gemacht werden:	= 64,00 DM
Nicht abzugsfähige Betriebsausgaben (§ 4 Abs. 5 Nr. 5 EStG)	= 5,57 DM

Nachtreisen ohne Übernachtung werden zur Vermeidung „unbilliger Ergebnisse“ wie folgt berechnet:

Eine Nachtreise, die nach 18.00 Uhr angetreten und am nachfolgenden Kalendertag vor 06.00 Uhr beendet wird, ist als **eintägige Geschäfts-/Dienstreise** zu behandeln. Die Stunden der beiden Tage werden zusammengerechnet, so daß ein entsprechender Pauschbetrag für Verpflegungsmehraufwendungen geltend gemacht werden kann.

Wird ein Teil der **Verpflegung unentgeltlich** gewährt (Einladung zum Frühstück, Mittag- oder Abendessen), so ist der Pauschbetrag bzw. bei kürzeren Reisen der Teilpauschbetrag wie folgt zu kürzen:

- für ein Frühstück um 15 %
- für ein Mittagessen um 30 %
- für ein Abendessen um 30 %

Der maßgebende Pauschbetrag ist jedoch höchstens um 75 % zu kürzen. Die Kürzung entfällt, falls der Betreffende die Mahlzeiten aus Anlaß gesellschaftlicher Veranstaltungen erhalten hat.

▶ Übernachtungskosten (Inlandreisen)

Aufwendungen für die Übernachtung werden nur in der **nachgewiesenen Höhe** anerkannt; eine Pauschalabrechnung ist nicht zulässig.

Frühstückskosten gehören nicht zu den Übernachtungskosten, sondern zu den Verpflegungsmehraufwendungen. Empfehlung: Auf der Hotelrechnung die Preise für Übernachtung und Frühstück jeweils getrennt angeben lassen! Weist die Hotelrechnung nur einen Gesamtbetrag für Übernachtung und Frühstück aus, so sind für das Frühstück 7,00 DM von dem Gesamtpreis abzuziehen.

Bei einer Einsatzwechseltätigkeit können Übernachtungskosten **nicht** als Reisekosten anerkannt werden, da bei diesen Arbeitnehmern eine beruflich veranlaßte doppelte Haushaltsführung vorliegt. Hat ein Arbeitnehmer den Nachweis der auswärtigen Übernachtung erbracht, so kann der Arbeitgeber die Übernachtungskosten für jede Übernachtung im Inland mit einem **Pauschbetrag von 39 DM** steuerfrei erstatten und 12,3 % dieser Beträge als Vorsteuer abziehen. Nachweis der Übernachtungskosten erforderlich (Rechnungen des Hotels, Gasthofes, Pension bzw. müssen auf den **Namen des Steuerpflichtigen** ausgestellt sein)! Zu den Übernachtungskosten gehören auch die Gebühren für die Benutzung eines Schlaf/Liegewagens.

▶ Reisenebenkosten (Inlandreisen)

Zu den abzugsfähigen Reisekosten gehören auch die tatsächlichen Reisenebenkosten. Reisenebenkosten sind z. B. Aufwendungen für:

- die Beförderung und Aufbewahrung von Gepäck
- Telefon, Telegramme, Telefax, Schriftverkehr, Porto
- Garage, Parkplatzgebühren
- Fähr-, Brücken- und Straßenbenutzung
- Zug-Zuschlag
- Unfallversicherungen, die ausschließlich Berufsunfälle außerhalb einer ortsgebundenen regelmäßigen Arbeitsstätte abdecken
- Flugversicherungen, soweit sie sich auf die einzelne Reise beziehen
- Eintrittsgelder für berufliche Veranstaltungen
- Trinkgelder (bei Geschäftsreisen)

Aufwendungen bei Auslandsreisen

Die Reise muß geschäftlich bzw. beruflich veranlaßt sein.

- Fahrtkosten
- Verpflegungsmehraufwendungen
- Übernachtungskosten
- Reisenebenkosten

▶ Fahrtkosten

Wie bei Geschäfts-/Dienstreisen im Inland.

▶ Verpflegungsmehraufwendungen

Sie können mit **Pauschbeträgen** oder gegen **Einzelnachweis** geltend gemacht werden.

Die Pauschbeträge und die Höchstbeträge für den Einzelnachweis sind je nach Land unterschiedlich hoch und werden jeweils vom Bundesfinanzminister neu festgesetzt und bekanntgemacht.

Seit 1. Januar 1992 gelten bis zur Neufestsetzung die im Bundessteuerblatt bekanntgegebenen Höchst- und Pauschbeträge. Im Gegensatz zu Geschäfts-/Dienstreisen im Inland gibt es **keine unterschiedlichen Pauschbeträge** für **ein-** und **mehrtägige Reisen.** Die in der nachfolgenden Übersicht aufgeführten Höchst- und Pauschbeträge gelten für **einen vollen Reisetag** (Kalendertag), der ununterbrochen **mehr als 12 Stunden** dauert.

Für die in der Übersicht nicht erfaßten Länder ist der für Luxemburg angegebene Höchst- und Pauschbetrag maßgebend; für die nicht erfaßten Übersee- und Außengebiete eines Landes ist der für das **Mutterland** geltende Höchst- und Pauschbetrag maßgebend.

Land	Verpflegungsmehraufwendungen		Übernachtungskosten Pauschbetrag
	Höchstbetrag Einzelnachweis	Pauschbetrag	
Ägypten	82	59	70
Äquatorialguinea	152	109	100
Äthiopien	113	81	100
Afghanistan	152	109	100
Albanien	133	95	50
Algerien	88	63	90
Andorra	116	83	100
Angola	222	159	50
Argentinien	116	83	70
Australien	128	92	120
Bahamas	152	109	100
Bahrain	121	87	90
Bangladesch	81	58	100
Barbados	152	109	100
Belgien	134	96	90

Land	Verpflegungsmehraufwendungen		Übernachtungskosten-Pauschbetrag
	Höchstbetrag Einzelnachweis	Pauschbetrag	
Benin	126	90	100
Bolivien	85	61	50
Botsuana	71	51	80
Brasilien	107	77	80
Brunei (Darussalam)	102	73	120
Bulgarien	120	86	90
Burkina Faso*	60	43	60
Burundi	144	103	80
Chile	68	49	90
China	109	78	80
(China) Taiwan	152	109	100
Costa Rica	79	57	100
Côte d'Ivoire	144	103	100
Dänemark	148	106	90

Land	Verpflegungsmehraufwendungen		Übernachtungskosten Pauschbetrag
	Höchstbetrag Einzelnachweis	Pauschbetrag	
Dominikanische Republik	77	55	100
Dschibuti	152	109	100
Ecuador	40	29	60
El Salvador	65	47	60
Estland	98	70	100
Fidschi	85	61	90
Finnland	127	91	110
Frankreich	117	84	80
Gabun	155	111	100
Gambia	67	48	90
Ghana	127	91	100
Griechenland	99	71	80
Guatemala	56	40	110
Guinea	117	84	100
Guinea-Bissau	86	62	70
Guyana	152	109	100
Haiti	89	64	70
Honduras	72	52	90
Hongkong	142	102	170
Indien	63	45	80
Indonesien	130	93	120
Irak	152	109	100
Iran, Islamische Republik	233	167	130
Irland	154	110	120
Island	253	181	160
Israel	140	100	80
Italien	161	115	110
Jamaika	98	70	90
Japan	218	156	120
Jemen	128	92	90
Jordanien	121	87	90
Jugoslawien	81	58	80
Kambodscha	109	78	120
Kamerun	135	97	80
Kanada	119	85	100
Kap Verde	70	50	50
Katar	110	79	80
Kenia	71	51	80
Kolumbien	58	42	80
Komoren	113	81	70
Kongo	161	115	80
Korea, Demokrat. Republik	135	97	70
Korea, Republik	156	112	150
Kuba	105	75	60
Kuwait	218	156	170
Laotische Demokratische Volksrepublik	65	47	40
Lesotho	64	46	50
Libanon	165	118	140
Liberia	152	109	100
Lybisch-Arabische Dschamahirija	208	149	80
Liechtenstein	137	98	100
Luxemburg	152	109	100
Madagaskar	77	55	80
Malawi	64	46	70
Malaysia	82	59	100
Malediven	155	111	100
Mali	169	121	90
Malta	147	105	90
Marokko	113	81	90
Mauretanien	116	83	60
Mauritius*	152	109	100
Mexiko	103	74	110
Monaco	117	84	80
Mongolei	77	55	80
Mosambik	113	81	80
Myanmar (Burma)	99	71	60
Namibia	60	43	60
Nepal	39	28	70
Neuseeland	103	74	100
Nicaragua	95	68	80
Niederlande	112	80	90
Niger	140	100	90
Nigeria	103	74	110
Norwegen	147	105	100
Österreich	91	65	90
Oman	169	121	100
Pakistan	85	61	80
Panama	138	99	100
Papua-Neuguinea	131	94	140
Paraguay	57	41	60
Peru	173	124	70
Philippinen	119	85	100
Polen	51	37	60
Portugal	109	78	90

Land	Verpflegungsmehraufwendungen		Übernachtungskosten Pauschbetrag
	Höchstbetrag Einzelnachweis	Pauschbetrag	
Ruanda	103	74	60
Rumänien	53	38	90
Sambia	88	63	60
Samoa	64	46	90
San Marino	161	115	110
Sao Tomé und Principe	152	109	100
Saudi-Arabien	120	86	80
Schweden	229	164	150
Schweiz	137	98	100
Senegal	117	84	70
Sierra Leone	88	63	100
Simbabwe	61	44	60
Singapur	124	89	120
Somalia	152	109	100
Spanien	116	83	100
Sri Lanka	68	49	70
Sudan	267	191	140
Südafrika	72	52	70
Swasiland	152	109	100
Syrien (Arabische Rep.)	224	160	130
Tansania (V.R.)	72	52	80
Thailand	99	71	110

Land	Verpflegungsmehraufwendungen		Übernachtungskosten-Pauschbetrag
	Höchstbetrag Einzelnachweis	Pauschbetrag	
Togo	124	89	90
Tonga	71	51	60
Trinidad u. Tobago	124	89	100
Tschad	154	110	100
Tschechoslowakei	77	55	110
Türkei	92	66	90
Tunesien	71	51	60
(UDSSR) GUS	ab 1.5. 92 Änderungen*		
Uganda	44	32	100
Ungarn	51	37	80
Uruguay	67	48	60
Vatikanstadt	161	115	110
Venezuela	116	83	80
Vereinigte Arab. Emirate	120	86	100
Vereinigte Staaten von Amerika	140	100	120
Vereinigtes Königreich	126	90	120
Vietnam	91	65	60
Zaire	211	151	130
Zentralafrikanische Republik	180	129	100
Zypern	81	58	70

*** Änderungen seit 1. Mai 1992**

Armenien	98	70	100
Aserbaidschan	98	70	100
Georgien	98	70	100
Kasachstan	98	70	100
Kirgistan	98	70	100
Lettland	65	47	100
Litauen	93	67	100
Moldau	98	70	100
Mauritius	86	62	90
Rußland	144	103	100
Tadschikistan	98	70	100
Turkmenistan	98	70	100
Ukraine	116	83	100
Usbekistan	98	70	100
Weißrußland	100	72	100

*** Änderungen seit 1. Juni 1992**

Burkina Faso	170	122	100

Durch **Einzelnachweis** können höhere Aufwendungen, die um die „Haushaltsersparnis“ in Höhe von 20 % (1/5) zu kürzen sind, bis zu den aus der Übersicht ersichtlichen Höchstbeträgen geltend gemacht werden.

Werden an einem Tag **mehrere Länder** besucht, so richtet sich der Verpflegungspausch- und Höchstbetrag nach dem Lande, das vor 24.00 Uhr Ortszeit erreicht wurde.

Rückreisen (vom Ausland in das Inland). Erfolgt der Grenzübergang **nach 14.00 Uhr,** so richtet sich der Pausch- und Höchstbetrag nach dem **ausländischen Grenzort** an der deutschen Grenze. Erfolgt der Grenzübertritt **vor 14.00 Uhr,** so gilt für diesen Tag der Pausch- und Höchstbetrag für mehrtägige Geschäfts-/Dienstreisen **im Inland.**

Bei **Flugreisen** gilt ein Land zu dem Zeitpunkt als erreicht, in dem das Flugzeug dort landet. Zwischenlandungen bleiben unberücksichtigt. An die Stelle des ausländischen Grenzortes an der deutschen Grenze tritt der Abflughafen im Ausland. An die Stelle des Grenzüberganges in das Inland tritt die erste Landung im Inland.

Erstreckt sich eine Flugreise über mehr als zwei Kalendertage, so wird für die Tage, die zwischen dem Tag des Abflugs und dem Tag der Landung liegen, der für Österreich geltende Pausch- und Höchstbetrag anerkannt.

Schiffsreisen: Seit 1993 ist der für Luxemburg geltende Höchst- oder Pauschbetrag für Verpflegungsmehraufwendungen anzusetzen. Enthält der Fahrpreis auch das Entgelt für die Verpflegung, so ist der anzusetzende Betrag prozentual zu kürzen: um 15 % für Frühstück, um 30 % für Mittagessen, um 30 % für Abendessen. Der entsprechende Betrag wird zusätzlich zu den Beförderungskosten (Schiffsfahrpreis) gewährt. Für den Einschiffungs- bzw. Ausschiffungstag ist der für den Hafenort geltende Höchst- und Pauschbetrag maßgebend.

Kürzungen der Verpflegungs- und Höchstbeträge. Die Beträge ermäßigen sich bei **eintägigen Auslandsreisen,** die je Kalendertag nicht mehr als 12 Stunden gedauert haben, bei **mehrtägigen Auslandsreisen** für den Tag des Reisebeginns, wenn die Reise **nach** 12.00 Uhr angetreten und für den Tag der Reiserückkehr, wenn die Reise **vor** 12.00 Uhr beendet wurde. Der nach Abzug der Kürzung geltend zu machende Anteil der Pausch- und Höchstbeträge errechnet sich wie folgt:

Auslandsgeschäfts-/dienstreise			geltend zu machender Anteil der Pausch- und Höchstbeträge
eintägig	mehrtägig		
Abwesenheit Stunden	Antritt der Reise von	Beendigung der Reise von	
mehr als 10 nicht mehr als 12	12 bis 14 Uhr	10 bis 12 Uhr	80 %
mehr als 8 nicht mehr als 10	14 bis 16 Uhr	8 bis 10 Uhr	50 %
mehr als 6 nicht mehr als 8	16 bis 18 Uhr	6 bis 8 Uhr	30 %

Wird ein Teil der Verpflegung **unentgeltlich** gewährt, so sind die bei der Inlandsgeschäfts-/ Dienstreise angeführten Kürzungen vorzunehmen.

▶ Übernachtungskosten (Auslandsreisen)

Anders als bei Inlandsreisen können Übernachtungskosten geltend gemacht werden

- mit **Pauschbeträgen:** Die Übernachtungsbeträge sind je nach Land unterschiedlich hoch und werden jeweils vom Bundesfinanzminister neu festgesetzt und bekanntgemacht. Die derzeitigen Pauschbeträge sind aus der vorhergehenden **Übersicht** – Seite 203 bis Seite 205 – ersichtlich.

- oder gegen **Einzelnachweis:** Werden die Übernachtungskosten einzeln nachgewiesen, so sind sie in der **tatsächlichen Höhe** abzugsfähig. Im Gegensatz zu den Verpflegungsmehraufwendungen gibt es **keine** Höchstbetragsbegrenzung.

Die Kosten des Frühstücks gehören zu den Verpflegungsaufwendungen. Wird durch Zahlungsbelege nur ein Gesamtpreis für Unterkunft und Frühstück nachgewiesen und ist der Frühstückspreis nicht feststellbar, so ist der Gesamtpreis zur Ermittlung der Übernachtungskosten bei einer mehrtägigen Reise **um 15 %** des für den Unterkunftsort maßgebenden Pauschbetrages für Verpflegungsmehraufwendungen **zu kürzen.**

Beispiel: Unterkunftsort Algerien – Für eine Übernachtung anläßlich einer Dienstreise erhält Chef A eine Rechnung über 150,00 DM. Die Rechnung enthält sowohl die Kosten der Übernachtung als auch die Kosten eines Frühstücks. Dieser Betrag muß um 15 % des Pauschbetrages für Verpflegungsmehraufwendungen von 63,00 DM, also um 9,45 DM gekürzt werden. Als Übernachtungskosten kann Chef A demnach 150,00 DM – 9,45 DM = 140,45 DM geltend machen.

Werden Pauschbeträge geltend gemacht, so richtet sich der Pauschbetrag nach dem Land, das der Reisende vor 24 Uhr Ortszeit erreicht hat.

Für die Dauer einer Flugreise kann ein Übernachtungsgeld **nicht** geltend gemacht werden.

▶ Reisenebenkosten (Auslandsreisen)

Wie bei Geschäfts-/Dienstreisen im Inland.

Erstattung der Reisekosten durch den Arbeitgeber. Chef A ist Arbeitnehmer. Der Arbeitgeber kann ihm die entstandenen Reisekosten erstatten. Die Reisekostenerstattungen, die von öffentlichen Kassen und von privaten Arbeitgebern an Arbeitnehmer gezahlt werden, gehören **nicht** zum steuerpflichtigen Arbeitslohn. Voraussetzung ist, daß keine höheren Beträge steuerfrei erstattet werden, als Chef A selbst als Werbungskosten hätte geltend machen können. Werden höhere Beträge erstattet, so gehören sie zum steuerpflichtigen Arbeitslohn des Arbeitnehmers.

Besonderheiten: Bei allen Rechnungen über 200,00 DM muß in der Bundesrepublik Deutschland der Mehrwertsteuerbetrag getrennt ausgewiesen werden; jeder Beleg muß deutlich datiert sein. Bei Bewirtungs- und Geschenkbelegen müssen die Namen der Begünstigten deutlich angegeben werden; besonders bei Hotelrechnungen.

Steuerliche Anerkennung von Bewirtungskosten. Seit 1. Juli 1994 müssen die Belege detaillierte Angaben über Art, Umfang, Entgelt und Tag der Leistungen aufweisen. Die pauschale Bezeichnung „Speisen und Getränke“ wird nicht mehr anerkannt.

Seit 1. Januar 1995 werden nur noch maschinell erstellte und automatisch verbuchte Gaststättenrechnungen anerkannt.

Die Reisekosten werden mit hausüblichen Abrechnungsvordrucken zusammengestellt.

Begleitpersonen. Wird Chef S (selbständig Tätiger) auf seiner **Geschäftsreise** notwendigerweise aus betrieblichen Gründen von Personen begleitet, die Arbeitnehmer sind (Chauffeur,

Sekretärin, Dolmetscherin, Messehilfskraft usw.), so sind die für sie entstehenden Reisekosten **Betriebsausgaben.** Diese Betriebsausgaben sind in Höhe der für Arbeitnehmer absetzbaren Werbungskosten bei den Empfängern steuerfrei.

Wird Chef A (Arbeitnehmer) auf seiner **Dienstreise** aus beruflichen Gründen von einer Person begleitet, so sind die dadurch entstandenen Reisekosten **Werbungskosten.**

Reisekostenabrechnung Nr. ______ Beleg-Nr. ______

Name ______ Abt. ______

Reiseanlaß/-weg ______

Reisebeginn Datum ______ / ______ Uhr — Reiseende Datum ______ / ______ Uhr

	Beleg Nr.	brutto	%	Vorsteuer	netto
Verpflegung					
Tage — Pauschale — Betrag					
____ 6– 8 Std. ____ = ____					
____ 8–10 Std. ____ = ____					
____ 10–12 Std. ____ = ____					
____ über 12 Std. ____ = ____	=				
gegen Beleg . . . . ____					
Haushaltsersparnis 20 % – ____	=				
Übernachtung					
____ Übern.-Pauschale ____	=				
gegen Beleg					
Fahrtkosten					
Bahn (über 50 km)					
Taxi, Straßenbahn, Bus Bahn (unter 50 km)					
km-Geld ____ km à ____					
Öl, Benzin, Reparaturen					
Nebenkosten					

Abrechnung erstellt / Betrag erhalten

Ort

Datum

Unterschrift

Summe ____ – % Vor-steuer ____ =

Vorschuß –

Aus-/Rück-zahlung

geprüft — Zahlungs-anweisung

Buchungsvermerke

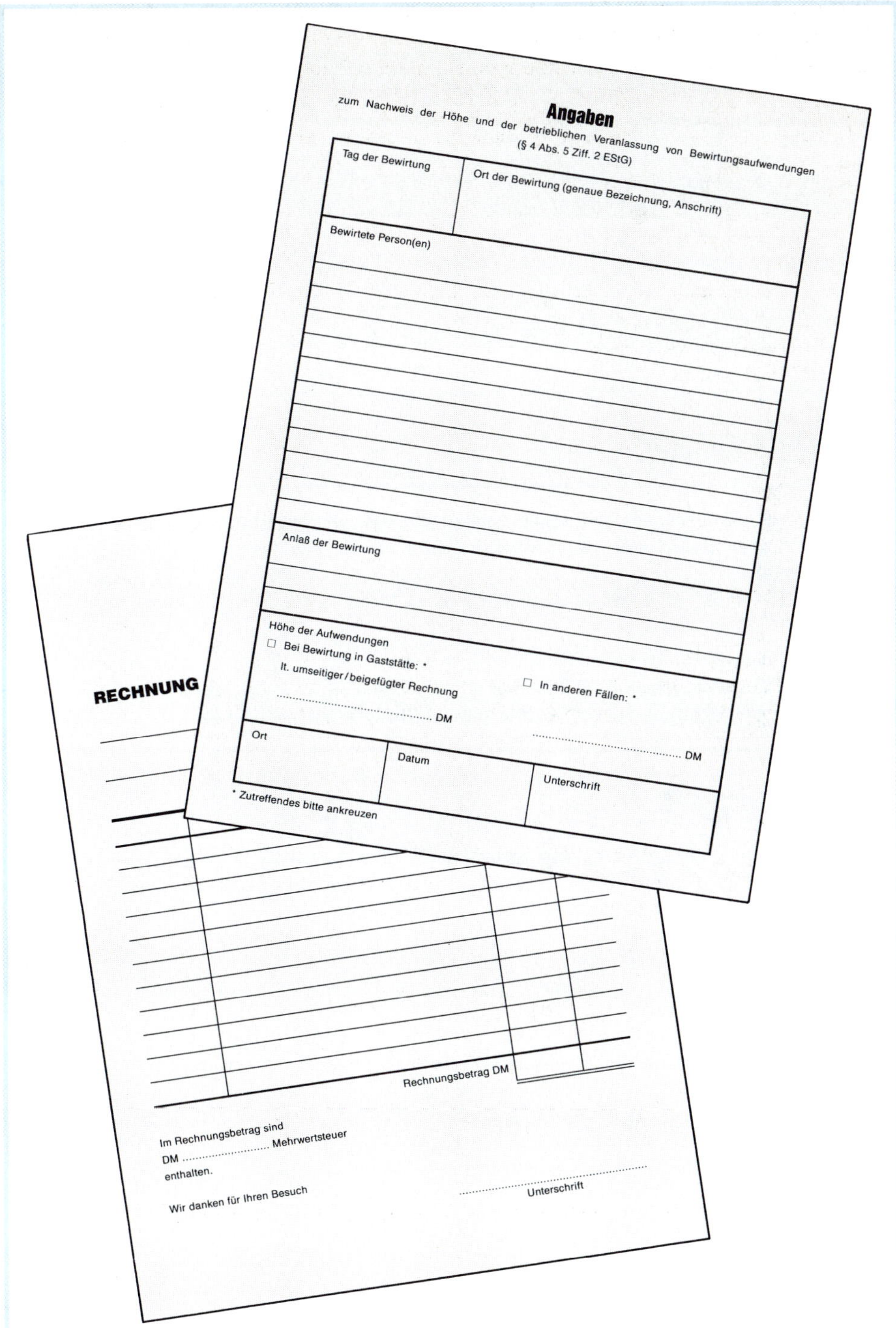

zum Nachweis der Höhe und der betrieblichen Veranlassung von Bewirtungsaufwendungen

Angaben

(§ 4 Abs. 5 Ziff. 2 EStG)

Tag der Bewirtung

Ort der Bewirtung (genaue Bezeichnung, Anschrift)

Bewirtete Person(en)

Anlaß der Bewirtung

Höhe der Aufwendungen

☐ Bei Bewirtung in Gaststätte: *

lt. umseitiger / beigefügter Rechnung

.... DM

☐ In anderen Fällen: *

.... DM

Ort

Datum

Unterschrift

* Zutreffendes bitte ankreuzen

RECHNUNG

Rechnungsbetrag DM

Im Rechnungsbetrag sind

DM .... Mehrwertsteuer

enthalten.

Wir danken für Ihren Besuch

.... Unterschrift

Kernwissen

- Für die Reisekostenabrechnung sind in der Regel die Abteilungssekretariate oder die Buchhaltung zuständig.
- Bei der Aufstellung von Reisekostenabrechnungen wird unterschieden zwischen: Geschäftsreisen/-gängen eines selbständig Tätigen und Dienstreisen/-gängen eines nicht selbständigen Arbeitnehmers.
- Reisekosten bestehen aus
  - Fahrtkosten
  - Verpflegungsmehraufwendungen
  - Übernachtungskosten
  - Reisenebenkosten

Überlegungshilfe

- Durch die Abwesenheit des Chefs entstehen in der Regel Mehrarbeiten für das Sekretariat. Sie müssen Zwischenbescheide geben, selbst Entscheidungen treffen, Informationen sammeln.
  Hilfsmittel sind Formulare.
- Nach Rückkehr des Chefs müssen Sie mit ihm Ihre Initiativen besprechen.
- Der Chef bespricht mit Ihnen die Ergebnisse seiner Reise. Folgearbeiten: Terminieren, Anweisungen weitergeben, Schriftwechsel erledigen, Aktenablage; Aktualisieren Ihrer Kontaktkartei (Hoteladressen, Anschriften von neuen Geschäftsfreunden usw.).

Zur Vertiefung

1 Dr. Höflich („Chef A") hat auf Veranlassung seines Arbeitgebers eine mehrtägige Dienstreise in den Frankfurter Raum unternommen. Er bittet Sie, eine **Pauschal**abrechnung seiner Reisekosten zu erstellen und gibt Ihnen folgende Informationen und Belege:

Informationen:
Reiseantritt: 8. März 19.., 14.30 Uhr
Reiserückkehr: 14. März 19.., 11.30 Uhr
Transportmittel: privater Pkw
gefahrene km: 1 200

Am 9. März 19.. wurde er von einem Geschäftsfreund zum Abendessen eingeladen.

Belege:

1. Rechnung des Hotels Inter-Continental, Frankfurt, für die Zeit vom 8. März 19.. bis 14. März 19.. über **1 347,00 DM** für sechs Übernachtungen einschließlich	
Frühstück à	210,00 DM
Garagenbenutzung	42,00 DM
Telefongebühren	45,00 DM
2. Parkgebühren	65,00 DM
3. Eigenbeleg über Trinkgelder	20,00 DM
4. Eintrittsgeld für eine berufliche Veranstaltung	40,00 DM

5.	Eine Museumseintrittskarte (Sonderausstellung)	12,00 DM
6.	Ein Autobahntankstellenbeleg	42,00 DM
7.	Zwei Imbißbelege	24,00 DM

Wie hoch ist der Erstattungsbetrag?

2 Frau Isolde Teich, Einkäuferin der Parfümeriekette „Madame Hortense“ überquert anläßlich einer Dienstreise nach Frankreich die deutsch-französische Grenze um 11.00 Uhr. Sie kehrt nach zweitägigem Aufenthalt um 15.00 Uhr nach Deutschland zurück. Nach welcher Ländergruppe werden die Kosten für Verpflegungsmehraufwendungen angesetzt?

3 Bei der Rückkehr von einer mehrtägigen Dienstreise passiert Frau Isolde Teich um 11.00 Uhr die italienisch-österreichische Grenze und um 13.00 Uhr die österreichisch-deutsche Grenze. In welcher Höhe kann Frau Teich für diesen Tag ihren Verpflegungsmehraufwand geltend machen?

4 Worin besteht der Unterschied zwischen Pauschalen und Einzelnachweis?

6 Speichern von Informationen, Schriftgutverwaltung (Registratur), Karteien, Dateien

Aufgabe der Schriftgutverwaltung ist es, das Schriftgut eines Betriebes geordnet aufzubewahren. Die Schriftgutverwaltung und Karteiführung gehören zu den arbeits- und zeitaufwendigen Büroarbeiten. Zur Zeit entfallen etwa 80 % der Bürokosten auf Personalkosten. Die Prognose „Das Büro der Zukunft, ein Büro ohne Papier", wird sich in absehbarer Zeit nicht verwirklichen lassen.

Wirtschaftliche Schriftgutverwaltung heißt:

- nur wirklich notwendiges Schriftgut aufbewahren
- Hilfsmittel sinnvoll einsetzen
- es in kurzer Zeit verfügbar haben

Daraus ergeben sich die Fragen:

• **Warum** muß Schriftgut aufbewahrt werden?	Grund
• **Welches** Schriftgut muß aufbewahrt werden?	Wert
• **Wo** wird das Schriftgut aufbewahrt?	Standort
• **Welche** Schriftgutbehälter werden eingesetzt? • **Welche** Ordnungssysteme werden eingesetzt?	Ablagetechniken

Karteien sind ein praktisches und einfaches Rationalisierungs- und Ordnungsmittel überall da, wo eine Vielfalt von **Merkmalen** und **Daten** gespeichert werden, die rasch wiedergefunden werden müssen. Es muß jedoch geprüft werden, ob die gewünschten Daten nicht möglicherweise aus anderen Quellen bezogen werden können, z. B. als Abfallprodukt aus der EDV.

Aus einer Kartei können ständig Informationen bezogen werden, da sie im allgemeinen einen bestimmten Standort hat. In Großbetrieben wird die konventionelle Aktenführung häufig durch Karteien ergänzt bzw. sogar ersetzt. Die wichtigsten für die Bearbeitung der Vorgänge erforderlichen Daten sind in einem Korrespondenzspiegel enthalten. Das dazugehörige Schriftgut wird chronologisch aufbewahrt und kann entweder über das auf der Karteikarte vermerkte Ablegedatum oder über eine besondere Ordnungsnummer eingesehen werden.

Arten der Loseblattsammlungen

- Karteien: Sammlung von kartonierten Karten oder Blättern in Taschen
- Blatteien: Sammlung von Blättern (z. B. häufig zu finden bei Loseblatt-Zeitschriften)
- Mappeien: Sammlung von Mappen

Überlegungshilfe

- ❑ Informationen können nur dann Arbeitsabläufe unterstützen und erleichtern, wenn sie **schnell** verfügbar sind.
- ❑ Nur Informationen, die wirklich notwendig sind, sollten gespeichert werden.
- ❑ Informationen sollten sinnvoll nach bestimmten Merkmalen geordnet werden.

6.1 Organisation der Schriftgutverwaltung

Warum muß Schriftgut aufbewahrt werden?

- **Betriebliche Gründe.** Schriftgut – als Ergebnis der Büroarbeit – liefert Daten, die oft für die weitere Arbeit von Bedeutung sind.
- **Rechtsvorschriften.** Die gesetzlichen Bestimmungen sind im Handelsrecht und im Steuerrecht festgelegt.

▶ Handelsrecht

Auszüge aus dem Handelsgesetzbuch:

Für den Aufbewahrungspflichtigen, der gesetzlich aufbewahrungspflichtiges Schriftgut und Daten auf Mikrofilm oder andere vergleichbare Datenträger aufzeichnet, sind in diesem Zusammenhang verschiedene Paragraphen des Handelsgesetzbuches von besonderer Bedeutung. Es sind dies vorrangig:

§ 238 Buchführungspflicht,

§ 239 Führung der Handelsbücher,

§ 257 Aufbewahrung von Unterlagen, Aufbewahrungsfristen,

§ 261 Vorlegung von Unterlagen auf Bild- oder Datenträgern.

HGB § 238 Buchführungspflicht

(1) Jeder Kaufmann ist verpflichtet, Bücher zu führen und in diesen seine Handelsgeschäfte und die Lage seines Vermögens nach den Grundsätzen ordnungsmäßiger Buchführung ersichtlich zu machen. Die Buchführung muß so beschaffen sein, daß sie einem sachverständigen Dritten innerhalb angemessener Zeit einen Überblick über die Geschäftsvorfälle und über die Lage des Unternehmens vermitteln kann. Die Geschäftsvorfälle müssen sich in ihrer Entstehung und Abwicklung verfolgen lassen.

(2) Der Kaufmann ist verpflichtet, eine mit der Urschrift übereinstimmende Wiedergabe der abgesandten Handelsbriefe (Kopie, Abdruck, Abschrift oder sonstige Wiedergabe des Wortlautes auf einem Schrift-, Bild- oder anderen Datenträger) zurückzubehalten.

HGB § 239 Führung der Handelsbücher

(1) Bei der Führung der Handelsbücher und bei den sonst erforderlichen Aufzeichnungen hat sich der Kaufmann einer lebenden Sprache zu bedienen. Werden Abkürzungen, Ziffern, Buchstaben oder Symbole verwendet, muß im Einzelfall deren Bedeutung eindeutig festliegen.

(2) Die Eintragungen in Bücher und die sonst erforderlichen Aufzeichnungen müssen vollständig, richtig, zeitgerecht und geordnet vorgenommen werden.

(3) Eine Eintragung oder eine Aufzeichnung darf nicht in einer Weise verändert werden, daß der ursprüngliche Inhalt nicht mehr feststellbar ist. Auch solche Veränderungen dürfen nicht vorgenommen werden, deren Beschaffenheit es ungewiß läßt, ob sie ursprünglich oder erst später gemacht worden sind.

(4) Die Handelsbücher und die sonst erforderlichen Aufzeichnungen können auch in der geordneten Ablage von Belegen bestehen oder auf Datenträgern geführt werden, soweit diese Formen der Buchführung einschließlich des dabei angewandten Verfahrens den Grundsätzen ordnungsmäßiger Buchführung entsprechen. Bei der Führung der Handelsbücher und der sonst erforderlichen Aufzeichnungen auf Datenträgern muß insbesondere sichergestellt sein, daß die Daten während der Dauer der Aufbewahrungsfrist verfügbar sind und jederzeit innerhalb angemessener Frist lesbar gemacht werden können. Absätze 1 bis 3 gelten sinngemäß.

HGB § 257 Aufbewahrung von Unterlagen. Aufbewahrungsfristen

(1) Jeder Kaufmann ist verpflichtet, die folgenden Unterlagen geordnet aufzubewahren:

1. Handelsbücher, Inventare, Eröffnungsbilanzen, Konzernabschlüsse, Konzernlageberichte sowie die zu ihrem Verständnis erforderlichen Arbeitsanweisungen und sonstigen Organisationsunterlagen,
2. die empfangenen Handelsbriefe,
3. Wiedergaben der abgesandten Handelsbriefe,
4. Belege für Buchungen in den von ihm nach § 238 Abs. 1 zu führenden Büchern (Buchungsbelege).

(2) Handelsbriefe sind nur Schriftstücke, die ein Handelsgeschäft betreffen.

(3) Mit Ausnahme der Eröffnungsbilanzen, Jahresabschlüsse und der Konzernabschlüsse können die in Absatz 1 aufgeführten Unterlagen auch als Wiedergabe auf einem Bildträger oder auf anderen Datenträgern aufbewahrt werden, wenn dies den Grundsätzen ordnungsmäßiger Buchführung entspricht und sichergestellt ist, daß die Wiedergabe oder die Daten

1. mit den empfangenen Handelsbriefen und den Buchungsbelegen bildlich und mit den anderen Unterlagen inhaltlich übereinstimmen, wenn sie lesbar gemacht werden,
2. während der Dauer der Aufbewahrungsfrist verfügbar sind und jederzeit innerhalb angemessener Frist lesbar gemacht werden können.

Sind Unterlagen auf Grund des § 239 Abs. 4 Satz 1 auf Datenträgern hergestellt worden, können statt des Datenträgers die Daten auch ausgedruckt aufbewahrt werden; die ausgedruckten Unterlagen können auch nach Satz 1 aufbewahrt werden.

(4) Die in Absatz 1 Nr. 1 aufgeführten Unterlagen sind zehn Jahre und die sonstigen in Absatz 1 aufgeführten Unterlagen sechs Jahre aufzubewahren.

(5) Die Aufbewahrungsfrist beginnt mit dem Schluß des Kalenderjahres, in dem die letzte Eintragung in das Handelsbuch gemacht, das Inventar aufgestellt, die Eröffnungsbilanz oder der Jahresabschluß festgestellt, der Konzernabschluß aufgestellt, der Handelsbrief empfangen oder abgesandt worden oder der Buchungsbeleg entstanden ist.

HGB § 261 Vorlegung von Unterlagen auf Bild- oder Datenträgern

Wer aufzubewahrende Unterlagen nur in Form einer Wiedergabe auf einem Bildträger oder auf anderen Datenträgern vorlegen kann, ist verpflichtet, auf seine Kosten diejenigen Hilfsmittel zur Verfügung zu stellen, die erforderlich sind, um die Unterlagen lesbar zu machen; soweit erforderlich, hat er die Unterlagen auf seine Kosten auszudrucken oder ohne Hilfsmittel lesbare Reproduktionen beizubringen.

▶ Steuerrecht

Auszüge aus der Abgabenordnung:

Die Abgabenordnung gestattet ausdrücklich die Aufbewahrung von Schriftstücken als Wiedergabe auf einem Bildträger (z. B. Mikrofilm), wenn dies den Grundsätzen ordnungsmäßiger Buchführung (GoB) entspricht. In direktem Zusammenhang mit der Mikroverfilmung stehen die nachfolgenden Paragraphen der Abgabenordnung. Es sind dies vorrangig:

§ 145 Allgemeine Anforderungen an Buchführung und Aufzeichnungen,
§ 146 Ordnungsvorschriften für die Buchführung und für Aufzeichnungen,
§ 147 Ordnungsvorschriften für die Aufbewahrung von Unterlagen.

AO § 145 Allgemeine Anforderungen an Buchführung und Aufzeichnungen

(1) Die Buchführung muß so beschaffen sein, daß sie einem sachverständigen Dritten innerhalb angemessener Zeit einen Überblick über die Geschäftsvorfälle und über die Lage des Unternehmens vermitteln kann. Die Geschäftsvorfälle müssen sich in ihrer Entstehung und Abwicklung verfolgen lassen.

(2) Aufzeichnungen sind so vorzunehmen, daß der Zweck, den sie für die Besteuerung erfüllen sollen, erreicht wird.

AO § 146 Ordnungsvorschriften für die Buchführung und für Aufzeichnungen

(1) Die Buchungen und die sonst erforderlichen Aufzeichnungen sind vollständig, richtig, zeitgerecht und geordnet vorzunehmen. Kasseneinnahmen und Kassenausgaben sollen täglich festgehalten werden.

(2) Bücher und die sonst erforderlichen Aufzeichnungen sind im Geltungsbereich dieses Gesetzes zu führen und aufzubewahren. Dies gilt nicht, soweit für Betriebsstätten außerhalb des Geltungsbereichs dieses Gesetzes nach dortigem Recht eine Verpflichtung besteht, Bücher und Aufzeichnungen zu führen und diese Verpflichtung erfüllt wird. In diesem Falle sowie bei Organgesellschaften außerhalb des Geltungsbereichs dieses Gesetzes müssen die Ergebnisse der dortigen Buchführung in die Buchführung des hiesigen Unternehmens übernommen werden, soweit sie für die Besteuerung von Bedeutung sind. Dabei sind die erforderlichen Anpassungen an die steuerrechtlichen Vorschriften im Geltungsbereich dieses Gesetzes vorzunehmen und kenntlich zu machen.

(3) Die Buchungen und die sonst erforderlichen Aufzeichnungen sind in einer lebenden Sprache vorzunehmen. Wird eine andere als die deutsche Sprache verwendet, so kann die Finanzbehörde Übersetzungen verlangen. Werden Abkürzungen, Ziffern, Buchstaben oder Symbole verwendet, muß im Einzelfall deren Bedeutung eindeutig festliegen.

(4) Eine Buchung oder eine Aufzeichnung darf nicht in einer Weise verändert werden, daß der ursprüngliche Inhalt nicht mehr feststellbar ist. Auch solche Veränderungen dürfen nicht vorgenommen werden, deren Beschaffenheit es ungewiß läßt, ob sie ursprünglich oder erst später gemacht worden sind.

(5) Die Bücher und die sonst erforderlichen Aufzeichnungen können auch in der geordneten Ablage von Belegen bestehen oder auf Datenträgern geführt werden, soweit diese Formen der Buchführung einschließlich des dabei angewandten Verfahrens den Grundsätzen ordnungsmäßiger Buchführung entsprechen; bei Aufzeichnungen, die allein nach den Steuergesetzen vorzunehmen sind, bestimmt sich die Zulässigkeit des angewendeten Verfahrens nach dem Zweck, den die Aufzeichnungen für die Besteuerung erfüllen sollen. Bei der Führung der Bücher und der sonst erforderlichen Aufzeichnungen auf Datenträgern muß insbesondere sichergestellt sein, daß die Daten während der Dauer der Aufbewahrungsfrist verfügbar sind und jederzeit innerhalb angemessener Frist lesbar gemacht werden können. Absätze 1 bis 4 gelten sinngemäß.

(6) Die Ordnungsvorschriften gelten auch dann, wenn der Unternehmer Bücher und Aufzeichnungen, die für die Besteuerung von Bedeutung sind, führt, ohne hierzu verpflichtet zu sein.

AO § 147 Ordnungsvorschriften für die Aufbewahrung von Unterlagen

(1) Die folgenden Unterlagen sind geordnet aufzubewahren:

1. Bücher und Aufzeichnungen, Inventare, Jahresabschlüsse, Lageberichte, die Eröffnungsbilanz sowie die zu ihrem Verständnis erforderlichen Arbeitsanweisungen und sonstigen Organisationsunterlagen,
2. die empfangenen Handels- oder Geschäftsbriefe,
3. Wiedergaben der abgesandten Handels- oder Geschäftsbriefe,
4. Buchungsbelege,
5. sonstige Unterlagen, soweit sie für die Besteuerung von Bedeutung sind.

(2) Mit Ausnahme der Jahresabschlüsse und der Eröffnungsbilanz können die in Absatz 1 aufgeführten Unterlagen auch als Wiedergabe auf einem Bildträger oder auf anderen Datenträgern aufbewahrt werden, wenn dies den Grundsätzen ordnungsmäßiger Buchführung entspricht und sichergestellt ist, daß die Wiedergabe oder die Daten

1. mit den empfangenen Handels- oder Geschäftsbriefen und den Buchungsbelegen bildlich und mit den anderen Unterlagen inhaltlich übereinstimmen, wenn sie lesbar gemacht werden,

2. während der Dauer der Aufbewahrungsfrist verfügbar sind und jederzeit innerhalb angemessener Frist lesbar gemacht werden können.

Sind Unterlagen auf Grund des § 146 Abs. 5 auf Datenträgern hergestellt worden, können statt der Datenträger die Daten auch ausgedruckt aufbewahrt werden; die ausgedruckten Unterlagen können auch nach Satz 1 aufbewahrt werden.

(3) Die in Absatz 1 Nr. 1 aufgeführten Unterlagen sind *zehn Jahre*, die sonstigen in Absatz 1 aufgeführten Unterlagen *sechs Jahre* aufzubewahren, sofern nicht in anderen Steuergesetzen kürzere Aufbewahrungsfristen zugelassen sind. Die Aufbewahrungsfrist läuft jedoch nicht ab, soweit und solange die Unterlagen für Steuern von Bedeutung sind, für welche die Festsetzungsfrist noch nicht abgelaufen ist; § 169 Abs. 2 Satz 2 gilt nicht.

(4) Die Aufbewahrungsfrist beginnt mit dem Schluß des Kalenderjahres, in dem die letzte Eintragung in das Buch gemacht, das Inventar, die Eröffnungsbilanz, der Jahresabschluß oder der Lagebericht aufgestellt, der Handels- oder Geschäftsbrief empfangen oder abgesandt worden oder der Buchungsbeleg entstanden ist, ferner die Aufzeichnung vorgenommen worden ist oder die sonstigen Unterlagen entstanden sind.

(5) Wer aufzubewahrende Unterlagen nur in der Form einer Wiedergabe auf einem Bildträger oder auf anderen Datenträgern vorlegen kann, ist verpflichtet, auf seine Kosten diejenigen Hilfsmittel zur Verfügung zu stellen, die erforderlich sind, um die Unterlagen lesbar zu machen; auf Verlangen der Finanzbehörde hat er auf seine Kosten die Unterlagen unverzüglich ganz oder teilweise auszudrucken oder ohne Hilfsmittel lesbare Reproduktionen beizubringen.

Die Aufbewahrung im Original ist nur in Ausnahmefällen vorgeschrieben.

Neben den Jahresabschlüssen und der Eröffnungsbilanz gibt es einige steuerliche Ausnahmen. So hat nach einem Schreiben des Bundesministers der Finanzen vom 10. Januar 1977 der Unternehmer, der über die von ihm entrichtete Einfuhrumsatzsteuer von den Zollbehörden bescheinigte Ersatzbelege für den Vorsteuerabzug weitergibt, sämtliche Zollbelege im Original aufzubewahren, auch wenn sie mikroverfilmt wurden. Weitere Einschränkungen ergeben sich nach § 62 Abs. 2 der Umsatzsteuer-Durchführungsverordnung (UStDV).

So ist die Aufbewahrung von Rechnungen und Einfuhrbelegen im Original vorgeschrieben, wenn bei einem nicht im Erhebungsgebiet (im Sinne des deutschen Umsatzsteuergesetzes – UStG –) ansässigen Unternehmer im Laufe eines Kalenderjahres die Vorsteuerabzüge abschnittsweise im Wege des Vorsteuer-Vergütungsverfahrens (§§ 59 bis 61 UStDV) und im Wege des normalen Besteuerungsverfahrens (§ 16 und § 18 Abs. 1 bis 4 UStG) zu vergüten oder von der Steuer abzusetzen sind.

▶ Aufbewahrungsformen

Welche Aufbewahrungsformen zulässig sind, ergibt sich aus § 257 (3) HGB und § 147 (2) AO. Das nachfolgende Schaubild gibt hierfür einen Überblick.

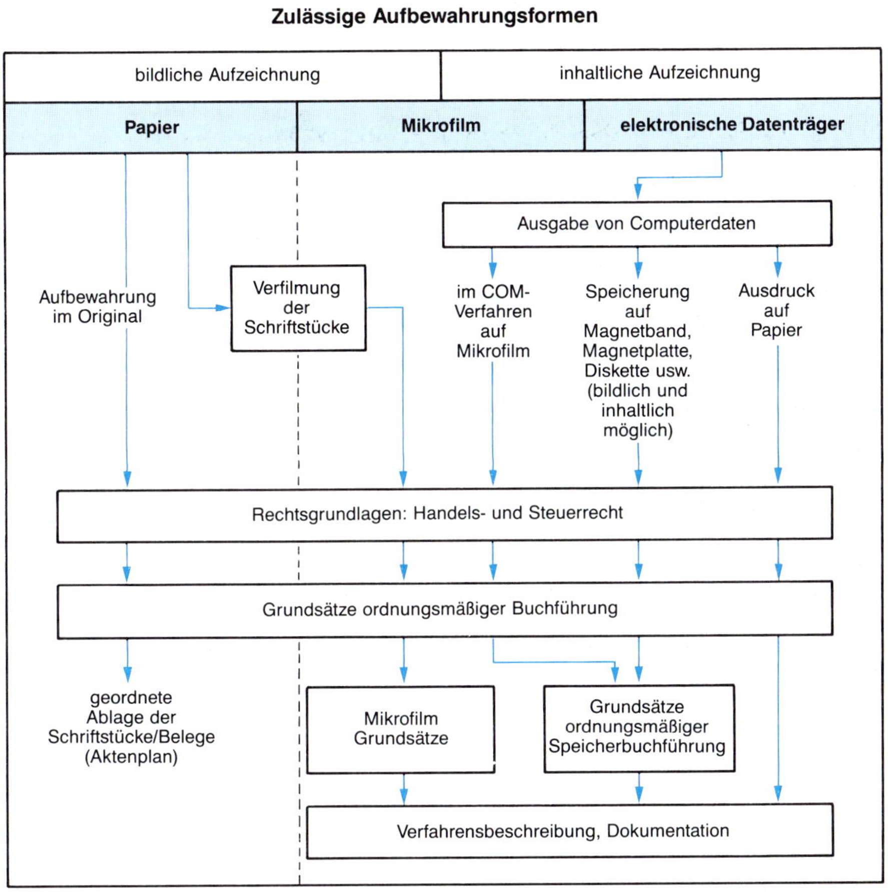

(Quelle: Rechtsgrundlagen der Mikroverfilmung, Arbeitsgemeinschaft für wirtschaftliche Verwaltung, Eschborn, 1987)

■ Welches Schriftgut muß aufbewahrt werden?

Es wird viel zu viel abgelegt. Die verantwortlichen Sachbearbeiter sollten kritisch prüfen, welche Schriftstücke tatsächlich in die Ablage gehören; sie sollten den Mut haben, sich von Ballast zu befreien. Auch die Ablageorganisation sollte überprüft werden. Wichtig ist es, den Ablage-Aufwand so gering wie möglich zu halten.

Beispiel:

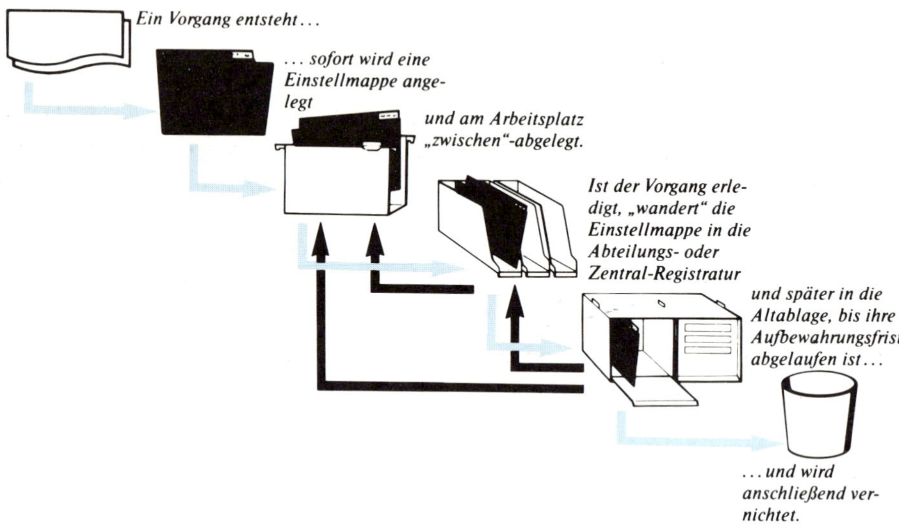

Vorgänge durchlaufen im allgemeinen **drei Aktualitätsstufen.**

Aktualitäts-Stufe	Schriftgut	Verweildauer	Ort der Ablage	Art der Möbel
Entstehung des Vorgangs				
I	Arbeits-Unterlagen („Werkzeuge") Vorgänge in Bearbeitung („Werkstücke")	Ständiger Verbleib Verbleib während der Bearbeitung	Arbeitsplatz-Ablage	Hänge-Auszug im Schreibtisch, Hängewagen, Beistell-Theke in Schreibtisch-Nähe
II	Vorgänge in langfristiger Überwachung	Verbleib, solange gelegentlicher Rückgriff notwendig	Abteilungs-, Gruppen-, Zentral-Registratur	Gut zugängliche Theken, Schränke, Regale
III	Abgeschlossene Vorgänge	Verbleib, solange gesetzlich oder verwaltungsintern vorgeschrieben	Altablage	Platzsparende, stationäre oder verschiebbare Regale/Schränke
Vernichtung des Vorgangs				

(Quelle: Louis Leitz, Stuttgart)

Das Schriftgut läßt sich in **vier Wertigkeitsstufen** gliedern:

- Tageswert
- Prüfwert
- Gesetzeswert
- Dauerwert

▶ Tageswert

Dieses Schriftgut gehört nach Kenntnisnahme in den Papierkorb! Man versteht darunter Schriftgut, das nur eine einmalige Information vermittelt, z. B. Einladungen, Werbeschreiben, unverlangte Angebote, Wurfsendungen, häufig auch Glückwunsch- und Kondolenzschreiben.

▶ Prüfwert

Dieses Schriftgut gehört in eine Zwischenablage, in der ständig kontrolliert wird, ob das Schriftgut weiter aufbewahrt werden muß.

Man versteht darunter Schriftgut, das nur über einen gewissen Zeitraum von Bedeutung ist, z. B. Anfragen, Angebote, Mahnungen, betriebsinterne Belege, eigene und fremde Angebote ohne Auftragsfolge, Rundschreiben, Vertreterberichte ohne Buchungswert, Statistiken, Bewerbungs- und Kündigungsschreiben.

▶ Gesetzeswert

Dieses Schriftgut muß nach den Bestimmungen des HGB und der Abgabenordnung der Finanzverwaltung 10 bzw. 6 Jahre aufbewahrt werden.

Schriftstücke mit Gesetzeswert sind alle Belege, die zum lückenlosen Nachweis eines Handelsvorganges dienen, gleichgültig, ob er abgewickelt, geändert oder rückgängig gemacht worden ist, ferner alle steuerrechtlich bedeutsamen Unterlagen.

Dem Gesetzeswert unterliegen z. B. Handelsbriefe, Geschäftsbücher, Inventarverzeichnisse, Bilanzen.

▶ Dauerwert

In jedem Betrieb gibt es Schriftgut von so großer Bedeutung, daß es langfristig oder dauernd aufbewahrt werden muß.

Dem Dauerwert unterliegen Unterlagen über Inhaber- und Rechtsverhältnisse des Unternehmens, über die Firmenentwicklung; Verträge, Patente, Testamente u. ä.

■ Wo wird das Schriftgut aufbewahrt?

Das Schriftgut muß schnell und richtig abgelegt werden und schnell und leicht zu entnehmen sein. Der Standort der Ablage ist abhängig von der Wertigkeit des Schriftgutes, der Zugriffshäufigkeit und der Abgrenzung der Arbeitsbereiche der Sachbearbeiter.

Es gibt drei Ablagemöglichkeiten:

- die Arbeitsplatzablage
- die Abteilungsablage
- die Zentralablage

Diese Möglichkeiten können kombiniert werden.

▶ Arbeitsplatzablage

Hier werden alle aktuellen Unterlagen, die von **einem** Sachbearbeiter bearbeitet werden, untergebracht. Bewährt haben sich die Hänge-Registratur im Schreibtisch und fahrbare Registraturwagen.

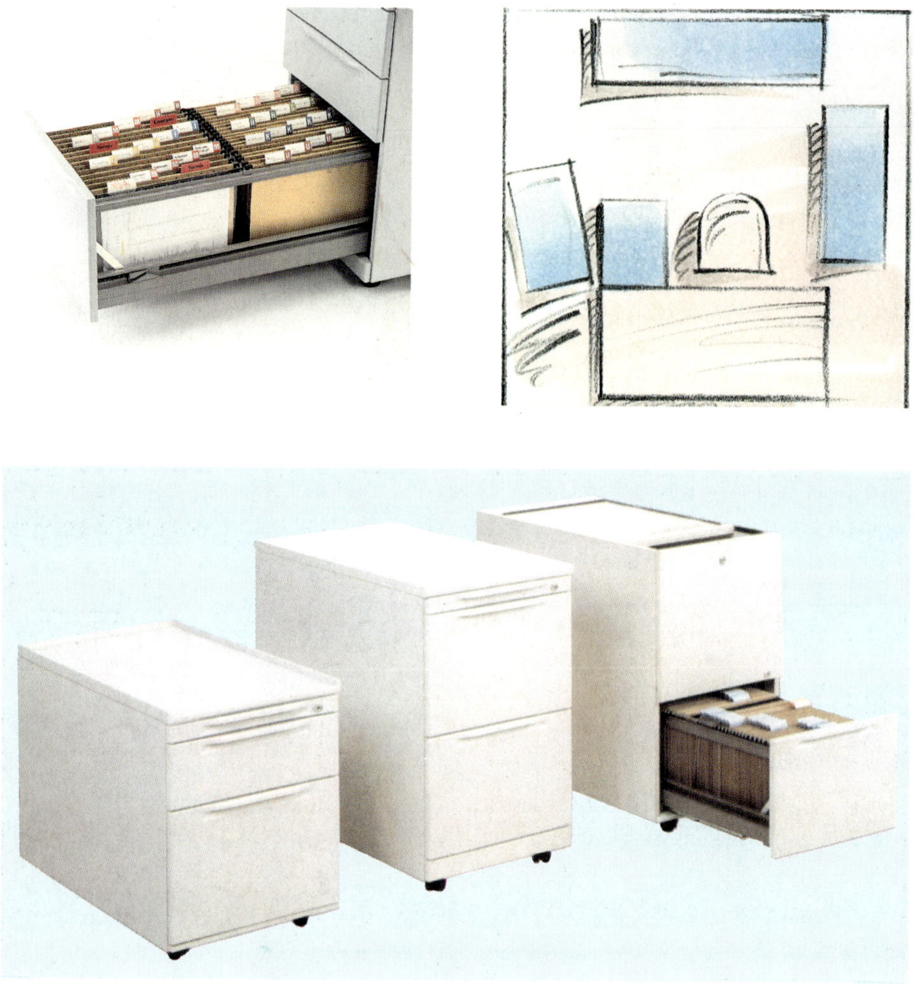

B

▶ Abteilungsablage

Hier wird das aktuelle Schriftgut untergebracht, das von **mehreren** Mitarbeitern gleichzeitig benötigt wird. Unter aktuellem Schriftgut versteht man den laufenden Schriftwechsel meistens der letzten zwei Jahre.

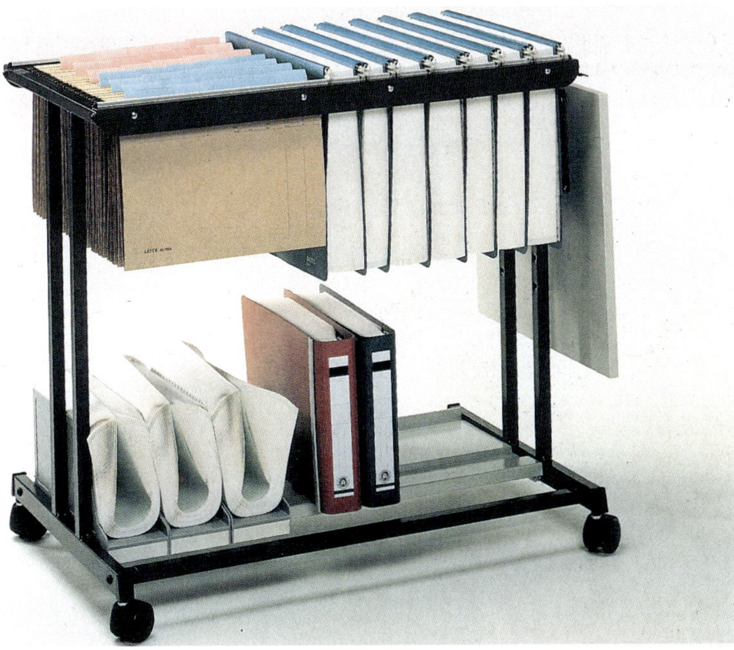

▶ Zentralablage

Sie bietet vor allem in größeren Betrieben, wo der Informationsanfall und -austausch erheblich ist, viele Vorteile:

- Es gibt **einen** Datenbestand.
- Es gibt **eine** Stelle für Änderungen.
- Es gibt **eine** Stelle zur Auswertung der Daten (z. B. Mikrofilm).
- Es gibt die Zugriffsmöglichkeit für **viele** Benutzer, denn in einem Betrieb braucht **jeder** Informationen. Voraussetzungen:
  - eine zentrale Lage der Registratur, um Laufwege und damit Zugriffszeiten so kurz wie möglich zu halten
  - eine einwandfreie Raumausstattung
  - möglichst Schalterbedienung

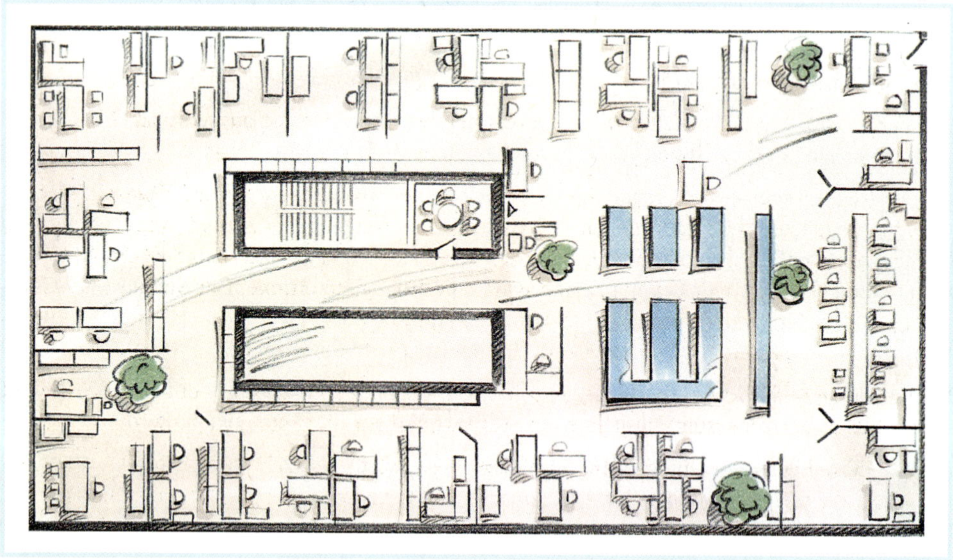

Die Zentralablage kann konventionell betrieben werden, d. h. der Sachbearbeiter holt die ihn interessierende Akte gegen Quittung selbst ab oder läßt sie sich durch Boten oder Rohrpostanlage zustellen.

Angesichts der zunehmenden Bedeutung der Information als Wirtschaftsfaktor ist in Zukunft eine integrierte Informationsverwaltung erforderlich. Darunter versteht man den Nachweis **aller** Informationen zu **einem Sachverhalt,** und zwar unabhängig vom jeweiligen Datenträger. EDV-unterstützte Aktenverwaltung ist ein erster Schritt in diese Richtung.

Beispiel: In der Zentralregistratur befindet sich eine Anlage der EDV-Technik (Zentraleinheit, Rechner, Bildschirm-Terminal und Drucker). Die einzelnen Abteilungen sind ebenfalls mit Bildschirmterminals ausgestattet. Die Sachbearbeiter fordern über die Tastatur ihres Terminals die Akte an. Der Computer in der Zentralregistratur dokumentiert genau, welche Akte an wen geschickt wurde; jeder Sachbearbeiter kann über seinen Bildschirm sofort erfahren, wo sich welche Akte zur Zeit befindet.

Die per Terminal angeforderten Akten werden täglich in einer Liste ausgedruckt. Es läßt sich also auch nach langer Zeit belegen, wer wann welche Akte angefordert hat.

Der Computer übernimmt ferner die Terminüberwachung und druckt auf Wunsch Termin-Anforderungslisten aus, nach denen die terminierten Akten gezogen und vorgelegt werden können. Bei der Aktenentleihe muß der Sachbearbeiter angeben, wie lange er die Akte voraussichtlich benötigt. Der Computer überwacht die Rückgabetermine. Der Standort des Computers in der Zentralregistratur hat den Vorteil, daß jederzeit neue Akten angelegt, zugleich gespeichert, vorhandene Akten geändert oder gelöscht werden können.

Eine zusätzliche Hilfe für die Erfassung und Rückgabe der Akten kann ein Barcode-Etikett sein, welches bei der ersten Entnahme ausgedruckt und auf die Akte geklebt wird.

Schriftgut und sonstige Unterlagen von **bleibendem** Wert, die auch nach Ablauf gesetzlicher und/oder verwaltungsinterner Fristen dauernd aufbewahrt werden (z. B. aus historischen Gründen), werden in einem **Archiv** untergebracht (Altablage).

Für alle Registraturen ist die Wahl der geeigneten Möbel von großer Bedeutung. Möbel sollten den DIN-Normen entsprechen (DIN 4545 Kartei- und Registraturschränke auf Sockel, DIN 4549 Schreibtische, Büromaschinentische und Bildschirmarbeitstische).

Schreibtische sollten einen Hängeauszug enthalten. Schränke mit Rolladen sind praktisch und platzsparend.

Welche Schriftgutbehälter werden eingesetzt?

Die Wirtschaftlichkeit einer Registratur wird entscheidend bestimmt von der Lösung folgender Fragen:

- Einzel- oder Sammelakten?
- Loseblattablage oder geheftete Ablage?
- Welche Registraturart ist die richtige?

▶ Einzelakte

Besteht ein Geschäftsvorgang nur aus wenigen Schriftstücken, wird er am sinnvollsten in **einem** Behälter aufbewahrt.

▶ Sammelakte

Verschiedene Vorgänge werden in **einem** Behälter gesammelt.

▶ Loseblattablage

„Zeit ist Geld!" Der Hauptvorteil der Loseblattablage liegt im Zeitgewinn; das bedeutet Verringerung der Personalkosten. Bei einer gehefteten Ablage kostet ein Blatt etwa 31 bis 35 Pf., bei einer Loseblattablage etwa 22 Pf. Die Registraturarbeit ist bequemer, denn das Lochen der Schriftstücke und das Öffnen und Schließen der Schriftgutbehälter entfällt.

Wenn eine Loseblattablage einwandfrei funktionieren soll, darf sie nicht improvisiert werden, sondern muß organisiert werden. Der Umstellung von einer gehefteten auf eine Loseblatt-Ablage muß eine vollständige Ist-Aufnahme vorausgehen.

▶ Geheftete Ablage

Sie kostet Zeit! Darum muß der verantwortliche Sachbearbeiter entscheiden, ob die Schriftstücke einen hohen Zeit- und Kostenaufwand rechtfertigen. „Schnellhefter" – besser „Langsamhefter" – haben keine Daseinsberechtigung.

▶ Welche Registraturart ist die richtige?

Zweckmäßiger und betriebswirtschaftlich richtiger als eine Loseblattsammlung ist die Heftregistratur für folgende Fälle:

- Langzeitakten mit Dokumenten und vertraulichen Unterlagen
- Akten mit häufigem Umlauf
- Akten, die extern verwendet werden

■ Ablagearten (Registraturarten) (DIN 821)

Man unterscheidet zwischen folgenden Ablagearten:

- **Liegende Ablage:** Die Schriftgutbehälter liegen übereinander.

  ① liegende Ablage

- **Stehende Ablage:** Die Schriftgutbehälter stehen seitlich nebeneinander (lateral) oder hintereinander (vertikal).

  ② Ordnerregistratur

  ③ laterale Sammlerregistratur

  ④ vertikale Sammlerregistratur

- **Hängende Ablage:** Die Schriftgutbehälter sind seitlich nebeneinander (lateral) oder hintereinander (vertikal) abgehängt.

  ⑤ laterale Hängeablage

  ⑥ vertikale Hängeablage

①

②

③

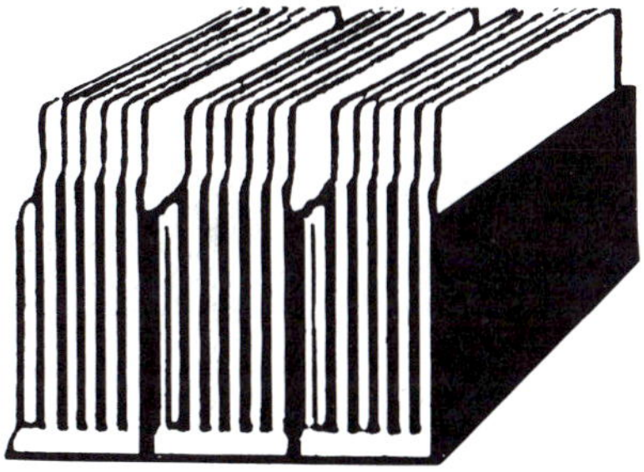

④

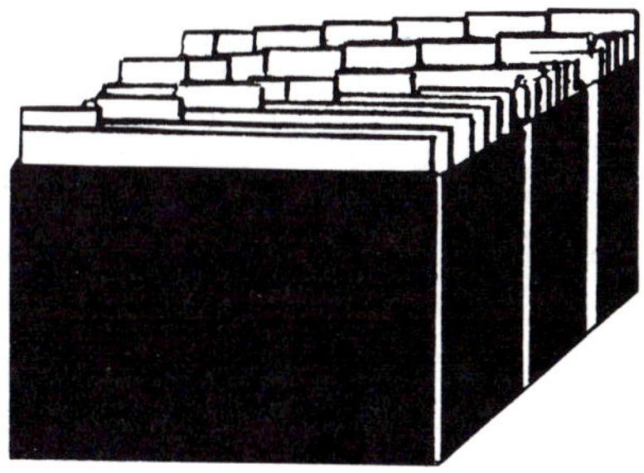

⑤

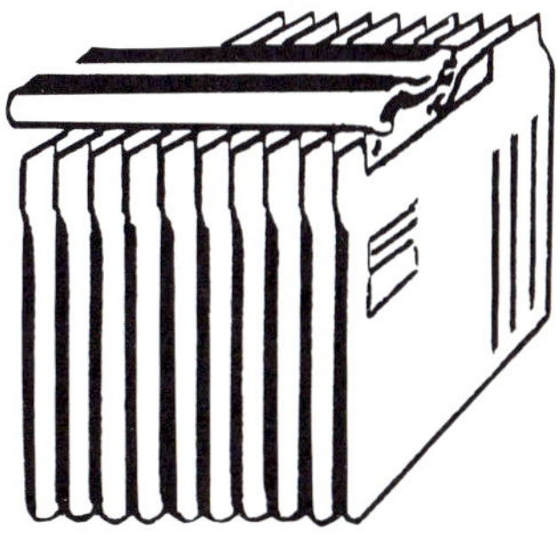

⑥

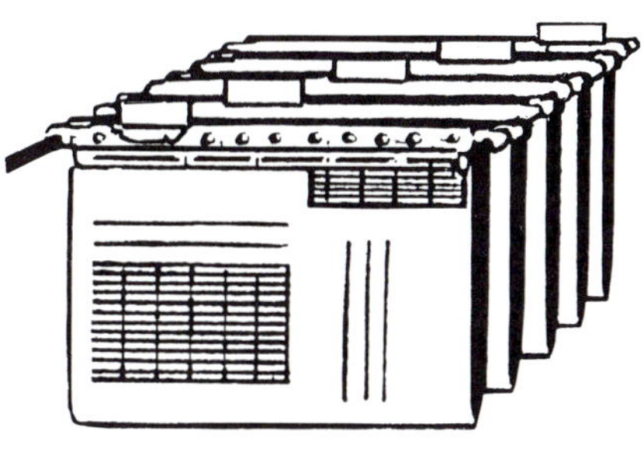

Anmerkung zu den Begriffen **lateral** und **vertikal:**

Bei lateralen Ablagen werden die Schriftgutbehälter von vorn eingebracht; bei vertikalen Ablagen werden die Schriftgutbehälter von oben eingebracht.

Tabelle Registraturarten

Ablagearten	Aufbewahrungsart	Schriftgutbehälter	a) Möbel b) Großmöbel	a) Raumausnutzung b) Bedienung	a) Übersicht b) Menge der übersehbaren Akten	Einrichtungskosten
Liegende Ablage 	● Liegend (Flachablage)	Aktendeckel, Mappen, Taschen, Hefter, Hefter mit Falz	a) Ordner-Regale und -Schränke Fachreihen- und Klappenschränke b) Kompakt-Regale	a) bis in Griffhöhe b) nur die jeweils oberste Akte direkt	a) ungünstig b) 4 bis 4,5 lfd. m Akten	niedrig
Stehende Ablage 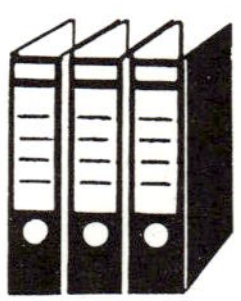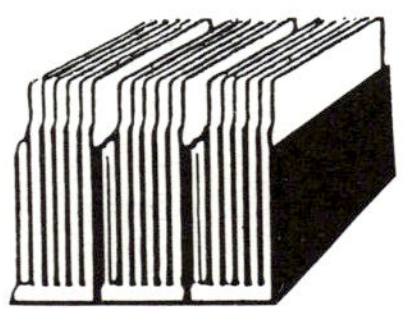	● lateral – Ordner-registratur – Sammler-registratur	Stehordner (Ordner) Stehsammler (Sammler) Altablageordner Altablageschachtel	a) Ordner-Regale und -Schränke b) Kompakt-Regale, Paternoster, Rotierschränke/Regale	a) bis in Griffhöhe b) direkt	a) ausgezeichnet bis gut b) 6 lfd. m Akten	niedrig bis mäßig
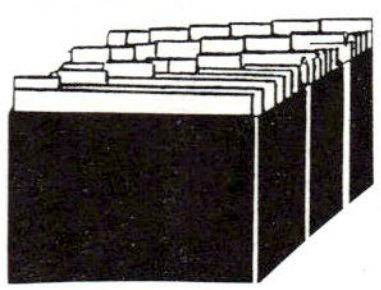	● vertikal	Aktendeckel, Einstellmappen und -taschen Schnellhefter, Sichthüllen	a) Vertikalschränke b) Großraum-Vertikalschränke	a) bis in Sichthöhe b) erst nach Öffnen des jeweiligen Auszuges	a) gut, innerhalb eines Auszuges b) 0,55 bis 1,20 lfd. m Akten	mäßig hoch bis hoch
Hängende Ablage 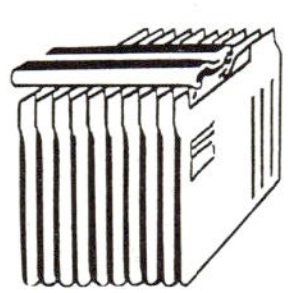	● lateral	Hängeordner, Hängehefter, Hängemappe, Hängetasche, Hängesammler	a) Pendel-Regale und -Schränke, Pendel-Kleinmöbel b) Kompakt-Regale, Paternoster	a) bis in Griffhöhe b) direkt	a) mäßig bis gut b) 6 bis 7 lfd. m Akten	niedrig bis mäßig
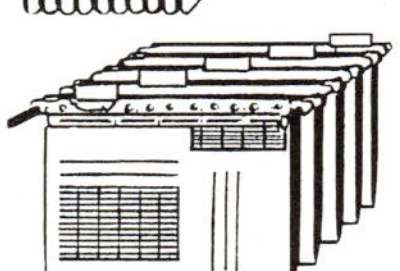	● vertikal	(z. T. mit Spezial-Aufhänge-Elementen)	a) Vertikalschränke Hänge-Kleinmöbel und Hängerollkörbe b) Großraum-Vertikalschränke	a) bis in Sichthöhe b) erst nach Öffnen des jeweiligen Auszuges	a) gut bis ausgezeichnet innerhalb eines Auszuges b) 0,55 bis 1,20 lfd. m Akten	hoch

Checkliste zur Überprüfung der Registratur-Organisation

① Ist Ihre Registratur klar und übersichtlich gegliedert, so daß jeder Mitarbeiter weiß, wo ein gesuchter Vorgang zu finden ist?

② Ist die Beschriftung der Akten gut sichtbar und deutlich zu lesen?

③ Sind Ordner, Hefter und Mappen höchstens normal gefüllt und nicht überfüllt?

④ Bestehen Anweisungen, bestimmte (festgelegte) Unterlagen nicht abzulegen und sie sofort oder nach kurzer Behelfsaufbewahrung zu vernichten?

⑤ Ist dafür eine Kurzfrist-Ablage vorhanden, in die alle vorübergehend aufzubewahrenden Unterlagen eingeordnet werden?

⑥ Werden regelmäßig jährlich überalterte Schriftgut-Jahrgänge ausgesondert, um den Umfang der Registratur möglichst klein zu halten?

⑦ Ist die Ablage so organisiert, daß jeweils ein Vorgang zusammengefaßt an einer Stelle zu finden ist?

⑧ Wird die Vorablage täglich in sich sortiert, falls die Schriftstücke nicht täglich in die eigentliche Akte abgelegt werden können?

⑨ Sind alle Vorgänge, die von allgemeinem Interesse sind und die im ganzen Haus gebraucht werden können, zentral abgelegt?

⑩ Sind alle Schriftstücke, die zur Ablage kommen – mit Ausnahme der Kopien – ablage-„reif" gekennzeichnet, damit keine unerledigten Vorgänge irrtümlich in der Registratur verschwinden?

⑪ Werden Ordner-Register und -Trennblätter, Leitkarten und Farbkennzeichnungen (diese zur Verhinderung von Falschabhängen oder -abstellen von Heftern und Mappen) benutzt?

⑫ Besteht eine Anweisung, daß nur das Registraturpersonal Schriftstücke einordnen darf?

⑬ Wird nach den Deutschen Einheits-ABC-Regeln geordnet oder bestehen andere einheitliche Richtlinien für die alphabetische Ablage?

⑭ Zusammengesetzte Firmennamen sind häufig Grund für unterschiedliche Ablage von Schriftstücken der gleichen Firma. Werden Hinweiszettel an den möglichen Ablagestellen geführt?

⑮ Ist für die schwierig nach „Stichwort" zu ordnenden Sachakten ein Rahmenplan, eine Stoffgliederung oder gar ein Aktenplan vorhanden?

⑯ Ist der Plan noch aktuell und funktionsfähig und haben die Gruppen „Allgemeines", „Verschiedenes" und „Diverses" nicht mehr als 1 % des Bestandes dieser Sachregistratur erreicht?

⑰ Sind gültige, bindende schriftliche Ablageregeln vorhanden, oder besteht sogar ein gültiger Ableplan?

⑱ Sind die Ablegeregeln oder der Ablegeplan jedem Mitarbeiter bekannt, werden sie eingehalten und wird die Beachtung überprüft?

⑲ Sind die Registraturmöbel, besonders die Hängezüge in Vertikal-Hängeschränken, in einwandfreiem Zustand?

⑳ Sind die Registraturräume in angemessenem Zustand und ist die Beleuchtung gut, so daß ungestört und bequem gearbeitet werden kann?

㉑ Wird die Registratur in regelmäßigen Abständen oder zumindest durch häufige Stichproben von einem höheren, initiativen Vorgesetzten überprüft?

㉒ Ist ein Mitarbeiter der mittleren Führung für den Zustand der gesamten Registratur des Unternehmens der Geschäftsführung verantwortlich?

㉓ Ist die Registratur in bezug auf Verfahren und Organisation schon einmal von einem neutralen Berater beurteilt worden?

(Quelle: Elba-Ordner-Fabrik, Wuppertal)

Welche Ordnungssysteme erleichtern die Arbeit?

Die Wahl der richtigen Ordnungssysteme wird von folgenden Wünschen bestimmt:

- Das schnelle Wiederfinden von Unterlagen ist wichtig.
- Das Ordnungssystem soll einfach sein. Auch Hilfskräfte müssen leicht damit zurechtkommen.
- Terminkennzeichnungen müssen einfach angebracht werden können.
- Die Registraturarbeit soll einfach sein.
- Die Ordnungssysteme müssen logisch, einprägsam und flexibel sein.

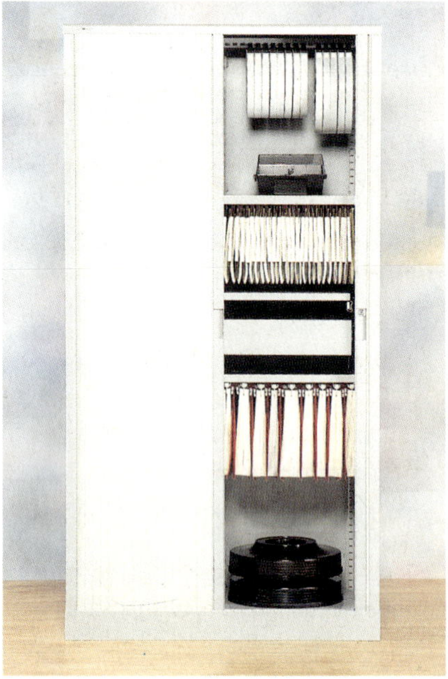

Ordnungsmerkmale können sein

- Namen
- Orte
- Stichworte
- Farben
- Nummern
- Daten
- Piktogramme

Es ist möglich und richtig, in einer Schriftgutablage nach unterschiedlichen Ordnungsmerkmalen abzulegen.

Verbreitete Ordnungssysteme:

- Ordnen von Schriftzeichenfolgen (ABC-Regeln)
- Numerische Ordnung
- Alpha-numerische Ordnung
- Geographische Ordnung
- Ordnung nach Stichworten
- Zeitliche (chronologische Ordnung)

Auch andere Ordnungssysteme werden praktiziert.

Beispiele:

- Farben können eingesetzt werden
- mnemotechnische[1] Abkürzungen
- Piktogramme usw.

▶ Ordnen von Schriftzeichenfolgen (ABC-Regeln), DIN 5007

Alte Ausgabe: **Inhalt:**	November 1962 (11.62) Alphabetische Ordnung von **Namen**
Neue überarbeitete Ausgabe: **Inhalt:**	April 1991 Ordnen von Schriftzeichen und Schriftzeichenfolgen

Spezielle Anwendungen, z. B. Bilden von Ordnungswörtern und Ordnungsgruppen, sollen in weiteren Normen behandelt werden.

[1] mnemo = griech. Gedächtniskunst

Der grundsätzliche Unterschied: Die **alte** Fassung behandelte die alphabetische Ordnung von **Namen** in Namens-, Orts- und Straßenverzeichnissen, Adreß- und Fernsprechbüchern sowie Schriftgutablagen.

Der Anwendungsbereich der **neuen** Fassung wurde auf das Ordnen von Schriftzeichen und Schriftzeichenfolgen für alle Bereiche erweitert, in denen alphabetisch geordnet wird.

Gleichzeitig wurde gegenüber der Ausgabe 11.62 eine Beschränkung

- auf Festlegung zur Grob- und Feinteilung der Schriftzeichen sowie
- zum Ordnungswert der einzelnen Schriftzeichen

vorgenommen, wobei sich die Regeln immer auf die **aufbereitete** Form der zu ordnenden Schriftzeichen beziehen.

Was bedeutet das?

- **Aufbereitung.** Die Aufbereitung ist eine vorbereitende Bearbeitung der zu ordnenden Schriftzeichenfolgen. Sie geht dem Ordnungsvorgang voraus und kann, unter anderem, vom jeweiligen Anwendungszweck abhängig sein.
- **Einteilung der Schriftzeichen**

1 Schriftgrundzeichen

1.1 Buchstaben

1.1.1 Grundbuchstaben des lateinischen Alphabets

a b c d e f g h i j k l m
n o p q r s t u v w x y z

A B C D E F G H I J K L M
N O P Q R S T U V W X Y Z

1.1.2 Das lateinische Alphabet ergänzende Buchstaben:
- Ligaturen, z. B. æ, œ
- ß (scharfes s)
- sonstige das lateinische Alphabet ergänzende Buchstaben, z. B. isl. Thorn

1.1.3 Buchstaben des lateinischen Alphabets mit diakritischen Zeichen einschl. Umlaute
z.B. (Auswahl) á, à, â, ç, ä …
Á, À, Â, Ç, Ä …

1.1.4 Buchstaben aus nichtlateinischen Alphabeten

1.2 Ziffern und Zahlzeichen

1.2.1 Römischen Zahlzeichen I V X L C D M

1.2.2 Arabische Ziffern 0 1 2 3 4 5 6 7 8 9

2 Schriftsonderzeichen

2.1 Leerzeichen

2.2 **Gesprochene Zeichen**

Zu diesen Schriftzeichen, deren Benennungen beim Lesen eines Textes im allgemeinen gesprochen werden und die weder Buchstaben noch Ziffern bzw. Zahlzeichen sind, gehören

z. B. % (vom Hundert)
& (und, et)
§ (Paragraph)
* (Stern, geboren)
† (Kreuz, gestorben)
+ (plus, und)
– (minus, weniger, bis)
= (ist, gleich)
: (zu, dividiert durch)
/ (je, gebrochen durch, beziehungsweise)

2.3 **Nichtgesprochene Zeichen**

Zu diesen Zeichen gehören zum Beispiel:

Satzzeichen:
. , ; : ? " ( ) – (Gedankenstrich)

Lesezeichen anderer Art:
… (Auslassungspunkte)
- (Bindestrich)
' (Apostroph)
/ (Schrägstrich)

Die Norm legt nur für einen Teil der Schriftzeichen (z. B. Grundbuchstaben) eigene Ordnungswerte fest. Darum müssen Schriftzeichen ohne eigenen Ordnungswert zum Zwecke des Ordnens Schriftzeichen mit Ordnungswert gleichgesetzt werden (Aufbereitung).

- **Ordnungswert und Regeln für die Aufbereitung** (vereinfachte und verkürzte Darstellung)

1. Großbuchstaben werden den entsprechenden Kleinbuchstaben gleichgestellt.
2. Der Ordnungswert der Grundbuchstaben des lateinischen Alphabets entspricht der unter 1.1.1 angegebenen Reihenfolge von a bis z.
3. *Ziffern bzw. Zahlzeichen und Zahlen*
   Sie werden den Buchstaben nachgeordnet. Der Ordnungswert der arabischen Ziffern entspricht ihrem Zahlenwert. Aus arabischen Ziffern bestehende Zahlen werden ihrem Zahlenwert entsprechend in aufsteigender Reihenfolge geordnet.
4. *Römische Zahlzeichen und Zahlen*
   Ihr Ordnungswert entspricht ihrem Zahlenwert.

Zahlzeichen:	Zahlenwert:
I	1
V	5
X	10
L	50
C	100
D	500
M	1 000

Aus römischen Zahlzeichen bestehende Zahlen werden ihrem Zahlenwert entsprechend in aufsteigender Reihenfolge geordnet. Sie werden arabischen Ziffern und Zahlen vorgeordnet.

Beispiele:

	Schreibweise	Aufbereitungsform	Ordnungswert
Großbuchstaben	Q	q	q
Ligaturen	æ œ sch st	ae oe sch st	ae oe sch st
ß	ß	ss	ss
Das lateinische Alphabet ergänzende Buchstaben	δ ι κ η ρ	d i k n th	d i k n th
Buchstaben mit diakritischen Zeichen	é ô ä	e o a	e o a
Umlaute (in Namensverzeichnissen)	ä ö ü	ae oe ue	ae oe ue

- **Einordnung von gleichgesetzten Schriftzeichenfolgen.** Die Gleichsetzung von bestimmten Schriftzeichen mit Grundbuchstaben ist vorgeschrieben. Dadurch kann eine Gleichheit der Aufbereitungsformen von Schriftzeichenfolgen mit anderen Schriftzeichenfolgen entstehen, an denen keine Gleichsetzung vorzunehmen war. Solche unbeeinflußten Schriftzeichenfolgen werden den durch die Aufbereitung entstandenen (gleichgesetzten) Schriftzeichenfolgen vorgeordnet.

  Beispiel:

Richtig	Falsch
laufen	Laufen
Laufen	laufen

	Richtig	Falsch
Ligaturen	coeur cœur	cœur coeur
ß	Masse Maße	Maße Masse
Diakritische Zeichen	Cote (frz. Quote) Côte (frz. Rippe)	Côte Cote
Umlaute	fallen fällen	fällen fallen
Umlaute (in Namensverzeichnissen)	Hoepfner Höpfner	Höpfner Hoepfner

Treffen durch Aufbereitung entstandene gleiche Schriftzeichenfolgen zusammen, die nur durch **Gleichsetzung** entstanden sind, gelten die folgenden Vorrangsregeln:

- **Ligaturen:** Sie werden vor Buchstaben mit diakritischen Zeichen geordnet.

  Beispiel:

Richtig	Falsch
Wœrth (französische Schreibweise)	Wörth
Wörth (deutsche Schreibweise)	Wœrth

- **Umlaute:** Sie werden vor allen anderen Buchstaben mit diakritischen Zeichen geordnet.

  Beispiel:

Richtig	Falsch
Rote	Rote
Röte	Rôte
Rôte	Röte
Røte	Røte

- Großbuchstaben werden ihren entsprechenden Kleinbuchstaben nachgeordnet, wenn bei Anwendung der besprochenen Vorrangsregeln immer noch gleiche Schriftzeichenfolgen vorliegen oder wenn nur eine Differenzierung nach Klein- und Großbuchstaben notwendig ist.

  Beispiel (in Namensverzeichnissen):

Richtig	Falsch
dampfen	dampfen
Dampfen	dampfschiffahren
Dampfschiffen	Dampfen
dampfschiffahren	Dampfschiff

▶ Zusammenfassung

- Die Wertigkeit der Gruppen ist in der nachstehenden Reihenfolge festgelegt:
  1. Leerzeichen werden vorgeordnet,
     – diesen werden nachgeordnet:
  2. gesprochene und nichtgesprochene Schriftzeichen, die weder Buchstaben noch Ziffern bzw. Zahlzeichen noch Zahlen sind,
     – diesen werden nachgeordnet:
  3. Grundbuchstaben a bis z
     a) Ligaturen werden den Grundbuchstaben nachgeordnet, aus denen sie zusammengesetzt sind,
     b) ß wird der Zeichenfolge ss nachgeordnet,
     c) Buchstaben mit diakritischen Zeichen einschließlich Umlaute werden den Grundbuchstaben nachgeordnet, denen sie gleichgesetzt wurden,
        Umlaute in Namensverzeichnissen werden den Schriftzeichenfolgen nachgeordnet, denen sie gleichgesetzt wurden,
     – diesen Buchstaben werden nachgeordnet:
  4. das lateinische Alphabet ergänzende Buchstaben,
     – diesen werden nachgeordnet:
  5. Buchstaben aus nichtlateinischen Alphabeten,
     – allen Buchstaben werden nachgeordnet:
  6. römische Zahlzeichen und Zahlen aus solchen in aufsteigender Reihenfolge nach ihrem Zahlenwert,
     – diesen werden nachgeordnet:
  7. arabische Ziffern und Zahlen aus solchen in aufsteigender Reihenfolge nach ihrem Zahlenwert.
- Diese Ausführungen können sich nur auf eine auszugsweise Darstellung der neuen Form beschränken. Wer die ABC-Regeln benötigt, muß als Grundlage seiner Arbeit das Normblatt DIN 5007 zu Hilfe nehmen.

▶ Die numerische Ordnung

Vorteile:

- Eindeutigkeit
- einfaches und schnelles Sortieren
- Arbeitserleichterung durch Einsatzmöglichkeit der EDV
- raumsparende Aktenbeschriftung

Nachteile:

- bei großem Schriftgutanfall muß ein Suchindex, der stets auf dem laufenden sein muß, geführt werden

4501	– Zacharias		Abele	–	4504
4502	– Berger		Abt	–	3412
4503	– Hallwachs		Acker	–	511
4504	– Abele		Ackermann	–	1614
4505	– Kiesel		Adolph	–	445

(Quelle: Louis Leitz, Stuttgart)

Die Nachteile kann man vermeiden durch:

- eine fortlaufende Numerierung hinter Vorziffern
- eine halbdekadische Gliederung
- eine volldekadische Gliederung

Fortlaufend numerisch hinter Vorziffern (Gruppen)

14 BEHÖRDEN
14.1 – Finanzamt
14.2 – Städt. Bauamt
14.3 – Liegenschaftsamt
14.4 – Grundbuchamt
14 – ...
(Hinter dem Punkt kann beliebig weit, theoretisch bis ins Unendliche, numeriert werden.)

15 BANKEN
15.1 – Städt. Sparkasse
15.2 – Spar- und Kreditbank
15.3 – Bausparkasse
15.4 – ...

16 VERSICHERUNGEN
16.1 – Kfz.-Versicherungen
16.2 – Haftpflichtversicherung
16.3 – Feuerversicherung
16.4 – ...

Ordnungs-Nr.	**1**	**2**	**3**	**4**
Klasse	1			
Hauptgruppe	1	2		
Gruppe	1	2	2	
Untergruppe	1	2	2	4

(Quelle: Elba-Ordner-Fabrik, Wuppertal)

- **Dekadische Gliederung;** Beispiel Aktenplan S. 236. Dekade = Zeitraum von 10 Tagen, Wochen, Monaten usw. Das Schriftgut wird in verschiedene Gruppen und Untergruppen eingeteilt und jeweils mit den Ziffern 0 bis höchstens 9 versehen.
- **Halbdekadische Gliederung.** Wenn die Numerierung der letzten Gruppe über 9 hinausgeht, spricht man von einer halbdekadischen Gliederung.

▶ Die alpha-numerische Ordnung

Dieses Ordnungssystem ist im allgemeinen nicht zweckmäßig. Die Voraussetzung für das Funktionieren ist ein Leitregister.

Beispiele für Anwendungsmöglichkeiten:

Kraftfahrzeugkennzeichen

S – CL 4814
CL 4815
CL 4816 usw.

Kombination von Postleitzahlen und Namen

70372 Arndt
70372 Beck usw.

(Quelle: Louis Leitz, Stuttgart)

▶ Die geographische Ordnung

Verfahren: Der erste Suchbegriff ist ein geographisches Merkmal, z. B. Orte, Länder und andere politische Gliederungen.

Geographisch (ortsalphabetisch)	
Hagen	– Bergemann, Cornelia
	Berger, Arnold
	Bergmann, Elke
Hamburg	– Bergamer, Hans
	Bergemann, Uwe
	Berger, Knut
	Bergmann, Klaus
Hannover	– Berger, Karl
	Bergmann, Dieter
	Bergmann, Viktor

(Quelle:Louis Leitz, Stuttgart)

▶ Die Ordnung nach Stichworten

Voraussetzung: Aktenübersicht oder Aktenplan. Sie wird häufig für Einzelakten verwendet, die unter **einem** Stichwort gesammelt werden, z. B. Prospekte, Preislisten, Fachmessen.

Nachteile:

- Dieses Ordnungssystem verursacht oft zeitraubendes Suchen, vor allem, wenn Schriftgut unter verschiedenen Stichworten abgelegt werden kann.
- Dieses System ist nur für kleine Registraturen oder Arbeitsplatzablagen empfehlenswert.

▶ Die zeitliche (chronologische) Ordnung

Die Schriftstücke werden nach dem Datum geordnet, wobei das Schriftstück mit dem neuesten Datum oben liegt (bei Behördenregistraturen unten). Diese Ordnungsform ist wichtig und notwendig für die Terminkontrolle.

Ablageplan, Aktenplan, Schriftgutkatalog

Der Informationsanfall ist in einem Betrieb so groß, daß die Informationen mit System verwaltet werden müssen. Je größer ein Betrieb ist, desto schwieriger wird es sein, einen allgemeinen Ablageplan aufzustellen. Es sollte jedoch auf jeden Fall ein „Rahmenplan“ aufgestellt werden, der knapp, klar und eindeutig ist und der allen Mitarbeitern zugänglich gemacht wird.

Es ist wichtig, für die Einzelregistratur einen verantwortlichen Mitarbeiter zu bestimmen. Ablagepläne sollten für alle Mitarbeiter verbindliche Arbeitsanweisungen sein.

Der **Ablageplan** ist notwendig, um

- das für die Bearbeitung benötigte Schriftgut rechtzeitig bereitzustellen
- die gesetzlichen und betrieblichen Aufbewahrungsfristen zu erfüllen
- ein rechtzeitiges Aussondern zu gewährleisten

Ablageplan

Gliederung

A) Zuständigkeiten
B) Allgemeine Ablege-Regeln
C) Verzeichnis aller Registraturgruppen des Unternehmens mit Aufsichtsführenden (kein Beispiel)
D) Dezentralisierte Ablagepläne für jede Abteilung/jeden Bereich
E) Vordrucksammlung (kein Beispiel)

A) Zuständigkeiten

1. Der Ablageplan regelt die Schriftgutablage des gesamten Unternehmens, dezentralisiert nach Registraturgruppen und, wo notwendig, nach Schriftgutsorten.
   Er gilt als Organisationsanweisung.
2. Er umfaßt alle Ablagestufen von der Vorablage bis zur Altablage und ist in jedem Punkt verbindlich für jeden Betriebsangehörigen.
3. Änderungswünsche oder -Vorschläge sind schriftlich über den verantwortlichen Aufsichtsführenden an die Organisationsabteilung zu leiten.
4. Verantwortlich für die Einhaltung der Ablegevorschriften und für die Ordnung ihrer Registraturgruppe(n) sind die in jedem Teilablageplan bestimmten Aufsichtsführenden.
5. Die rechtzeitige Vernichtung des Altschriftgutes sichert die Organisationsabteilung nach Prüfung mit den Aufsichtsführenden.mmm
6. Die Organisationsabteilung ist beauftragt, unregelmäßige Stichproben in allen Registraturgruppen vorzunehmen und der kaufmännischen Direktion vierteljährlich in Stichworten über den Zustand zu berichten.
7. Entstehen in einer Registratur Rückstände, die älter als drei Tage sind, ist die Organisationsabteilung davon zu unterrichten.

B) Allgemeine Ablage-Regeln

1. Schriftgut darf nur in ordentlichem Zustand in die Behälter eingeordnet werden. Wenn notwendig, Klebehilfsmittel und Lochverstärker verwenden.
2. Sämtliche Eingänge, die zur Ablage kommen, müssen in der rechten oberen Ecke vom zuständigen Sachbearbeiter durch Handzeichen oder Stempel zum Ablegen freigegeben sein. Belege ohne Freigabezeichen zurück an den Sachbearbeiter. Durchschläge von ausgegangenen Schriftstücken brauchen kein Freigabezeichen.
3. Sämtliche „Anlagen" müssen eindeutigen Zugehörigkeitsvermerk tragen. Notfalls vom Sachbearbeiter klären lassen.
4. Für alphabetische Ablagen gelten grundsätzlich die Einheits-ABC-Regeln, die in jedem Registraturraum aushängen. Ausnahmen sind in den zuständigen Ablageplänen verbindlich festgelegt.
5. Sämtliche numerisch abzulegenden Belege müssen die Ablege-Nummer tragen. Belege ohne Nummer sind an die zuständige Abteilung zurückzugeben.
6. Wenn Schriftstücke aus einer Akte länger als einen Tag entnommen oder vorübergehend in eine Rücklage oder Vorgangsakte gebracht werden, sind Hinweiszettel an den Platz des entnommenen Schriftstückes einzuordnen.
   HInweiszettel unter

E) Vordrucksammlung

7. Farbschlüssel, gültig für alle numerischen Ablagen:

0 = weiß	4 = blau	7 = grau
1 = rosa	5 = rot	8 = orange
2 = grün	6 = altgold	9 = braun
3 = gelb		

Der Ablageplan sollte ergänzt werden durch

- einen **Aktenplan**
- einen **Schriftgutkatalog**
- einen **Registraturleitfaden**

Der **Aktenplan** dient der einheitlichen Ordnung von Schriftgut nach sachbezogenen Gesichtspunkten. Er ist meist dekadisch nach Hauptgruppen, Gruppen und Untergruppen aufgebaut.

Für die Erarbeitung der Gliederung in Hauptgruppen und Gruppen ist eine Matrix zweckmäßig.

Matrix für Aktenplanerstellung

0		1		2		3		4		5		6		7		8		9	
00		10		20		30		40		50		60		70		80		90	
01		11		21		31		41		51		61		71		81		91	
02		12		22		32		42		52		62		72		82		92	
03		13		23		33		43		53		63		73		83		93	
04		14		24		34		44		54		64		74		84		94	
05		15		25		35		45		55		65		75		85		95	
06		16		26		36		46		56		66		76		86		96	
07		17		27		37		47		57		67		77		87		97	
08		18		28		38		48		58		68		78		88		98	
09		19		29		39		49		59		69		79		89		99	

(Quelle: Schriftgutverwaltung, AWV)

Beispiel für eine ausgefüllte Matrix:

0		1		2		3		4		5		6		7		8		9	
Geschäftsführung		Anlagen		Finanzen und Buchhaltung		Personal- und Sozialwesen		Einkauf		Fertigung		Vertrieb		Verwaltungsorganisation				Privat-Sekretariat	
00	Gründung und Entwicklung	10	Grundbesitz	20	Bilanzen Abschlußunterlagen	30	Arbeitsrecht, Tarife	40	Disposition	50	Planung	60	Absatzpolitik	70	Aufgabengliederungsplan	80		90	Mitgliedschaften
01	Besitzverhältnisse	11	Gebäude	21	Finanzierung	31	Gesetzl. soziale Aufwend.	41	Lieferanten	51	Fertigungsprogramm	61	Verkaufsprogramm u. Planung	71	EDV	81		91	Kraftfahrzeug
02	Führung	12	Betriebsgebäude	22	Banken, Postscheck, Kasse	32	Freiwillige soziale Einricht.	42	Material-Prüfung	52	Fertigungsstellen	62	Preisgestaltung	72	Hausverwaltung allgemein	82		92	
03	Zweigbetr. Tochtergesellschaften	13	Gesamtinstallationen	23	Steuern	33	Personalbeschaffung, Einstellung	43	Einfuhr	53	Investitionen Fertigung	63	Verkaufs-Organisation	73	Vermietung Verpachtung	83		93	
04	Beteiligungen	14	Großanlagen	24	Buchhaltung	34	Personal-Akten	44		54	Zeitwirtschaft	64	Kunden	74	Fuhrpark	84		94	
05	Geschäftsberichte	15		25	Betriebswirtschaft	35	Lohn-Gehalt Abrechnung, Steuern	45		55	Lagerverwaltung	65	Versand	75	Versicherungen	85		95	
06	Mitgliedschaften	16		26	Stiftungen	36	Personalvertretung	46		56	Qualitätswesen	66	Werbung, Verkaufsförderung	76	Rechtsangelegenheiten	86		96	
07	Firmengeschichte	17		27		37	Ausbildung	47		57	Unfallverhütung	67	Marktbeobachtung	77	Fachzeitschriften	87		97	
08		18		28		38		48		58		68	Export	78		88		98	
09		19		29	Statistik Finanzwesen	39		49	Statistik	59	Fertigungs-Statistik	69	Verkaufs-Statistik	79		89		99	

Der **Schriftgutkatalog** ist eine Auflistung aller in einer Verwaltungs- oder Organisationseinheit anfallenden Belegarten, mit Hinweisen zu deren Aufbewahrung und Fristen (Hinweis auf gesetzliche Vorschriften und Wertigkeitsstufen, damit Doppel- und Mehrfachablagen vermieden werden).

Bezeichnung	Aufbewahrungsdauer							Bemerkungen
	Gesetzlich			Betrieblich				
	keine Aufbewahrung	in Jahren				Sonderregelung (in Jahren)	nach Neufassung ausscheiden	
		6	10	2	5			
Sachkonto-Grundbücher			x					
Sachkonto-Saldenlisten			x					
Saldenbestätigungen		x						
Saldenlisten			x					
Sammellisten, -nachweise ● s. entsprechenden Sachbegriff								
Schadenakten zu Prozeßfällen		x						
Schadenunterlagen		x						
Schriftwechsel – eingehend ● außerbetriebl., Handelsbriefe ● außerbetriebl., keine Handelsbriefe ● innerbetrieblich		 x						 Aufbewahrung je nach Bedeutung 0 bis 2 Jahre
Schriftwechsel – ausgehend ● außerbetriebl., Handelsbriefe ● außerbetriebl., keine Handelsbriefe ● innerbetrieblich		 x						 Aufbewahrung je nach Bedeutung 0 bis 5 Jahre
Schutzrechtunterlagen		x						
Sitzungsberichte und -protokolle ● s. Berichte								
Sozialversicherungsunterlagen					x			
Stammkarten für Arbeiter und Angestellte ● s. Personalakten								
Statistiken, extern ● bei der für die Auswertung/Weiterbearbeitung zuständigen Stelle ● sonst	 x			 x				
Statistiken, intern ● bei der für die Auswertung/Weiterbearbeitung zuständigen Stelle bzw. bei der für die Erstellung zuständigen Stelle ● sonst	 x		 –	 x				 danach je nach Bedeutung
Stellenbesetzungspläne ● s. Gliederungspläne								

(Quelle: Schriftgutverwaltung, AWV)

Die Erstellung eines Schriftgutkataloges wird durch spezielle Erfassungsformulare erleichtert.

Firma/Objekt: ______________________ zuständig: ______________________

Abt./Bereich: ______________________ Blatt: ______________________

Schriftgut bzw. Belegart	gesetzliche Aufbewahrung				betriebliche Aufbew.		Beleg aus Formularsatz	Ort der Aufbewahrung	Ordnungs-weise	Bemerkungen
	10 J.	6 J.	and.	nein	Frist	nein				

(Quelle: Schriftgutverwaltung, AWV)

Ein **Registraturleitfaden** enthält Hinweise auf die verfügbaren Registratur- und Organisationsmittel und deren Einsatz (s. S. 226 Tabelle Registraturarten).

Beispiel einer organisierten Ablage:

Bezeichnung der Ablage:	**Kundenregistratur Inland**
Standort-Typ:	Abteilungsablage
Standort:	Verkaufsabteilung Inland
Behälter und Möbel:	Hängemappen mit eingeklebtem Trennblatt, mit verschiebbarem Vollsichtreiter Hängevertikalschränke zweibahnig mit drei Zügen
Ordnungsweise:	numerisch nach Vorziffer des Vertreterbezirks (z. B. 14 000 – 14 999 – Kunden des Vertreterbezirks 14)
Beschriftung und Signalisierung:	a) Kundennummer mit Filzschreiber schwarz auf Beschriftungsschild des Vollsichtreiters b) Farbe des Beschriftungsschildes für jede Tausendergruppe gemäß Farbschlüssel (siehe Allg. Ablageregeln) c) Farbsignale rot = schlechter Zahler blau = Großhandelskunde gelb = letzte Bestellung vor länger als zwölf Monaten
Ablegevorschriften:	a) Loseblatt-Ablage b) Einzelmappe für jeden Kunden, mit Ausnahme von f) und g) c) Allgemeine Korrespondenz **vor** dem Trennblatt in der Hängemappe d) Aufträge, Auftrags-Bestätigungen, Lieferscheine und Rechnungsdurchschläge **hinter** dem Trennblatt e) Nicht streng nach Tagesdatum ablegen, Monatsdatum genügt f) Unbedeutende und neue Kunden in Hängesammler „Diverse Kunden“ in Einstellmappen A – Z ablegen. Nach der dritten Bestellung innerhalb von sechs Monaten eigene Hängemappe anlegen g) Für große Kunden eigenen Hängesammler anlegen mit Einstellmappen Januar – Dezember. Hier nach Tagesdatum ordnen!
Aufbewahrungsfristen:	a) Gesamtaufbewahrung sechs Jahre b) Der laufende und der zurückliegende Jahrgang in der Verkaufsabteilung Inland c) Ältere Jahrgänge in der Altablage, Block VJ
Altablage:	3. bis 6. zurückliegender Jahrgang, gekennzeichnet und getrennt nach Jahrgängen, Hängemappen werden mit gezogenen Schienen in Archivschachteln eingestellt.
Entnahmeberechtigte:	Das gesamte Personal der Verkaufsabteilung Inland. Das Ablegen erfolgt grundsätzlich nur durch das Registratur-Personal.
Verantwortlicher Aufsichtsführer:	Für die gesamte Kundenregistratur Inland einschließlich Altablage der Stellvertreter des Verkaufsleiters.
Bemerkungen:	*Ort* *Datum* *Organisationsabteilung*

Mikrografie

Der Einsatz des Mikrofilms empfiehlt sich vor allem dann, wenn Raum gespart werden soll und große Mengen an Unterlagen am Arbeitsplatz ständig zur Verfügung stehen sollen.

▶ Gesetzliche Bestimmungen (HGB)

Empfangene Handelsbriefe können statt in Urschrift in der Form einer verkleinerten Wiedergabe auf einem Bildträger aufbewahrt werden, wenn das Verfahren bei der Herstellung der Wiedergabe ordnungsmäßigen Grundsätzen entspricht und dabei gesichert ist, daß die Wiedergabe mit der Urschrift übereinstimmt.

▶ Notwendige Geräte (HGB)

Wer empfangene Handelsbriefe oder Buchungsbelege nur in Form einer verkleinerten Wiedergabe auf einem Bildträger vorlegen kann, ist verpflichtet, neben der Wiedergabe die erforderliche Anzahl ohne Hilfsmittel lesbarer Reproduktionen auf seine Kosten beizubringen.

Um dieser Vorschrift und betrieblichen Erfordernissen zu entsprechen, empfiehlt sich die Anschaffung

- eines Lesegerätes (Reader)
- eines Lese-Rückvergrößerungsgerätes (Reader-Printer)
- eines Dupliziergerätes (zum Duplizieren von Jackets, Rollfilmen, Fiches)

▶ Aufbewahrungsformen

Rollenfilm, Rollenfilm in Kassetten	für abgeschlossene Vorgänge, da eine nachträgliche Ergänzung nicht möglich ist.
Jacket	Folientasche zur Aufnahme einzelner Bilder.
Mikrofiche-Arten	für „lebende" Vorgänge, Kopie eines Jackets, Planfilm, meistens A6, COM-Fiche, Einsatz in der DV (COM = Computer output Microfilm).

▶ Einsatzmöglichkeiten

Sicherheitsverfilmung	Wichtige Unterlagen werden verfilmt und entweder die Originalunterlagen oder die Filme ausgelagert.
Arbeitsverfilmung	Sie ist dann angebracht, wenn ständig viele Unterlagen benötigt werden. Beispiele: • Telefonauskunft bei der Telekom • Ersatzteilkataloge • Kontenführung bei Banken • großformatige Zeichnungen, z. B. Meßtischblätter (Katasterämter)
Ersatzverfilmung	Verfilmte Schriftgutablage: Aufbewahrung des Films anstelle des Originalschriftgutes.

Vorteile:

- Raumgewinn bis zu 95 %
- vorteilhafte Ablauforganisation
- schneller Zugriff am Arbeitsplatz
- leichte und preiswerte Duplizierbarkeit
- saubere Aufbewahrung

Nachteile:

- Geräteausstattung erforderlich
- erschwerter Vergleich von Belegen
- es entstehen Kosten für Kopien
- Diebstahl wird erleichtert
- Belege (z. B. in Form von Notizen) sind nicht ergänzbar
- Vorgänge sind nur bei Jackets ergänzbar

▶ Rollfilmkassette

Sie speichert eine Fülle von Daten (z. B. etwa 3000 Aufnahmen mit EDV-erfaßten Patientendaten), sichert schnelles, programmiertes Wiederauffinden der Informationen.

Der Zugriff zu Informationen erfolgt sequentiell (= fortlaufend, nacheinander zu verarbeiten). Der Suchvorgang wird durch Such- und Ordnungssysteme erleichtert.

▶ Reader-Printer

Das Gerät ermöglicht eine kombinierte Rückvergrößerung für Mikrofilm-Jacket und COM-Fiche.

Für den dezentralen Einsatz empfehlen sich kleine Lese-Kopiergeräte, für den zentralen Einsatz Hochleistungsgeräte.

▶ Jacket

Ein Jacket kann den Inhalt einer ganzen Akte speichern. Während der Arbeit kann auf jede einzelne Aufnahme direkt zugegriffen werden. Ein Jacket ermöglicht ein schnelles, programmiertes Wiederauffinden, Lesen, Duplizieren und Rückvergrößern der Informationen.

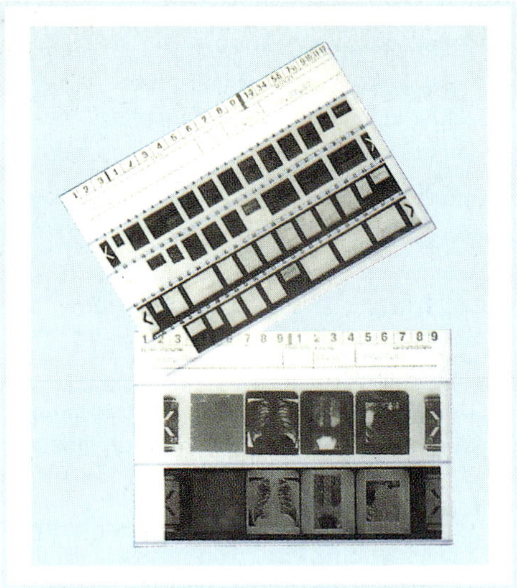

Bildverarbeitungssysteme

▶ Optische Archivierung im DV-Bereich

Zielsetzung	Rationalisierung und Reduzierung der Papierdokumentation, Verringerung der Arbeitsschritte, Weitergabe, Kommunikation, Ablage und Recherche von Informationen auf elektronischem Wege, Reduzierung der Kosten pro Arbeitsgang.
Wirtschaftlicher Einsatz in	Großunternehmen und Behörden mit großem Datenaufkommen.
Einsatzbereiche	mit Formulareinsatz, mehrstufigen Arbeitsabläufen, mit Archivierungs- und Suchaufwand, mit Schnelligkeit der Auskunftsbereitschaft und rechtzeitiger Entscheidung.
Realisierung durch	Systeme für reine Archivierung; Systeme mit klar definierten Einsatzbereichen für spezielle Branchenaufgaben und allgemeine Lösungen im administrativen Bereich.
Grundforderungen an ein System	• Bedienungsfreundlichkeit, z. B. Verwendung von vertrauten Symbolen aus dem bisherigen Arbeitsumfeld • Abbildung von Arbeitsabläufen, z. B. Erstellen von Formularen durch den Bearbeiter aus seiner Kenntnis des Arbeitsganges (Formulare sind die Grundlage der automatischen Übernahme von Kenndaten), freie Gestaltungsmöglichkeiten durch den Anwender • problemlose Einpassung in bestehende EDV-Umgebung, d. h. Zugriff auf erforderliche EDV-Daten und Nutzung des elektronischen Archivs zur Ablage und Abfrage durch die Benutzer der bestehenden EDV-Systeme

Anwendungsbeispiele:

1. Frau Kluge wählt mit einem einfachen Mausklick z. B. einen Aktenordner aus, wählt aus diesem wiederum ein Dokument und kann dieses am Bildschirm – z. B. zur Unterschriftsprüfung – ausschnittsweise vergrößern. Zur weiteren Bearbeitung kann sie Daten aus dem Großrechner heranziehen.
2. Durch eine von ihr erstellte Formulareingabe leitet sie einen automatischen Arbeitsablauf ein. Sie liest z. B. ihre Eingangspost, bearbeitet sie und bringt sie in den „Ausgangskorb“.
3. Während der Bearbeitung von „elektronischen Papieren“ kann sie jederzeit auf EDV-Daten zugreifen und das elektronische Archiv zur Ablage und Abfrage nutzen.

Kernwissen

- Die Aufbewahrung von Schriftgut ist gesetzlich vorgeschrieben (HGB, Abgabenordnung der Finanzverwaltung).
- Schriftgut läßt sich in Wertigkeitsstufen gliedern.
- Ablagemöglichkeiten:
  - Arbeitsplatzablage
  - Abteilungsablage
  - Zentralablage, elektronisch verwaltete Ablage
- Die Wirtschaftlichkeit einer Ablage wird bestimmt von der Entscheidung, ob die Loseblattablage oder die geheftete Ablageform gewählt wird. Empfehlenswert ist die Mischform.
- Ordnungssysteme erleichtern die Arbeit.
- Die Mikrografie erspart bei großem Schriftgutanfall vor allem Platz und Zeit.
- Das Schriftgut in Sekretariaten hat häufig vertraulichen Charakter; es sollte in verschließbaren und feuergeschützten Schränken untergebracht werden.
- In jedem Betrieb sollte es einen „Rahmen-Aktenplan“ geben; Ablagepläne sind verbindliche Arbeitsanweisungen.
- Eine Schriftgutablage ist teuer, weil sie personalaufwendig ist. In der Regel ist hier ein guter Ansatzpunkt für Rationalisierungsmaßnahmen. Vor einer Reorganisation ist aber gerade in diesem Bereich eine gründliche Ist-Aufnahme und Analyse der bisherigen Arbeitsabläufe notwendig.
- Den Trend der Zukunft beachten (z. B. elektronisch verwaltete Registratur)! Diese Techniken werden mit Sicherheit in Zukunft noch verbessert und vereinfacht werden.

Überlegungshilfe

- Im Sekretariat sammeln sich täglich viele Informationen, die bearbeitet und gespeichert werden müssen.
- Sie sollten sich gründlich über die in Ihrem Betrieb praktizierten Ablageverfahren unterrichten, vor allem die verantwortlichen Mitarbeiter kennen und mit ihnen Kontakt aufnehmen.
- Die Schriftgutablage im Sekretariat ist mit besonderer Sorgfalt zu führen. Verlassen Sie nie Ihr Arbeitszimmer, wenn wichtige Unterlagen für Unbefugte einsichtbar sind.
- Für die Sekretariatsablage muß ein klar gegliederter Aktenplan vorliegen.

Zur Vertiefung

1 Welches Schriftgut muß aufbewahrt werden?

2 Beispiel: Das laufende Schriftgut stammt aus dem Jahre 1994. Aus welchem Jahr stammen die ältesten aufbewahrungspflichtigen Handelsbriefe und Buchungsbelege?

3 Ordnen Sie nach den Ihnen bekannten Wertigkeitsstufen folgendes Schriftgut ein:

a) „Zur Kenntnisnahme-Durchschläge"
b) Terminmahnungen,
c) Aufträge,
d) Angebote ohne Auftragserfolge,
e) Rechnungen,
f) Prozeßunterlagen.

4 Welche Vorteile bietet die Zentralablage?

5 Führen Sie eine Personalakte als Loseblattakte oder als geheftete Akte?

6 Ordnen Sie folgende Namen alphabetisch:

Beier, Adolf Erwin Ludger
Beier, A.
Beier, Adolf Erwin
Beier, A. Erwin
Beier, A. W.
Beier, Ad.
Beier, Adolf

7 Ordnen Sie die Übersicht auf S. 61/62 „Die neuen Briefregionen seit 1. Juli 1993" alphabetisch!

8 Welche Einsatzmöglichkeiten gibt es für den Mikrofilm?

9 Welche gesetzlichen Bestimmungen gibt es?

10 Nennen Sie je zwei Vor- und Nachteile für

a) Ordnerregistratur,
b) Pendelregistratur,
c) Hängeregistratur.
d) Nennen Sie je einen Verwendungsbereich in der Praxis!

11 Nennen Sie fünf Faktoren, die bei der Ablage unnötige Kosten verursachen!

12 Ihre Ablage ist überfüllt. Was können Sie dagegen tun oder vorsorglich überlegen, damit es in Zukunft nicht dazu kommt?

13 Ordnen Sie die folgenden geographischen Begriffe sachlich und alphabetisch:
Paris – Norwegen – Schweden – Wien – Frankreich – USA – Bonn – Oslo – Österreich – New York – Asien – Amerika – Kanada

14 Nennen Sie die Ablagewerte, und geben Sie je ein praktisches Beispiel!

15 Von den nachstehend angegebenen Schriftstücken sollen insgesamt vier Briefe in den abgebildeten Ordnern abgelegt werden, also je ein Brief in je einen Ordner. Welche Briefe kommen in diese Ordner? **Ordnen Sie die Ziffern vor den Namen** zu einer 4stelligen Zahl **in der Reihenfolge A – D!**

1. Paarmann
2. Paulsen
3. Sergius
4. Stenzel
5. Robertson
6. Saderer
7. Pagel
8. Raher

a) 2 – 5 – 8 – 6
b) 7 – 2 – 5 – 3
c) 1 – 8 – 5 – 3
d) 2 – 5 – 8 – 4
e) 1 – 8 – 5 – 6
f) 2 – 8 – 5 – 6

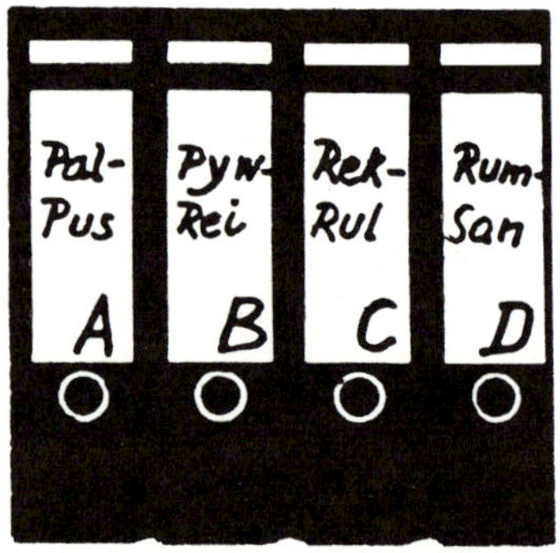

16 Die Abbildungen zeigen die bekanntesten Formen der Schriftgutablage, z. B. B = Mappenablage („Mappen"), D = Hängeregistratur („Hängetaschen").

Welche Formen eignen sich:

1. für Unterlagen und Dokumente, die nicht gelocht werden dürfen,
2. für gelochten Kundenschriftwechsel, der praktisch nicht im Geschäftsumlauf ist?

Im Fall 1 eignen sich: a) nur D, b) B und D, c) A und D

Im Fall 2 eignen sich: d) A und D, e) nur C, f) C und D?

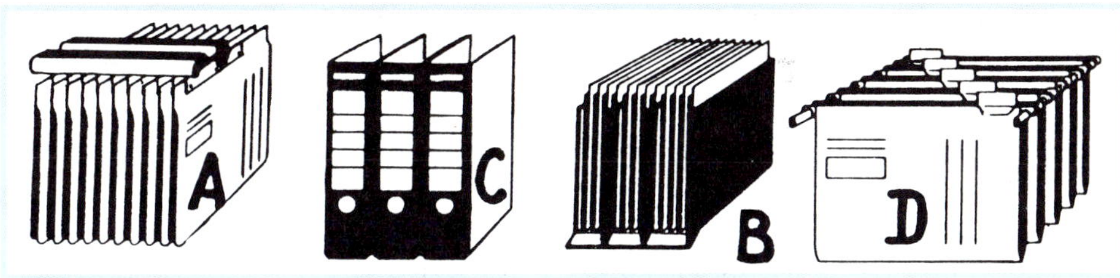

17 Zwei mit Schriftgut gefüllte Ordner haben insgesamt 4,8 cm „Totraum". Wieviel Meter Stellänge gehen dadurch im Regal verloren, wenn wir unter gleichen Bedingungen 360 Ordner abzustellen haben?

a) 0,48 m, b) 0,86 m, c) 1,20 m, d) 4,80 m, e) 8,64 m, f) kein Ergebnis ist richtig

18 Sie finden nachstehend neun Arten von Schriftgutbehältern abgebildet. Bestimmen Sie die Behälter, indem Sie die richtigen Ziffern ① bis ⑨ der Abbildungen den folgenden Begriffen zuordnen!

a) Hängetaschen
b) Pendelhefter
c) Aktendeckel
d) Hängemappen
e) Juris-Mappen
f) Stehordner
g) Pendeltaschen
h) Schnellhefter
i) Sammler, Sammelkästen

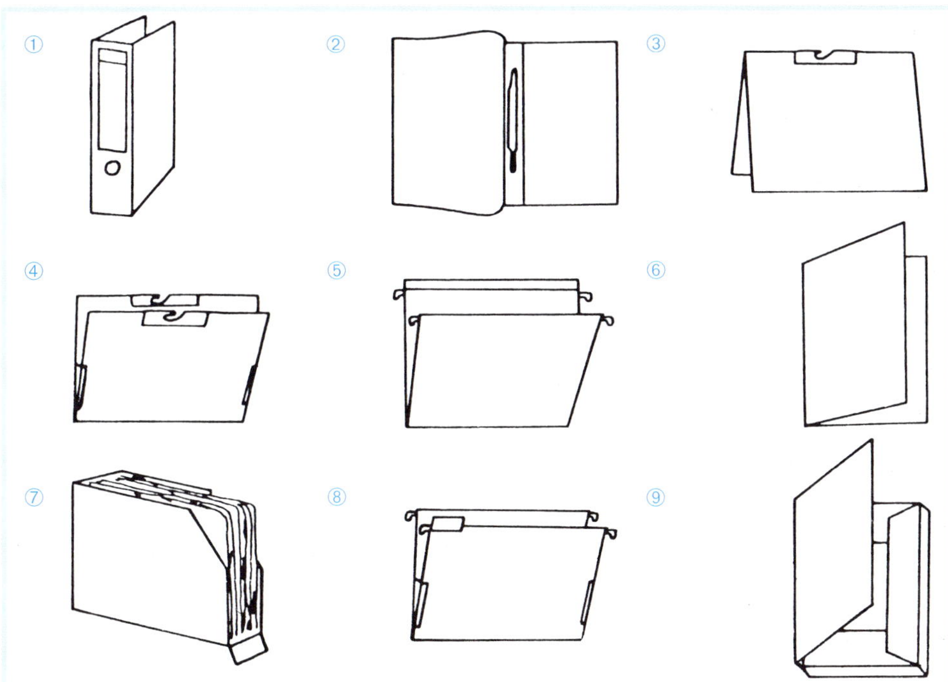

19 Nennen Sie fünf Beispiele für den Einsatz von Farben als Organisationshilfe!

20 Sie sind in der Firma Domino & Faro als Sekretärin beschäftigt. Zu Ihren Aufgaben gehört die Terminüberwachung. Ihre Firma beabsichtigt, einen neuen Artikel in das Produktionsprogramm aufzunehmen. Zu diesem Vorgang hat sich bereits eine etwa 100 Blatt starke Akte angesammelt. Der nächste Wiedervorlagetermin ist der 20.11. Zu diesem Termin sind auch Stellungnahmen und Berichte verschiedener Mitarbeiter und aller Gebietsvertreter angefordert worden, die zusammen mit dieser Akte vorgelegt werden sollen.
a) Wo und unter welchen Ordnungsgesichtspunkten bewahren Sie diesen Vorgang auf?
b) Wie verfolgen Sie den Termin 20.11.?

6.2 Karteien, Dateien

Ohne den sachgerechten Einsatz von Computern ist in einem modernen Unternehmen kein Informationsmanagement möglich.

Beispiele:

- Entwicklungs- und Produktionsbereiche
- Verkaufsabteilungen

In vielen Verkaufsabteilungen wird noch mit traditionellen Karteikästen gearbeitet. Zwar geben die Karteien Aufschluß über die geschäftlichen Kontakte zu den einzelnen Kunden; es ist aber nicht möglich, alle Detailinformationen so zu speichern, daß sie jederzeit abrufbar sind und in die Tagesarbeit integriert werden können. Aktuelle Informationen veralten sehr schnell; Karteien daher ebenfalls. Nur moderne Informationstechniken werden den heutigen Ansprüchen gerecht.

Computer speichern und verwalten nahezu alle Daten, z. B. umfangreiche Adreßlisten, Kundenkarteien, Lagerbestände, Briefe, Textbausteine usw. Die Möglichkeiten, die moderne Personal-Computer bieten, sind vielfältig.

Personal-Computer arbeiten mit speziellen Programmen, die auch dem computer-ungeübten Menschen erlauben, alltägliche Aufgaben zu lösen. Der Mensch arbeitet direkt von seinem Schreibtisch aus „persönlich“ mit diesem Computer. Das englische Wort „personal“ bedeutet also „persönlich“ und nicht, wie häufig angenommen wird, Personal im Sinne von Mitarbeiter.

Zur Zeit werden noch häufig die herkömmlichen Karteisysteme eingesetzt; daher werden diese besprochen. Jedoch wird ausdrücklich darauf hingewiesen, daß in Zukunft Karteiarbeiten mit Sicherheit in allen Bereichen von Computern übernommen werden.

Voraussetzung einer wirtschaftlichen Karteiarbeit ist die Wahl der richtigen Karteiform. Die Kartei muß immer auf dem neuesten Stand sein. Für die Karteiarbeit ist ein Karteiplan aufzustellen, in dem die benutzten Ordnungsmerkmale und ihre Bedeutung festgehalten werden (z. B. Bedeutung der Farben, Tabe, Kerben, Reiter usw.).

Eine Kartei hat viele *Vorteile*:

- Ist eine Karte vollgeschrieben, kann eine neue Karte eingeschaltet werden. Bei Büchern wären Hinweise und Register erforderlich.
- Nicht mehr benötigte Karten können herausgenommen werden.
- Mehrere Personen können gleichzeitig an ihr arbeiten.
- Die Kartei ist nach mehreren Gesichtspunkten sortierbar.

Bestandteile einer Kartei

Karteikarte (meistens aus Karton): Informationsträger

▶ Aufbau der Karteikarte

Ordnungsmerkmale	Kartenleiste
Stammdaten = Dauermerkmale	Kartenkopf
Bewegungsdaten = laufende Eintragungen	Kartenrumpf
Angaben des Kartenherstellers	Kartenfuß

Ordnungsmittel	verschiedenfarbige Kartenreiter, Einkerbungen, Randleisten, Lochungen
Leitkarten	Sie bilden den Ordnungsrahmen (aus stärkerem Material; Kunststoff/Karton)
Kartenbehälter	Kästen, Tröge, Schränke, ausziehbare Büromöbelzüge, Karteilift, Großkarteigeräte (Paternoster).
Formate	abhängig vom Inhalt und Zweck; sollen den DIN-Formaten entsprechen.

Der **Art** nach unterscheidet man Steilkarteien und Flachkarteien.

- Steilkarteien (Blockkarteien). Die Karten werden senkrecht hintereinander gesteckt.
- Flachkarteien. Die Karten werden flach übereinander gelegt, wobei ein schmaler Sichtstreifen einer Karte schuppenförmig hervorsteht.

Mischformen sind möglich.

▶ Steilkartei (Blockkartei)

Vorteile:

- sie ist preiswert
- sie ist einfach zu bedienen
- durch beinahe senkrechtes Hintereinanderstellen der Karteien wird ein Minimum an Raum beansprucht
- die Karteikarte kann mit der Hand und/oder der Maschine beschriftet werden
- die Kartei ist erweiterungsfähig; an jeder Stelle können neue Karten zwischen-, ein- und aussortiert werden

Nachteile:

- erschwerte Übersicht und Handhabung durch das enge Hintereinanderstehen der Karten; dadurch kann erheblicher Zeitaufwand entstehen
- beim Entnehmen von Informationen bzw. bei Eintragungen muß die einzelne Karte herausgenommen werden

▶ Flachkartei

Vorteile:

- schnelle, leichte Bearbeitung; weniger Arbeitsgriffe als bei den Steilkarteien
- vorteilhaft, wenn Aussagefähigkeit auf einen Blick verlangt wird; Direkteinsicht
- vorteilhaft, wenn Karten regelmäßig bearbeitet werden, ohne sie dabei häufig umsortieren zu müssen

Nachteile:

- höhere Anschaffungskosten, größerer Raumbedarf
- begrenztes Aufnahmevermögen
- umständliches Einordnen neuer Karten; die Karten werden in einer Führung festgehalten und haben innerhalb der Kartei ihren festen Platz

▶ Breitstaffelkartei

Das System besteht aus einem besonders breiten Karteikasten, auf dessen Bodenteil Rundeisen aufgesetzt sind. Diese fassen in Ausstanzungen von Karteikarten, so daß ein gestaffeltes Einordnen möglich ist. Durch diese Stapelung ergeben sich Sichtränder, auf die die wichtigsten Informationen notiert werden können. Der Kopfteil der Karteikarte ist, der Ablesbarkeit wegen, abgeschrägt.

Die Kartenbezeichnungen stehen im diagonalen Sichtrand. Hierdurch sind etwa 30 Kartenbezeichnungen gleichzeitig einzusehen.

Im rechten senkrechten Sichtrand stehen ergänzende wichtige Angaben.

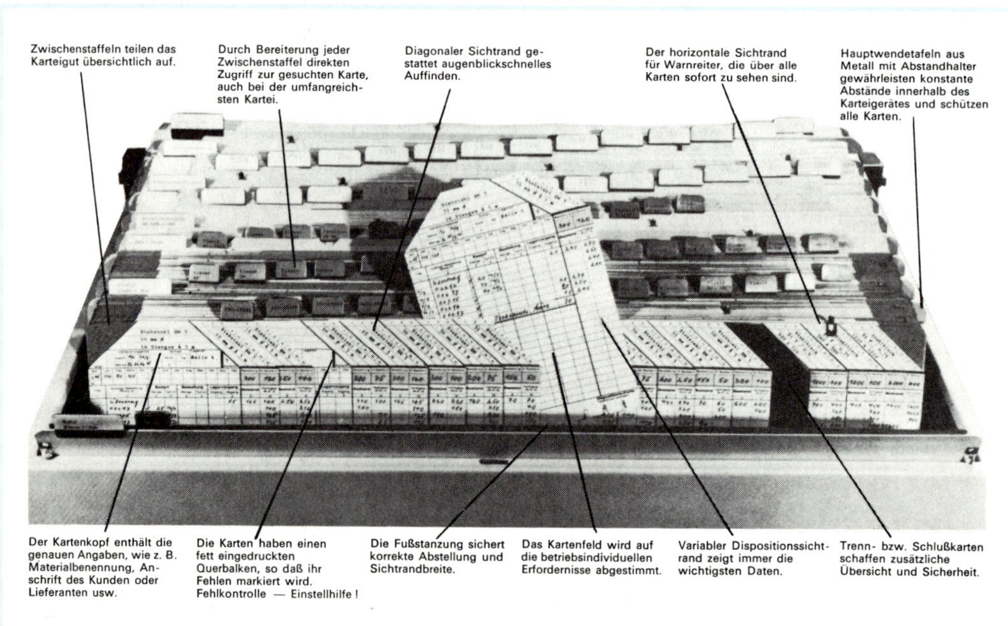

Will man mehr wissen als das Wichtigste, so gibt der verdeckte Teil der Karte ausführliche Auskunft.

Beispiel: Verkauf – Interessentenüberwachung

Zielsetzung: Die Überwachung und Bearbeitung der Anfragen hat das Ziel, diese in Aufträge umzuwandeln.

Der rechte Sichtrand zeigt:

- den Namen des Interessenten
- für welche Artikel Interesse besteht
- um welchen Auftrag es sich handelt
- wie weit die Verhandlungen gediehen sind
- was weiter getan werden muß
- wann etwas getan werden muß

Die Arbeit mit der Karte erfolgt mittels Kurzzeichen, die auf der Karte aufgedruckt sind.

Beispiel: Af = Anfrage, Ag = Angebot, Na = Nachfassen, WB = Wiederbesuch usw.

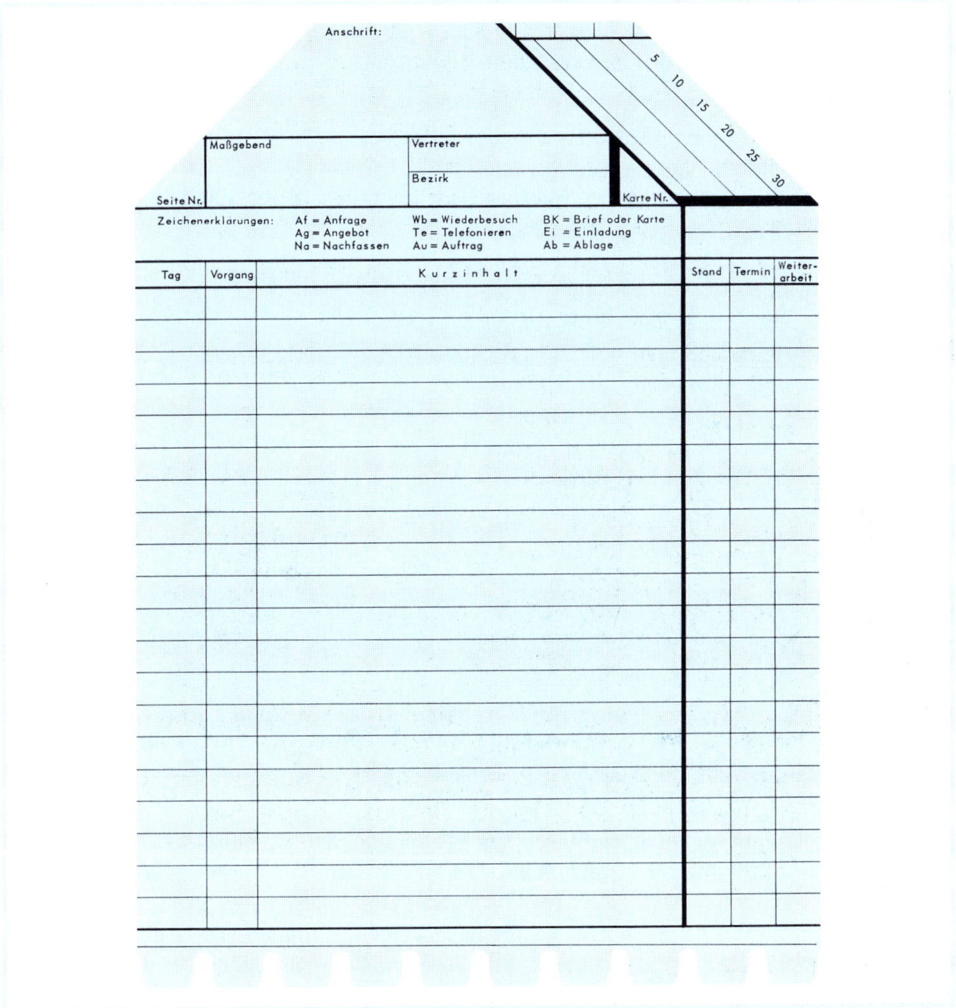
Anschrift:
5
10
15
20
25
30
Maßgebend
Vertreter
Bezirk
Seite Nr.
Karte Nr.
Zeichenerklärungen: Af = Anfrage Ag = Angebot Na = Nachfassen Wb = Wiederbesuch Te = Telefonieren Au = Auftrag BK = Brief oder Karte Ei = Einladung Ab = Ablage

Tag	Vorgang	Kurzinhalt	Stand	Termin	Weiter-arbeit

Diese Art der Interessentenüberwachung verhindert, daß Verkaufschancen nicht ausgewertet werden.

Das System ist für viele Belange geeignet:

- im Lager (Bestandsnachweis)
- in der Materialdisposition
- im Einkauf
- im Verkauf

Karteien im Sekretariat

- **Sachkarteien,** z. B.
  - Bücherkartei
  - Zeitschriftenkartei
  - Ideenkartei
  - Planungskartei
- **Personenkarteien,** z. B.
  - Anschriftenkartei
  - Kundenkartei
  - Kontaktkartei
  - Besucherkartei
- **Terminkarteien,** z. B.
  - Terminüberwachung von Geburtstagen und Jubiläen
  - Erledigungs-Kontroll-Kartei

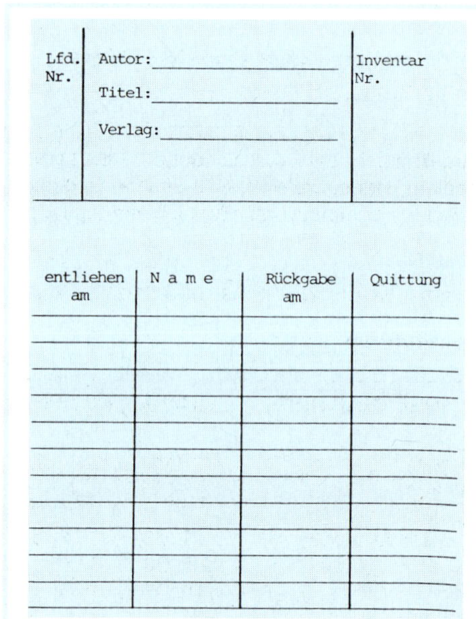

Häufig findet man in einem Sekretariat eine kleine **Handbücherei,** die entweder nach Autoren und/oder Sachgebieten geordnet wird. Für jedes Buch wird eine Karteikarte angelegt, die Angaben zum Verfasser, Titel, Verlag, Erscheinungsjahr, Anschaffungsdatum und Preis aufnimmt. Soll diese Kartei lediglich eine Information über den Buchbestand und dessen Standort geben, genügt eine kleinformatige Karteikarte (A6 oder kleiner). Werden Bücher oder Zeitschriften ausgeliehen, wird der Kartenrumpf für Ausleihvermerke benutzt.

Bei der Anlage einer Bücherkartei, eines Literaturverzeichnisses oder bei Quellenangaben in Fußnoten ist folgendes Grundschema für Reihenfolge und Zeichensetzung zu beachten: Vorname und Name des Autors: Titel, Untertitel, Band, Auflage, Verlagsort: Verlag und Erscheinungsjahr. Seitenangabe. In einem alphabetisch geordneten Quellenverzeichnis wird der Vorname des Autors nachgestellt.

Sehr hilfreich ist eine **Ideenkartei.** Ideen tauchen spontan auf, während der Arbeit in Form von Verbesserungsmöglichkeiten, beim Besuch von Messen, beim Lesen von Fachliteratur, als Ergebnis von Gesprächen. Gute Ideen sollten systematisch festgehalten werden. Am besten notiert man jede Idee einzeln, denn nur so können Einfälle nach bestimmten Merkmalen geordnet werden. Eine Ideenkartei muß in bestimmten Abständen auf die Durchführbarkeit und Aktualität der Anregungen überprüft werden.

Idee

Die Ideenkartei kann auch zur Fixierung von betrieblichen Problemen und Lösungsvorschlägen benutzt werden.

Beispiel: Frau Kluge benutzt einen Bereich ihrer Ideenkartei für „Betriebliche Verbesserungen“, gliedert nach den verschiedenen Abteilungen des Unternehmens, notiert Datum, Ist-Situation, Problem, Randprobleme, Soll-Situation mit möglichen Kosten, Durchführung, Kontrolle (s. 4-Stufen-Methode). Lösungsvorschläge legt sie regelmäßig ihrem Chef vor.

Vorteil:
Negativ-Kritik wird konstruktiv zugunsten des Unternehmens genutzt.

Anwendung:

IDEENKARTEI	**„Betriebliche Verbesserungen“**	**Abteilung:** Postbearbeitung
Problem:	Tages- und Fachzeitschriften werden entweder gar nicht oder viel zu spät zugestellt.	
Beanstander:	11.03... 3 Mitarbeiter der Abteilung A: Herr X, ..., 15.03... 2 Mitarbeiter der Abteilung B: Herr Y, ..., 17.03... Frau Kern, Personalabteilung	
Teil- bzw. Randproblem:	Die Mitarbeiter sind fachlich nicht auf dem neuesten Informationsstand	
Aktionsvorschläge:	a) Die Tages- und Fachzeitungen werden in Namensfächer am/im Eingang des Unternehmens einsortiert, so daß die Mitarbeiter diese beim Betreten des Gebäudes mitnehmen können; b) Die Zeitungen liegen beim Pförtner zur Mitnahme bereit.	
Durchführung:	...	
Kontrolle:	...	

In einer **Planungskartei** können die Gedanken zu einzelnen Themen systematisch festgehalten werden.

Hat Ihr Chef viel mit Öffentlichkeit zu tun, empfiehlt sich die Anlage einer **Kontaktkartei.** Sie sammeln hier die Anschriften von wichtigen Personen und deren Sekretärinnen, leitenden Bürochefs, Organisationen, Pressevertretern, Banken usw. Diese Kartei wird eine wertvolle Hilfe sein, wenn Sie Einladungen versenden. Empfänge, Sitzungen, Tagungen vorbereiten, Werbegeschenke versenden sollen. Wie aussagefähig Sie eine solche Kartei gestalten, hängt von den Repräsentationspflichten Ihres Chefs ab.

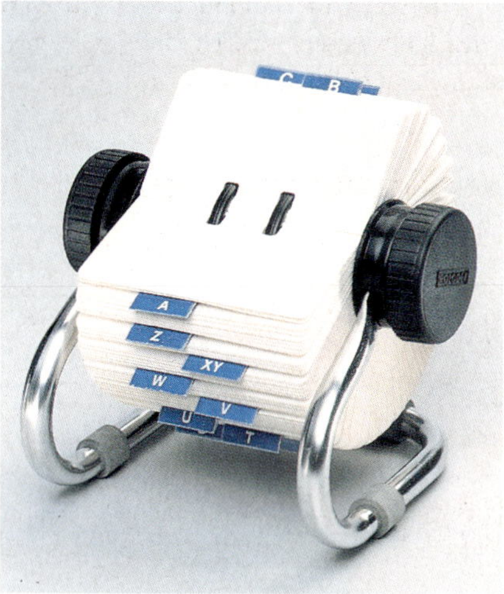

Geburtstage, Familien- und Firmenfeste, Jubiläen usw. halten Sie am besten in einer **Dauertermin-Kartei** fest. Sie legen für jeden Tag des Jahres eine Karte an, auf der Sie die stets wiederkehrenden Termine vermerken. Erledigte Karten ordnen Sie chronologisch am Schluß der Kartei ein. Ihre Kartei ist so immer auf dem aktuellen Stand.

Karteien sind besonders arbeitserleichternd, wenn sich **innerbetriebliche** Bereiche berühren.

Beispiel: Ein Kunde erteilt einen Auftrag für einen späteren Zeitpunkt. Zum Zeitpunkt der Lieferung möchte er eine Rechnung haben.

In diesem Falle werden die Bereiche Disposition, Terminkontrolle, Planung, Registratur berührt.

Disposition	Name, Adresse des Kunden werden notiert.
Terminkontrolle	Das Datum der Auftragserledigung wird festgehalten.
Planung	Die Auftragsfertigung muß im Ablauf geplant werden.
Registratur	Rechnungsduplikat und Vermerk über Geldeingang müssen griffbereit aufbewahrt werden.

Solche und ähnliche Aufgaben lassen sich rationell mit einer Breitstaffelkartei, einer Terminkartei mit Terminkontrolltaschen, mit Planungstafeln und Registratursystemen lösen. Daß auch in kleineren Unternehmen diese Aufgaben in Zukunft von Computern übernommen werden, ist selbstverständlich. Dennoch werden die manuellen Organisationshilfen weiterhin ergänzende Aufgaben erfüllen.

▶ Handkarteisysteme

Einsatz: Aufzeichnung von Daten, die auf Reisen oder an wechselnden Stellen innerhalb eines Betriebes laufend benötigt werden; Außendienst- und Stichwortkartei.

Bewährt hat sich vor allem die Sichtbuch-Handkartei. Der Karteibehälter ist ein Buch mit Spezialringmechanik, das mehrere Lagen gestaffelter Karteiblätter aufnimmt. In einer aufgeschlagenen Lage sind nur die Kopfzeilen der Blätter direkt einsehbar, die den Suchbegriff tragen. Der Schreibraum wird durch Aufblättern zugänglich. Es stehen mehrere Größen und Vordrucke zur individuellen Gestaltung der Kartei zur Verfügung. Die Karten können vor dem Einheften maschinell beschriftet werden. Zur Beschriftung durch EDV-Schreibwerke werden Endlossätze mit Remaliner-Rand geliefert. Vollgeschriebene Karten werden entnommen und in üblichen Behältern abgelegt.

Anwendung am Beispiel einer Reisekartei: In der Sichtzeile werden Name und Anschrift des Kunden festgehalten. Weitere feste Daten (Besuchszeit, Konditionen usw.) stehen auf dem verdeckten Feld. Darauf oder auf der Rückseite des Blattes kann das Besuchsergebnis festgehalten werden. Ein Ordnungsprinzip nach geographischen Gesichtspunkten (Postleitzahlen, Landkreisen, Regierungsbezirken, Orten) ermöglicht eine einfache und vollständige Tourenplanung. Mit Signalreitern können bestimmte Daten (z. B. fest vereinbarte Besuche) gekennzeichnet werden.

▶ Terminkartei

Auch die Kombinationen von Breitstaffel-Vollsichtkartei und Terminkontrolleinrichtungen lassen sich realisieren.

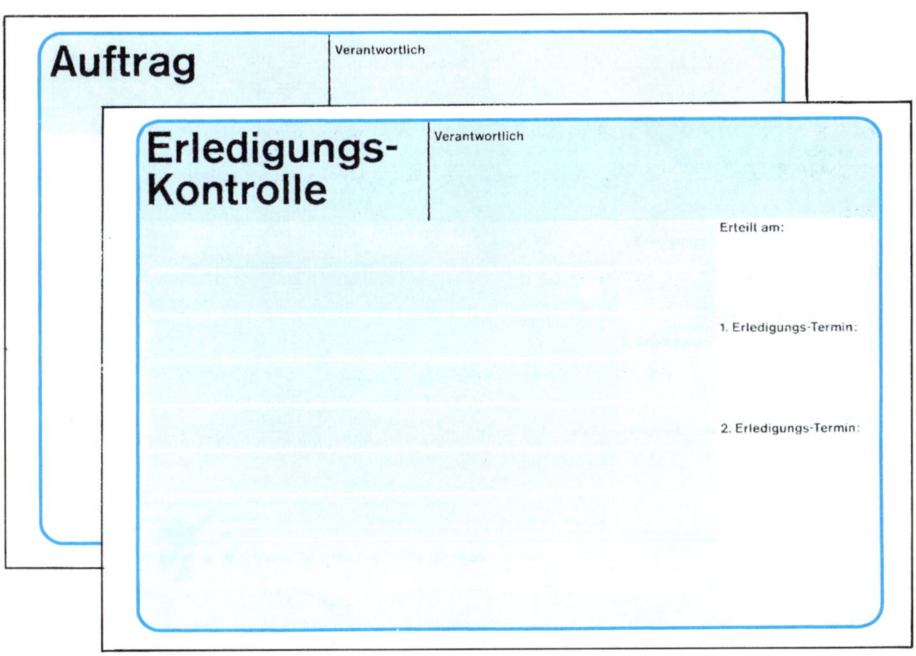

Die **Erledigungs-Kontroll-Kartei** ist hilfreich bei der Überwachung von erteilten Aufträgen. Das Original „Auftrag“ erhält der verantwortliche Mitarbeiter, die Kopie wird unter dem Erledigungstermin abgelegt.

Dateien

Die elektronische Erfassung, Speicherung und Verarbeitung von Informationen mit einem Arbeitsplatz-Computer ist meistens rationeller als die mit der herkömmlichen Kartei. Voraussetzung ist geschultes Personal.

Die Erfassungsarbeit, also die Speicherung der Stammdaten, ist in beiden Fällen zeitaufwendig, denn allgemeine Ordnungsgrundsätze sowie die Eingabe von Daten in die Eingabefelder einer Karteikarte bzw. Eingabemasken einer Datei sind zu beachten.

Die Dateiverwaltung erfolgt bei einem Arbeitsplatz-Computer über Dateiverwaltungsprogramme, die z. B. selbständig folgende arbeitserleichternde Vorgänge übernehmen:

- Sortieren (z. B. in alphabetischer Reihenfolge)
- Selektieren (z. B. Auswahl bestimmter Lieferer)
- Exportieren (z. B. Erstellen von Serienbriefen: Verbindung von Anschriften und Texten)

Jede mit einem Programm erstellte Datei benötigt einen Dateinamen. Unter diesem Namen werden die Dateien auf einer Diskette oder auf der Festplatte gespeichert.

Bevor Dateien auf einer Diskette gespeichert werden können, muß diese formatiert werden (Aufteilung in Spuren und Sektoren). Von Disketten, auf denen wichtige Daten gespeichert sind, sollten Sicherungskopien angelegt werden.

Die Speicherkapazität von Festplatten ist groß. Es ist daher sinnvoll, von dem Inhaltsverzeichnis Unterverzeichnisse anzulegen. Diese können weiter untergliedert werden.

Datenbank. Sollen Informationen mit einem Computer gespeichert und verwaltet werden, benötigt man Datenbankprogramme, die ähnlich aufgebaut sind wie eine Kartei.

Beispiel: Kundenverzeichnis

Kartei

Karteikarte — Kundenanschrift:

- Eintragungsfelder — Name, Straße, PLZ, Ort

Datenbank-Datei

Datensatz

- Datenfelder
  Nach Art der verwendeten Zeichen (z. B. numerische, alphabetische, alpha-numerische, logische Daten, Kalenderdaten) unterscheidet man Datentypen.

Arbeitsgänge	Kartei	Datei
Informationserfassung über	hand- oder maschinenschriftlich	über PC-Tastatur
Eingabefelder der	Karteikarte	Eingabemaske
Informationsanzeige	Karteikarte	Bildschirm
Informationsspeicherung	Karteikarte	Datenträger (z. B. Diskette oder Festplatte)

Ein besonderer Vorteil der PC-Arbeit liegt darin, daß verschiedene Anwendungen kombiniert werden können. Wird z. B. eine Textdatei mit einer Datenbankdatei verknüpft, entsteht ein **Serienbrief.** Der Serienbrief wird u. a. benötigt bei Werbeschreiben, Mahnungen, Rundschreiben. Die Textdatei liefert hierzu die konstanten Daten (feststehende Informationen), die Datenbank die variablen Daten (z. B. Namen, Anschriften, Preise).

Kernwissen

- **Manuelle Datenverarbeitung**
  - Es gibt:
    - Steilkarteien
    - Flachkarteien
    - Mischformen
  - Bestandteile einer Kartei:
    - Karteikarten
    - Leitkarten
    - Ordnungsmittel
    - Kartenbehälter
  - Aufbau der Karteikarte:
    - Kartenleiste
    - Kartenkopf
    - Kartenrumpf
    - Kartenfuß
  - Sekretariatskarteien:
    - Sachkarteien
    - Personenkarteien
    - Terminkarteien

- **Elektronische Datenverarbeitung**

  Dateien werden in externen Speichern (z. B. Diskette, Magnetband) einer Datenverarbeitungsanlage zusammengefaßt.

  Beispiele:
  - Kundendatei
  - Artikeldatei
  - Personaldatei usw.

  Aufbau einer Datei:
  - Datenfeld – Platz für eine bestimmte Information –
  - Datensatz – logische Einheit der zu einem vollständigen Sachverhalt gehörenden Felder –

Überlegungshilfe

- Karteiarbeit muß besonders sorgfältig ausgeführt werden. Eine Kartei, die nicht auf dem neuesten Stand ist, ist wertlos.
- Machen Sie die Kartei zu Ihrem zweiten Gedächtnis. Planvoll angelegt, richtig ausgestattet, hilft Ihnen die Kartei, Zeit zu sparen und aktuelle Informationen stets verfügbar zu haben.
- Besonders wichtig ist eine gut geführte Kontaktkartei.
- Die Karteiarbeit wird immer mehr von Datenverarbeitungsanlagen, insbesondere dem PC, übernommen. Sie hat in herkömmlicher Weise nur dann einen Sinn, wenn der Zugriff schneller und zuverlässiger als mit dem PC erfolgt. Das mag für einige Sekretariatskarteien noch zutreffen, vor allem, wenn diese sehr persönliche Angaben enthalten (z. B. Kontaktkartei).

Zur Vertiefung

1 Erläutern Sie den Aufbau einer Kartei!

2 Worin besteht der Unterschied zwischen Steil- und Flachkartei?

3 Nennen Sie fünf Punkte, die grundsätzlich vor dem Einrichten einer Kartei geklärt werden müssen!

4 Zu Ihrem Aufgabenbereich gehört die Auswertung von Besprechungen, Sitzungen, Tagungen und Kongressen. Entwerfen Sie auf einem karierten Papier (A5) eine Karteikarte über Fremdleistungen!

5 Nennen Sie fünf mögliche Vorgänge, die Sie besser in einer Terminkartei als im Terminkalender festhalten!

6 Nach welchem Ordnungsprinzip werden Sie zweckmäßig eine Personalkartei anlegen?

a) Nach den ABC-Regeln der Registratur,
b) Nach Kostenstellen,
c) Nach laufenden Nummern?

weil:

d) sich die Personalkosten je Kostenstelle am schnellsten ermitteln lassen.
e) sich durch einen Blick auf die letzte Karteikarte sogleich die Gesamtzahl der Arbeitnehmer feststellen läßt,
f) eine solche Kartei bei Zu- und Abgängen keiner Umstellung bedarf.

7 Ihr Betrieb führt eine Kundenkartei, in der zu Beginn des Jahres für jeden der 320 Kunden eine Karteikarte eingerichtet wurde. Im Laufe des Jahres steigt die Zahl der Kunden um 35 %. Wieviel Karteikarten müssen zusätzlich eingerichtet werden?

8 Frau Anna A. und Frau Sonja B. haben vor etwa 20 Jahren damit begonnen, Namen und Adressen von Kunden, Interessenten und anderen für das Unternehmen wichtigen Persönlichkeiten zusammen mit zusätzlichen Informationen und Bemerkungen auf Karteikarten aufzunehmen und diese in einer Steilkartei zu verwalten.
Frau Anna A. arbeitet nach wie vor mit ihrer Steilkartei, während Frau Sonja B. – als das Unternehmen sich auf Datenverarbeitung durch Computer umstellte – alle Daten ihrer Kartei in einen Computer eingegeben hat.
Nennen Sie sechs Vorteile, die Frau Sonja B. seit der Umstellung – Datensicherung immer vorausgesetzt – in ihrer Büroorganisation gegenüber ihrer Kollegin nutzen kann!

7 Nachrichtenmittel und Kommunikationsverfahren; Telekommunikationsdienste

Der Austausch von Informationen ist die Basis jeder Zusammenarbeit und Verständigung. Mit Hilfe traditioneller Techniken ist das Informationsbedürfnis nicht mehr zu befriedigen. Neue Kommunikationssysteme haben den Arbeitsplatz, die Arbeitsmethoden und die Denkgewohnheiten des Menschen verändert; das gilt besonders für die Arbeit in Wirtschaft und Wissenschaft. Aufgabe der Kommunikation ist es, jedem – auch über große Entfernungen – die gegenseitige Verständigung, den Informationsaustausch zu ermöglichen.

Die Deutsche Telekom AG bietet unter der genannten Zielsetzung zwei große Telekommunikationsnetze an:

- das **Telefonnetz** und
- das **integrierte Text- und Datennetz (IDN)**

Beide Netze können integriert werden im **„Dienste-integrierenden digitalen Netz (ISDN)“** (s. Seite 294 ff.) – **I**ntegrated **S**ervices **D**igital **N**etwork –.

Zum 1. Juli 1990 wurde ein wesentlicher Teil des Telekommunikationsmarktes, der Endeinrichtungsbereich, liberalisiert, d. h. die Telekom steht nunmehr in direktem Wettbewerb mit privatwirtschaftlich organisierten in- und ausländischen Wettbewerbern.

Unter dem Begriff Endeinrichtungen sind sowohl die Telekommunikationsanlagen (Nebenstellenanlagen) als auch die Endgeräte zusammengefaßt. Dem Sektor Endgeräte sind zuzuordnen:

- Telefone in einfachen Endstellen
- Telefonvermittlungseinrichtungen
- multifunktionale Telefone (MultiTel)
- Telefonzusatzgeräte (z. B. Anrufbeantworter)
- schnurlose Telefone
- Telefax-Endgeräte
- Telex, Datex-L-Geräte
- Mobilfunk-Einrichtungen (z. B. Autotelefon, Cityrufempfänger, Eurosignal-Empfänger)

Einige Grundkenntnisse zur **Technik** der Kommunikation sind erforderlich, weil diese

- zum Verständnis der rasanten Entwicklung
- der Fachterminologie
- beim Erwerb und der Installation neuer Systeme

vorausgesetzt werden müssen.

Die Kommunikationstechnik überträgt Informationen in Form von elektrischen Signalen: analog als Schwingungen, digital als Impulse. Die Anzahl der Schwingungen in der Zeiteinheit wird als Frequenz bezeichnet und in der Maßeinheit „Hertz“ (Hz) angegeben (1 Hz =

1 Schwingung/Sekunde, 1 kHz = 1 000 Schwingungen/Sekunde, 1Mhz = 1 000 000 Schwingungen/Sekunde). Die Differenz zwischen der höchsten und niedrigsten Frequenz wird als Bandbreite der Übertragung bezeichnet. Je nachdem, ob viele oder wenige Schwingungen bzw. Zeichen in der Sekunde zu übertragen sind, spricht man von Schmalband- und Breitbanddiensten.

Übertragung von:	Bandbreite	Schmalband	Breitband
menschliche Sprache 150 Hz bis 8 Hz; um diese verständlich zu übertragen: 300 bis 3400 Hz	rund 3 kHz	Telefonieren Fernschreiben Hörfunk	
Musikübertragung hoher Qualität	15 kHz		
Fernsehbild	5 MHz		Fernsehen

Durch elektrische Impulse können Texte in digitaler Form übermittelt werden, d. h. die digitalen Signale nehmen nur ganz bestimmte, vorher festgelegte Zustände bzw. Werte an. So gibt es bei den häufig verwendeten Binärzeichen mit der Maßeinheit „bit" genau zwei Zustände (z. B. ja – nein; 1 – 0; Strom – kein Strom). Mit digitalen Signalen lassen sich nicht nur codierte Ziffern- und Zeichenfolgen übertragen, sondern – nach einer Analog-Digital-Umwandlung – auch Sprache und Bilder. Analog bedeutet die Erzeugung und Übertragung elektrischer Signale, die den Sprachschwingungen direkt entsprechen.

Es ist zweckmäßig, alle Kommunikationsformen – Sprache, Text, Bilder oder Daten – als digitale Signale zu übertragen.

Die Kommunikationsdienste lassen sich in drei **Nutzungsgruppen** einteilen. Die Nutzung kann erfolgen

- als **Dialog von Informationen:**
  - Telefonieren
  - Telex und Datex-L
  - Datenkommunikation
  - Bildfernsprechen und Bildschirmkonferenz
- durch **Verteilen von Informationen:**
  - Hörfunk
  - Fernkopieren
  - Fernsehen
- durch den **Abruf von Informationen:**
  - Bildschirmtext (Datex-J)
  - Videotext und Kabeltext
  - Breitband-Informationsabruf

Im „dienste-integrierenden digitalen Netz" (ISDN) werden die Kommunikationsdienste wirtschaftlich zusammengefaßt: Dialog, Verteilen und Abruf in Form von Sprache, Text, Bildern oder Daten lassen sich kombiniert nutzen.

Übersicht der Telekommunikationsdienste

Kommunikationsdienste	Kommunikationsformen	Netze
Telefondienste Telefonnetz	Telefonieren in Deutschland Telefonieren international	Telefonnetz, Funktelefonnetz Rheinfunknetz ISDN[1]
Telefonieren mit Satellitentelefonen	Telefonieren weltweit	Inmarsat-Satellitensystem
Mobilfunkdienst Mobilfunkdienste	C-Netz bundesweit D1-Netz intern. (Telekom) D2-Netz intern. (Mannesmann) Cityruf Eurosignal Chekker Modacom Immarsat Rheinfunkdienst Seefunkdienst	Telefonnetz, Funktelefonnetz, Rheinnetz, Funkrufnetze, ISDN[1]
Telecomputing	Telefax Telex Datex-J Datex-P Datex-L EDIFACT Datenübertragung mit Modem Teledat – Datenkommunikation Telebox	Telefonnetz, Funktelefonnetz, ISDN[1], VBN[2] IDN[3] Telefonnetz, Funktelefonnetz, Rheinfunknetz, Funkrufnetze, ISDN[1], VBN[2]
Kommunikationsnetze	Datenübermittlung Videokonferenz Satellitenkommunikation	VBN[2]
Breitbandkommunikation (Kommunikation der Zukunft)	IDN Plus Datex M	VBN[2]

[1] ISDN = dienste-integrierendes digitales Netz
[2] VBN = Breitbandnetz
[3] IDN = Integriertes Text- und Datennetz

Überlegungshilfe

- Die Grundlage jeder Büroarbeit ist die Information. In Form von Sprache, Text, Daten, Bild ist sie Gegenstand von Bearbeitungsvorgängen und der Verständigung im Büro. Zur Zeit ist der Mensch im Büro noch umgeben von einer Fülle verschiedener Endgeräte, die Zugang zu den Systemen der Sprach-, Text-, Bild- oder Datenkommunikation verschaffen. Diese Netze wiederum arbeiten mit den unterschiedlichsten Netzen bzw. Diensten zusammen. Die funktionieren zwar, sind aber immer Teillösungen, die nicht zueinander passen.

- Zum Ablauf der gesamten Bürokommunikation bedarf es einer gemeinsamen technischen Grundlage. Die Basis dafür ist ein einheitliches Netz mit einheitlichen Vermittlungssystemen. Im ISDN sind Sprache, Text, Daten und Bild zu einem universellen Bürokommunikationssystem integriert, in **einem** gemeinsamen Netz, auf **einer** Leitung, unter **einer** Rufnummer. Die Basis ist das in jedem Büro vorhandene Telefonnetz.

7.1 Telefondienste

Das meistbenutzte Kommunikationsmittel ist nach wie vor das Telefon. ISDN und die neuen Leistungsmerkmale im „intelligenten" Netz bieten immer mehr Komfort; eine sprachbegleitende Einbeziehung aller übrigen Kommunikationsformen wird in Zukunft selbstverständlich sein.

Die Bundesrepublik ist mit 228 Ländern telefonisch verbunden, 206 Länder können dabei direkt angewählt werden.

Mehr als 160 000 öffentliche Telefoneinrichtungen stehen zur Verfügung. In vielen Telefonzellen kann auch ein Anruf entgegengenommen werden. Der Anrufer wählt hierfür die Rufnummer des Telefons, die dort angegeben ist.

Über 38 000 der öffentlichen Telefonzellen sind mit **Kartentelefonen** ausgerüstet. Geplant ist ein Verhältnis von 70 : 30 zu Münzfernsprechern.

Vorteile der Kartentelefone:

- Der Telefonierende kann bargeldlos telefonieren.
- Er kann sich besser auf das Gespräch konzentrieren, weil er keine Geldstücke nachwerfen muß.
- Die Verbindungsgebühren werden genau abgerechnet; Restguthaben gehen nicht verloren.
- Die Verbindungsgebühren können z. B. gegenüber dem Unternehmer nachgewiesen werden.
- Kartentelefone sind seltener gestört, weil der Anreiz zur Beraubung entfällt.

Die Telekom bietet zwei verschiedene Kartentypen an:

- die Telefonkarte mit Guthaben
- die TeleKarte zur Abbuchung

Telefonkarten mit Guthaben gibt es mit 40 und 200 Tarifeinheiten. Die verfügbaren Tarifeinheiten sind als Daten in einem Mikrochip auf der Karte gespeichert. Ein Lesegerät im Kartentelefon kontrolliert und verändert den Datenbestand, bis die Karte entwertet ist.

Die **TeleKarte** ist eine individuelle „Dauerkarte", mit der man beliebig oft und lange telefonieren kann. Die geführten Telefonate werden am Monatsende vom Fernmeldekonto abgebucht. (Erhältlich beim zuständigen Fernmeldeamt). Für das Abbuchungsverfahren und zum Schutz vor Mißbrauch ist im Mikrochip der TeleKarte eine persönliche Identifikationsnummer (PIN) gespeichert, die vor jedem Gespräch eingegeben werden muß. Der Chip der TeleKarte kann drei Rufnummern als Kurzwahl speichern. Der Verlust der Karte ist sofort zu melden unter (09 11) 22 22 28; die Karte wird dann gesperrt.

Häufig stellen Unternehmen ihren Mitarbeitern TeleKarten zur Verfügung. In diesem Falle sind Nutzungseinschränkungen durch Berechtigungsklassen praktisch. Die TeleKarte gibt es für

- nur ortsnetzbezogene Verbindungen mit bis zu drei fest programmierten Zielrufnummern ohne Beschränkung
- landesweite Verbindungen (ohne Auslandsverbindungen)
- beliebige Verbindungen (auch internationale)

Viele Firmen nutzen die Telefonkarten als Werbeträger.

Kreditkarten als Telefonkarten. An speziellen Kreditkarten-Telefonen der Telekom, z. B. in den Flughäfen Frankfurt, München, Hamburg und Düsseldorf, kann man zum Telefonieren internationale Kreditkarten (Magnetstreifenkarten) verwenden. Die Abrechnung erfolgt über die Kreditkartengesellschaften.

Numerierte **Telefonbücher** gibt es zur Zeit für 134 verschiedene Bereiche (siehe Abbildung S. 262).

Ein **Amtliches Telefonbuch** enthält:

- Angaben zu Telefon-Sonderdiensten, Telefonansagen
- Informationen zum Telefonbuch
- Zeichenerklärung
- Hinweise zum Telefonieren
- Hinweise zum Datenschutz,
- Angaben zu Telekom und Kabelanschlußmöglichkeiten
- Telekommunikationstarife
- Hinweise in anderen Sprachen
- Übersichtskarte Bereiche
- Angebot von Telegramm-Schmuckblättern
- Ortsverzeichnis, Kundenverzeichnis

Beerfelden Odenw
(0 60 68)

Teilnehmer s. auch Rothenberg Odenw
Abkürzungen der eingemeindeten Orte
(Gab) - Gammelsbach
(Hez) - Hetzbach

Notruf	1 10
Feuerwehr	1 12

Ortsdienst mit Sensbachtal unmittelbar die Rufnummer wählen
Teilnehmer unter Rothenberg mit (Bf) zur Rufnummer ohne Kennzahl

Beck Fortsetzung	
— **Karl-Heinz** Public-Relations-Manager Lindenallee 13	25 55
— **Lothar** Airlenbach	29 62
Beier Ernst MartinLuther-17	18 74
— **Heinz** Sudeten-7	25 18
Beisel Edgar Schlosser (Gab)	24 93
— **Gerd** Postweg 22	28 73
— **Katharina** (Gab)	16 38
— **Walter** Birkenhöhe 32	26 24
Beißmann Anton Lindenal. 37A	8 95
— **Dirk** Lindenal. 37	8 95
Bekfilavioglu Fadil Gaisgasse 10	29 21
Beller Harald Turm-35	15 72
Bender Klara (Hez) Brücken-6	31 69
— **Walter** (Gab)	18 65
Bendig Karl-Heinz	32 12
Benkert Theodor Schiller-8	26 21

Branchen-Telefonbücher („Gelbe Seiten") enthalten nach Branchen geordnet auf gelben Seiten die Teilnehmer aus Industrie und Handel, Gewerbe, Handwerk und aus den freien Berufen.

Für den Haupteintrag sind bis zu drei Druckzeilen gebührenfrei. Zusätzliche Zeilen sind gebührenpflichtig.

AVON. Das **A**mtliche **V**erzeichnis der **O**rts**n**etzkennzahlen enthält in alphabetischer Reihenfolge die Vorwählnummern aller inländischen und wichtiger ausländischer Ortsnetze. Außerdem ist die jeweilige Sprechdauer für eine Gesprächsgebühreneinheit und die Nummer des amtlichen Telefonbuches für das betreffende Ortsnetz angegeben.

Ortsnetz	Kennzahl	AFeB Nr
Aachen	**02 41**	34
Aachen-Kornelimünster	**0 24 08**	34
Aalen Württ	**0 73 61**	42
Aalen Württ-Ebnat	**0 73 67**	42
Aarbergen	**0 61 20**	40

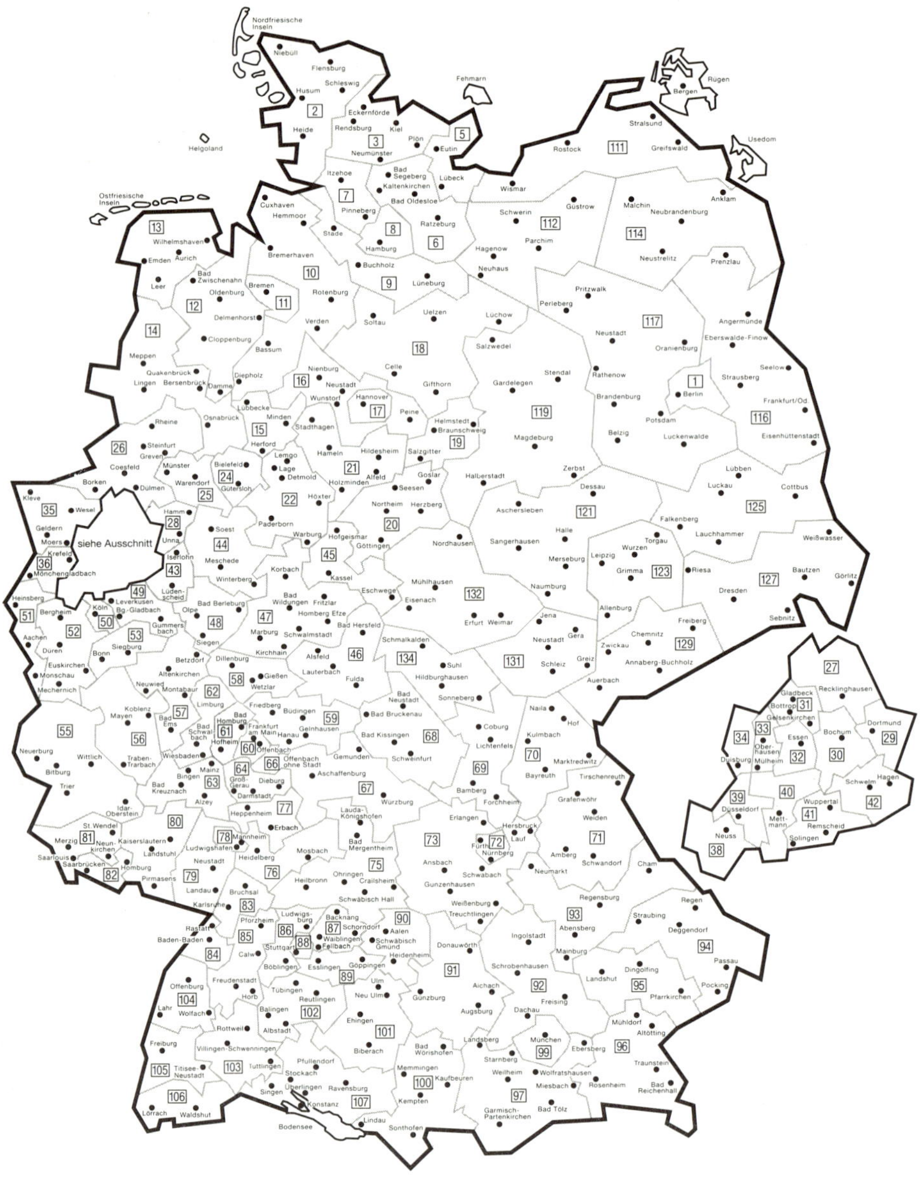

Nordfriesische Inseln
Niebüll
Flensburg
Schleswig
Husum
2
Eckernförde
Rendsburg
Kiel
Heide
3
Plön
5
Eutin
Neumünster
Helgoland
Fehmarn
Rügen
Bergen
Stralsund
Greifswald
Usedom
Rostock
111
Wismar
Itzehoe
Bad Segeberg
Kaltenkirchen
Lübeck
7
Pinneberg
Bad Oldesloe
Ostfriesische Inseln
Cuxhaven
Hemmoor
Stade
8
Hamburg
Ratzeburg
6
Schwerin
112
Güstrow
Malchin
Neubrandenburg
114
Anklam
13
Wilhelmshaven
Emden
Aurich
Bremerhaven
Hagenow
Parchim
Neuhaus
Buchholz
9
Lüneburg
Neustrelitz
Prenzlau
Leer
Bad Zwischenahn
Oldenburg
12
Bremen
11
10
Rotenburg
Delmenhorst
Verden
Soltau
Uelzen
Lüchow
Salzwedel
Pritzwalk
Perleberg
117
Angermünde
Eberswalde-Finow
14
Cloppenburg
Bassum
18
Neustadt
Oranienburg
Meppen
Quakenbrück
Lingen
Bersenbrück
Damme
Diepholz
16
Nienburg
Neustadt
Celle
Gifhorn
Gardelegen
Stendal
Rathenow
1
Berlin
Strausberg
Seelow
Wunstorf
Hannover
17
Peine
Lübbecke
Minden
Stadthagen
Brandenburg
Frankfurt/Od.
Rheine
Osnabrück
15
Helmstedt
Braunschweig
119
Potsdam
116
Steinfurt
Greven
26
Herford
Hameln
Hildesheim
19
Salzgitter
Magdeburg
Belzig
Luckenwalde
Eisenhüttenstadt
Münster
Coesfeld
Bielefeld
Lemgo
Lage
Detmold
21
Goslar
Alfeld
Halberstadt
Zerbst
Lübben
Borken
Warendorf
24
Gütersloh
Holzminden
Seesen
Dessau
Luckau
Cottbus
Kleve
35
Wesel
Dülmen
25
22
Höxter
Northeim
Herzberg
Aschersleben
121
125
Hamm
28
Soest
Paderborn
20
Falkenberg
Geldern
Moers
siehe Ausschnitt
Unna
44
Warburg
Hofgeismar
Göttingen
Nordhausen
Sangerhausen
Halle
Torgau
Lauchhammer
Weißwasser
Krefeld
36
Mönchengladbach
Iserlohn
43
Meschede
45
Merseburg
Leipzig
Wurzen
Grimma
123
Riesa
Bautzen
Görlitz
Korbach
Kassel
Mühlhausen
Winterberg
49
Lüdenscheid
Naumburg
Dresden
127
Heinsberg
51
Bergheim
Köln
Leverkusen
50
Bg.-Gladbach
Bad Berleburg
47
Bad Wildungen
Fritzlar
Eschwege
Eisenach
132
Jena
Erfurt
Weimar
Altenburg
Sebnitz
Freiberg
Aachen
Düren
52
Olpe
Gummersbach
48
Homberg Efze
Bad Hersfeld
Neustadt
Gera
Chemnitz
129
Siegburg
53
Siegen
Marburg
Schwalmstadt
Schmalkalden
Euskirchen
Bonn
Betzdorf
Kirchhain
Zwickau
Monschau
Mechernich
Altenkirchen
Dillenburg
Alsfeld
46
134
131
Schleiz
Greiz
Annaberg-Buchholz
Neuwied
58
Gießen
Wetzlar
Lauterbach
Fulda
Suhl
Hildburghausen
Auerbach
Montabaur
62
Limburg
Bad Neustadt
Sonneberg
Koblenz
Mayen
57
Bad Ems
Friedberg
Büdingen
59
Bad Brückenau
Naila
Hof
55
56
Bad Schwalbach
61
Homburg
Frankfurt am Main
Hanau
Gelnhausen
68
Bad Kissingen
Coburg
Lichtenfels
Kulmbach
Neuerburg
Wittlich
Traben-Trarbach
Wiesbaden
Hofheim
60
Offenbach
66
Offenbach ohne Stadt
Gemünden
Schweinfurt
70
Marktredwitz
Bitburg
Mainz
Bingen
64
Groß-Gerau
Dieburg
Aschaffenburg
69
Bayreuth
Tirschenreuth
Trier
Bad Kreuznach
63
Darmstadt
Alzey
67
Würzburg
Bamberg
Forchheim
Grafenwöhr
Idar-Oberstein
80
Heppenheim
77
Lauda-Königshofen
Erlangen
Weiden
St. Wendel
Merzig
81
Neunkirchen
Kaiserslautern
Landstuhl
Ludwigshafen
78
Mannheim
Erbach
Bad Mergentheim
73
Fürth
72
Nürnberg
Hersbruck
Lauf
71
Saarlouis
Saarbrücken
82
Homburg
Pirmasens
79
Neustadt
Heidelberg
76
Mosbach
75
Ansbach
Schwabach
Amberg
Schwandorf
Landau
Bruchsal
83
Heilbronn
Öhringen
Crailsheim
Gunzenhausen
Neumarkt
Cham
Karlsruhe
Schwäbisch Hall
Weißenburg
Treuchtlingen
Regensburg
93
Regen
Rastatt
Baden-Baden
Pforzheim
85
Ludwigsburg
86
87
Backnang
Schorndorf
90
Aalen
Schwäbisch Gmünd
Heidenheim
Straubing
Deggendorf
84
Calw
Stuttgart
88
Waiblingen
Fellbach
Abensberg
Ingolstadt
94
Passau
Böblingen
Esslingen
89
Göppingen
Donauwörth
91
Mainburg
Schrobenhausen
Dingolfing
Landshut
95
Offenburg
Freudenstadt
Horb
Tübingen
Reutlingen
Ulm
Neu Ulm
Günzburg
Aichach
92
Freising
Pfarrkirchen
Pocking
104
Lahr
Wolfach
Balingen
102
Ehingen
Augsburg
Dachau
Mühldorf
Altötting
Rottweil
Albstadt
101
Freiburg
Villingen-Schwenningen
Biberach
Bad Wörishofen
Landsberg
München
99
Ebersberg
96
105
Titisee-Neustadt
103
Tuttlingen
Pfullendorf
Stockach
Memmingen
100
Kaufbeuren
Starnberg
Weilheim
Wolfratshausen
Traunstein
Singen
Überlingen
Ravensburg
Miesbach
Rosenheim
Bad Reichenhall
106
Konstanz
107
Kempten
97
Lörrach
Waldshut
Bodensee
Lindau
Sonthofen
Garmisch-Partenkirchen
Bad Tölz
27
Gladbeck
Recklinghausen
Bottrop
31
Gelsenkirchen
33
34
Bochum
Dortmund
29
Oberhausen
Essen
32
30
Duisburg
Mülheim
39
40
Schwelm
Hagen
42
Düsseldorf
Mettmann
41
Wuppertal
Remscheid
Neuss
38
Solingen

Zonen- und Gebührenweiser. Jeder Teilnehmer erhält die Ausgabe für sein Ortsnetz. Enthalten sind die Tarifangaben für den Selbstwählferndienst, unter anderem auch für die zum Nahbereich gehörenden Ortsnetze.

Kennzahl	Zone	Kennzahl	Zone
0 30	2	0 92 60	1
0 66 1–	2	0 92 61	1
0 66 5–	2	0 92 62	1
0 66 8–	2	0 92 63	1
0 91 0–	2	0 92 64	N
09 11	2	0 92 65	1
0 91 2–	2	0 92 66	N
0 91 3–	2	0 92 67	1
0 91 5–	2	0 92 68	1
0 91 6–	2	0 92 69	1

Selbstwählverbindungen

Man unterscheidet:

- Ortsgespräche
- Nahbereichsgespräche
- Ferngespräche
  - Ferngespräche ins Ausland
  - Ferngespräche aus dem Ausland
- besondere Wählverbindungen

▶ Ortsgespräche

Ortsgespräche sind Gespräche zwischen Sprechstellen desselben Ortsnetzes; die Verbindung wird selbst gewählt. Zeittakt 6/12 Minuten (Ortszone).

Verbindungsaufbau: Selbstwahl der gewünschten Rufnummer (ohne Vorwahlnummer), z. B. 3 56 78.

▶ Nahbereichsgespräche

Nahgespräche sind Gespräche zwischen Sprechstellen innerhalb eines einheitlichen Tarifgebietes, zu dem sich mehrere Ortsnetze nach bestimmten Kriterien zusammengeschlossen haben. Die Nahwählverbindungen kosten genausoviel wie Ortswählverbindungen und unterliegen dem Zeittakt von zur Zeit 6/12 Minuten (Nahzone).

Verbindungsaufbau: Selbstwahl der Vorwählnummern (Ortskennzahl **und** der Rufnummer des gewünschten Anschlusses, z. B. (0 61 51) 3 56 78.

▶ Ferngespräche

Ferngespräche sind Gespräche zwischen Sprechstellen verschiedener Ortsnetze, die nicht in einem Nahbereich liegen. Innerhalb der Bundesrepublik Deutschland, meistens auch ins Ausland, wird die Verbindung durch Selbstwahl hergestellt.

Es werden zwei Fernzonen unterschieden:

- Fernzone 1 – Regionalzone bis 50 km, Zeittakt 60 Sek./120 Sek.
- Weitzone – über 50 km, Zeittakt 21 Sek./42 Sek.

Verbindungsaufbau für Inlandsferngespräche: Selbstwahl der Vorwählnummer (Ortskennzahl) **und** der Rufnummer des gewünschten Anschlusses, z. B. (0 61 51) 3 56 78.

▶ Telefongebühren

Die Telekommunikation ist ein Kostenfaktor, der mit zunehmendem Gewicht in die Kalkulation der Unternehmen eingeht. Hohe Kosten bedeuten Standort- und Wettbewerbsnachteile gegenüber der Konkurrenz. Wie sieht die Situation für deutsche Unternehmen aus?

Gesprächsgebühren. Die Höhe der Gebühren richtet sich nach

- der nach Tarifzonen gestaffelten Entfernung und
- der in Zeiteinheiten unterteilten Verbindungszeit
- Tag und Tageszeit (Normal- und Billigtarif)

Für eine Zeiteinheit werden 0,23 DM erhoben; an Münzfernsprechern kostet die Einheit seit 1. April 1989 0,30 DM.

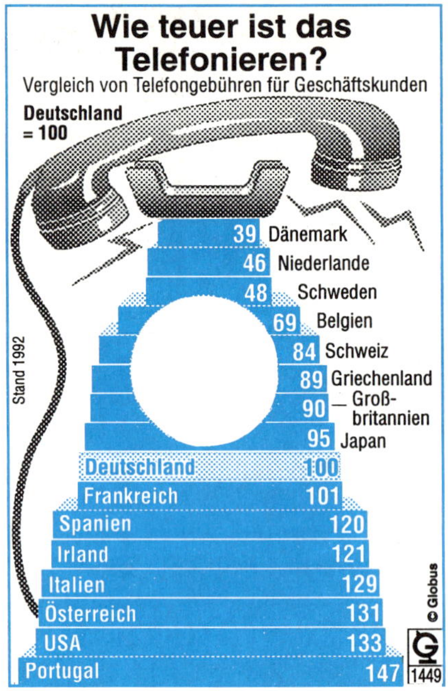

Für die Tarifzonen gelten zur Zeit folgende Zeiteinheiten

Tarifzonen	Zeiteinheit für Wählverbindungen	
	Normaltarif 8.00 Uhr bis 18.00 Uhr montags bis freitags Sekunden	Billigtarif 18.00 bis 8.00 Uhr sowie samstags, sonntags und an bundeseinheitlichen Feiertagen seit 1. April 1991 Sekunden
Ortszone/Nahzone	360	720
Regionalzone bis 50 km	60	120
Weitzone über 50 km	21	42

Neue Bundesländer: Verbindungen von den alten in die neuen Bundesländer werden über die mit 03 beginnenden Ortsnetzkennzahlen hergestellt.

Gespräche aus und innerhalb der neuen Bundesländer können – mit wenigen Ausnahmen – selbst gewählt werden.

Die neuen Telefongebühren

Eine Einheit kostet ab 1. Januar 1996
12 Pfennig (bisher 23 Pfennig)

Dafür kann man...

...in dieser Zeit Tarifzeiten*	...so lange im Ortsnetz telefonieren Zeittakte	So teuer wird ein 6-Minuten-Ortsgespräch	So teuer wird ein 3-Minuten-Ferngespräch bis 200 km	So teuer wird ein 3-Minuten-Ferngespräch über 200 km
5 Uhr - 9 Uhr Freizeittarif	**2,5 Minuten** (bisher 12 bzw. 6 Min.)	**36 Pfennig** (bisher 23 Pf.)	**1,08 DM** (bisher 1,15 DM bzw. 2,07 DM)	**1,08 DM** (bisher 1,15 DM bzw. 2,07 DM)
9 Uhr - 12 Uhr Spitzenlasttarif (nur für Ferngespräche)	**1,5 Minuten** (bisher 6 Min.)	**48 Pfennig** (bisher 23 Pf.)	**1,80 DM** (bisher 2,07 DM)	**1,92 DM** (bisher 2,07 DM)
12 Uhr - 18 Uhr Standardtarif	**1,5 Minuten** (bisher 6 Min.)	**48 Pfennig** (bisher 23 Pf.)	**1,68 DM** (bisher 2,07 DM)	**1,80 DM** (bisher 2,07 DM)
18 Uhr - 21 Uhr Freizeittarif	**2,5 Minuten** (bisher 12 Min.)	**36 Pfennig** (bisher 23 Pf.)	**1,08 DM** (bisher 1,15 DM)	**1,08 DM** (bisher 1,15 DM)
21 Uhr - 5 Uhr Abendtarif	**4 Minuten** (bisher 12 Min.)	**24 Pfennig** (bisher 23 Pf.)	**0,72 DM** (bisher 1,15 DM)	**0,96 DM** (bisher 1,15 DM)

*an Wochenenden und Feiertagen nur Freizeittarif (5 Uhr - 21 Uhr) und Abendtarif (21 Uhr - 5 Uhr)

- **Ferngespräche ins Ausland** (Europa) sind zu jeder Tages- und Nachtzeit möglich. Nach einigen außereuropäischen Ländern ist der Betrieb teilweise auf bestimmte Tage bzw. Tageszeiten begrenzt.

  Eine Auslandsverbindung beginnt mit zwei Nullen – Ausscheidungskennzeichen für eine grenzüberschreitende Verbindung –, dann folgen die Landeskennzahl, die Ortskennzahl, die Teilnehmerrufnummer.

  Beispiel:

00	1	2 12	x xx xx xx
Ausscheidungskennziffer	USA	New York	Teilnehmerrufnummer

  Eine Auswahl von Orten im Ausland mit ihren Kennzahlen für den Selbstwählferndienst **nach** dem Ausland finden Sie im AVON.

  Auslandskontakte werden immer wichtiger. Geschäftsfreunde sollen natürlich zu Zeiten angerufen werden, die dem Arbeitstag des jeweiligen Landes entsprechen. Eine nützliche Hilfe für den Geschäftsreisenden und Viel-Telefonierer sind die Tabellen auf den Seiten 173 und 282.

- **Ferngespräche aus dem Ausland:** Voraussetzung ist die Kenntnis der Vorwahlnummer. Die Vorwahlnummer aus dem Ausland besteht meistens aus vier bis fünf Ziffern. Die letzten zwei Ziffern „49" kennzeichnen das Zielland Bundesrepublik Deutschland. Nach der Vorwahlnummer ist im allgemeinen die 9 der deutschen Ortskennzahl wegzulassen.

  Beispiel: Sie befinden sich in Großbritannien und wollen eine Verbindung mit der Bundesrepublik Deutschland.

0 10 49	25 41	xx xx
Vorwahlnummer	Ortskennzahl	Teilnehmerrufnummer

▶ Besondere Gesprächsarten

- **P-Gespräch:** Handvermittelte Auslandsverbindung mit einer bestimmten Person. Ist der gewünschte Partner nicht über einen privaten Telefonanschluß zu erreichen, kann er durch einen Boten zu einer öffentlichen Kommunikationsstelle gerufen werden (PB-Gespräch). Auskunft: Fernamt international.
- **R-Gespräch:** Die Verbindungskosten werden dem angewählten Teilnehmer berechnet, sofern dieser zustimmt. R-Gespräche über das Fernamt (00 10) sind heute nur noch in die USA möglich und aus den neuen Bundesländern in weitere sieben Länder. Von Deutschland in alle anderen Länder werden die R-Gespräche im Country Direct-Service durchgeführt, vom Ausland nach Deutschland im Deutschland Direkt-Service.

▶ Besondere Wählverbindungen

- Service 130
- Service 180
- Anrufweiterschaltung (GEDAN – **Ge**rät zur **d**ezentralen **An**rufweiterschaltung)
- Sprachbox
- Konferenzverbindungen
- **Merkmale des Service 130:**
  - Bundesweit einheitliche Vorwahlnummer für alle Teilnehmer: 01 30
  - Telefonieren zum Nulltarif
  - für Anrufer aus dem Ausland entweder Gebührenfreiheit oder
  - Ortsverbindungsgebühr
  - Gebührenübernahme durch den angerufenen Service-130-Teilnehmer
- **Merkmale des Service 180:**
  - Die Rufnummer beginnt immer mit 01 80, gleichgültig von wo aus angerufen wird.
  - Das Unternehmen legt fest, mit welchem Anschluß verbunden wird, abhängig von dem Ort und dem Zeitpunkt des Anrufs.

    Vorteil: Der Anrufer wird immer mit dem zuständigen oder verfügbaren Ansprechpartner verbunden.
  - Die Gesprächskosten sind an der Servicenummer zu erkennen:

    0 18 02 = Ortstarif

    0 18 03 = Regionaltarif

    0 18 04 = Ferntarif
  - Die Differenz zu den tatsächlich entstandenen Verbindungsentgelten beim Orts- und Regionaltarif zahlt das angewählte Unternehmen.
- **Merkmale der Anrufweiterschaltung:**
  - Anrufe können dahin umgeschaltet werden, wo der Angerufene erreichbar ist, auch zu einem Funktelefon oder in das Ausland.
  - Die Anrufe können zeitweise oder ständig weitergeschaltet werden.
  - Der Anrufer zahlt lediglich die Tarifeinheiten bis zum gewählten Telefonanschluß. Die Kosten der weitergeschalteten Anrufe übernimmt der Anschlußinhaber.
  - Die Anrufweiterschaltung leitet auch Telefax-Verbindungen weiter.

- Es gibt folgende Betriebsarten:
  - Feste Umschaltung: Anrufe werden stets zum festen Umleitziel weitergeleitet.
  - Aktivierbare Weiterschaltung: Der Teilnehmer schaltet die GEDAN-Einrichtung nach Bedarf aktiv oder inaktiv.
  - Programmierbare und aktivierbare Weiterschaltung: Der Teilnehmer programmiert selbst das Umleitziel und gestaltet die GEDAN-Einrichtung nach Belieben aktiv und inaktiv.

● **Merkmale der Sprachbox:**

- Die Sprachbox ist das elektronische Postfach per Telefon, mit „Eingangskorb“ und „Abgangskorb“ für gesprochene Nachrichten.
- Voraussetzung: Telefon mit Mehrfrequenzwahlverfahren (MFV) oder Tonfrequenzsender, der an den Telefonhörer gehalten wird.
- Abgehende Mitteilungen werden telefonisch in die Sprachbox gesprochen und dort gespeichert. Sie können dann an andere Sprachbox-Teilnehmer oder auch Nicht-Sprachbox-Teilnehmer sofort oder zu einem bestimmbaren Zeitpunkt übermittelt werden.
- Zusätzlich können Telefaxe zwischengespeichert und weitergeleitet werden.
- Eingehende Mitteilungen werden in der Box gespeichert und können jederzeit abgerufen werden.
- Die Nachrichtenkapazität einer Box umfaßt bis zu 30 Mitteilungen mit jeweils maximal zwei Minuten Sprechdauer.
- *Vorteile:*
  - Ständige Erreichbarkeit; nützlich, wenn internationale Zeitzonen zu überbrücken sind.
  - Auf Wunsch benachrichtigt das Sprachbox-System den Anwender über neu ankommende Nachrichten telefonisch oder über Cityruf bzw. Eurosignal. Koppelung mit der Anrufweiterschaltung perfektioniert die Erreichbarkeit.
- Nutzung: Außendienstmitarbeiter, international tätige Führungskräfte.

● **Merkmale der Konferenzverbindungen:**

- Verbindungen zwischen 3 und höchstens 15 Teilnehmern.
- Verbindungen können in Deutschland oder mit Teilnehmern in mehr als 200 Ländern geschaltet werden.
- Rechtzeitige Anmeldung – spätestens eine halbe Stunde vor Beginn der Konferenz – beim Fernamt in Frankfurt/Main; rechtzeitige Information der Partner bedenken!
- **Dreierkonferenz im ISDN:** Am Basisanschluß im ISDN und im Euro-ISDN können selbst – ohne Anmeldung – drei Teilnehmer zur Dreierkonferenz geschaltet werden.

Kernwissen

- ❑ Das Telefonnetz ist die Basis für ein universelles, diensteintegrierendes, digitales Fernmeldenetz ISDN.
- ❑ Öffentliche Kartentelefone sind bald Standardeinrichtungen.
- ❑ Orts-, Nah- und Ferngespräche unterliegen verschiedenen Gebührenberechnungen, die dem AVON zu entnehmen sind.
- ❑ Besondere Wählverbindungen, wie Service 130, Service 180, GEDAN, Sprachbox ermöglichen Unternehmen den Ausgleich von Standortnachteilen und verbessern die Kommunikationsmöglichkeiten.

Überlegungshilfe

- Personalkosten und Portokosten sind im Vergleich zu den Gebühren für Telefongespräche enorm gestiegen. Das Telefon mit seinen Zusatzeinrichtungen sollte daher so oft wie nötig und so ökonomisch wie möglich eingesetzt werden.
- Für vielreisende Geschäftsleute ist die internationale Telefonkarte empfehlenswert, denn Hotels verlangen in der Regel ein Vielfaches von den landesüblichen Fernsprechgebühren.

Zur Vertiefung

1 Was bedeuten die Abkürzungen AFeb und AVON?

2 Das Unternehmen X unterhält in einem bestimmten Bereich kein Büro, möchte aber seinen Kunden die Gebührenvorteile der Orts- und Nahverbindung bieten. Welche Möglichkeit gibt es?

3 Das Unternehmen möchte seinen Kundenservice erweitern und **allen** Anrufern die Orts- bzw. Nahverbindungsgebühren ermöglichen. Welche Möglichkeit gibt es?

4 Die Rufnummer des Unternehmens Y beginnt mit 0 18 03. Was kann der Anrufer daran erkennen?

7.1.1 Telefonanlagen

Telefonanlagen können von der Telekom, aber auch von privaten Anbietern eingerichtet werden. Ein Systemvergleich ist zu empfehlen, denn im privaten Netz werden eine Fülle von Dienstleistungen geboten, die im öffentlichen Netz aus Kosten- und Kapazitätsgründen noch nicht realisiert sind.

Es werden angeboten:

- die posteigene Telefonanlage (Anlage wird gemietet)
- die teilnehmereigene Anlage (Anlage wird gekauft)
- die Mischform (Leasing)

Es werden zur Zeit zwei Anlagenausführungen angeboten:

- Telekommunikationsanlagen, die nicht obligatorisch ISDN-fähig sein müssen
- Telekommunikationsanlagen, die die ISDN-Fähigkeit haben

Durch die Integration aller Telekommunikationsdienste in **einem** Netz ergeben sich viele *Vorteile*:

- erhöhter Telefonkomfort durch neue Dienstleistungen
- verbesserte Sprachübertragung (Rundfunkqualität)
- schneller Verbindungsaufbau
- hohe Übertragungsgeschwindigkeiten

Beispiel: Das Telefonnetz bietet bereits heute neben dem normalen Gespräch eine Fülle neuer Kommunikationsmöglichkeiten:

- Die Telefonleitung kann zur Datenübertragung zwischen Computern genutzt werden.
- Kopien können übertragen werden (Telefax).
- Mit Hilfe eines Fernsehers oder PC lassen sich ganze Textseiten abrufen und übertragen (Datex-J/Btx). Dieser Service kann auch mit Hilfe multifunktionaler Telefone genutzt werden, die mit einem Sichtschirm ausgerüstet sind („MultiTel").

Ein Multiterminal ist ein integriertes System für Sprache (Telefon), Text (Speicherschreibmaschine) und Daten (Datenstation).

Sie können über **eine** Leitung und über **eine** Kommunikationsnummer:

1. gleichzeitig telefonieren und lesen
2. gleichzeitig telefonieren und schreiben
3. gleichzeitig telefonieren und Daten abrufen

Die Kombination Telefon, Anrufbeantworter, Fax und Kopierer ist eine „Multi"-Lösung, die vor allem dort zur Notwendigkeit wird, wo häufig vertrauliche Mitteilungen erwartet oder versendet werden. Bei automatischem Empfang kann das Gerät zwischen Fax und Telefonanrufen unterscheiden. Dementsprechend wird entweder der Anrufbeantworter oder die Fax-Einheit aktiv.

Auch **Nebenstellenanlagen** können gekauft oder gemietet werden. Sie bieten den angeschlossenen Teilnehmern als Basisleistung einerseits Zugang zum öffentlichen Nachrichtennetz und andererseits die Möglichkeit, unabhängig vom öffentlichen Netz untereinander Nachrichten und Informationen gebührenfrei auszutauschen. Nebenstellenanlagen privater Anbieter ermöglichen Systemleistungen, die das öffentliche Netz nicht bieten kann.

Nebenstellenanlagen werden über Amtsleitungen an das weltweite öffentliche Kommunikationsnetz angeschlossen.

Vorteile:

- Sie entlasten die Ortsnetze vom geschäftsinternen Nachrichtenverkehr.
- Sie optimieren den Nutzen der Teilnehmeranschlußleitungen.
- Sie minimieren den Aufwand an Teilnehmereinrichtungen, denn die Vermittlungseinrichtung des Kommunikationssystems fungiert zugleich als Konzentrator, der für **viele** Nebenanschlüsse nur verhältnismäßig **wenige** Amtsleitungen benötigt.

Nebenstellenanlagen gibt es in technisch verschiedenen Ausführungen für unterschiedliche Einsatzschwerpunkte:

- Reihenanlage
- Wählanlage
- Hybridsysteme (Diese vereinen die Vorteile beider Systeme.)

Reihenanlagen werden in kleinen Betrieben als Hauptanlage eingesetzt, in größeren Firmen in Kombination mit Wählanlagen als „Zweit-Nebenstellenanlage".

Reihenanlagen (Tastenanlagen; engl. Key-System) kann man als „Spezialisten" bezeichnen. Sie sind vor allem für kleinere Arbeitsgruppen mit regem internen und externen Telefonverkehr interessant und für jeden, der komfortabel telefonieren will. Kennzeichen der Telefone sind die beschrifteten Namen- und Funktionstasten mit Leuchtanzeigen für schnelle Bedienung und Information. Das Merken oder Aufschreiben von Kennziffern ist bei Reihenanlagen überflüssig. Das Leistungsniveau der Telefone ist an jedem Arbeitsplatz annähernd gleich.

Bei **Wählanlagen** – man kann sie als „Universalisten" bezeichnen – lassen sich alle Arbeitsplätze mit unterschiedlichen Telefonen ausstatten, vom einfachen Apparat mit Wähltastatur bis zum Komforttelefon mit Funktionstasten, Display und integrierten Zusatzfunktionen. Allerdings sind Telefone mit Funktionstasten erst ab einer bestimmten Anlagengröße anschließbar. Alternativ werden Leistungsmerkmale durch die Wahl von bestimmten Kennziffern aktiviert, was dazu führt, daß diese Leistungen oft wenig genutzt werden.

Hybride Telefonsysteme vereinen die Vorzüge von Wähl- und Reihenanlagen.

Neu auf dem Markt sind Nebenstellenanlagen mit **schnurlosen Telefonen.**

Der Einsatz einer schnurlosen Telefonanlage ist vor allem dann zweckmäßig, wenn der Benutzer Wert auf Mobilität und ständige telefonische Erreichbarkeit auch unter extremen Bedingungen legt.

Bislang benötigte jedes Mobiltelefon einen eigenen Amtsanschluß. Neu auf dem Markt sind jetzt kleine Telefonanlagen mit einer oder zwei Amtsleitungen, an die mehrere schnurlose und „normale" Telefone anzuschließen sind, natürlich auch Fernkopierer oder Anrufbeantworter. Die Reichweite der Funkverbindung zwischen Telefon und Zentraleinheit beträgt im freien Gelände bis zu 300 m, in Gebäuden bis zu 50 m.

Vorteile:

- Mobilität
- bei Neuinstallationen oder Ummöblierung eines Büros entfällt der Aufwand für das Verlegen von Leitungen

Ratschläge zur Nutzung von Telefonsystemen

Mikroprozessorgesteuerte und speicherprogrammierte Vermittlungssysteme bieten eine Fülle von Dienstleistungen.

Allgemeine Leistungsmerkmale

Die Freigabe der **Selbstwahl** für Nebenstellenteilnehmer wird in Kombination mit einer Gebührenerfassungseinrichtung besonders sinnvoll.

Vorteile:

- Einsparung von Fernsprechgebühren und Arbeitszeit der Mitarbeiter
- Entlastung der Vermittlungskräfte
- Entlastung der Amtsleitungen

Bei der **Durchwahl bis zur Nebenstelle** entsteht die Verbindung ohne Mitwirken der Vermittlung. Anstelle der Rufnummer der Vermittlung (z. B. die Ziffer 1) tritt die Nebenstellen-Rufnummer.

Vorteile:

- Durchwahl entlastet die Abfragestelle
- Personalersparnis
- Gebührenersparnis
- weniger Amtsleitungen sind nötig, weil man heute im Durchschnitt 70 %, in besonderen Fällen sogar 90 % Durchwahlgespräche erreicht

Nebenstellen können mit unterschiedlichen **Wählberechtigungen** ausgestattet werden:

- amtsberechtigte Nebenstellen
- halbamtsberechtigte Nebenstellen (Amtsleitungen werden vermittelt)
- nicht amtsberechtigte Nebenstellen (es besteht keinerlei Zugang zu den Amtsleitungen)

Querverbindungsleitungen können Kommunikationssysteme mit anderen Systemen zu einem eigenen Nachrichtennetz zusammenschalten. Derartige private Netze ersparen Gebühren, Amtsleitungen und Vermittlungspersonal; allerdings werden von der Telekom Mietgebühren für die Leitungen erhoben.

Einrichtungen zur **Gebührenerfassung** führen zu kostenbewußtem Telefonieren (Erfahrungswert: 30 % Einsparung an Fernsprechgebühren). Es gibt folgende Auswertungsmöglichkeiten:

- Gebührenerfassung für einen Teil oder alle Amtsleitungen an der Abfragestelle mit Teilnehmeridentifizierung (GEP)
- Gebührenerfassung pro Nebenstelle (GET) an zentraler Stelle oder beim Teilnehmer
- zentrale Gebührenerfassung (GEZ) als vollautomatische Erfassung und Auswertung, z. B. Gebührencomputer oder on-line/off-line auf DVA

▶ Spezielle Leistungsmerkmale

Diese Funktionen stehen nur bei entsprechender Berechtigung der Nebenstelle und entsprechender Ausstattung des Telefons zur Verfügung.

- **Automatischer Rückruf:** Wenn der gewünschte **interne** Teilnehmer nicht erreichbar ist, stellt das System nach Aktivieren des selbsttätigen Rückrufs durch Tastenwahl die Verbindung zum frühestmöglichen Zeitpunkt her, d. h. sobald beide Teilnehmer frei sind.
- **Wahlwiederholung:** Wenn der gewünschte **externe** Teilnehmer nicht erreichbar ist, kann nach dem Aktivieren der Wahlwiederholung der Wählversuch beliebig oft wiederholt werden. Die Nummer wird solange gespeichert, bis sie durch eine andere ersetzt oder aber gelöscht wird.
- **Anrufumleitung** fest oder variabel: Ankommende Anrufe können trotz der Abwesenheit des Teilnehmers entgegengenommen werden.

  Vor Verlassen des Arbeitsplatzes aktiviert der Teilnehmer die Anrufumleitung und stellt damit sicher, daß alle danach eintreffenden Anrufe sofort entweder zu einem festen Vertreter oder zu einer anderen – frei wählbaren – Nebenstelle gelangen.
- **Kurzwahl:** bis zu 16stellige Rufnummern lassen sich durch jeweils zwei- bzw. dreistellige Kurzrufnummern aussenden.
- **Rückfrage:** Während eines Amtsgesprächs kann von derselben Sprechstelle aus gleichzeitig eine weitere interne Verbindung hergestellt werden. Der wartende Amtsteilnehmer hört während der Rückfrage nicht mit. Wird der Hörer versehentlich nach Rückfrageende aufgelegt, wird die Amtsverbindung nicht aufgelöst, sondern zur Vermittlung gelegt.
- **Anrufübernahme:** Wenn das Telefon an einem nicht besetzten Arbeitsplatz läutet, kann jeder Kollege diesen Anruf am eigenen Arbeitsplatz per Tastendruck übernehmen.
- **Konferenzschaltung:** Während eines externen Telefongesprächs kann ein oder können mehrere weitere Teilnehmer beteiligt werden. Sie können mithören und mitsprechen.

- **Makeln:** Ein Teilnehmer kann zwischen zwei oder mehreren gleichzeitig bestehenden Telefonverbindungen hin- und herwechseln, ohne jedesmal neu wählen zu müssen. Eine Sprechverbindung besteht dabei immer nur zu einem Teilnehmer.
- **Anklopfen:** Entsprechend berechtigte Teilnehmer können bei einer besetzten Nebenstelle während des Gesprächs durch akustische und optische Zeichen auf einen dringenden Anruf aufmerksam machen.
- **Aufschalten:** Bestimmte Teilnehmer können sich bei einer besetzten Nebenstelle in das Gespräch einschalten. Dabei wird ein entsprechender Hinweiston gesendet und alle drei Partner in einer Konferenzschaltung verbunden. Das Aufschalten oder Anklopfen ist bei „geschützter" Nebenstelle nur der Vermittlungsperson oder speziell berechtigten Teilnehmern möglich.
- **Freisprechen/Lauthören, Wahl bei aufliegendem Hörer:** Mikrofon und Lautsprecher sind in das Gehäuse von Komforttelefonen integriert und gestatten das Wählen und Telefonieren ohne Hörerbenutzung. Die Hände bleiben frei; man kann sich während des Telefonierens frei im Raum bewegen, und auch andere Personen können sich am Gespräch beteiligen.
- **Mitteilungen über Display:** Über Komforttelefone mit Display lassen sich im internen Telefonverkehr Informationen austauschen.

Beispiele für Mitteilungen über Display:

- Einem Kollegen kann während eines Telefongesprächs signalisiert werden, daß man ihn dringend zu sprechen wünscht.
- Wer seinen Arbeitsplatz für längere Zeit verläßt, aktiviert den elektronischen „Anrufbeantworter". Anrufer erfahren dann durch die Meldung am Telefondisplay Näheres: „Zurück um: 10.00 Uhr" oder „Ganztags nicht erreichbar".
- Der „Briefkasten" speichert Rückrufwünsche interner Teilnehmer und erinnert durch Leuchtsignal und Displayanzeige an die Erledigung.

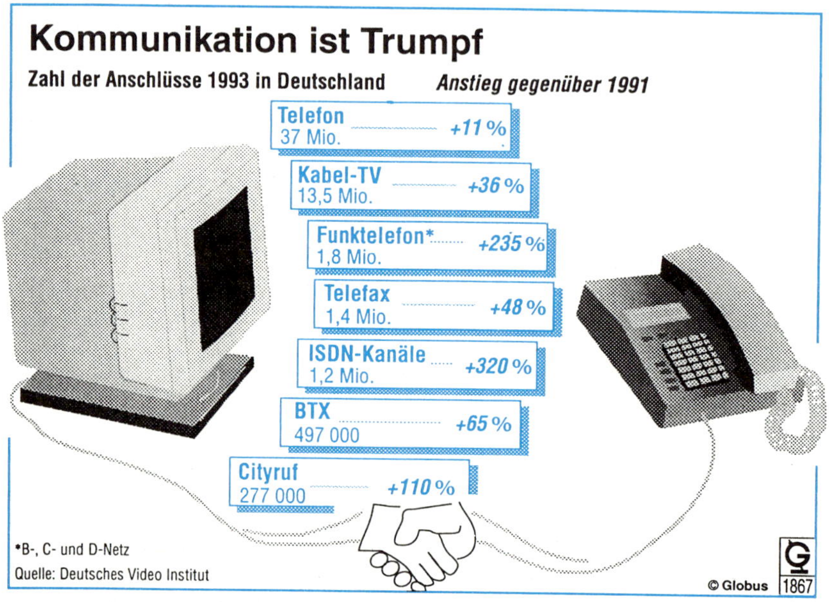

Telefone und Zubehör

Komfort und Leistungsfähigkeit der einzelnen Modelle hängen von den verfügbaren Funktionen und der technischen Ausstattung der Telefone ab. Die Funktionen, z. B. Wahlwiederholung, Kurzwahl oder Stummschaltung, werden einfach durch Tastendruck aktiviert. Die entsprechenden Funktionstasten sind in der Regel mit einheitlichen Symbolen markiert; das erleichtert die Bedienung des Telefons.

Eine Auswahl von Funktionstasten und deren Symbolen – alphabetisch geordnet –

Anzeigenfeld / Display
Es zeigt Ihnen z.B. die angewählte Rufnummer an. Bei verschiedenen Modellen informiert es auf Wunsch auch über die Gesprächseinheiten und gibt Bedieninformationen.

Direktruf
Eine vorher gespeicherte Rufnummer wird automatisch angewählt, wenn eine beliebige Taste gedrückt wird. Sogar Kinder können – ohne Zahlen zu kennen – diese Nummer anrufen.

Einheitenanzeige
Die Einheiten für das laufende Gespräch werden im Display angezeigt und für alle Gespräche summiert.

Freisprechen
Durch Mikrofon und Lautsprecher können Sie wählen, sprechen und hören, ohne den Hörer abzunehmen. Auch andere im Raum können am Gespräch teilnehmen.

GU-Taste
Die Gesprächsunterbrechungstaste erspart Ihnen, zwischen jedem Gespräch den Hörer aufzulegen. Einfach die Taste drücken und die neue Verbindung wählen.

Hörer laut
Durch diese Funktion können Sie die Lautstärke im Telefonhörer anheben.

Kurzwahl
Häufig benötigte Rufnummern können Sie auf bestimmten Tasten abspeichern. Sie drücken dann nur noch 2 oder 3 Tasten und die gespeicherte Nummer wird automatisch angewählt.

Lauthören
Über einen eingebauten Lautsprecher können Sie auch andere Personen im Raum zuhören lassen.

Multilink-Funktion
Bei schnurlosen Telefonen, z. B. Sinus 42. Bis zu 4 Handgeräte können an der Feststation betrieben werden.

Notizbuch
Während des Telefonierens können Sie eine Rufnummer eintippen und auf einer Taste speichern. Die »notierte« Nummer ist dann sofort mit dieser Taste anwählbar.

Optische Anrufanzeige
Eingebautes Lichtzeichen, das bei ankommenden Anrufen blinkt (zusätzlich zu Klingel oder Tonruf).

Signaltaste
Das Telefon kann an eine Telefonanlage angeschlossen werden. Mit der Signaltaste können Sie ein laufendes Gespräch kurz unterbrechen und mit einer internen Nebenstelle sprechen. Die Verbindung bleibt dabei erhalten.

Stummschaltung
Per Tastendruck können Sie Ihr Mikrofon abschalten. Dann hört Ihr Gesprächspartner nicht mit, was bei Ihnen gesprochen wird.

Sperrschloß
Elektronisch oder mechanisch. Schützt Ihr Telefon vor fremder Benutzung. Anrufe können trotzdem entgegengenommen werden.

Tonruf/Melodieruf
Elektronisches Signal, wenn jemand bei Ihnen anruft. Z. T. sind mehrere Melodien möglich.

Umschaltbares Wahlverfahren
Ermöglicht den Wechsel zwischen Impuls- und Mehrfrequenzwahlverfahren. Damit können Sie z. B. Anrufbeantworter fernabfragen oder Sprachbox, Cityruf und einfachen Datenverkehr nutzen.

Wahlwiederholung
Die zuletzt gewählte Rufnummer wird gespeichert. Wenn z. B. besetzt ist, drücken Sie beim nächsten Versuch die Taste und die Wahl wird automatisch wiederholt.

Erweiterte Wahlwiederholung
Die erfolglos angewählte Nummer wird »geparkt«, auch wenn Sie zwischendurch mit anderen Partnern telefonieren.

Wahl bei aufliegendem Hörer
Sie wählen, ohne den Hörer aufzunehmen. So haben Sie die Hände frei, bis sich der Angerufene meldet.

Zielwahltaste
Rufnummern, die Sie häufig anwählen, können Sie auf Zielwahltasten abspeichern. Dann genügt ein Druck auf diese Taste und die Verbindung wird automatisch hergestellt.

Ratgeber zur Anschaffung von Telefonsystemen

Das Angebot ist kaum überschaubar; die Leistungsfähigkeit der verschiedenen Systeme und der von den einzelnen Herstellern gebotene Service sind bei weitem nicht gleich. Um so wichtiger ist es, rechtzeitig **vor** der Anschaffung einen Kriterienrahmen abzustecken.

Die Vorteile der ISDN-Telefonsysteme kann nur ausschöpfen, wer z. B. sehr viele externe Text- und Datenübertragungen vornimmt und dabei auch noch gleichzeitig mit dem Partner telefonieren will. Nützlich ist es auf jeden Fall, wenn die Anlage über einen sogenannten SO-Anschluß für das öffentliche ISDN-Netz verfügt.

Das System muß ausgereift sein und in etlichen Installationen seine Funktionstüchtigkeit bewiesen haben, und zwar im Zuständigkeitsbereich des ZZF (Zentralamt für Zulassungen im Fernmeldewesen).

Informationsstellen: Telefonläden der Telekom, Anmeldestellen für Fernmeldeeinrichtungen; Herstellerunterlagen (Branchenfernsprechbuch); Messebesuche.

Grundlage: Eine Amtsleitung verkraftet pro Tag etwa 60 ein- und ausgehende Gespräche; dazu kommt in der Regel noch ein Fernkopierer und ein PC für Datenbankabfragen. Als Mindestausstattung selbst für ein kleines Büro sollten auf jeden Fall zwei Amtsleitungen vorgesehen werden.

Plausible Bedienungsanleitungen müssen an jedem Arbeitsplatz verfügbar sein. Die sogenannte Bedienerführung am Display erklärt dem Benutzer im Klartext die Funktionen.

Die Deutsche Telekom AG verlangt von jedem Betreiber einer Nebenstellenanlage die Sicherstellung der Betriebsbereitschaft (Wartungsvertrag, Versicherung).

Prüfen und abwägen,

- was kostet die Anlage monatlich
- was spart sie ihren Benutzern an Arbeitszeit und Nervenaufwand

Bei der Entscheidung spielen auch steuerliche Gesichtspunkte eine wichtige Rolle. Bei Mieten geht der Trend zu kürzeren Fristen (fünf Jahre).

Checklisten

▶ Ausstattungsmerkmale kleiner Telefonsysteme[1]

Nach diesen Ausstattungsmerkmalen sollten potentielle Lieferanten gefragt werden; in der Liste läßt sich markieren, welche Funktionen sofort notwendig sind und welche später ergänzt werden können.

- **Typische Ausbaugrößen:**
  – bis 24 Telefone (stufenlos/in Stufen)
  – bis 8 Amtsleitungen (stufenlos/ in Stufen)

[1] Quelle: Siemens, München

- **Grundausstattung der Anlage:**
  - Musikeinspielung bei Gesprächsunterbrechung, z. B. in Rückfrage
  - Rufweiterschaltung
  - Lautsprecherdurchsage
  - Anrufumleitung, auch nachziehbar
  - Wahlwiederholung
  - Anklopfen
  - Telefonkonferenzen
  - wahlweise gemischter Betrieb von Standard- und Komforttelefonen
  - Ruhe vor dem Telefon
  - Nachtschaltung
- **Anschaltung von Zusatzeinrichtungen:**
  - Türsprechstelle
  - Anrufbeantworter
  - Fernkopierer
  - Datenübertragungsmodem
  - Datex-J/Btx-Gerät
- **Zusatzausstattung der Anlage:**
  - 80 bis 100 gemeinsame Kurzwahlziele
  - 10 individuelle Kurzwahlziele je Telefon
  - Einschränkung der Wahlberechtigung (zentral/individuell)
  - Telefonverriegelung per Codeschloß
  - V.24-Schnittstelle zur Anschaltung von Gebührencomputer, PC, Drucker, Zeiterfassungseinrichtungen
  - S_0-Schnittstelle für Durchwahl

▶ Ausstattungsmerkmale von Komforttelefonen[1]

Ein so häufig benutztes Werkzeug wie das Telefon muß komfortabel und einfach zu bedienen sein. Die Check-Liste dient zum Ankreuzen, welche Leistungsmerkmale Standardausstattung sind oder einen Aufpreis kosten und welche Funktionen womöglich gar nicht geboten werden.

- **Grundausstattung von Komforttelefonen:**
  - unterschiedliches Klingeln bei internen oder externen Anrufen
  - Namenstasten für interne Teilnehmer mit Besetztanzeige (LED)
  - Belegungstasten für Amtsleitungen mit Zustandsanzeige (LED) (freie oder besetzte Leitungen, gehaltenes oder ankommendes Gespräch)
  - namentliche Anzeige interner Anrufer im Display
  - Freisprechen und Lauthören
  - Wahl bei aufliegendem Hörer
  - integrierte Gegensprechanlage
  - Einzel- und Sammeldurchsagen
  - 24stelliges alphanumerisches Display
  - Kurzmitteilungen und Anrufbeantwortung über Display

[1] Quelle: Siemens, München

– Uhrzeit- und Datumanzeige im Display,
– Terminerinnerung akustisch und im Display,
– Briefkasten für Rückrufwunsch,
– Makeln zwischen Leitungen,
– freie Tasten programmierbar für Kurzwahl, Leistungsmerkmale usw.

- **Ausstattungsvarianten für Vieltelefonierer:**
  – Erweiterungsterminal mit zusätzlichen programmierbaren Tasten
  – integrierte Datenbank für 500 bis 800 Namen, Telefonnummern, Termine und Zusatzinformationen
  – Wahl auf Knopfdruck anhand der Datenbank
  – großes Informationsdisplay
  – Dateneingabe über Schreibtastatur

- **Ein Telefon für „Vieltelefonierer" (Kauf oder Miete möglich)**

  Seine Leistungsmerkmale:
  – Notizbuch für Adressen und Telefonnummern
  – Textübermittlung, Anrufhinweise, Geburtstagskalender
  – Terminkalender für bis zu sechs Tagestermine, Sperrfunktion
  – Display bis zu 120 Zeichen – Direktruf – Notruf
  – Lautsprecher – Wahl bei aufliegendem Hörer – Stummschaltung
  – umschaltbares Wahlverfahren – Wahlwiederholung – Tonruf
  – Datum- und Uhrzeitanzeige – Gebührenanzeige

Das **Schreibtelefon** besteht aus einem Bildschirm und einer Tastatur mit Buchstaben, Ziffern und Zeichen. Damit lassen sich Texte schreiben und telefonisch übermitteln, mit Tastendruck sogar speichern. Gespräche können über einen angeschlossenen Drucker protokolliert werden. Kurzwahl, Wahlwiederholung und ein Register für 191 Telefonnummern bieten viel Telefonkomfort. Der Datex-J/Btx-Dienst der Telekom mit seiner Informationsvielfalt kann ebenfalls genutzt werden. Zusätzlich lassen sich sowohl Datex-J- als auch Telefax-Mitteilungen versenden. Dieses multifunktionale Endgerät ermöglicht auch Gehörlosen das Telefonieren mit neuester Technik.

Das **Bildtelefon** (im ISDN) ist ein besonders wirksames Kommunikationsmedium, wenn das Gespräch am Telefon unmittelbar durch feste und/oder bewegte Bilder unterstützt und ergänzt werden soll. Mit der eingebauten Kamera oder durch eine zusätzliche Einrichtung für Dokumente können Abbildungen, Skizzen oder auch kleinere Gegenstände optimal direkt in das Gespräch eingebunden werden. Im bewegten Bild sieht man den Gesprächspartner wie im unmittelbaren persönlichen Gespräch.

Das Bild kann jederzeit zu- oder abgeschaltet werden. Die Endgeräte zum Bildtelefonieren bestehen im wesentlichen aus dem Telefon, einem Videoteil und einer Codier- und Decodiereinrichtung.

Kernwissen

- Ein Telefon sollte als Rationalisierungsmittel eingesetzt werden. Voraussetzung ist, daß ein Unternehmen über die Telefonanlage verfügt, die seinen aufbau- und ablaufbedingten Erfordernissen entspricht.
- Die verschiedenen Telefonsituationen eines Betriebes müssen untersucht und analysiert werden. Danach wird entschieden, wie viele Hauptanschlüsse, welche Nebenstellenanlagen, ggf. Nebenschlußleitungen und Querverbindungsleitungen erforderlich sind.
- Jedes Telefon kann durch Extras gegen Zusatzgebühr zum Telefon nach Maß werden. Die Telekom hilft, die passende Lösung zu finden. Musterschauen in Telefonläden und Telefonmobilen der Telekom und bei Anmeldestellen für Fernmeldeeinrichtungen erleichtern die Auswahl. Extras, die zusammen mit der Neu- oder Wiederanschließung eines Telefons bestellt werden, sind oft billiger als nachträglich bestellte.

Überlegungshilfe

- Falls Sie in einem Unternehmen arbeiten, das über eine perfekt organisierte Fernsprechanlage verfügt, müssen Sie sich gründlich mit den technischen Möglichkeiten und deren Anwendung vertraut machen.
- Könnte das Telefon in Ihrem Betrieb ökonomischer genutzt werden, sollten Sie sich mit Verbesserungsmöglichkeiten befassen (z. B. Studium von Prospektmaterial, Besuch von Messen) und diese Ihrem Chef vortragen.
- Für einen reibungslosen Arbeitsablauf zwischen Ihrem Chef und Ihnen ist es wichtig, daß Sie die volle Telefonregie übertragen bekommen.

Zur Vertiefung

1 Erläutern Sie den Unterschied zwischen Hauptanschlüssen und Nebenstellenanlagen!

2 Was versteht man unter „Makeln"?

3 Wodurch läßt sich die Wahl von häufig benötigten Telefonnummern erleichtern?

4 Wie kommt eine externe Telefonkonferenz zustande?

5 Nennen Sie fünf **technische** Möglichkeiten, um Telefonkosten zu reduzieren!

6 Bei Fernsprech-Nebenstellen-Anlagen kann man anhand der Sprechberechtigung folgende Arten unterscheiden:

① vollamtsberechtigte Nebenstellen

② halbamtsberechtigte Nebenstellen

③ nichtamtsberechtigte Nebenstellen

Stellen Sie fest, welche Nebenstellenart zu den nachfolgenden Beschreibungen paßt, und ordnen Sie die Ziffern ① bis ③ den entsprechenden Buchstaben a) bis d) zu!

a) Für Ortsgespräche können Verbindungen selbst hergestellt werden. Alle anderen Fern- und Selbstwählferngespräche sind gesperrt.

b) Keinerlei Amtsgespräche können geführt werden. Nur der interne Sprechverkehr über die Innenverbindungswege ist möglich.

c) Alle ankommenden und abgehenden Gespräche müssen über die Zentrale weitervermittelt werden.

d) Alle Verbindungen für Gespräche, auch für Auslandsgespräche, können selbst hergestellt werden.

7 Welche Kosten entstehen durch eine Telefonanlage?

8 Wie können mit dem Telefon Kosten gespart werden?

7.1.2 Kleines Telefon-Praktikum

Ein so häufig benutztes Werkzeug wie das Telefon soll vor allem von Routinearbeiten entlasten. Darum ist es wirtschaftlich sinnvoll, nicht nur dem Chef ein gut ausgestattetes Telefon zur Verfügung zu stellen, sondern allen Mitarbeitern, vor allem aber der Sekretärin. In der Zusammenarbeit zwischen Chef und Sekretärin sollte die Sekretärin die volle Telefonregie haben. Chef und Sekretärin haben zusammen mindestens zwei Wählleitungen. Das Chefbüro kann also auch erreicht werden, wenn auf einer Leitung gesprochen wird. Die Sekretärin nimmt alle Anrufe entgegen und leitet sie erst dann zum Chef, wenn dieser sich über eine Vorzimmerleitung zur Annahme entschieden hat.

Sekretärinnen haben durchschnittlich 20 bis 30 Telefonate am Tag zu vermitteln. Nur jeder dritte Anruf erreicht in den Hauptbürozeiten den gewünschten Teilnehmer beim ersten Wählen. Die Sekretärin wird dabei in vielen Fällen zur Ansprechpartnerin. Besonders wichtig ist in diesem Zusammenhang der Eindruck, den Anrufer bekommen, denn dieser wird natürlich auf das Unternehmen übertragen.

Die häufigsten Telefonprobleme und ihre Lösungsmöglichkeiten lassen sich aus folgender Tabelle ablesen:

Telefonproblem		Anrufentgegennahme durch Sekretärin	Zwei und mehr Wählleitungen	Kurzwahl/ Namentaster	Wahlwiederholung	Direktverbindung Chef zu Sekretärin	Automatischer Rückruf	Anklopfen (akustisches Signal)[1]	Telefonieren bei aufgelegtem Hörer	Dreierkonferenz	Anrufumleitung	Rufweiterleitung
Chef:	Anrufe stören	⇧										
	Chef nicht am Platz	⇧										
	Chef „besetzt“		⇧									
	Zeitraubende Wahl zur Sekretärin					⇧						
	Zeitraubende Wahl zu wichtigen Gesprächspartnern			⇧								
	Wichtiger interner Gesprächspartner „besetzt“							⇧				
	Während des Gesprächs Notizen machen								⇧			
	Rückfragen/Einbeziehen eines dritten Gesprächspartners									⇧		
	Abwesenheit der Sekretärin			⇧	⇧		⇧				⇧	⇧
Sekretärin:	Langwierige Wahl			⇧	⇧							
	Teilnehmer „besetzt“			⇧	⇧		⇧					
	Teilnehmer nicht am Platz			⇧	⇧							
	Rückfragen/Einbeziehen eines dritten Gesprächspartners									⇧		
	Vertretung durch Kollegin										⇧	

[1] Mit dem „Anklopfen“ kann einem besetzten Teilnehmer akustisch signalisiert werden, daß noch ein Anrufer wartet.

Deutsche Unternehmen am Telefon: von frech bis freundlich

Zwischen Februar und Dezember 1990 wurden in 20 westdeutschen Unternehmen 1.089 Kontaktanrufe simuliert.

Die besten Ergebnisse	Die schlechtesten Ergebnisse
Mitarbeiter der Telefonzentrale ● 53 Prozent begrüßen den Anrufer freundlich ● 43 Prozent sprechen deutlich ● 43 Prozent wissen noch über den Anrufer Bescheid, wenn das Gespräch nicht vermittelt wurde	**Mitarbeiter der Telefonzentrale** ● Fast 7 Minuten Wartezeit von der Zentrale zum Ansprechpartner ● 18 mal weiterverbunden ● 72 Prozent wissen nicht, wer für das Problem des Anrufers zuständig ist
Ansprechpartner ● 46 Prozent geben sofort eine zufriedenstellende Auskunft ● 45 Prozent sind hilfsbereit	**Ansprechpartner** ● 85 Prozent sprechen den Anrufer nicht/nicht richtig mit Namen an ● 42 Prozent haben kein Verständnis für Beschwerden des Anrufers

Quelle: Forschungsgruppe Management und Marketing, Universität Kassel

Häufig vorkommende, aber vermeidbare Telefonsünden der Sekretärin oder der Person, die einen Anruf übernimmt:

- Bei eigenem Anruf wird das Gespräch nicht richtig vorbereitet.
- Schlechte Aussprache: Der Name des Unternehmens und der eigene Name werden so undeutlich oder unverständlich gesprochen, daß eine Rückfrage des Anrufers erforderlich ist.
- Der Name des Gesprächspartners wird vergessen oder falsch ausgesprochen.
- Die Stimme klingt unfreundlich und unpersönlich.
- Der Anrufer muß lange warten, bis abgenommen wird. Die Regel, nach dem zweiten Rufton abzunehmen, wird oft ignoriert.
- Es wird zu schnell, zu leise, zu laut, zu vertraulich, zu knapp, zu umständlich, zu undeutlich, oft sogar unhöflich gesprochen.
- Der Gesprächspartner kann nicht ausreden. Er wird unterbrochen.
- Versprochene Rückrufe werden verspätet oder gar nicht ausgeführt.
- Die zentrale Vermittlungsstelle ist nicht genau über die Zuständigkeiten informiert und stellt falsche, zeitraubende Verbindungen her.
- Die Weiterverbindung durch die Telefonzentrale wird nicht angekündigt.
- Die Telefonzentrale überprüft nicht, ob eine Verbindung zustande gekommen ist.
- Es wird keine Hilfe angeboten, wenn der gewünschte Gesprächspartner nicht erreichbar ist.
- Es werden keine oder nur unvollständige Gesprächsnotizen gemacht.

- Die Funktionen der Telefonanlage werden nicht voll ausgenutzt, z.B. die Kollegen müssen zum Telefon eines abwesenden Kollegen hasten, weil dieser seine „Anrufumleitung“ nicht eingeschaltet hat.

Wichtig ist, sich der Telefonunarten bewußt zu werden und das eigene Verhalten am Telefon zu überprüfen.

▶ Regeln für wirtschaftliches Telefonieren

- Papier und Schreibgerät stets neben dem Telefon bereithalten
- Telefonregister mit internen und externen Anschlüssen bereithalten bzw. programmierbare Telefonapparate auf dem neuesten Stand halten
- Gesprächsvorbereitung: Formblatt (s. Abb.) verwenden, vor dem Telefonat Kompetenzen klären, Unterlagen bereithalten.
- Buchstabieralphabet verwenden

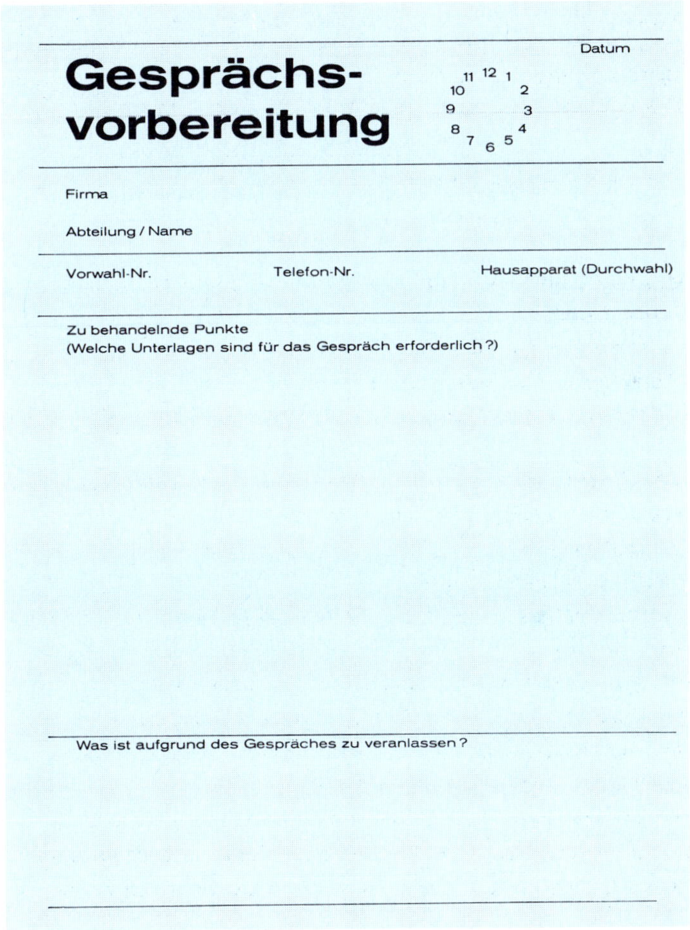
Datum

Gesprächs-vorbereitung

Firma

Abteilung / Name

Vorwahl-Nr. | Telefon-Nr. | Hausapparat (Durchwahl)

Zu behandelnde Punkte
(Welche Unterlagen sind für das Gespräch erforderlich?)

Was ist aufgrund des Gespräches zu veranlassen?

- deutlich sprechen
- sich diszipliniert und höflich verhalten
- falls eine Weiterverbindung oder Aktensuche erforderlich ist, den Gesprächspartner darauf hinweisen und ggf. Anruf zu einem späteren Zeitpunkt vereinbaren
- falls nötig, höflich unterbrechen, z. B. bei Falschverbindungen, falscher Zuständigkeit, Störung durch andere wichtige Angelegenheiten
- bei Auslandsgesprächen auf mögliche Zeitverschiebungen achten

Buchstabiertafel

Inland				**Ausland**			
A	= Anton	O	= Otto	A	= Amsterdam	Q	= Quebec
Ä	= Ärger	Ö	= Ökonom	B	= Baltimore	R	= Roma
B	= Berta	P	= Paula	C	= Casablanca	S	= Santiago
C	= Cäsar	Q	= Quelle	D	= Danemark	T	= Tripoli
Ch	= Charlotte	R	= Richard	E	= Edison	U	= Upsala
D	= Dora	S	= Samuel	F	= Florida	V	= Valencia
E	= Emil	Sch	= Schule	G	= Galipoli	W	= Washington
F	= Friedrich	ß	= Eszett	H	= Havana	X	= Xanthippe
G	= Gustav	T	= Theodor	I	= Italia	Y	= Yokohama
H	= Heinrich	U	= Ulrich	J	= Jerusalem	Z	= Zürich
I	= Ida	Ü	= Übermut	K	= Kilogramme		
J	= Julius	V	= Viktor	L	= Liverpool		
K	= Kaufmann	W	= Wilhelm	M	= Madagaskar		
L	= Ludwig	X	= Xanthippe	N	= New York		
M	= Martha	Y	= Ypsilon	O	= Oslo		
N	= Nordpol	Z	= Zacharias	P	= Paris		

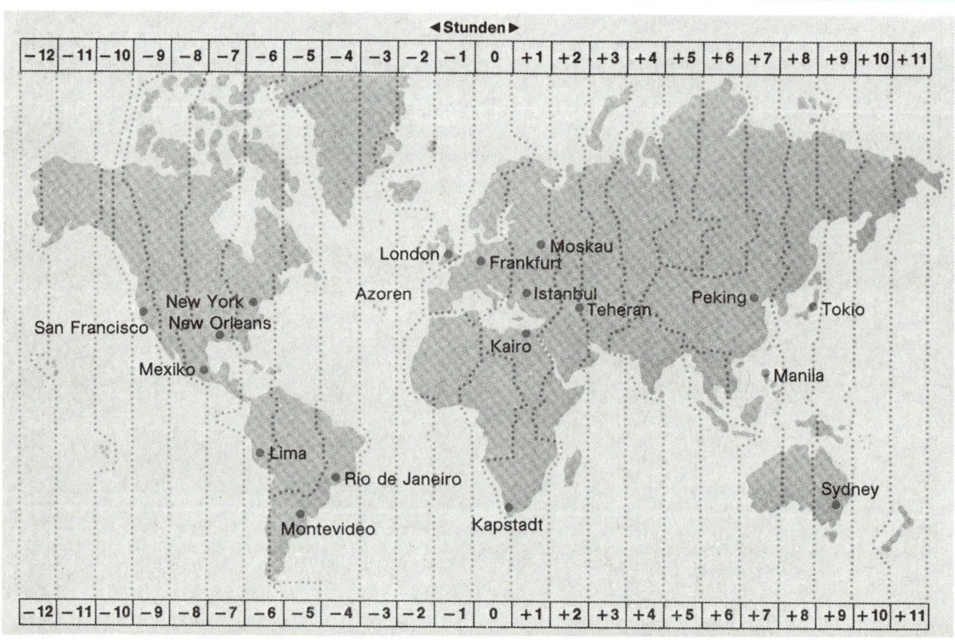

Informationen im Brieftaschenformat

Die Tabelle gibt die jeweiligen Telefon-Vorwahlnummern der wichtigsten Länder von der Bundesrepublik Deutschland aus und die Zeitverschiebung der betreffenden Länder im Unterschied zur Westeuropäischen Zeit (GMT) an – die Bundesrepublik gehört zur Mitteleuropäischen Zeitzone (MEZ). Zu beachten ist, daß nahezu alle europäischen Länder die Uhren – meist vom 27. März bis zum 25. September – um eine Stunde zur Sommerzeit vorstellen.
Kanada, das zweitgrößte Land der Erde, hat fünf Zeitzonen: die Atlantic Time (ATL), Eastern Time (EST), Central Time (CST), Mountain Time (MST) und die Pacific Time (PST).

Die Vorwahlnummern gelten mit einer doppelten Null vor den angegebenen Zahlen.

Land	Vorwahl	Zeitunterschied zu GMT
Andorra	33	+ 1
Argentinien	54	– 3
Australien	61	+11
Bahrain	973	+11
Belgien	32	+ 1
Bolivien	591	– 4
Brasilien	55	– 3
Chile	56	– 3
China (Peking)	86	+ 8
Costa Rica	506	– 6
Dänemark	45	+ 1
Deutschland	49	+ 1
Ecuador	593	– 5
Elfenbeinküste	225	0
El Salvador	503	– 6
Fidschi-Inseln	679	+12
Finnland	358	+ 2
Frankreich	33	+ 1
Französische Antillen	596	– 4
Französisch-Polynesien	689	–10
Griechenland	30	+ 2
Großbritannien	44	0
Guam	671	+10
Guatemala	502	– 6
Guyana	592	– 3
GUS (s. UdSSR)	7	+ 3
Haiti	509	– 5
Honduras	504	– 6
Hongkong	852	+ 8
Indien	91	+ 5½
Indonesien	62	+ 7
Irak	964	+ 3
Iran	98	+ 3½
Irland	353	0
Island	354	0
Israel	972	+ 2
Italien	39	+ 1

Land	Vorwahl	Zeitunterschied zu GMT
Japan	81	+ 9
Kanada	1	ATL – 4
		EST – 5
		CST – 6
		MST – 7
		PST – 8
Katar	974	+ 3
Kenia	254	+ 3
Kolumbien	57	– 5
Korea (Republik)	82	+ 9
Kuwait	965	+ 3
Liberia	231	0
Libyen	218	+ 2
Liechtenstein	41	+ 1
Luxemburg	352	+ 1
Malaysia	60	+ 7½
Mexico	52	– 6
Monaco	33	– 1
Neuseeland	64	+13
Nicaragua	505	– 6
Niederlande	31	+ 1
Niederländ. Antillen	599	– 4
Nigeria	234	+ 1
Norwegen	47	+ 1
Österreich	43	+ 1
Panama	507	– 5
Paraguay	595	– 3
Peru	51	– 5
Philippinen	63	+ 8
Polen	48	+ 1
Portugal	351	0
Rumänien	40	+ 2
Saudi-Arabien	966	+ 3
Schweden	46	+ 1
Schweiz	41	+ 1

Land	Vor-wahl	Zeit-unterschied zu GMT
Senegal	221	0
Singapur	65	+ 8
Spanien	34	+ 1
Sri Lanka	94	+ 5½
Südafrika	27	+ 2
Surinam	597	– 3½
Taiwan	886	+ 8
Thailand	66	+ 7
Türkei	90	+ 2
Tunesien	216	+ 1

Land	Vor-wahl	Zeit-unterschied zu GMT
UdSSR (GUS)	7	+ 3
USA	1	EST – 5
		CST – 6
		MST – 7
		PST – 8
Uruguay	598	– 3
Vatikanstaat	39	+ 1
Venezuela	58	– 4
Vereinigte Arab. Emirate	971	+ 4
Zypern	357	+ 2

- Rangfolge bei Gesprächen beachten; dazu gehört Fingerspitzengefühl und Erfahrung. Im Zweifelsfalle sollten Sie ein Gespräch (höflich) unterbrechen und Ihren Chef fragen.

  Allgemein gilt:

  – Auslandsgespräche haben Vorrang vor Ferngesprächen

  – Ferngespräche haben Vorrang vor Ortsgesprächen

  – Ortsgespräche haben Vorrang vor Hausgesprächen

  Diese Einteilung ist jedoch einseitig und allgemein, denn ein Hausgespräch kann manchmal wichtiger und eiliger sein als ein Auslandsgespräch.

- Kann eine Angelegenheit nicht selbständig geklärt werden, sollte zur Information des Chefs und zur Terminkontrolle eine Telefonnotiz angefertigt werden. Wenn Kollegen für die Erledigung zuständig sind, sollte die Notiz sofort weitergeleitet werden.

  Eine Telefonnotiz sollte folgende Daten enthalten:

  – Datum

  – Uhrzeit

  – Name des Anrufers, Firma, Vorwahl und Telefonnummer (Durchwahl)

  – Inhalt des Gesprächs

  – was ist zu veranlassen

  – wer hat etwas zu veranlassen

  – Termin

  – Handzeichen

  Es gibt Vordrucke, die diese Arbeit systematisieren und erleichtern.

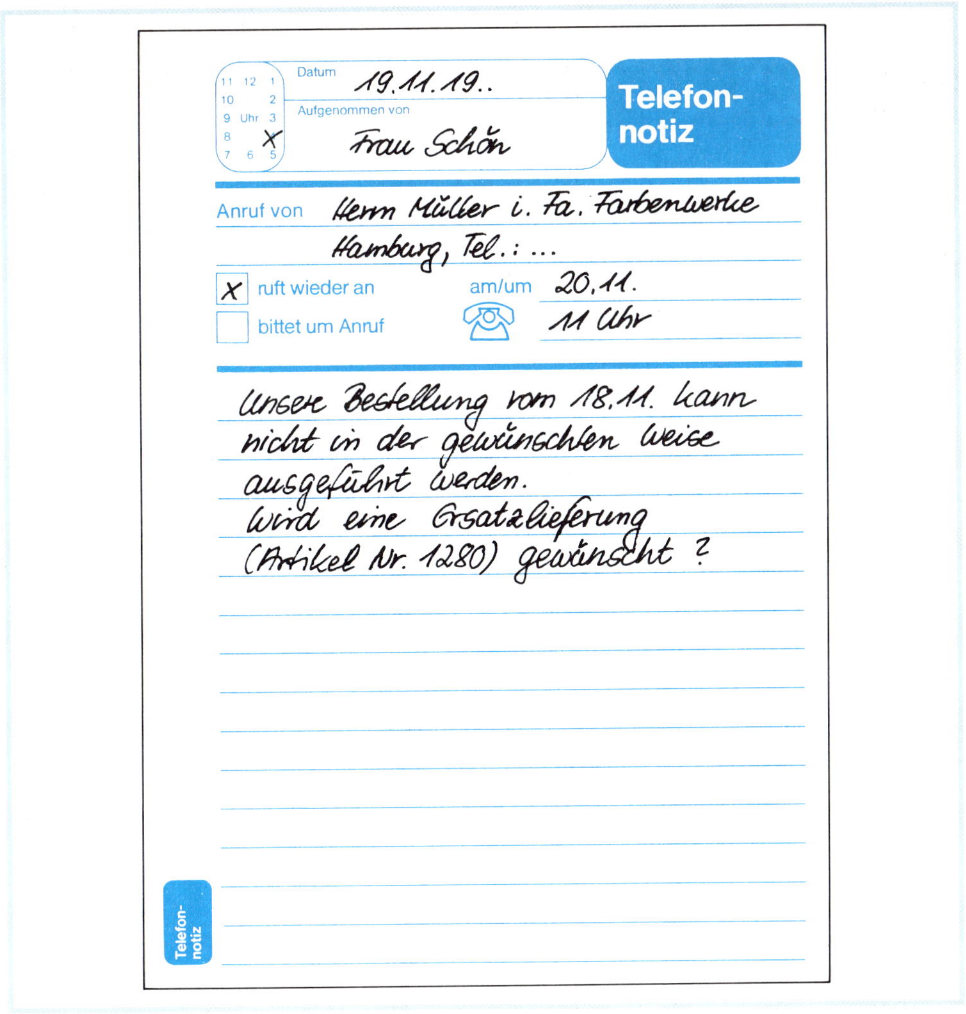

Datum 19.11.19..
Aufgenommen von Frau Schön
Telefon-notiz
Anruf von Herrn Müller i. Fa. Farbenwerke Hamburg, Tel.: ...
X ruft wieder an am/um 20.11.
bittet um Anruf 11 Uhr

Unsere Bestellung vom 18.11. kann nicht in der gewünschten Weise ausgeführt werden.
Wird eine Ersatzlieferung (Artikel Nr. 1280) gewünscht?

Telefon-notiz

▶ Vor- und Nachteile der telefonischen Informationsweitergabe

Vorteile:

- Kurze Telefongespräche sind billiger als Briefe.
- Ein Telefongespräch ist „schneller" als die Briefpost.
- Sachverhalte lassen sich am Telefon leichter klären als im Schriftverkehr.
- Viele Teilnehmer schätzen den direkten Dialog.
- Kostenersparnis durch besondere Wählverbindungen, z. B. „Anrufweiterschaltung" (Service 130).
- Verständigung zwischen mehreren Gesprächspartnern durch Konferenzschaltung.

Nachteile:

- Verzicht auf schriftliche, beweisfähige Unterlagen.
- Mißverständnisse sind möglich.
- Lange Telefongespräche können teuer werden.

Kernwissen

- Das Telefon ist nach wie vor das wichtigste Kommunikationsmittel. Jeder Mitarbeiter muß ausreichende Kenntnisse besitzen über
  - die bestehenden Telefondienste
  - die ökonomische Nutzung von Telefonanlagen und -systemen
  - das richtige Verhalten am Telefon
- Technische Überlegungen:
  - Öffentliche Kartentelefone erleichtern das Telefonieren.
  - Besondere Wählverbindungen, wie Service 130, GEDAN, Sprachbox, ermöglichen Unternehmen den Ausgleich von Standortnachteilen und verbessern die Kommunikationsmöglichkeiten.
- Organisatorische Überlegungen:
  - Ein Telefon sollte als Rationalisierungsmittel eingesetzt werden. Voraussetzung ist, daß ein Unternehmen über die Telefonanlage verfügt, die seinen aufbau- und ablaufbedingten Erfordernissen entspricht.
  - Die verschiedenen Telefonsituationen eines Betriebes müssen untersucht und analysiert werden. Danach wird entschieden, wie viele Hauptanschlüsse, welche Nebenstellenanlagen, ggf. Nebenanschlußleitungen und Querverbindungsleitungen erforderlich sind.
  - Jedes Telefon kann durch Extras gegen geringe Zusatzgebühr zum Telefon nach Maß werden. Musterschauen in Telefonläden und Telefonmobilen der Post und Annahmestellen für Fernmeldeeinrichtungen erleichtern die Auswahl. Extras, die zusammen mit der Neu- oder Wiederanschließung eines Telefons bestellt werden, sind oft billiger als nachträglich bestellte.
- Praktische Überlegungen:
  - Das Telefonieren wird erleichtert durch
    - ein Telefonregister
    - Buchstabieralphabete (deutsch und international)
    - eine Zeitverschiebungstabelle für Auslandsgespräche

Überlegungshilfe

- **Schreibweise der Telefonnummern:** Beim Druck von Geschäftsvordrucken sollte die richtige Schreibweise der Telefonnummern beachtet werden (DIN 5008). Telefonnummern gliedert man von rechts nach links in Zweiergruppen. Man unterscheidet Teilnehmerrufnummern und Vorwählnummern (Ortskennzahl). Die Ortskennzahl besteht aus einer Null und einer zwei- bis fünfstelligen Zahl. Die Null ist das Kennzeichen dafür, daß der Teilnehmer aus dem Ortsnetz ausscheiden und in das Fernnetz kommen will.

Schreibweisen	
Teilnehmerrufnummer:	2 30 56
Ortskennzahl und Teilnehmerrufnummer:	(0 61 72) 2 30 56
Ortskennzahl und Teilnehmerrufnummer mit Nebenstelle:	(0 61 72) 2 30 56 - 5 26

Zur Vertiefung

1 Zu Ihren Aufgaben gehört es, Anrufe weiterzuverbinden. Was tun Sie, wenn ein gewünschter Teilnehmer nicht erreichbar ist?

2 Was tun Sie, wenn der Teilnehmeranschluß belegt ist?

3 Was tun Sie, wenn der Anrufer nicht weiß, wer für sein Anliegen zuständig ist?

4 Buchstabieren Sie folgende Begriffe nach der amtlichen Buchstabiertafel – Inland –!
Feuilleton (literarischer Unterhaltungsteil)
Hughes (sprachlich hjuß nach dem engl. Physiker Hughes benanntes telegrafisches Gerät)
Initiale (großer Anfangsbuchstabe)

5 Buchstabieren Sie folgende Begriffe nach der internationalen Buchstabiertafel!
Pumpernickel (Schwarzbrot)
Biedermeier (Kunststil in der Zeit von 1815 bis 1848).

6 Fertigen Sie von folgenden Sachverhalten eine Telefonnotiz!
Dr. Richter, Einkaufsleiter der Firma XY in Münster, Tel.-Nr. (02 51) xxx-xxx ruft um 10.02 Uhr an. Er möchte von dem Artikel 2 348 unserer Kollektion 10 000 Stück bestellen, allerdings nur dann, wenn ein Preisnachlaß gewährt wird. Er möchte so schnell wie möglich über die Höhe des Rabattes informiert werden.

7 Die Höhe der Kosten je Ferngespräch richtet sich nach der Anzahl der verbrauchten **Zeiteinheiten.** Wo können Sie feststellen, welche Zeiteinheiten für die einzelnen im Selbstwählferndienst erreichbaren Ortsnetze gelten?

7.1.3 Sprechanlagen, Anrufbeantworter

Sprechanlagen dienen der Entlastung der innerbetrieblichen Kommunikation. Es gibt verschiedene Formen von Sprechanlagen, d. h. verschiedene Kombinationsmöglichkeiten von Haupt- und Nebenstellen. Welche Form gewählt wird, hängt von der Struktur und Organisation eines Unternehmens ab.

Sprechanlagen

Sprechanlagen sind vom Fernsprechnetz unabhängige innerbetriebliche Anlagen, deren Hauptvorteil darin liegt, daß die Fernsprechanlage von internen Gesprächen freigehalten wird.

Man unterscheidet:

- Wechselsprechanlagen
- Gegensprechanlagen

▶ Wechselsprechanlagen

Die Anzahl der Sprechstellen ist begrenzt. Der Übertragungskanal ist ein Halbduplexkabel, d. h., daß die Gesprächspartner nur abwechselnd miteinander sprechen können. Der Anrufende steuert die Sprechrichtung durch Tastendruck:

- Drücken der Sprechtaste = Mikrofonfunktion
- Loslassen der Sprechtaste = Lautsprecherfunktion

Der angerufene Partner kann von jeder Stelle des Raumes aus antworten, ohne sein Gerät zu bedienen.

Beispiel: Der Einkaufsleiter erkundigt sich über die Wechselsprechanlage beim Lagerverwalter nach dem Bestand eines bestimmten Artikels. Dieser kann die Auskunft geben, ohne seinen Arbeitsplatz verlassen zu müssen und ohne ein Gerät zu bedienen.

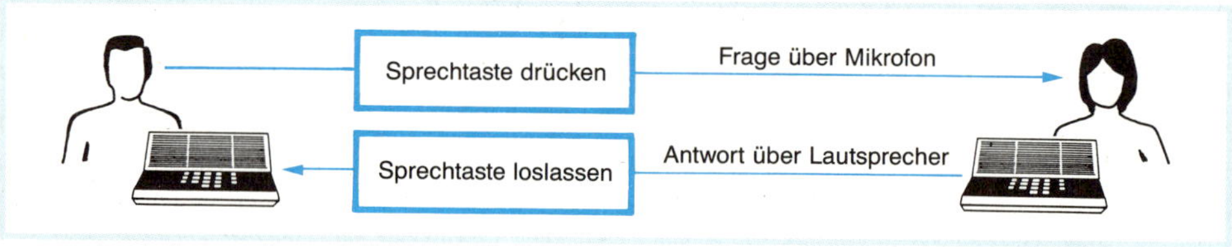

▶ Gegensprechanlagen

Die Anzahl der Sprechstellen ist unbegrenzt. Der Übertragungskanal ist ein Duplexkabel, d.h. beide Gesprächspartner können gleichzeitig sprechen und hören. Das Bedienen der Sprechtaste entfällt. Die Verbindung wird durch Wahl von Zifferntasten hergestellt und durch eine Trenntaste aufgehoben. Durch Druck von Zusatztasten kann:

- das Mithören von Gesprächen beim angewählten Partner verhindert werden
- können Durchsagen an alle Sprechstellen ausgelöst werden
- kann die Lautstärke erhöht werden

Es gibt verschiedene Verbindungsmöglichkeiten (Verkabelung) von Sprechanlagen. Je nach Umfang und Art der zu führenden internen Gespräche werden den Sprechstellen verschiedene Berechtigungsgrade zugewiesen.

Man unterscheidet Hauptstellen, aktive und passive Nebenstellen. Hauptstellen können untereinander und mit jeder Nebenstelle Verbindung aufnehmen. Aktive Nebenstellen können mit einer oder zwei Hauptstellen Kontakt aufnehmen, während passive Nebenstellen nur von Hauptstellen aus angerufen werden können. Nebenstellen können untereinander keine Verbindung aufnehmen. Welche Netzart (Verbindungsart) gewählt wird, hängt von den organisatorischen Voraussetzungen eines Betriebes ab. Es empfiehlt sich, vor Einrichtung von Sprechstellen eine Kommunikationsanalyse durchzuführen oder sich generell nur für Hauptstellen zu entscheiden, da Nebenstellen erhebliche Einschränkungen mit sich bringen.

Vorteile von Sprechanlagen:

- Die Fernsprechanlage wird freigehalten.
- Die Gesprächsabwicklung erfolgt schneller als über Telefon.
- Mehrere Mitarbeiter können gleichzeitig informiert werden.
- Die Sprechanlage kann während eines Telefongesprächs für interne Rückfragen benutzt werden.
- Es entstehen keine Gesprächsgebühren.

Die Kosten für eine Sprechanlage (8 000,00 bis 10 000,00 DM für eine Anlage für 20 Teilnehmer mit Hauptsprechstellen) lassen sich erfahrungsgemäß in etwa zwei Jahren ausgleichen.

Anrufbeantworter

Automatische Anrufbeantworter sind Zusatzeinrichtungen, die im Prinzip wie ein Tonbandgerät arbeiten. Der Anschluß wird im Telefonbuch mit dem Symbol Ø gekennzeichnet.

Integrierte Umschalter steuern kommende Verbindungen automatisch richtig auf den Anrufbeantworter.

Bei modernen Anrufbeantwortern kann über Impulsauswahl oder einen Codesender auch von unterwegs abgefragt werden. Die Sprachspeicherkapazität kann durch zusätzliche Bausteine von 7 Minuten auf 28 Minuten erweitert werden.

Es gibt:
- Anrufbeantworter ohne Sprachaufzeichnung (Nur-Beantworter),
- Anrufbeantworter mit begrenzbarer oder sprachgesteuerter Sprechzeit für die Anrufer.

▶ Anrufbeantworter ohne Sprachaufzeichnung

Nur-Beantworter	Einsatz bei Routineauskünften
Meldetext	auf Kassette, auswechselbar
Dauer des Meldetextes	30 oder 60 Sekunden
Kapazität	unbegrenzt

Textbeispiel:	**Ablauf** **Klingelzeichen**
Hier automatischer Anrufbeantworter Dr. Ulrike Schön …	Meldetext:
Meine Praxis ist zur Zeit nicht besetzt. SIe erreichen mich wieder ab … Uhr. In dringenden Fällen vertritt mich … Ende der Mitteilung. Vielen Dank für Ihren Anruf.	30 oder 60 Sekunden oder 180 Sekunden
	Das Gerät schaltet ab und ist bereit für den nächsten Anruf.

▶ Anrufbeantworter mit begrenzbarer oder sprachgesteuerter Aufzeichnungszeit

Einsatz, wenn häufig wichtige Anrufe ankommen, aber das Telefon nicht ständig besetzt sein kann.

Melde- und Aufzeichnungstext	auf Kassette oder digital
Dauer	begrenzbar
Meldetext je nach Kassette	bis zu 30 Sekunden
Aufzeichnungszeit je nach Kassette	begrenzbar oder sprachgesteuert
Endabsage	bis zu 4 Sekunden
Kapazität je nach Kassette	55 Gespräche je 30 Sekunden 35 Gespräche je 40 Sekunden

Textbeispiel:	Ablauf Klingelzeichen
Hier automatischer Anrufbeantworter Modehaus Chic. Unser Büro ist zur Zeit nicht besetzt. SIe können jedoch anschließend einen Text von … Sekunden Dauer auf Band sprechen. Beginnen Sie mit Ihrem Namen, Ihrer Anschrift und Ihrer Kundennummer. Bitte sprechen Sie nach dem Signalton.	Meldetext: bis zu 30 Sekunden
Anrufer: Hier ist Ulrike Schön, Waldenburger Weg 3, 30519 Hannover, Kundennummer 37828. Ich bitte um umgehende Lieferung folgender Artikel 33 44 55 1 Seidenbluse 110,00 DM 22 44 33 1 Flanellrock 240,00 DM	Umschaltung auf Aufzeichnung: Aufzeichnungszeit je nach Kassette 30 oder 40 Sekunden je Anrufer; 1, 2, 3, ∞ Aufzeichnungszeiten Minuten wählbar
Vielen Dank für Ihren Anruf.	Umschaltung auf Schlußtext.
	Das Gerät schaltet ab und ist bereit für den nächsten Anruf.

Es gibt Geräte, die alle drei Funktionen der Anrufbeantworter in **einem** Gerät vereinen. Der Benutzer kann das Gerät einsetzen entweder:

- als „Nur-Beantworter“ (z. B. während der Urlaubszeit)
- als Anrufbeantworter mit begrenzbarer Aufzeichnungszeit
- als Anrufer mit sprachgesteuerter Aufzeichnung

Moderne Geräte vereinen die Funktionen **Telefon – Telefax – Anrufbeantworter** in einem Gerät. Der Benutzer kann sich flexibel den organisatorischen Erfordernissen anpassen.

Vorteile des Anrufbeantworters:

- Der Anschluß ist immer erreichbar.
- Die gespeicherte Mitteilung eines Anrufers kann jederzeit abgehört und gelöscht werden.
- Fernabfrage aus der ganzen Welt ist möglich.
- Selektionsmöglichkeit: Nur wichtige Anrufe werden entgegengenommen, die anderen werden gespeichert.

Eine komfortable Erweiterung des Anrufbeantworters ist die Sprachbox – s. S. 267.

Die Auswahl an Anrufbeantwortern ist groß. Es gibt auch Geräte (ISDN), die Anrufbeantworter, Telefon und Fax in sich vereinen und einen parallelen Einsatz der verschiedenen Module erlauben.

▶ Kleiner Ratgeber zur Anschaffung von Anrufbeantwortern

Welche Anforderungen werden an das Gerät gestellt?

- Werden verschiedene Ansagetexte benötigt?
- Über welche Aufnahmekapazität soll das Gerät verfügen?
- Wird eine Fernabfrage und Fernbedienung (mit einem speziellen Sender) benötigt?

Fernabfrage	Von jedem Telefon aus möglich.
Fernbedienung	– Änderung von Ansagetexten von unterwegs aus – Hinterlegung von gezielten Nachrichten für einen Anrufer – Fernein- und -ausschaltung – Löschen von Nachrichten

- Wird eine Rufweiterleitung benötigt?
- Soll das Gerät die Möglichkeit bieten, Gespräche mitzuschneiden? (Um Einverständnis des Gesprächspartners bitten!)
- Soll der Anrufbeantworter Uhrzeit und Datum registrieren?
- Soll der Anrufbeantworter Anrufe und/oder Gespräche zählen? Ein Anrufzähler registriert jeden Anruf, auch wenn der Anrufer sofort auflegt. Ein Gesprächszähler zeichnet die Anrufe „mit Inhalt" auf.

Hinweise zum Umgang mit Anrufbeantworter

Ansagetext	• Namen der Firma, die gewählte Telelonnummer nennen • den Ansagetext kurz halten (die Kosten gehen zu Lasten des Anrufers) • ist das Unternehmen international tätig, deutsch/ englische Ansage • auf eine sympathische Telefonstimme achten
Handhabung	• Anrufbeantworter so oft wie möglich abhören • versprochene Rückrufe möglichst umgehend tätigen

Die Firma Loewe Binaton GmbH, 63225 Langen, hat den **digitalen Anrufbeantworter** AlpheTel A entwickelt. Speicherzeit: 14 Minuten. Besonderheit: Das Gerät erklärt sich selbst. Der Benutzer wird durch eine Frauenstimme durch sämtliche Funktionen geführt, zum jeweils nächsten Bedienschritt aufgefordert und über die Zahl der eingegangenen Nachrichten informiert.

Vorteile der Digitalisierung:

- Wegfall mechanischer Verschleißteile
- die Tonbandkassette entfällt
- sekundenschneller Zugriff auf aufgezeichnete Gespräche
- Abruf von Nachrichten, Status- und Funktionsansagen wie bei einem CD-Player
- der Wochentag und die Uhrzeit der eingehenden Nachricht werden automatisch registriert

Kernwissen

- Private Zusatzeinrichtungen wie
  - Sprechanlagen
  - Automatischer Anrufbeantworter

  erleichtern wesentlich die Arbeit und ersparen Arbeitszeit und unnötige Rückfragen.
- Hausgespräche haben den größten Anteil an Telefongesprächen. Wichtig ist daher die Installation von richtig dimensionierten Sprechanlagen.
- Automatische Anrufbeantworter gibt es als
  - Nur-Beantworter
  - als Beantworter mit begrenzbarer oder sprachgesteuerter Aufzeichnungszeit

  Das Gerät muß den Erfordernissen des Unternehmens entsprechen.

Überlegungshilfe

- Bevor private Zusatzeinrichtungen installiert werden, sollte mit Hilfe der bereits bekannten Vier-Stufen-Methode der tatsächliche Bedarf ermittelt werden.

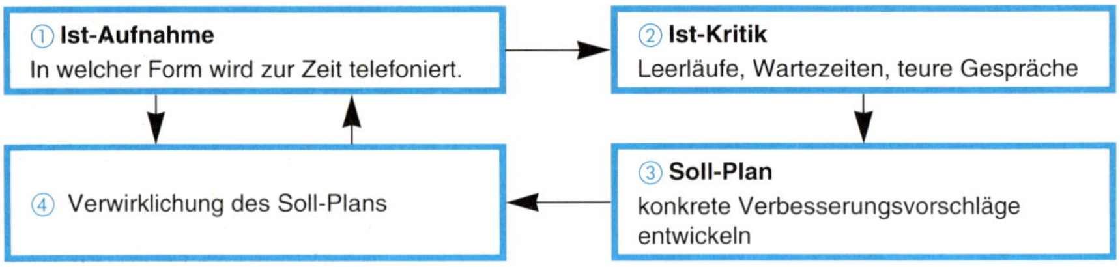

⑤ Nach einem bestimmten Zeitraum muß untersucht werden, ob die Arbeitsabläufe effizienter geworden sind (Kostenüberprüfung).

Zur Vertiefung

1 Erläutern Sie den Unterschied zwischen Wechselsprechanlagen und Gegensprechanlagen.

2 Nennen Sie die Vorteile von automatischen Anrufbeantwortern.

3 Welchen Anrufbeantworter empfehlen Sie
a) einem Großversandhaus,
b) einem Immobilienmakler,
c) einem Tierarzt?

4 Welche Vorteile hat die Durchwahlmöglichkeit zum Arbeitsplatz? Woher erfährt der Anrufer die richtige Nummer?

5 Sie suchen in Ihrem amtlichen Fernsprechbuch eine Rufnummer und finden den folgenden Eintrag: ⌕ 66 23 20. Was bedeutet das Zeichen ⌕ vor der Rufnummer?

7.2 Einrichtungen zur Übermittlung von Sprache, Text und Bild

Die neuen Informations- und Kommunikationstechniken (IuK-Techniken), haben den **organisatorischen** Ablauf im Betrieb entscheidend verändert. Besonders die Arbeitsplätze im Bereich der Textverarbeitung (Sachbearbeitung, Sekretärin, Schreibkraft) werden von den neuen Technologien geprägt und verändert. Der Trend der Zukunft heißt „Elektronik statt Papier"!

Maßgeblich an dieser Entwicklung beteiligt sind vor allem die Telekommunikationsdienste.

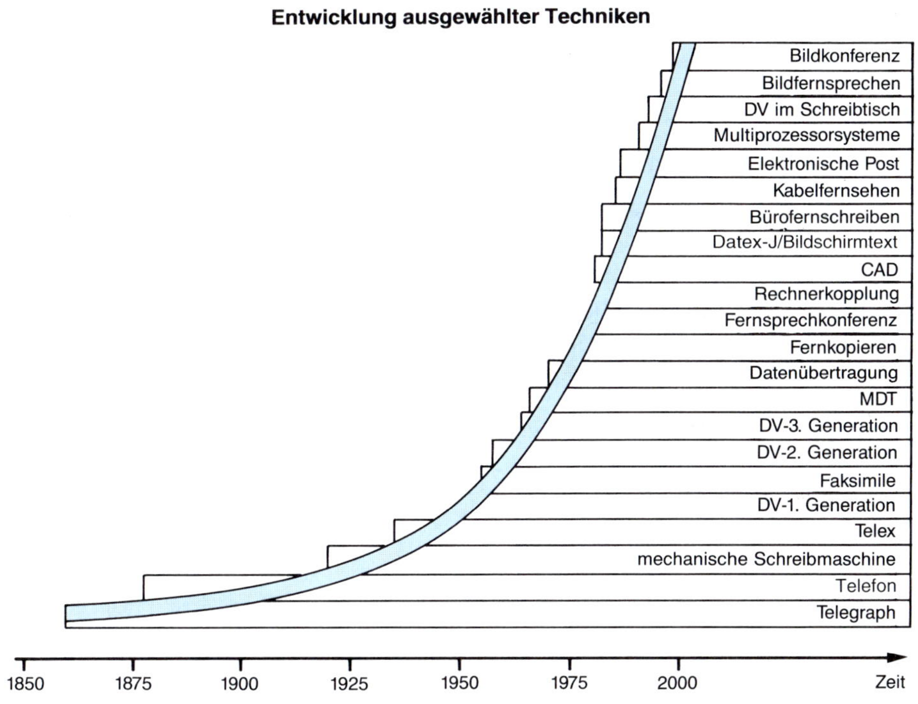

Folgende Fakten sind schon heute eine Selbstverständlichkeit:

- Globale Datenkommunikation
- Videokonferenzen
- Electronic Mail
- Online-Datenbankzugriff
- Verbindung von Unternehmen und Kunden durch lokale und globale Netze

Technische Voraussetzungen:

- Die in der Bundesrepublik Deutschland noch getrennt bestehenden öffentlichen Netze für die verschiedenen Dienste (z. B. Telefon-, Text- und Datendienst) können bei Bedarf zu einem integrierten Netz – ISDN (**I**ntegrated **S**ervices **D**igital **N**etwork) zusammengefaßt werden. Der ISDN-Teilnehmer kann über **eine** Rufnummer an seine „Telekommunikations-Steckdose" jene Arten von Endgeräten anschließen, für die er einen Bedarf sieht.

- In der letzten Stufe, im IBFN (**I**ntegriertes **B**reitband**f**ernmelde**n**etz) können auch das Bildfernsprechen, Videokonferenzen, Fernseh- und Hörfunkprogramme integriert werden.
- Die Digitaltechnik ermöglicht die Integration verschiedener Fernmeldedienste in einem Netz. Fernmelde- und Computertechnik wachsen zusammen zur Telematik (aus **Tele**kommunikation = Fernmeldewesen und Infor**matik** = Computerwissenschaft und- technik).
- Kleine und mittlere Betriebe erhalten durch die neuen IuK-Techniken verbesserte Zugangsmöglichkeiten zu Informationen.
- Größere Wirtschaftseinheiten werden überschaubarer und besser führbar.

Das sogenannte „moderne" Büro verfügt über eine Ansammlung unterschiedlicher Geräte, die aber – und hier muß die organisatorische Zukunftsplanung einsetzen – zum Teil die gleiche Aufgabe erledigen.

Das Büro der Zukunft muß, wenn es wirtschaftlich arbeiten will, die technischen Möglichkeiten anwenden und sich so entwickeln, daß ein Arbeitsplatzterminal über **eine** Tastatur, über **einen** Bildschirm und eine Mehrfunktionsdruckeinheit den Zugriff zu unterschiedlichen Informationen und Verarbeitungsprozessen ermöglicht.

Die innerbetriebliche Text-, Bild- und Datenkommunikation und die (benutzungsrechtlich) getrennten Telekomdienste müssen zu einem universellen System weiterentwickelt werden.

Es gibt bereits einige Maschinen, die diese Entwicklung demonstrieren:

- Das Teletexterminal (Datex-L) verbindet die Leistungen einer elektronischen Schreibmaschine und eines Textautomaten mit einer schnellen Textkommunikation.
- Der sogenannte „intelligente" Kopierer bezieht seine Informationen aus dem Bereich der Daten- und Textverarbeitung, der Text- und Bildübertragung und gibt sie über eine universelle Druckeinheit heraus.
- Das Datentelefon ermöglicht die simultane Übertragung von Sprache und Text, d. h. die Partner sprechen per Telefon über einen Text, den sie beide auf ihrem Bildschirm sehen.

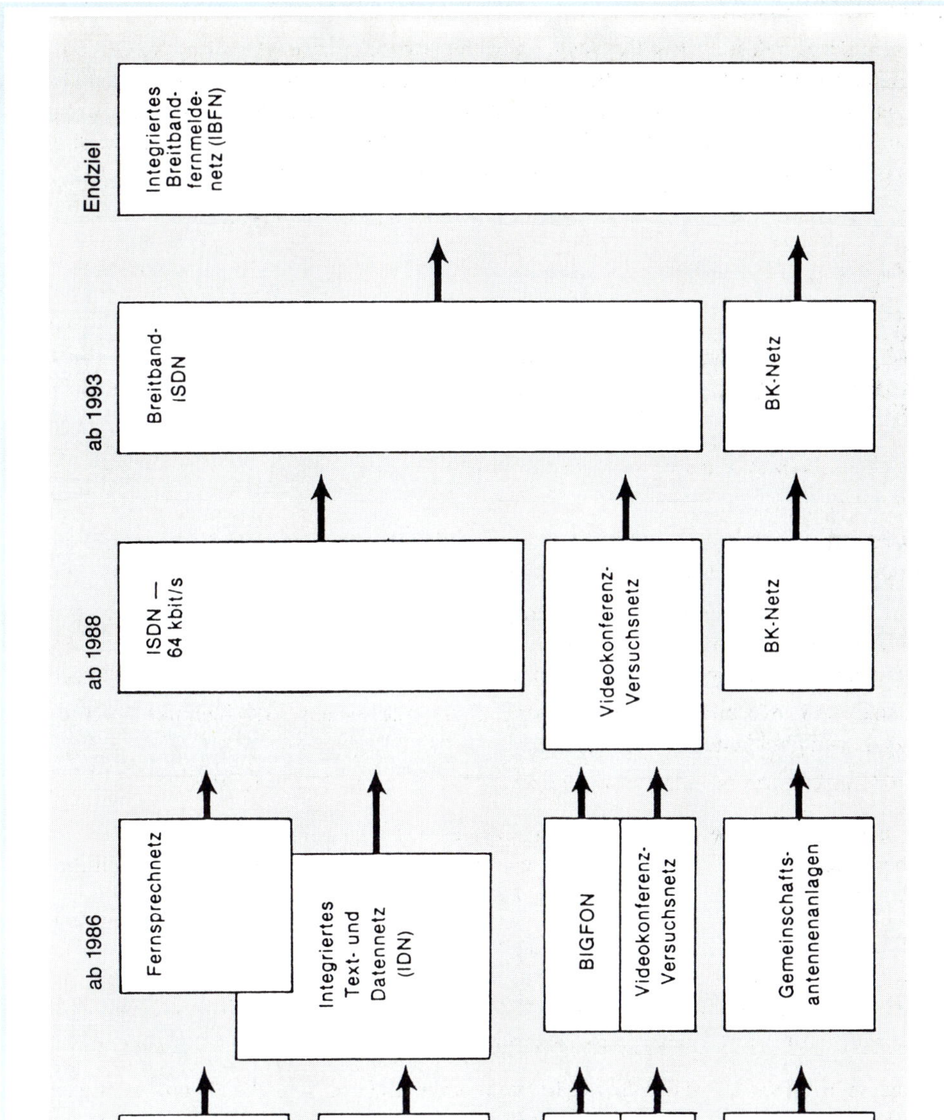

Dienste
ab 1986
ab 1988
ab 1993
Endziel
Fernsprechen
Datenübertragung im Fernsprechnetz
Telefax Gruppe 2/3
Bildschirmtext
Telex
Teletex
DATEX-L
DATEX-P
Bildfernsprechen
Videokonferenz
Tonrundfunk
TV
Fernsprechnetz
Integriertes Text- und Datennetz (IDN)
BIGFON
Videokonferenz-Versuchsnetz
Gemeinschafts-antennenanlagen
ISDN — 64 kbit/s
Videokonferenz-Versuchsnetz
BK-Netz
Breitband-ISDN
BK-Netz
Integriertes Breitband-fernmelde-netz (IBFN)

Heute arbeiten die Bereiche der Textverarbeitung, der Datenverarbeitung, der Postdienste noch nebeneinander in sich zum Teil überschneidenden Funktionen.

Morgen wird das Büro aus integrierten Bürokommunikationssystemen bestehen, ähnlich wie es die Entwicklung in der Datenverarbeitung zeigt. Der Computer ist nicht nur ein Spezialgerät für besonders wichtige oder häufig anfallende Daten, sondern er hat sich zu einem universell nutzbaren Terminal entwickelt.

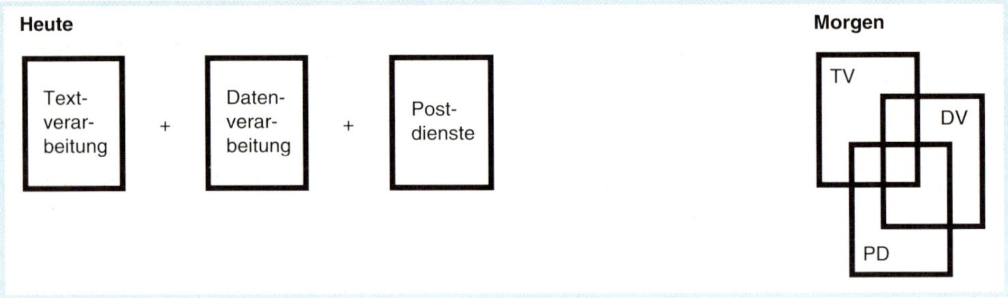

Auswirkungen:

- Veränderung der Arbeitsinhalte
- Veränderung der Arbeitsorganisation
- Veränderung der Anforderungen an die Beschäftigten
- ggf. Verlagerung von Arbeitsplätzen in die Wohnung. Textstationen werden bei Schreibkräften zu Hause aufgestellt. Auf Textstationen erfaßte, bearbeitete und gespeicherte Texte können elektronisch übertragen, beim Empfänger gespeichert und bei Bedarf weiterverarbeitet werden. Die Übermittlung der zu erfassenden Texte an die Schreibkräfte erfolgt

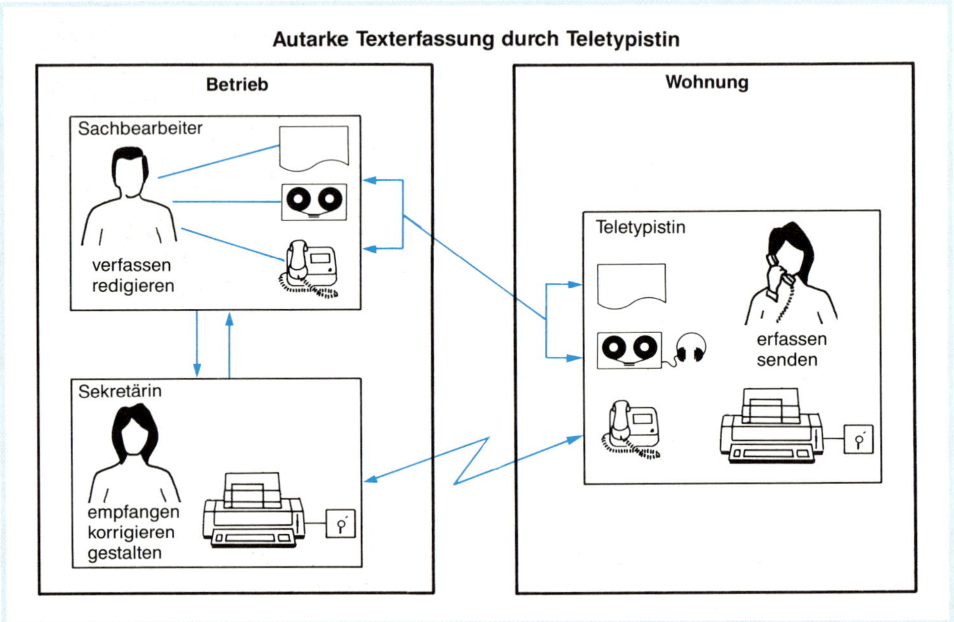

entweder durch die Post (Manuskript, Phonokassette) oder über Telefondiktat. Ein Modellversuch der Siemens AG hat gezeigt, daß dieses neue Organisationskonzept praxisgerecht ist. Die Heimarbeit sollte allerdings erst dann eingeführt werden, wenn die Frage der sozialen Absicherung der Arbeitskraft geklärt ist; dadurch wird eine Vielzahl von Problemen entschärft.

Überlegungshilfe

- Die neuen Technologien setzen Arbeitskräfte frei; es wird weniger Personal benötigt. Aber: **Qualifizierte Kräfte werden gesucht!**
- Das Personal in der Textverarbeitung muß die Bereitschaft zur Weiterbildung und Mobilität zeigen. Wichtig ist das Wissen über die Zusammenhänge im betrieblichen Prozeß.
- Die sich verändernde Arbeitswelt bietet Vor- und Nachteile. Folgende Angaben des Statistischen Bundesamtes zur **wöchentlichen** Arbeitszeit machen allerdings auch nachdenklich.

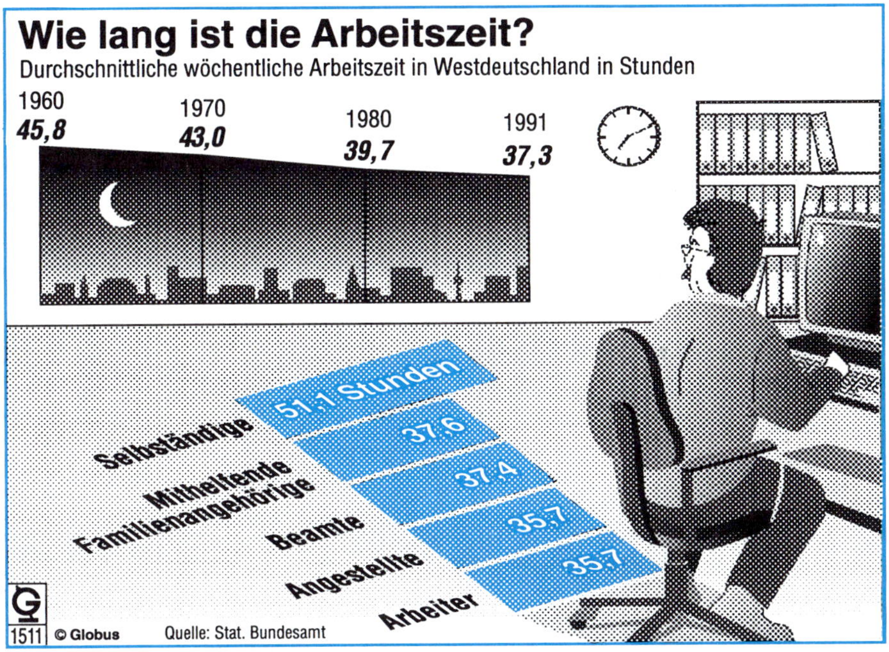

- Die **jährliche** Arbeitszeit betrug
  - 1850: 3920 Stunden
  - 1900: 3390 Stunden
  - 1960: 2440 Stunden
  - 1980: 1700 Stunden
  - 1991: 1586 Stunden (= 40 % der Arbeitszeit von 1850!)
- Ein internationaler Vergleich zeigt, daß Deutschland zu den Ländern mit der kürzesten Wochenarbeitszeit gehört. Denken Sie über die Probleme nach, die sich im internationalen Wettbewerb ergeben!

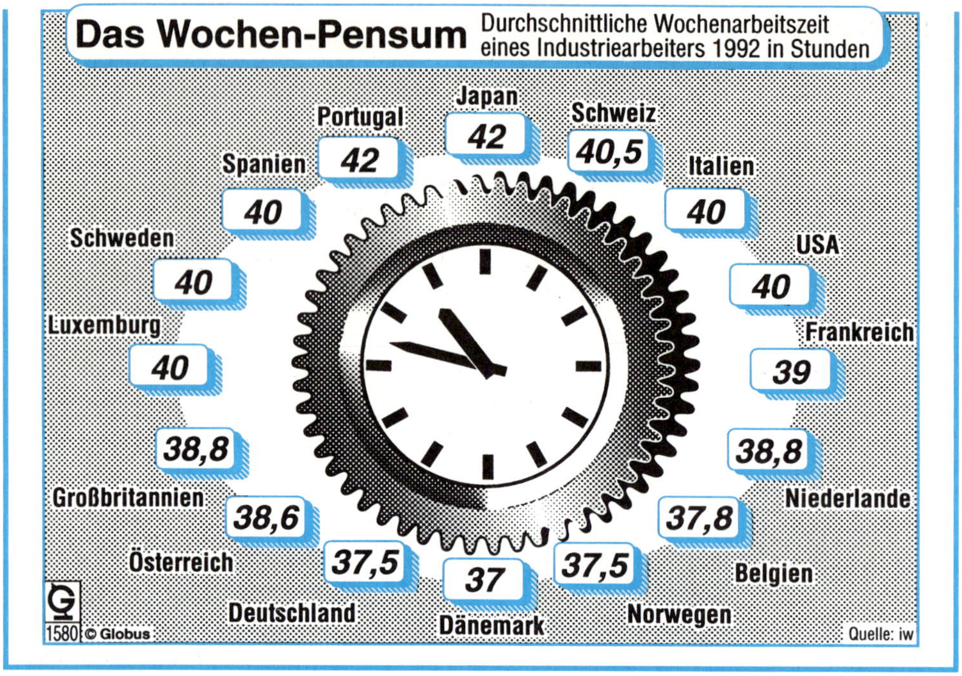

7.2.1 Sprache, Ton, Bild: Mobilfunknetze, Videokommunikation

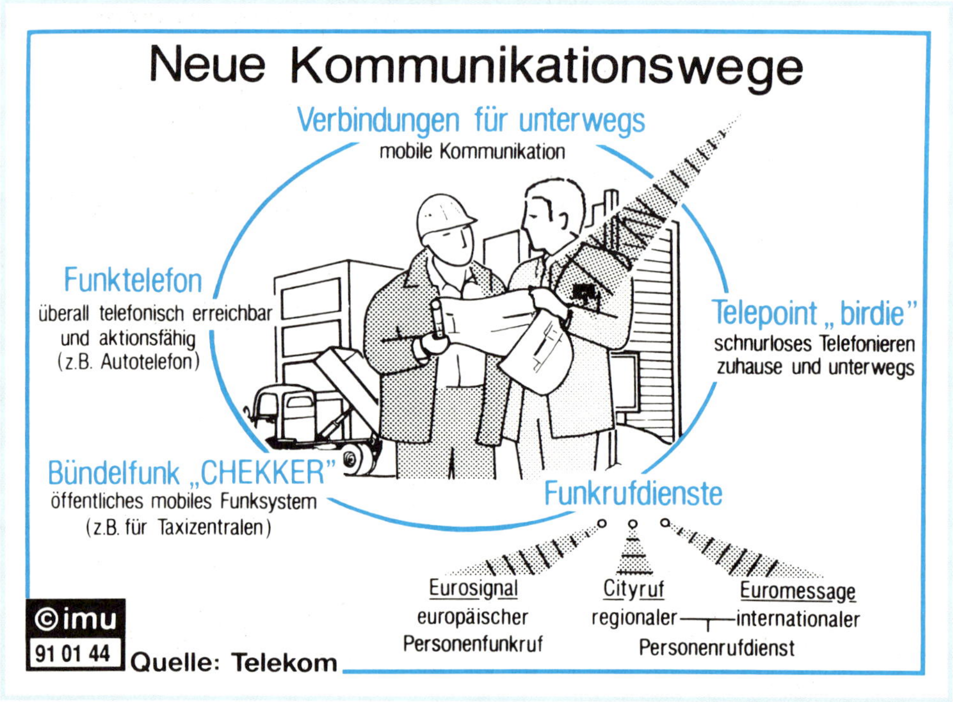

Mobilfunknetze

Ein Funktelefonanschluß ist ein mobiler Telefonanschluß, der in Autos, Schienen- und Wasserfahrzeugen betrieben wird.

▶ Mobilfunknetz C

Verbindungsmöglichkeiten	Flächendeckend im Bundesgebiet; von Deutschland aus zu allen Telefonanschlüssen im weltweiten Telefonnetz; vom Ausland aus kann zu C-Anschlüssen aus fast allen Ländern angerufen werden.
Nachteil	Im Ausland ist der Gebrauch der C-Funktelefone nicht zulässig.
Service-Leistungen	Travel-Service, Verkehrsinformations-Service, Weitervermittlungs-Service, Sekretariats-Service.
Zusatzgeräte	ermöglichen den Übergang zu Datex-J, Datex-P, Telebox

▶ Mobilfunknetze D

Nicht nur die Sprache, sondern auch Texte und Daten können mit Hilfe digitaler Technik übertragen werden.

Verbindungsmöglichkeiten	wie C-Netz
Besonderheit	Grenzüberschreitend kann in immer mehr europäischen Ländern im D-Netz mobil telefoniert werden.

▶ Mobilfunknetze E

Das E-Netz basiert im Prinzip auf derselben Technik wie die D-Netze; es ist also nur digital. Es wird auf Frequenzen um 1 800 gesendet (D-Netze 900). Da die E-Netze ausschließlich auf Handgeräte, die maximal mit einem Watt senden, ausgerichtet sind, ist das Funknetz engmaschiger geknüpft. 700 Basisstationen sind zur Zeit im Bau; im Endstadium sollen es 5 000 bis 6 000 sein. Damit wäre das E-Netz das größte Mobilfunknetz der Welt.

Vorteil:

Das Telefonieren im E-Netz soll billiger sein als im D-Netz.

Darstellung einer Funktelefonverbindung

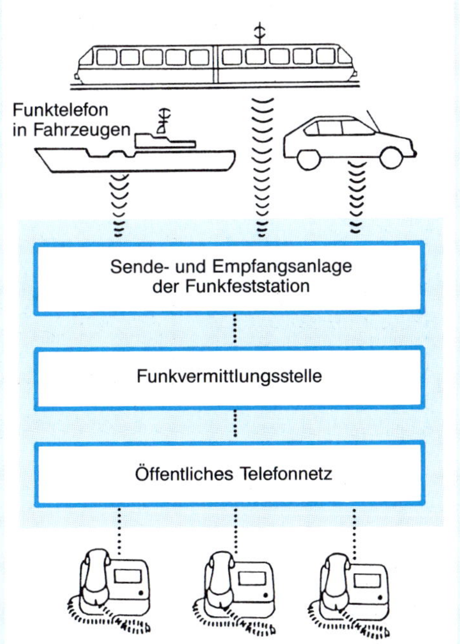

▶ Funktelefone

Drei Gerätearten stehen zur Wahl:

- das im Auto **festinstallierte Funktelefon**
- das **portable Funktelefon**
- das **Handtelefon**

Das portable Telefon ist mit wenigen Handgriffen aus dem Auto herausnehmbar und kann genauso schnell in ein anderes vorbereitetes Fahrzeug eingesetzt werden; es läßt sich auch außerhalb des Autos betreiben.

Funktionsweise. Zur Zeit werden alle Verbindungen nur über Vermittlungseinrichtungen der Deutschen Telekom AG in der Bundesrepublik Deutschland hergestellt. Ein C-Netz-Funktelefonanschluß funktioniert daher wie ein Inlandsanschluß. (Wichtig zu wissen bei der Ziffernwahl und bei den zu erwartenden Verbindungsgebühren.)

Voraussetzung zur Inbetriebnahme sind ein Funktelefongerät und eine TeleKarte für das C-Netz. Diese trägt in einem Speicher die **anruf**bare Funktelefonnummer. Das gleiche trifft für die D-Netze zu.

Will jemand über das C-Netz erreichbar sein, genügt es, in einem dazu versorgten Gebiet die Funktelefonanlage betriebsbereit zu machen oder den C-Netz-Sprachspeicher zu aktivieren. Der Sprachspeicher speichert alle Telefax- und Sprachinformationen.

Zeichenerklärung:

FuW 41235: Es handelt sich um die Rufnummer eines Funktelefonanschlusses im **B/B2-Netz.** Davor ist stets die Kennzahl des Funkvermittlungsbereichs zu wählen, in dem sich das Fahrzeug vermutlich befindet. Entsprechende Kennzahlen findet man im Telefonbuch im Kopfeintrag eines Ortes.

Fu 0161 2876543: Es handelt sich um die Rufnummer eines Funktelefonanschlusses im **C-Netz.** Ein solcher Anschluß wird unabhängig von der Kenntnis des Aufenthaltsortes des Fahrzeugs über eine einheitliche Netzvorwahl 0161 (aus anderen Ländern im allgemeinen + 49161) erreicht.

Vorwahlnummern für die D-Netze:

D1-Netz: 0171

D2-Netz: 0172

Mobilkommunikationsdienste sind komfortable Kommunikationsmöglichkeiten außerhalb der Geschäftsräume. Anwender sind vor allem Leute, die beruflich viel unterwegs sind und dennoch ständig erreichbar sein müssen, die dringende Entscheidungen sofort fällen und übermitteln wollen. Wichtige Mitteilungen erreichen den Empfänger jederzeit und überall.

Bestehende Dienste werden ausgebaut und verbessert, neue Dienste bieten den sich wandelnden Ansprüchen der Kunden neue Möglichkeiten.

Schnurlose Telefone können in einer Entfernung von 200 bis 300 m um eine Basisstation – in der Regel einer Zusatzeinrichtung zum Hauptanschluß – betrieben werden (Trend: Zur Jahrtausendwende sollen die Hälfte aller Telefonanschlüsse in der Bundesrepublik Deutschland mit schnurlosen Telefonen ausgestattet sein.).

Telepoint ist unter dem Namen „birdie“ im Bereich der Mobiltelefone bekannt. birdie ermöglicht mit Hilfe eines Handapparates und einer zu einer Telepointzelle ausgebauten Telefonzelle schnurloses Telefonieren außerhalb von geschlossenen Gebäuden. Wer einen solchen Handapparat besitzt und sich nicht weiter als 200 m von einer Telepointzelle befindet, hat die Möglichkeit, mit wem auch immer, sofort zu telefonieren. Endloses Warten vor ständig besetzten Telefonzellen entfällt somit. Telepoint funktioniert nur in einer Richtung, man kann anrufen, jedoch nicht angerufen werden. Telepointinstallationen gibt es an zentralen Plätzen, beispielsweise Bahnhöfen, Flughäfen, Einkaufszentren, Autobahnraststätten.

▶ Funkrufnetze

- **Paging.** Für die Namensgebung haben die in exklusiven Hotels beschäftigten Pagen Pate gestanden, die mit einem Mitteilungsschild durch die Eingangshalle gehen, um einen bestimmten Gast zum Telefon zu rufen.

  Pager sind etwa scheckkartengroße Empfangsgeräte, mit deren Hilfe dem Träger Informationen übermittelt werden können.

  Die Telekom bietet zur Zeit folgende Paging-Dienste an: EUROSIGNAL, Cityruf, EUROMESSAGE:

  – Mit **EUROSIGNAL:** vergleichbar mit einer großen drahtlosen Personenrufanlage – können von beliebigen Telefonanschlüssen aus Signale (optische und akustische) zu beweglichen Funkrufempfängern übermittelt werden.

    Übermittlung von bis zu vier verschiedenen Signalen je Empfänger durch Wahl einer bestimmten Rufnummer.

    Die Bedeutung der Signale muß vorher zwischen den Partnern verabredet werden.

  – Der **Cityruf:** ein Stadtfunkrufdienst – ermöglicht die Übertragung von mehreren Tonsignalen und bis zu 80 alphanumerischen Zeichen an sehr kleine Funkrufempfänger.

    Nachrichten können über Telefon, Telex, Datex-L oder Datex-J eingegeben werden.

  – Mit **EUROMESSAGE** kann dieses Funkrufsystem auch über die Grenzen der Bundesrepublik Deutschland hinaus genutzt werden.

- **Chekker.** Zahlreiche Unternehmen (Transportgewerbe, Handel, Handwerk, Behörden) nutzen seit Jahrzehnten den sogenannten privaten Betriebsfunk für ihren Außendienst. Da diese Netze in Ballungsgebieten jedoch schnell überlastet sind, stellt die Telekom eine Bündelfunkdienstleistung zur Verfügung, die unter dem Namen „Chekker“ angeboten wird.

Chekker deckt ganze Regionen oder Wirtschaftsräume ab und bietet damit gegenüber den privaten Betriebsfunknetzen eine wesentlich großzügigere Abdeckung.

Leistungen:

- Jedem Teilnehmer wird für die Dauer des Gesprächs ein individueller Kanal zugewiesen; daher gibt es kein unerwünschtes Mithören.
- Es können Funk-zu-Funk-Verbindungen hergestellt werden, auch mit betriebsfremden Partnern.
- Mit dem „Gruppenruf" können mehrere Teilnehmer gleichzeitig angesprochen werden; dabei lassen sich feste Gruppen definieren, die mit einer einzigen Nummer angewählt werden.
- Im Chekker-Netz ist auch Datenübertragung möglich.
- Zahlen und Buchstaben können mit dem Funkgerät übermittelt und im Display dargestellt werden.
- Weitere Geräte, z. B. Modems, lassen sich an das Funkgerät anschließen.

VIDEO-Kommunikation

SPRACH-Kommunikation mit BEWEGTBILD-Übermittlung

- **Bildtelefon.** Diese Dienstleistung ist möglich an einem ISDN-Anschluß. Eine Unterhaltung ist lebendiger, wenn sich die Gesprächspartner sehen und gegenseitig Bilder oder Gegenstände zeigen können.

  Das Bildtelefon besteht z. B. aus einem handelsüblichen Fernsehgerät und einer Fernsehkamera mit umschaltbarer Optik. Die Kamera kann entweder den Gesprächspartner aufnehmen oder auch Gegenstände, Texte oder Zeichnungen.

- **Videokonferenzen** (s. auch S. 135 und 136) verbinden Gesprächspartner an unterschiedlichen Orten durch Bild und Ton, als wären sie im selben Raum. Neben den nationalen Verbindungsmöglichkeiten sind Videokonferenzen zu den meisten europäischen Ländern, in die USA, nach Japan, Kanada und in die VR China möglich. Die Teilnahme am Videokonferenzbetrieb ist auf der Basis einer Einzelvereinbarung mit der Deutschen Telekom und dem VK-Teilnehmer möglich. Es stehen auch öffentliche Videokonferenzräume zur Verfügung, in denen sich der interessierte Kunde mit den Möglichkeiten dieser Besprechungsform vertraut machen kann.

Vorteile:

- einfacher und schneller audiovisueller Informationsaustausch,
- kürzere und besser aufbereitete Besprechungen,
- Möglichkeiten zum sofortigen Austausch von Dokumenten und Unterlagen für die gemeinschaftliche Bearbeitung und zum Besprechen technischer und betrieblicher Abläufe,
- Möglichkeit der bildbegleitenden Information durch Telefax, Festbilder und Videoaufnahmen.

Kernwissen

- Mobilität und Schnelligkeit prägen unsere Zeit.
- Schnelle Abstimmungsprozesse können zu einem wichtigen Wettbewerbsvorteil werden. Hierbei kann der Mobilruf hilfreich sein.
- Cityruf mit seinen scheckkartengroßen Empfängern in drei Varianten bietet dem Anwender eine preiswerte Art der schnellen Kontaktaufnahme und sichert die Erreichbarkeit auch innerhalb von Gebäuden. Das Absenden einer Nachricht zu einem Cityrufempfänger kann über unterschiedliche Eingabemedien erfolgen, z. B. über das Telefon, per Datex-J, Telex oder Datex-L.
- Der Euromessage-Empfänger ist in der Bundesrepublik sowie in fast allen größeren Städten Frankreichs, Italiens, der Schweiz und in fast ganz Großbritannien erreichbar. Informationen können an Kunden innerhalb der Bundesrepublik sowie der Schweiz und Frankreich abgesetzt werden.
- Die Video-Kommunikation eröffnet neue Möglichkeiten eines bildbegleitenden Informationsaustausches.
- Mehrpunktkonferenz. Der ZRP (Zentraler Reservierungsplatz der Telekom) schaltet auf Wunsch bis zu sieben Endstellen einer gemeinsamen Konferenz zusammen. So können sich z. B. die Entwicklungsabteilung, der Vertrieb, die Fertigung und der Zulieferant gemeinsam beraten und an den gleichen Dokumenten arbeiten, auch wenn sie sich an unterschiedlichen Orten befinden.

Überlegungshilfe

- Nach Meinung von Experten ist es lediglich eine Frage der Zeit, daß die gleichzeitige Übertragung von Bewegtbildern in Fernsehqualität und Originalton nicht nur für Manager, sondern auch für Privatleute selbstverständlich sein wird (Voraussetzung: Breitbandnetz). Mit Hilfe eines Versuchsnetzes („Vorläufer – Breitbandnetz“ – VBN –) werden zur Zeit Versuche gemacht.

Zur Vertiefung

1 **Problem:** Dr. Ernst ist aus beruflichen Gründen häufig mit seinem Dienstwagen unterwegs. Es ist ihm nicht möglich, in seinem Büro seinen ungefähren Aufenthaltsort zu hinterlassen. Dennoch möchte er durch seine Sekretärin über wichtige Angelegenheiten auf dem laufenden gehalten werden.
Machen Sie einen Lösungsvorschlag! Wie kann seine Sekretärin ihn dauernd erreichen?

2 Worin besteht der Unterschied zwischen „Cityruf“ und „Euromessage“?

3 Informieren Sie sich, was man veranlassen muß, um über „Euromessage“ erreichbar zu sein!

7.2.2 Texte: Telexdienst, Datex-L/Teletexdienst, Telefaxdienst, Datex-J (Btx), Telebox, Telegrammdienst

Telexdienst

Telexdienst (Fernschreibdienst); Telex = **tele**graph **ex**change (engl.: tele = fern, exchange = Austausch).

Telex ist die bewährte internationale Textkommunikation für den geschäftlichen Informationsaustausch. Das dichte internationale Teilnehmernetz erschließt insbesondere Regionen mit schwacher Telekommunikationsinfrastruktur, z. B. Osteuropa und Dritte-Welt-Länder. Per Telex können weltweit direkt und rund um die Uhr etwa 1 Mio. Teilnehmer in über 200 Ländern, bundesweit etwa 110 000 Teilnehmer erreicht werden.

Öffentliche Telexstellen gibt es in vielen Großstädten Deutschlands in Postämtern, Bahnhöfen, Flughäfen, auf Messen und ähnlichen Großveranstaltungen.

Der Telexdienst wird heute zusammen mit anderen Diensten über das integrierte Text- und Datennetz (IDN) der Telekom abgewickelt. Eine moderne Verbindungstechnik bietet dem Teilnehmer Komfort wie Direktruf, Kurzwahl, Rundschreiben, unmittelbare Gebührenzuschreibung. Der Aufbau einer Verbindung dauert weniger als 0,4 Sekunden.

Mit einem Telexanschluß können moderne Telexgeräte auf PC-Basis, Telex-Nebenstellenanlagen, Mehrplatzsysteme oder vorhandene PC genutzt werden. Mit einer PC-Karte/Box und der dazugehörigen Software können direkt aus einem PC-Anwendungsprogramm Texte gesendet werden. Die zugelassenen Endgeräte sind durch internationale Standards weltweit kompatibel.

Jeder Teilnehmer erhält seine eigene Rufnummer (Telexnummer), die von der Deutschen Telekom festgelegt wird. Sie ist auch in der Kennung enthalten, die bei der Fernschreibmaschine im automatischen Kennungsgeber fest eingestellt ist und zwischen den Partnern einer Verbindung als Erkennungszeichen ausgetauscht wird. Anschlüsse im Telexnetz der Deutschen Telekom haben das Netzkennzeichen „d“.

Beispiele für Telexnummern:

Telexnummer =	
Kennziffer +	Rufnummer
8	58 2 4 04
4	11 467
5	3 797

Bei Angabe der Telexnummer wird die Rufnummer, abgesetzt von der Kennziffer, von rechts beginnend in Dreiergruppen geschrieben.

Beispiele für Telexkennungen:

Telexkennung =		
Telexnummer +	Kurzbezeichnung des Teilnehmers +	Netzkennzeichen
8582404	gama	d
411467	banco	d
53797	ribbon	d

In der Kennung wird die Telexnummer ohne Zwischenräume geschrieben.

Das „Amtliche Telex- und Teletexverzeichnis“ der Deutschen Telekom enthält u. a. Angaben über die Teilnehmer im öffentlichen Fernschreibnetz der Post und Hinweise auf die Benutzung des Telexanschlusses. Wer Telex hat, gibt das in den Geschäftspapieren an, z. B. auf Briefbogen, Besuchskarten, Preislisten.

Köln

Name und Anschrift	Telexnummer Kennziffer Rufnummer	Kennung
Hafner, August, Inh. Egon Hafner, Verpackungsmittel-Vertretungen, Kerpener Str. 77, 5000 Köln 41	8 881 642	8881642 hafk d
Haftpflichtverband der Deutschen Industrie und Feuerschadenverband VaG, Geschäftsstelle Köln, Kaltenbornweg 2, 5000 Köln 21	8 873 605	8873605 hfvk d
Hageda AG Arzneimittel-Großhandel,	8 882 009	8882009 hgkn d

Beispiele für Angaben über einen Telexanschluß auf Briefbogen

Telex
8 582 404
8582404 gama d

Telex 411467
411467 banco d

Die Ziffernfolge einer Telexverbindung wird mit der Tastatur der Fernschreibmaschine gewählt. Durch Selbstwahl können im Netz der Deutschen Telekom alle, in vielen anderen Ländern die meisten Teilnehmer erreicht werden. Ist Selbstwahl nicht möglich, stellen die internationalen Telexvermittlungen die Verbindung her.

Telexe werden weltweit standardisiert mit 400 Zeichen pro Minute (50 bit/s) übertragen. Das verwendete internationale Telegraphenalphabet (ITA Nr. 2) mit seinem Mindest-Zeichenvorrat (Alphabet ohne Umlaute, 10 Ziffern, es wird nur Groß- oder Kleinschrift benutzt) hat einen besonderen „Telex-Stil“ geprägt. Die Korrespondenz ist relativ formlos, kurz und prägnant. Telexnachrichten können daher in kurzer Zeit ausgetauscht werden.

▶ Muster einer Telexnachricht

Text	Bedeutung
858244 alpha d	Kennung des erreichten Telexanschlusses
537797 banco d	Kennung des eigenen Telexanschlusses
von banco duesseldorf	Name/Firma des Absenders und Ort
an alphanational augsburg	Name/Firma des Empfängers und Ort
einkauf 12.01.	Geschäftszeichen/Datum
bueromoebel	Betreff
erbitten sofortigen fs-bescheid, ob lieferung der pos. 7 und 9 entgegen der vereinbarung bereits am 14.01. erfolgen kann.	
+	Schlußkreuz
858244 alpha d	Kennung des erreichten Telexanschlusses
537797	Kennung des eigenen Telexanschlusses

▶ Kosten

- Kaufpreis oder Miete eines Fernschreibers
- einmalige Anschlußgebühr an das öffentliche Fernschreibnetz der Telekom
- monatliche Grundgebühr je Telexhauptanschluß
- monatliche Gebühren für besondere Einrichtungen (z. B. Kurzwahleinrichtung, Direktruf, Entstörungsleistungen)

Die Gebühren für Telexverbindungen werden nach ihrer Dauer in Einheiten berechnet. Man unterscheidet zwei Zonen:

- **Zone I.** Die eigene Telexnummer und die des gewünschten Anschlusses beginnen mit der gleichen Ziffer.
- **Zone II.** Die eigene Telexnummer und die des gewünschten Anschlusses beginnen **nicht** mit der gleichen Ziffer.

Zone	Taggebühr 8 bis 18 Uhr	Nachtgebühr 18 bis 8 Uhr
Zone I	15 Sekunden	45 Sekunden
Zone II	10 Sekunden	45 Sekunden

Vorteile des modernen Fernschreibers:

- Mit Telex können Nachrichten zwischen Sender und Empfänger weltweit
  - innerhalb von Minuten
  - rund um die Uhr ausgetasucht werden
- Beim Übermitteln der Nachricht mit Lochstreifen wird die Übermittlungszeit kurz gehalten. Das spart Gebühren.
- Das öffentliche Telexnetz ist ununterbrochen betriebsbereit.
- Telexnachrichten werden bei betriebsbereitem Fernschreibgerät vollautomatisch empfangen. Bedienungspersonal braucht nicht anwesend zu sein. Einschränkung bei Geräten älterer Generation: Wenn der angewählte Telexteilnehmer gerade selbst ein Telex sendet oder empfängt oder einen Lochstreifen fertigt, ist er nicht empfangsbereit. Der Fernschreiber kann also zur selben Zeit entweder senden, empfangen oder Lochstreifen fertigen.
- Fernschreiben sind kürzer als Briefe.
- Durch Senkung der Texterstellungskosten und Versandarbeiten (kürzere Konzipier-, Diktier- und Schreibzeiten; Wegfall von Falz-, Kuvertier- und Frankierarbeiten) werden Kosten gespart.
- Fernschreiben sind vorteilhaft für externe Routinepost und interne Routinepost (Hauspost); internes Schreiben ist gebührenfrei.
- Fernschreibteilnehmer können mit allen Teilnehmern des Teletexdienstes (Datex-L) korrespondieren (unter Eingabe der Zugangskennzahl zum Teletexnetz, der nationalen Teletexrufnummer des gewünschten Anschlusses und des Wahlendezeichens).

Teletexdienst im Datex-L-Netz

Teletex im Datex L. Dieser Dienst wurde 1981 zuerst in der Bundesrepublik Deutschland eingeführt. Seit dem 1. Juli 93 wird der Teletex-Dienst (2 400 bit/s) als eigenständige Dienstleistung im integrierten Text- und Datennetz (IDN) **nicht** mehr angeboten. Die bestehenden Teletex-Anschlüsse sind technisch unverändert (unter Beibehaltung der bisherigen Rufnummer und Kennung) in Datex-L-Anschlüsse umgewandelt worden.

Der Teletexdienst, [Teletex = **tele** (fern) – **t** (text) – **ex** exchange (Austausch)] gelegentlich noch als „Bürofernschreiben" bezeichnet, ermöglicht es, an **einem** Arbeitsplatz Texte zu erstellen, Texte zu senden, Texte zu empfangen. Zum Unterschied zu Telexgeräten sind Teletexstationen mit dem vollen Zeichenvorrat einer Büroschreibmaschine ausgestattet (Groß- und Kleinbuchstaben, Sonderzeichen). Der Teletexteilnehmer kann sowohl mit jedem an das internationale Teletexnetz angeschlossenen Teilnehmer als auch mit den Teilnehmern des nationalen und internationalen Telexdienstes korrespondieren. Eine Liste aller zugelassenen Teletexendgeräte ist beim Fernmeldeamt erhältlich. Jeder Teletexteilnehmer wird im „Amtlichen Teletexverzeichnis" aufgeführt.

Inland → Inland

Zum Herstellen von Verbindungen zu Teletex-Anschlüssen muß die Teletex-Nummer und der Buchstabenteil der Teletex-Kennung des gewünschten Empfängers eingegeben werden.

Beispiel: Ttx 12345678 = Abcdef

Zum Herstellen einer Verbindung Telex- zu Teletex-Teilnehmer muß als Wahlinformation die 17 und die Teletex-Nummer des gewünschten Empfängers eingegeben werden.

Beispiel: 1712345678+

Die Übermittlung eines Textes zu einem Telex-Teilnehmer wird über eine Umsetzereinrichtung im IDN, dem TTU, automatisch vorgenommen.
Zum Herstellen einer Verbindung zu Telex-Anschlüssen im Bereich der Deutschen Telekom muß als Wahlinformation die Zugangszahl 18 und die Telex-Nummer des gewünschten Empfängers eingegeben werden.

Beispiel: Tx 18777777 = 777777

▶ Möglichkeiten der Teletex-Teletex-Telex-Kommunikation

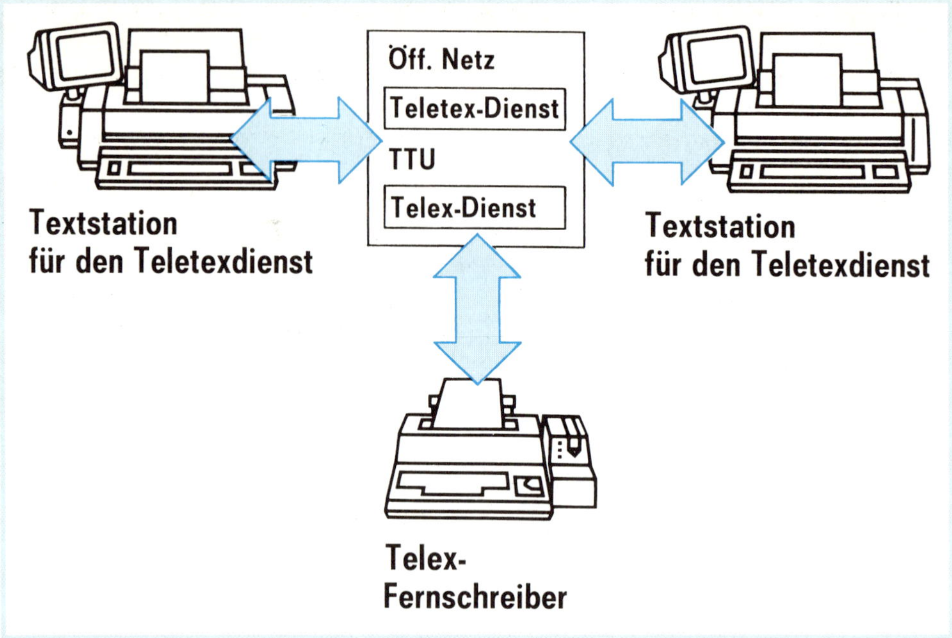

▶ Gebühren

Es werden einmalige Anschließungsgebühren, eine monatliche Grundgebühr und Verbindungsgebühren je Sekunde Verbindungsdauer erhoben. Es wird unterschieden zwischen Regionalbereich (Entfernungen innerhalb von 50 km) und Fernbereich (Entfernungen über 50 km).

▶ Vorteile des Teletexdienstes

- Mit Teletex können Nachrichten zwischen Sender und Empfänger
  - innerhalb von Sekunden
  - rund um die Uhr
  - auch papierlos

  ausgetauscht werden.
- Teletex verfügt über den Zeichenvorrat der Schreibmaschine.

- Alle für den Teletexdienst zugelassenen Geräte sind kompatibel, können also miteinander korrespondieren.
- Über eine Umsetzeinrichtung zwischen Teletex- und Telexdienst ist eine unbegrenzte Korrespondenz möglich.
- Textstationen können an den Teletexdienst angeschlossen werden, d.h. Texte können gespeichert, korrigiert, redigiert, gestaltet werden.
- Die Teletexgeräte sind rund um die Uhr empfangsbereit.
- Die Papierformate A4 hoch und quer können verwendet werden.
- Die Übermittlung einer A4-Seite erfolgt in etwa 10 Sekunden.
- Ein bedienungsfreier Empfang ist möglich (Speicher-zu-Speicher-Verkehr); die Teletexstation kann unbesetzt sein oder lokal zum Schreiben verwendet werden.
- Mehrere Textsysteme können an einen Teletexanschluß angeschlossen werden.

Welche Vorteile hat Teletex gegenüber Telex?

Teletex	Telex
Schnellere Übermittlung von Informationen, da direkt von elektronischem Speicher zu elektronischem Speicher übermittelt wird (mit 2400 bit/s).	Langsamere Übermittlung von Informationen, da 50 bit/s (= 400 Zeichen/Min.) übertragen werden.
Geräte (z. B. Speicherschreibmaschinen, DV-Anlagen) können nicht nur für die Teletexkommunikation genutzt werden. Der Arbeitsplatz ist vielseitig auslastbar.	Geräte können nur für den Telexverkehr genutzt werden.
Auch während ein Teletex empfangen wird, können z. B. Texte erstellt werden.	Am Fernschreiber kann immer nur ein Arbeitsgang durchgeführt werden, entweder Telexempfang, senden oder Lochstreifen fertigen.
Texte können auf büroüblichen Papierformaten in Schreibmaschinen-Qualität ausgedruckt werden.	Die Nachricht wird auf Endlospapier ausgedruckt.
Bei der Texterstellung können alle Editier- und Korrekturfunktionen und der volle Zeichenvorrat einer Büroschreibmaschine (Groß-, Kleinbuchstaben usw.) genutzt werden.	Es kann nur mit Kleinbuchstaben, Ziffern und Zeichen geschrieben werden. Korrekturen sind aufwendig.

Telefaxdienst – Fernkopieren

Telefax ergänzt Telefon, Telex und Teletex, weil neben Schriftzeichen auch Zeichnungen, Grafiken, Dokumente, Listen, Pläne, Skizzen und Unterschriften usw. originalgetreu (fac simile, lat. = „mache ähnlich“) auf einen anderen Fernkopierer über das öffentliche Fernsprechnetz übertragen werden können. Die Vorlage wird dabei fotoelektrisch in Rasterpunkte zerlegt. Diese werden in elektrische Signale umgewandelt und dann übertragen. Je nach Gerätetyp wird der Inhalt einer A4-Seite in 3, 1 bzw. ½ Minute(n) übertragen. Die Geräte sind „abwärtskompatibel“, d.h. das leistungsstärkere Gerät stellt sich beim Senden automatisch auf das langsamere Gerät ein.

Telefax arbeitet über das Fernsprechnetz und ISDN. Im Telefonbuch sind die Fax-Anschlüsse mit „Fax“ vor der Rufnummer gekennzeichnet. Über die Telefonauskunft erhält man ebenfalls Auskünfte über Telefaxteilnehmernummern.

Die Gebühren für den Telefaxdienst sind in den Fernmeldegebührenvorschriften enthalten. Es werden einmalige Anschließungsgebühren und monatliche Gebühren erhoben. Die Verbindungsgebühren entsprechen denen des Fernsprechdienstes; es entstehen keine zusätzlichen Telefaxverbindungsgebühren.

Angaben über Telefax auf Briefköpfen, Visitenkarten usw.: Die Kennzeichnung „Telefax“ sollte in derselben Zeile mit der Rufnummer stehen.

Beispiel:

- Korrespondenz im Inland: Telefax (0 61 51) 88 44 33
- Korrespondenz mit Partner im Ausland: Telefax + 49 61 51 88 44 33

Ein Telefaxanschluß besteht aus:

- einem Telefonanschluß
- einer Anschalteeinrichtung
- einem Fernkopierer, der für den Telefaxdienst zugelassen ist

Der Fernkopierer wird von der Deutschen Telekom angeschlossen. Man kann das Gerät entweder von der Telekom mieten oder beim Fachhandel mieten, leasen oder kaufen. Sämtliche vom Zentralamt für Zulassungen im Fernmeldewesen (Saarbrücken) zugelassenen Fernkopierer können im In- und Ausland miteinander korrespondieren.

Telebriefe können per **Telefax** direkt an Postämter mit Telebriefstellen übermittelt und als Telebriefe an die Empfänger ausgeliefert werden. Partner ohne Fernkopierer können über diese Postämter Fernkopien als Telebriefe versenden. Telebriefe können auch direkt an ausländische Telebriefstellen gesendet werden.

Faxen aus der Telefonzelle. Das Übermitteln von Schriftstücken per Telefonleitung ist in Zukunft auch von öffentlichen Fernsprechzellen aus möglich. Das erste von 5 000 geplanten Fax-Geräten ist im Dezember 1992 in Saarbrücken in Betrieb genommen worden.

▶ Wie wird gefaxt?

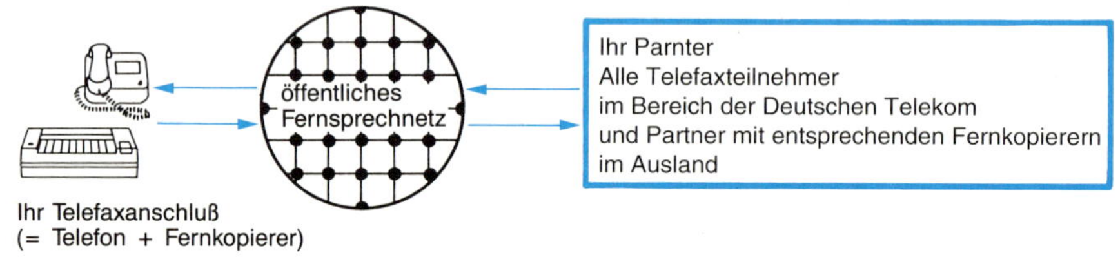

Nachdem der Absender

- die Vorlage in sein Telefaxgerät eingelegt
- den Empfänger angewählt und
- die Starttaste betätigt hat
- wird die Vorlage in das Telefaxgerät eingezogen
- zeilenweise abgetastet
- in Form von elektrischen Signalen zum Telefaxgerät des Empfängers übertragen und
- erscheint dort gleichzeitig als originalgetreue Kopie

Nach der Übertragung wird die Verbindung automatisch getrennt.

Solche Vorlagen können übertragen werden:

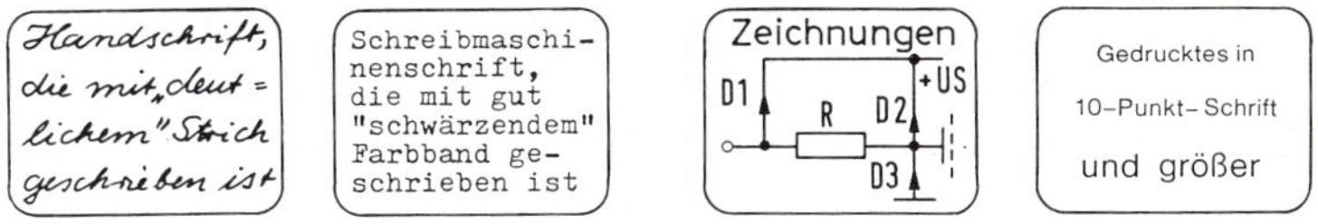

Diese wenigen Regeln sollten beim Fernkopieren beachtet werden:

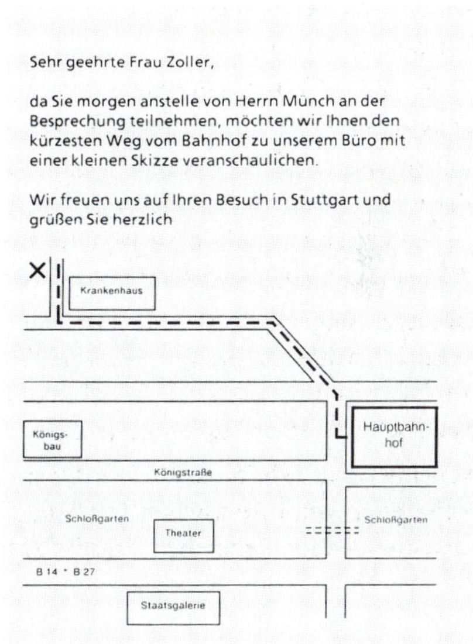

- Das Papier soll beschaffen sein wie das Papier, das Sie auch im Schriftverkehr verwenden (Gewicht 50 bis 120 g/m^2).
- Das Format kann bis zu A4 betragen. Die weiße Fläche dieses Blattes ist bei diesem Format dann für Nachrichten nutzbar, die Sie übertragen wollen.
- Die Nachricht, die Sie übertragen wollen, kann in Handschrift, in Schreibmaschinenschrift, in gedruckter Form oder als technische Zeichnung u. ä. dargestellt sein. Beachten Sie bitte folgende „Faustregeln":
  – die Mindeststrichstärke soll 0,2 mm
  – die Mindestschrifthöhe 4 mm und
  – der Mindestabstand zwischen zwei Strichen 0,5 mm betragen

  Bei Schreibmaschinenschrift sollte mindestens die im Geschäftsverkehr übliche Schriftgröße und bei Gedrucktem mindestens 10-Punkt-Schrift (3,75 mm Höhe) verwendet werden.
- Die Farben (außer Schwarz) können, ähnlich wie beim Fotokopieren, nur in Schwarz oder Weiß wiedergegeben werden.

▶ Sicherheit

Durch Benutzung von Abteilungs- und Benutzercodes läßt sich jederzeit genau aufschlüsseln wer, wann, wie lange, wohin gefaxt hat. Sämtliche Übertragungsvorgänge werden komplett oder nach einzelnen Codes in einem Journal ausgedruckt. Jeder Benutzer kann seine Faxvorgänge protokollieren lassen, jedoch nicht automatisch für andere oder sogar für den ganzen Betrieb. Das können nur dazu autorisierte Personen. Mit Codes wird auch das Polling, der Fernabruf von anderen Faxgeräten aus, abgesichert.

▶ Telefaxwerbung

Das Oberlandesgericht Hamm hat in seiner Entscheidung vom 17. Mai 1990 festgestellt, daß per Telefax eingehende Werbung als Verstoß gegen Paragraph 1 des UWG anzusehen ist. Sie stellt eine Belästigung des Empfängers dar, weil sie die bestimmungsmäßige Benutzung der Telefaxanlage beeinträchtigt.

▶ Rechtsgültigkeit

Telefaxe sind grundsätzlich im allgemeinen Geschäfts- und Rechtsverkehr gültige Dokumente. Mehrfach haben sich inzwischen die Gerichte damit befaßt.

Rechtsgültig sind z. B. folgende Faxmitteilungen:

- Honorarvereinbarungen
- Abmahnung eines Arbeitnehmers
- Kündigung eines Arbeitnehmers
- Kündigung eines Werkvertrages
- Widerruf eines Vergleichs
- Berufung gegen ein Gerichtsurteil, auch nach Dienstschluß
- Übermittlung einer Klageschrift oder Berufungsbegründung von Privatfax (nicht von Anwaltskanzlei aus)

Rechtsungültig sind z. B. folgende Faxmitteilungen:

- Bürgschaftsverpflichtung
- Vollmachtsurkunden
- Mahnbescheide

▶ Funktionen

Je nach Preis und Ausstattung gibt es eine Reihe von **Funktionen,** die das Faxen erleichtern:

- Rufnummern- und Namenspeicher für über 200 Telefaxnummern, die auf Tastendruck oder per Kurzwahl abrufbar sind und automatisch angewählt werden.
- Wahlwiederholung: Wenn der angewählte Anschluß besetzt ist, wählt das Telefaxgerät entweder automatisch neu oder auf Tastendruck.
- Senderidentifikation, d. h., daß das Gerät automatisch die Telefaxnummer des Absenders erkennt.
- Vorwahl des Sendezeitpunkts: Das Telefaxgerät kann darauf programmiert werden, zu Zeiten des Billigtarifs zu senden.
- Automatischer Vorlageneinzug bis zu 50 Seiten.
- Abruffunktion für eine Sendung, die woanders bereitliegt.
- Rundsenden: Auf Knopfdruck sendet das Telefaxgerät einen Brief an mehrere Kunden.
- Auf jede ankommende Seite werden automatisch Datum, Uhrzeit und Telefaxnummer des Absenders sowie die laufende Seitenzahl und Vorgangsnummer gedruckt (Wichtig z. B. bei Streitigkeiten!). Unterschriften auf Telefaxnachrichten werden gerichtlich anerkannt.

Trends:

- Die Telefaxanschlüsse steigen an. Mitte der 90er Jahre sollten weltweit fast 50 Millionen Geräte in Betrieb sein.
- Die Geräte werden billiger.
- Weiterentwicklung der Faxhardware: Integration von „normalem“ Telefon und Anrufbeantworter.

- Kombinierte Datex-L/Teletex-Telefaxgeräte sind in der Entwicklung. Einige Vorteile dieser Kombination:
  - Texte können auf Firmenbogen geschrieben werden
  - Unterschriften werden originalgetreu übertragen
  - gezeichnete oder gedruckte Anlagen (z. B. Prospekte) können mit dem geschriebenen Brief übertragen werden
- Gegenwärtig dominiert das einzeln aufgestellte Faxgerät; doch ist abzusehen, daß die in einen Personalcomputer eingesteckte Faxzusatzkarte, die selbstverständlich auch zugelassen sein muß, sich zum starken Konkurrenten entwickelt. Diese Lösung ist teuer, weil ein Drucker und Scanner vorhanden sein müssen. Die in Verbindung mit einem PC ideale Lösung ist zur Zeit ein normales Telefaxgerät mit einer Schnittstelle zum Computer. Vom PC werden die Texte zum Faxgerät, das über einen entsprechenden Speicher verfügen muß, übertragen und von da an den Adressaten übermittelt.
- Die nächste Generation der Fernkopierer, die Gruppe 4, funktioniert digital und soll mit dem ISDN, dem digitalen Netzwerk wachsen. Eine optimale Nutzung ist allerdings nur möglich, wenn dieses schnelle Netz weltweit zur Verfügung steht; zudem sind ISDN-Fernkopierer zur Zeit sehr teuer.
- Fernkopierer halten auf dem Lasermarkt Einzug.

  Vorteile:

  Diese Geräte benötigen billiges Normalpapier und sind deshalb auch – im Gegensatz zu einem herkömmlichen Fax mit Thermopapier – relativ dokumentenecht.

  Deshalb wird heute von jedem Telefaxbrief, der archiviert werden soll, eine Kopie angefertigt. Werden die Materialkosten und vor allem der Arbeitsaufwand berücksichtigt, so lohnen sich bereits heute die teuren Faxgeräte mit Laserschreibeinheit.
- Automatische Fehlerkorrektur: Das Gerät prüft jede Übertragung automatisch im Sende- und Empfangsbereich auf Fehlerfreiheit. Bei festgestellten Fehlern werden die Informationen nicht ausgegeben. (Reduzierung der Übertragungszeit).

▶ Kleiner Ratgeber zur Anschaffung von Telefaxgeräten

- Welche Vorlagen sollen übertragen werden (Text oder Bild)?
- Wieviel Korrespondenz soll in Zukunft per Telefax erledigt werden?
- Ist es notwendig, daß das Gerät auch Vorlagen in A3 versenden und verkleinern kann?
- Wird die Funktion „Rundschreiben“ benötigt?
- Wie teuer ist das Verbrauchsmaterial? Das in der Regel notwendige Thermopapier wird in Rollen auf 30, 50 oder 100 m angeboten (Wichtig: Das vom Hersteller vorgeschriebene und auf das Gerät abgestimmte Thermopapier benutzen!).
- Es dürfen nur Geräte angeschlossen werden, die mit einer FTZ-Nummer versehen sind.
- Geräte können gekauft, gemietet oder geleast werden. Anbieter: Telekom und über 30 Hersteller (siehe Rubrik „Fernmeldetechnik“ in den Branchenfernsprechbüchern).

Datex-J/Bildschirmtext (Btx)

Seit dem 1. Oktober 1992 wird die Anwendung von Bildschirmtext über den Zugangsdienst Datex-J ermöglicht. Btx ist **einer** von **vielen** Diensten, die in Zukunft über Datex-J (Datendienste für jedermann) angeboten werden. Es können **Texte, Daten** und **grafische Darstel-**

lungen (Bildschirmtextseiten), die von der Telekom und anderen Anbietern angeboten werden, zur Wiedergabe auf Bildschirmgeräten abgerufen werden. Im Laufe der nächsten Jahre werden die Bildschirmtext-Dienste in den Ländern Europas zusammenwachsen. Soweit die nationalen Systeme untereinander noch nicht voll kompatibel sind, werden für den grenzüberschreitenden Btx-Verkehr besondere Umsetzereinrichtungen („Gateways“) zwischen den öffentlichen Btx-Systemen der Postverwaltungen errichtet.

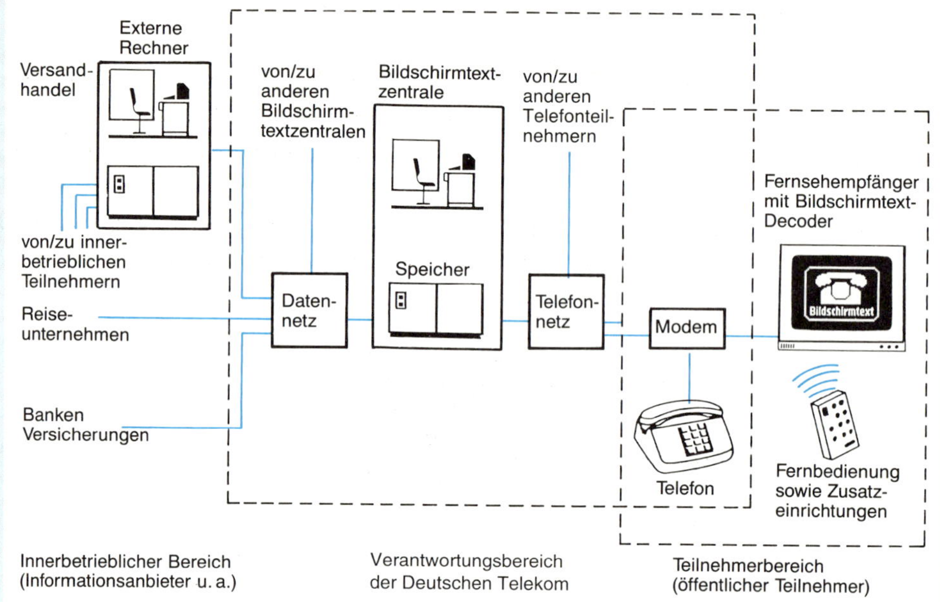

Durch Umsetzeinrichtungen sind die Übergänge (Kommunikation) zu Telex, Datex-L, Telebox möglich. Btx-fähige Personalcomputer (PCs) können als externe Rechner an das Datex-J-Netz angeschlossen werden.

Teilnehmer sind Informationsabrufer und Informationsanbieter. Folgende Geräte sind erforderlich:

▶ Für Informationsabrufer

- Farbfernsehgeräte neuer Generation mit einem Bildschirmtextdecoder
- Telefonanschluß
- Modem (Anpassungsgerät; Anschlußbox), das den Fernsehempfänger an das Telefonnetz anpaßt (wird von der Telekom vermietet). Modem = **Mo**dulator, **Dem**odulator.

Mit dieser Konfiguration lassen sich ausschließlich Informationen aus dem Btx-System **abfragen.**

Sollten über das Btx-System Nachrichten an andere Teilnehmer **übermittelt** werden, ist dazu eine alphanumerische Zusatztastatur erforderlich, die mit dem Fernsehgerät verbunden ist.

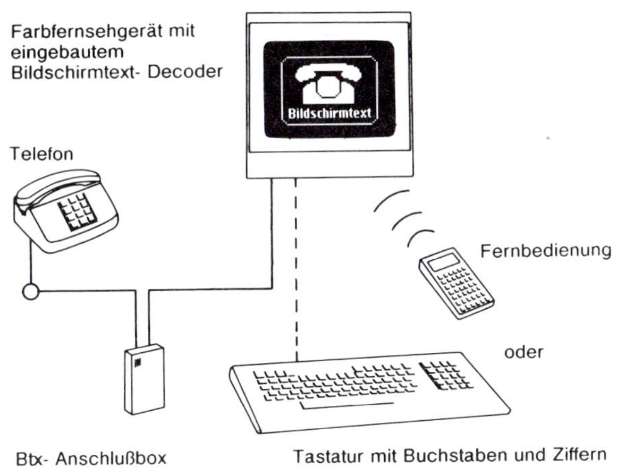

▶ Für Informationsanbieter

Editierstation, bestehend aus alphanumerischer Tastatur, Farbbildschirm, Decoder und ggf. weiteren Eingabehilfen, Modem (entweder Btx-Anschlußbox oder ein spezielles Datenmodem). Der Informationsanbieter kann seine Informationen, die er im Telekomrechner oder im eigenen Rechner abgespeichert hat, entweder allen Teilnehmern zugänglich machen oder eine bestimmte geschlossene Benutzergruppe (GBG) definieren.

Der Benutzer bestimmt individuell im Dialog, welche Informationen in Form von „Btx-Seiten“ zu ihm übertragen werden sollen. Btx-Seiten sind einzelne stehende Bilder, auf denen sich 24 Zeilen mit je 40 Buchstaben, Ziffern und anderen Zeichen darstellen lassen.

Jeder Teilnehmer erhält von der Telekom eine fest zugeordnete Teilnehmerkennung, die die Grundlage für die Gebührenabrechnung und die Inanspruchnahme individueller Dienste bildet.

Beispiele für individuelle Dienste:

- Entgegennahme persönlicher Mitteilungen
- Absendung persönlicher Mitteilungen
- Teilnahme an einer geschlossenen Benutzergruppe

Das Datenangebot ist umfangreich. Rund 3 000 Anbieter offerieren derzeit auf rund 700 000 Seiten ihre Dienste. Informationsanbieter, z. B. Reiseunternehmen, Versandhäuser, Behörden, Verbände, Geldinstitute usw. stellen Informationen, die ständig auf dem neuesten Stand gehalten werden, bereit.

Durch den Anschluß an die elektronischen Datenverarbeitungsanlagen der Anbieter wird das Bildschirmtextgerät ein Terminal für jedermann. Der Anwender kann z. B. unmittelbar Verbindung mit Buchungs-, Bestell- und Reservierungssystemen aufnehmen. Die Btx-Dienste lassen sich vier Einsatzbereichen zuordnen[1]:

- Werbung und Public Relations: Firmen- und Produktinformationen, Anzeigenmarkt, Service und produktbegleitende Beratung.
- Dienstleistungen: Meldungen und Berichte aus verschiedenen Zeitungen, Wirtschaft, Politik, Wetter, Sport, Lotto/Toto; Behördeninformationen; Reiseinformationen, z. B. Zimmernachweis; Informationen über Veranstaltungen, Kochrezepte, Stellenangebote, Wohnungs- und Hauskaufangebote; Lehrstoff und Fachinformationen; Unterhaltung.
- Vertriebsweg: Kontoüberweisungen bei Banken und Sparkassen; Reservierungen; Bestellungen bei Kaufhäusern.
- Interne Kommunikation: Datenübertragung in Datenverarbeitungsprozessen, Mitteilungsdienst, Individualauskünfte und -mitteilungen.

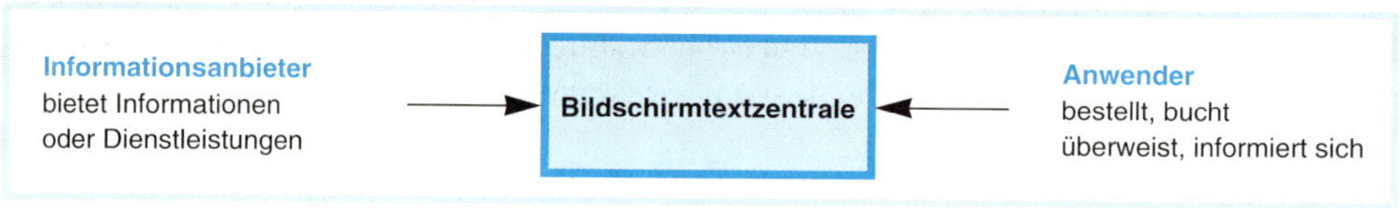

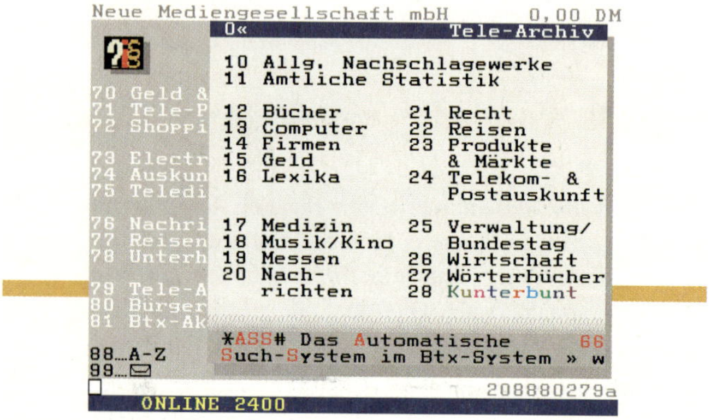

[1] Orga-Info

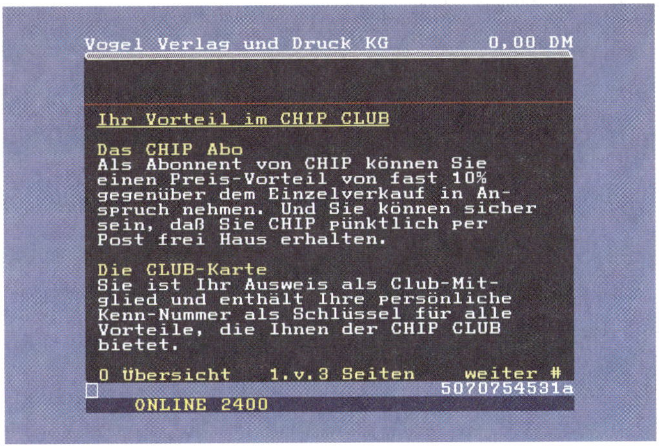

Es gibt offene und geschlossene Benutzerkreise, d. h. die Anbieter entscheiden, ob sie ihre Informationen jedermann oder nur einem bestimmten Kreis übermitteln.

Einfache Benutzerführung. Informationen im Btx sind als Btx-Seite dargestellt. Jede Seite kann direkt angewählt oder schrittweise über Auswahlziffern aufgerufen werden. Informationen können über die entsprechende Seitennummer direkt angewählt werden.

Beispiel: Über die Seitennummer * 11 88 # gelangt man zum elektronischen Telefonbuch.

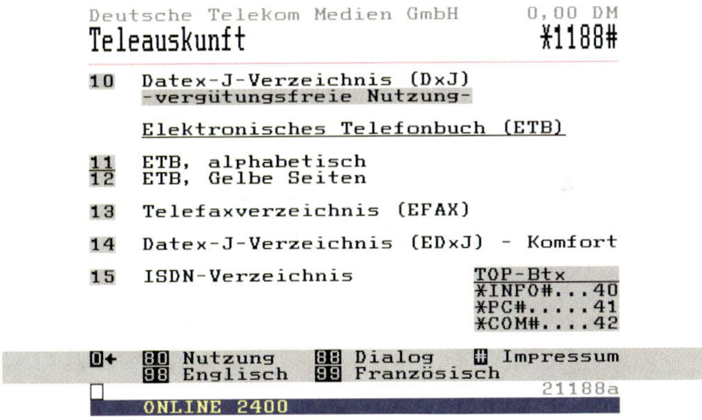

Weitere *Vorteile* von Datex-J/Btx:

- Der Datex-J/Btx-Teilnehmer hat Zugang zum Telexnetz und ist für Telex-Teilnehmer ohne zusätzliche Kosten für einen Telexanschluß oder ein Telex-Endgerät erreichbar.
  - Absendung eines Telex: Seite * 10 50 #
  - Empfang eines Telex: Seite * 10 53 #

  Telexteilnehmer erreichen den Datex-J-Anschluß über die Kennung ‹1631btxd›
- Funkrufe an
  - Cityrufempfänger absenden über Seite * 16 91 #
  - Euromessage absenden über Seite * 16 99 #
- Telefax und Telebrief absenden über Seite * 10 60 #
- Die Datex-J-Kommunikation ist preiswert. Grundlage ist der Telefon-Nahtarif.

Telebox

Es handelt sich um ein **personenbezogenes** Nachrichten- und Kommunikationsnetzwerk, welches den **direkten** Informationsaustausch zwischen dem Absender (Person, die die Mitteilung erzeugt) und dem Empfänger (Person/en, für die die Mitteilung bestimmt ist) ermöglicht. Dieser personenbezogene „elektronische Briefkasten" – zahlreiche Alternativ-Programme zur Telebox der Deutschen Telekom haben sich bereits etabliert – kann auch Mitteilungen mit kompatiblen Systemen im Ausland austauschen, und zwar zur Zeit in Dänemark, Großbritannien, Israel, den Niederlanden, den USA, Kanada, Hongkong, Singapur und Australien. International weltweite Kompatibilität wird in Kürze ermöglicht.

Die bestehenden Kommunikationsmittel Briefpost, Telex, Datex-L/Teletex, Telefax und Telefon werden durch Telebox zum Teil ergänzt, zum Teil ersetzt.

Bei „Telebox" findet die elektronische Kommunikation von Person zu Person statt und nicht von Station zu Station, wie es bei Telex oder Teletex der Fall ist. Vor allem für gehobene und mittlere Führungskräfte ist das System von Interesse. Diese Personen müssen in der Regel eine Fülle von Informationen aufnehmen und weitergeben. Sie können ihre Arbeit rationalisieren und beschleunigen, indem sie bespielsweise ein Computerterminal, einen Personalcomputer oder eine multifunktionale Arbeitsstation **selbst** bedienen. Diese Geräte stehen mit einer Tele**box** („Elektronischer Briefkasten") in Verbindung, die sich in einem Computer befindet. Der Computer kann im Unternehmen, in einem DV-Service-Unternehmen oder bei der Deutschen Telekom aufgestellt sein.

Jeder Nutzer erhält eine eigene Adresse, die ihn zusammen mit dem persönlichen Paßwort als berechtigten Nutzer des Systems ausweist und ihm dadurch das Eingeben und Auslesen von Mitteilungen im System ermöglicht.

Kommunikationsbeispiel: Der Absender gibt eine Mitteilung in das System ein, versieht sie mit einer oder mehreren Zieladressen und „sendet" sie ab.

Der Empfänger kann die Mitteilung lesen oder sie ausdrucken lassen, wenn er sich unter eigener Adresse und mit seinem persönlichen Paßwort mit dem System in Verbindung setzt.

Vorteile[1]:

- Mobilität bei ständiger Erreichbarkeit. Der Benutzer kann sich von jedem Ort über die Datexnetze oder das Telefonnetz an das System anschalten. Mit einem transportablen, akustisch gekoppelten Datenendgerät, das in der Aktentasche mitgeführt wird, kann er jedes beliebige Telefon benutzen. Eingegangene Mitteilungen werden ausgelesen, eine Antwort bzw. eine Mitteilung abgesetzt oder eine abgelegte Mitteilung aus dem Speicher abgerufen .
- Einfaches Abspeichern und schnelles Wiederauffinden von Mitteilungen („elektronischer Aktenschrank“).
- Editieren und Formatieren von Texten mit Hilfe eines umfangreichen Vorrates an Befehlen.
- Erleichterungen beim Absenden und Lesen von Mitteilungen.
- „Schwarzes Brett“. Das System hält Informationen bereit, auf die entweder alle Benutzer oder bestimmte Benutzergruppen zurückgreifen können.
- Verzeichnisse erleichtern das Herausfinden von Adressen der Partner.

Electronic Mail als Voraussetzung	Nutzen
Ersatz für	
• Telefonate	wenn Dialog nicht unbedingt erforderlich ist
• Briefe	wenn nicht förmlich
• Kurzmitteilungen	wenn alle Empfänger erreichbar sind
• Telex	weil billiger und komfortabler
• Datex-L/Teletex	weil das Seitenformat nicht eingehalten werden muß

Auswirkungen von Electronic Mail	Nutzen
Weniger Telefonate	• Zeitersparnis • weniger Störungen bei der Arbeit • Kommunikation zum individuell gewünschten Zeitpunkt • einfache Kommunikation mit anderen Zeitzonen
Ortsungebundene Postbearbeitung	Ständige Erreichbarkeit
unmittelbares und einfaches Beantworten und Bearbeiten von Mitteilungen	• kürzere Durchlaufzeit • höhere Reaktionsfähigkeit • rechtzeitige Information • mehr Flexibilität bei der Aufgabenerfüllung
Vereinfachung von Verteilern, Rundschreiben, „Schwarzes Brett“	• breitere Information („Demokratisierung“)
Empfangsbestätigungen	Sicherheit
der Bürofunktionen	ganzheitliche Bearbeitung mit einem System

(Quelle: Szyperski; Höring: Elektronische Mitteilungssysteme – Ein aktuelles Medium für die Bürokommunikation)

[1] Nach Informationen der Deutschen Post AG.

Noch mehr Möglichkeiten wird die Nutzung des Glasfaserkabels erschließen; damit lassen sich nicht nur – wie beim ISDN – schmalbandige, sondern zusätzlich auch alle breitbandigen Dienste, wie Fernsehen, Fernsehkonferenz oder Bildtelefon, übertragen. Das Ziel dieser Entwicklung soll die Integration aller Telekommunikationsformen in einem Netz sein. Jeder Teilnehmer kann dann sämtliche vorhandenen und künftigen Dienste nutzen: In eine entsprechende „Steckdose“ stöpselt er das jeweilige Endgerät ein.

Die neuen Techniken werden sowohl im privaten als auch im geschäftlichen Kommunikationsbereich Auswirkungen haben, und die Entwicklung steht erst am Anfang. Büroangestellte müssen sich informieren und bereit sein, sich mit den neuen Medien auseinanderzusetzen.

Telegrammdienst

Der Telegrammdienst übermittelt schriftliche Nachrichten schnell und zuverlässig, national und weltweit. Zwar hat dieser Dienst durch die Entwicklung anderer Telekommunikationsdienste an Bedeutung verloren. Für Empfänger in Regionen mit schwacher Telekommunikationsinfrastruktur, z. B. in Teilen Osteuropas und manchen Ländern in Übersee, ist dieser Dienst nach wie vor von Bedeutung.

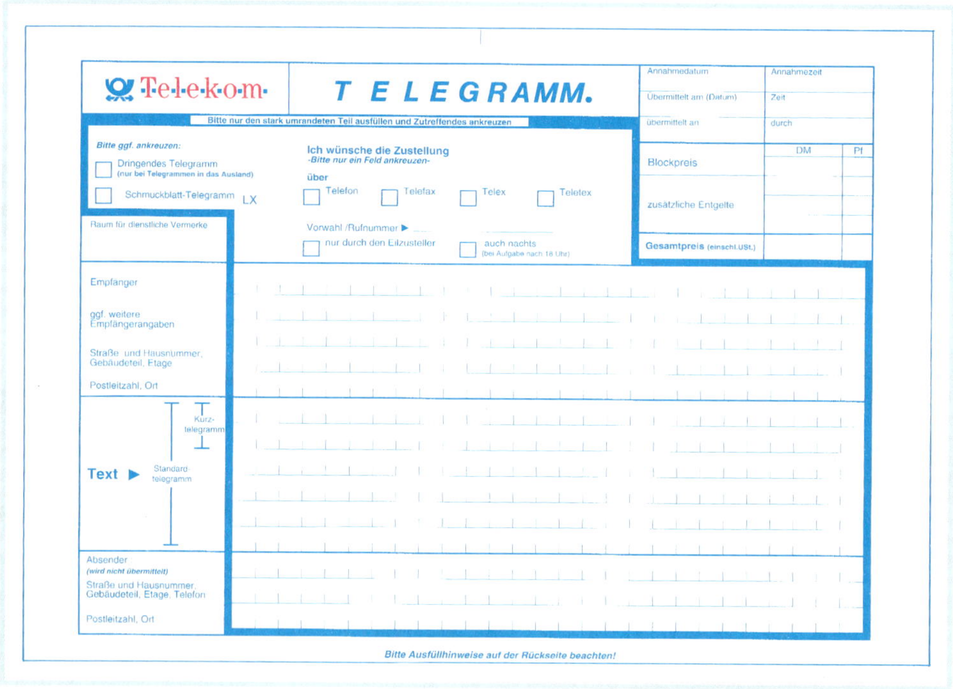
Telekom
TELEGRAMM.
Annahmedatum
Annahmezeit
Übermittelt am (Datum)
Zeit
übermittelt an
durch
Bitte nur den stark umrandeten Teil ausfüllen und Zutreffendes ankreuzen
Bitte ggf. ankreuzen:
Dringendes Telegramm (nur bei Telegrammen in das Ausland)
Schmuckblatt-Telegramm LX
Ich wünsche die Zustellung -Bitte nur ein Feld ankreuzen-
über
Telefon
Telefax
Telex
Teletex
Vorwahl /Rufnummer ▶
nur durch den Eilzusteller
auch nachts (bei Aufgabe nach 18 Uhr)
DM
Pf
Blockpreis
zusätzliche Entgelte
Gesamtpreis (einschl.USt.)
Raum für dienstliche Vermerke
Empfänger
ggf. weitere Empfängerangaben
Straße und Hausnummer, Gebäudeteil, Etage
Postleitzahl, Ort
Text ▶
Kurz-telegramm
Standard-telegramm
Absender (wird nicht übermittelt)
Straße und Hausnummer, Gebäudeteil, Etage, Telefon
Postleitzahl, Ort
Bitte Ausfüllhinweise auf der Rückseite beachten!

▶ Aufgabe der Telegramme

Sie erfolgt im allgemeinen über:

- Telefon Rufnummer 0 11 31
- Telefax Rufnummer 0 11 36
- Telex 113+

Ein Auslandstelegramm kann als „dringendes Telegramm“ aufgegeben werden.

Die Aufgabe von Telegrammen am Postschalter ist möglich, kostet aber eine zusätzliche Bearbeitungsgebühr.

▶ Zustellung der Telegramme

Sie werden in Deutschland innerhalb von sechs Stunden durch Eilboten oder per Telefon bzw. über einen anderen Telekommunikationsanschluß zugestellt. Das über Telefon übermittelte Telegramm wird anschließend als Standardbrief zugestellt.

▶ Telegrammarten, Preisberechnung

- **Kurztelegramm** (nur Inland): Es umfaßt einen Kurzblock mit 54 Zeichenfeldern oder bis zu sieben Wörtern.
- **Standardtelegramm:** Es umfaßt einen oder mehrere Blöcke von bis zu höchstens 162 Zeichenfeldern oder höchstens 20 Wörtern.

Für die Preisberechnung ist die Anzahl der **Textblöcke** (früher Wortzählung) maßgebend. Die Anschrift wird nicht berechnet. Die Leistungsentgelte setzen sich zusammen aus:

1. einem Preis je Block (Blockpreis) und gegebenenfalls
2. einem Preis für die Aufgabe am Schalter
3. einem Preis für die Zustellung durch Eilzusteller
4. Preise für zusätzliche Leistungen

Aus Gründen der Aktualität wird auf Preisangaben in diesem Zusammenhang verzichtet; bitte am Postschalter erfragen.

Kernwissen

- ❑ Neue Informations- und Kommunikationstechniken verändern den Büroalltag.
- ❑ Wer Nachrichten, z. B. Aufträge, Presseberichte und Urlaubsbuchungen unmittelbar fernschriftlich übermitteln oder empfangen will, kann **Telexteilnehmer** werden. Er kauft oder mietet eine Fernschreibmaschine im Fachhandel und läßt sie durch die Post an das Telexnetz anschließen. Dann kann er mit anderen Telexanschlüssen in der ganzen Welt und auch mit **Datex-L/Teletexanschlüssen** (Anschlüsse zur Übermittlung elektronischer Briefe) rund um die Uhr in Verbindung treten. Telex ist die internationale Bezeichnung für den öffentlichen Fernschreibdienst (englisch: **te**legraph **ex**change), Teletex (englisch: **telet**ext **ex**change).

  Telebox ist ein elektronischer, personenbezogener Mitteilungsdienst,
  - der Personen, die viel reisen, z. B. Außendienstmitarbeitern, jederzeit und an jedem Ort für eine Nachricht erreichbar macht
  - mit dem man auch „von unterwegs“ Tag und Nacht Nachrichten verschicken kann

  Die Vertraulichkeit ist durch das Paßwort gesichert.

  Diese Dienste sind an das integrierte Text- und Datennetz der Deutschen Post AG angeschlossen.
- ❑ An das Fernsprechnetz angeschlossen sind der Fernsprechdienst, der Telefaxdienst, der Datex-J/Bildschirmtextdienst.

- Dienste der Deutschen Post (DP) und der Telekom AG für die Text- und Telekommunikation
  - **Öffentliche Dienste**

	Briefdienst	**Telegrammdienst**	**Telebriefdienst**
Wer hat Zugang	Jeder, Aufgabe bei allen Postämtern, Briefkasten	Jeder, Aufgabe bei jedem Postamt,vom Telefon, durch Telex und Teletex sowie über Funk von Schiffen auf See	Jeder, Einlieferung bei rund 640 Postämtern, Zugang vom Telefax-dienst
Empfänger	Jeder mit fester Adresse	Jeder mit fester Adresse, auch Telexteilnehmer, Teletexteilnehmer, Fernsprechteilnehmer; über Funk auch Schiffe auf See	Jeder mit fester Adresse, auch an jeden Telefax-teilnehmer (Bereich der DP). International in zahlreiche Länder in Europa und Übersee
Transport-mittel	Körperlicher Transport der Nachricht, Zustellung durch Boten	Übermittlung über Fernmeldenetz, Zustellung durch Boten, Telefon, Telex, Teletex	Übermittlung von Fernkopien über das Telefonnetz, auf Wunsch Eilzustellung durch Boten (sämtliche Telebriefstellen der DP sind mit Gruppe-3-Geräten ausgestattet)
Formate, Zeichen-vorrat	Im Prinzip keine Einschränkung	nur Text, eingeschränkter Zeichenvorrat	geeignete Vorlagen bis zum Format A4 (grafische Darstellungen, Texte usw.)
Über-tragungszeit	1 Tag (95 % aller Sendungen), international mehrere Tage bisWochen	garantierte Höchstzeit (6 Stunden in Europa), korrekte Übermittlung, Benachrichtigung an Absender bei Nichtzustellung	Bei Aufgabe Mo bis Fr bis 15.30 und Sa bis 11.00 Zustellung am gleichen Tag
Zusammen-arbeit mit anderen Diensten	–	Zugang von und zu Telex, Teletex und Telefon und über Funk von und nach Schiffen auf See	Zugang vom und zum Telefaxdienst
Besonder-heiten	Meistgenutzter Dienst für Text-übermittlung	Nutzung für kurze, dringende Nachrichten (z. B. Auftrags- und Preisbestätigung)	Übermittlung geeigneter Vorlagen, Ergänzungen zum Telefaxdienst

- **Teilnehmerdienste**

	Telefaxdienst	**Telexdienst**	**Datex-L/ Teletexdienst**	**Datex-J/ Bildschirmtextdienst**
Wer hat Zugang	Telefaxteilnehmer weltweit 50 Millionen	Telexteilnehmer, Teletexteilnehmer; Telex über Funk im Seefunkdienst, Inmarsat-Funktelexteilnehmer auf Schiffen, jeder hat Zugang über öffentliche Telexstellen, 1985 weltweit mehr als 1,5 Millionen Teilnehmer	Teletexteilnehmer, Telexteilnehmer	Bildschirmtextteilnehmer, jeder über öffentlich aufgestellte Geräte
Empfänger	Telefaxteilnehmer, jeder über Telebriefstellen der Postämter		Teletexteilnehmer international	Bildschirmtextteilnehmer, Zugänge zu anderen Videotext-Diensten in Vorbereitung
Transportmittel	Telefonnetz	Telexnetz, auch Teletexnetz	Teletexnetz, auch Telexnetz	Telefonnetz
Formate, Zeichenvorrat	geeignete Vorlagen bis zum Format A4 (grafische Darstellungen, Texte usw.)	nur Text, eingeschränkter Zeichenvorrat endlose Schreibpapierrolle	Text, voller Zeichenvorrat von Schreibmaschinen, A4 in Europa, internationale Basis ist die gemeinsame Fläche A4/ nordamerikanisches Format	Text und Grafik, Darstellung auf dem Fernsehbildschirm (24 Zeilen zu je 40 Zeichen, Zeichenvorrat enthält 335 genormte Schrift- und 151 Grafikzeichen)
Übertragungszeit	Gruppe 3: etwa $\frac{1}{2}$ Minute je Seite A4 Gruppe 2: 1 bis 3 Minuten je Seite A4 (auch zwischen Geräten beider Gruppen)	300 Zeichen in 45 Sekunden, Brief mit 1 500 Zeichen 3 Minuten, 45 Sekunden	A4-Seite (normal beschrieben) in etwa 10 Sekunden (2 400 bit/s)	1 200 bit/s, Darstellungszeit auf dem Bildschirm abhängig vom Endgerät und Inhalt der Seite, bei reinen Textseiten etwa 6 Sekunden
Zusammenarbeit mit anderen Diensten	Zugang vom und zum Telebriefdienst, künftige Zusammenarbeit mit anderen Diensten denkbar	Zugang vom und zum Teletex- und Telegrammdienst	Zugang vom und zum Telex- (nur Selbstwahlverbindungen) und Telegrammdienst, Zusammenarbeit mit Bildschirmtext geplant	Zugänge zu anderen Textkommunikationsdiensten in Vorbereitung

- **Teilnehmerdienste**

	Telefaxdienst	Telexdienst	Datex-L/ Teletexdienst	Datex-J/ Bildschirmtextdienst
Besonderheiten	Wenn Handgeschriebenes, Gezeichnetes, Gedrucktes sofort beim Empfänger vorliegen soll (Fernkopie)	Erster Textkommunikationsdienst zwischen Teilnehmern mit weltweiter Kompatibilität, Dialog möglich	Endgerät wird für die Texterstellung und für die Kommunikation genutzt, Schreibmaschinenqualität, Mitbenutzung von Fernsprech- und Telexnebenstellenanlagen sowie von Text- und Datenverarbeitungsanlagen, Dialoganwendung in Vorbereitung	Über den Mitteilungsdienst hinaus: Informationen im privaten und kommerziellen Bereich, Dialogverfahren, Rechnernutzung

(Quelle: Deutsche Bundespost Darmstadt)

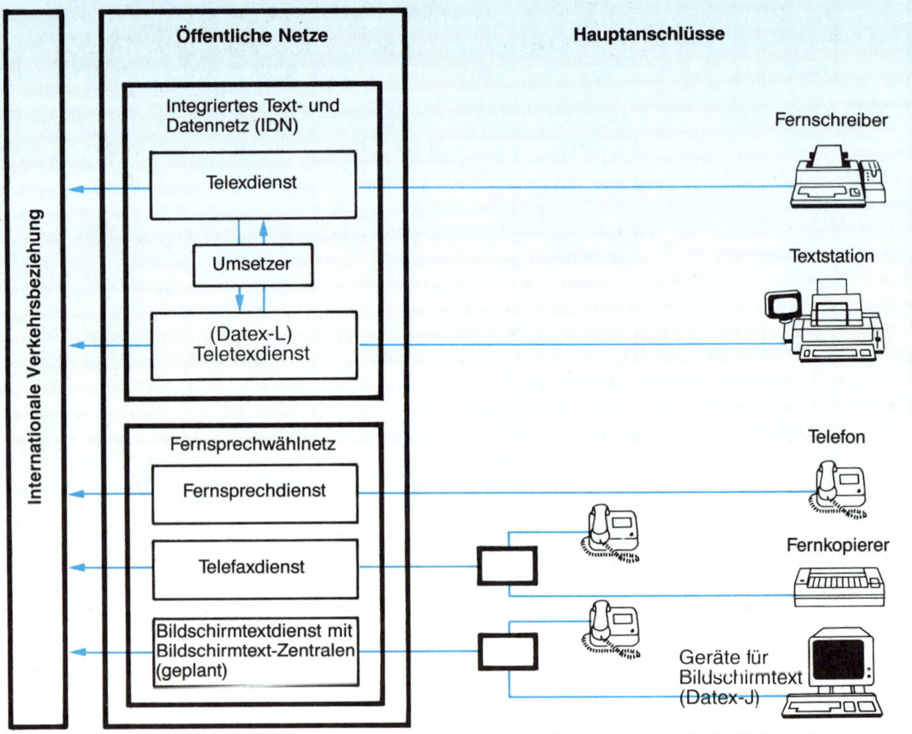

Überlegungshilfe

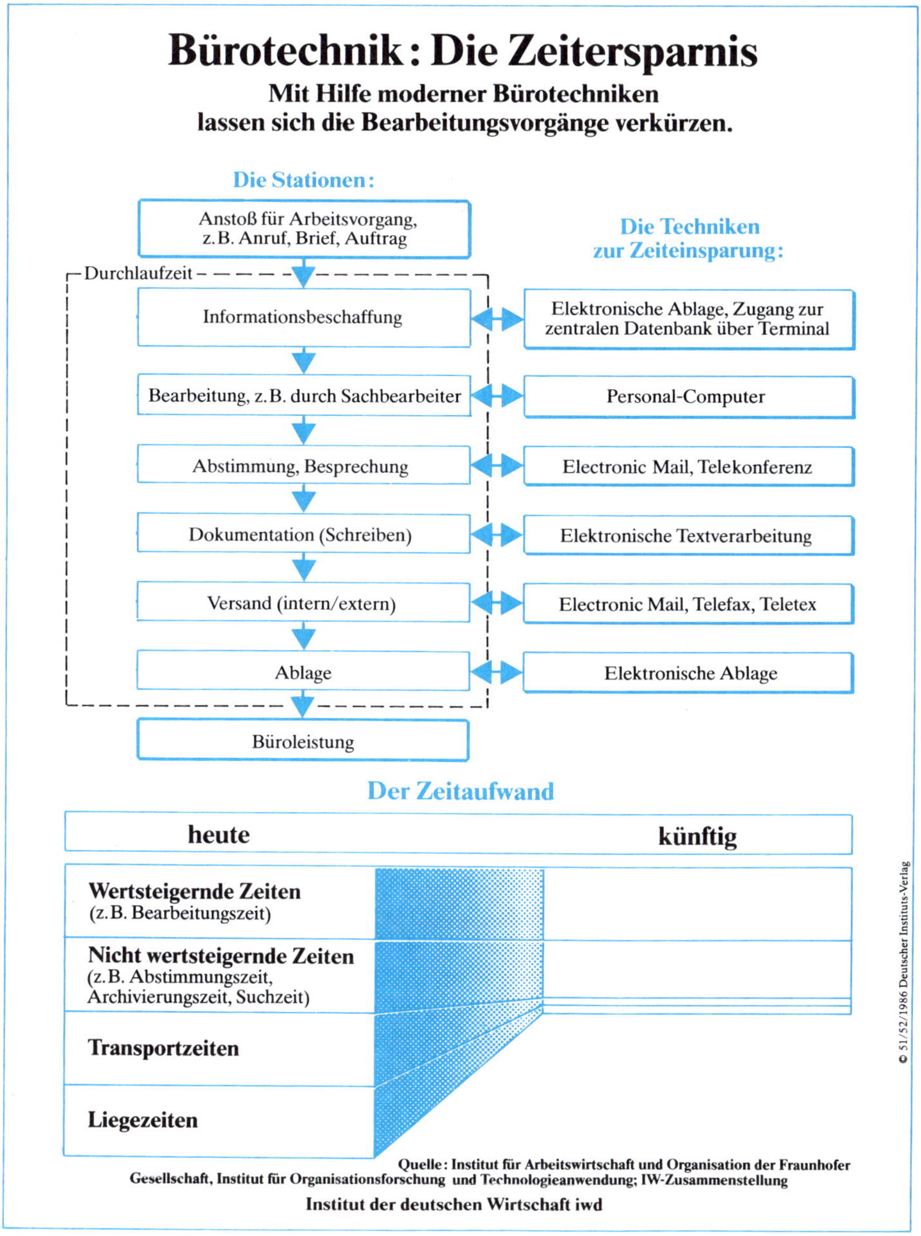

- Die Tele-TEXT-Kommunikation wird ermöglicht durch folgende Geräte:
  - Fernschreiber (Telex)
  - Bürofernschreiber (Datex-L/Teletex)
  - Telefax (Fernkopierer)
  - Bildschirmtext (Datex-J/Btx)
  - Telebox
  - Telegrammdienst
- Textstationen vereinen die Funktionen von mehreren Geräten, z. B. von elektronischen Schreibmaschinen, Speicherschreibmaschinen, Sende-/Empfangsgeräten für Telex und Teletex.
- Sämtliche Techniken können direkt am Arbeitsplatz genutzt werden. Der schnelle Austausch von Informationen über jede Distanz hinweg ist möglich.
-

„Vorbereitung auf neue Techniken unzureichend"

Der zunehmende Einsatz neuer Techniken wird nach einer Untersuchung des Instituts der Deutschen Wirtschaft (IW) in den Unternehmen zu wenig von praxisorientierten Weiterbildungsangeboten für die Mitarbeiter begleitet. Sowohl das Management als auch das Fachpersonal würden nur unzureichend auf den strukturellen und technologischen Wandel vorbereitet, erklärte das IW in Köln. Ein „bedeutendes Problempotential" liege dabei in der Verschiebung der Rollen der Führungskräfte. Die Vorbereitung sei zu stark auf die Technik ausgerichtet, auf die Veränderung ihrer Rolle seien sie nur in den seltensten Fällen vorbereitet. Organisatorische und sozialpsychologische Defizite seien jedoch zumindest von ebenso großem Gewicht wie die fachlich-theoretische Qualifikation. Die bisher vorhandenen Weiterbildungsangebote seien nicht konkret genug auf das „training on the job" zugeschnitten, meinten die IW-Experten. Außerdem müßten Technik, Organisation und Führungsschulung besser miteinander verknüpft werden.

(Quelle: Allgemeine Zeitung Coesfeld)

Zur Vertiefung

1 Worin liegt der Unterschied zwischen Telex und Datex-L/Teletex?

2 Erläutern Sie die Vorteile des Einsatzes von Lochstreifen im Telexdienst!

3 Welche Vorlagen können fernkopiert werden?

4 Wie hoch sind die Telefax-Verbindungsgebühren?

5 Welche Voraussetzungen müssen für den Datex-J/Btx-Dienst erfüllt sein?

6 Erklären Sie den Begriff **Teletex,** und nennen Sie vier Vorteile gegenüber Telex!

7 Welche Art der schriftlichen Mitteilung veranschaulicht die Abbildung auf S. 327?
a) Fernschreiben (Telex),
b) Telegramm (telefonisch aufgegeben),
c) „Schnellbrief" (als Kurzantwort)?

8 Welche Vor- und Nachteile hat eine solche Mitteilung?
a) Wortgebühr bei verbilligtem Tarif; man braucht nicht zum Postamt zu gehen;
b) Wegen der „Kurzform" nur bei langjährigen Geschäftspartnern verwendbar;
c) Kostengünstige, schnelle „Direktverbindung" zwischen Geschäftspartnern?

```
chemiewerk stuttgt
elmowerk berlin

fs  137  3.12.  1400 ka

betriebsbuero hr mueller

betr. notstromanlage
monteur schulz trifft morgen in ludwigsburg ein

kd.att huber

chemiewerk stuttgt
elmowerk berlin
```

7.2.3 Telecomputing: Datenfernübertragung

Die Telekom stellt für die Übertragung von Daten, codierten Nachrichten, Verbindungen in ihren Wählnetzen oder festgeschaltete Leitungen zur Verfügung. Welcher Dienst im Einzelfall vorteilhaft ist, hängt von der Nachrichtenmenge und der gewünschten Übertragungsgeschwindigkeit ab.

Datenfernübertragung, also der Transport von Daten über Fernmeldewege, findet dann statt, wenn die Daten nicht dort „weiterverarbeitet" oder gespeichert werden, wo sie anfallen, sondern „transportiert" werden.

Beispiel: Eines der modernsten Verbundsysteme ist „START" (abgeleitet von „Studiengesellschaft zur Automatisierung für Reise und Touristik"), ein elektronisches Informations-, Reservierungs- und Abrechnungssystem für Reisebüros. START bietet Zugriff auf die Leistungen der Auskunfts- und Buchungssysteme der Deutschen Bahn AG, der Lufthansa, der Touristik Union International und der Deutschen Reisebüro GmbH. Bei diesen Partnern sind Rechnersysteme verschiedener Hersteller mit eigenen Netzstrukturen installiert. START verbindet die Einzelsysteme so miteinander, daß über dasselbe Terminal Auskünfte erteilt, Reservierungen vorgenommen, Bahnfahrkarten, Flugtickets und Pauschalreisen gebucht werden können. Hierbei werden auch Rechnungen und Lieferscheine erstellt und die Buchungs- und Abrechnungsdaten erzeugt.

Wie funktioniert Datenfernübertragung?

Das sieht vereinfacht so aus:

In der **Datenendeinrichtung (DEE)** werden Daten erzeugt, verarbeitet, gesendet, empfangen oder gespeichert.

Als DEE können z. B. verwendet werden: Datensichtgeräte, Drucker, DV-Anlagen, Personalcomputer. Die DEE sind immer private Einrichtungen des Teilnehmers. Soll eine DEE an einen Fernmeldeweg angeschlossen, also zur Datenfernübertragung benutzt werden, muß sie von der Post dafür zugelassen sein.

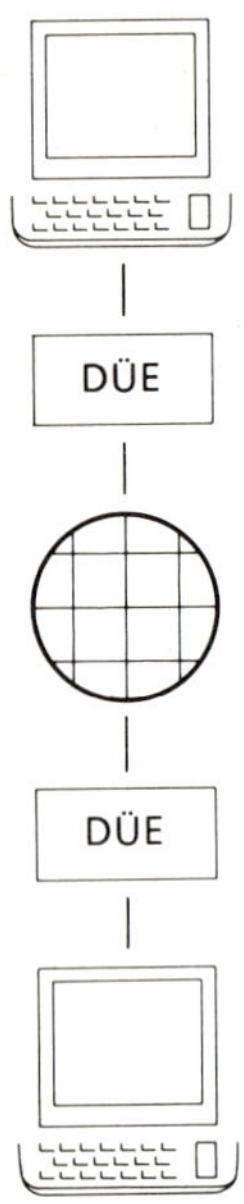

Die **Datenübertragungseinrichtung (DÜE)** wandelt die von der DEE abgegebenen Signale so um, daß sie auf dem Fernmeldeweg übertragbar sind.

Es gibt verschiedene Fernmeldewege zur Datenübertragung. Für welchen sich ein Unternehmen entscheidet, hängt unter anderem davon ab,

- wie groß die anfallenden Datenmengen sind
- wie schnell die Daten übertragen werden sollen und
- wie vielfältig die Geschäftsbeziehungen sind

Datenübertragung über das Telefonnetz

Die Datenübertragung von einer Datenendeinrichtung (DEE) zu einer anderen erfolgt mit Hilfe eines **Modem** (auch DÜE genannt), das die Signale aus der DEE so umwandelt, daß sie über das Telefonnetz übertragen werden können. Beim Empfänger wandelt ein Modem als Demodulator die Signale wieder so um, daß sie auf der Empfänger-DEE weiterverarbeitet werden können.

Die gleiche Funktion hat ein **Akustikkoppler,** der die Verbindung von einem Datenendgerät zum Telefonnetz akustisch über den Hörer des Telefons herstellt.

DATEX-Netz mit Leitungsvermittlung (DATEX-L)

Dieses Netz dient ausschließlich der Datenfernübertragung. Bei Datex-L wird – nach Eingabe der gewünschten DATEX-L-Rufnummer – direkt zwischen zwei Anschlüssen eine Leitung durchgeschaltet, die ausschließlich den beiden Anschlüssen zur Verfügung steht. Datex-L-Anschlüsse übertragen mit folgenden Geschwindigkeiten:

- 300 bit/s Datex-L 300
- 2 400 bit/s Datex-L 2400 (siehe auch Teletex S. 309)
- 4 800 bit/s Datex-L 4800
- 9 600 bit/s Datex-L 9600

DATEX-Netz mit Paketvermittlung (DATEX-P)

Auch dieses Netz dient ausschließlich der Datenfernübertragung. Im Unterschied zum DATEX-L-Netz werden hier die Daten von der DEE „gebündelt“ als „Datenpakete“ übertragen. Die Leitung wird – im Gegensatz zu DATEX-L – nur für die Übertragungsdauer des „Datenpakets“ genutzt. In den Übertragungspausen zwischen den einzelnen Paketen steht die Leitung für andere Verbindungen zur Verfügung, d. h. die Leitung ist mehrfach nutzbar.

Hier die beiden DATEX-Netze im Vergleich:

DATEX-L	**DATEX-P**
Daten werden nicht gebündelt, sondern so, wie sie anfallen, übertragen.	Daten werden, gebündelt als „Datenpakete“, von der DEE an die Paketvermittlungseinrichtung übertragen.
Die Verbindung besteht während der gesamten Übertragungsdauer, ob gesendet wird oder nicht.	Die Leitung wird nur für die Übertragunsgsdauer eines „Datenpakets“ genutzt.
Die Leitung ist während der gesamten Verbindungsdauer für andere Teilnehmer blockiert. Von einem Anschluß kann gleichzeitig nur eine Verbindung bestehen.	Von einem Anschluß können gleichzeitig mehrere Verbindungen bestehen.
Es kann gleichzeitig gesendet und empfangen werden.	
Nur DEE, die mit derselben Geschwindigkeit arbeiten, können Daten austauschen.	Im Netz erfolgt eine Geschwindigkeitsanpassung, d. h., auch Geräte, die mit unterschiedlicher Geschwindigkeit arbeiten, können Daten austauschen
Gebühren entstehen für die Gesamtdauer der aufgebauten Verbindungen, also z. B. auch für Zeiten, in denen keine Daten übertragen werden.	Gebühren fallen nur an, wenn Daten (als „Pakete“) übertragen werden; die Gebühren richten sich u. a. nach der Datenmenge.
Zugang zum Telefonnetz und zum DATEX-P-Netz ist mit Anpassungseinrichtungen möglich.	Zugang vom Telefonnetz und DATEX-L-Netz ist mit Anpassungseinrichtung möglich.
Verbindungen mit Teilnehmern in einigen Ländern möglich.	Verbindungen mit Teilnehmern in fast allen Ländern möglich.
Teilnehmer sind im Amtlichen Verzeichnis der DATEX-L- und DATEX-P-Teilnehmer eingetragen.	

(Quelle: DBP Telekom)

Partner fest verbunden – im Direktrufnetz[1]

Die bisher beschriebenen Fernmeldenetze sind Wählnetze, d. h., die Verbindungen werden nach Bedarf aufgebaut.

Häufig sind für die Datenfernübertragung ständig verfügbare Verbindungen notwendig, weil die eingesetzten Datenverarbeitungssysteme und die anfallenden Datenmengen dies erfordern. Hierbei werden zwei DEE über je einen „Hauptanschluß für Direktruf“ (HfD) fest miteinander verbunden.

[1] Quelle: Telekom

Zwischen den beiden DEE können Daten dann schnell und jederzeit ohne besonderen Verbindungsausbau übertragen werden.

Das ist z. B. sinnvoll bei ausschließlich firmeninternem Datenaustausch zwischen Zweigstellen und Zentrale.

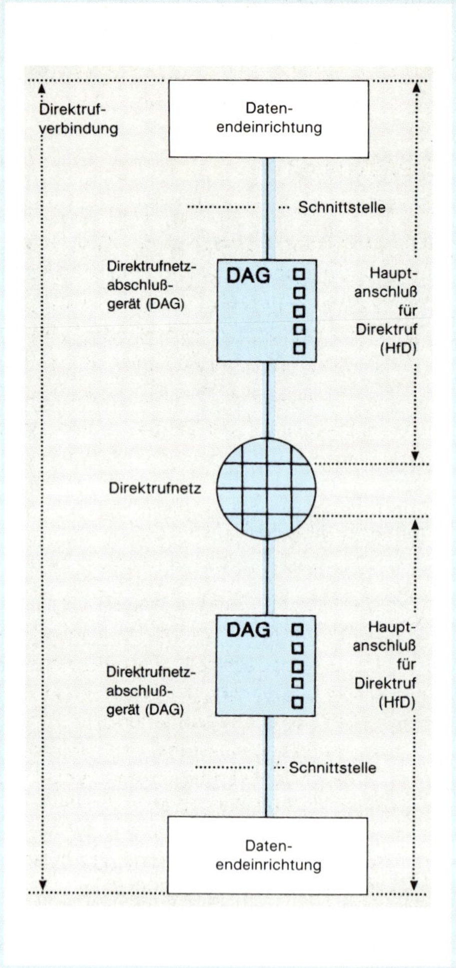

Daten auch ins Ausland ...

Auch ins Ausland können Daten über die öffentlichen Netze der Post (Telefonnetz, Telexnetz, DATEX-L- und DATEX-P-Netz) übertragen werden.

Ferner gibt es die Möglichkeit festgeschalteter internationaler Verbindungen.

Die Bedingungen sind von Land zu Land verschieden. Auskünfte erhält man beim Fernmeldeamt.

Bis vor wenigen Jahren fand die Datenfernübertragung vornehmlich zwischen Großrechnern und überwiegend in standardisierten Datendiensten wie Datex-L und Datex-P statt. Heute setzt sich die Vernetzung von PC und Telekommunikation zunehmend durch. Die Datenfernübertragung ist nicht nur sehr viel schneller geworden, sondern entwickelt sich zur Massenanwendung.

Heute ist der PC das am meisten benutzte Datenendgerät und wird für die verschiedensten Dienste von Datex-P über Datex-J bis hin zum Telefax genutzt.

Multimedia

Die Fortschritte der Informationstechnik und die Digitalisierung der Kommunikationstechnik führen zur Veränderung alter Organisationsformen. Innerbetriebliche Informationsprozesse sollen unterstützt und Kunden und Lieferanten in ein Informationsnetz eingebunden werden. Das persönliche Gespräch wird abgelöst durch eine Interaktion zwischen Käufern und Anbietern mittels elektronischer Medien.

Wir stehen vor einer neuen technologischen Revolution, die nach Ansicht von Fachleuten das Kommunikationsverhalten der Menschen in aller Welt verändern wird. Heute arbeiten wir noch mit einer Vielzahl unterschiedlicher Medien, die mehr oder weniger „Stand-alone-Produkte“ sind. In Zukunft – so die Experten – wachsen die PC-Technologie, Television und Telekommunikation in der Form zusammen, daß es keinen Unterschied mehr geben wird zwischen den verschiedenen Audio- und Videodaten. Die Übertragung wird durchgängig digital über **ein** Gerät und über **ein** Kommunikationsnetz erfolgen. Auch die räumliche Trennung zwischen Beruf und Privatbereich wird mehr und mehr aufgehoben werden.

Zur Verwirklichung ist eine massive Steigerung der Rechenleistung und der Übertragungsbandbreite der Netzwerke erforderlich.

Kernwissen

- Unter dem Sammelnamen „DATEL-Dienste" wird die Verwendung von Fernmeldewegen für die Datenfernübertragung zusammengefaßt.
- Es gibt verschiedene Fernmeldewege zur Datenübertragung. Für welchen Weg sich ein Unternehmen entscheidet, hängt unter anderem davon ab
  - wie groß die anfallenden Datenmengen sind
  - wie schnell die Daten übertragen werden sollen
  - wie vielfältig die Geschäftsbeziehungen sind

Überlegungshilfe

- Die Deutsche Telekom hat ein Zentrum für ihre international operierenden Kunden eingerichtet: das Zentrum für Text- und Datenkommunikation in Koblenz.
- Der Service besteht für alle Unternehmen und umfaßt eine optimale Kommunikationslösung.
  - Die Mitarbeiter des Zentrums analysieren im Unternehmen des Kunden die betriebliche Struktur und Organisation
  - planen und entwickeln den zukünftigen Kommunikationsbedarf
  - koordinieren und stimmen ein maßgeschneidertes Konzept mit den ausländischen Fernmeldeverwaltungen ab

  Informationen:

  Servicenummer: 01 30 04 02 oder Zentrum für internationale Text- und Datenkommunikation, Casinostraße 27, 56068 Koblenz.

Zur Vertiefung

1 Welche Bedeutung hat ein **Modem** in der Datenfernübertragung?

2 Erläutern Sie, was man bei der Bezeichnung DATEX-P-" unter dem Begriff „**Paket**vermittlung" versteht!

8 Erfassen, Bearbeiten, Verarbeiten von Informationen (Textverarbeitung)

Das Informationsbedürfnis von Wirtschaft und Wissenschaft ist groß und muß schnell und und umfassend befriedigt werden. Traditionelle Papierarchive sind dazu nicht mehr in der Lage. Die Erfassung von Informationen, ihre Be- und Verarbeitung muß organisiert werden, denn mangelhaftes Informationsmanagement kann negative Folgen haben.

Beispiele:

- Verlust von Wettbewerbsvorteilen
- Mehrfacheinsatz von Arbeitskraft für identische Problemlösungen
- zusätzlicher Zeitaufwand
- Entscheidungen ohne Berücksichtigung neuester Informationen

Zur Verarbeitung von Informationen gehört es, daß diese u. a. geordnet, geändert, verglichen, zusammengeführt oder vervielfältigt werden müssen. Informationen werden im allgemeinen als Daten bezeichnet; die kleinste Einheit von Informationen und Daten sind Zeichen (Groß- und Kleinbuchstaben, Ziffern und sonstige Zeichen). Informationen ergeben Texte.

Zur Text**be**arbeitung gehören die Arbeitsvorgänge

- Erfassen
- Korrigieren
- Gestalten

Die Text**ver**arbeitung definiert die Arbeitsgemeinschaft für wirtschaftliche Verwaltung e. V. (AWV) wie folgt:

„Zur Textverarbeitung gehören die Arbeitsabläufe, die das Konzipieren, Formulieren, Schreiben, Prüfen, Korrigieren, Überarbeiten, Reproduzieren, Transportieren, Verteilen, Versenden, Registrieren und Archivieren von Texten zum Inhalt haben."

Die Textverarbeitung kann auf verschiedene Weise erfolgen:

- manuell
- mit (elektronisch gesteuerten) Schreibmaschinen
- mit Textsystemen (Norm DIN 2140); darunter versteht man die elektronische Verarbeitung von Texten (Veraltete Begriffe: Schreibautomat, Textautomat, textverarbeitendes System).
- mit Computern

Die Textverarbeitung am Textsystem umfaßt auch die Begriffe „Programmierte Textverarbeitung" bzw. „Computertextverarbeitung". Hiermit wird die Verarbeitung von Texten mit Hilfe eines von einem EDV-Programm (Textverarbeitungsprogramm) gesteuerten Arbeitsplatzcomputers bezeichnet. Bildschirmschreibmaschinen verfügen über ein integriertes EDV-Programm, das die elektronische Textverarbeitung vornimmt. Die Arbeitsgänge sind im wesentlichen das Selektieren und Zusammenfügen fertig formulierter Texte.

Überlegungshilfe

- **Informationsbeschaffung.** Die tägliche Informationsflut ist für den einzelnen nicht mehr zu überblicken. Um so wichtiger ist es, einen schnellen Zugang zu gespeicherten Daten zu finden.
- **Informationsverarbeitung** heißt auch **Textverarbeitung.** In einem modernen wettbewerbsfähigen Unternehmen muß der Informationsfluß gewährleistet sein. Man schätzt, daß sich in den nächsten 30 Jahren die Weltbevölkerung verdoppeln wird. Das bedeutet auch, daß die Verwaltungsarbeit (= Textverarbeitung) enorm ansteigen wird.
- **Textsysteme** übernehmen die elektronische Verarbeitung von Texten.
- **Computertextverarbeitung:** Ein PC wird mit Hilfe eines Textverarbeitungsprogramms zu einem Textsystem.
- **Bildschirmschreibmaschinen** besitzen ein integriertes EDV-Progamm.
- Text**be**arbeitung umfaßt u. a. das Erfassen, Korrigieren und Gestalten **individueller** Texte.
- Text**ver**arbeitung umfaßt u. a. das Selektieren und Zusammenfügen **fertig formulierter** Texte.

8.1 Informationsquellen

Täglich bricht eine ungefilterte Informationsflut über Ihren Chef und Sie herein: Unwichtiges, Wichtiges, Notwendiges, Überflüssiges, Berufliches, Privates. Die Bewertung ist nicht einfach. Noch schwieriger ist die Beschaffung von klaren Informationen zu einem bestimmten Thema oder zur Lösung eines Problems.

In diesem Rahmen können nur einige Hinweise zur Informationsbeschaffung gegeben werden. Es gibt Spezialliteratur zur systematischen Materialbeschaffung, beispielsweise für wissenschaftliche Arbeiten. Die Sekretärin, die in diesem Bereich tätig ist, muß sich die hier üblichen Arbeitstechniken aneignen.

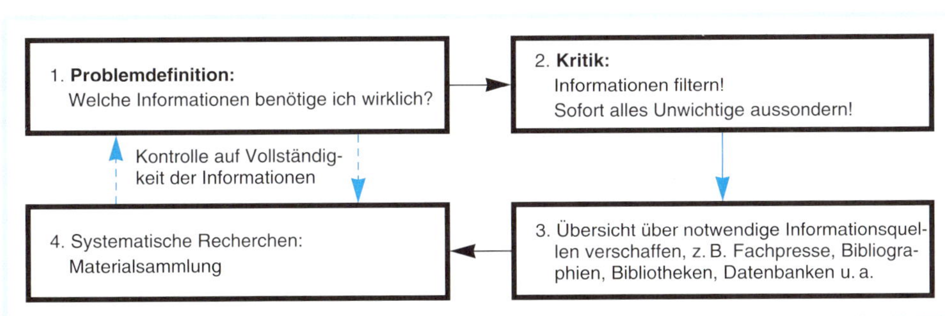

Bibliographien (Bücherverzeichnisse) informieren über die wichtigsten Handbücher, Nachschlagewerke, Fachzeitschriften und Bibliographien; häufig sind sie mit erläuternden, wertenden und ergänzenden Kommentaren versehen.

Bibliotheken. Man unterscheidet

wissenschaftliche Bibliotheken	**öffentliche Bibliotheken**
Bestandsaufbau: Grundlage für Studium, Forschung und Lehre	Bestandsaufbau: universell, allgemeinbildend
Archivcharakter, d. h. die erworbenen Werke werden auf Dauer aufbewahrt	keine Archivfunktion; der Bestand wird dem aktuellen Bedürfnis angepaßt; veraltete Bücher werden ausgesondert
ständige Erweiterung, präzise Katalogisierung	

Beide Kategorien arbeiten im Verbund (örtlicher oder auswärtiger Leihverkehr).

Literaturermittlung: Der Bibliothekbenutzer informiert sich über Kataloge. Es gibt

- einen alphabetischen Katalog (Formal-, Autoren-, Titelkatalog),
- einen systematischen Katalog (Wissensgebiete),
- einen Schlagwortkatalog (Schlagwort = kurzer, genauer Ausdruck für den sachlichen Inhalt einer Schrift),
- einen Standortkatalog (Anordnung der Aufstellung; Standortsignatur).

Mikrografie. – s. S. 240 ff. – Es gibt Bibliotheken mit einem Mikrofilmbestand und der dazugehörigen technischen Ausstattung.

Datenbanken. Die EDV verfügt zur Zeit über mehr als 4 000 On-line-Datenbanken und bietet damit die Möglichkeit, zu fast allen Themen Daten abzurufen. Datenbanken werden zentral von Großrechnern – dem Host (engl.: Gastgeber) – verwaltet. Der Informationssuchende muß eine Zugangsberechtigung zur Datenbank haben und als Benutzer registriert sein. Der Zugriff des Informationssuchenden erfolgt mit Hilfe eines geeigneten Personal-Computers und der öffentlichen Kommunikationsnetze (z. B. Telefonnetz oder Datex-P). Immer mehr On-line-Datenbanken spezialisieren sich auf bestimmte Informationsbereiche.

Einteilung von On-line-Datenbanken

Referenzdatenbanken (Sekundärwissen)	**Quellendatenbanken** (Primärwissen)
enthalten Hinweise auf andere weiterführende Informationsquellen (z. B. Publikationen, Organisationen, Personen, andere Datenbanken)	**Volltextdatenbanken:** Speicherung vollständiger Publikationen. Beispiel: Patentschriften **Numerische Datenbanken:** Speicherung von Zahlenmaterial Beispiele: Statistiken, Börsenkurse **Faktendatenbanken:** Speicherung von Informationen, die aus Texten und Daten bestehen Beispiele: Auskünfte über Firmen, Herstellernachweise

Recherchen in Datenbanken sind kompliziert und teuer. Zunächst muß die „richtige" Datenbank ausgewählt werden. Informationen über On-line-Datenbanken findet man in Katalogen (z. B. Who's who – Jahrbuch der On-line-Szene, herausgegeben von der Frankfurter Arbeitsgemeinschaft Fachinformation AFI). Weitere Bedingungen sind Informationen über den Aufbau der Datenbank und Unterlagen über möglicherweise verwendete Codierungen.

Kosten:

- Hardware
- Personal- und Schulungskosten
- Recherchekosten
  - Registrierungsgebühr
  - Dokumentationen, Handbücher
  - Verbindungszeit mit dem Host
  - Kosten für die Nutzung des Telefonnetzes

Informationen können auch über Informationsberater (Information broker) beschafft werden (z. B. Sparkassen, Landesbanken). Die Informationsbeschaffung sollte gut vorbereitet werden; der Informationssuchende sollte genau definieren, was er sucht.

Beispiele von Datenbankdiensten der Sparkassen:

- INFO-BROKER-DIENSTE: Unternehmensinformationen, Markt- und Brancheninformationen, Auslands- und Länderinformationen, Informationen zum Stand der Technik, juristische Informationen, Literaturinformationen.
- ADVERTISE: Vermittlung von Geschäftsbeziehungen für Kunden aus der mittelständischen Wirtschaft (Schwerpunkt: Europäischer Binnenmarkt).
- UMPLUS: branchenspezifische Lösungen für Umweltschutzprobleme.

Kernwissen

- Die schnelle Beschaffung aussagefähiger Informationen ist eine Voraussetzung jeder Daten- und Textverarbeitung.
- Hilfsmittel sind konventionelle Informationsspeicher (Fachpresse, Bibliotheken u. a.) sowie die Informationsbeschaffung per Computer (z. B. On-line-Datenbanken).

Überlegungshilfe

- „Wissen ist Macht!“ (Francis Bacon, brit. Philosoph, 1561 – 1616)

Zur Vertiefung

1 Die ABC-Werke in 48157 Münster suchen einen Partner für die Entwicklung eines bestimmten Produktes. Auf welche Weise könnten sie einen Überblick über die in Frage kommenden Unternehmen bekommen?

8.1.1 Dokumentationen

Zum Aufgabenbereich der Sekretärin gehört im allgemeinen die Verwaltung und Anwendung von Dokumentationen.

Unter Dokumentation versteht man die „Zusammenstellung, Ordnung und Nutzbarmachung von Dokumenten und Materialien jeder Art, z. B. von Urkunden, Akten, Zeitschriftenaufsätzen, Begriffen, sprachlichen Erscheinungen“ (Duden: Einfach richtig schreiben).

Aufgabe der Dokumentation:

- Entwicklung rationeller Methoden, Normen und Richtlinien für die Organisation und Technik der geistigen Arbeit
- Anwendung dieser Ergebnisse sowohl allgemein als auch auf einzelnen Fachgebieten

Anwendungsbeispiele:

- zweckmäßige Einrichtung von Bibliographien, Registern, Referatblättern
- Referatkarteien zur Erschließung von Zeitschrifteninhalten
- Reproduktionsverfahren für vergriffene oder schwer zugängliche Dokumente
- Einsatz von Ordnungssystemen (z. B. Dezimalklassifikation)

Der Deutsche Normenausschuß im DIN/Deutsches Institut für Normung informiert z. B. über alle bestehenden DIN-Normen und Norm-Entwürfe. Diese Normen sind Dokumentationen.

In der Sekretariatsarbeit wird die Dokumentation wohl meist im Sinne der „Belegbereitschaft" verstanden, z. B. bei der Verwaltung von Zeitschrifteninhalten und Loseblatt-Sammlungen. Dokumentationsarbeit erfordert – ähnlich wie Karteiarbeit – Zuverlässigkeit und Gewissenhaftigkeit. Eine Dokumentation, die nicht auf dem neuesten Stand ist, kann wertlos sein.

Gehört der selbständige Aufbau einer Dokumentation zu den Aufgaben der Sekretärin, sollte diese Arbeit **vorher** gut durchdacht und geplant werden , denn die Dokumentation soll ein langfristig perfekt funktionierender Informationsspeicher sein.

Anregungen finden Sie in den Abschnitten

2.2 (Die Behandlung der eingehenden Post) S. 83, 84.
6.1 (Organisation der Schriftgutverwaltung) S. 213, 227.
6.2 (Karteien, Dateien) S. 246 ff.

Bibliographien. Größeren wissenschaftlichen Texten muß ein perfektes Literaturverzeichnis angefügt werden. Gehört das Schreiben solcher Texte zu Ihren Aufgaben, müssen Sie folgende Normen kennen.

Normblätter (Beuth-Verlag)	**Inhalt**
DIN 1502	„Regeln für das Kürzen von Wörtern in Titeln und für das Kürzen der Titel von Veröffentlichungen"
DIN 1505 Teil 1 und DIN 1505 Teil 2:	„Titelangaben von Dokumenten und die Titelaufnahme von Schrifttum" • Gestaltung eines Literaturverzeichnisses • Zitieren von Büchern, Artikeln in Zeitschriften, Normen, Firmen- und Tagungsschriften, Forschungsberichten, Loseblattausgaben, geographischen Karten und Patenten

Kernwissen

- Dokumentationen sind Informationssysteme und Informationsspeicher.
- Die Verwaltung von bestehenden Dokumentationen muß gewissenhaft erfolgen.
- Der Aufbau von Dokumentationen erfordert eine gründliche Planung.

Überlegungshilfe

- Die Sekretärin ist die Zentralinstanz für das Fachzeitschriftenwesen. Sie ist in dieser Funktion verantwortlich für die betriebswirtschaftlich sinnvolle Beschaffung, Verteilung, Verwertung und Dokumentation.

Zur Vertiefung

1 Sie sind als Sekretärin in einem mittelständischen Unternehmen beschäftigt, das vor 15 Jahren gegründet wurde. Sie werden mit Beginn des nächsten Monats verantwortlich für die Dokumentation aller firmengeschichtlichen Daten. Wie sieht Ihre Planung für diese Aufgabe aus?

8.2 Diktiertechniken; Phonotypie

Mehr als 50 % der Beschäftigten in der Bundesrepublik Deutschland haben ihren Arbeitsplatz im Büro. Die Folge ist zwar eine Kostensteigerung in den Büros von Wirtschaft und Verwaltung, jedoch sind keine spürbaren Verbesserungen in der Produktivität zu erkennen.

Gründe:

- zu lange Durchlaufzeiten vieler Vorgänge
- zu hohe Kosten durch sich ständig wiederholende Tätigkeit

Einen zentralen Anteil an der Büroarbeit nimmt der Bereich Schreiben in Verbindung mit der Textkommunikation ein.

Der Bereich **Schreiben** läßt sich im wesentlichen in zwei Tätigkeiten einteilen:

- Texterfassung
- Textgestaltung

Diese beiden Bereiche müssen durch die geeigneten Gerätefunktionen unterstützt werden.

Arbeitsabläufe und Hilfsmittel im Bereich der Textverarbeitung (Auswahl)

Arbeitsabläufe	Hilfs- und Arbeitsmittel	DIN-Normen
Konzipieren	Kurzschrift, Duden, PC (Thesaurus)	
Formulieren	Diktiersysteme (auch über PC)	DIN 5009: Regeln für das Phonodiktat
Schreiben	Schreibmaschinen, Textsysteme, PC	DIN 5008: Regeln für Maschinenschreiben DIN 476: Papierformate DIN 676: Briefvordrucke
Prüfen, Korrigieren, Überarbeiten	Schreibmaschinen mit Korrektureinrichtung, Textsysteme, PC	DIN 16511: Korrekturzeichen
Reproduzieren	Textsysteme, PC, Kopiersysteme	DIN 9775: Büro-Vervielfältigungsmaschinen
Transportieren, Verteilen, Versenden	konventionelle und elektronische Kommunikationssysteme	
Speichern, Archivieren	Registratur, Mikrografie, Karteien/Dateien, Datenträger für EDV, Dokumentation	DIN 821: Schriftgutbehälter DIN 5007: ABC-Regeln

Eine 1988 von Philips Dictation initiierte Studie, für die 9000 Manager aus Deutschland, Österreich, den Niederlanden und Großbritannien befragt wurden, ergab, daß moderne Kommunikationshilfsmittel nur von 24% der englischen und 12% der deutschen Manager wirklich genutzt werden. 65% gaben an, daß sie ihre Texte mit dem Schreibstift auf Papier bringen und diese dann ihren Sekretärinnen zur Weiterbearbeitung übergeben. Der Leiter der Marktforschung bei Philips Dictation Systems: „Wir glaubten, daß unsere wichtigsten Konkurrenten Textcomputer und Steno-Diktat seien. Nun wissen wir, daß wir tatsächlich mit den Arbeitsmethoden aus dem 18. Jahrhundert konkurrieren."

Etwa 55000,00 bis 60000,00 DM betragen zur Zeit die durchschnittlichen **Schreibplatzkosten** einer Schreibkraft je Jahr. Für eine mittlere Firma, die z.B. 10 Schreibkräfte beschäftigt, bedeutet das einen Kostenaufwand von jährlich 660000,00 bis 720000,00 DM. Untersuchungen und Erprobungen haben ergeben, daß in einem organisierten Schreibdienst diese Kosten um mindestens die Hälfte verringert werden können.

Phonodiktat

Ein Geschäftsbrief, ins Stenogramm diktiert, kostet heute etwa 20,00 DM oder mehr. Durch eine Organisation der Schreibarbeit können etwa 50% der Schreibkosten eingespart werden. Das bedeutet, daß die Sekretärin die Stenografie in der Praxis künftig **anders** gebraucht, weil sie die Diktate von Tonträgern bekommt. Wahrscheinlich wird es jedoch in größeren Betrieben in Zukunft so sein, daß auch die Sekretärin die Post in den Schreibdienst diktiert und nur die vertrauliche und private Korrespondenz nach wie vor nach Stenogramm oder selbständig erledigt.

Kurzschrift muß selbstverständlich von den Sekretärinnen beherrscht werden. Sie muß aber unter einem anderen Aspekt gesehen werden, denn sie wird leider viel zu häufig zu gering bewertet. Kurzschrift ist heute als Managerschrift aufzufassen, sie soll die Arbeit derjenigen Mitarbeiter vereinfachen, deren Arbeitszeit am meisten kostet. Kurzschrift ist Notizschrift, Arbeitsschrift, unersetzlich bei wichtigen Telefongesprächen, Konferenzen usw. Für die Abwicklung der Korrespondenz ist sie in vielen Fällen unwirtschaftlich.

Die wirtschaftlichste Methode, das gesprochene Wort in Texte umzusetzen, ist zur Zeit das **Phonodiktat,** also die Arbeit mit Diktier- und Wiedergabegeräten, die aufeinander abgestimmt sind.

Durch die Anwendung des Phonodiktates anstelle der Stenografie ergibt sich eine Zeitersparnis bis zu 50%.

Bei der Anschaffung von Diktiergeräten ist die Notwendigkeit der Kompatibilität (Austauschbarkeit) der Tonträger zu beachten. Die auf Reisediktiergeräte gesprochenen Texte müssen selbstverständlich von der Schreibkraft mit dem gleichen Wiedergabegerät verarbeitet werden können wie die auf Bürodiktiergeräte gesprochenen Texte. Also: die Tonträger und die verschiedenen Diktiergeräte müssen aufeinander abgestimmt sein.

Briefe, die auf Tonträger diktiert werden, haben den ins Stenogramm diktierten Briefen gegenüber erhebliche Vorteile.

Vorteile für den Diktierenden	Vorteile für die Schreibkraft
• zeitliche Unabhängigkeit • örtliche Unabhängigkeit • unbegrenztes Diktiertempo • Unabhängigkeit von der Schreibkraft; bei Ausfall einer Kraft können die Diktate auch von anderen Kräften geschrieben werden	• vom Chef unabhängige Arbeitseinteilung • die Schreibkraft kann das Diktattempo ihrem Schreibtempo anpassen • einfachere Arbeit, da das Phonodiktat einfacher umzusetzen ist als ein häufig unleserliches Stenogramm • bessere Arbeitseinteilung; die Schreibzeit verteilt sich auf den ganzen Tag

Unbedingte Voraussetzung für ein gutes Phonodiktat ist eine gründliche Schulung des Diktierenden, der mit der richtigen Bedienung des Diktiergerätes und der einheitlichen Diktatsprache vertraut gemacht werden muß.

Grundlagen sind:

- DIN 5008: Regeln für das Maschinenschreiben
- DIN 5009: Regeln für das Phonodiktat
- Duden, Rechtschreibung, ab 16. Auflage

Folgende Begriffe müssen sowohl dem Diktierenden als auch der Schreibkraft bekannt sein und von ihnen angewendet werden:

- Ablaufkonstanten
- Textkonstanten
- Formkonstanten
- Textanweisungen
- Formanweisungen
- Sonstige Anweisungen
- Sprechtechnik
- Buchstabieren

▶ Diktatablauf

Das Diktat sollte immer in der gleichen Reihenfolge ablaufen. Folgender Ablauf, der die Regeln von DIN 5008 berücksichtigt, ist empfehlenswert:

① Name des Diktierenden
② Abteilungs- oder Bereichsbezeichnung
③ Gebäude, Zimmer-Nr., Hausruf usw.
④ Zu verwendender Vordruck
⑤ Zahl der Durchschläge/Kopien
⑥ Beigefügte Unterlagen (z. B. Vorpost, Konzepte für Aufstellungen oder Tabellen)
⑦ Verarbeitungsart (z. B. Entwurfschreiben, Reinschrift)
⑧ Versendungsform (z. B. Eilzustellung, Einschreiben)
⑨ Behandlungsvermerk (z. B. Eilt, Vertraulich)
⑩ Anschrift. Liegt dem Schreibauftrag die Vorpost bei, kann sie in Kurzform angesagt werden.
⑪ Bezugszeichen
⑫ Betreff
⑬ Anrede
⑭ Text
⑮ Gruß
⑯ Anlagenvermerk
⑰ Verteilvermerk
⑱ Ende dieses Schreibens/Diktatende – keine weitere Ansage

1. Mikrofonhaltung:

Das Mikrofon vor den Mund halten. Direkt in die Mikrofonöffnung sprechen.

2. Mikrofonbedienung:

Erst starten – dann sprechen. Bei Sprech- und Denkpausen abstoppen.

3. Sprachtechnik:

Sprechen Sie in ihrer normalen Sprechgeschwindigkeit! Durch betont langsames Sprechen mindern Sie die Schreibgeschwindigkeit der Phonotypistin.

Ausnahmen: Bei Zahlen etwas langsamer als normal sprechen! *Längen Sie die Endsilben!* Artikulieren und betonen Sie richtig! In zusammenhängenden Sätzen diktieren!

Die Konstanten

Die Textkonstanten

,	Komma
.	Punkt
;	Semikolon
:	Doppelpunkt
?	Fragezeichen
!	Ausrufezeichen
„	Anführungszeichen
‚	halbes Anführungszeichen
(	Klammer auf
)	Klammer zu
...	Auslassungspunkte
x – x	Gedankenstrich
x-x	Bindestrich*
x/x	Schrägstrich
——	Summenstrich
═══	Abschlußstrich
’	Apostroph**
	Hoch (für Exponenten: m^3)
	Tief (für Indizes: H_2O)
	Groß (z. B. groß Anton = A)
	Klein (z. B. klein Samuel = s)
	Leer (z. B. zwo leer fünf = 2 5)
	Römisch (z. B. römisch vier = IV)

Die Formkonstanten

Absatz
einrücken
Absatz Fluchtlinie (Ende der Einrückung)
X Leerzeilen***
Spalte X (bei Aufstellungen)
nächstens (bei Aufzählungen der nächste Punkt)

Die Ablaufkonstanten

Stopp
Text
Vordruck X
X Durchschläge (Gesamtzahl)
Versendungsform
Anschrift
Bezugszeichen
Betreff
Behandlungsvermerk
Anlagen
Durchschlag an
Ende dieses Schreibens (Vorgangs) usw.
Ende – keine weitere Ansage

* Bindestrich nur bei Eigennamen und Fachausdrücken oder Fremdwörtern ansagen, die der Phonotypistin nicht bekannt sein können.
** Den Apostroph nur in besonderen Ausnahmefällen ansagen.
*** Bei normalen Schriftstücken nicht ansagen.

Anweisungen für den Text

Stopp	unterstreichen (Wort oder Wörter)	Text
Stopp	unterstreichen von ... bis ...	Text
Stopp	unterstreichen den ganzen Satz	Text
Stopp	sperren (Wort oder Wörter)	Text
Stopp	in Großbuchstaben (Wort oder Wörter)	Text
Stopp	ich buchstabiere (erst Wort oder Wörter ansagen, dann nach dem Buchstabieralphabet buchstabieren)	Text
Stopp	in Worten (bei Zahlen)	Text
Stopp	in Buchstaben (bei Zahlen)	Text
Stopp	in Ziffern (bei Zahlen)	Text

Anweisungen für die Form

Stopp	es folgt eine Aufzählung	Text
Stopp	es folgt eine Aufstellung, das Konzept liegt bei	Text
Stopp	es folgt eine Aufstell. mit X Spalten	Text
Stopp	es folgt eine x-stufige Gliederung	Text

Anweisungen für den Tonträgerwechsel

Stopp	Fortsetzung auf Platte (Folie, Kassette) Nr.	Text
Stopp	Fortsetzung von Platte Nr.	Text

▶ Postamtliche Buchstabiertafel – ergänzt durch ß

A	Anton	**G**	Gustav	**O**	Otto	**T**	Theodor
Ä	Ärger	**H**	Heinrich	**Ö**	Ökonom	**U**	Ulrich
B	Berta	**I**	Ida	**P**	Paula	**Ü**	Übermut
C	Cäsar	**J**	Julius	**Q**	Quelle	**V**	Viktor
Ch	Charlotte	**K**	Kaufmann	**R**	Richard	**W**	Wilhelm
D	Dora	**L**	Ludwig	**S**	Samuel	**X**	Xanthippe
E	Emil	**M**	Martha	**Sch**	Schule	**Y**	Ypsilon
F	Friedrich	**N**	Nordpol	**ß**	Eszett	**Z**	Zacharias

▶ Diktierplan

Information	Name (Hier spricht: ...) Abteilung – Diktatzeichen – Hausruf Unterlagen (Hinweis auf beigefügte Konzepte für Aufstellungen, Briefvorlage usw.)
Erläuterungen	Bearbeitung: z. B. besondere Schriftart (Spar- oder Proportionalschrift usw., mit Automat, Entwurfschreiben, Manuskript. Vordruck: Firmen- oder Blankoblatt, Vordruck-Nr., Luftpost usw.
Durchschläge	Anzahl der Durchschläge (insgesamt)
Versendungsform	Nur ansagen, wenn besondere postamtliche Versendungsformen gewünscht werden, z. B. „Eilzustellung“ oder „Einschreiben“ usw.
Anschrift	„Peter Holtzmüller KG, Domplatz 10, 60311 Frankfurt“ So ansagen: Anschrift – Peter Stopp – Holtzmüller mit Theodor – Zacharias – Text – Kaa – Gee – Domplatz – zehn – sechs – null – drei – eins – eins – Frankfurt Erhält die Phonotypistin die entsprechenden Unterlagen, kann auf die genaue Ansage verzichtet werden (z. B. Holtzmüller KG Frankfurt).
Bezugszeichen	„Si/mo 05.08. ...“ So ansagen: Bezugszeichen – groß Samuel – klein Ida – Schrägstrich – klein Martha – klein Otto – Ihre Nachricht vom fünften August – (entfällt bei Vorlage)
Betreff	„Ihre Bestellung“ So ansagen: Betreff – Ihre Bestellung – (folgt keine Anrede, dann den Text mit der Konstante „Text“ ankündigen).
Behandlungs-vermerk	Wenn besondere Vermerke gewünscht werden, dann hier ansagen, wie z. B. „Vertraulich“, „Persönlich“, „Dringend“, „Eilt“ usw. Sollen solche Vermerke jedoch nicht hinter dem Betreff erscheinen, müssen sie **vor** der Ansage der Anschrift genannt werden. Die Konstante dafür lautet: „Behandlungsvermerk“.
Anrede	„Sehr geehrte Frau Dr. Czerwinsky,“ So ansagen: Sehr geehrte Frau Doktor – Stopp – ich buchstabiere Scherwinski – Cäsar – Zacharias – Emil – Richard – Wilhelm – Ida – Nordpol – Samuel – Kaufmann – Ypsilon – Text. Es sollte im Hause einheitlich festgelegt werden, ob hinter der Anrede ein Komma oder ein Ausrufezeichen geschrieben wird. In beiden Fällen braucht dazu keine Ansage gemacht zu werden. Bei internen Schriftstücken wird im allgemeinen die Anrede weggelassen.

Text	1. Die Textkonstanten anwenden. 2. Absätze, Einrückungen (und Aufzählungen) mit Konstanten ansagen. 3. Hervorhebungen, Erläuterungen oder besondere Wünsche, z. B. „Aufstellungen" mit „Anweisungen für den Text" oder „die Form" ansagen. 4. Alle Satzzeichen ansagen, **außer Kommata.** Ausnahme: Zitate und Beträge. 5. Diktieren: „zwo" statt zwei, „Juno" statt „Juni", „Julei" statt Juli. 6. Seltene Fachwörter, die so geschrieben wie gesprochen werden, sil-ben-wei-se diktieren. Das erspart das Buchstabieren. 7. Beträge so diktieren: „fünfhundertzwanzig Komma Null fünf DM". 8. Zahlen, die keinen Begriff, kein Tagesdatum, keine Maße, Gewichte oder Beträge darstellen, ziffernweise ansagen: „Nummer eins zwo sieben drei acht". Bei Zahlengruppen „leer" sagen: „134 12 511" eins drei vier leer eins zwo leer fünf eins eins.
Grußform	So ansagen: Mit freundlichen Grüßen
Anlagen	So ansagen: Anlagen – 1 Prospekt – 1 Preisliste
Verteiler	So ansagen: Durchschlag (Durchschläge) an – Vertretung in Stuttgart. Bei internen Schreiben wird (meistens) der Verteiler mit der Anzahl der Durchschläge angesagt (also vor der Anschrift).

(Quelle: Assmann, Bad Homburg v. d. Höhe)

▶ Diktatbearbeitung

Diktierte Texte müssen inhaltlich logisch und in perfektem Deutsch zur Unterschrift vorgelegt werden.

Trainieren Sie das Diktieren! Sie bekommen Verständnis für die Problematik des Diktierens, gleichzeitig Routine, die Sie befähigt, selbst Diktate für den Schreibdienst zu erstellen.

Formulieren Sie um, wenn das Diktat offensichtlich Mängel hat.

Hat ein Text viele unklare Stellen, legen Sie einen Entwurf vor.

Machen Sie sich mit der Fachterminologie in Ihrem Arbeitsbereich vertraut.

Diktiergeräte

▶ Funktion

Aufnahmegeräte (für den Diktierenden)	Nur Sprachaufzeichnung möglich.
Wiedergabegeräte (für die Schreibkraft)	Geben nur die von einem Diktiergerät aufgenommene Sprache wieder.
Aufnahme/Wiedergabegeräte	Zeichnen die Sprache auf **und** geben sie wieder.

Stellen Sie an ein Diktiergerät höchste Anforderungen. Kriterien (Auswahl):

- Anzeige der Anzahl der diktierten Texte auf dem Display
- Anzeige der Gesamtlänge

- Direktabruf von Texten, die Ihr Chef beim Diktat mit Priorität versehen hat.
- Konferenz- und Telefonaufnahme
- Fußschalter
- Geschwindigkeitsregler
- Suchlauf
- Selbsttest
- Reicht es, wenn das Gerät nur stationär nutzbar ist oder
- ist Mobilität erforderlich

▶ Stromversorgung

Bürodiktiergeräte	Netzanschluß
Reisediktiergeräte	Batteriebetrieb, z. T. auch Zusatzausstatt. für Netzanschluß möglich
Handdiktiergeräte	Batteriebetrieb; besonders kleine Geräte für „gesprochene" Notizen

▶ Tonträger

Tonträger sollte man nach folgenden Kriterien beurteilen: Aufnahmekapazität in Minuten, Gewicht, Nutzungsdauer, Wiederverwendbarkeit, Transportfähigkeit (innerbetriebliche Weitergabe und Postversand), Tonqualität bei Wiedergabe. Die Kosten des Tonträgers sind eher sekundärer Art, wichtig ist die Qualität und die Verarbeitungsmöglichkeit auf möglichst vielen im Betrieb vorhandenen Wiedergabegeräten.

Man unterscheidet band- und flächenförmige Tonträger. Sie werden aus Kunststoff mit einer magnetisierten Oberfläche hergestellt.

Bandförmige Tonträger	Magnetband (Spule), Mikrokassette, Minikassette, Stenokassette 30 (DIN 32 750T)
Flächenförmige Tonträger	Magnettonplatte, Magnettonfolie • Schreiben-/Blattform • Endlosrolle (28 m lang; das jeweilige Diktatstück wird abgerissen) • Magnettonmanschette

Tonträger	Eigenschaften
Bandförmige Tonträger	Mittlere bis große Aufnahmekapazität, z.T. geringe Größe. Relativ großer Zeitaufwand zum Suchen bestimmter Diktatstellen und zum Umspulen.
Flächenförmige Tonträger	
• Magnettonplatte	Es gibt sie in starrer und flexibler Ausführung. Starre Platten sind eher haltbar, flexible lassen sich gut transportieren (Post, Botendienst).
• Magnettonfolien	Es gibt verschiedene Formen, Einmalfolien werden nach Gebrauch vernichtet; es ist möglich, der Schreibkraft auf der Folie handschriftliche Hinweise zu geben.
• Magnettonmanschette	Anfang und Ende der Manschette werden zusammengefügt.

Zu beachten ist, daß flächenförmige Tonträger nicht in Taschendiktiergeräten verwendet werden können. Taschendiktiergeräte können mit Kompaktkassetten, kleineren Spezialkassetten und Manschettentonträgern arbeiten.

Eine Alternative zu dem heutigen Diktiergerätemarkt, der von Kassetten bestimmt wird, bildet ein System, das mit einer Diktatrolle arbeitet, die für eine Diktatzeit von 375 Minuten ausreicht; das entspricht etwa 300 Briefen. Nach Beendigung des Diktats wird der Diktatstreifen abgetrennt. Er entspricht der Länge des zu schreibenden Textes, ein Vorteil für die Schreibkraft. Hinweise für die Schreibkraft können direkt auf den Tonträger geschrieben werden. Indexeinrichtungen, die bei Kassetten für eine Übersicht notwendig sind, benötigt das System nicht und damit auch nicht die entsprechenden Bedienungen seitens des Diktierers und der Sekretärin. Das Gerät ist vielseitig einsetzbar.

Beispiele:

- **Sekretariat.** Je Vorgang ein Tonträger, der an den Vorgang geheftet wird, so daß die Sekretärin auf einen Blick den Textumfang kennt; Besonderheiten schreibt der Diktierer direkt auf den Tonträger. Durch Anschluß an das Telefon kann jedes Telefonat aufgezeichnet werden; der Tonträger wird mit den notwendigen Informationen beschriftet, gelocht und abgeheftet. Hörfehler werden vermieden. Der Tonträger kann als Sprechinformation für interne Zwecke eingesetzt oder als „Sprechbrief" verschickt werden.

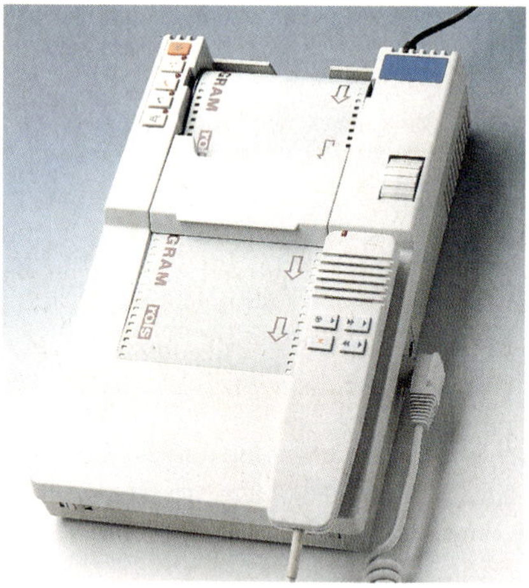

- **Schreibdienst.** Auf dem Einzeltonträger kann kenntlich gemacht werden, welche Briefe besonders wichtig sind und vorrangig behandelt werden müssen.
- **Außendienst.** Die Außendienstmitarbeiter können ihre täglichen Berichte diktieren, sie täglich der Zentrale zuschicken, wo sie dann geschrieben werden.
- **Verkaufsabteilung.** Telefonische Bestellungen werden aufgezeichnet, der Tonträger wird dem Sachbearbeiter übergeben, der die Bestellung erledigt und den Tonträger als Originalbeleg abheftet. So wird Schreibarbeit vermieden. Das Gerät verfügt zusätzlich über ein integriertes Kassettenlaufwerk zum Abhören von Minikassetten.

Kernwissen

- ❑ Die wirtschaftlichste Methode, das gesprochene Wort in Texte umzusetzen, ist das Phonodiktat.
- ❑ Diktiergeräte und Tonträger müssen aufeinander abgestimmt sein (Kompatibilität).
- ❑ Die Regeln für das Phonodiktat müssen vom Diktierer und der Schreibkraft beherrscht werden.

Überlegungshilfe

- ❑ Die Stenografie sollte nur für wichtige, vertrauliche, eilige Korrespondenz eingesetzt werden.
- ❑ Die Regeln für das Phonodiktat – DIN 5009 – sind Ihnen vertraut und werden konsequent angewandt.

Zur Vertiefung

1 Erläutern Sie die Begriffe „Konstanten" und „Anweisungen" im Phonodiktat.

2 Welche Vorteile bietet die Indiziermöglichkeit bei einem Diktiergerät?

3 Was bedeutet der Begriff „Kompatibilität" im Zusammenhang mit Diktiergeräten?

4 Was ist ein Korrekturdisplay?

5 Rekonstruieren Sie zu dem Brief auf S. 346 die Phonoansage (DIN 5009).

8.2.1 Schreibdienste

In den 60er und 70er Jahren wurde mit großem Aufwand in vielen Unternehmen ein „Zentraler Schreibdienst" eingerichtet. Darunter versteht man eine Abteilung – meist unter der Regie einer Schreibdienstleiterin mit Personalverantwortung, in der zentral das Schriftgut des Betriebes geschrieben wird. Diktiert wird über:

- Diktiergeräte
- Sterndiktat (Telefondiktat)

Die Funktionsweise des Phonodiktats ist bereits bekannt.

■ Sterndiktat

Der Diktierende wählt die Nummer des Zentralen Schreibdienstes. Ein Steuergerät sucht hier unter beispielsweise zehn Diktiergeräten automatisch das nächste freie Gerät aus, es wird also direkt auf ein Band im Zentralen Schreibdienst diktiert. Der Diktierende steuert die Funktionen über eine Fußtaste an seinem Telefon. Am Ende des Diktats wird durch einen Indikator auf einem Indexstreifen eingestanzt, wieviel diktiert wurde. Der Tonträger – z. B. eine Magnetplatte – und der Indexstreifen, der die Grundlage für die Leistungsbewertung der Schreibkräfte ist, werden in eine Transportmappe gelegt und in der Reihenfolge des Eingangs im Zentralen Schreibdienst aufbewahrt. Die Schreibkräfte holen die Datenträger, legen sie in ihr Wiedergabegerät ein und schreiben mit modernen Schreibmaschinen/PC. Die Schreibdienstleiterin kontrolliert stichprobenweise die Schriftstücke und notiert die Leistung der Schreibkräfte. Das Schriftgut wird den Sachbearbeitern auf dem intern vereinbarten Weg zurückgegeben. Bei Eilsachen muß auf die Dringlichkeit hingewiesen werden.

Seit kurzem ist eine **zentrale** Diktieranlage auf dem Markt, deren Kernstück ein Arbeitsplatz-Computer ist: das **digitale Liniendiktat-System.** Wie beim Sterndiktat diktiert der Sachbearbeiter über sein Telefon, er benötigt also kein Diktiergerät. Die Sprache wird über eine

Feld für Briefkopf

Eilzustellung

Vertraulich

Deutsche Maschinenwerke AG
Herrn Dr. von Wersczynski
Postfach 12 05 21

60596 Frankfurt

Ihre Zeichen, Ihre Nachricht vom	Unsere Zeichen, unsere Nachricht vom	☎ Durchwahl 2601-1	Datum
Dr. v. W/dw-5 25.09..	NBü 10.09..	3 05	27.09..

Vorteile des Phonodiktats

Sehr geehrter Herr Dr. von Wersczynski,

in unserem Ferngespräch sagten wir Ihnen schon: Wir sind Ihrer Meinung! Gewinnen Sie Ihre Mitarbeiter für die Anwendung der "Regeln für das Phonodiktat". Es gibt keine bessere Möglichkeit, die Arbeit wirksamer zu unterstützen.

Zahlreiche Unternehmen - ebenso Verwaltungen der öffentlichen Hand - haben längst erkannt, wie sehr die Korrespondenzabwicklung erleichtert wird, wenn man die e i n h e i t l i c h e Diktatansage einführt. Auch hier gilt der Satz: Macht man's richtig - bringt's Erfolg!

Am besten werden die Mitarbeiter (Diktierende und Schreibende) mit dieser Arbeitsweise in eingehenden Unterweisungen vertraut gemacht. Wie wirksam solche Maßnahmen sind, erfahren Sie bei:

		zuständig	Telefon
Weser-Textil AG	Bremen	Frau Schuetze	(04 21) 2 48 55
Bausparkasse Hansa	Köln	Frau Beaudenuit	(02 21) 4 52-3 87
Kreisverwaltung Koolbach-Ergsten	Koolbach	OAR Häberle	(07 45) 6 37-39

Die genannten Damen und Herr OAR Häberle werden Ihnen gern sagen, welche Vorteile eine solche Schulung mit sich bringt.

Mit freundlichen Grüßen

Bühl

Anlage
1 Prospekt

Feld für Geschäftsangaben – Bei Kapitalgesellschaften: Feld für gesellschaftsrechtliche Angaben.

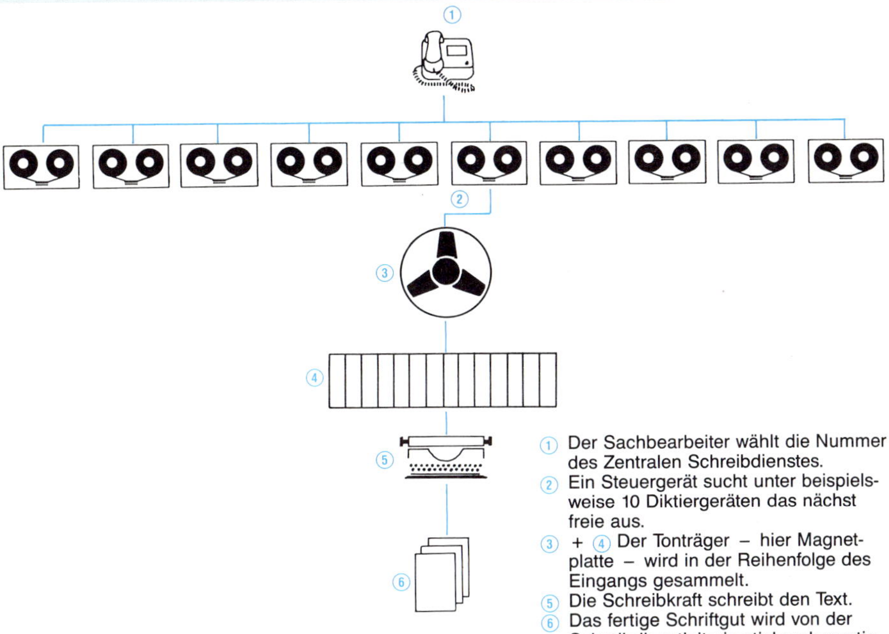

① Der Sachbearbeiter wählt die Nummer des Zentralen Schreibdienstes.
② Ein Steuergerät sucht unter beispielsweise 10 Diktiergeräten das nächst freie aus.
③ + ④ Der Tonträger – hier Magnetplatte – wird in der Reihenfolge des Eingangs gesammelt.
⑤ Die Schreibkraft schreibt den Text.
⑥ Das fertige Schriftgut wird von der Schreibdienstleiterin stichprobenartig kontrolliert.

Kabelverbindung an den mit einem Arbeitsplatz-Computer ausgestatteten Arbeitsplatz der Schreibkraft übertragen und auf der Festplatte gespeichert. Der Arbeitsplatz-Computer benötigt eine vierkanalige Sprach-Interface-Karte und ein Softwaresystem zur Sprachverarbeitung. Wie bei der konventionellen Methode hört die Schreibkraft den Text über einen Kopfhörer, steuert die Wiedergabe mit dem Fußschalter und schreibt den Text an der Schreibmaschine bzw. am Computer. Der Arbeitsablauf wird vereinfacht, Transportkosten entfallen, der Zeitaufwand wird reduziert. Die Wiedergabequalität ist hervorragend. Über den Bildschirm des Computers kann die Schreibkraft Angaben zu den aufgezeichneten Texten (Zeitpunkt der Diktate, Länge der Texte) abrufen.

Vor der Einrichtung einer Schreibzentrale muß eine Arbeitsplatzanalyse durchgeführt werden, die den normalen Arbeitsanfall erfaßt. Die geleistete Arbeit wird untersucht auf ihren prozentualen Anteil an verschiedenen Tätigkeiten wie Karteiarbeiten, Registraturarbeiten, Telefondienst usw. Von jedem geschriebenen Schriftstück wird während des Untersuchungszeitraums ein zusätzlicher Durchschlag angefertigt, der die Grundlage für das Berechnen der täglich zu leistenden Arbeitsmenge bildet. Nach einem Untersuchungszeitraum von etwa vier Wochen erhält man einen Überblick über die tägliche Schreibstoffmenge der verschiedenen Abteilungen und den Anteil an allgemeinen Büroarbeiten.

In einer Schreibzentrale werden die Schreibkräfte ausschließlich mit Maschinenschreibarbeit beschäftigt. Da sie sich vollständig auf das Diktat konzentrieren können, wird von ihnen eine Anschlagszahl gefordert, die wesentlich höher ist als die früher von ihnen geleistete. Im Monatsdurchschnitt werden in einer Schreibzentrale täglich etwa 38 000 Anschläge gefordert. Ein A4-Brief umfaßt etwa 1 300 Anschläge. Da die Schreibleistung jeder einzelnen Schreibkraft erfaßt wird, erfolgt die Entlohnung in der Regel leistungsgerecht durch ein Prämiensystem.

Das Mobiliar – Schreibmaschinentisch, PC-Tisch, Stuhl, verstellbare Fußbank – und die Anordnung der Arbeitsplätze müssen so arbeitserleichternd wie möglich geplant werden. Für die Pausen sollte in der Nähe des Schreibzimmers ein Aufenthaltsraum mit bequemen Sitzmöglichkeiten zur Verfügung stehen.

Auf den ersten Blick bietet eine Schreibzentrale nur *Vorteile*:

- rationeller Einsatz der vorhandenen Schreibkräfte
- Leistungssteigerung der Schreibkräfte durch Wegfall der Diktataufnahmezeiten, der Warte- und Störzeiten
- Entlastung der Schreibkräfte von Nebenarbeiten
- gerechte Arbeitsverteilung
- leistungsgerechte Entlohnung
- einheitliche Gestaltung der gesamten Firmenpost
- rationelle Gestaltung der Arbeitsabläufe durch ständige Arbeitsbereitschaft des Schreibdienstes

Die Erfahrungen der letzten 20 Jahre zeigen jedoch deutlich die wachsende Unzufriedenheit der Schreibkräfte, die sich durch die einseitige Beanspruchung und anonyme Tätigkeit auf die Dauer überfordert fühlen.

Der Trend geht wieder in die Richtung einer dezentralen Lösung, also Abkehr von der Einrichtung großer anonymer Funktionseinheiten. Ein Schreibdienst sollte so klein wie möglich, aber so groß wie nötig sein; ideal sind etwa vier bis fünf Mitarbeiter.

Empfehlungen:

- Einrichtung von Mischarbeitsplätzen
- Unterstützung der Sachbearbeitung durch abteilungs- und referatsbezogene Schreibdienste
- Bildung einer zentralen Schreibgruppe für Sonderaufgaben (z. B. Eil- und Spätdienst)
- Ausstattung der Schreibdienste mit neuer Bürotechnik (elektronisch gesteuerte Schreibmaschinen, Speicherschreibmaschinen, Textsysteme, PC, Anschluß an Postdienste)
- vor der Einführung der Technik die Endbenutzer informieren und an der Systemgestaltung mitwirken lassen
- Schreibkräfte über den Inhalt ihrer Arbeit informieren
- Schaffung einer hierarchisch und finanziell herausgehobenen Schreibdienstleitung.

Kernwissen

- „Zentraler Schreibdienst" = Abteilung, in der zentral des Schriftgut des Betriebes geschrieben wird.
- Diktiermethoden:
  - Phonodiktat
  - Sterndiktat (Telefondiktat)
- Schreibkräfte im zentralen Schreibdienst werden häufig nach ihrer Anschlagsleistung entlohnt.
- Zukunftsaspekte:
  - Mischarbeitsplätze
  - kleine Schreibgruppen
  - Fachabteilung für Bürokommunikation

Überlegungshilfe

- Bei Reorganisationsmaßnahmen im Bereich der Textverarbeitung wird Sekretärinnen häufig die Gelegenheit gegeben, die Funktion einer Schreibdienstleiterin oder Systemanalytikerin zu übernehmen.
- Vor Einrichtung eines Schreibdienstes muß eine Arbeitsplatz- und Arbeitsanfallanalyse durchgeführt werden. Kleine abteilungsbezogene Schreibgruppen arbeiten besser als Schreibkräfte in anonymen Pools. Die technische Ausstattung im Schreibdienst muß hervorragend sein.
- Der Posten der Schreibdienstleiterin sollte dem Rang einer Abteilungsleiterin entsprechen.
- Aus Flexibilitätsgründen wird von Servicenehmern eine dezentrale Sekretariatsunterstützung bevorzugt.

Zur Vertiefung

1 Wodurch unterscheiden sich Sterndiktat und Phonodiktat?

2 Welche Bedeutung hat der Indexstreifen?

3 Welche Vorteile bietet eine Schreibzentrale?

8.2.2 Programmierte Textverarbeitung

Der Alltag in der Korrespondenzabwicklung zeigt, daß weitgehend immer wieder Briefe ähnlichen Inhalts diktiert und geschrieben werden. Sinnvoll ist es, die Korrespondenzinhalte gemeinsam mit den Sachbearbeitern zu überprüfen. Als Ergebnis der verschiedenen Auffassungen und Arbeitsweisen einigt man sich für die Zukunft auf die besten Inhalte. Bei dieser ausführlichen Diskussion über den Inhalt ist jeder Teilnehmer gezwungen, den Sachverhalt neu zu überdenken. Das Ergebnis dieser Arbeit wird in einem „Texthandbuch" oder „Korrespondenzhandbuch", geordnet nach Sachgebieten, wenn notwendig mehrsprachig, zusammengefaßt. Es ist vorteilhaft, das Texthandbuch als Ringbuch anzulegen, da so jederzeit Blätter entnommen und neue eingeheftet werden können.

Der Korrespondent wird durch das Texthandbuch entlastet. Er braucht keine eigenen Formulierungen zu suchen, sondern wählt die passenden Informationen aus dem Textbuch aus. Die einzelnen Informationen, sogenannte Textbausteine, sind mit Adressen (Selektionsnummern) versehen. Der Korrespondent schreibt lediglich die Adressen und variablen (veränderlichen) Daten auf einen Diktatzettel. Dieser Zettel wird zum Schreibdienst gegeben, der ebenfalls eine Kopie des Texthandbuches hat. Es entsteht ein vorbildlich konzipierter und fehlerlos geschriebener Brief, der hinsichtlich Ausdrucksweise und Gedankenführung nicht mehr überprüft zu werden braucht. Programmierte Briefe sind durchschnittlich um ein Drittel kürzer als individuell diktierte Briefe. Es erfolgen nur selten Rückgaben und Neuschriften.

Durch den täglichen Umgang mit guten Brieftexten wird der Korrespondent gezwungen, ggf. neu auftretende Sachverhalte zu durchdenken und neue Briefbausteine zu formulieren. Textprogrammierer(in) ist ein interessanter Beruf, ggf. auch eine Möglichkeit für den interessierten Mitarbeiter, durch ein „on-the-job-training" in diese Funktion hineinzuwachsen.

Alle Textbausteine können in die für das Unternehmen wichtigen Sprachen übersetzt werden.

Vorteile:

- Der Sachbearbeiter braucht die jeweilige Fremdsprache nicht fließend zu beherrschen, er muß jedoch die eingehende Post lesen können.
- Es ist nicht unbedingt notwendig, daß die Schreibkraft über Fremdsprachenkenntnisse verfügt.

Folgende Briefanalyse (es handelt sich um einen Brief mit etwa 140 Worten) zeigt die Entstehungsdauer nach vier verschiedenen Methoden in Minuten, wobei zu bedenken ist, daß die Minute eines Sachbearbeiters in der Regel mindestens 0,45 bis 0,50 DM und die Arbeitsminute der Schreibkraft in der Regel 0,35 DM kostet.

①	
Diktat in Langschrift	14 Min.
Rüstzeit	3 Min.
Schreibzeit	10 Min.
Tippfehlerkorrektur	3 Min.
Brief fertig zur Unterschrift nach	30 Min.

②	
Diktat in Stenogramm	6 Min.
Diktataufnahme Stenogramm	6 Min.
Rüstzeit	2 Min.
Schreibzeit	9 Min.
Tippfehlerkorrektur	3 Min.
Brief fertig zur Unterschrift nach	26 Min.

③	
Diktat mit Diktiergerät	3 Min.
Rüstzeit	2 Min.
Schreibzeit	7 Min.
Tippfehlerkorrektur	3 Min.
Brief fertig zur Unterschrift nach	15 Min.

④	
Diktat mit Diktiergerät nach PTV-Handbuch	1 Min.
Rüstzeit	2 Min.
automatisches Schreiben	4 Min.
mögliche Fehlerkorrektur	1 Min.
Brief fertig zur Unterschrift nach	8 Min.

Beispiel:

Fall: Der Sachbearbeiter für Personalwesen der Maschinenwerke Müller & Co., Herr Bauer, bestätigt der Personalvermittlung des Arbeitsamtes Stuttgart den Eingang von Bewerbungsunterlagen.

Grundlage seiner Arbeit ist ein Korrespondenzhandbuch (siehe Auszug, Abbildung S. 352 bis 354), von dem auch die Schreibkraft ein Exemplar besitzt.

Arbeitsablauf: Der Sachbearbeiter schreibt einen Diktatzettel (Schreibauftrag).

Diktat-Nr.: 12
Sachbearbeiter: Bauer
Bezugszeichen:
Ihre Zeichen, Ihre Nachricht vom: 12.12.
Unsere Zeichen, unsere Nachricht vom: bau-pcd.ala.

feste Daten Sel.-Nr./Adresse	variable Daten
01	Frau Ulrike Schön
05	Frau Monika Klein

Die Schreibkraft, Frau Schwarz, schreibt nach Anweisung des Diktatzettels folgenden Brief:

Maschinenwerke Müller & Co., Postfach, 70372 Stuttgart

Arbeitsamt
Vermittlungsstelle
für Schreibkräfte
Neckarstraße 155

70190 Stuttgart

Ihre Zeichen, Ihre Nachricht vom	Unsere Zeichen, unsere Nachricht vom	Durchwahl	Stuttgart
12.12...	bau-pers. abt.-schw		15.12.19..

Personalvermittlung

Sehr geehrte Damen und Herren,

besten Dank für die Zusendung der Bewerbungsunterlagen von

Frau Ulrike Schön
Frau Maria Klein.

Wir sind an diesem Angebot interessiert und werden die Einsatzmöglichkeiten in unserem Hause prüfen.

Vom Ausgang der Verhandlungen werden wir Sie dann wieder unterrichten.

Mit freundlichen Grüßen

Maschinenwerke Müller & Co.
Personalabteilung

Bauer

Bauer

Die Entstehung eines Briefes nach Texthandbuch, dargestellt an einem Beispiel aus dem Personalwesen. Folgender Auszug aus einem Texthandbuch dient als Grundlage.

Korrespondenzhandbuch Personalwesen I

Textprogramm: Personalvermittlung — Kass.-Nr. 4

Bausteingruppe: haben Sie Bewerber? bitte Unterlagen von ... — Blatt-Nr. 1

Volltext	Sel	Stichwort
Arbeitsamt Vermittlungsstelle für +++++ Neckarstr. 155 70190 Stuttgart	01	Arbeitsamt Stuttgart +
Personalvermittlung Sehr geehrte+++++, wir haben in unserem Unternehmen folgende Stelle+ zu besetzen: +++++. Falls Sie dafür geeignete Bewerbungen vorliegen haben, bitten wir Sie, uns die Unterlagen zu senden. Für Ihre Bemühungen danken wir im voraus. Mit freundlichen Grüßen Firma	02	bitte Unterlagen + + +
Personalvermittlung +++++ Sehr geehrte Herren, bitte senden Sie uns diese Unterlagen, wir haben in unserem Unternehmen eine solche Stelle zu besetzen. Nach Prüfung werden wir dann gegebenenfalls direkten Kontakt aufnehmen. Besten Dank für Ihre Bemühungen. Mit freundlichen Grüßen Firma	03	bitte Unterlagen +

Textprogramm: Personalvermittlung | Kass.-Nr. 4

Bausteingruppe: Zentraler Bewerbungsanzeiger | Blatt-Nr. 2

Volltext	Sel	Stichwort
Zentraler Bewerbungsanzeiger Nr. +++++	04	ZBA
Sehr geehrte Herren,		
wir bitten Sie, uns folgende Bewerbungsunterlagen zu senden: +++++.		wir bitten um Unterlagen
Für Ihre Bemühungen danken wir Ihnen im voraus.		+ +
Mit freundlichen Grüßen		
Firma		
Personalvermittlung	05	
Sehr geehrte Herren,		
besten Dank für die Zusendung der Bewerbungsunterlagen von +++++ +++++.		Dank für Unterlagen (EZ, MZ)
Wir sind an diesem Angebot interessiert und werden die Einsatzmöglichkeiten in unserem Hause prüfen.		prüfen Einsatzmöglichkeiten
Vom Ausgang der Verhandlungen werden wir Sie dann wieder unterrichten.		+ (+ +)
Mit freundlichen Grüßen		
Firma		

Zweifellos gehört das Schreiben der Korrespondenz nach Texthandbuch nicht zum Aufgabenbereich der Sekretärin, sondern zum Arbeitsbereich einer Maschinenschreiberin/Datentypistin. Die Sekretärin muß jedoch Einsicht in die Organisation des Schreibdienstes haben und in Kontakt mit der Schreibdienstleiterin stehen. Nicht selten wird es vorkommen, daß die Sekretärin Routinepost des Chefs erledigt, indem sie selbst Diktatzettel ausfüllt und diese zur Erledigung in den Schreibdienst gibt.

Außerdem sollte sie überlegen, ob nicht die Anlage eines Texthandbuches für ihren eigenen Arbeitsbereich eine Erleichterung bringen würde, z. B. beim Abfassen von Glückwunsch-, Kondolenz-, Good-will-Briefen, Einladungen usw.

Alle Textbausteine können in die für die Firma wichtigen Sprachen übersetzt werden. Vorteile: Der Sachbearbeiter braucht die jeweilige Fremdsprache nicht fließend zu beherrschen, er muß jedoch die eingehende Post lesen können. Es ist nicht unbedingt notwendig, daß die Schreibkraft über Fremdsprachenkenntnisse verfügt.

Ist der Anfall der Texte in einem Unternehmen sehr umfangreich, lohnt die Überlegung, statt der Programmierten Korrespondenzbearbeitung in der geschilderten Form die **Automatisierte Textverarbeitung** einzusetzen. Der überwiegende Teil der Geschäftskorrespondenz kann standardisiert und programmiert werden und ist dadurch geeignet für die automatische Weiterbearbeitung.

In Zukunft wird die **Dialogverarbeitung** immer stärker in den Vordergrund treten. Dialogverarbeitung bedeutet die Verknüpfung von Textverarbeitung und Datenverarbeitung. Über **ein** Terminal kann der Sachbearbeiter aus beiden Bereichen Daten abrufen. Er kann durch Eingeben der Selektionsnummern der Textbausteine seine Korrespondenz ohne Mithilfe einer Schreibkraft schreiben lassen; er kann ebenso leicht Daten aus der Datenverarbeitung abrufen (CTV = computerunterstützte Textverarbeitung). Die Qualität eines Mehrplatzsystems ist abhängig von der Maschinenkonfiguration und einem EDV-TV-Basiswissen der Mitarbeiter. Die Sachbearbeiter müssen mit der Handhabung der Geräte vertraut sein und konkret wissen, welche Leistungen sie von dem System erwarten können. Sind die Mitarbeiter unzureichend informiert, kann es passieren, daß die Maschinen nicht richtig genutzt werden und zu sehr teuren Schreibmaschinen werden.

Ein Mehrplatzsystem muß organisatorisch betreut werden, z. B. müssen von den Magnetplatten Kopien erstellt werden, die feuer- und einbruchsicher aufbewahrt werden müssen. Es muß ständig überprüft werden, welche Texte gelöscht, aussortiert oder an die Datenverarbeitung weitergegeben werden können.

Kernwissen

- Die Textverarbeitung wird erleichtert durch
  - programmierte Texte (Texthandbuch)
  - programmierte Maschinen (Textsysteme)
  - PC
- Die Dialogverarbeitung – Verknüpfung von Text- und Datenverarbeitung – tritt immer stärker in den Vordergrund.

Überlegungshilfe

- Die programmierte Textverarbeitung ist auch in kleinen Betrieben eine Arbeitserleichterung.
- Sie kann die Grundlage sein für die Textprogrammierung auf externen Speichern.
- Machen Sie sich mit den modernen Textverarbeitungssystemen/PC vertraut; sie werden in Zukunft Arbeitsbereiche im Büro entscheidend verändern.
- Ausgereifte Textverarbeitungssysteme verfügen über eine **T**ext**B**au**S**teinFunktion. Im allgemeinen wird diese TBS-Datei genutzt, um immer wiederkehrende Floskeln zu speichern.

  Sie sollten diese Funktionen auch nutzen, um komplizierte Spezialausdrücke oder sich wiederholende Namen zu speichern. (Alphabetisches Verzeichnis anlegen, das die gespeicherten Begriffe mit den dazugehörenden Codes enthält.)

  Falls Sie häufig englische Geschäftskorrespondenz zu erledigen haben, sollten Sie Textbausteine, die häufig wiederkehren, speichern.

Zur Vertiefung

1 Was versteht man unter Mehrplatzsystemen?

2 Was versteht man unter CTV?

8.2.3 Wirtschaftliche Bürokommunikation; Einsatz von Vordrucken

Bürokommunikation heißt:

- Informationserstellung
- Informationsgewinnung
- Informationsverarbeitung
- Informationsweitergabe
- Informationsaustausch

Je kommunikationsintensiver die Arbeit ist, um so größer ist die Bedeutung der technischen Hilfsmittel. Die Chef- und Sekretärinnenarbeit hat einen hohen Kommunikationsanteil; laut Mintzberg[1] hat der Top-Manager einen der kommunikationsintensivsten Arbeitsplätze (90 % der gesamten Arbeitszeit). Quantitativ verteilt sich seine Arbeit laut Karcher[2] wie folgt:

- 59 % auf geplanten Besprechungen und Konferenzen
- 10 % auf Ad-hoc-Besprechungen
- 6 % auf Telefonieren
- 3 % auf Reisen
- 22 % auf Schreibtischarbeit (Lesen, Schreiben usw.)

[1] Mintzberg, H.: The Nature of Managerial Work. New York 1973.

[2] Karcher, H.: Büro der Zukunft. Dissertation. 2. Aufl. München 1982.

Die quantitative Tätigkeitsverteilung der Sekretärinnen und Schreibkräfte sieht laut Harkness[1] wie folgt aus:

- 20 % der Arbeitszeit werden an Schreibmaschinen bzw. Textautomaten verbracht
- 20 % fotokopieren und Informationen transportieren
- 18 % auf Arbeit warten
- 14 % telefonieren und sonstige Gespräche führen
- 13 % Sachbearbeitungstätigkeiten durchführen
- 15 % Sonstiges, wie Diktate aufnehmen, Kaffee kochen und Personen suchen

Bereits bei der Entstehung und Gewinnung von Informationen sollte planvoll vorgegangen werden. Jeder Tag bringt eine Fülle von wichtigen Daten, die nicht wahllos und ungeordnet notiert werden sollten, sondern die erst nützlich sind, wenn sie schnell, übersichtlich und systematisch erfaßt werden. Zu diesem Zweck sind Formblätter entwickelt worden, die – richtig eingesetzt – Zeit und Geld sparen (siehe Abbildungen S. 104, 105, 157, 158, 159, 358).

Eilnotiz

Datum
Betrifft
für

Wir bitten dringend um

☐ Bericht ☐ Stellungnahme ☐ Erledigung

Unterschrift

Auch der Ablauf der Korrespondenz kann durch sogenannte „Entlastungsformulare“ erleichtert werden. Die Entlastungsformulare sind im allgemeinen so ausgestattet, daß sie automatisch durchschreiben (NCR-Papier), also kein Kohlepapier benötigt wird. Das Kopieblatt ist bereits gelocht. Bei externen Mitteilungen empfiehlt es sich, einen Stempel oder Vermerk mit dem Hinweis auf den rationellen Einsatz und die Kostenersparnis für alle Korrespondenzteilnehmer anzubringen.

Bewährte Beispiele:

- die urschriftliche Antwort
- die Kurzantwort (Kurzbrief)
- die Kopierantwort

[1] Harkness, R.C.: Office Information Systems. An Overview and Agenda for Public Policy Research. Telecommunication Policy. 1978, S. 91 – 105.

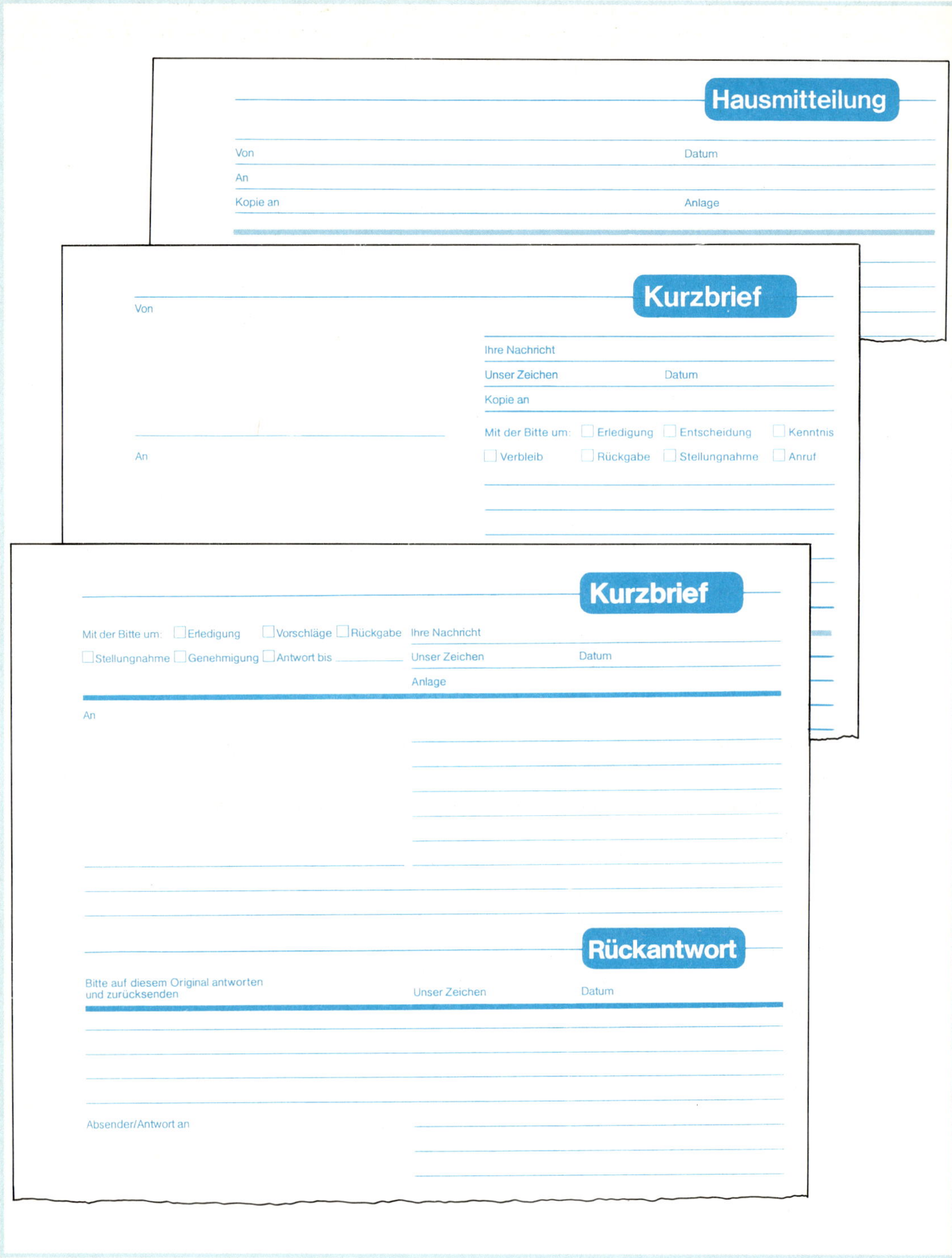

Hausmitteilung

Von | Datum

An

Kopie an | Anlage

Kurzbrief

Von

An

Ihre Nachricht

Unser Zeichen | Datum

Kopie an

Mit der Bitte um: ☐ Erledigung ☐ Entscheidung ☐ Kenntnis ☐ Verbleib ☐ Rückgabe ☐ Stellungnahme ☐ Anruf

Kurzbrief

Mit der Bitte um: ☐ Erledigung ☐ Vorschläge ☐ Rückgabe ☐ Stellungnahme ☐ Genehmigung ☐ Antwort bis

Ihre Nachricht

Unser Zeichen | Datum

Anlage

An

Rückantwort

Bitte auf diesem Original antworten
und zurücksenden

Unser Zeichen | Datum

Absender/Antwort an

Es gibt eine Fülle von Vordrucken für Routinearbeiten. In jedem Betrieb werden jedoch Vordrucke für spezielle Arbeitsabläufe benötigt. Für die Entwicklung von betriebsinternen Vordrucken setzen wir die bekannte Vier-Stufen-Methode ein:

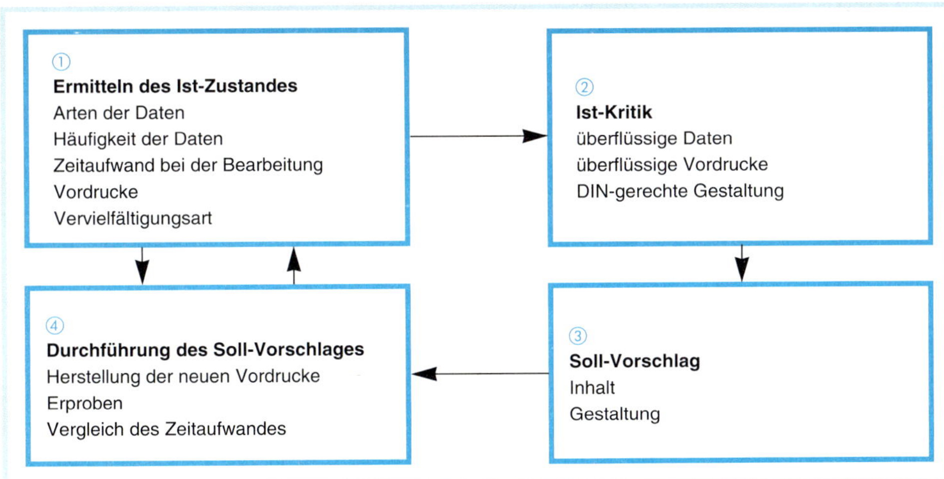

Wenn die Vordrucke helfen, Schreib- und Denkarbeit einzusparen, haben sie ihr Ziel erreicht. Vordrucke verleiten jedoch zu gedankenloser Bearbeitung. Sonderfälle werden oft nicht berücksichtigt.

Voraussetzung für eine wirtschaftliche Vordruckgestaltung:

- **Wahl der richtigen Vordruckart.** Es gibt
  - Einzelvordrucke
  - Schnelltrennsätze
  - Vordrucksätze
  - Endlosvordrucke
- **Formate.** Es ist empfehlenswert, bei der Planung die DIN-A-Reihe zugrundezulegen.
- **Schreibgerechte und arbeitsablaufgerechte Abstimmung.** Druck und Gestaltung müssen den waagerechten und senkrechten Bewegungschritten einer Schreibmaschine bzw. eines Computers entsprechen.

  (Schreibmaschine: Walzendrehknopf, Walzenstechknopf, Leertaste, Wagenlöser, Rücktaste wegen des Zeitaufwandes möglichst vermeiden; der Schreibfluß wird unterbrochen.)

  Der Vordruck muß für die **handschriftliche** Bearbeitung geeignet sein.

  Die Anordnung der Angaben muß logisch sein.

  Leittexte sollen **über** dem Schreibfeld stehen, damit sie während des Schreibens nicht verdeckt sind.

Beispiel:

falsch	**richtig**
	Name, Vorname
....	....
Name, Vorname	

Bei Auswahltexten ist das Ankreuzen dem Streichen vorzuziehen.

Beispiel:

falsch	richtig		
Hauptschulabschluß – Fachoberschule – Abitur (Nichtzutreffendes streichen)	Hauptschulabschluß	Fachoberschule	Abitur
	☐	☐	☐

- **Schriftarten.** Schriftart und -größe sollten der Vordruckart entsprechend gewählt werden.
- **Papier.** Die Papierqualität sollte dem Zweck entsprechen.
- **Vordrucksätze.** Kohlepapiere oder durchschreibefähige Papiere benutzen; Textauswahl bei den Durchschriften durch Abdecken oder Selektion (Beispiel: Banküberweisungsauftrag).
- **Vordruckverwaltung.** Die Vordruckverwaltung muß zentral erfolgen. Die Mitarbeiter müssen eingehende Fachkenntnisse auf den Gebieten der Vordruckgestaltung, -herstellung und -weiterverarbeitung besitzen. Bei der Entwicklung, Herstellung oder Beschaffung und beim Einsatz von Vordrucken sollten sie beratend und gestaltend mitwirken. Die Übersicht über die verwendeten Vordrucke erhält man durch eine Kartei oder ein Verzeichnis. Jeder Vordruck erhält eine Vordrucknummer. Es existiert eine Vordruckmustersammlung.

  Es ist zu beachten, daß mit Hilfe von Formularmasken Vordrucke leicht über das TV-EDV-System gedruckt werden können.

  Der Vordruckverbrauch muß nach dem Bedarf aller Verbrauchsstellen zusammengefaßt werden. Die Kostenzusammenstellung muß die Kosten für Vordrucke aus Eigenherstellung, aus Fremdherstellung (Druckerei) und für die Beschaffung von Spezialvordrucken (Entlastungsformularen) erfassen. Die Vordrucke sollten im Abstand von zwei bis drei Jahren auf ihre Aktualität hin überprüft werden.
- **Hilfsmittel.** Entwurfsblätter zum Erstellen maßgerechter Vordrucke. Entwürfe nach DIN 4998, erschienen im Basten Verlag International KG, Postfach 15 05, 52016 Aachen.

  An folgenden Beispielen (Aufgabe) wird die mustergültige Gestaltung eines Layouts einer Karteikarte gezeigt[1].
- **Aufgabe.** Die Personalstelle eines Unternehmens/einer Verwaltung wünscht eine Karteikarte nach dem Manuskript auf Seite 361. Die ersten Eintragungen sollen mit der Schreibmaschine erfolgen. Spätere Änderungen oder Ergänzungen können hand- oder maschinenschriftlich eingetragen werden. Der Teil der Karten für die Eintragungen ist maschinengerecht zu gestalten. Die Lösung dieser Aufgabe finden Sie auf Seite 362.

[1] Quelle: Helbig, M.; Gestaltung von Vordrucken als Mittel der Bürorationalisierung.

Manuskript

PERSONALKARTE

Familienname:
(ggf. auch Geburtsname)

Sämtliche Vornamen:
(Rufnamen unterstreichen)

Wohnungsanschrift:

Fernsprecher / mit Vorwahl-Nr.:

Geboren am: Geburtsort:

Staatsangehörigkeit: Konfession:

Familienstand: ledig - verheiratet - verwitwet - geschieden
(Zutreffendes unterstreichen)

Falls verheiratet:
Name des Ehegatten: Tag der Eheschließung:
(bei Ehefrau auch Geburtsname)

Kinder:

Name	Geboren am	Name	geboren am

Schulbildung (einschließlich Berufs-, Fach- und Hochschulen)

Schulart	Ort	von - bis

Bestandene Prüfungen:

Art	Tag	Ergebnis

Beschäftigt als:

Eingestuft nach TV-Gruppe ab:

Krankheiten und Dienstunfälle:

Jahr	von - bis	Art der Krankheit/des Unfalls	Tage

Mustergültige Gestaltung des Layouts

Schulbildung (einschließlich Berufs-, Fach- und Hochschulen)

Schulart	Ort	von – bis

Krankheiten und Dienstunfälle

Jahr	von – bis	Art der Krankheit / des Unfalles	Tage

Personalkarte

Familienname (ggf. Geburtsname), sämtliche Vornamen (Rufnamen unterstreichen)

Geburtstag und -ort	Staatsangehörigkeit	Konfession

Familienstand	Name des Ehegatten (ggf. Geburtsname)	Tag der Eheschließung
☐ ledig ☐ verheiratet		☐ verwitwet ☐ geschieden

Wohnungsanschrift	Fernsprecher (mit Vorwahl)

Kinder

Name	Geburtstag	Name	Geburtstag

Beschäftigt als	eingestuft nach TV-Gruppe	ab

Kernwissen

- Die Textverarbeitung kann erleichtert und verbilligt werden durch:
  - Entlastungsformulare
  - sinnvoll gestaltete Vordrucke

Überlegungshilfe

- Entlastungsformulare und Vordrucke erleichtern die kommunikationsintensive Arbeit des Chefs und der Sekretärin. Es muß jedoch darauf geachtet werden, daß nur für häufig wiederkehrende Fälle Formulare eingesetzt werden. Wird das Formularwesen übertrieben, kann die Verwaltung und Beschaffung zu zeitaufwendig werden.
- Das Vordruckwesen sollte von einer Stabstelle aus zentral verwaltet und kontrolliert werden.

Zur Vertiefung

1 Sie sollen eine Karteikarte entwerfen, die folgende Angaben aufnehmen soll: Name, Vorname, Geburtsort, Geburtstag.
Achten Sie bei Ihrem Entwurf darauf, daß die Abstände der Schreibstellen maschinengerecht und gleichbleibend sind, damit der Zeilenschalter benutzt werden kann!

2 Entwerfen Sie einen Vordruck mit folgenden Angaben: Name, Vorname, Wohnort, Straße, Hausnummer. Es sind gleiche Schreibfluchtlinien für Zeilen- und Schreibbeginn innerhalb einer Zeile vorzusehen, um den Randsteller und die Tabulatoren benutzen zu können.

3 Ordnen Sie den Leittext „Name, Vorname, Beruf, Wohnort mit Postleitzahl, Straße und Hausnummer" über dem Schreibfeld eines Vordruckes so an, daß er in dessen **o**berer **l**inker **E**cke steht (OLE-Prinzip)!

8.3 Reprografie

Reprografie ist die Sammelbezeichnung für Vervielfältigungsmöglichkeiten.

Untersuchungen zeigen, daß das Reprografievolumen der Welt jährlich um 20 % steigt. Das Angebot an Reprografiegeräten ist groß. Um den höchsten Nutzen bei größtmöglicher Wirtschaftlichkeit zu erreichen, muß sich der Absender umfassend informieren. Die Auswahl der richtigen Geräte hängt von den Bedürfnissen des Betriebes ab.

In jedem Betrieb werden täglich Briefe, Aktennotizen, Rechnungen, Belege usw. in kleiner Auflage vervielfältigt. Rundschreiben, Werbesendungen und dergleichen müssen in höherer Zahl gefertigt werden. Viele Unternehmen drucken auch ihre Briefpapiere, Formulare und Werbesendungen. Der Bedarf an diesen Vervielfältigungen entsteht kurzfristig; die Kosten sollen gering gehalten werden und die Geräte einfach zu bedienen sein.

Qualifizierte Druckarbeiten, wie die Erstellung von Zeitschriften, Zeitungen und Büchern, mehrfarbigen Katalogen usw., erfordern aufwendigere Verfahren und Maschinen und geschultes Fachpersonal. Solche Druckarbeiten müssen langfristig vorbereitet und organisiert werden.

Im Rahmen dieses Buches werden lediglich die allgemein üblichen Vervielfältigungsverfahren behandelt. Diese Vervielfältigungsgeräte sind so einfach zu bedienen, daß jeder damit umgehen kann. Um so wichtiger ist es, diese als Organisationshilfsmittel rationell im Bereich der Textverarbeitung einzusetzen.

Kriterien: Erwerbsmöglichkeiten (Kauf, Leasing, Miete, Nutzungsvertrag), Auflagenhöhe, Qualität der Vervielfältigung (Informationskopie, Registraturkopie, Arbeitskopie, Dokumentations- bzw. Briefkopie), Vorlagen (flexible Vorlagen, steifgebundene Vorlagen, Halbtöne, Bilder, Schriftsätze, Vorlagen kleineren Umfangs, Einzel- oder Mehrfachkopien, Formate, Verkleinerungen, Vergrößerungen), Zeitaufwand, Arbeitskosten, Gerätekosten, Bedienungsaufwand usw.

In größeren Betrieben gibt es häufig eine zentrale Reprografiestelle, die – bei Ausstattung mit Höchstleistungsgeräten – alle für den internen und externen Gebrauch erforderlichen Formblätter, Prospekte, Briefvordrucke usw. herstellt (Hausdruckerei). Aus Kostengründen ist jedoch die dezentrale Aufstellung von Kopiergeräten empfehlenswert (Wege- und Wartezeiten entfallen). Bei der Korrespondenzabwicklung werden z. B. kaum noch Durchschriften mit Kohlepapier gefertigt (Korrekturen der Durchschriften sind nicht möglich), sondern Kopien hergestellt.

Die Verfahren

Man unterscheidet drei Verfahren:

- **Durchschläge/Durchschriften.** Durchschläge sind Vervielfältigungen, die mit der **Schreibmaschine** mit Hilfe von Kohlepapier oder selbstdurchschreibendem Papier angefertigt werden. Durchschriften sind Vervielfältigungen, die mit der **Hand** mit Hilfe von Blaupapier (Durchschreibepapier) oder selbstdurchschreibendem Papier angefertigt werden.
- **Kopierverfahren.** Vervielfältigen nach bereits vorhandener Vorlage.
- **Druckverfahren.** Vervielfältigen nach einer Druckform (Matrize, Schablone).

Kopierer

In den letzten Jahren haben alle Kopiergerätehersteller die Mikroprozessortechnik genutzt, um den Funktionsumfang ihrer Produkte zu steigern. Leistungsmerkale, die Mitte der 80er Jahre den Mittelklassekopierern vorbehalten waren, werden heute bereits von vielen Minigeräten geboten. Kopierer vervielfältigen, vergrößern, verkleinern, sortieren, gruppieren und vieles mehr.

Die Geräte sind in den letzten Jahren kompakter, zuverlässiger und wartungsärmer geworden; auch die Geräte der unteren Mittelklasse sind mit internen Schnittstellen zur Nachrüstung von modellkompatiblen Zusatzgeräten ausgestattet.

Vorteil:
Der Anwender braucht sich nur für die Leistungsmerkmale zu entscheiden, die er auch wirklich benötigt.

Beispiele:

- verschiedene Sorter und Papierkassetten
- Zusatzfarbeinheiten und Kostenstellenzähler

Durch die Funktionsvielfalt eröffnen sich neue Anwendungsbereiche und Manipulationsmöglichkeiten, d. h. bei Bedarf lassen sich Produkte herstellen, die nicht mehr als Kopien im hergebrachten Sinne gelten, sondern neue Originale sind.

Beispiele, die vor allem für grafisch orientierte Benutzer interessant sind:

- Informationsinhalte können unterdrückt oder
- neue hinzugefügt werden,
- Schriftzüge oder grafische Darstellungen lassen sich formal verändern,
- Flächen oder Schriftzüge lassen sich farbig unterlegen, wobei zum Teil in einem Arbeitsgang mit mehreren Farben gearbeitet werden kann.

Die Kopierauswahl ist so groß, daß die Wahl eines neuen Gerätes gut überlegt sein will.

Kriterien

1. Was muß der Kopierer können?

- Wieviele Kopien werden benötigt?
- Wie schnell werden Kopien benötigt? (Arbeitsgeschwindigkeit)
- Muß vergrößert oder verkleinert werden?
- Werden mehrseitige Vorlagen kopiert?
- Müssen Originale verschiedener Formate vereinheitlicht werden?
- Kostenkontrolle (Elektronische Schlüsselzähler kontrollieren das Kopiervolumen.)
- Müssen häufig Kopien verschickt werden? (Es ist in diesem Falle kostensparend, doppelseitig zu kopieren.)

2. Welchen Komfort soll der Kopierer bieten?

- automatischer Vorlageneinzug für mehrseitige Schriftsätze
- Papiervorrat (Papierkassetten, Einzelblatt- oder Stapeleinzug); integrierte Papierzuführungen
- elektronische Bedienerführung (klare Kommunikation zwischen Kopierer und Anwender)
- Bedienungsergonomie (Qualität der Bedienerführung)
- weitere mögliche Funktionen: Buchseitentrennung, Heftrandverschiebung, Rand- und Mittelschattenlöschung

3. Was kostet eine Kopie?

- differenzieren zwischen **verbrauchsunabhängigen** und **verbrauchsabhängigen** Kosten;

  verbrauchsunabhängige Kosten:
  - reine Kosten für das Gerät
  - (Kaufpreis oder Leasingrate)
  - Wartungskosten (bei Pauschalvertrag)

  verbrauchsabhängige Kosten:
  - Kosten für Toner, Fotoleiter (z. B. Trommel), Entwickler und Papier
  - Kosten für die Wartung, wenn der Vertrag sich an der Kopienzahl orientiert
  - Kosten für Verschleißteile, die in bestimmten Serviceintervallen ausgetauscht werden

4. Wie wird die Anschaffung finanziert?

- **Kaufen** (unter bestimmten z. B. steuerlichen Aspekten oft sinnvoll)
- **Mieten** (Der Mietpreis wird bestimmt von der Zahl der monatlichen Freikopien, Vertragsdauer, Servicebedingungen.)
- **Leasen** (Üblich: uneingeschränktes Nutzungsrecht über 54 Monate; interessanter sind Verträge mit kürzeren Laufzeiten, um rechtzeitig modernisieren zu können)

5. Wo gibt es den besten Service?

- Service soll jederzeit erreichbar sein
- Techniker soll pünktlich erscheinen
- und ohne Störung der Betriebsabläufe arbeiten
- Es gibt computerunterstützte Systeme, die automatisch Maßnahmen zur vorbeugenden Wartung einleiten (Telefon-Diagnosesystem RIC-Tele-Service von Rank-Xerox). Voraussetzung ist ein Wartungsvertrag für das installierte System.

6. Umweltverträglichkeit

- Emission von Ozon und anderen Schadstoffen prüfen
- Geräuschentwicklung beobachten
- Fotohalbleiter sollten möglichst organischer Natur sein und keiner Sondermüllbeseitigungspflicht unterliegen

Das Besondere an der digitalen Technologie ist, daß eine problemlose Veränderung des Originals möglich ist: durch Weglassen oder Hinzufügen von Informationen, durch enorme Vergrößerungs- und Verkleinerungsbandbreiten, z. B. von 50 bis 400 %, durch Kursivieren und Verzerren von Schrift und Grafik. Außerdem kopieren digitale Dreifarbkopierer in den Farben Schwarz, Rot und Blau (ein-, zwei- oder dreifarbig). Die entsprechenden Stellen werden auf der Vorlage mit einem handelsüblichen Stift markiert; alles weitere erledigt der Kopierer.

Möglichkeiten des rationellen Einsatzes eines Kopiergerätes im Sekretariat:

① **Kopierantwort**

Ablauf: Ein Brief geht ein. Die Sachbearbeiterin/der Sachbearbeiter schreibt die Antwort direkt auf diesen Brief, kopiert ihn, schickt die Kopie an den Absender zurück und nimmt das Original zu den Akten.

Durch einen Stempelaufdruck kann der Empfänger auf die Vorteile dieses Verfahrens hingewiesen werden.

② **Weiterleitung eines Briefes an mehrere Sachbearbeiter**

Ablauf: Ein Brief, von dessen Inhalt mehrere Sachbearbeiter Kenntnis nehmen müssen, geht ein. Die Sachbearbeiterin/der Sachbearbeiter schreibt die Namen dieser Mitarbeiter auf das eingegangene Schriftstück (Verteilerschlüssel), kopiert dieses so oft wie nötig und leitet die Kopien den Mitarbeitern zu.

③ **Verwendung farbiger Kopierpapiere**

Jede Abteilung erhält die für sie bestimmten Kopien immer in der gleichen Farbe.

④ **Verändern von Schriftstücken durch Masken**

Beispiel: Aus einem Bestelldurchschlag wird eine Lieferanmahnung.

Ablauf: Die Sachbearbeiterin/der Sachbearbeiter legt auf den Durchschlag einer Bestellung eine Maske mit entsprechendem Vermerk (in diesem Falle Lieferanmahnung) und macht eine Kopie. Das Neuschreiben einer Lieferanmahnung entfällt.

Bürodruckverfahren

Herstellung einer größeren Anzahl von Abzügen mit Druckfarbe.

Anwendungsgebiete: Rundschreiben, Berichte, Aufstellungen, Übersichten, Kurzinformationen, Hausnachrichten, Ausschreibungen, Hauszeitungen, Gebrauchsdrucksachen, Briefbögen einfacher und anspruchsvoller Art, Prospekte usw.

Übersicht der gebräuchlichsten Verfahren

Lfd. Nr.	Vervielfältigungs-Verfahren	Verfahrens-Kurzbeschreibung	Herstellung der Druckform	Farbgebung	Auflagenhöhe	Vor- und Nachteile
1	Umdruck	Das Umdruckoriginal erhält das Druckbild spiegelbildlich in Form löslicher Farbstoffe. Der Abdruck entsteht durch das Gegeneinanderpressen dieses Umdruckoriginals und des mit einem Lösungsmittel befeuchteten Druckpapiers	• handschriftlich • maschinenschriftlich • Thermokopieren	spirituslösliche Farbstoffe Lösungsmittel	je nach Farbe bis 300 Stück	• einfache Erstellung der Umdruckoriginale • unkomplizierte Korrekturen • preisgünstig • nur für interne Zwecke geeignet • begrenzte Auflagenhöhe • satinierte Papiere für Abdrucke erforderlich
2	Schablonendruck	Das Gerät arbeitet mit einer an den zu druckenden Stellen farbdurchlässigen Druckform	• handschriftlich • maschinenschriftlich • Thermokopieren • Schablonengerät	Farbwerk und Gazetuch = Schablonenträger	zwischen 2 000 und 10 000 Stück	• einfache Erstellung der Schablonen • einfache Maschinenbedienung • gute Druckqualität • für einige Maschinen saugfähige Papiere erforderlich
3	Bürohochdruck	Es wird eine Druckform verwandt, bei der die zu druckenden Stellen im Verhältnis zum Druckträger erhöht sind. Diese Stellen werden vor jedem Papierdurchlauf eingefärbt und erzeugen dadurch das Druckbild.	• handschriftlich • maschinenschriftlich • Gummiklischees können im Werk angefertigt werden	Farbwerk	Hochdruckmetallblätter bis 50 000 Stück, Gummiklischee bis zu 1 000 000 Stück	• einfache Erstellung von Metallblättern • einfacher Druckablauf • Teile von Gummiklischees können ausgewechselt werden
4	Bürooffsetdruck	Die Druckform besteht je nach geforderter Auflagenhöhe aus unterschiedlichen Materialien. Das Druckbild wird von der leserichtig eingespannten und ständig einzufärbenden Offsetfolie mit Hilfe eines Gummituchzylinders auf das Papier übertragen	• handschriftlich • maschinenschriftlich • durch Fotokopieren • durch elektrostatisches Kopieren • mit Reprokamera	Farbwerk und Fluidwerk	je nach Folie bis zu 100 000 Stück	• Folien für jede Auflagenhöhe • Kopieren vorhandener Vorlagen • Druckform preisgünstig • ausgezeichnete Druckqualität • hohe Anschaffungskosten

Die Qualität von Offsetdrucken ist sehr gut. Die Drucker sind leistungsstark und einfach zu bedienen, so daß die Anschaffung eines Tisch-Offsetgerätes auch für ein Sekretariat überlegenswert ist.

Anwendungsmöglichkeiten:

- **Für Briefe und Rundschreiben.** Direktbeschriftungsfolie mit Schreibmaschine, Kugelschreiber, Faserschreiber o. ä. beschriften – sofort drucken.

  Für mehr als 10 Kopien kann Drucken kostensparender sein als Kopieren. **Eine** Kopie erstellen – sofort drucken, bis zu 500 Kopien von einer Folie.

- **Für alle Drucksachen.** Eine Offsetfolie erstellen – sofort drucken, 10 000 und mehr Drucke guter Qualität.

  Für Vergrößerungen, Verkleinerungen, Abrasterungen von Fotos; Aufnahmen von Texten, Zeichnungen, Flächen.

  Mit der Reprokamera belichten, mit dem Offsetfoliengerät oder einem Entwicklungsgerät Folien entwickeln – sofort drucken.

Werden häufig Vervielfältigungen guter Qualität benötigt, bietet sich die Anschaffung eines nach dem indirekten elektrostatischen Verfahren arbeitenden Kopiergerätes sowie eines Stand-Bürooffsetgerätes an. Beide Geräte ergänzen sich, vor allem, wenn höhere Auflagen gefordert werden.

Falls ein Mitarbeiter beratend bei der Anschaffung von sehr leistungsstarken Vervielfältigungsgeräten tätig sein soll, muß er sich eingehend in dieses Gebiet einarbeiten, es handelt sich um bedeutsame Investitions- und Organisationsentscheidungen.

Entscheidungshilfen für die Anschaffung von Kopiergeräten und Offsetdruckern[1]

- Arbeitsgeschwindigkeit
- Prüfung qualitativer Anforderungen
- Berücksichtigung zeitlicher Anforderungen
- Wirtschaftlichkeitsvergleich

▶ Arbeitsgeschwindigkeit

Kopiergeräte	
• langsame Kopiergeräte	– 30 Kopien/Minute
• schnelle Kopiergeräte	– 45 bis 70 Kopien/Minute
• sehr schnelle Kopiergeräte	– 120 Kopien/Minute

Bürooffsetgeräte	
• Tischoffsetgeräte	– höchstens 7 500 Drucke/Stunde
• Standoffsetgeräte	– 10 000 Drucke/Stunde

[1] Quelle: Organisation und Wirtschaftlichkeit der Vervielfältigung im Büro. FBO-Praxis-Report 6.

▶ Prüfung qualitativer Anforderungen

Kopiergeräte	
Schwarzdruck	Farbintensität, Kontrast beachten; eine Verunreinigung der Trommel läßt sich nicht ganz ausschließen.
Farbliche Wiedergaben	Bei zur Zeit angebotenen Geräten noch nicht ausreichend.
Papierformat	Unflexibel, meistens A3 und A4.
Papierstärken	„Normalpapier" bedeutet, daß sehr leichte und sehr schwere Papiersorten geeignet sind.
Einfachheit der Benutzung	Kopiergeräte sind einfach zu bedienen.

Offsetgeräte	
Schwarzdruck	Die Qualität der Vervielfältigung hängt von der Qualität der Druckform ab.
Farbliche Wiedergaben	Die Qualität ist gut.
Papierformat	Die Größe der zu verarbeitenden Papiere läßt sich in der Regel stufenlos variieren.
Papierstärken	Luftpostpapier bis Karton.
Einfachheit der Benutzung	Die Bedienung leistungsstarker Offsetgeräte erfordert geschultes Personal.

▶ Berücksichtigung zeitlicher Anforderungen

Die Bewertung hängt ab von der Dringlichkeit eines Auftrages sowie von der geforderten Auflagenhöhe.

▶ Wirtschaftlichkeitsvergleich

Bei einem Wirtschaftlichkeitsvergleich müssen folgende Kosten in Betracht gezogen und untersucht werden:

- Gerätekosten
- Personalkosten
- Kosten der Bearbeitungszeit
  - vorbereitende Arbeiten
  - Produktionskosten
  - Nachbereitungskosten
- Materialkosten

Begriffsdefinitionen

- **Drucken.** Wiedergabe von Informationen (Bild und/oder Text) auf Papier o. ä. durch vorwiegend mechanisches Aufbringen von Farbe unter Verwendung einer Form (Druckbildspeicher).

- **Flachdruck.** Druckverfahren, bei denen die druckenden und nichtdruckenden Stellen der Druckform in nahezu einer Ebene liegen. Die Verfahren beruhen auf dem gegensätzlichen physikalisch-chemischen Verhalten bestimmter Substanzen (farbabnehmend – farbabstoßend).
- **Kopieren.** Wiedergeben von Informationen (Bild und/oder Text) auf Papier o. ä. durch Aufbringen bzw. Entwickeln färbender Substanzen unter Verwendung sensibler Schichten und/oder elektrostatischer bzw. elektromagnetischer Felder.
- **Kopieträger.** Papier, Druckform (z. B. Offsetfolie), Transparent oder sonstiges Material, das die fertige Kopie „trägt".
- **Latentes Bild.** Unsichtbares Bild.
- **Maske.** Kopiervorlage, die paßrichtig in den Strahlengang gebracht, durch Einkopieren oder Einbelichten zur Veränderung der Vorlagen benutzt wird, z. B. für das Hinzufügen oder Löschen von Texten und Darstellungen.
- **Master.** Zinkoxidbeschichtete Papierfolie, die wegen ihrer Halbleitereigenschaft zum Aufbau elektrostatischer Ladungen verwendet wird.
- **Paßkreuz.** Feines Zeichen, das auf der Vorlage angebracht wird, um bei folgenden Arbeitsgängen das Einpassen zu erleichtern.
- **Toner.** Entwickler.
- **Zoom.** Objektiv mit stufenlos verstellbarer Brennweite.
- **Zoomen.** Hier: stufenlos verkleinern oder vergrößern.

Kernwissen

- Gesetzliche Bestimmungen für das Kopieren: Kopien von Druckwerken dürfen nach § 53 UrhG nur zum eigenen Gebrauch und nach § 45 UrhG zur Verwendung vor Gerichten und Behörden angefertigt werden.
- Kopierverfahren werden eingesetzt, wenn von einem Schriftstück fehlerfreie und originalgetreue Abzüge benötigt werden.
- Druckverfahren benötigen als Grundlage einen Druckträger (Umdruckoriginal, Schablone, Offsetfolie).
- Werden häufig Vervielfältigungen in höherer Auflage und guter Qualität benötigt, ist die Anschaffung eines nach dem indirekten elektrostatischen Verfahren arbeitenden Kopiergerätes sowie eines Offsetgerätes empfehlenswert.

Überlegungshilfe

- Mit Ausnahme der Offsetdrucker erfordern alle Bürodruckerarten geringe Investitionskosten. Für die Anschaffung von Druckgeräten gelten u. a. folgende Kriterien:
  - Wird der Drucker für Nachrichten sporadischer und/oder periodischer Art gebraucht?
  - Sollen bestimmte Formular- und Organisationsaufgaben erfüllt werden?
  - Fallen die Drucksachen nur in bestimmten Abteilungen oder allgemein im Unternehmen an?
  - Sind fertige Vorlagen vorhanden?
  - Genügt die z. T. geringe Qualität der Druckerzeugnisse (Umdrucker)?
  - Welche Qualitätsmerkmale werden zugrunde gelegt?
  - Wie hoch ist der monatlich anfallende Bedarf an Drucksachen?

Die moderne Kopiertechnik entspricht allen Forderungen. Die Auswahl eines geeigneten Kopiergerätes hängt von den Ansprüchen des Anwenders ab. Die Frage, ob zentral oder dezentral kopiert werden soll, muß gelöst werden. Eine zentrale Kopierorganisation mit Hochleistungsgeräten wird durch die entstehenden Wege- und Wartezeiten unrentabel. Empfehlenswerter ist der dezentrale Einsatz von Geräten oder eine gemischte Organisationsform. Die Bedürfnisse der einzelnen Kopierstellen müssen ermittelt werden; nach diesen Anforderungen sollte sich die Auswahl der geeigneten Geräte richten.

- Allgemeine Kriterien:
  - Kopierbedarf
  - Werden Verkleinerungen benötigt?
  - Sollen Masken eingesetzt werden?
  - Besteht ein Bedarf an Spezialkopien (Folien, Selbstklebeetiketten usw.)?
  - Werden doppelseitige Kopien benötigt?
  - Wird auf eigenen Briefbögen kopiert?
  - Wie groß ist der Platzbedarf?
  - Wird ein Buchkopierer benötigt?
  - Wird eine bestimmte Kopiergeschwindigkeit verlangt?
  - Wird eine bestimmte Mindestqualität verlangt?

Zur Vertiefung

1 Besorgen Sie sich von den typischen Vervielfältigungsverfahren Prospekte, und machen Sie sich mit den Vor- und Nachteilen der Verfahren vertraut.

2 Nennen Sie mindestens drei Beispiele, die den Einsatz eines Umdruckers rechtfertigen!

3 Erklären Sie den Begriff Kopieantwort. Nennen Sie zwei Anwendungsbeispiele!

4 Sie werden beauftragt, sich über Kopiergeräte zu informieren. Welche Kriterien legen Sie zugrunde?

5 Drei Abteilungen nutzen gemeinsam ein Kopiergerät. In einem Monat sind Kopierkosten in Höhe von 9 100,00 DM angefallen. Die Abteilung A hatte 8 000 Kopien, die Abteilung B 20 000 Kopien und die Abteilung C 24 000 Kopien erstellt. Wieviel DM Kopierkosten entfallen auf die Abteilung A, wenn die Kosten entsprechend der Anzahl der hergestellten Kopien verteilt werden?

9 Arbeitsumwelt

Voraussetzung für einen reibungslosen Arbeitsablauf ist die perfekte Raum- und Arbeitsplatzgestaltung. Die Entscheidung, ob man sich für einen Einzelraum, Mehrpersonenraum oder ein Großraumbüro entschließt, muß sich maßgeblich nach dem Arbeitsablauf richten. An den Arbeitsraum und Arbeitsplatz sind jedoch nicht nur ökonomische, sondern auch humane Forderungen zu stellen; der Mensch verbringt einen wesentlichen Teil des Tages am Arbeitsplatz, zum Teil unter Arbeitsbedingungen, die hohe Anforderungen an ihn stellen (Schreibzentrale, Arbeit an Bildschirmgeräten).

Die Amerikaner haben für die Untersuchung der arbeitstechnischen Gestaltung der Arbeitsplätze sogenannte motion-studies – Bewegungsstudien – entwickelt. Diese Untersuchungen sind ganz auf die Bestgestaltung der Arbeit des einzelnen gerichtet.

Büroräume sollten in enger Zusammenarbeit von Arbeitsmedizinern, Soziologen, Architekten und Organisatoren entwickelt werden. Dem Aufbau neuer Betriebsstätten muß eine Vielzahl planerischer Vorarbeiten zugrundeliegen. Über einen längeren Zeitraum müssen die kommunikativen Verbindungen analysiert und repräsentative Arbeitsabläufe untersucht werden. Erst dann kann die zu verwirklichende Lösung erarbeitet werden.

Die Neugestaltung bestehender und die Schaffung neuer Arbeitsplätze erfordert viel Zeit und eine sorgfältige Planung. Es gibt eine Fülle von Vorschriften, Richtlinien und Verordnungen zur Gestaltung von Büroarbeitsplätzen; sachkundige Hilfe ist hier erforderlich. Eine Selbstverständlichkeit sollte es sein, Neu- und Umgestaltungen mit Systemmobiliar aus der Serienproduktion zu verwirklichen.

Einige Anregungen:

- Wenn möglich, sollten höhenverstellbare Tische gewählt werden, die Standardhöhe von 72 cm ist nicht für jeden geeignet.
- Bei der Einrichtung von Mehr-Flächen-Arbeitsplätzen sollten für Schreibmaschinen, PC, Telefonanlage und Ablagesysteme eigene Bereiche berücksichtigt werden.
- Aktenschränke müssen erweiterungsfähig sein (wichtig bei der Systemauswahl!).
- Funktionale Tätigkeitsabläufe sind außerordentlich wichtig; beachtenswert bei der Ausstattung eines Büros mit den notwendigen Telekommunikationsgeräten und Geräten der EDV.
- Zeitaufwendiges Suchen und Verhandeln wird von Beratern abgenommen, die mit Anbietern von Büromöbeln, Bürotechnik und Büroorganisation einschließlich EDV-Ausstattung kooperieren und in der Lage sind, sowohl die Konzeptentwicklung, Angebotszusammenstellung und Koordination der Liefertermine zu übernehmen.

Büromöbel unterstützen die „Corporate Identity“ eines Unternehmens. Mit „Corporate Identity“ ist das Erscheinungsbild gemeint, das einen großen Anteil am Markterfolg eines Unternehmens haben kann. Modernes Büromobiliar kann helfen, die Schwellenängste zwischen Mensch und Technik zu minimieren, das Wohl- und Selbstwertgefühl sowie die Leistungsbereitschaft des einzelnen zu steigern.

Die Arbeitsplätze sollten flexibel angeordnet werden, um die Möglichkeit zu haben, die Arbeitsbereiche veränderten Aufgabenstellungen kurzfristig und ohne bauliche Maßnahmen anzupassen. Diese Forderungen erfüllt zwar das Großraumbüro, das einerseits gekennzeichnet ist durch weiträumige Offenheit, andererseits aber auch durch Überkommunikation und eine Vielzahl von Störeinflüssen und Ablenkungsreizen. Man steht diesem Bürotyp heute wesentlich kritischer gegenüber als vor etwa fünfzehn Jahren. Richtet man heute noch ein Großraumbüro ein, so sind bestimmte Bedingungen hinsichtlich Größe, Klima, Beleuchtung, Geräuschpegel, Mobiliar zu stellen. Ein Großraumbüro ist ein Funktionsraum; Kommunikationswiderstände, gleichgültig ob sie aus dem menschlichen Bereich, vom Bauwerk, Raum oder Arbeitsplatz ausgehen, müssen abgebaut werden. Die Einrichtung in einem Großraumbüro sollte rangstufenneutral sein, die Arbeitsplatzlage nach dem Gesichtspunkt der optimalen Zusammenarbeit bestimmt werden.

Überlegungshilfe

- Der Arbeitsplatzgestaltung sollte eine
  - Analyse der kommunikativen Verbindungen
  - Untersuchung der repräsentativen Arbeitsabläufe

  vorausgehen.
- Arbeitsplätze sollten flexibel angeordnet sein, um ein kooperatives Arbeiten zu ermöglichen.

9.1 Arbeitsraum, Arbeitsplatz

Es gibt folgende Raumformen:

- Einzelzimmer
- Mehrpersonenzimmer
- Funktionsraum (Großraumbüro).

Vor- und Nachteile der Raumarten

	Vorteile	**Nachteile**
Einzelzimmer	Störungsfreiheit Prestigegewinn	Unwirtschaftlichkeit Schlechte Kommunikation Keine Flexibilität
Mehrpersonenzimmer	Erhöhte Wirtschaftlichkeit Gute Kommunikation	Starke sekundäre Störungen (Besucher, Telefon) Geringe Individualität Geringe Flexibilität
Funktionsraum	Erhöhte Wirtschaftlichkeit Flexibilität Gute Kommunikation	Sekundärstörungen Kein Individualbereich

An einen Funktionsraum (Großraumbüro) müssen bestimmte Anforderungen hinsichtlich Größe und Ausstattung gestellt werden. Je Arbeitsplatz sind mindestens 10 qm Büronutzfläche anzusetzen.

Bürolandschaft

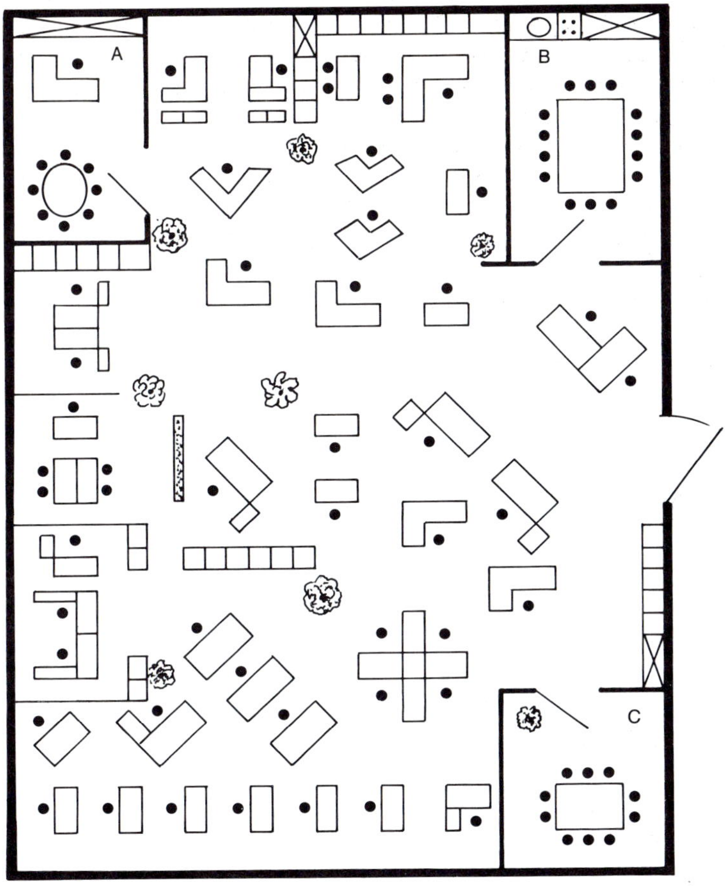

A = Abteilungsleiter
B = Pausenraum
C = Besprechungszimmer
(Pflanzensymbol) = Raumschmuck (Pflanzen)

Der Arbeitsplatz sollte nach ergonomischen Gesichtspunkten gestaltet werden. (Ergonomie, die Wissenschaft von der Anpassung der Arbeitsverhältnisse an den Menschen, wird unter Einsatz technischer, medizinischer, psychologischer sowie sozialer und ökologischer Erkenntnisse betrieben.)

Es gibt eine Reihe von Gesetzen, Normen und Empfehlungen, die sich mit der ergonomischen Arbeitsgestaltung auseinandersetzen (Betriebsverfassungsgesetz, Arbeitsstättenverordnung, Sicherheitsregeln für Büro-Arbeitsplätze, Normblätter für Büromobiliar, Beleuchtung und Klima, AWV-Merkblätter zur Arbeitsplatzgestaltung).

Der moderne Büroarbeiter arbeitet mit Kommunikationstechniken, die sinnvoll in seinen Arbeitsbereich integriert werden müssen. Das bedeutet, daß der Arbeitsplatz des einzelnen Mitarbeiters in Zukunft größer sein wird.

Einrichtungselemente

Ein moderner Arbeitsplatz muß mit elektrifizierbaren, verkettbaren Systembüromöbeln ausgestattet sein. Die Büromöbel müssen folgenden Ansprüchen gerecht werden:

- flexibel in den Möglichkeiten ihrer Ausstattung und nachträglichen Zurüstung
- der traditionelle „Schreibtisch" und Schreibmaschinentisch wird abgelöst durch Arbeitsplatten, die höhenverstellbar und neigbar sind
- Bürocontainer zum Unterstellen, Beistellen, Anhängen können aufgabenbezogen eingesetzt werden

Einzelne, je nach Erfordernissen zusammengestellte „Bausteine" bilden den Arbeitsplatz. Eine Gruppierung und selbst eine Verkettung mehrerer Arbeitsplätze ist mit wenigen Handgriffen veränderbar und neu zu kombinieren.

Um die Verständigung zwischen Händlern und Benutzern zu erleichtern, sind die Begriffe für bestimmte Büromöbel genormt worden (DIN 4553 – Büromöbel – Begriffe).

▶ Tische

Die **Tischarten** unterscheiden sich durch ihre innere und äußere Wandelbarkeit. Innere Wandelbarkeit bedeutet, daß einzelne Einrichtungsteile wie Schubladen, Auszüge und Führungen ausgetauscht werden können. Äußere Wandelbarkeit bedeutet, daß tragende Elemente und Unterschränke ausgetauscht werden können.

Tischarten (Auswahl)	innere Wandelbarkeit	äußere Wandelbarkeit
Schreibtisch	nein	nein
Standard-Schreibtisch	nein	nein
Funktions-Schreibtisch	ja	nein
Organisations-Schreibtisch	ja	ja
Büromaschinentisch	nein	nein
Standard-Büromaschinentisch	nein	nein
Funktions-Büromaschinentisch	ja	nein
Organisations-Büromaschinentisch	ja	ja
Bildschirm-Arbeitstisch	nein	nein

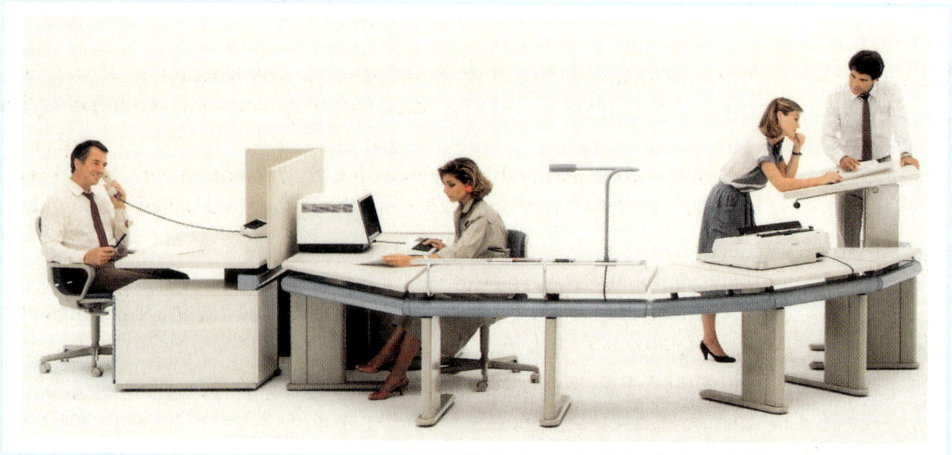

Sämtliche Tischarten können mit einem oder mehreren Unterschränken versehen werden. Winkelkombinationen von Schreibtisch und Schreibmaschinentisch sind möglich. Die Inneneinrichtung sollte sich nach den Bedürfnissen des Benutzers richten. Es gibt Ausziehplatten mit Sichteinsätzen und Materialeinsätzen, Organisations-Schubladen, Stempelhalter, Schrägfächereinsätze zum Aufbewahren von Papier verschiedener Formate, Kohlepapiereinsätze, Schubladen-Einrichtungen zur Aufnahme von Schriftgutbehältern, Diktiergeräte-Einrichtung u. a.

Die Außenmaße der Schreibtische und Schreibmaschinentische sind nach DIN 4549 genormt. Es wird unterschieden zwischen:

- Tischen ohne Unterschrank — Form A
- Tischen mit einem Unterschrank — Form B
- Tischen mit zwei Unterschränken — Form C

Form	Plattengröße		Höhe bis Oberkante Tischplatte mm
	Breite mm	Tiefe mm	
Schreibtische (S)			
A, B, C	1 600	800	720
A, B	1 200	800	720
Büromaschinentische (M)			
A, B, C	1 600	600	650
A, B	1 200	600	650
Bildschirmarbeitstische (B)			
A, B	1 600	800[1] 900[1] 1 000[1]	720
A	1 200	800[1] 900[1] 1 000[1]	720

Die Bezeichnung eines Schreibtisches (S) mit zwei Unterschränken (C) von Plattengröße 1600 mm x 800 mm und nicht verstellbarer Tischplattenhöhe von 720 mm: **Schreibtisch DIN 4549 – SC 1600 x 800 x 720.**

▶ Stühle

Bürodrehstuhl. Die Mindestanforderungen, die an einen Bürodrehstuhl mit verstellbarer Rückenlehne, höhenverstellbar, mit oder ohne Armstützen, zu stellen sind, sind in DIN 4551 festgelegt.

Die GHA Gesellschaft zur Humanisierung der Arbeitswelt e.V., Minden, hat eine Prüfliste entwickelt, deren Anforderungen über diese gesetzlichen Mindestanforderungen hinausgehen.

Checkliste:

- Die Ausladung des Untergestells von Drehstühlen muß ausreichende Sicherheit gegen Kippen gewährleisten und Stolpern verhindern. Ist der Drehstuhl mit Rollen ausgerüstet, sind mindestens fünf Rollen erforderlich.

[1] Bei der Wahl der Tischtiefe sind die Sehentfernung zum Bildschirm (450 bis 600 mm, vorzugsweise 500 mm) und die Tiefe des Bildschirmgerätes so zu berücksichtigen, daß ein Überstehen von Teilen des Bildschirmgerätes über den hinteren Tischrand vermieden wird.

- Mit Rollen bestückte Drehstühle müssen so schwergängig oder gebremst sein, daß ein Wegrollwiderstand des unbelasteten Stuhls gewährleistet ist.
- Der Stuhl muß in Sitzhaltung höhenverstellbar sein.
- Das Stuhloberteil einschließlich der Rückenlehne darf sich bei der Höhenverstellung nicht unbeabsichtigt vom Untergestell lösen.
- Der Stuhl muß so konstruiert sein, daß der Stoß beim Hinsetzen auch in der untersten Sitzhöhe gedämpft wird.
- Der vordere Teil der Sitzfläche darf keinen übermäßigen Druck auf die Oberschenkelbeugeseiten ausüben.
- Sitzfläche und Rückenlehne müssen so geformt oder einstellbar sein, daß für den Rücken in jeder Sitzhaltung die notwendige Abstützung gewährleistet ist.
- Die Rückenlehne muß in allen Sitzhaltungen gut abstützen.
- Polsterung und Sitzflächenbezug müssen in Material und Ausführung genügend wasserdampf- und luftdurchlässig bzw. klimafreundlich sein.
- Sofern Armlehnen vorhanden sind, müssen sie so gestaltet sein, daß die Arme angenehm abgestützt werden und nicht mit Metall in Berührung kommen.
- Der Stuhl ist nur richtig, wenn die vordere Arbeitshaltung, die mittlere aufrechte und die nach hinten gelehnte Haltung einwandfrei eingenommen werden können und die Rückenlehne alle Haltungen abstützt.

Für die Ausstattung von Konferenzzimmern sind Stapelstühle vorteilhaft, deren Armlehnen unter den Tisch passen.

▶ Schränke

Schrankarten. Nach DIN 4553 wird unterschieden zwischen Registraturschränken, Karteischränken, Akten-/Garderobeschränken, kombinierten Kartei-Registraturschränken. Von Bedeutung sind die Schrankeigenschaften, d. h. die innere und äußere Wandelbarkeit des Schrankes. Zu den Schrankarten gibt es verschiedene Einrichtungsteile und – je nach Wandelbarkeit des Schrankes – austauschbare Einzelteile.

▶ Bildschirmarbeitsplatz

Die moderne Sekretärin erledigt einen großen Teil ihrer Arbeit an einem Bildschirm-Arbeitsplatz. Die Qualität ihrer Arbeit hängt zum großen Teil von der ergonomisch richtigen Gestaltung des Arbeitsplatzes ab. Folgende Faktoren spielen eine Rolle:

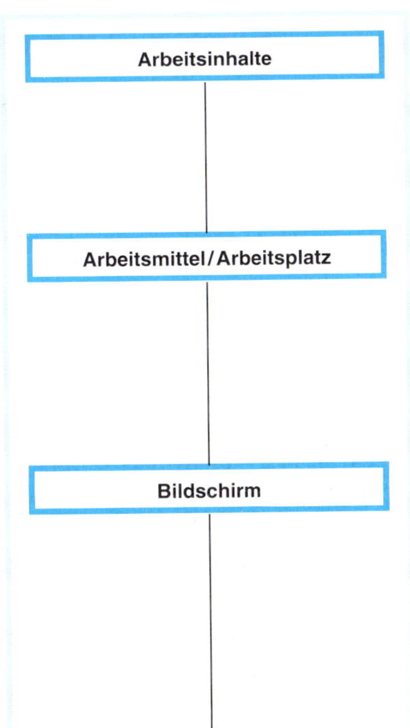

Wozu wird der PC benötigt?

Sollen zusätzlich noch weitere Aufgaben (ohne PC) erledigt werden?

Wird die geeignete Software eingesetzt?

Wird über neu erscheinende Software informiert?

Hat die Arbeitsfläche die richtige Größe?

Sind genügend Ablagemöglichkeiten vorhanden?

Sind Bürodrehstuhl und Arbeitstisch höhenverstellbar?

Bei Blicksprüngen von der Vorlage zur Tastatur sollte eine gleichweite Entfernung von 500 bis 700 mm eingehalten werden.

Sind bei der Auswahl folgende Merkmale geprüft worden:

- Kontrastverhältnisse
- Lesbarkeit der Zeichen
- Flimmerfreiheit
- Entspiegelung
- Strahlungsabgabe
- Farbdarstellung

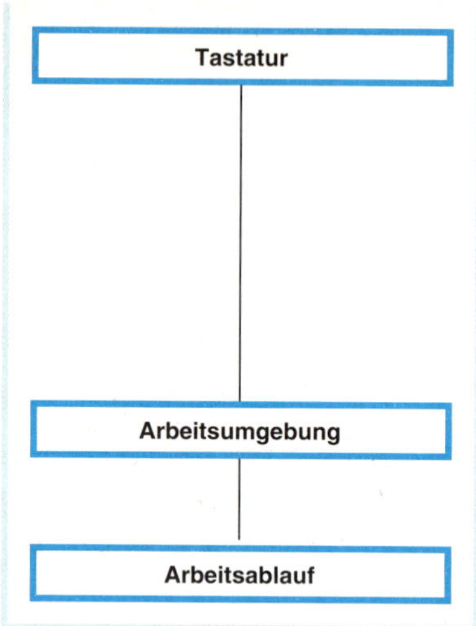

Ergotastatur. Die Norm 2137 regelt unter anderem die Tastenanordnung und -belegung für geteilte und angewinkelte Tastaturen. Zur Zeit liegt den maßgebenden Ausschüssen ein Entwurf einer Neufassung vor. Als Alternative für Computertastaturen wird aus ergonomischen Gründen eine geteilte Tastatur vorgeschlagen. Die Tastatur soll aus 46 Tasten (bisher 48 Tasten) bestehen, wobei die Umschalttasten vergrößert werden. (Umschulung erforderlich!)

Flächenbedarf für einen PC-Arbeitsplatz: 10 bis 15 m².

Lichtverhältnisse prüfen, Raumbefeuchter einsetzen, Temperaturverhältnisse regulierbar gestalten.

Solide EDV- und Software-Kenntnisse sollten vorhanden sein. Zehnfinger-Tastschreiben einsetzen.

Kernwissen

- **Arbeitsraum:**
  - Einzelzimmer
  - Mehrpersonenzimmer
  - Großraumbüro
- **Einrichtungselemente:**
  - DIN 4553 Büromöbel
    Tischarten und -eigenschaften, Schrankarten und-eigenschaften
  - DIN 4549 Außenmaße von Schreibtischen und Schreibmaschinentischen
  - DIN 4551 Bürodrehstuhl

Überlegungshilfe

- Büromöbel sind genormt. Die Normen dienen zur
  - Vereinfachung der Fachsprache
  - Festlegung der Mindestanforderungen an die Möbel
- An den Büro-Drehstuhl müssen besondere sicherheitstechnische, ergonomische und arbeitsmedizinische Anforderungen gestellt werden; der Mensch muß in seinem Arbeitsleben etwa 80 000 Stunden sitzend an seinem Arbeitsplatz verbringen.

Zur Vertiefung

1 Was bedeutet der Begriff „Ergonomie“?

2 Wodurch unterscheidet sich ein Organisations-Schreibtisch von einem Standard-Schreibtisch?

3 Wie bezeichnet man in der Fachsprache einen Funktions-Schreibmaschinentisch mit der Plattengröße 156 x 60 cm?

4 Erläutern Sie die Begriffe „innere und äußere Wandelbarkeit“!

5 Nennen Sie mindestens neun Anforderungen, die an einen Büro-Drehstuhl zu stellen sind!

9.2 Das Führungszentrum

Ohne ein gut geführtes Sekretariat und ohne die Assistenz von Stabstellen kann der Chef seine Führungsaufgaben nicht erfüllen. In modern geführten Unternehmen wird daher die Zusammenarbeit zwischen Chef, Sekretariat und Stabstellen als integriertes Führungszentrum gesehen, das nur dann seine Aufgaben wirklich erfüllen kann, wenn auch die Arbeitsplätze den tatsächlichen Bedürfnissen angepaßt werden. Nicht hierarchische, sondern funktionale Erfordernisse sind zu berücksichtigen.

Die Vielfalt der Aufgaben des Sekretariats und der Assistenz, z. B.:

- Informationen sammeln
- Informationen vergleichen
- Informationen zusammenstellen
- Informationen weitergeben
- die Durchführung von Informationen kontrollieren

wird durch eine Vielzahl von Bürotechniken unterstützt, die eine Führungskraft allein nicht ausnutzen kann.

Der Organisator Hungenberg[1] regt an, die Sekretärinnen aller Mitglieder einer Unternehmensleitung in einem Zentralsekretariat räumlich zusammenzuführen.

Vorteile:

- Die Sekretärinnen können gemeinsam auf die bürotechnischen Einrichtungen zurückgreifen,
- die technische Einrichtung erfordert größere Arbeitsräume als sie in diesem Bereich bisher üblich waren; **ein** großes Zentralsekretariat würde Platz sparen,
- die gegenseitige Vertretung der Sekretärinnen bei Urlaub und Krankheit wird erleichtert.

Ähnliche Grundsätze sollen auch für das Stabsbüro gelten.

Auch das Chefbüro muß modernen Führungsweisen angepaßt werden. Der Konferenzbereich wird aus dem Chefbüro herausgenommen; das Chefbüro könnte dadurch räumlich verkleinert werden. Unterschiedlich große Konferenzräume, die mit Empfangs- und Wartebereichen für Besucher ausgestattet sind, können von mehreren Managern genutzt werden.

Arbeitsgespräche, also Gespräche mit Mitarbeitern, müssen natürlich im Chefbüro geführt werden können. Hungenberg hält den bisher üblichen großen, repräsentativen Chefschreibtisch für überflüssig. Er empfiehlt statt dessen, diesen in mehrere Einheiten aufzulösen:

Arbeitseinheit	Schreibtisch, dessen Fläche im Griffbereich liegt, Abmessungen höchstens 180 x 90 cm.
Informationseinheit	Beistellschrank oder -tisch (für Telefon, Diktiergerät, Sprechanlage, Terminal usw.). Dem Besucher sollte der Einblick in die Informationseinheit verwehrt sein.
Kommunikationseinheit	Besprechungstisch in Arbeitshöhe in unmittelbarer Nähe der Arbeitseinheit.
Sitzgruppe	Nur für Besprechungen, die keiner Unterlagen bedürfen.

Konventionelle Chef-/Sekretariat-/Assistenz-Konzeption

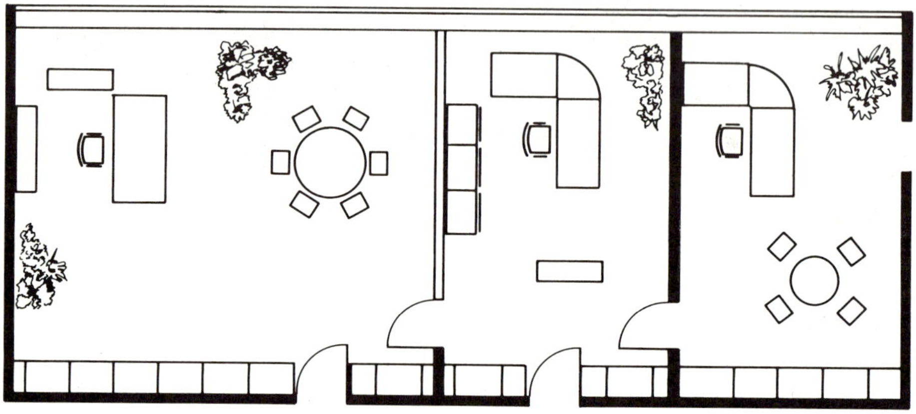

[1] Hungenberg, W.: Führungszentren als Drehscheibe der Kommunikation. Zeitschrift Führung und Organisation. zfo. Wiesbaden 7/1982.

Hungenbergs Anregungen lassen sich natürlich nicht in jedem Unternehmen verwirklichen, aber sie geben Impulse für die Neueinrichtung und Umgestaltung von Arbeitsräumen und sollten bei Reorganisationsmaßnahmen berücksichtigt werden.

Die konventionelle Form – großes Chefzimmer mit repräsentativem Charakter, kleineres Sekretariat in unmittelbarer Nähe, separates Besucherzimmer – wird sich über kurz oder lang den funktionalen Erfordernissen anpassen müssen.

Beispiel einer anwenderorientierten Lösung, in der Sprach-, Text-, Daten- und Bildkommunikation integriert werden:

Büro Geschäftsleitung: Arbeitsplätze: eine Sekretärin, zwei Manager;

Schwerpunkt: gleichzeitige Nutzung von Sprache und Text- oder Daten-/Bildkommunikation auf einer Telefonzweidrahtleitung, vermittelt über ein ISDN-Inhouse-System.

Arbeitsplatz Sekretärin: Datentelefon, Bildschirm-(Teletex-)Arbeitsplatz, Fernkopierer.

Arbeitsplatz Manager I: Datentelefon, "Professional Workstation"

Arbeitsplatz Manager II: Btx-Telefon-Terminal, Zugriffsmöglichkeit auf DV-Anlage.

Sitzeckenbereich: gleichzeitige Nutzung von Sprache- und Bewegtbild mit einem Bildfernsprecher.

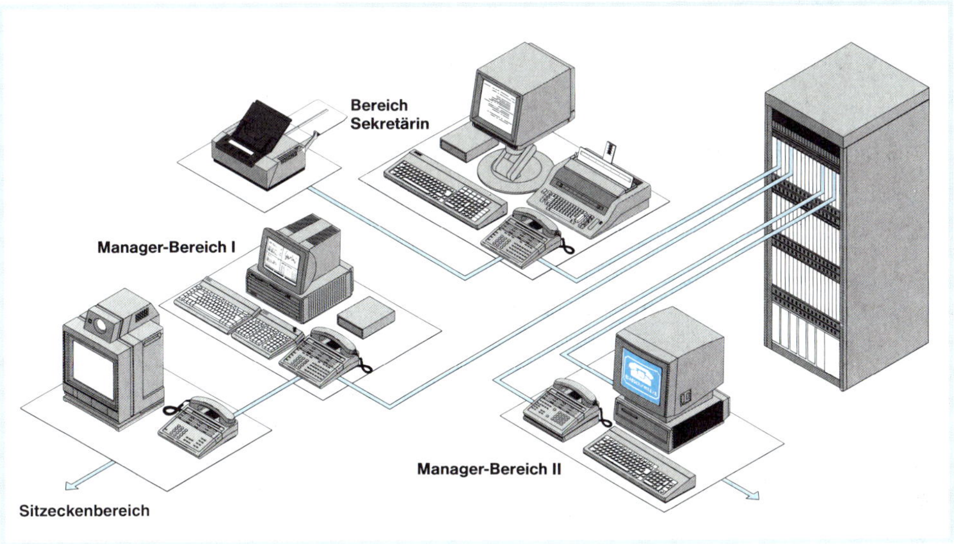

Kernwissen

- Die Entwicklung moderner Bürotechnologien verändert die Gestaltung der Arbeitsplätze auch im Bereich der Chefetage. Nicht die Repräsentation, sondern die Funktion steht im Vordergrund.
- Arbeitsschwerpunkte sollten gesetzt und bei der Einrichtung berücksichtigt werden.

Überlegungshilfe

- „Das Führungszentrum des Unternehmens muß integriert werden – in seinem Zusammenspiel, in der Verteilung der Aufgaben auf die Partner und nicht zuletzt auch im Hinblick auf die Konsequenzen, die beim Einsatz moderner Kommunikations- und Informationstechniken zu ziehen sind. Liebgewordene Einrichtungsgewohnheiten sind dann – in allen Bereichen des Führungszentrums - ebenso zur Disposition zu stellen wie die üblicherweise anzutreffende Flächenverteilung."[1]

Zur Vertiefung

1 Was verstehen Sie unter „funktionalen" Erfordernissen?

2 Entwerfen Sie nach den Anregungen von Hungenberg einen Chef-Arbeitsplatz unter Berücksichtigung einer Arbeits-, Informations- und Kommunikationseinheit!

3 Sie haben als Sekretärin Einfluß auf die Einrichtung und Ausstattung Ihres neuen Arbeitszimmers. Machen Sie Vorschläge, und begründen Sie Ihre Wünsche!

[1] Hungenberg, W.: zfo. Heft 7/82, S. 376, 378 ff.

Anhang

Die Sekretariatshandbücherei

Der Umfang und Inhalt der Sekretariatshandbücherei wird von den Schwerpunkten Ihrer Tätigkeit und der Tätigkeit Ihres Chefs abhängen. Die Handbücherei eines Arztsekretariats oder eines Anwaltssekretariats wird beispielsweise andere Schwerpunkte haben als die eines Importunternehmens.

Für die Anlage und Führung der Handbücherei gelten die gleichen Grundsätze wie für die Registratur- und Karteiarbeit:

- planvoll anlegen (Literaturverzeichnis und/oder Kartei)
- sinnvolles und zeitsparendes Ordnungs- und Suchsystem wählen
- sorgfältig führen
- wichtige Artikel aus Zeitschriften **sofort** dokumentieren (siehe S. 83, 84)
- den Rücklauf von Zeitschriften überwachen (siehe S. 83)

Zum Aufbau einer Bücherei können nur Anregungen gegeben werden.

▶ Arbeitsumwelt (Arbeitsraum, Arbeitsplatz)

AWV-Merkblattreihe Arbeitsplatzgestaltung:

Arbeitsplatzgestaltung 1
Kriterien zur Beschreibung von Arbeitsplätzen

Arbeitsplatzgestaltung 2
Ausstattung von Schreibmaschinen-Arbeitsplätzen

Arbeitsplatzgestaltung 3
Ausstattung von Arbeitsplätzen für Sachbearbeitung

Arbeitsplatzgestaltung 4
Arbeitsplatz-Ist-Aufnahme in der Verwaltung

Arbeitsplatzgestaltung 5
Aufbereitung und Darstellung des Ist-Zustandes

Arbeitsplatzgestaltung 6
Analyse des Ist-Zustandes, Ausarbeitung und
Realisierung von Soll-Vorschlägen

Arbeitsplatzgestaltung 7
Gestaltung von Büroarbeitsplätzen mit Bildschirmgerät
AWV-Eigenverlag, Eschborn

Der Mensch im Büro - Gestaltung der Arbeitsumgebung.
AWV-Eigenverlag, Eschborn

OFFICE DESIGN
FBO, Baden-Baden

▶ Besprechungen, Tagungen, Kongresse

Praktiker-Checklisten:

Wie man Messe-Erfolge programmiert

Sich besser darstellen – wirkungsvolle Öffentlichkeitsarbeit (PR)

Die Vorbereitung und Durchführung von Verhandlungen

Präsentationen vorbereiten – Ideen durchsetzen

Wie man Konferenzräume richtig plant und ausstattet

Wie man Tagungen/Kongresse systematisch vorbereitet und durchführt

Sich besser verständlich machen und verstehen
Leitfaden für verhaltensgesteuerte Rhetorik, Praktiker Checklisten, Schäffer-Verlag, Stuttgart.

Bäse-Lambrich: Wir protokollieren. Winklers Verlag, Gebr. Grimm, Darmstadt.

Hoppenstedt's Tagungsorte. Zwei Bände mit Tagungskarte. Postfach 5760, Mannheim.

Tagungen und Kongresse, IHK, Münster, 1988.

▶ Datenverarbeitung

„Das große Personal-Computer-Buch“, Data-Becker Verlag, Düsseldorf, 1989.

Hawlick Rainer: Lokale Netzwerke mit Novell Netware, Markt & Technik Verlag, Haar bei München, 1988.

Kauffels, Dr. F.-J.: Personal Computer und lokale Netzwerke, Markt & Technik Verlag, Haar bei München, 1988.

Tosadori/Evelbauer: Computer-ABC für Sekretärinnen, ECON Taschenbuch-Verlag, 1987.

▶ Dienstreisen

May/Theilacker: Geschäftsreisen planen und organisieren, Sauer-Verlag, Heidelberg, 1988.

Stuber/Nägele: Reisekosten, Bewirtung, Repräsentation, Schäffer Verlag, 1993.

Kursbuch-Gesamtausgabe

Regionale Kursbücher

Busfahrpläne

IC-Fahrplan

Flugpläne

Straßenkarten

Stadtpläne

Hotelführer:

„Varta“, Mairs Geographischer Verlag, Ostfildern bei Stuttgart.

„Michelin Deutschland“, Michelin Reifenwerke, Karlsruhe.

D.A.S. Hotelführer Deutschland, Kartographischer Verlag Busche, Dortmund.

▶ Nachschlagewerke

Meyers Großes Handlexikon. Bibliographisches Institut, Mannheim/Wien/Zürich.

Meyers Großer Weltatlas. Bibliographisches Institut, Mannheim/Wien/Zürich.

Duden – Français. Bildwörterbuch Deutsch und Französisch. Bibliographisches Institut, Mannheim/Wien/Zürich.

The Pocket Oxford Dictionary of Current English. Bibliographisches Institut, Mannheim/Wien/Zürich.

Meyers Jahresreport – Was war wichtig. Bibliographisches Institut, Mannheim/Wien/Zürich.

Hoefer-Schade: Kleines Lexikon der Wirtschaft. Verlag Dr. Max Gehlen, Bad Homburg vor der Höhe.

Diercke: Die Welt auf einen Blick
Diercke: Weltstatistik
Deutscher Taschenbuchverlag/Westermann

Dietl, Clara-Erika: Wirtschaftswörterbuch Deutsch-Englisch, Verlag Dr. Th. Gabler, Wiesbaden.

▶ Postbearbeitung

Service-Informationen der Deutschen Post: Wie groß? Wie schwer? Wie teuer?

POST PLUS – Informationen für Geschäftskunden

Allgemeine Geschäftsbedingungen der Deutschen Post

AWV-Merkblatt Schriftgutverwaltung 7[1]
Posteingang, Schriftgutumlauf, Postausgang

▶ Telekommunikation

Telefonieren:

Telefonbücher

Branchen-Fernsprechbücher - Gelbe Seiten

AVON

Zonen- und Gebührenweiser

Telexverzeichnis

Teletexverzeichnis

Fernkopieren – organisatorische, wirtschaftliche und technische Möglichkeiten. AWV-Eigenverlag, Eschborn.

[1] AWV = Arbeitsgemeinschaft für wirtschaftliche Verwaltung; Geschäftsstelle Postfach 51 29, Eschborn; Gesamtverzeichnis anfordern.

▶ Terminplanung, Zeitmanagement

Checklisten:

Zeitmanagement ist Zeitgewinn.

Technik und Methoden des „Selbstmanagement“.
Wie organisiere ich mich selbst
Praktiker Checklisten, Schäffer Verlag, Stuttgart

Korff/Reineke: Arbeitstechnik für Vielbeschäftigte, Sauer-Verlag, Heidelberg 1980.

Terminkalender:

Capital-Kalender mit Mini-Planer

Capital-Management Service, Hamburg

System-Zeitplaner (Tagesplaner, Notizbuch, Brieftasche, Adreßbuch)

Zeitplaner, Time/System, Hamburg

Zeitplansystem, Helf Recht, Bad Alexandersbad

▶ Speichern von Informationen (Schriftgutverwaltung und Mikrofilm)

AWV-Merkblatt-Reihe Schriftgutverwaltung:

1. Grundsätze für die Wahl der Standorte von Registraturen
4. Vertikale Registraturen
5. Laterale Registraturen
6. Altablage
10. Terminologie der Schriftgutverwaltung. AWV-Eigenverlag, Eschborn.
11. Ablageplan, Aktenplan, Schriftgutkatalog.
12. EDV-unterstützte Aktenverwaltung

DIN-Normen:

- DIN 821 Blatt 1: Schriftgutbehälter: Maße
- DIN 821 Blatt 2: Schriftgutbehälter: Abheftlöcher für Schriftgut: Maße und Anordnung
- DIN 821 Blatt 3: Schriftgutbehälter und Begriffe

DIN Deutsches Institut für Normung e.V., Beuth Verlag, Berlin, Köln.

Mikrofilm:

Aufbewahrungspflichten und -fristen nach Handels- und Steuerrecht. Erich Schmidt Verlag, Berlin, Bielefeld, München.

Rechtsgrundlagen der Mikroverfilmung, AWV-Eigenverlag, Eschborn.

Mikroverfilmung von Schriftgut, AWV-Eigenverlag, Eschborn.

COM – Computer-Output-Microfilm. Technik, Organisation, Wirtschaftlichkeit. AWV-Eigenverlag, Eschborn.

Im AWV-Verlag ist ferner eine Merkblatt-Reihe zum Thema Mikrofilm erschienen.

▶ Schriftliche Informationsverarbeitung

▶ Textverarbeitung: Diktieren, Schreiben

DIN-Normen:
- DIN 676: Briefvordrucke
- DIN 5008: Regeln für Maschinenschreiben
- DIN 5009: Regeln für das Phonodiktat

(als Taschenbücher erschienen)

DIN-Taschenbuch 102: enthält 75 verschiedene Normen für Büro und Verwaltung, die dem neuesten Stand entsprechen. Beuth Verlag GmbH, Berlin, Köln.

Der große Duden:
Band 1: Die Rechtschreibung, neueste Auflage
Band 2: Das Stilwörterbuch
Band 3: Das Bildwörterbuch
Band 4: Die Grammatik
Band 5: Das Fremdwörterbuch
Band 6: Das Aussprachewörterbuch
Band 7: Das Herkunftswörterbuch
Band 8: Die sinn- und sachverwandten Wörter und Wendungen
Band 9: Die Zweifelsfälle der deutschen Sprache
Band 10: Das Bedeutungswörterbuch
Duden – Das Wörterbuch medizinischer Fachausdrücke
Duden – Einfach richtig schreiben

Duden-Taschenbücher:
Band 1: Komma, Punkt und alle anderen Satzzeichen
Band 2: Wie sagt man noch
Band 3: Die Regeln der deutschen Rechtschreibung
Band 5: Satz- und Korrekturanweisungen
Band 6: Wann schreibt man groß, wann schreibt man klein
Band 7: Wie schreibt man gutes Deutsch
Band 9: Wie schreibt man Fremdwörter richtig
Band 11: Wörterbuch der Abkürzungen
Band 13: mahlen oder malen
Band 14: Fehlerfreies Deutsch
Band 15: Wie sagt man anderswo
Band 17: Leicht verwechselbare Wörter
Band 18: Wie schreibt man im Büro
Band 19: Wie diktiert man im Büro
Band 20: Wie formuliert man im Büro
Band 21: Wie verfaßt man wissenschaftliche Arbeiten

Einfach richtig schreiben:

Duden-Bücher, Bibliographisches Institut Mannheim/Wien/Zürich.

Gladigau/Breitkreutz/Richter: Gutes Deutsch Gute Briefe, Westermann-Verlag, Braunschweig 1987.

Lassek, Waltraud: Wie man heute Geschäftsbriefe schreibt. Schäffer Verlag, Stuttgart.

So schreibt man Geschäftsbriefe. ht 229, Humboldt Taschenbuchverlag, München.

Bessere Geschäftsbriefe in 30 Tagen

Bessere Versicherungsbriefe in 30 Tagen

Die 100 häufigsten Korrespondenzfehler – und wie sie vermieden werden

So schreibt der Verkaufsleiter an Kunden und Außendienstmitarbeiter. Verlag Norbert Müller, München.

Überzeugend schreiben – mehr erreichen

Schneller lesen – mehr behalten. Praktiker Checklisten, Schäffer Verlag, Stuttgart.

Pfeil-Braun, H./Sollwedel, I.: Das große Anredenbuch. verlag moderne industrie, Landsberg am Lech.

Ulrich Schoenwald: Erfolgreiche Musterbriefe für alle geschäftlichen und privaten Vorgänge. WEKA Fachverlag, Kissingen.

Edith Hallwass: So testen Sie Ihr Sprachgefühl. Ein kurzweiliger Deutschkurs mit 444 Fragen und Antworten. Verlag Ehrenwirth, München.

Rudolf Paulus Gorbach: Schrift Revue (mit fünfzig installierbaren Schriften). EDTZ Hard- und Software GmbH, Ottobrunn.

Klaus Mackowiak: Zeichensetzung schnell trainiert. mvg-verlag im verlag moderne industrie, München.

Rolf Dieter Zens: Moderne Korrespondenz für die Sekretärin WEKA-Fachverlag, Kissingen.

Gisa Briese-Neumann: Professionell schreiben – Stilsicherheit und Spracheffizienz im Beruf. Gabler-Verlag, Wiesbaden.

Gabi Neumayer und Ulrike Rudolph: Musterbriefe von A–Z. WRS-Verlag, Planegg.

Wolfgang Manekeller: Moderne Geschäftskorrespondenz. Econ Taschenbuch-Verlag, Düsseldorf, Wien.

▶ Textverarbeitung: Reprografie

Wirtschaftliches Vervielfältigen im Büro, Kopieren und Drucken

Fernkopieren - organisatorische, wirtschaftliche und technische Möglichkeiten
Teil 1: Zeichentechnik
Teil 2: Vervielfältigen von technischen Zeichnungen

Vervielfältigen im Büro, Drucken oder Kopieren

Vervielfältigen im Büro, Methode zur Standortbestimmung für Vervielfältigungsgeräte

Vervielfältigen im Büro, Vorlagenherstellung

AWV-Eigenverlag, Eschborn

▶ Textverarbeitung: Vordrucke

AWV-Merkblatt-Reihe Vordrucke:

1. Verständlichkeit der Vordrucke
2. Arbeitsgerechte Vordrucke
3. Hinweise für Schreibkräfte zum Ausfüllen schreibmaschinengerechter Vordrucke
4. Vordrucke für die Dateneingabe
5. Vordrucke für die Datenausgabe
6. Organisation des Vordruckwesens
7. Terminologie des Vordruckwesens
8. Vordruck-Design bei Einsatz von Bürodrucksystemen

AWV-Eigenverlag, Eschborn

Schwörer, Hansjörg: Handbuch der Vordrucke. verlag moderne industrie, Landsberg am Lech.

▶ Spezialliteratur

Commer, Heinz: Stil, Eine Orientierung für den Wertewandel, ECON Verlag 1990

Meins, Jon: Die Vertragsverhandlung, Schäffer Verlag, Stuttgart 1990

Morgenbrod, Horst G./Schwärtzel, Heinz G.: Rationelle Organisation im Büro und Verwaltung. Loseblattsammlung. verlag moderne industrie, Landsberg

Beck-Rechtsberater:
Mietrecht von A – Z
Steuern von A – Z
Arbeitsrecht von A – Z
Berufsbildung von A – Z
Rechtsgeschäfte von A – Z
Testament und ErbR
Soziale Rentenversicherung
Soziale Krankenversicherung
Meine Rechte als berufstätige Frau
Rechte und Pflichten als Arbeitnehmer
Rechte und Pflichten im öffentlichen Dienst
Wie berechne ich meine Rente
Rechtskunde für jedermann
Deutscher Taschenbuchverlag

▶ Sekretärinnen-Verbände

Die Sekretärinnen-Verbände informieren über das Angebot ihrer Mitgliedsschulen. So erhalten Anfragende eine Beschreibung der einzelnen Aus- und Fortbildungsgänge, die in Voll- oder Teilzeitunterricht mit dem Ziel eines qualifizierten Abschlusses zur Fremdsprachensekretärin, Europa-Sekretärin etc. angeboten werden. Weiterhin informieren die Verbände über ihr Aufgabenfeld und ihre Ziele, wie z. B. die Fortbildung zur Fremdsprachensekretärin noch weiter zu aktivieren. Eine wichtige Aufgabe ist weiterhin die Abnahme der Prüfungen und Durchführung von Fortbildungs-Seminaren und Wochenendfachtagungen.

- Bund Deutscher Sekretärinnen e.V. (BDS), Geschäftsstelle: Zentnerstraße 44, 80796 München, Telefon: (0 89) 2 71 68 73.
- Deutscher Sekretärinnen-Verband e.V. (DSV), Nietzschestr. 89, 67063 Ludwigshafen, Telefon: (06 21) 69 59 65.

Europa-Sekretärinnen-Akademie (ESA), Sitz Wien, Geschäftsstelle für Deutschland: S. 1, 8, 68161 Mannheim, Telefon (06 21) 15 31 32.

▶ Zeitschriften

ASSISTENZ, Fachzeitschrift für Sekretariate und Verwaltungsdienste in Organisationen der Wirtschaft und der öffentlichen Hand. FBO, Baden-Baden.

BZB, Sachmagazin für Bürotechnik und EDV. Burghagen Verlag, Hamburg.

CHEFBÜRO, Magazin für Führungskräfte, Verlagsgesellschaft Grütter, Hannover.

Der Erfolg, Holzmann-Verlag, Bad Wörishofen.

Handelsblatt, Verlag Handelsblatt-GmbH, Düsseldorf.

Office-Management, Fachzeitschrift für Information, Organisation und Kommunikation in allen Bereichen der Verwaltung, FBO, Baden-Baden.

Profi-Travel, Verlag Handelsblatt-GmbH, Düsseldorf.

SEKRETARIAT, Gabler-Verlag, Wiesbaden.

Texten und Schreiben, Holzmann-Verlag, Bad Wörishofen.

Wirtschaftswoche, Verlag Gesellschaft für Wirtschaftspublizistik, Düsseldorf.

Wirtschaft und Gesellschaft im Beruf, Verlag Dr. Max Gehlen GmbH und Co. KG, Bad Homburg v. d. H.

▶ Messen

Hannover:	Hannover-Messe CeBIT – Welt-Centrum der Büro-, Informations- und Telekommunikationstechnik	
	CeBIT:	1995: 08. 03. – 15. 03.
		1996: 20. 03. – 27. 03.
	Hannover-Messe:	1995: 29. 03. – 05. 04.
		1996: 17. 04. – 24. 04.
Köln:	ORGATEC – Internationale Büromesse:	
		1994: 20. 10. – 25. 10.
		1996: 17. 10. – 22. 10.

Sachwortverzeichnis

F

G

H

I

J

K

L

M

N

O

P